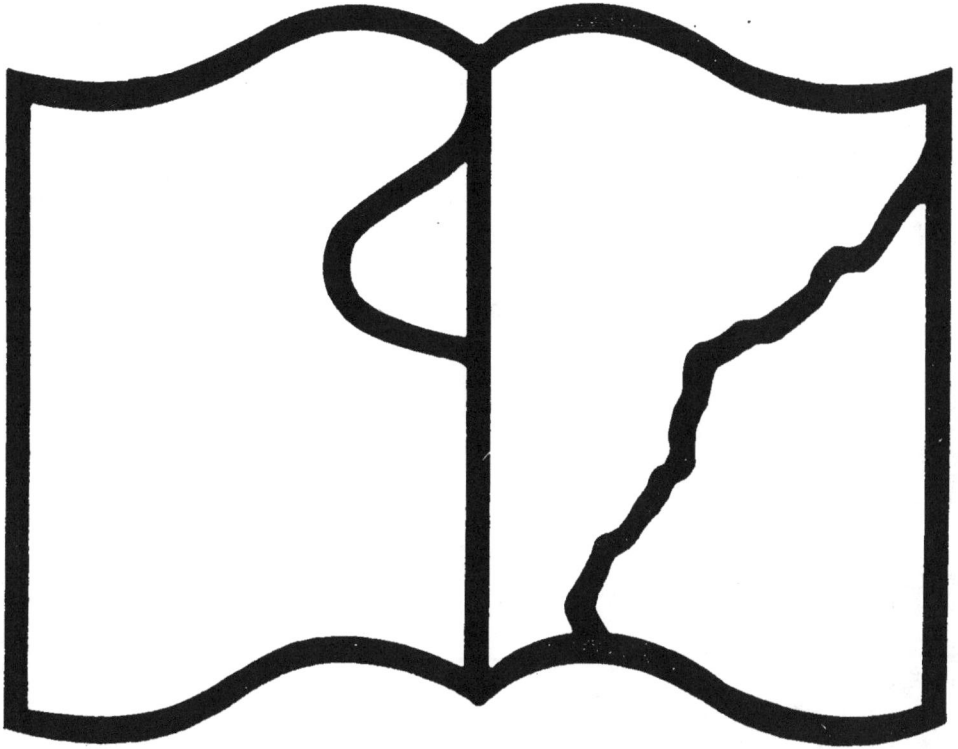

Texte détérioré — reliure défectueuse

NF Z 43-120-11

RECUEIL COMPLET

DES

TRAVAUX PRÉPARATOIRES

DU

CODE CIVIL.

IMPRIMERIE D'HIPPOLYTE TILLIARD,

RUE SAINT-HYACINTHE-SAINT-MICHEL, N° 30.

RECUEIL COMPLET

DES

TRAVAUX PRÉPARATOIRES

DU

CODE CIVIL,

COMPRENANT SANS MORCELLEMENT; 1° LE TEXTE DES DIVERS PROJETS;
2° CELUI DES OBSERVATIONS DU TRIBUNAL DE CASSATION ET DES TRIBUNAUX
D'APPEL; 3° TOUTES LES DISCUSSIONS PUISÉES LITTÉRALEMENT TANT DANS LES
PROCÈS-VERBAUX DU CONSEIL-D'ÉTAT QUE DANS CEUX DU TRIBUNAT, ET
4° LES EXPOSÉS DE MOTIFS, RAPPORTS, OPINIONS ET DISCOURS TELS QU'ILS
ONT ÉTÉ PRONONCÉS AU CORPS LÉGISLATIF ET AU TRIBUNAT;

PAR P. A. FENET,

AVOCAT A LA COUR ROYALE DE PARIS.

TOME QUATORZIÈME.

PARIS,

VIDECOQ, LIBRAIRE, PLACE DU PANTHÉON, 6,
PRÈS L'ÉCOLE DE DROIT.

1836.

DISCUSSIONS,

MOTIFS,

RAPPORTS ET DISCOURS.

TOME NEUVIÈME.

RECUEIL COMPLET

DES

TRAVAUX PRÉPARATOIRES

DU

CODE CIVIL.

DISCUSSIONS,

MOTIFS, RAPPORTS ET DISCOURS.

LIVRE TROISIÈME.

DES DIFFÉRENTES MANIÈRES DONT ON ACQUIERT LA PROPRIÉTÉ.

TITRE SIXIÈME.

De la Vente.

DISCUSSION DU CONSEIL D'ÉTAT.

(Procès-verbal de la séance du 30 frimaire an XII. — 22 décembre 1803.)

M. Galli présente le titre XI du livre III.

Il est ainsi conçu :

1.

TITRE XI.

DE LA VENTE.

CHAPITRE Ier.

De la Nature et de la Forme de la vente.

1582   Art. 1er. « La vente est une convention par laquelle l'un
« s'oblige à livrer une chose, et l'autre à la payer.

« La vente d'un immeuble peut être faite par acte authen-
« tique ou sous seing privé. »

1583   Art. 2. « Elle est parfaite entre les parties, et la propriété
« est acquise de droit à l'acheteur vis-à-vis du vendeur,
« dès qu'on est convenu de la chose et du prix, quoique
« la chose n'ait pas encore été livrée ni le prix payé. »

1584   Art. 3. « Elle peut être faite purement et simplement, ou
« sous une condition soit suspensive, soit résolutoire.

« Elle peut aussi avoir pour objet deux ou plusieurs choses
« alternatives.

« Dans tous ces cas son effet est réglé par les principes
« généraux des conventions. »

1585   Art. 4. « Lorsqu'on vend au poids, au compte ou à la me-
« sure, la vente n'est point parfaite que la marchandise ne
« soit pesée, comptée ou mesurée. »

1586   Art. 5. « La disposition de l'article précédent n'a point
« lieu si les marchandises ont été vendues en bloc. »

1587   Art. 6. « A l'égard du vin, de l'huile et des autres choses
« que l'on est dans l'usage de goûter avant d'en faire l'achat,
« il n'y a point de vente tant que l'acheteur ne les a pas
« goûtées et agréées. »

1588   Art. 7. « La vente faite à l'essai est toujours présumée
« faite sous une condition suspensive, si le contraire n'est
« prouvé par la convention. »

1589   Art. 8. « La promesse de vendre vaut vente, lorsqu'il y a
« consentement réciproque des deux parties sur la chose et
« le prix. »

Art. 9. « Si la promesse de vendre a été faite avec des 1590
« arrhes, chacun des contractans est maître de s'en départir :

« Celui qui les a données, en les perdant;

« Et celui qui les a reçues, en restituant le double. »

Art. 10. « Le prix de la vente doit être certain et consister 1591
« dans une chose déterminée. »

Art. 11. « Il peut cependant être laissé à l'arbitrage d'un 1592
« tiers. »

Art. 12. « Les frais d'actes et autres accessoires à la vente 1593
« sont à la charge de l'acheteur. »

CHAPITRE II.

Qui peut acheter ou vendre.

Art. 13. « Tous ceux auxquels la loi ne l'interdit pas 1594
« peuvent acheter ou vendre. »

Art. 14. « Le contrat de vente ne peut avoir lieu entre 1595
« époux que dans les trois cas suivans :

« 1°. Celui où le mari cède des biens à sa femme, séparée
« judiciairement d'avec lui, en paiement de ses droits;

« 2°. Celui où la cession qu'il fait à sa femme, même non
« séparée, a une cause légitime, telle que le remploi de ses
« propres aliénés, ou de deniers à elle appartenant qui ne
« tombent pas en communauté;

« 3°. Celui où la femme cède des biens à son mari en paie-
« ment d'une créance qu'elle lui aurait antérieurement ap-
« portée en dot, et lorsqu'il y a exclusion de communauté :

« Sauf, dans ces trois cas, les droits des héritiers des
« parties contractantes, s'il y a avantage indirect. »

Art. 15. « Ne peuvent se rendre adjudicataires sous peine 1596
« de nullité, ni par eux-mêmes, ni par personnes inter-
« posées :

« Les tuteurs, des biens de ceux dont ils ont la tutelle;

« Les mandataires, des biens qu'ils sont chargés de
« vendre;

« Les administrateurs, de ceux des communes ou des
« établissemens publics confiés à leurs soins ;

« Les officiers publics, des biens nationaux dont les ventes
« se font par leur ministère. »

1597   Art. 16. « Les juges, leurs suppléans, les commissaires
« du gouvernement, leurs substituts, les greffiers, huissiers,
« avoués, défenseurs officieux, ne peuvent prendre cession
« des procès, droits et actions litigieux qui sont de la com-
« pétence du tribunal où ils exercent leurs fonctions, à
« peine de nullité et des dépens, dommages et intérêts. »

CHAPITRE III.

Des Choses qui peuvent être vendues.

1598   Art. 17. « Tout ce qui est dans le commerce peut être
« vendu lorsque des lois particulières n'en ont pas prohibé
« l'aliénation. »

1599   Art. 18. « La vente de la chose d'autrui, encore qu'elle
« soit qualifiée telle dans le contrat, est nulle, et n'est point
« obligatoire. Cependant le vendeur sera toujours obligé à la
« restitution du prix avec les intérêts. »

1600   Art. 19. « On ne peut vendre la succession d'une personne
« vivante, même de son consentement. »

1601   Art. 20. « Si, au moment de la vente, la chose vendue
« était périe en totalité, la vente serait nulle.

« Si une partie seulement de la chose est périe, il est au
« choix de l'acquéreur d'abandonner la vente ou de demander
« la partie conservée, en faisant déterminer le prix par la
« ventilation. »

CHAPITRE IV.

Des Obligations du vendeur.

Dispositions générales.

1602   Art. 21. « Le vendeur est tenu d'expliquer clairement ce
« à quoi il s'oblige.

« Tout pacte obscur ou ambigu s'interprète contre lui. »

Art. 22. « Il a deux obligations principales, celle de déli- 1603
« vrer et celle de garantir la chose qu'il vend. »

SECTION 1re. — *De la Délivrance.*

Art. 23. « La délivrance est le transport de la chose vendue 1604
« en la puissance et possession de l'acheteur. »

Art. 24. « L'obligation de délivrer les immeubles est rem- 1605
« plie de la part du vendeur, lorsqu'il a remis les clefs, s'il
« s'agit d'un bâtiment, ou lorsqu'il a remis les titres de pro-
« priété. »

Art. 25. « La délivrance des effets mobiliers s'opère, 1606
« Ou par leur délivrance réelle,
« Ou par la remise des clefs des bâtimens qui les con-
« tiennent,
« Ou même par le seul consentement des parties, si le
« transport ne peut pas s'en faire au moment de la vente, ou
« si l'acheteur les avait déjà en son pouvoir à un autre
« titre. »

Art. 26. « La tradition des droits incorporels se fait ou par 1607
« la remise des titres, ou par l'usage que l'acquéreur en fait
« du consentement du vendeur. »

Art. 27. « Les frais de la délivrance sont à la charge du 1608
« vendeur, et ceux de l'enlèvement à la charge de l'ache-
« teur, s'il n'y a eu stipulation contraire. »

Art. 28. « La délivrance doit se faire au lieu où était au 1609
« temps de la vente la chose qui en a fait l'objet, s'il n'en a
« été autrement convenu. »

Art. 29. « Si le vendeur manque à faire la délivrance dans 1610
« le temps convenu entre les parties, l'acquéreur pourra, à
« son choix, demander la résolution de la vente ou sa mise en
« possession, si le retard ne vient que du fait du vendeur. »

Art. 30. « Dans tous les cas, le vendeur doit être con- 1611
« damné aux dommages et intérêts, s'il en résulte pour l'ac-
« quéreur du défaut de délivrance au terme convenu. »

Art. 31. « Le vendeur n'est pas tenu de délivrer la chose, 1612

« si l'acheteur n'en paie pas le prix, et que le vendeur ne
« lui ait pas accordé un délai pour le paiement. »

1613   Art. 32. « Il ne sera pas non plus obligé à la délivrance,
« quand même il aurait accordé un délai pour le paiement,
« si, depuis la vente, l'acheteur est tombé en faillite ou en
« état de déconfiture, en sorte que le vendeur se trouve en
« danger imminent de perdre le prix, à moins que l'acheteur
« ne lui donne caution de payer au terme. »

1614   Art. 33. « La chose doit être délivrée en l'état où elle se
« trouve au moment de la vente.

    « Depuis ce jour tous les fruits appartiennent à l'acquéreur. »

1615   Art. 34. « L'obligation de livrer la chose comprend ses
« accessoires, les dépendances sans lesquelles elle serait
« inutile, et tout ce qui a été destiné à son usage perpétuel. »

1616   Art. 35. « Le vendeur est tenu de délivrer la contenance
« telle qu'elle est portée au contrat, sous les modifications
« ci-après exprimées. •

1617   Art. 36. « Si la vente d'un immeuble a été faite avec in-
« dication de la contenance, à raison de tant la mesure, le
« vendeur est obligé de délivrer à l'acquéreur, s'il l'exige, la
« quantité indiquée au contrat;

    « Et si la chose ne lui est pas possible, ou si l'acquéreur
« ne l'exige pas, le vendeur est obligé de souffrir une dimi-
« nution proportionnelle du prix. »

1618   Art. 37. « Si, au contraire, dans le cas de l'article précé-
« dent, il se trouve une contenance plus grande que celle
« exprimée au contrat, l'acquéreur a le choix de fournir le
« supplément du prix, ou de se désister du contrat, si l'ex-
« cédant est d'un dixième au-dessus de la contenance dé-
« clarée. »

1619   Art. 38. « Dans tous les autres cas,
    « Soit que la vente soit faite d'un corps certain et limité,
    « Soit qu'elle ait pour objet des fonds distincts et séparés,
    « Soit qu'elle commence par la mesure ou par la désigna-
« tion de l'objet vendu suivie de la mesure,

« L'expression de cette mesure ne donne lieu à aucun
« supplément de prix, en faveur du vendeur, pour l'excé-
« dant de mesure,

« Ni en faveur de l'acquéreur, à aucune diminution du
« prix pour moindre mesure, qu'autant que la différence de
« la mesure réelle à celle exprimée au contrat est d'un
« dixième en plus ou en moins, eu égard à la totalité des
« objets vendus, s'il n'y a stipulation contraire. »

Art. 39. « Dans le cas où, suivant l'article précédent, il y 1620
« a lieu à augmentation de prix pour excédant de mesure,
« l'acquéreur a le choix ou de se désister du contrat, ou de
« fournir le supplément du prix, et ce avec les intérêts s'il a
« gardé l'immeuble. »

Art. 40. « Dans tous les cas où l'acquéreur a le droit de se 1621
« désister du contrat, le vendeur est tenu de lui restituer,
« outre le prix, s'il l'a reçu, les frais de ce contrat. »

Art. 41. « L'action en supplément de prix de la part du 1622
« vendeur, et celle en diminution de prix ou en résiliation
« du contrat de la part de l'acquéreur, doivent être inten-
« tées dans l'année, à compter du jour du contrat, à peine
« de déchéance. »

Art. 42. « S'il a été vendu deux fonds par le même contrat, 1623
« et pour un seul et même prix, avec expression de la mesure
« de chacun, et qu'il s'en trouve moins en l'un et plus en
« l'autre, on fait compensation à concurrence ; et l'action,
« soit en supplément, soit en diminution du prix, n'a lieu
« que suivant les règles ci-dessus établies. »

Art. 43. « La question de savoir sur lequel, du vendeur 1624
« ou de l'acquéreur, doit tomber la perte ou la détérioration
« de la chose vendue, avant la livraison, est jugée d'après
« les règles prescrites au titre II du présent livre. »

SECTION II. — *De la Garantie.*

Art. 44. « La garantie que le vendeur doit à l'acquéreur 1625
« a deux objets : le premier est la possession paisible de la

« chose vendue; le second, les défauts cachés de cette chose
« ou les vices rédhibitoires. »

§ Ier. De la Garantie en cas d'éviction.

1626 Art. 45. « Quoique, lors de la vente, il n'ait été fait au-
« cune stipulation sur la garantie, le vendeur est obligé, de
« droit, à garantir l'acquéreur de l'éviction qu'il souffre
« dans la totalité ou partie de l'objet vendu, ou des charges
« prétendues sur cet objet, et non déclarées lors de la vente. »

1627 Art. 46. « Les parties peuvent, par des conventions par-
« ticulières, ajouter à cette obligation de droit ou en dimi-
« nuer l'effet; elles peuvent même convenir que le vendeur
« ne sera soumis à aucune garantie. »

1628 Art. 47. « Quoiqu'il soit dit que le vendeur ne sera soumis
« à aucune garantie, il demeure cependant tenu de celle
« qui résulte d'un fait qui lui est personnel; et toute con-
« vention contraire est nulle. »

1629 Art. 48. « Dans le même cas de stipulation de non-garan-
« tie, le vendeur, en cas d'éviction, est tenu à la restitution
« du prix;
   « A moins que l'acquéreur n'ait connu, lors de la vente,
« le danger de l'éviction, ou qu'il n'ait acheté à ses périls et
« risques. »

1630 Art. 49. « Lorsque la garantie a été promise, ou qu'il n'a
« rien été stipulé à ce sujet, si l'acquéreur est évincé, il a
« droit de demander contre le vendeur :
   « 1°. La restitution du prix;
   « 2°. Celle des fruits, lorsqu'il est obligé de les rendre au
« propriétaire qui l'évince;
   « 3°. Tous les frais faits, tant sur la demande en garantie
« de l'acheteur que ceux faits par le demandeur originaire;
   « 4°. Enfin, les dommages et intérêts, ainsi que les frais
« et loyaux coûts du contrat. »

1631 Art. 50. « Lorsqu'à l'époque de l'éviction la chose vendue
« se trouve diminuée de valeur, ou considérablement dété-

« riorée , soit par la négligence de l'acheteur, soit par des
« accidens de force majeure, le vendeur n'en est pas moins
« tenu de restituer la totalité du prix. »

Art. 51. « Mais, si l'acquéreur a tiré profit des dégrada- 1332
« tions par lui faites , le vendeur a droit de retenir sur le
« prix une somme égale à ce profit. »

Art. 52. « Si la chose vendue se trouve avoir augmenté de 1633
« prix à l'époque de l'éviction , indépendamment même du
« fait de l'aquéreur, le vendeur est tenu de lui payer ce
« qu'elle vaut au-dessus du prix de la vente. »

Art. 53. « Le vendeur est tenu de rembourser ou de faire 1634
« rembourser à l'acquéreur, par celui qui l'évince, toutes les
« réparations et améliorations utiles qu'il aura faites au
« fonds. »

Art. 54. « Si le vendeur avait vendu de mauvaise foi , et en 1635
« connaissance de cause, le fonds d'autrui , il sera obligé de
« rembourser à l'acquéreur toutes les dépenses, même volup-
« tuaires ou d'agrément, que celui-ci aura faites au fonds. »

Art. 55. « Si l'acquéreur n'est évincé que d'une partie de 1636
« la chose , et qu'elle soit de telle conséquence relativement
« au tout, que l'acquéreur n'eût point acheté sans la partie
« dont il a été évincé , il peut faire résilier la vente. »

Art. 56. « Si, dans le cas de l'éviction d'une partie du 1637
« fonds vendu, la vente n'est pas résiliée, la valeur de la
« partie évincée est remboursée à l'acquéreur suivant l'esti-
« mation à l'époque de l'éviction, et non proportionnelle-
« ment au prix total de la vente, soit que la chose vendue
« ait augmenté ou diminué de valeur. »

Art. 57. « Si l'héritage vendu se trouve grevé , sans qu'il 1638
« en ait été fait de déclaration, de servitudes non appa-
« rentes , et qu'elles soient de telle importance qu'il y ait
« lieu de présumer que l'acquéreur n'aurait pas acheté s'il
« en avait été instruit, il peut demander la résiliation du
« contrat, si mieux il n'aime se contenter d'une indemnité. »

Art. 58. « Les autres questions auxquelles peuvent donner 1639

« lieu les dommages et intérêts résultant, pour l'acquéreur,
« de l'inexécution de la vente, doivent être décidées suivant
« les règles générales établies au titre II du présent livre. »

1640   Art. 59. « La garantie pour cause d'éviction cesse lorsque
« l'acquéreur s'est laissé condamner par un jugement en
« dernier ressort ou dont l'appel n'est plus recevable, sans
« appeler son vendeur, si celui-ci prouve qu'il existait des
« moyens suffisans pour faire rejeter la demande. »

§ II. *De la Garantie des défauts de la chose vendue.*

1641   Art. 60. « Le vendeur est tenu de la garantie à raison des
« défauts cachés de la chose vendue, qui la rendent impro-
« pre à l'usage auquel on la destine, ou qui diminuent tel-
« lement cet usage, que l'acheteur ne l'aurait pas acquise,
« ou n'en aurait donné qu'un moindre prix s'il les avait
« connus. »

1642   Art. 61. - Le vendeur n'est pas tenu des vices apparens
« et dont l'acheteur a pu se convaincre lui-même. »

1643   Art. 62. Il est tenu des vices cachés, quand même il ne
« les aurait pas connus ; à moins que, dans ce cas, il n'ait
« stipulé qu'il ne sera obligé à aucune garantie. »

1644   Art. 63. « L'acheteur a le choix de rendre la chose et de
« se faire restituer le prix, ou de garder la chose et de se
« faire rendre une partie du prix telle qu'elle sera arbitrée
« par experts. »

1645   Art. 64. « Si le vendeur connaissait les vices de la chose,
« il est tenu, outre la restitution du prix qu'il en a reçu, de
« tous les dommages et intérêts envers l'acheteur. »

1646   Art. 65. « Si le vendeur ignorait les vices de la chose, il ne
« sera tenu qu'à la restitution du prix, et à rembourser à
« l'acquéreur les frais occasionés par la vente. »

1647   Art. 66. « Si la chose qui avait des vices a péri par suite
« de sa mauvaise qualité, la perte est pour le vendeur, qui
« sera tenu, envers l'acheteur, à la restitution du prix, et

« aux autres dédommagemens expliqués dans les deux arti-
« cles précédens.

« Mais la perte arrivée par cas fortuit sera pour le compte
« de l'acheteur. »

Art. 67. « L'action résultant des vices rédhibitoires doit 1648
« être intentée par l'acquéreur, dans un bref délai, suivant
« la nature du vice rédhibitoire, et l'usage du lieu où a été
« faite la vente. »

Art. 68. « Elle n'a pas lieu dans les ventes faites par auto- 1649
« rité de justice. »

CHAPITRE V.

Des Obligations de l'acheteur.

Art. 69. « La principale obligation de l'acheteur est de 1650
« payer le prix au jour et au lieu réglés par la vente. »

Art. 70. « S'il n'a rien été réglé à cet égard lors de la 1651
« vente, l'acheteur doit payer au lieu et dans le temps où
« doit se faire la délivrance. »

Art. 71. « L'acheteur doit l'intérêt du prix de la vente 1652
« jusqu'au paiement du capital, dans les trois cas suivans :

« S'il a été ainsi convenu lors de la vente ;

« Si la chose vendue et livrée produit des fruits ou autres
« revenus ;

« Et s'il a été sommé de payer.

« Dans ce dernier cas, l'intérêt ne court que depuis la
« sommation. »

Art. 72. « Si l'acheteur est troublé, ou a juste sujet de 1653
« craindre d'être troublé par une action, soit hypothécaire,
« soit en revendication, il peut suspendre le paiement du
« prix, jusqu'à ce que le vendeur ait fait cesser le trouble,
« si mieux celui-ci n'aime donner caution, et sauf le cas où
« il ait été stipulé que, nonobstant le trouble, l'acheteur
« paiera. »

Art. 73. « Si l'acheteur ne paie pas le prix, le vendeur 1654
« peut demander la résolution de la vente. »

1655 — Art. 74. « La résolution de la vente d'immeubles est pro-
« noncée de suite si le vendeur est en danger de perdre la
« chose et le prix.

« Si ce danger n'existe pas, le juge peut accorder à l'ac-
« quéreur un délai plus ou moins long, suivant les circon-
« stances.

« Et ce délai passé sans que l'acquéreur ait payé, la réso-
« lution de la vente sera prononcée. »

1656 Art. 75. « S'il a été stipulé, lors de la vente d'immeubles,
« que, faute de paiement du prix dans le terme convenu, la
« vente serait résolue de plein droit, l'acquéreur peut néan-
« moins payer après l'expiration du délai, tant qu'il n'a pas
« été mis en demeure par une sommation ; mais après cette
« sommation le juge ne peut pas lui accorder de délai. »

1657 Art. 76. « En matière de vente de marchandises, denrées
« et effets mobiliers, la résolution de la vente aura lieu de
« plein droit, et sans sommation, au profit du vendeur, après
« l'expiration du terme convenu pour le retirement. »

ap. 1657 Art. 77. « Le privilége du vendeur sur la chose vendue, et
« les cas où il peut la revendiquer à défaut de paiement, sont
« expliqués au titre VI du présent livre. »

CHAPITRE VI.

De la Nullité et de la Résolution de la vente.

1658 Art. 78. « Indépendamment des causes de nullité ou de
« résolution déjà expliquées dans ce titre, et de celles qui
« sont communes à toutes les conventions, le contrat de vente
« peut être résolu par l'usage de la faculté de rachat et par
« la vileté du prix. »

SECTION 1re.—De la Faculté de rachat.

1659 Art. 79. « La faculté de rachat est un pacte par lequel le
« vendeur se réserve de reprendre la chose vendue, moyen-
« nant la restitution du prix principal, et le remboursement
« dont il est parlé à l'article 93. »

Art. 8o. « La faculté de rachat ne peut être stipulée pour 1660
« un terme excédant cinq années.

« Si elle a été stipulée pour un terme plus long, elle est
« réduite à ce terme.»

Art. 81. « Le terme fixé est de rigueur, et ne peut être pro- 1661
« longé par le juge. »

Art. 82. « Faute par le vendeur d'avoir exercé son action 1662
« de réméré dans le terme prescrit, l'acquéreur demeure
« propriétaire irrévocable. »

Art. 83. « Le délai court contre toutes personnes, même 1663
« contre le mineur, sauf, s'il y a lieu, le recours contre qui
« de droit. »

Art. 84. « Le vendeur à pacte de rachat peut l'exercer 1664
« contre un second acquéreur, quand même la faculté de
« réméré n'aurait pas été déclarée dans le second contrat. »

Art. 85. « L'acquéreur à pacte de rachat exerce tous les 1665
« droits de son vendeur ; il peut prescrire tant contre le vé-
« ritable maître que contre ceux qui prétendraient des droits
« ou hypothèques sur la chose vendue. »

Art. 86. « Il peut opposer le bénéfice de la discussion aux 1666
« créanciers de son vendeur. »

Art. 87. « Si l'acquéreur à pacte de réméré d'une partie 1667
« indivise d'un héritage s'est rendu adjudicataire de la to-
« talité, sur une licitation provoquée contre lui, il peut obli-
« ger le vendeur à retirer le tout, lorsque celui-ci veut user
« du pacte. »

Art. 88. « Si plusieurs ont vendu conjointement et par un 1668
« seul contrat un héritage commun entre eux, chacun ne
« peut exercer l'action en réméré que pour la part qu'il y
« avait. »

Art. 89. « Il en est de même si celui qui a vendu seul un 1669
« héritage a laissé plusieurs cohéritiers.

« Chacun de ces cohéritiers ne peut user de la faculté de
« rachat que pour la part pour laquelle il est héritier. »

Art. 90. « Mais, dans le cas des deux articles précédens, 1670

« l'acquéreur peut exiger, s'il le juge à propos, que tous les
« covendeurs ou tous les cohéritiers soient mis en cause,
« afin de se concilier entre eux pour la reprise de l'héritage
« entier ; faute de ce, il sera renvoyé de la demande. »

1671 Art. 91. « Si la vente d'un héritage appartenant à plusieurs
« n'a pas été faite conjointement et de tout l'héritage ensem-
« ble, et que chacun n'ait vendu que la part qu'il y avait,
« ils peuvent séparément exercer l'action en réméré sur la
« portion qui leur appartenait;

 « Et l'acquéreur ne peut forcer celui qui l'exercera de
« cette manière à retirer le tout. »

1672 Art. 92. « Si l'acquéreur a laissé plusieurs héritiers, l'ac-
« tion en réméré ne peut être exercée contre chacun d'eux
« que pour sa part, dans le cas ou elle est encore indivise,
« et dans celui où la chose vendue a été partagée entre eux.

 « Mais s'il y a eu partage de l'hérédité, et que la chose
« vendue soit échue au lot de l'un des héritiers, l'action en
« réméré peut être intentée contre lui pour le tout. »

1673 Art. 93. « Le vendeur qui use du pacte de rachat doit
« rembourser non seulement le prix principal, mais encore
« les frais et loyaux coûts de la vente, les réparations néces-
« saires, et celles qui ont augmenté la valeur du fonds, jus-
« qu'à concurrence de cette augmentation. Il ne peut entrer
« en possession qu'après avoir satisfait à toutes ces obli-
« gations.

 « Lorsque le vendeur rentre dans son héritage par l'effet
« du pacte de rachat, il le reprend exempt de toutes les
« charges et hypothèques dont l'acquéreur l'aurait grevé :
« il est tenu d'exécuter les baux faits sans fraude par l'ac-
« quéreur. »

SECTION II. —*De la Rescision de la vente pour cause de lésion.*

1674 Art. 94. « Si le vendeur a été lésé de plus de sept douzièmes
« dans le prix d'un immeuble, il a le droit de demander la
« rescision de la vente,

« Quand même il aurait expressément renoncé, dans le
« contrat, à la faculté de demander cette rescision,

« Et qu'il aurait déclaré donner la plus-value. »

Art. 95. « Pour savoir s'il y a lésion de plus de sept dou-   1675
« zièmes, il faut estimer l'immeuble suivant son état et sa
« valeur au moment de la vente.

Art. 96. « La demande n'est plus recevable après l'expi-   1676
« ration de deux années, à compter du jour de la vente.

« Ce délai court contre les femmes mariées et contre les
« absens, les interdits et les mineurs venant du chef d'un
« majeur qui a vendu.

« Ce délai court aussi et n'est pas suspendu pendant la
« durée du temps stipulé pour le pacte de rachat. »

Art. 97. « La preuve de la lésion ne pourra être admise   1677
« que par jugement, et dans le cas seulement où les faits
« articulés seraient assez vraisemblables et assez graves pour
« faire présumer la lésion. »

Art. 98. « Cette preuve ne pourra se faire que par un rap-   1678
« port de trois experts qui seront tenus de dresser un seul
« procès-verbal commun, et de ne former qu'un seul avis à
« la pluralité des voix. »

Art. 99. « Le procès-verbal contiendra les motifs des avis   1679
« différens, si aucun y a, sans qu'il soit permis de faire con-
« naître de quel avis chaque expert a été. »

Art. 100. « Les trois experts seront nommés d'office, à   1680
« moins que les parties ne se soient accordées pour les nom-
« mer tous les trois conjointement. »

Art. 101. « Pourront néanmoins les juges rescinder un   ap. 1680
« acte de vente, sans qu'il soit besoin d'estimation d'experts,
« lorsqu'une lésion suffisante sera déjà établie par preuve
« littérale. »

Art. 102. « Dans le cas où l'action en rescision est admise,   1681
« l'acquéreur a le choix ou de rendre la chose en retirant le
« prix qu'il en a payé, ou de parfaire le juste prix et de gar-
« der la chose.

XIV.   2

« Le tiers possesseur a le même droit, sauf sa garantie
« contre son vendeur. »

1682   Art. 103. « Si l'acquéreur opte de garder la chose en sup-
« pléant le juste prix, il doit l'intérêt du supplément du jour
« de la demande en rescision ;

« S'il préfère de la rendre et de recevoir le prix, il rend
« les fruits du jour de la demande ;

« Et l'intérêt du prix qu'il a payé lui est aussi compté du
« jour de la même demande. »

1683   Art. 104. « La rescision pour lésion n'a pas lieu en faveur
« de l'acheteur. »

1684   Art. 105. « Elle n'a pas lieu en vente forcée. »

1685   Art. 106. « Les règles expliquées dans la section précé-
« dente pour les cas où plusieurs ont vendu conjointement
« ou séparément, et pour celui où le vendeur ou l'acheteur
« a laissé plusieurs héritiers, sont pareillement observées
« pour l'exercice de l'action en rescision. »

CHAPITRE VII.

De la Licitation.

1686   Art. 107. « Si une chose commune à plusieurs ne peut être
« partagée commodément et sans perte,

« Ou si, dans un partage fait de gré à gré de biens com-
« muns, il s'en trouve quelques-uns qu'aucun des coparta
« geans ne puisse ou ne veuille prendre,

« La vente s'en fait aux enchères, et le prix en est partagé
« entre les copropriétaires. »

1687   Art. 108. « Chacun des copropriétaires est le maître de
« demander que les étrangers soient appelés à la licitation.

« Ils sont nécessairement appelés lorsque l'un des copropri-
« taires est mineur. »

1688   Art. 109. « Le mode et les formalités à observer pour la
« licitation sont expliqués au titre *des Successions* et au
« *Code judiciaire.* »

CHAPITRE VIII.

Du Transport des créances et autres droits incorporels.

Art. 110. « Dans le transport d'une créance, droit ou ac-   689
« tion sur un tiers, la délivrance s'opère, entre le cédant et
« le cessionnaire, par la remise du titre. »

Art. 111. « Le cessionnaire n'est saisi, à l'égard des tiers,   1690
« que par la signification du transport faite au débiteur.

« Néanmoins le cessionnaire peut être également saisi, soit
« par l'acceptation du transport faite par le débiteur présent
« à l'acte authentique, soit par ladite acceptation contenue
« dans tout autre acte authentique. »

Art. 112. « Si, avant que le cédant ou le cessionnaire eus-   1691
« sent signifié le transport au débiteur, celui-ci avait payé
« le cédant, il sera valablement libéré. »

Art. 113. « La vente ou cession d'une créance comprend   1692
« les accessoires de la créance, tels que caution, privilége et
« hypothèque. »

Art. 114. « Celui qui vend une créance ou autre droit in-   1693
« corporel doit en garantir l'existence au temps du transport,
« quoiqu'il soit fait sans garantie. »

Art. 115. « Il ne répond de la solvabilité du débiteur que   1694
« lorsqu'il s'y est engagé, et à concurrence seulement du prix
« qu'il a retiré de la créance. »

Art. 116. « Lorsqu'il a promis la garantie de la solvabilité   1695
« du débiteur, cette promesse ne s'entend que de la solva-
« bilité actuelle, et ne s'étend pas au temps à venir, si le cé-
« dant ne l'a expressément stipulé. »

Art. 117. « Celui qui vend une hérédité sans en spécifier   1696
« en détail les objets n'est tenu de garantir que sa qualité
« d'héritier. »

Art. 118. « S'il avait déjà profité des fruits de quelques   1697
« fonds, ou reçu le montant de quelque créance appartenant
« à cette hérédité, ou vendu quelques effets de la succession,

« il est tenu de les rembourser à l'acquéreur, s'il ne les a
« expressément réservés lors de la vente. »

1698   Art. 119. « L'acquéreur doit, de son côté, rembourser au
« vendeur ce qu'il a payé pour les dettes et charges de la
« succession, et lui faire raison de tout ce dont il était créan-
« cier, s'il n'y a stipulation contraire. »

1699   Art. 120. « Celui contre lequel on a cédé un droit litigieux
« peut s'en faire tenir quitte par le cessionnaire, en lui rem-
« boursant le prix réel de la cession, avec les frais et loyaux
« coûts, et avec les intérêts à compter du jour où le cession-
« naire a payé le prix de la cession à lui faite. »

1700   Art. 121. « La chose est censée litigieuse dès qu'il y a pro-
« cès et contestation sur le fond du droit. »

1701   Art. 122. « La disposition portée en l'article 120 cesse :

« 1°. Dans le cas où la cession a été faite à un cohéritier
« ou copropriétaire du droit cédé ;

« 2°. Lorsqu'elle a été faite à un créancier en paiement de
« ce qui lui est dû ;

« 3°. Lorsqu'elle a été faite au possesseur de l'héritage
« sujet au droit litigieux. »

M. GALLI fait lecture du chapitre Ier, *de la Nature et de la
Forme de la vente*.

1582 à 1584   Les articles 1, 2 et 3 sont adoptés.

1585   L'article 4 est discuté.

M. JOLLIVET observe que le principe de cet article, posé
d'une manière aussi générale, serait peut-être étendu même
aux immeubles, quoique ce fût une fausse application.

LE CONSUL CAMBACÉRÈS répond qu'il ne peut pas y avoir
de méprise, parce que l'article explique clairement que ses
dispositions ne concernent que les ventes de marchandises.

M. BÉGOUEN dit que l'application de l'article, quand elle
serait réduite à ces termes, ne serait pas exacte dans sa généralité.

M. Galli dit qu'en effet l'article ne peut s'appliquer même aux ventes de marchandises que lorsqu'elles sont faites sous la condition du mesurage.

M. Jollivet dit que, hors le cas dont il vient d'être parlé, la vente est valable, quoiqu'il y ait défaut de poids ou de mesure.

M. Réal ajoute que l'insuffisance du poids ne produit d'autre effet que de donner au créancier une action pour obliger le vendeur à parfaire.

M. Bérenger dit que l'insuffisance du poids ne vicie pas la vente, la chose vendue fût-elle un corps certain comme est une balle de toile.

L'article n'établirait qu'une exception qui s'appliquerait à très-peu de ventes.

M. Treilhard dit que l'article tel qu'il est rédigé n'est peut-être pas parfaitement exact; car, si l'on achète tout ce qui se trouve dans un magasin à raison de tant la mesure, il ne reste d'incertitude que sur la quotité; la chose et le prix sont déterminés.

Le Consul Cambacérès pense que cette opinion est susceptible d'objections. Dans une vente de dix muids de blé, par exemple, la chose n'est au risque de l'acheteur qu'après le mesurage; c'est ce cas que l'article prévoit et décide.

M. Treilhard convient que cette opinion est exacte; mais il pense qu'on peut la concilier avec la sienne.

Si l'on achète la totalité des marchandises déposées dans un magasin, la vente est parfaite aussitôt que le prix est convenu.

Si au contraire on achète une certaine quantité des marchandises non en bloc, mais à la mesure, comme dans l'hypothèse présentée par le Consul, la vente n'est parfaite qu'après que la marchandise a été mesurée et livrée.

Le Consul Cambacérès partage cette opinion; mais ce qui importe, dit-il, c'est de ne pas soumettre le cas de l'article 4 à la disposition de l'article 2, qui, suivant l'axiome *res perit domino*, met la chose aux risques de l'acheteur du moment que la vente est parfaite.

M. JOLLIVET pense qu'on pourrait rendre cette idée en disant que le vendeur est responsable jusqu'à ce que la marchandise ait été pesée ou mesurée.

M. TREILHARD dit qu'il suffit d'excepter de l'article le cas où la vente est faite en bloc.

M. MURAIRE observe que l'article 5 pourvoit à ce cas.

M. TRONCHET dit qu'il est inutile de changer la rédaction, parce que l'article 2 explique comment une vente devient parfaite.

Le principe de l'article est adopté, et renvoyé à la section pour le rédiger conformément aux distinctions qui ont été faites.

1586   L'article 5 est adopté.

1587   L'article 6 est discuté.

M. MIOT demande que la disposition de l'article ne s'étende pas au cas où elle se trouve détruite par la convention. On peut, par exemple, acheter un baril d'huile sans y goûter.

M. GALLI répond que l'exception réclamée ayant été érigée en règle générale, il serait aussi inutile qu'embarrassant de la répéter à chacun des articles auxquels elle s'applique.

L'article est adopté.

1588 à 1593   Les articles 7, 8, 9, 10, 11 et 12 sont adoptés.

M. GALLI fait lecture du chapitre II, *qui peut acheter ou vendre.*

1594   L'article 13 est adopté.

1595   L'article 14 est discuté.

M. REGNAUD (de Saint-Jean-d'Angely) pense qu'il faudrait expliquer plus clairement au numéro 3 de cet article qu'il s'agit d'une créance que le mari avait sur la femme antérieurement au mariage, ou par suite d'une stipulation de son contrat de mariage.

M. TRONCHET répond que ce n'est pas là le cas de l'article. Il est rédigé dans l'hypothèse où la femme s'étant constituée en dot une créance qu'elle avait à exercer sur un tiers, n'en a pas reçu le paiement, et a ensuite remplacé son apport par des immeubles.

M. JOLLIVET dit que cependant il serait juste d'étendre l'article au cas dont a parlé M. *Regnaud* (de Saint-Jean-d'Angely).

M. RÉAL dit qu'on pourrait substituer le mot *somme* au mot *créance*.

M. TRONCHET propose de supprimer le numéro 3 de l'article, et de rédiger ainsi le numéro 1ᵉʳ : *Celui où l'un des époux cède à l'autre des biens en paiement de ses droits.*

L'article est adopté avec cet amendement.

L'article 15 est discuté. 1596

M. RÉAL demande si la dernière disposition de cet article empêcherait un préfet de se rendre adjudicataire. Il ne critique point la disposition ainsi entendue, mais il observe qu'elle introduit une innovation.

M. REGNAUD (de Saint-Jean-d'Angely) observe que l'article ne s'étend aux préfets et autres administrateurs que dans le cas où ils font eux-mêmes la vente, ce qui est juste : s'ils veulent se rendre adjudicataires, ils doivent se faire remplacer pour ne pas être juges dans leur propre cause.

M. DAUCHY répond qu'il est utile d'appliquer l'article aux préfets, que ce sera le moyen de prévenir les abus possibles, et surtout les soupçons.

L'article est adopté.

L'article 16 est adopté. 1597

M. GALLI fait lecture du chapitre III, *des Choses qui peuvent être vendues.*

L'article 17 est adopté. 1598

L'article 18 est discuté. 1599

M. Treilhard demande le retranchement de ces mots *qualifiée telle*, parce que l'esprit de l'article est de prononcer la nullité de la vente dans tous les cas.

M. Tronchet dit que le droit romain valide ces sortes de ventes, pourvu qu'il soit prouvé que le vendeur n'ignorait pas que la chose ne lui appartenait pas. De cette condition naissaient des questions très-difficiles à résoudre. On a voulu les prévenir par ces mots *qualifiée telle dans le contrat*. On a voulu également écarter les subtilités du droit romain, car il est ridicule de vendre la chose d'autrui.

M. Berlier dit que la vente de la chose d'autrui est indubitablement nulle, soit qu'on l'ait ou non *qualifiée telle*, et qu'ainsi le retranchement de ces mots est très-justement demandé, en ce que cette circonstance ne peut influer sur la validité ou l'invalidité du contrat.

Mais il est un point de vue ultérieur sous lequel la distinction devient utile et raisonnable ; c'est pour régler les suites de l'inexécution.

Si le vice a été énoncé, il suffira sans doute que le prix soit restitué à l'acheteur avec intérêt, car il y a eu faute commune, ou, en tout cas, celui-ci a sciemment couru la chance.

Mais si le vice n'a pas été énoncé, le vendeur qui a surpris la bonne foi de l'acquéreur lui doit des dommages-intérêts.

C'est ce que l'article devrait dire au lieu de ce qui y est exprimé.

M. Defermon observe qu'il peut arriver cependant qu'une mère tutrice, pour libérer ses mineurs de la manière la moins onéreuse, vende des propriétés qui lui sont communes avec eux, en leur réservant des propriétés plus utiles ; qu'alors il serait contre l'intérêt des mineurs de déclarer nulle une semblable vente.

M. Tronchet répond que cette mère n'a point vendu la chose d'autrui, puisque sa qualité de tutrice lui donnait le droit de vendre les biens du mineur, en garantissant la vente.

LE CONSUL CAMBACÉRÈS craint que le principe que la vente de la chose d'autrui est nulle, n'embarrasse dans beaucoup de cas, s'il est posé d'une manière trop absolue. Cette raison détermine le Consul à penser qu'il convient de laisser subsister la disposition du droit romain, pour l'hypothèse où la chose vendue n'a pas été annoncée dans le contrat comme appartenant à un tiers ; qu'ainsi l'article peut être adopté tel qu'il est rédigé.

M. TRONCHET dit que le propriétaire qui n'a point exprimé qu'il vendait la chose d'autrui doit être réputé n'avoir pas su cette circonstance ; mais celui qui l'a énoncée s'est soumis à des dommages-intérêts, quoique la vente soit nulle.

LE CONSUL CAMBACÉRÈS demande s'il les doit, même lorsque la chose a péri.

M. TRONCHET répond que la perte de la chose ne change rien à l'engagement du vendeur, car, dès le principe, il était dans l'impuissance de livrer la chose vendue ; or c'est de cette impuissance, qui rendait le contrat inexécutable, que naît l'obligation de payer des dommages-intérêts.

M. TREILHARD dit que, tant que la chose existe, il est absolument possible de la livrer, mais que cette possibilité cesse lorsque la chose périt, et qu'alors il faut se régler suivant les circonstances, ainsi qu'il est expliqué au titre *des Contrats et des Obligations conventionnelles en général.*

L'article est adopté.

L'article 19 est adopté.

L'article 20 est discuté.

M. REGNAUD (de Saint-Jean-d'Angely) objecte que, lorsqu'on achète un vaisseau actuellement en mer, la vente est valable, quoique le bâtiment eût péri au moment où elle a été consommée.

M. BÉRENGER dit que, si la règle posée par cet article est générale, il est nécessaire de la modifier par une exception en faveur du commerce, où très-souvent on vend par cour-

1600

1601

tiers des marchandises dont on n'est point actuellement propriétaire.

M. Tronchet rappelle qu'il a été convenu que les dispositions du Code civil ne s'appliquent point aux affaires du commerce. Ainsi les objections de M. *Regnaud* (de Saint-Jean-d'Angely) et de M. *Bérenger* sont également sans objet.

M. Portalis dit que dans le commerce même il faut une matière aux contrats de vente. Or, il n'y a point de contrat lorsque le navire vendu est péri avant la vente ; la vente est pour ce cas soumise aux mêmes principes que le contrat d'assurance. Toute réserve des usages particuliers au commerce ne doit donc pas être admise pour le cas dont il s'agit. Dans le commerce aussi, il ne peut y avoir de vente sans une matière qui en soit l'objet. A la vérité, la bonne foi du vendeur l'exempte de payer des dommages-intérêts, mais il serait absurde que le contrat de vente fût tout à l'avantage du vendeur, et que l'acheteur payât un prix pour ce qui n'existe pas.

M. *Portalis* ajoute que trois fois cette question a été jugée au parlement d'Aix, d'après ses défenses ou sur ses consultations.

Au reste, la règle générale posée par l'article ne peut pas être altérée par les usages du commerce, lesquels d'ailleurs se diversifient à l'infini suivant les localités.

M. Bégouen dit que, quand on vend un navire en voyage, l'acheteur se charge indéfiniment des risques ; mais les négocians, dans leurs conventions, s'expliquent toujours de manière à prévenir l'abus de cet usage : on ne vend ordinairement qu'avec la police d'assurance.

MM. Regnaud (de Saint-Jean-d'Angely) et Bégouen observent que M. *Portalis* a présenté des principes entièrement opposés à ceux généralement suivis en pareil cas ; qu'au surplus il a été reconnu que l'article ne s'applique point au commerce, qu'ainsi il n'y a point de difficulté à l'adopter.

L'article est adopté.

M. GALLI fait lecture du chapitre IV, *des Obligations du vendeur.*

Les *dispositions générales* sont soumises à la discussion.

L'article 21 est discuté. 1602

M. TRONCHET voudrait que la rédaction de cet article fût changée et fît apercevoir que sa disposition est fondée sur ce que le vendeur était obligé de s'expliquer clairement, même sur les obligations de l'acheteur.

L'article est adopté avec cet amendement.

L'article 22 est adopté. 1603

La section Ire, *de la Délivrance*, est soumise à la discussion.

Les articles 23, 24, 25, 26, 27, 28, 29, 30, 31, 32 et 33 1604 à 1614
sont adoptés.

L'article 34 est discuté. 1615

M. JOLLIVET propose d'ajouter à ces mots : *elle serait inutile*, ceux-ci : *ou se trouverait détériorée.*

M. GALLI pense que cette rédaction présenterait une idée trop vague, en ce qu'elle ne spécifierait pas le degré de détérioration.

M. TREILHARD dit qu'il s'agit d'une détérioration telle que la chose ne puisse plus servir à l'usage pour lequel elle a été achetée.

M. BERLIER dit qu'on peut se dispenser de peser la valeur de ces expressions, quand celles qui précèdent sont claires et suffisantes.

La chose et *ses accessoires :* tout est compris dans ces deux mots ; on peut donc retrancher ceux qui ne font qu'embarrasser la disposition et l'obscurcir.

L'article est adopté avec cet amendement.

Les articles 35, 36 et 37 sont adoptés. 1616 à 1618

L'article 38 est discuté. 1619

M. BERLIER dit qu'il trouve la différence de mesure tolérée à une quotité trop forte.

La jurisprudence ne l'avait, jusqu'à nos jours, admise que pour un trentième, et cela seulement lorsque le vendeur s'était servi de l'expression *environ* : ainsi l'attestent Henrys et Bourjon.

La règle ne doit donc pas être posée de telle sorte que celui qui vend un domaine annoncé contenir cent hectares soit à l'abri de toutes recherches si le domaine en contient quatre-vingt-dix ; car la vraie limite est celle où cesse la présomption de bonne foi : or cette présomption, qui peut être juste quand la différence n'est que d'un vingtième, le sera bien rarement lorsque la différence sera d'un dixième. L'opinant propose donc le vingtième au lieu du dixième, et il observe que cette décision ne nuira point aux stipulations propres à rédimer le vendeur qui aura vendu le fonds *tel qu'il est et se comporte*, ou *sans aucune garantie de contenance*.

De telles clauses sont un appel à la vigilance de l'acheteur, et le supposent instruit ou lui font la loi de s'instruire des détails ; mais quand, au contraire, le vendeur indique la mesure, cette indication devient la règle de l'acheteur et sa garantie ; et c'est bien assez, en ce cas, de souffrir qu'il puisse y avoir différence d'un vingtième entre la quantité promise et celle qui est livrée.

M. Jollivet dit que la jurisprudence n'était pas uniforme sur ce point ; que quelquefois on n'a point eu égard à la différence moindre du vingtième, attendu qu'on la passait dans cette mesure aux arpenteurs de l'administration forestière.

M. Galli dit qu'il consent à réduire la différence au vingtième ; que déjà les tribunaux ont fait les observations qui viennent d'être présentées.

M. Tronchet dit que, si ce changement est admis, il faut que la différence soit mesurée sur le prix de la vente et non sur l'étendue du terrain.

M. Bigot-Préameneu objecte qu'alors il sera nécessaire de faire une ventilation, et qu'elle sera très-difficile.

M. Tronchet répond qu'elle est cependant indispensable

pour reconnaître le dommage que peut souffrir l'acheteur ; car il se pourrait faire que la différence entre la contenance déclarée et la contenance réelle ne portât que sur des terres vagues et de peu de valeur.

M. Bérenger dit qu'en effet, si le défaut de mesure ne porte que sur ces sortes de terres, il pourrait se faire que la différence en superficie fût d'un dixième, tandis que dans le prix elle serait à peine d'un centième.

M. Berlier dit qu'il ne faut point ici confondre la valeur et la mesure ; il ne s'agit que de la dernière, et d'une opération très-simple qui doit se terminer la toise à la main.

Au surplus, c'est une vaine supposition que de dire que la différence portera le plus souvent sur les terres *de moindre valeur*; car, pour être quelque chose, il faut exister d'abord ; et le débat porte ici sur le défaut même d'existence.

Quel est donc le seul calcul admissible dans notre espèce? C'est que le défaut de mesure s'applique au tout ou à chacune des espèces renfermées dans le tout, ce qui revient au même.

Ainsi, en admettant que le domaine renferme des terres de trois qualités, et qu'il ne soit que de quatre-vingt-huit hectares au lieu de cent portés dans la vente, la différence, calculée dans le détail, devrait se reporter, non sur une terre de la première, ou de la seconde, ou de la troisième qualité, mais sur toutes et dans une égale proportion : on fait la même chose, et d'une manière beaucoup plus simple, en déduisant pour le *déficit* douze pour cent du prix total.

M. Bigot-Préameneu dit que, si la quotité de chaque espèce de terre a été énoncée dans le contrat de vente, il sera facile de reconnaître l'espèce de terre dont la contenance n'est pas suffisante, et d'en parfaire le prix, et qu'alors la différence ne doit pas être prise sur la valeur totale du domaine vendu ; mais si la contenance des terres a été énoncée sans distinction, il est indispensable de prendre la différence sur la totalité de leur valeur, et cette valeur se règle par le prix.

LE CONSEIL adopte en principe qu'on n'aura égard à la différence que lorsqu'elle sera du vingtième, et qu'on l'estimera d'après la valeur des objets vendus.

1620 L'article 39 est discuté.

M. TRONCHET dit qu'en réduisant au vingtième la différence à laquelle on aura égard, il n'est plus nécessaire de donner à l'acquéreur la faculté de se désister du contrat.

LE CONSUL CAMBACÉRÈS dit qu'en effet ce serait trop favoriser l'inconstance.

M. DEFERMON dit que les anciennes mesures, quoiqu'elles portassent la même dénomination, étaient cependant très-différentes suivant les lieux; qu'on laissait aux notaires le soin de les réduire à celles de ces mesures d'après lesquelles on achetait; que ces évaluations n'étant pas toujours exactes, il en résultait une grande différence dans la contenance; qu'il y aura encore plus d'erreurs aujourd'hui, où l'on est forcé de convertir en hectares les mesures des divers pays.

Cependant l'acquéreur qui a épuisé ses moyens pour solder le prix convenu se trouvera extrêmement embarrassé s'il est obligé d'y ajouter encore. Il semble donc juste de lui conserver la faculté de renoncer à la vente.

Au surplus, on se règle ordinairement, dans l'acquisition d'un domaine, moins sur la mesure exacte de son étendue que sur son produit, qui est justifié par la représentation des baux.

M. BERLIER dit que la difficulté qu'on élève doit peut-être conduire à n'insérer dans l'article 38 que ce qui touche à l'obligation du vendeur, quand il livre moins que ce qu'il a promis, sauf à régler particulièrement ce qui concerne l'acheteur, quand il y a excédant de mesure.

Une réduction de prix est plus aisée à faire qu'un supplément, et le vendeur est censé mieux connaître l'étendue de son héritage que l'acquéreur; voilà ce qui différencie les espèces, et ce qui pourrait faire admettre une autre quotité ou d'autres règles pour le cas d'excédant; mais il n'est point nécessaire de revenir sur la matière qui a été l'objet de la première délibération, s'il est d'une justice évidente que celui qui a promis cent hectares doive en livrer au moins quatre-vingt-quinze; et l'on peut se borner à renvoyer à la section la seconde question, pour la coordonner avec le reste du système.

M. Bérenger dit qu'il conviendrait de réduire la faculté de l'option au cas où il y a excédant de mesure. Afin de ne point soumettre l'acquéreur à une obligation qu'il ne pourrait pas remplir, on lui permettrait de rendre des terres jusqu'à due concurrence.

Le Consul Cambacérès dit que l'article devrait être rédigé de manière qu'il laissât aux juges la faculté de décider d'après les circonstances et la situation des parties.

L'article est renvoyé à la section.

Les articles 40, 41, 42 et 43 sont adoptés.　　　　1621 à 1624

La section II, *de la Garantie*, est soumise à la discussion.
Les articles 44, 45, 46, 47, 48, 49, 50, 51, 52, 53, 54, 　1625 à 1649
55, 56, 57, 58, 59, 60, 61, 62, 63, 64, 65, 66, 67 et 68,
qui composent cette section, sont adoptés.

M. Galli fait lecture du chapitre V, *des Obligations de l'acheteur.*
Les articles 69, 70, 71, 72, 73, 74 et 75 sont adoptés.　　1650 à 1656

L'article 76 est discuté.　　　　　　　　　　　　　　　1657
M. Bégouen observe que cet article serait applicable au commerce, où cependant aucune vente n'est résiliée sans que l'acheteur ait été mis en demeure de retirer les marchandises. Si l'on s'écartait de cet usage, on donnerait trop d'avantages au vendeur dans le cas où le cours des choses vendues augmenterait.

M. Galli consent à restreindre l'article à la vente d'effets mobiliers.

M. Réal dit que la disposition est conforme à ce qui a été décidé par l'article 40 du titre *des Contrats ou des Obligations conventionnelles en général,* d'après lequel le débiteur est constitué en demeure sans aucune sommation.

Le Consul Cambacérès dit que toute équivoque sera levée par le procès-verbal qui indiquera que l'article n'est point applicable aux affaires de commerce.

M. Defermon dit que cet article paraît mettre l'acheteur à la discrétion du vendeur. Si celui qui a acheté cent barils d'huile ne se présente que trois mois après pour les retirer, le vendeur pourrait le repousser en soutenant que la vente est résiliée. Il faut donc aussi prononcer sur le sort de l'acheteur, et lui accorder également l'avantage de renoncer à la vente, faute par le vendeur d'avoir livré ; autrement celui-ci aurait dans tous les temps le droit de réclamer l'exécution du contrat, tandis que l'acheteur en serait privé.

M. Bérenger dit que l'acheteur seul est en faute : c'était à lui à retirer les choses vendues ; s'il ne l'a point fait, il a renoncé à la vente : il ne peut pas se faire un titre de sa négligence.

M. Bigot-Préameneu lit l'article 40 du titre *des Contrats ou des Obligations conventionnelles en général,* lequel est ainsi conçu :

« Le débiteur est constitué en demeure, soit par une som-
« mation ou par un autre acte équivalent, soit par l'effet de
« la convention, lorsqu'elle porte que, sans qu'il soit besoin
« d'acte, et par la seule échéance du terme, le débiteur sera
« en demeure. »

Le Consul Cambacérès dit que cet article est juste ; que, lorsque le débiteur se trouve interpellé par l'expiration du terme, et qu'il en est averti par la loi, il n'est pas besoin de sommation pour le mettre en demeure.

L'article est adopté.

L'article 77 est adopté.

M. GALLI fait lecture du chapitre VI, *de la Nullité et de la Résolution de la vente.*

L'article 78 est discuté. 1558

M. BERLIER observe que les dernières expressions de cet article préjugeraient, si elles étaient irrévocablement adoptées, que la rescision pour lésion aura lieu en matière de vente entre majeurs.

Il paraît convenable à l'opinant d'ajourner l'article, qui n'est d'ailleurs qu'une espèce de préambule, jusqu'à ce que le Conseil ait pris un parti sur la section II du chapitre VI.

L'article est adopté, sauf ce qui sera décidé relativement à la rescision entre majeurs pour cause de lésion.

Les articles 79, 80, 81, 82, 83, 84, 85, 86, 87, 88 et 89 1659 à 1669 sont adoptés.

L'article 90 est discuté. 1670

M. DEFERMON demande pourquoi l'action ne passe pas directement à un seul des cohéritiers.

M. TREILHARD répond que c'est parce qu'étant dans la succession, elle se partage de droit. Cependant on la met ordinairement au nom d'un seul qui l'exerce en entier.

M. DEFERMON dit qu'il n'est pas juste de donner à l'acquéreur l'embarras d'appeler tous les cohéritiers.

LE CONSUL CAMBACÉRÈS propose de dire que chacun d'eux ne pourra l'exercer qu'au nom de tous.

L'article est adopté avec cet amendement.

Les articles 91, 92 et 93 sont adoptés. 1671 à 1673

La section II, *de la Rescision de la vente pour cause de lésion*, est soumise à la discussion. ch. 6, sect. 2 et 1674.

M. BERLIER attaque cette section dans son ensemble.

Après la discussion qui a déjà eu lieu sur cette matière, en la séance du 25 brumaire, l'opinant s'étonne que les partisans de la rescision reproduisent le système de non réciprocité, que l'un d'eux avait formellement condamné, parce qu'il avait reconnu une suprême injustice à dénier à l'acqué-reur lésé le même droit qu'au vendeur.

Mais ce n'est pas en ce point seulement que le projet actuel s'écarte des termes dans lesquels semblait le placer le dernier état de la discussion.

On y retrouve tous les inconvéniens des expertises et tous les embarras qui parurent choquer même les partisans de la rescision *modifiée*, et notamment le Consul *Cambacérès*.

Si les vues du Consul sont exactement restées dans la mémoire de l'opinant, elles tendaient seulement à ce que les juges n'eussent pas les mains liées quand il serait question de réparer un préjudice *évident*.

Frappé de cette idée, M. *Berlier* avait rédigé un projet, dont il donne lecture, et qui est ainsi conçu :

Art. « La vente d'un immeuble faite par un majeur à un « majeur ne peut être rescindée que lorsqu'il y a entre la « valeur réelle de l'immeuble et le prix qui en a été donné « ou promis une telle disproportion, qu'il en résulte une « présomption légale d'erreur. »

Art. « Cette présomption a lieu, 1° au profit du vendeur, « quand l'immeuble n'a été vendu que le tiers de sa valeur « ou au-dessous ; 2° au profit de l'acheteur, quand le prix « de l'immeuble est égal à trois fois sa valeur ou au-dessus. »

Art. « Dans l'un et l'autre cas, la présomption légale « d'erreur ne peut résulter que d'actes ayant date certaine « et donnant des notions suffisantes sur les revenus de l'im-« meuble au temps de la vente, de telle sorte, que, par la « comparaison de ces revenus avec le prix de cette vente, les « tribunaux puissent, sans autre examen et sans ordonner « aucune expertise, reconnaître l'existence de l'erreur.

« Toute action à ce sujet ne pourra être intentée après un « an révolu, à partir du jour de la vente. »

Art. « Nul majeur non muni des actes exigés par l'article « précédent ne sera admis à attaquer un contrat de vente, « sur la seule allégation de lésion et sous la soumission de la

« vérifier par experts, sans préjudice toutefois des moyens
« fondés sur le dol, la fraude ou la violence, quand il y aura
« lieu. »

S'il fallait se décider, continue M. *Berlier,* entre ce projet
et celui de la section, il pense que les articles qu'il vient de
lire mériteraient la préférence ; mais le système réduit à ce
point sera d'une application extrêmement rare, et il reste à
examiner s'il ne vaut pas mieux dénier toute action contre le
contrat à ceux qui n'articulent ni dol personnel, ni fraude,
ni violence.

L'opinant demande au Conseil la permission de l'entretenir un instant d'un ouvrage fort savant, où la question a
été très-approfondie.

Chrétien Thomasius, docteur allemand, dans sa 73ᵉ dissertation intitulée *de Æquitate cerebrina,* leg. 2, c. *de Rescind. Vend.* (dissertation citée par Barbeyrac sur Grotius et
Puffendorff), établit, comme on peut le voir en recourant à
une nouvelle édition de ses œuvres in-4°, imprimée à Magdebourg, 1777, que cette loi est loin de mériter les éloges
que lui ont donnés quelques jurisconsultes.

En analysant cette dissertation très-étendue et écrite en
langue latine, et en recueillant quelques traits principaux,
on trouvera que cette loi n'existait pas dans les beaux temps
du droit romain, et qu'il est même douteux qu'elle ait existé
du temps de Dioclétien, à qui on l'attribue.

L'auteur puise ses raisons de douter, 1° dans quelques
textes qui contredisent évidemment cette loi 2 ; 2° dans la
circonstance que les collaborateurs de Tribonien ne l'ont pas
recueillie dans les Pandectes.

Il pense que Tribonien a pu prendre cette loi dans une
source suspecte (le code Hermogénien), et il incline à la regarder comme apocryphe dans son origine ; mais il prouve
surtout qu'elle n'avait pas été suivie par les empereurs qui
avaient succédé à Dioclétien, jusqu'au temps de la compilation ordonnée par Justinien : ainsi elle fut rejetée par les em-

3.

pereurs Constantin, surnommé le Grand, Gratien, Valentinien, Théodose, Honorius et Arcade.

Parmi plusieurs preuves, Thomasius cite la loi 1, c. Th.
de Contrah. Empt., ainsi conçue : *Venditionis atque emptionis
fidem nulla circumscriptionis violentia factam rumpi, minime
decet. Nec enim sola pretii vilioris querela contractus sine ulla
culpa celebratus litigioso strepitu turbandus est.*

L'auteur de la dissertation observe qu'après la compilation, les canonistes et les théologiens se saisirent de la question, et que plusieurs d'entre eux ayant prétendu que la
moindre lésion viciait le contrat, cette opinion vint singulièrement à l'appui d'un texte qui n'accordait la rescision
que pour lésion de moitié.

Il examine le principal motif donné à la loi, l'*humanité*, et
il pense que la *justice* est seule à considérer dans les contrats,
et qu'il ne convient au législateur d'y intervenir que quand
les règles qui fondent le contrat ont été blessées.

Il cherche ce que veut dire ce *dolus re ipsa* que les docteurs
ont cru pouvoir substituer au dol et aux machinations personnelles ; il avoue qu'il ne comprend pas cette proposition :
en tout cas, il la trouve en opposition avec une loi de ce
même Dioclétien, à qui l'on attribue la loi 2 ; car la loi 10,
c., *eod. tit.*, porte : *Dolus emptoris qualitate facti, non quan-
titate pretii estimatur :* c'est donc s'élever contre un texte formel que de soutenir que le dol résulte de la seule vileté du
prix ou est suffisamment prouvé par elle.

Sur ce mot *prix*, l'auteur remarque d'abord l'embarras de
Tribonien, qui s'est tantôt servi de l'expression *veri pretii*,
tantôt de celle *justi pretii* : mais il n'y a qu'un prix, c'est
celui réglé par le contrat.

Les choses n'ont pas en général un prix vrai, un prix
juste ; elles valent moins pour l'un, elles valent plus pour
l'autre ; le plus ou le moins d'affection, les convenances, la
situation diverse des parties, voilà bien des motifs d'appré-
ciations diverses : mais le prix n'est connu que par la con-

vention même ; c'est elle qui le constitue, et il ne faut pas le chercher ailleurs.

Comment d'ailleurs arriver autrement à la fixation de ce prix ? C'est cette opération que l'auteur de la dissertation appelle, *si non moraliter impossibilis, saltem difficillima*, quand elle n'aurait pas l'inconvénient majeur de mettre en question la validité de tous les contrats de vente.

Enfin il cite l'usage des chambres et colléges de Saxe, qui ont toujours rejeté l'action en rescision pour cause de lésion d'outre-moitié, lorsqu'il n'existait pas d'autres circonstances propres à indiquer le dol.

Après ce résumé de la dissertation de Thomasius, M. *Berlier* observe que, dans la plupart des États du nord, on ne suit point la loi 2, c. *de Rescind. Vend.*, et, si l'usage contraire a prévalu dans les États méridionaux, il est difficile de n'y pas apercevoir l'influence de nos théologiens ; mais il faut revenir aux principes : le confesseur qui conseille la restitution de trop grands bénéfices fait fort bien ; mais le législateur qui fait respecter les contrats remplit un devoir bien plus essentiellement conservateur de l'ordre social.

M. *Berlier* termine son opinion en invitant le Conseil à se rappeler toutes les autres considérations d'ordre public et privé qu'il développa dans la séance du 25 brumaire, et conclut au rejet du système que le projet de la section tend à faire revivre après l'abolition qui a été prononcée par la loi de l'an III.

M. Portalis distingue deux parties dans la dissertation de Thomasius.

L'une porte sur la question de savoir si la loi 2, au code *de Rescind. Vend.*, est apocryphe ; l'autre a pour objet le mérite de cette loi.

Thomasius s'étend beaucoup plus sur le premier point.

Cependant on ne voit pas bien précisément à quoi tend son raisonnement. Veut-il établir que la loi n'a pas existé pendant toute la durée de la législation romaine ? Il articule

un fait incontestable; mais il en est de même de beaucoup
d'autres lois romaines. Au surplus, ce n'est point par leur
date qu'il faut juger de la bonté des lois.

Il est sans doute des lois dont on aime à connaître l'origine, dont on veut savoir quelles circonstances les ont fait
naître; ce sont celles qui forment la législation des *rescripts.*
Il est possible cependant qu'une bonne loi naisse d'un mauvais principe. Le législateur qui opère seul agit presque toujours d'après ses passions, son intérêt et les sentimens dont
il est affecté; néanmoins son intérêt peut se trouver d'accord
avec l'intérêt public, et alors il porte des lois sages et utiles :
aussi avons-nous vu même le règne de Justinien produire de
bonnes lois.

Les lois générales n'inspirent pas la même curiosité. Il est
difficile que des passions ou des intérêts particuliers en soient
la base.

Écartons donc, dit M. *Portalis*, la première partie de la
dissertion, et jugeons la loi en elle-même.

Avec quoi faudra-t-il la comparer? Sera-ce avec les mœurs
et les usages du pays où elle a existé? Non : ce sera avec la
raison. Le droit ne naît pas des règles, mais les règles naissent
du droit. C'est donc d'après les principes du contrat de vente
qu'il faut examiner la loi dont il s'agit.

Ils ont été posés dans cette séance même. Le contrat de
vente a été mis au rang des contrats commutatifs, et dans
cette idée on a cherché à le ramener à sa nature, en corri-
geant toutes les inégalités qui pouvaient mettre quelque
différence à l'avantage du vendeur ou de l'acheteur. C'est
avec autant de scrupule que de justice qu'on a pourvu à ce
que l'insuffisance ou l'excédant de mesure ne donnât pas à
l'acheteur plus qu'il n'a payé, et ne privât pas le vendeur
de plus qu'il n'a reçu. On a donc reconnu que la lésion ne
résulte pas toujours de la vileté du prix, mais que toujours
cependant elle change la condition des parties et blesse la
nature du contrat. Comment maintenant voudrait-on qu'une

lésion de moitié ne présentât pas un caractère d'injustice,
lorsqu'on a attaché tant d'importance à toute lésion au-
dessus du vingtième?

Thomasius convient qu'il doit y avoir rescision quand les
règles du contrat de vente sont violées?

Ne le sont-elles pas dans le cas où ce contrat qui doit
assurer à chacun l'équivalent de ce qu'il donne a l'effet désastreux de donner presque tout à l'un et presque rien à
l'autre?

Thomasius demande comment la lésion pourra être vérifiée; il dit que, s'il n'est pas impossible, il est du moins
très-difficile de la reconnaître.

La lésion sera vérifiée comme tout autre fait, ou d'après
des preuves ou d'après l'examen de la chose.

On admet la preuve testimoniale dans les contestations
civiles les plus importantes; on l'admet au criminel, où l'importance est plus grande encore, et cependant il y a beaucoup plus de danger à la recevoir pour l'examen d'un fait
isolé que pour celui qui se confond avec la chose même.
Les doutes de Thomasius ne viennent que de ce que les pro-
fesseurs en général, se perdant dans des théories purement
spéculatives, sont perpétuellement embarrassés, toutes les
fois qu'il s'agit de la pratique, de l'usage et de l'application
des lois. On peut donc lui répondre : la loi ne répugne pas
à la preuve par témoins, et cependant des témoins, comme
des experts, peuvent être corrompus, avec cette seule différence qu'ils déposent d'un fait qui s'est enfui et dont la
trace souvent n'existe plus que dans leurs dépositions, au
lieu que des experts opèrent sur un fait présent, et qu'on
peut vérifier après eux. A tout moment, à chaque pas, on est
obligé de recourir aux témoins et aux experts. Si c'est un
mal, du moins est-ce un mal inévitable; pourquoi n'emploie-
rait-on pas ce genre de preuves pour vérifier une lésion,
puisqu'on y défère quand il s'agit de bien plus encore, quand
il faut prononcer sur la vie d'un homme?

Mais, dit Thomasius, cette vérification est très-difficile.

Il exagère les difficultés. Dans chaque localité on connaît en général la valeur réelle et la valeur relative des propriétés, l'on décide du prix de celle qu'il faut estimer par la comparaison avec celles qui l'environnent.

Thomasius prétend que c'est au vendeur à user de prudence, et que la loi ne doit pas intervenir dans les contrats entre majeurs.

D'abord, toutes les ventes ne sont point faites directement par les propriétaires, et tous les propriétaires ne sont pas dans une maturité d'esprit suffisante pour ne point commettre d'imprudence. Un citoyen est retenu loin de son domicile ; il est obligé de confier à des tiers la direction de ses affaires, et ces tiers peuvent n'être pas toujours aussi soigneux que lui-même. Un autre est dégagé par la loi des liens de la minorité ; mais il y est retenu encore par la nature : car il ne faut pas croire que, si diverse dans ses productions, la nature soit égale dans la formation de la raison humaine ; qu'à la même époque et au même moment elle répartisse aux hommes une mesure égale de prudence et de maturité. La loi civile, pour éviter l'arbitraire, a dû s'arrêter à un point précis, et fixer uniformément pour tous les hommes l'époque de la majorité : mais le législateur peut-il oublier qu'entre des individus inégaux en talens, en intelligence, une règle égale n'est qu'une invention purement civile ?

Il faut prendre la société comme elle est, avec son jeu, avec ses ressorts, avec tout le disparate de sa constitution. Ainsi, quand on voit un absent trompé, un jeune homme de vingt-un ans spolié par un contrat de vente, quoi de plus juste que de venir à son secours ? La loi tend une main protectrice à celui qui se trouve grevé d'une servitude qu'on lui avait cachée ; à celui auquel il manque quelques arpens de terre ; à celui enfin qui, par l'effet d'une vente, éprouve la lésion la plus légère ; et elle abandonnerait sans pitié l'homme auquel une vente enlève la moitié de son bien !

Le raisonnement de Thomasius ne peut se soutenir auprès de ces réflexions. Il y a mieux : Thomasius avait plus étudié les lois anciennes que les lois nouvelles ; il les avait méditées dans un esprit de curiosité, et non comme ceux qui ne les voient que dans l'usage, et qui, s'ils ne sont plus savans que lui, sont du moins beaucoup plus utiles. Il a eu la vanité de prétendre aux découvertes, d'énoncer des idées nouvelles, et de manifester ce qui paraissait avoir échappé à ceux qui l'ont précédé : c'est ce sentiment, il n'en faut point douter, qui a dicté sa dissertation ; mais d'autres jurisconsultes aussi doctes que lui bénissent la loi qu'il improuve.

Il prétend que, si la rescision pour lésion entre majeurs était admise, il n'y aurait plus rien de stable dans les conventions. C'est ainsi que, pour vouloir trop prouver, il ne prouve rien. Les autres causes de rescision, le défaut de contenance, une servitude latente, etc., ne peuvent-elles pas renverser une foule de contrats, comme la rescision pour cause de lésion ?

Thomasius ne peut se rendre raison de ce que c'est que le dol *re ipsa*.

Il faut le lui expliquer.

Le dol personnel ne se découvre point par l'inspection de la chose ; il résulte de circonstances qu'on ne connaît que par la déposition de témoins. Le dol réel, au contraire, résulte de l'inspection de la chose qui en donne la preuve, sans que l'intervention des témoins soit nécessaire.

La distinction est donc tout entière à l'avantage du dol réel ; et Thomasius, qui le rejette, admet bien plus, puisqu'il veut qu'on s'en rapporte à des témoins. Quand le fonds est là, on a des termes de comparaison pour juger de la lésion ; c'est le fonds lui-même d'un côté, c'est le prix de l'autre : dans le dol personnel, on n'a plus de terme de comparaison ; il faut saisir des faits particuliers, les rapprocher, les comparer, et marcher à la lueur trompeuse du témoignage.

On objecte que dans l'expertise le sort du contrat finit par
être livré à la probité d'un seul homme.

Il est d'abord possible de prendre des précautions pour
corriger cet inconvénient ; mais quand il serait inévitable, ne
s'en rapporte-t-on pas tous les jours dans les tribunaux au
témoignage d'un seul, placé entre un témoin qui affirme et
un autre qui nie ? Quand le sort des hommes peut dépendre
ainsi de la véracité d'un seul, comment peut-on reprocher
à une matière particulière de législation un inconvénient qui
se rencontre dans toutes les autres ? On le retrouve dans les
expertises, dans les jugemens, dans les arbitrages ; il est
partout enfin, avec cette différence que l'opinion de l'expert
qui détermine s'il y a lésion est motivée, qu'elle n'est pas
appuyée sur un fait caché, mais sur un fait physique et
présent, sur les revenus et la valeur des héritages voisins ;
avantage qui n'existe dans aucun autre genre de preuves.

On ne doit donc pas s'effrayer de l'inconvénient qui a été
objecté. On a vu des jugemens injustes et universellement
improuvés ; mais y a-t-il jamais eu un murmure général
contre quelques jugemens qui aient prononcé la rescision
pour cause de lésion ? Non, sans doute : les juges n'oseraient
s'écarter de leur devoir, parce que chacun peut les contrôler, et
se convaincre par ses yeux de leur injustice ou de leur équité.

Enfin le juge n'est point lié par le rapport des experts. Si
les circonstances le démentent, le juge l'écartera pour suivre
son opinion personnelle, comme il fait dans presque toutes
les autres affaires.

On admet des présomptions, même contre les contrats.
Des présomptions ne sont que des indices qui approchent
des preuves ; car il n'y a de preuves véritablement con-
cluantes, que celles qui deviennent la conséquence de principes certains. Des présomptions sont des conséquences de
principes moins certains, mais qui approchent néanmoins
de la certitude ; et cependant, dans les affaires de la vie,

presque tout se règle par des présomptions. Forcé de décider, on ne peut s'en rapporter qu'à la vérité apparente, lorsqu'on est privé du flambeau de la vérité évidente. Si les présomptions règlent tout, pourquoi les repousser dans le seul cas où elles peuvent être l'effet de la corruption, et alors que, si on les repousse, on maintient ce qu'il y a de plus injuste, la lésion énorme.

LE CONSUL CAMBACÉRÈS dit que, quant à lui, jamais il ne donnera son assentiment à un système dans lequel un contrat reconnu commutatif devient inébranlable, quoique son effet soit de donner tout à l'un et rien à l'autre. Ce serait un Code révoltant que celui qui consacrerait un principe semblable. Quel père de famille ne tremblerait pour son fils, si un jeune homme de vingt-un ans, encore en proie aux passions, et prêt à tout sacrifier à la jouissance du moment, pouvait, par une signature indiscrète, se dépouiller irrévocablement de sa fortune? Au temps où Thomasius écrivait, on n'était majeur qu'à vingt-cinq ans : du moins y avait-il une garantie qui n'existe plus aujourd'hui; or le législateur doit prendre la société telle qu'elle est.

Le Consul partage entièrement l'avis de M. *Portalis*, et il lui paraît avoir parfaitement répondu aux objections faites relativement aux experts et au dol *re ipsâ*. La preuve du dol est bien plus certaine lorsqu'elle résulte de l'inspection de la chose que lorsqu'il faut la tirer de dépositions de témoins. Au surplus, l'exécution des dispositions sur le dol en général n'est pas encore organisée, et lorsqu'on s'occupera de cette partie de la législation, on verra qu'on sera forcé d'admettre et des experts et des visites.

Les articles proposés par M. *Berlier* sont raisonnables : ils rendent l'opinion que le Consul a exposée dans une séance précédente : on pourrait les discuter, mais la question préalable blesserait tous les principes. Le Consul répète que jamais elle n'obtiendra son suffrage, et il voit même avec plaisir que l'impression des procès-verbaux apprendra du

moins à la France entière qu'il s'est élevé contre cette opinion.
La suite de la discussion est ajournée.

(Procès-verbal de la séance du 9 nivose an XII. — 31 décembre 1803.)

On reprend la discussion du titre XI du livre III, *de la Vente.*

La section II du chapitre VI, *de la Rescision de la vente pour cause de lésion*, demeure ajournée.

M. GALLI fait lecture du chapitre VII, *de la Licitation.*

1686 à 1688 Les articles 107, 108 et 109, qui le composent, sont adoptés.

M. GALLI fait lecture du chapitre VIII, *du Transport des créances et autres droits incorporels.*

1689 à 1698 Les articles 110, 111, 112, 113, 114, 115, 116, 117, 118 et 119 sont adoptés.

1699 L'article 120 est discuté.

M. LACUÉE dit que la faculté qu'on accorde à celui contre lequel on a cédé un droit litigieux paraît exorbitante; qu'il conviendrait d'en renfermer du moins l'exercice dans un délai donné.

M. TRONCHET répond que le principe de cette disposition est la défaveur qui pèse sur les cessionnaires de droits litigieux.

M. BIGOT-PRÉAMENEU dit que l'objet du projet d'article est que les cessionnaires soient détournés de faire de ces odieux marchés, par la crainte de n'en pas tirer de bénéfice.

On peut dire en leur faveur que le contrat est aléatoire en tant qu'il y a incertitude sur l'événement du procès; mais lorsque eux-mêmes ont réglé le prix de ce qu'ils ont acheté, ils ne peuvent prétendre qu'on les constitue en perte, quand on le leur rembourse.

M. Lacuée observe qu'il peut arriver qu'un homme opulent, pour obliger un citoyen pauvre, lui achète ses droits litigieux. L'adverse partie, cependant, qui voit qu'elle va être poursuivie, se hâte de rembourser le cessionnaire : elle profite donc seule du marché, et se soustrait aux condamnations dont elle était menacée.

M. Tronchet dit que le procédé du cessionnaire est immoral, même dans le cas dont on vient de parler. S'il n'eût voulu qu'obliger le plaideur indigent, il lui eût fait des avances. Il devient donc évident qu'en se faisant faire une cession, il a cédé à un sentiment beaucoup moins généreux; qu'il a voulu se ménager un bénéfice.

M. Pelet dit que toujours les cessionnaires de droits litigieux ont été vus avec défaveur. Dans le midi de la France, surtout, l'abus de ces sortes de marchés a été porté au point que certains individus en faisaient métier. Ils parvenaient à traîner en longueur les contestations engagées dans les tribunaux, pour fatiguer les plaideurs et obtenir à vil prix la cession de leurs droits. Ils poursuivaient ensuite leurs parties adverses avec la plus extrême rigueur. Dans le ci-devant Vivarais, le désordre devint si général en 1782, qu'il amena une insurrection qu'on ne parvint à réprimer qu'en envoyant des commissaires et de la force armée.

L'article est adopté.

Les articles 121 et 122 son adoptés.   1700-1701

(Procès-verbal de la séance du 21 nivose an XII. — 12 janvier 1804.)

M. Galli présente à la discussion la section II du chapitre VI du titre XI, *de la Vente*, ajournée dans les séances des 30 frimaire et 9 nivose.   ch. 6, sect. 2 et 1674.

M. Portalis dit que la question est de savoir si l'action en rescision doit être accordée aux majeurs pour vileté de prix.

Pour la traiter dans toute son étendue, il faut expliquer ce qui a été, ce qui est, ce qui doit être.

Autrefois, la lésion d'outre-moitié donnait au vendeur l'action en rescision qui durait dix ans. La lésion était justifiée par une expertise et par d'autres preuves. Le bien était estimé suivant le prix qu'il avait au temps de la vente.

Cette jurisprudence a changé depuis la révolution. La loi du 14 fructidor an III a refusé aux majeurs la rescision pour cause de vileté de prix.

Cette loi est née des circonstances.

A l'époque où elle fut portée, il était impossible de reconnaître dans quels cas il y avait lésion. Le papier-monnaie et la valeur des immeubles étant soumis à une égale mobilité, on ne pouvait plus ni saisir, ni déterminer aucune proportion entre le prix convenu et la valeur réelle de la chose : ces motifs ont obligé de suspendre l'action en rescision.

Aujourd'hui, une nouvelle législation civile se prépare. Le législateur n'est plus gêné par les circonstances. Il peut et il doit revenir aux principes dans toute leur pureté. C'est donc ici le moment d'examiner si l'action en rescision doit être accordée aux majeurs pour lésion d'outre-moitié ou pour une lésion plus grande.

Il est deux choses à examiner : le principe et le mode d'exécution.

Pour fixer le principe, il faut partir de vérités convenues.

Or, il est avoué que le contrat de vente est un contrat commutatif, c'est-à-dire où chacune des parties ne donne que pour recevoir l'équivalent, ou, si l'on veut, un prix proportionné à la valeur de la chose dont il se dessaisit.

Ainsi, d'abord il est dans l'essence même du contrat qu'il soit rescindé, quand l'équivalent de la chose n'a pas été fourni.

Une autre maxime non moins certaine dans le droit est qu'il n'y a pas d'obligation sans cause.

Quelles sont les causes des contrats ?

Dans les contrats de bienfaisance, la cause est la bienfaisance même.

Mais dans les contrats intéressés, la cause est l'intérêt, c'est-à-dire l'avantage que les parties trouvent à les faire. Dans la vente, cet intérêt est, pour le vendeur, d'avoir le prix représentatif de sa chose plutôt que sa chose même; pour l'acheteur, d'avoir la chose plutôt que la somme d'argent qui en représente la valeur.

Ceci posé, on sent qu'il n'y a de cause dans la vente que lorsque le prix est en proportion avec la valeur de la chose vendue. Si donc il existe une lésion énorme, si le prix et la valeur de l'objet vendu sont hors de toute porportion entre eux, il n'y a certainement plus de cause.

Au reste, ce n'est pas ici le seul cas où, pour décider de la validité du contrat de vente, on compare le prix avec la valeur de la chose. S'agit-il de déterminer si un contrat qui se présente sous le titre et sous les apparences de la vente n'est réellement qu'une donation palliée? S'il n'est qu'un avantage ménagé à certaines personnes contre la prohibition de la loi; si, renfermant une clause de réméré, il ne masque pas un simple gage, quel est l'indice auquel on s'arrête? A la vileté du prix. On doit sans doute raisonner sur la lésion, comme dans tous les cas où l'on cherche à découvrir le véritable caractère du contrat.

Mais des majeurs doivent-ils être restitués comme lésés? La loi les déclare capables de gérer leurs affaires; elle reconnaît que leur raison est arrivée à sa maturité; ils ont donné leur consentement : le consentement forme les contrats, peut-on venir à leur secours sans ébranler la foi des conventions?

Quoi! la loi ne vient-elle pas au secours des majeurs dans beaucoup d'autres cas, où ces motifs, s'ils étaient solides, devraient l'en détourner? On peut en effet appliquer à l'erreur, au dol, à la crainte inspirée sans violence, toutes les considérations que l'on fait valoir pour le cas de la lésion, et cependant la loi ne s'y est pas arrêtée.

Il y a plus, elle secourt le majeur, même contre la lésion, pour d'autres actes que le contrat de vente. En effet, le partage ou il y a lésion du tiers au quart n'est-il pas rescindé?

On répondra que c'est par le motif particulier que l'égalité la plus parfaite est de l'essence des partages.

Aussi se contente-t-on d'une lésion moindre. Mais une égalité quelconque n'est pas moins de l'essence des autres contrats, sinon on ne verrait plus dans les parties que des oppresseurs et des opprimés : ils ne peuvent donc subsister lorsqu'ils produisent une lésion qui passe toute raison et toute mesure.

Ainsi on n'aperçoit pas de motifs pour respecter le contrat de vente plus que les autres contrats, comme si ceux-ci ne se formaient pas aussi par le consentement.

Mais est-il bien vrai qu'il y ait consentement dans un contrat qui présente une lésion énorme?

On convient que l'erreur vicie le consentement, que l'homme trompé n'a pas consenti.

Dès lors, lorsqu'un citoyen s'est trouvé dans des circonstances telles que, s'il eût connu toute l'étendue de la lésion, il n'eût pas souscrit le contrat, on ne peut pas dire qu'il ait consenti, car personne ne consent spontanément à d'aussi grandes pertes. Aussi Dumoulin dit-il qu'il doit être restitué non comme lésé, mais comme trompé.

Et qu'on ne dise pas qu'on ne peut pas supposer que des majeurs se laissent surprendre.

Un majeur qui sort de la minorité, surtout depuis qu'elle finit à vingt-un ans, n'a pas encore atteint l'époque de la raison.

Un majeur n'est pas toujours présent. Il est obligé de donner des procurations, même générales. Son mandataire est trompé, quelquefois le trompe.

Un majeur vieillit, et l'on profite de sa caducité pour lui surprendre, sous le titre de vente, des donations que la vileté du prix simulé fait reconnaître.

Un majeur enfin n'est pas infaillible ; quand il est trompé, il a droit à la protection des lois, comme tout autre opprimé.

Si donc l'erreur et le dol doivent faire venir au secours des majeurs, en quelle occasion ont-ils cet effet, s'ils ne l'ont pas lorsque le dol est évident, et qu'il est prouvé par la chose même, *re ipsâ ?*

C'est ici qu'on nous arrête, continue M. *Portalis*, et qu'on nous parle de la difficulté de reconnaître la lésion par l'inspection de la chose, parce qu'il est impossible, dit-on, de déterminer le juste prix d'un bien.

Le mot *juste prix* n'est cependant pas vide de sens. Dans l'opinion, dans l'usage, il a une signification déterminée. On s'entend dans la société lorsqu'on parle d'un homme qui a fait un bon marché, parce qu'il a acheté à un prix raisonnable.

Dans les lois même on le trouve employé.

Quand on a réglé les conditions sous lesquelles un citoyen peut être exproprié, on a dit que ce serait lorsque ce sacrifice serait commandé par l'utilité publique et à la charge d'une *juste* indemnité.

Cette rédaction est l'ouvrage du Conseil. Ce n'est donc pas devant lui qu'elle a besoin d'être justifiée. Or, si dans ce texte l'idée qu'on attache au mot *juste prix* est claire, il ne peut devenir ambigu dans un autre.

Mais il faut discuter les objections de détail.

On demande pourquoi le principe de la rescision, s'il est équitable, n'est pas appliqué aux ventes mobilières.

C'est parce que la nature des choses s'y oppose.

La valeur des biens mobiliers est tellement variable, qu'il est très-difficile de la fixer, et alors on n'a plus de règles pour discerner la lésion.

La valeur des immeubles change aussi sans doute ; mais la variation est bien moins rapide : on sait ce que vaut un immeuble dans un temps, dans des circonstances, dans un lieu

XIV. 4

donnés. On a donc des termes de comparaison pour juger si le vendeur se trouve lésé.

Mais on se rejette sur le mode d'exécution, et l'on dit qu'il n'est pas sans danger d'admettre un principe dont l'application ne peut être faite que par un moyen aussi incertain que l'expertise.

Des experts méritent-ils donc moins de confiance que des témoins qu'on retrouve cependant dans la législation civile, et, ce qui est plus encore, dans la législation criminelle?

Ils en méritent davantage.

Des témoins déposent de faits fugitifs, et dont il ne reste de trace que dans leur mémoire : des experts déposent de faits qui sont présens, et qu'on peut vérifier après eux.

Si des experts peuvent être corrompus, des témoins aussi peuvent l'être ; mais du moins les experts sont démentis par d'autres témoins irrécusables, la chose vendue et le prix.

Des experts motivent leur témoignage ; ils ne sont pas crus si les faits qui existent encore les contredisent : il suffit à des témoins, pour ne pas être repoussés, de ne rien affirmer d'invraisemblable.

Au surplus, le ministère des experts n'est pas toujours employé : la lésion peut être vérifiée même par des preuves littérales, par les ventes antécédentes, par les partages, par les baux. Il suffit quelquefois de comparer le prix avec celui des propriétés voisines.

On objecte enfin qu'il est dangereux de laisser la propriété incertaine.

Il se peut qu'un terme de dix ans soit trop long. Rien ne s'oppose à ce qu'on donne à l'action une durée moins longue. Mais s'il fallait la sacrifier en entier à cette crainte de laisser un moment la propriété incertaine, ce serait sacrifier l'équité même, et alors l'action de dol, d'erreur, et beaucoup d'autres, ne peuvent plus subsister.

Mais, dit-on encore, la loi qu'on veut rétablir n'a pas toujours existé ; elle était inconnue dans les beaux temps de Rome.

Sans doute les lois naissent du temps et des circonstances : celle-ci a été appelée par des temps de corruption ; est-ce donc un temps de corruption qu'il faut choisir pour l'abroger?

M. BERLIER répond à M. *Portalis*, et commence par rappeler sommairement tous les inconvéniens de l'action qu'on veut faire revivre.

Elle est contraire à l'intérêt public, puisqu'elle tient la propriété en suspens pendant le délai donné pour la rescision.

Elle est contraire au crédit privé et à la foi publique, puisque les créanciers seront exposés à voir le gage échapper des mains de leurs débiteurs.

Elle est injuste et inégale, en ce qu'on veut qu'elle n'existe que pour le vendeur qui vend à trop bon marché, et non pour l'acquéreur qui achète trop cher.

Elle n'est qu'une funeste amorce pour les vendeurs considérés *en général*, car sur vingt individus qui espèrent réussir, et se pourvoient, il en est dix-neuf qui succombent; et il reste fort douteux que le succès du vingtième soit fondé sur la justice.

Elle est une source de tracasseries envers la masse des acquéreurs que l'on menacera d'un procès afin d'en arracher quelques sommes dont ils voudront bien faire le sacrifice à leur tranquillité.

Enfin, et surtout, elle a pour inconvénient notable de faire dépendre le sort du contrat d'une périlleuse expertise.

Avec de tels caractères, comment la rescision pour vileté de prix a-t-elle pu s'introduire parmi nous et s'y naturaliser, tandis que les peuples septentrionaux de l'Europe et une grande partie de l'Allemagne ne l'ont point admise?

L'opinant croit avoir suffisamment indiqué le *pourquoi* dans l'une des précédentes séances : on a fait de tout ceci un cas de conscience ; mais le législateur doit voir de plus haut, et, ne pouvant redresser tous les petits griefs *individuels*, il doit surtout s'opposer à ce qui pourrait troubler la masse.

M. *Berlier* examine ensuite les principales objections de

M. *Portalis*. Point de contrat sans cause, point de vente sans un prix raisonnable, point de consentement réel, si l'erreur est palpable comme dans le cas de lésion des sept douzièmes, etc., etc.

Mais n'y a-t-il pas ici une cause commune, un prix de vente, un consentement formel? Et pour renverser tout cela, qu'oppose-t-on, sinon une simple allégation de lésion?

On continue, et l'on dit que le système général de notre législation admet contre tout acte le dol, la fraude, la violence, et que c'est aller contre ces principes que de refuser la preuve de la lésion, puisque dans la lésion même, quand elle est d'outre-moitié, se trouve intrinséquement la preuve du dol.

L'opinant a répondu à cette objection dans les précédentes séances; il a démontré qu'elle ne renfermait qu'une pétition de principes, et ne tendait qu'à établir la question par la question.

On est revenu sur le point de notre législation, qui admet la rescision pour lésion en matière de partages entre cohéritiers : mais quelle comparaison y a-t-il entre cette espèce et la nôtre pour conclure de l'une à l'autre? Deux motifs existent en matière de partage, l'ignorance commune des cohéritiers, et surtout l'*égalité* qui doit exister entre eux.

Qu'est-ce que cela peut avoir de commun avec la vente? et l'opinant ne peut-il argumenter avec beaucoup plus d'avantages d'autres contrats plus analogues à celui de vente, et où les partisans de la rescision n'ont pas osé l'introduire? Tels sont le louage, l'échange, le partage entre associés, etc.

Qui ne sent, au surplus, que les principes généraux développés par M. *Portalis*, si ces principes ne se modifiaient pas naturellement eux-mêmes, s'appliqueraient tout aussi bien aux autres contrats qu'à celui de vente; et cependant on n'ose pas introduire la rescision partout, parce qu'on sent bien que la société en serait ébranlée.

On a reproché à l'opinant de s'effrayer trop des expertises.

La société, a-t-on dit, pourrait-elle exister sans expertises et sans preuves testimoniales ? Et, en second lieu, l'expertise n'est-elle pas un moyen plus sûr de connaître la vérité que la preuve vocale ordinaire ?

M. *Berlier* discute séparément ces deux propositions.

D'abord, loin que l'expertise soit un moyen meilleur que la preuve, parce qu'un expert peut être corrompu de même qu'un témoin, il semble à l'opinant qu'il y a une mauvaise chance de plus en matière d'expertise, l'ignorance de l'expert pouvant être tout aussi nuisible que sa mauvaise foi.

Abordant ensuite la première proposition, l'opinant distingue les cas où les expertises et preuves peuvent être admises d'avec ceux où elles doivent être rejetées.

Deux grandes règles existent sur ce point ; 1° si l'objet excède 150 francs, et qu'il s'agisse d'une obligation, plus de preuves admissibles ; 2° nulle preuve contre et outre le contenu dans un acte.

Quand, au contraire, la preuve est-elle admissible ? Dans les cas où il n'a pas pu y avoir de contrat, ou lorsque le contrat lui-même est la suite d'un délit, l'ouvrage de la fraude, de la violence ou d'un dol gisant en faits positifs.

Cette distinction bien établie, tout ce qui se passe autour de nous, en matière d'expertises, est étranger à notre question.

Si l'intérêt public réclame mon champ, j'en serai indemnisé *à dire d'experts;* c'est l'ouvrage de la nécessité, il n'y a point de contrat par lequel il ait été mis un prix à la chose.

Si mon voisin m'enlève ma récolte, il faudra bien que des experts l'estiment ; il n'y a pas là de contrat, mais un délit.

Il en est tout autrement quand on veut prouver par experts que la chose vaut plus ou moins que le prix qu'on y a mis soi-même ; car ce serait briser le mur de séparation que la législation a sagement posé entre les contrats et les faits simples qui tombent en preuve. La proposition que l'opinant combat tend-elle, en effet, à autre chose qu'à faire admettre une preuve contre ce qui est contenu dans un acte ?

On a invoqué l'*humanité*, l'*équité* : l'opinant respecte ces vertus; et il consentirait à tout ce que l'on demande si la vérité pouvait descendre du ciel, et venir elle-même rectifier les opérations des hommes; mais, quand il voit que tout ce débat se réduit à préférer l'opinion d'un expert à la clause d'un contrat, il ne peut que s'opposer à l'action qu'on veut faire revivre.

M. Muraire dit que déjà l'opinion générale de la France a prononcé sur la question qu'on agite.

De tous les tribunaux de la République, un seul, le tribunal de Rouen, a demandé le maintien de la loi du 14 fructidor an III. Le tribunal d'appel de Grenoble a fait quelques observations sur la durée de l'action en rescision; il a désiré quelques précautions contre l'abus qu'on pouvait faire de cette action, mais il n'en a pas combattu le principe. Les autres tribunaux l'ont admise ou formellement ou du moins par leur silence.

Et qu'on ne dise pas que c'est interpréter d'une manière trop favorable le silence des tribunaux, qu'il en résulte seulement qu'ils n'ont ni approuvé ni désapprouvé.

Il en serait ainsi, sans doute, si l'action en rescision eût encore subsisté; mais, lorsqu'étant abolie, on propose de la rétablir, lorsqu'on demande aux tribunaux leur avis sur cette proposition, comme sur toutes les autres dispositions du projet du Code civil, n'est-il pas évident que, si elle leur eût déplu, ils auraient réclamé? Et dès-lors leur silence ne peut plus avoir pour principe qu'une opinion favorable.

Mais l'abolition de l'action en rescision n'est pas seulement en opposition avec l'opinion générale, elle contrarie encore l'esprit du Code civil.

Il a été reconnu en effet que l'égalité doit être la base des contrats de bonne foi. C'est sur ce principe que l'on admet la rescision pour cause de lésion en matière de partage. Le contrat de vente aussi est un contrat, non seulement commutatif, mais encore de bonne foi; comment pourrait-on,

sans se contredire, refuser de lui appliquer le principe général qui règle tous les contrats de la même nature?

Ne serait-ce pas se contredire encore que d'admettre la
rescision pour cause de dol, d'erreur ou de surprise, et de
la rejeter cependant alors que les faits même attestent l'existence de ces vices destructeurs du contrat? alors qu'ils dé-
montrent jusqu'à l'évidence qu'il n'y a pas eu volonté
spontanée?

Enfin, ce n'est pas lorsque la fraude s'agite pour se soustraire au paiement des droits du fisc qu'il convient de lui
donner de nouvelles facilités, en lui offrant un moyen de
dissimuler le véritable prix des ventes.

M. Regnaud (de Saint-Jean-d'Angely) dit que déjà il a eu
occasion d'énoncer son opinion sur la matière que le Conseil
discute.

Il se bornera donc à résumer les réflexions qu'il a précédemment présentées, et à les fortifier par de nouveaux développemens.

On prétend que l'action en récision pour lésion, même
entre majeurs, dérive de l'essence du contrat de vente.

S'il en est ainsi, pourquoi n'accorder cette action que
contre les ventes d'immeubles? Elle doit nécessairement être
admise contre toute vente quelconque, et dès lors contre
celle des biens meubles. Ce contrat-ci n'est pas moins commutatif que celui qui transmet la propriété d'un immeuble :
il peut n'être pas moins important, comme lorsqu'il a pour
objet un navire, des diamans, des tableaux et d'autres
meubles précieux, qui, dans les successions et dans certains
cas prévus par la loi, sont assimilés aux immeubles. Cependant on ne propose pas d'étendre la rescision jusqu'à ces
ventes. Le principe de la rescision ne tient donc pas, comme
on le prétend, à l'essence du contrat.

Mais il faut aller plus loin, et comparer les inconvéniens
de l'action en rescision avec les avantages qu'on peut en
attendre.

Les inconvéniens sont nombreux : ils portent sur la masse des acquéreurs. Aucun ne se croira irrévocablement propriétaire tant que durera l'action en rescision ; aucun n'osera jusque là se permettre des améliorations ; aucun ne pourra emprunter sur son immeuble, parce qu'il ne pourra offrir d'hypothèque solide.

Mais, dans les circonstances, comment reconnaître s'il y a lésion ? La valeur des biens est plus que jamais incertaine, à raison de la différence que l'opinion met entre eux.

Il existe d'abord une première distinction des biens en patrimoniaux et en biens nationaux.

Ces derniers sont de première, de deuxième, de troisième classe.

On les distingue encore par leur situation, suivant qu'ils appartiennent à l'ancien ou au nouveau territoire de la France.

Il est possible qu'un château et un parc de la valeur d'un million soient achetés fort cher au prix de 25,000 francs, parce qu'à raison de leur situation on ne les acquiert pas pour habiter, mais pour démolir et pour abattre.

L'opinion individuelle ajoute encore à cette diversité d'évaluation. Tel croit faire un marché raisonnable en acquérant un bien national sur le pied de vingt fois le revenu ; tel autre pense qu'au dixième le prix en serait trop élevé.

L'évaluation exacte des biens est donc presque impossible.

Tant d'inconvéniens et de difficultés ne seraient pas à beaucoup près balancés par les avantages.

Le rétablissement de l'action en rescision ne profitera jamais qu'à un très-petit nombre de personnes : il en est peu qui soient assez dépourvues de raison pour vendre leur bien au-dessous de la moitié de sa valeur.

Quelques-uns cependant souscriront par besoin des marchés désavantageux.

Mais ils se trouvent dans le même cas que ceux qui, par un motif semblable, vendent leurs meubles, leurs rentes, en un mot des choses sujettes à varier de valeur.

Enfin, une dernière considération qui mérite l'attention la plus sérieuse, c'est que le rétablissement de l'action en rescision peut jeter des alarmes dans l'esprit des acquéreurs de biens nationaux. La malveillance parviendrait peut-être à leur persuader qu'un jour cette action sera dirigée contre eux.

LE PREMIER CONSUL dit qu'avant de parler sur le fond du projet, qui est d'une grande importance pour les mœurs, il discutera les considérations politiques qu'on vient de mettre en avant, et examinera si en effet les circonstances forment obstacle au rétablissement de l'action en rescision.

Il est certain que toute mesure qui inquiéterait les acquéreurs de domaines nationaux amènerait des désordres dans l'État, et blesserait la foi publique.

Mais, à s'en tenir même aux principes du droit civil, le rétablissement de l'action en rescision pour cause de lésion ne peut les alarmer. On trouve dans le projet qu'elle ne sera pas admise contre les ventes par licitation : or, si des ventes garanties par l'autorité d'un tribunal deviennent irrévocables, combien plus les aliénations garanties par l'autorité de la loi elle-même, d'une loi qui n'est pas moins respectable que le Code civil?

Il n'y aurait qu'une contre-révolution qui pourrait opérer l'expulsion des acquéreurs de domaines nationaux, et rappeler les anciens propriétaires : jusque là ils ont pour eux la protection de la loi et toute la force du gouvernement.

On demande pourquoi la lésion ne serait d'aucun poids dans les ventes de meubles.

Ne voit-on pas que la loi de la rescision est une loi de mœurs qui a pour objet le territoire? Peu importe comment un individu dispose de quelques diamans, de quelques tableaux ; mais la manière dont il dispose de sa propriété territoriale n'est pas indifférente à la société. C'est à elle qu'il appartient de donner des règles et des bornes au droit de disposer; et c'est d'après ce principe que la loi assure une légitime aux enfans sur les biens des pères, aux pères sur les biens des enfans; c'est parce que le droit de propriété ne donne à personne la disposition indéfinie de ses biens, parce que personne ne peut en user contre les mœurs, que la loi pèse d'un côté les affections, de l'autre les devoirs, et que par de sages prohibitions elle empêche l'homme de faire céder ses obligations à ses penchans.

Cependant, sans l'action en rescision, tout ce système est renversé...

Qu'est en effet une vente dont cette action n'assure pas la réalité, où le vendeur transmet pour la somme la plus modique une propriété de la plus haute valeur? C'est une donation, mais une donation qui échappe à toutes les formalités, à toutes les modifications auxquelles la loi, dans sa sagesse, a soumis les actes de pure libéralité.

Suppose-t-on que le vendeur n'ait pas eu intention de donner; qu'il ait en effet voulu recevoir une somme de 10,000 francs, comme le prix d'une propriété de 100,000 : alors qui ne se récrierait contre l'injustice d'un pareil contrat? Qui ne verrait avec indignation que le Code civil l'a sanctionné? Le Code civil qui doit être le résultat le plus exact de la justice civile! S'il repose sur cette base, il sera éternel.

On objecte que dans les principes de la justice civile les contrats doivent être respectés.

Il n'y a pas de contrat de vente lorsque l'on ne reçoit pas l'équivalent de ce qu'on donne, quand la séduction des passions ou le besoin ont déterminé un propriétaire à céder sa chose pour rien. Peut-il être dans les principes de la justice civile de sanctionner un acte par lequel un individu sacrifie dans un moment de folie l'héritage de ses pères et le patrimoine de ses enfans à l'emportement de sa passion?

S'il a cédé au besoin, pourquoi la loi ne prendrait-elle pas la défense du pauvre opprimé, contre l'homme riche, qui, pour le dépouiller, abuse de l'occasion et de sa fortune?

La loi de la rescision l'obligera à payer du moins le bien la moitié de sa valeur.

Cette loi pourra quelquefois être éludée, mais plus souvent elle retiendra l'injustice ; et précisément parce qu'elle existera, il y aura moins d'occasions de l'invoquer.

Ce sera surtout l'avantage que les mœurs tireront de la loi : on craindra l'action en rescision, et l'on n'osera se permettre une lésion énorme. Si cette action n'existe pas, la fraude n'a plus de frein, et osera tout entreprendre.

Mais au profit de qui tournerait donc l'exclusion de l'action en rescision, dans le cas d'une lésion énorme ?

Au profit de quelques agioteurs

Et ce serait pour protéger un pareil intérêt qu'on foulerait aux pieds les mœurs et les principes de la justice civile !

M. Berlier dit que son opinion ne tend pas à favoriser telle ou telle classe d'acquéreurs, mais à protéger tous les acquéreurs contre les attaques dirigées contre eux au mépris d'un contrat ; qu'à la vérité cette protection s'étendra peut-être sur quelques individus qui en seront peu dignes, mais qu'il faut garantir la masse des acquéreurs qui est de bonne foi, et qui restera, sans exception d'invidus, exposée à de mauvaises difficultés si le système de la rescision passe.

On s'est peu appliqué, continue M. *Berlier,* à répondre au danger qu'il y a de rompre un contrat par le seul résultat d'une expertise : on ne doit pas ici diviser la fin et le moyen ; car s'il n'était question de relever le vendeur que dans le cas où il serait établi par des actes authentiques, des baux par exemple, que le fonds vendu donne un revenu quatre ou cinq fois supérieur à ce qu'il devrait être comparativement au prix de la vente, on pourrait tomber d'accord, en investissant les juges du droit de prononcer sur ces cas infiniment rares.

Cette proposition, assez concordante avec celle que fit le Consul *Cambacérès* dans l'une des précédentes séances, ne porterait qu'une bien légère atteinte aux principes posés en

faveur des contrats, et ne saurait répandre l'alarme parmi
les acquéreurs de bonne foi.

Mais les partisans de la rescision lui donnent, à peu de
chose près, pour accompagnemens et pour soutiens ceux
qu'elle avait avant la loi de l'an III, qui l'a abolie.

Sous ce rapport, l'opinant persiste à considérer cette action comme plus propre à servir la mauvaise foi des vendeurs qu'à réprimer celle des acquéreurs.

M. RÉAL dit qu'il ne prétend point revenir sur les considérations politiques qui ont été victorieusement réfutées;
mais qu'il doit observer que le rétablissement de la rescision
produira un effet défavorable aux domaines nationaux.

Il faudra en effet évaluer les biens suivant le prix qu'ils
ont dans le commerce : et dès lors on sera forcé de suivre,
par rapport aux biens nationaux, les calculs de l'agiotage, de
les distinguer dans les tribunaux des biens dits patrimoniaux, et de faire constater par des jugemens qu'ils sont
d'une valeur beaucoup inférieure à ces derniers.

LE CONSUL CAMBACÉRÈS dit que, si la disproportion entre
le prix des biens nationaux et celui des biens patrimoniaux
était aussi grande qu'on le suppose, ce serait une raison de
plus pour rétablir la rescision ; car il serait utile de les fixer
dans la main des propriétaires, afin qu'y en ayant moins
dans le commerce, ils reprissent leur juste valeur.

Mais on exagère cette disproportion; et celle qui existe,
ne pouvant être que momentanée, ne saurait devenir un
motif de sacrifier un principe de justice éternelle et qui doit
durer dans tous les temps.

Vient ensuite le mode d'exécution. Il ne produit que des
questions secondaires, et à cet égard on n'est point lié : on
pourra voir pour quelle quotité l'action devra être accordée,
dans quels termes il conviendra de la renfermer; et déjà,
sous ce dernier rapport, on a fait un changement considérable, en proposant de la limiter à deux ans.

Quant au principe, il ne peut pas être mis sérieusement en question.

M. Tronchet dit que la discussion serait vicieuse si on cherchait à affaiblir par le mode d'exécution un principe qu'on ne peut attaquer directement.

La rescision pour cause de lésion n'est que l'application au contrat de vente des principes généraux sur les conventions.

Ces principes sont que la loi doit protéger les contrats, mais seulement quand ils ne sont pas infectés de vices qui en attaquent la substance ; car, dans ce dernier cas, n'y ayant point de consentement, il n'y a point réellement de contrat.

Ce vice se rencontre dans toute vente où il y a lésion énorme.

Il est évident en effet que celui qui se dessaisit de sa propriété a voulu la donner ou la vendre.

S'il a voulu la donner, il importe de le réduire à employer la forme des donations.

S'il a voulu la vendre, il a été trompé ou forcé par le besoin.

Dans le premier cas il y a erreur, dans le second une sorte de violence.

Il est impossible de défendre celui qui a profité de son malheur ou de sa folie.

Mais on revient par un détour, et en paraissant respecter le principe, on l'élude cependant en proposant de retrancher l'expertise, c'est-à-dire le moyen principal de vérifier la lésion.

Après tout, qu'est-ce que l'expertise peut avoir d'effrayant ?

D'abord on ne s'en servira que lorsqu'elle sera indispensable, et en la modifiant par toutes les précautions capables d'en prévenir l'abus ; et alors elle n'est pas plus dangereuse dans le cas de lésion que dans une foule d'autres où l'on convient qu'elle doit être admise.

Le principal inconvénient de l'expertise était que chaque partie nommant son expert, chaque expert se croyait plutôt le défenseur de la personne qui l'avait nommé que l'arbitre de l'affaire. Il y avait donc toujours partage d'opinions, et alors le tribunal nommait d'office un sur-expert qui en effet finissait par être le seul juge de l'évaluation.

Le projet remédie à cet inconvénient, en exigeant que les trois experts soient nommés par les parties, et en ordonnant que, si elles ne s'accordent point sur cette nomination, elle sera faite par le juge.

Le projet veut que les experts motivent leur opinion, mais seulement en commun et sans que l'avis de chacun soit énoncé. Il y a donc toujours une majorité, mais les parties demeurent sans influence, puisque les experts ne présentent qu'un avis commun; personne ne peut savoir avec certitude comment chaque expert a opiné.

Enfin le rapport des experts ne lie point le juge. Il peut nommer d'office de nouveaux experts, et même chercher la vérité par tout autre moyen.

LE PREMIER CONSUL dit qu'il est nécessaire de se fixer d'abord sur le principe. Il y a une foule de moyens de découvrir la véritable valeur d'un bien, même indépendamment des expertises. On peut recourir aux ventes, aux partages, aux baux et à beaucoup d'autres circonstances.

LE CONSEIL adopte en principe que l'action en rescision sera accordée aux majeurs pour cause de lésion énorme.

(Procès-verbal de la séance du 7 pluviose an XII. — 28 janvier 1804.)

D'après le principe adopté dans la séance du 21 nivose, sur la rescision entre majeurs pour cause de lésion énorme, la section II du chapitre VI du titre XIII, *de la Rescision de la vente pour cause de lésion*, est soumise à la discussion.

1674   L'article 94, qui est le premier de cette section, est discuté.

M. JOLLIVET dit que, si l'action en rescision est accordée à l'acheteur, il sera indispensable d'élever pour lui le taux de la lésion, et qu'alors il paraît juste de l'élever également pour le vendeur.

M. CRETET dit que l'objet de cette proposition est d'adoucir dans l'application le rétablissement de l'action en rescision ; mais que, sous ce rapport, la quotité de la lésion paraît indifférente : c'est principalement sur la durée de l'action qu'il importe de s'arrêter. Sur le taux de la lésion, on pourrait sans inconvénient suivre l'ancienne maxime, qui voulait qu'elle fût d'outre-moitié. Or la proposition de la porter à sept douzièmes s'éloigne si peu de la règle autrefois en usage, qu'elle n'appelle aucune objection.

M. BÉRENGER dit que, s'il reproduit les argumens par lesquels il a combattu le principe de la rescision, ce n'est point pour atténuer de nouveau ce principe ; c'est uniquement pour prouver qu'il importe d'élever le taux de la lésion.

En effet, pour estimer la véritable valeur de l'immeuble au temps de la vente, il faut voir dans quelle circonstance et à quelle époque les parties ont contracté ; car il est possible que le vendeur eût fait un marché utile, quoique, si l'on s'en rapportait aux apparences, il parût avoir souffert une lésion énorme.

L'opinant propose d'exiger une lésion des deux tiers.

M. CRETET dit qu'il existe déjà dans la législation une rescision qu'on peut prendre pour modèle, quant à la quotité de la lésion et quant à la durée de l'action ; c'est celle qui s'opère par l'effet de la surenchère des créanciers hypothécaires.

M. TRONCHET dit qu'il ne faut pas perdre de vue le principe qui a fait adopter l'action en rescision. On l'a puisé dans la nature du contrat de vente, lequel est commutatif. Or il n'y a plus d'équivalent, mais il y a lésion, quand on voit d'un côté plus de la moitié de la valeur du contrat.

On a cru néanmoins devoir exiger une lésion de sept douzièmes, parce que c'était établir une règle trop incertaine que de se borner à la moitié : la différence la plus

légère, ne fût-elle que d'un franc, aurait emporté la balance ; mais aller plus loin, et regarder celui qui a reçu
moins de sept douzièmes du prix comme ayant obtenu l'é-
quivalent de ce qu'il donne, ce serait détruire le principe
même.

Le Conseil adopte en principe qu'il y aura rescision pour
lésion des sept douzièmes du juste prix.

1675   L'article 95 est discuté.

M. Jollivet demande l'ajournement de cet article, parce
que, dit-il, il tient au mode d'estimer l'immeuble, lequel
n'est pas encore déterminé.

Le Consul Cambacérès dit que l'article ne préjuge rien
sur le mode d'estimation ; qu'il suppose seulement que l'immeuble sera estimé, ce qui est incontestable ; et qu'il veut
que, dans ce cas, on s'arrête à la valeur qu'il avait au temps
de la vente. Cette règle ne peut pas souffrir de difficulté.

Cependant on peut calmer toutes les craintes en adoptant
une autre rédaction ; il suffit de dire : *La valeur de l'immeuble sera estimée*, etc.

L'article est renvoyé à la section.

1676   L'article 96 est discuté.

M. Cretet examine s'il est nécessaire de faire durer l'action pendant deux ans.

L'une des plus grandes difficultés contre le principe même
de la rescision, c'est qu'il laisse pendant un temps la propriété incertaine ; ce qui gêne le propriétaire dans l'exercice
de son droit, et prive la société de tous les avantages qu'elle
retire des améliorations.

C'est sans doute déjà beaucoup faire que de réduire à
deux ans cet état fâcheux, qui, dans l'ancienne législation,
durait pendant le long espace de dix années.

Mais y a t-il quelque motif de prolonger l'action, même
pendant deux ans ?

La lésion vient, ou de l'erreur de celui qui vend, ou de ses besoins.

Il ne lui faut point deux ans pour se détromper, s'il n'y a qu'erreur.

S'il a voulu se procurer un secours que les circonstances lui rendaient nécessaire ou utile, il cesse d'être favorable ; on ne lui doit aucune garantie pour les fausses spéculations auxquelles il a pu se livrer. Il y a plus ; la loi ne pourrait le secourir sans fournir à l'agiotage un moyen nouveau. En effet, on vendrait à vil prix, pour se procurer des fonds dont on tirerait des bénéfices considérables, et on les rendrait après deux ans à l'acheteur, en reprenant sa chose.

Lorsqu'on n'accorde que deux mois à des créanciers pour reconnaître si la vente de leur gage leur est préjudiciable et pour surenchérir, pourquoi accorderait-on deux ans à un vendeur ? Six mois devraient lui suffire ; mais afin de n'être pas trop rigoureux, on peut lui donner un an.

M. Maleville dit que le délai n'est pas seulement établi pour que le vendeur puisse reconnaître la lésion qu'il a soufferte, mais aussi pour qu'il trouve des ressources avec lesquelles il puisse la réparer. Ce n'est pas parce qu'il a été trompé que la loi le restitue en pareil cas, mais parce que le besoin l'a forcé de donner sa propriété à vil prix.

C'est à tort qu'on a dit que, pendant la durée de l'action, les terres demeurent sans culture : l'acheteur ne doit pas craindre de se livrer aux améliorations, puisqu'il en serait remboursé en cas de rescision.

M. Jollivet dit que l'acheteur sera toujours très-circonspect, parce qu'il craindra que les améliorations qu'il aura faites ne soient pas estimées à leur juste valeur : la durée de l'action en rescision lui porte donc préjudice.

Le vendeur, au contraire, qui connaît sa chose ne peut pas se tromper long-temps sur le prix.

Il pouvait d'ailleurs, en vendant à réméré, se donner tout le temps nécessaire pour reprendre son bien.

La proposition de M. *Cretet* paraît donc devoir être admise.

M. PORTALIS combat cette proposition.

Il observe d'abord qu'autrefois l'action en rescision subsistait pendant dix ans, et que c'est en abréger prodigieusement la durée que de la réduire à deux.

Il ajoute qu'elle existera au profit des femmes, des mineurs, enfin de tous ceux que la loi regarde comme privilégiés, et que, par cette raison, elle n'a pas soumis à la prescription ordinaire. Il est difficile de la réduire, à l'égard de toutes ces personnes, à une durée d'un an.

Un absent, par exemple, qui a agi par un fondé de pouvoir ne peut, dans un délai si court, se procurer les renseignemens dont il a besoin pour reconnaître s'il a été lésé.

On objecte que la loi ne donne que deux mois aux créanciers pour surenchérir : mais on ne prend pas garde qu'ils n'ont aucune lésion à prouver ; qu'ils exercent leurs droits sans rencontrer aucun obstacle ; et qu'enfin ce qu'ils obtiennent au-delà du prix vendu est en bénéfice pour eux.

Ce qu'on a dit sur les améliorations se tournerait également en objection contre toutes les causes qui peuvent opérer l'expulsion d'un acquéreur. Mais tout acquéreur, s'il est prudent, a soin, lorsqu'il entre en jouissance, de faire constater l'état dans lequel il prend le bien, et alors il ne craint plus de se permettre des améliorations. Quelles améliorations, d'ailleurs, peut-on faire en deux ans ? Il faut au moins ce terme, et plus d'une récolte, pour connaître le produit d'un domaine.

LE PREMIER CONSUL vient présider la séance.

M. BÉRENGER répond aux objections de M. *Maleville*. Si le vendeur, dit-il, étant pressé de vendre, n'a pu trouver un acquéreur qui lui donnât un prix plus haut que celui qu'il a reçu, il ne peut pas prétendre qu'il a été lésé. Le bien a été vendu à la valeur qu'il pouvait avoir dans les circonstances ; car le cours est la mesure la plus exacte de l'évaluation : autrement il faudrait également soumettre à la

rescision les ventes qui sont faites par autorité publique ;
mais on les en exempte, parce qu'il est évident que, lorsque
le domaine a été livré au concours des acheteurs, il a été
vendu à son juste prix. En général, on confond trop la valeur exacte des biens avec leur valeur relative qui résulte de
la situation des parties. Celui qui retire d'une vente les ressources dont il a besoin dans les circonstances où il se trouve
a obtenu tout l'avantage qu'il voulait s'assurer en vendant.

Le terme de deux ans ne servirait qu'à donner des facilités
à la fraude ; on en profiterait pour faire valoir le prix qu'on
aurait retiré de la vente ; et après s'être assuré les bénéfices
qu'on espérait de cette spéculation, on reviendrait déposséder l'acquéreur en lui rendant ses fonds dont on n'aurait
plus besoin.

M. Cretet dit qu'il n'est point touché de ce que M. *Portalis* a dit relativement aux personnes privilégiées.

Elles méritent, sans doute, la faveur de la loi ; mais la loi
a épuisé sa protection à leur égard lorsqu'elle a entouré les
aliénations qui les intéressent des formes propres à les
rendre aussi avantageuses qu'il soit possible. Elle peut donc,
au-delà, les confondre avec les majeurs, et ne leur pas accorder un délai plus long pour exercer l'action en rescision.

Les précautions qu'on a supposé être prises par les acquéreurs, lorsqu'ils entrent en possession, sont très-rarement
employées. Sur ce fait on peut attester l'usage. Il y a peu de
pères de famille qui fassent constater l'état dans lequel ils
prennent un bien. Ces formalités sont trop embarrassantes et
trop dispendieuses quand on veut les rendre régulières ; car
un simple procès-verbal fait hors de la présence de la partie
adverse ne forme pas contre elle une preuve complète ; il
donne seulement le droit de contester ses assertions : ainsi,
un acquéreur prudent ne se contentera pas de ces formalités
illusoires ; il trouvera plus sage de ne point faire d'améliorations.

M. Jollivet croit qu'un délai d'un an doit suffire à l'acquéreur ; car il a encore, pour trouver des ressources , tout le temps que dure la contestation , puisque, pour la commencer, il n'est point obligé de faire d'offres réelles.

M. Tronchet dit que, loin de trouver le délai trop long, il le trouve au contraire trop court, et qu'il ne l'admet que pour concilier les opinions diverses.

On sera convaincu que ce terme est évidemment trop court si l'on jette les yeux sur les diverses classes des vendeurs.

Ce sont des majeurs , dira-t-on : oui , sans doute ; mais ce sera un jeune homme de vingt-un ans , qui aura sacrifié son héritage à la fougue de ses passions ; et qu'un acquéreur avide aura dépouillé.

Ce sera un homme dans le malheur, et que la nécessité aura forcé de vendre. Il est étonnant qu'on dise qu'en aliénant son bien il se place dans une position meilleure. Quoi! parce qu'à défaut des ressources qu'il espérait il aura sacrifié sa propriété pour sauver son honneur et se soustraire à la poursuite de ses créanciers , sa situation sera améliorée !

Ce sera une femme qui, n'administrant pas par elle-même, n'aura pas connu la valeur du bien qu'on lui a fait vendre.

Comment toutes ces personnes profiteront–elles de l'action en rescision si la durée en est abrégée? Ce ne sera pas dans un délai de six mois qu'un jeune homme reviendra de ses égaremens , qu'une femme reconnaîtra le tort qu'elle a souffert, qu'un malheureux réparera le désordre de ses affaires.

Mais , dit-on, puisqu'il n'est pas forcé à faire des offres réelles, le délai pour trouver des ressources se prolonge à son égard. Vaine défaite ! L'acquéreur, qui connaît la position malheureuse du vendeur , se hâte d'acquiescer à sa demande, bien certain de l'exclure plus sûrement en le réduisant à l'impuissance de rendre le prix.

Autrefois l'action en rescision durait dix ans , et ce terme n'était pas trop long. Maintenant il va être infiniment abrégé ; mais si l'on veut l'abréger encore davantage, le bienfait de la rescision devient illusoire.

Le Premier Consul propose de fixer le délai à quatre ans, afin qu'un jeune homme de vingt-un ans ait le secours de la rescision jusqu'à l'âge de vingt-cinq ans, c'est-à-dire pendant tout le temps que durait autrefois la minorité.

M. Cretet demande que, du moins, un délai aussi long ne soit pas accordé à tous les autres vendeurs.

Le Consul Cambacérès dit qu'à l'égard du jeune homme de vingt-un ans, la nouvelle jurisprudence abrégera le délai de douze ans ; car il ne sera plus restitué après l'expiration de sa vingt-troisième année, tandis qu'autrefois il était restituable jusqu'à l'âge de trente-cinq ans.

On a rétabli l'action en lésion comme un remède contre l'usure devenue trop commune ; il ne faut donc point rendre ce remède inutile en ne laissant pas le temps d'en faire usage. Déjà on a fait, à l'égard des mineurs et des interdits, des innovations qui peuvent ne leur être pas avantageuses ; du moins faut-il ne pas aller plus loin. Ce ne serait pas trop les favoriser que de leur accorder l'action en rescision pendant quatre ans.

A l'égard de tous les autres, peu importe que le délai soit d'une ou de deux années.

Le Premier Consul dit qu'il ne faut pas perdre de vue qu'en rétablissant l'action en rescision on s'est surtout proposé de prévenir la lésion. Plus on multipliera les chances défavorables contre celui qui oserait se la permettre, plus on atteindra sûrement ce but. On le manquera, au contraire, si l'on organise le principe de la lésion de manière que dans l'application il devienne illusoire.

Le Consul désirerait que le délai pût être de quatre ans ; dix ans même ne lui paraîtraient pas trop longs : mais, puisque la majorité a été fixée à vingt-un ans, et que la loi ne doit pas se contredire, que le délai soit du moins de deux ans.

M. Jollivet dit que le cas de lésion n'étant pas patent, il est à craindre que les vendeurs, par la menace d'un procès, ne tourmentent les acquéreurs, et ne parviennent à leur arracher des supplémens de prix, sans qu'il y ait réellement lésion.

LE PREMIER CONSUL demande si l'on a vu beaucoup d'actions en rescision formées sans qu'il y eût lésion réelle.

M. PORTALIS dit que, dans le ressort du parlement d'Aix, on formait rarement de telles actions sans qu'il y eût un juste motif.

M. MALEVILLE dit que peu de vendeurs ont demandé la rescision sans avoir été réellement lésés. Quand ils ont échoué, c'est parce que la moindre erreur dans l'évaluation ne portait plus la lésion à la proportion exacte de plus de la moitié du juste prix, ou parce qu'en effet la lésion n'avait pas été précisément portée à ce taux; mais en rejetant leur demande les tribunaux étaient bien convaincus qu'ils avaient réellement souffert une lésion très-considérable : et souvent la seule action produisait ce bien que, sans attendre le jugement, l'acquéreur rendait justice au vendeur par un supplément de prix.

M. BERLIER dit que, pour répondre à la demande du *Premier Consul*, il importe de savoir ce qu'on entend par ces mots *lésion réelle*.

Si l'on veut dire une *lésion quelconque*, comme de cinq, dix ou quinze pour cent, le résultat des expertistes a pu souvent offrir une lésion de cette espèce; lésion au surplus insignifiante, puisqu'elle n'opérerait pas la rescision du contrat.

Mais si l'on veut parler d'une lésion propre à rescinder le contrat, l'opinant nie formellement que, sur aucun point du territoire, il y eût souvent lieu de l'appliquer. Sur trente actions dirigées vers ce but, il en échouait vingt-neuf : cette considération est l'une de celles qui, dans les précédentes séances, avaient engagé l'opinant à s'élever contre le rétablissement du système dont il s'agit : la décision contraire a passé, et il la respecte; mais cela ne change pas la nature des faits.

M. DEFERMON dit que, pour éluder la loi de la rescision, il

suffira d'exprimer dans l'acte un prix plus élevé que celui qui aura été réellement reçu.

LE PREMIER CONSUL dit qu'on attaquerait l'acte comme frauduleux.

M. DEFERMON répond que la fraude serait difficile à prouver.

Il ajoute que d'ailleurs un acquéreur de bonne foi peut être surpris. Il aura pris chez un notaire chargé de vendre un bien des renseignemens sur le produit; on lui en aura donné d'inexacts; il croira avoir payé le bien son juste prix; et neuf ans après, c'est-à-dire lorsqu'il aura dénaturé ce bien, qu'il l'aura changé de forme et peut-être démembré, on viendra lui dire qu'il valait deux fois ce qu'il l'a payé, et le menacer d'un procès.

LE PREMIER CONSUL dit que, si le domaine vaut réellement le double de ce qu'il a été acheté, il n'y a pas d'inconvénient que l'acquéreur en complète le prix; car il n'est pas juste que, pour enrichir sa famille, il en appauvrisse une autre. Si on voulait le lui faire rendre, on serait injuste; il s'y est établi : mais qu'il paie la différence.

M. TRONCHET s'étonne que, lorsqu'il ne s'agit plus que de régler l'application du principe, on revienne sur le principe même.

On a fait une hypothèse fort extraordinaire lorsqu'on a présenté un homme qui achète d'après quelques renseignemens pris chez un notaire. Ce n'est pas ainsi que traitent ordinairement les acquéreurs; ils examinent avec beaucoup plus de soin, et presque toujours ils se transportent ou ils envoient sur les lieux.

Mais quand il y aurait eu incertitude et erreur, à qui nuisent-elles? A l'acquéreur : qu'il descende dans sa conscience. Plus la loi sera sévère, plus elle sera morale.

LE PREMIER CONSUL demande qui est le plus favorable du vendeur ou de l'acheteur : c'est sans doute le vendeur; il a été violenté par le besoin; il a dépouillé sa famille : l'ache-

teur au contraire était parfaitement libre; rien ne le forçait
d'acquérir; il a tous les profits du contrat.

D'ailleurs, il ne faut pas toujours voir ici des domaines
considérables, des vendeurs opulens; il faut aussi descendre
dans les petites familles, dans les petites fortunes qui ne se
composent que d'une seule propriété. Celui qui la sacrifie
déshérite sa postérité tout entière; il la fait descendre de
l'aisance quelconque dont elle était appelée à jouir, pour la
réduire à la misère : voilà ce qui n'arrive point à l'acheteur;
il ne dépouille point sa famille, il consolide au contraire le
patrimoine qu'il lui laisse.

L'article est adopté.

1677   L'article 97 est discuté.

M. Jollivet dit que cet article est inutile, puisque l'action en rescision pour lésion ne peut être admise que par un
jugement.

M. Tronchet répond que l'article est destiné à avertir le
juge qu'il ne doit admettre à la preuve de la lésion que lorsqu'il y a déjà quelque présomption que le vendeur a été lésé.
Cette disposition est nécessaire, parce que, dans l'ancienne
jurisprudence, il suffisait de se pourvoir au greffe.

Le Consul Cambacérès pense qu'on pourrait ramener les
dispositions de la section en discussion à un ordre plus naturel.

On pourrait déclarer d'abord que les juges devront examiner par eux-mêmes les circonstances de la cause; et si la
lésion leur paraît évidente, prononcer la rescision, sans employer le ministère d'experts. Il y a en effet des cas où l'inspection des titres suffit pour vérifier la lésion, comme dans
le cas où un bien est vendu six mois après avoir été estimé à
l'occasion d'un partage.

On ajouterait que, si la lésion ne peut pas être vérifiée directement par les juges, ils ordonneront que l'immeuble sera
estimé par des experts.

On placerait ensuite les articles qui organiseraient l'expertise.

Le Premier Consul dit que la loi doit donner aux juges une règle pour les trois cas suivants :

Celui où ils sont convaincus qu'il y a lésion ;

Celui où ils voient clairement qu'il n'en existe pas ;

Celui où ils croient que le fait articulé doit être vérifié par des experts.

Cette proposition est admise et renvoyée à la section.

Les articles 98, 99, 100 et 101 sont adoptés.

L'article 102 est discuté.

Le Premier Consul dit qu'il est peut-être trop rigoureux d'imposer à l'acquéreur l'obligation de parfaire le juste prix.

Celui qui a acheté à cinquante pour cent de la valeur n'est point exposé à l'action en rescision ; il y est soumis s'il a acheté à quarante. Il semble que c'est mettre trop de différence dans la condition de l'un et de l'autre, que d'obliger ce dernier à payer la valeur exacte de la chose. Il paraît mieux de ne lui en faire payer que quatre-vingt ou quatre-vingt-dix pour cent.

M. Bigot-Préameneu dit que la disposition est prise dans les lois romaines. Elle est fondée sur ce que, quand la loi intervient pour tenir la balance entre les parties, elle ne peut plus permettre que l'une ait de l'avantage sur l'autre.

Le Premier Consul dit que la réponse à ce raisonnement est que, si le vendeur avait voulu tenir rigoureusement au juste prix, l'acquéreur n'aurait pas acheté. Il est donc raisonnable de réduire le juste prix de dix pour cent. Rarement on achète une chose à sa valeur exacte. L'acquéreur, après tout, est venu au secours du vendeur ; et celui-ci aurait certainement consenti à recevoir quatre-vingt-dix pour cent de la valeur de son bien.

M. Bérenger dit que la section ne peut exciper de la rigueur du principe : elle veut que la lésion soit mesurée sur

(marginal note: 1678 à 1680 et ap. cet art. 1681)

le juste prix, et cependant elle n'accorde la rescision que lorsqu'il y a une différence de sept douzièmes. Pourquoi cette modification ? C'est parce qu'il est difficile de déterminer le juste prix ; or, cette incertitude doit également engager à ne pas exiger de l'acquéreur la différence exacte.

LE PREMIER CONSUL propose d'ajouter à l'article : *Le juste prix s'évalue d'après la valeur exacte de la chose, diminuée de dix pour cent.*

M. TRONCHET dit que cette déduction est toujours faite dans l'estimation des experts.

M. TREILHARD dit qu'il admet tout ce qui peut affaiblir l'action en rescision. Il applaudit en conséquence à l'idée de diminuer de dix pour cent l'exacte valeur de la chose ; mais il pense que le but serait encore mieux rempli si l'on n'obligeait l'acquéreur qu'à fournir la moitié de ce qui manque au juste prix.

M. BÉRENGER dit qu'il importe de considérer qu'il y a ici deux personnes à indemniser, celui qui a vendu à bas prix et celui dont la rescision change toutes les convenances, les combinaisons et la situation quant à ses affaires.

M. BIGOT-PRÉAMENEU dit que c'est toujours offrir une chance et une prime au dol.

LE PREMIER CONSUL dit que la déduction d'un dixième ne peut tenter la mauvaise foi, puisqu'il lui est facile de s'assurer impunément des avantages beaucoup plus considérables en achetant le bien à cinquante pour cent.

On ne voit donc plus d'autre motif, pour refuser cette déduction, que le principe très-moral que celui qui achète à vil prix ne mérite ni ménagement ni considération.

Mais il serait injuste d'appliquer rigoureusement ce principe à tous les acquéreurs indistinctement ; une telle sévérité ne conviendrait que contre ceux qui, en achetant la chose au-dessous de sa valeur, ont eu l'intention de frauder le vendeur : or il y a, sous ce rapport, des distinctions à faire entre les acheteurs. Il en est qui n'ont pas agi dans des vues aussi coupables, et desquels le vendeur a tiré des secours utiles, qu'il n'a pas cru payer trop cher en faisant des sacrifices sur le prix. Si tous ces acquéreurs étaient également odieux, il faudrait casser le contrat; mais comme il y a des nuances qu'il est cependant difficile de fixer, on laisse la chose à l'acheteur, et on ne l'oblige qu'à en parfaire le prix.

La proposition du *Premier Consul* est adoptée.

L'article 103 est adopté. 1682

L'article 104 est discuté. 1683

M. Ségur dit que, quoique l'acheteur soit moins exposé à être trompé, la justice semble cependant exiger que, lorsqu'il l'a été, la loi vienne à son secours.

M. Jollivet pense que cette protection serait d'autant plus juste que, dans ces derniers temps, on a imaginé une fraude infâme pour surprendre les acquéreurs : on leur présente des baux simulés qui donnent au domaine un produit apparent beaucoup supérieur au produit réel.

M. Tronchet dit que ces manœuvres ne constituent pas une simple lésion, mais le dol et la surprise, qui ne sont pas l'objet du titre en discussion.

A l'égard de l'action en lésion, les lois romaines la refusaient à l'acheteur, par la raison que personne n'est forcé d'acheter, au lieu que les circonstances et le besoin des affaires forcent quelquefois de vendre.

Les auteurs ont adopté le système du droit romain. Ils ont pensé que l'acheteur qui mettait un trop haut prix à la chose, s'y étant déterminé librement, soit par des raisons solides, ou pour augmenter ses jouissances, avait calculé ses sacrifices et y avait consenti; que dès lors il ne devait être relevé que dans le cas où il aurait été trompé par des déclarations mensongères et par de faux renseignemens.

Il y avait diversité dans la jurisprudence.

M. Portalis dit qu'il avait pensé que l'action en lésion devait être accordée aux deux parties ; mais que la section a cru devoir la restreindre au vendeur.

Lui était-elle particulière dans le principe ?

On ne peut pas décider cette question par le texte de la loi C., *de Rescind. Vend. ;* car il faut se rappeler qu'à Rome on rendait des rescrits sur des cas particuliers, et qu'ainsi le silence de la loi ne préjugeait rien contre les cas différens de celui sur lequel elle s'est expliquée. Mais on voit par d'autres lois quel était sur la question l'esprit de la législation romaine : elles déclarent que toutes les dispositions sur la vente sont communes au vendeur et à l'acheteur.

La jurisprudence était d'abord divisée.

Un arrêt du parlement de Paris, rendu en 1676, et rapporté au Journal du Palais, a paru fixer les principes.

On a considéré que, toutes les fois que le dol est prouvé par la chose même, la loi ne peut se dispenser de réparer la lésion, de quelque côté qu'elle se rencontre.

L'acquéreur peut sans doute avoir des raisons pour suracheter, savoir qu'il paie la chose au-delà de son prix, y consentir librement ; mais on est forcé de reconnaître aussi qu'il peut être trompé, ou même se tromper : or, dans cette dernière hypothèse, il est lésé.

Aussi Pothier veut-il que la rescision lui soit accordée ; et d'Aguesseau, qui écrivait avant que la jurisprudence fût fixée, est de la même opinion :

Depuis, la jurisprudence est devenue uniforme, et les acheteurs lésés ont obtenu la rescision.

M. Tronchet dit qu'il ne s'oppose pas à ce que l'action en rescision soit accordée aux acheteurs lorsqu'ils se trouvent lésés ; mais que, pour rendre cette disposition juste, il faut la restreindre par un amendement.

Il arrive, en effet, assez souvent qu'un propriétaire qui désire s'agrandir sollicite le propriétaire voisin de lui céder une partie de sa chose. Celui-ci se détermine avec peine : l'acheteur le décide en lui offrant des conditions très-avantageuses. Il ne serait pas juste que, dans ces circonstances, il pût se faire restituer.

LE PREMIER CONSUL dit qu'en accordant l'action en rescision à l'acheteur lésé, on embarrassera souvent les propriétés.

Un particulier qui a le projet d'établir une manufacture achète un terrain où il trouve un courant d'eau dont il a besoin pour son entreprise. Les circonstances changent; il ne réalise pas ses projets, ou il vient à mourir : lui-même ou ses héritiers viennent alléguer qu'ils ont payé ce terrain cinq fois sa valeur, et demandent la restitution. Le vendeur cependant s'est défait des terres voisines; il les a aliénées à un prix inférieur à celui qu'elles auraient eu si l'héritage eût été entier, et il s'y est déterminé par l'indemnité que lui offrait la première vente. Il est évident que, dans cette hypothèse, la rescision du contrat ne le replacerait pas dans la position où il se trouvait.

On voit, par cet exemple, que, si l'on accordait la rescision à l'acheteur, ce ne pourrait être qu'en distinguant entre les divers cas; ce qui rendrait la loi très-confuse, en même temps qu'incomplète, car il serait impossible de prévoir ni de saisir toutes les distinctions qu'exigerait l'équité.

Il n'en est pas de même de la rescision accordée au vendeur; elle ne porte jamais préjudice à l'acheteur : son intérêt et sa volonté sont d'avoir la chose qu'il a achetée. Si la rescision la lui ôtait, elle serait mauvaise et injuste; mais elle la lui laisse, et ne l'oblige qu'à en payer le véritable prix.

La loi qui accorderait la rescision à l'acheteur blesserait les intérêts du fisc en ouvrant la porte aux fraudes. Le prix réel de la vente ne serait plus exprimé dans les contrats; le vendeur exigerait que ce qui est au-delà de l'exacte valeur de la chose fût donné par forme de pot-de-vin.

Enfin un dernier inconvénient serait que, si le prix exprimé dans le contrat n'est plus certainement le véritable prix, on ne saurait pas quelle valeur donner à l'héritage dans les partages de famille.

La proposition d'accorder à l'acheteur l'action en rescision est rejetée.

LE CONSEIL adopte l'article 104.

1684-1685   Les articles 105 et 106 sont adoptés.

(Procès-verbal de la séance du 12 pluviose an XII. — 2 février 1804.)

M. GALLI présente le titre XI du livre III du projet de Code civil, *de la Vente*, rédigé conformément aux amendemens adoptés dans les séances des 30 frimaire, 9 et 21 nivose, et 7 pluviose.

LE CONSEIL l'adopte en ces termes :

DE LA VENTE.

CHAPITRE Ier.

De la Nature et de la Forme de la vente.

1582 à 1584   Art. 1, 2 et 3 (*conformes aux mêmes articles dans le procès-verbal du* 30 *frimaire an XII*).

1585   Art. 4. « Lorsque des marchandises ne sont pas vendues en « bloc, mais au poids, au compte ou à la mesure, la vente « n'est parfaite qu'après que les marchandises ont été pesées, « comptées ou mesurées. »

1586   Art. 5. « Si au contraire les marchandises ont été vendues « en bloc, la vente est parfaite, quoique les marchandises « n'aient pas encore été pesées, comptées ou mesurées. »

1587-1588   Art. 6 et 7 (*les mêmes que ceux du procès-verbal ci-dessus énoncé*).

1589   Art. 8. « La promesse de vente vaut vente lorsqu'il y a « consentement réciproque des deux parties sur la chose et « sur le prix. »

1590 à 1593   Art. 9, 10, 11 et 12 (*semblables à ceux du procès-verbal énoncé*).

CHAPITRE II.

Qui peut acheter ou vendre.

Art. 13 (*conforme à l'article 13 du même procès-verbal*). 1594

Art. 14. « Le contrat de vente ne peut avoir lieu entre 1595
« époux que dans les trois cas suivans :

« 1°. Celui où l'un des deux époux cède des biens à l'autre
« séparé judiciairement d'avec lui, en paiement de ses
« droits ;

« 2°. Celui où la cession que le mari fait à sa femme, même
« non séparée, a une cause légitime, telle que le remploi de
« ses propres aliénés, ou de deniers à elle appartenant qui
« ne tombent pas en communauté ;

« 3°. Celui où la femme cède des biens à son mari en paie-
« ment d'une somme qu'elle lui aurait antérieurement ap-
« portée en dot, et lorsqu'il y a exclusion de communauté :

« Sauf, dans ces trois cas, les droits des héritiers des par-
« ties contractantes, s'il y a avantage indirect. »

Art. 15 et 16 (*tels qu'ils sont au susdit procès-verbal*). 1596-1597

CHAPITRE III.

Des choses qui peuvent être vendues.

Art. 17, 18, 19 et 20 (*les mêmes que ceux du procès-verbal* 1598 à 1601
ci-dessus énoncé).

CHAPITRE IV.

Des Obligations du vendeur.

SECTION 1re.—*Dispositions générales.*

Art. 21. « Le vendeur est tenu d'expliquer clairement ce à 1602
« quoi il s'oblige.

« Tout pacte obscur ou ambigu s'interprète contre le ven-
« deur. »

Art. 22 (*tel qu'il est au procès-verbal déjà énoncé*). 1603

SECTION II. — *De la Délivrance.*

1604 à 1614   Art. 23, 24, 25, 26, 27, 28, 29, 30, 31, 32 et 33 (*tels qu'ils sont au même procès-verbal*).

1615   Art. 34. « L'obligation de délivrer la chose comprend ses « accessoires, et tout ce qui a été destiné à son usage per- « pétuel. »

1616-1617   Art. 35 et 36 (*tels qu'ils sont au procès-verbal ci-dessus daté*).

1618   Art. 37. « Si, au contraire, dans le cas de l'article précé- « dent, il se trouve une contenance plus grande que celle « exprimée au contrat, l'acquéreur a le choix de fournir le « supplément du prix, ou de se désister du contrat, si l'ex- « cédant est d'un vingtième au-dessus de la contenance « déclarée. »

1619   Art. 38. « Dans tous les autres cas,

« Soit que la vente soit faite d'un corps certain et limité,

« Soit qu'elle ait pour objet des fonds distincts et séparés,

« Soit qu'elle commence par la mesure, ou par la dési- « gnation de l'objet vendu, suivie de la mesure,

« L'expression de cette mesure ne donne lieu à aucun « supplément de prix en faveur du vendeur pour l'excédant « de mesure; ni en faveur de l'acquéreur, à aucune dimi- « nution du prix pour moindre mesure, qu'autant que la « différence de la mesure réelle à celle exprimée au contrat « est d'un vingtième en plus ou en moins, eu égard à la va- « leur de la totalité des objets vendus, s'il n'y a stipulation « contraire. »

1620 à 1622   Art. 39, 40 et 41 (*les mêmes que ceux du procès-verbal ci- devant énoncé*).

1623   Art. 42. « S'il a été vendu deux fonds par le même con- « trat, et pour un seul et même prix, avec désignation de la « mesure de chacun, et qu'il se trouve moins de contenance « en l'un et plus en l'autre, on fait compensation jusqu'à due « concurrence; et l'action, soit en supplément, soit en dimi-

« nution du prix, n'a lieu que suivant les règles ci-dessus
« établies. »

Art. 43 (*tel qu'il est au même procès-verbal*).   1624

SECTION III.—*De la Garantie.*

Art. 44 (*tel qu'il est au procès-verbal du 30 frimaire*).   1625

§ Ier. *De la Garantie en cas d'éviction.*

Art. 45 et 46 (*semblables à ceux du même procès-verbal*).   1626-1627

Art. 47. « Quoiqu'il soit dit que le vendeur ne sera soumis 1628
« à aucune garantie, il demeure cependant tenu de celle qui
« résulte d'un fait qui lui est personnel : toute convention
« contraire est nulle. »

Art. 48, 49, 50, 51, 52, 53, 54 et 55 (*les mêmes que ceux* 1629à1635
contenus au procès-verbal ci-dessus énoncé).

Art. 56. « Si, dans le cas de l'éviction d'une partie du fonds 1637
« vendu, la vente n'est pas résiliée, la valeur de la partie
« dont l'acquéreur se trouve évincé lui est remboursée sui-
« vant l'estimation à l'époque de l'éviction, et non propor-
« tionnellement au prix total de la vente, soit que la chose
« vendue ait augmenté ou diminué de valeur. »

Art. 57, 58 et 59 (*tels qu'ils sont au procès-verbal énoncé*). 1638à1640

§ II. *De la Garantie des défauts de la chose vendue.*

Art. 60, 61 et 62 (*les mêmes que ceux du procès-verbal ci-* 1641à1643
dessus daté).

Art. 63. « Dans les cas des articles 60 et 62, l'acheteur a 1644
« le choix de rendre la chose et de se faire restituer le prix,
« ou de garder la chose et de se faire rendre une partie du
« prix, telle quelle sera arbitrée par experts. »

Art. 64, 65 et 66 (*tels qu'ils sont au même procès-verbal*). 1645à1647

Art. 67. « L'action résultant des vices rédhibitoires doit 1648
« être intentée par l'acquéreur, dans un bref délai, suivant
« la nature des vices rédhibitoires et l'usage du lieu où la
« vente a été faite. »

XIV.   6

1649   Art. 68 (*semblable au même article du procès-verbal ci-dessus énoncé*).

CHAPITRE V.

Des Obligations de l'acheteur.

1650 à 1652   Art. 69, 70 et 71 (*tels que ceux contenus au procès-verbal du 30 frimaire*).

1653   Art. 72. « Si l'acheteur est troublé, ou a juste sujet de « craindre d'être troublé par une action, soit hypothécaire, « soit en revendication, il peut suspendre le paiement du « prix, jusqu'à ce que le vendeur ait fait cesser le trouble, « si mieux n'aime celui-ci donner caution, ou à moins qu'il « n'ait été stipulé que, nonobstant le trouble, l'acheteur « paiera. »

1654 à 1656   Art. 73, 74 et 75 (*tels qu'ils sont au procès-verbal ci-dessus daté*).

1657   Art. 76. « En matière de vente de denrées et effets mobi- « liers, la résolution de la vente aura lieu de plein droit, et « sans sommation, au profit du vendeur, après l'expiration « du terme convenu pour le retirement. »

ap. 1657   Art. 77. (*semblable à celui du procès-verbal énoncé*).

CHAPITRE VI.

De la Nullité et de la Résolution de la vente.

1658   Art. 78 (*le même que celui du procès-verbal ci-dessus daté*).

SECTION Ire. — *De la Faculté de rachat.*

1659 à 1663   Art. 79, 80, 81, 82 et 83 (*tels qu'ils sont au susdit procès-verbal*).

1664   Art. 84. « Le vendeur à pacte de rachat peut exercer son « action contre un second acquéreur, quand même la faculté « de réméré n'aurait pas été déclarée dans le second contrat. »

1665 à 1668   Art. 85, 86, 87 et 88 (*semblables à ceux du même procès-verbal*).

Art. 89. « Il en est de même si celui qui a vendu seul un 1669
« héritage a laissé plusieurs héritiers.

« Chacun de ses cohéritiers ne peut user de la faculté de
« rachat que pour la part qu'il prend dans la succession. »

Art. 90. « Mais, dans le cas des deux articles précédens, 1670
« l'acquéreur peut exiger que tous les covendeurs ou tous les
« cohéritiers soient mis en cause, afin de se concilier entre
« eux pour la reprise de l'héritage entier ; faute de ce, il sera
« renvoyé de la demande. »

Art. 91. « Si la vente d'un héritage appartenant à plusieurs 1671
« n'a pas été faite conjointement et de tout l'héritage en-
« semble, et que chacun n'ait vendu que la part qu'il y avait,
« ils peuvent exercer séparément l'action en réméré sur la
« portion qui leur appartenait ;

« Et l'acquéreur ne peut forcer celui qui l'exercera de
« cette manière à retirer le tout. »

Art. 92 et 93 (*tels qu'ils sont au procès-verbal ci-dessus cité*). 1672-1673

SECTION II.—*De la Rescision de la vente pour cause de lésion.*

Art. 94, 95, 96, 97, 98, 99, 100 et 101 (*les mêmes que* 1674 à 1680
ceux du procès—verbal du 30 frimaire). et ap. cet
article.

Art. 102. « Dans le cas où l'action en rescision est admise, 1681
« l'acquéreur a le choix ou de rendre la chose en retirant le
« prix qu'il en a payé, ou de garder le fonds en payant le
« supplément du juste prix, sous la déduction du dixième
« du prix total.

« Le tiers possesseur a le même droit, sauf sa garantie
« contre son vendeur. »

Art. 103. « Si l'acquéreur préfère garder la chose en four- 1682
« nissant le supplément réglé par l'article précédent, il doit
« l'intérêt du supplément du jour de la demande en rescision.

« S'il préfère la rendre et recevoir le prix, il rend les fruits
« du jour de la demande.

« L'intérêt du prix qu'il a payé lui est aussi compté du
« jour de la même demande, ou du jour du paiement, s'il
« n'a touché aucuns fruits. »

6.

1683 à 1685　Art. 104, 105 et 106 (*semblables à ceux contenus au procès-verbal énoncé*).

CHAPITRE VII.
De la Licitation.

1686 à 1688　Art. 107, 108 et 109 (*conformes à ceux du procès-verbal ci-dessus daté*).

CHAPITRE VIII.
Du Transport des créances et autres droits incorporels.

1689 à 1693　Art. 110, 111, 112, 113 et 114 (*tels qu'ils sont au procès-verbal du 30 frimaire*).

1694　Art. 115. « Il ne répond de la solvabilité du débiteur que « lorsqu'il s'y est engagé, et jusqu'à concurrence seulement « du prix qu'il a retiré de la créance. »

1695 à 1697　Art. 116, 117 et 118 (*les mêmes que ceux du procès-verbal ci-dessus cité*).

1698　Art. 119. « L'acquéreur doit, de son côté, rembourser au « vendeur ce que celui-ci a payé pour les dettes et charges « de la succession, et lui faire raison de tout ce dont il était « créancier, s'il n'y a stipulation contraire. »

1699 à 1701　Art. 120, 121 et 122 (*entièrement conformes à ceux du même procès-verbal*).

Le Premier Consul ordonne que le titre ci-dessus sera communiqué officieusement, par le secrétaire-général du Conseil d'État, à la section de législation du Tribunat, conformément à l'arrêté du 18 germinal an X.

COMMUNICATION OFFICIEUSE
A LA SECTION DE LÉGISLATION DU TRIBUNAT.

Le projet fut transmis à la section le 13 pluviose an XII (3 février 1804), et l'examen eut lieu dans les séances des 21 pluviose (11 février) et jours suivans.

OBSERVATIONS DU TRIBUNAT.

La séance s'ouvre par le rapport fait au nom d'une commission sur le projet de loi relatif à la vente, qui doit former
le titre XI du livre III du Code civil.

La discussion amène les résultats suivans :

Art. 1 et 2. Le deuxième paragraphe de l'article premier 1581-1583
paraît déplacé, parce que ce dont il y est question, qui est la
forme de la vente, est étranger à l'objet du paragraphe premier, qui en contient la définition.

D'un autre côté, la disposition du deuxième paragraphe a
paru devoir être rédigée d'une manière plus positive, pour
annoncer la nécessité que toute vente d'immeubles fût faite
par écrit.

Il a donc paru plus conforme à la série des idées de transporter le deuxième paragraphe du premier article après l'article deuxième, dont il sera un paragraphe, et de le concevoir
ainsi qu'il suit :

*Néanmoins toute vente d'immeubles doit être faite par écrit :
elle peut l'être par acte authentique ou sous seing privé.*

Pour plus de régularité, la section propose de dire, article 2, ligne 2, *à l'égard* au lieu de *vis-à-vis*.

Art. 3. Dire en commençant, *la vente peut être faite*, etc. 1584

Art. 4. Cet article, tel qu'il est rédigé dans le projet de 1585
loi, peut donner lieu à une grande difficulté. On peut en
conclure que, dans le cas qui y est prévu, il n'y a pas même
de vente ; en sorte que l'acheteur n'aurait pas le droit de
forcer le vendeur à l'exécution de son engagement. Cependant cet engagement existe, et le vendeur peut toujours être
obligé ou à délivrer la chose vendue, ou, s'il ne le peut
pas, aux dommages-intérêts.

Le seul effet que doive produire la circonstance énoncée
dans l'article est que, n'y ayant pas d'accomplissement de
la vente, quoique la vente existe, les risques que courent

les choses vendues sont, dans ce cas particulier, à la charge de l'acheteur, jusqu'au pesage, au comptage et au mesurage.

La section croit qu'il est à propos d'exprimer clairement toute la pensée du législateur, en rédigeant cet article ainsi qu'il suit :

« Lorsque les marchandises ne sont pas vendues en bloc,
« mais au poids, au compte ou à la mesure, la vente n'est
« point parfaite, en ce sens que les choses vendues sont aux
« risques du vendeur jusqu'à ce qu'elles soient pesées, comp-
« tées ou mesurées. Mais l'acheteur peut en demander la
« délivrance, ou des dommages-intérêts, s'il y a lieu, en
« cas d'inexécution de l'engagement. »

1588 Art. 7. La deuxième partie de cet article du projet a paru contradictoire avec la première, ou au moins l'intelligence en est difficile ; car si la vente porte qu'elle est faite à l'essai, cas dans lequel elle est suspendue, on ne conçoit pas que dans le même acte il puisse y avoir une stipulation contraire.

La section a cru entrer dans l'idée des auteurs du projet en pensant qu'il ne devait être question dans cet article que des objets qu'on est dans l'usage d'essayer. Dans ce cas, la présomption est que la vente est faite sous une condition suspensive, à moins qu'on ait renoncé à la faculté de l'essai, ce qui est très-licite. Mais alors il est à propos de rédiger 'article dans les termes suivans :

« La vente des objets qu'on est dans l'usage d'essayer est
« toujours présumée faite sous une condition suspensive, si
« le contraire n'est prouvé par la convention. »

1590 Art. 9. Il est à propos de dire, *néanmoins si la promesse de vendre*, etc., le reste de l'article devant subsister. Il faut annoncer que cet article n'est qu'une exception à la règle établie par le précédent, en contradiction avec celle qui précède.

1591 Art. 10. Pour plus de briéveté, dire *le prix de la vente doit être certain et déterminé.*

1592 Art. 11. La section propose de rédiger cet article ainsi qu'il suit :

« Il peut cependant être laissé à l'arbitrage d'un tiers ex-
« pressément désigné par les parties. Si le tiers ne veut ou
« ne peut pas faire l'estimation, il n'y a point de vente. »

On sait combien il s'élevait de difficultés dans le cas de la
désignation d'un tiers pour fixer le prix de la vente. Quelquefois on chargeait un tiers de nommer un autre tiers pour
faire cette estimation. Si le tiers était chargé de l'opération
directement par les parties, il y avait des doutes sur ce qu'il
y avait à faire en cas que ce tiers ne voulût pas accepter la
mission, ou qu'il ne pût y vaquer par mort ou autrement.
La rédaction proposée tranche toutes les difficultés qui auraient encore pu subsister en laissant l'article du projet de loi.

Art. 14, second paragraphe. Il est à propos, pour plus de 1595
régularité et de clarté, de dire :

« Telle que le remploi de ses immeubles aliénés ou de
« deniers à elle appartenant, si ces deniers ou immeubles
« ne tombent pas en communauté. »

Le mot *propres* n'est plus employé dans le Code, et il
peut rappeler à certains égards des distinctions qui n'existent plus.

Et au paragraphe troisième, dire *qu'elle lui aurait promise
en dot, et lorsqu'il y a exclusion de communauté*, au lieu de
qu'elle lui aurait antérieurement apportée en dot.

Dans le sens de l'article, il ne peut être question que de
la promesse qui aurait été faite d'apporter en dot une somme,
et non d'un apport réel; ensuite le mot *antérieurement* est
inutile.

Art. 16. La section pense qu'on doit donner le plus d'ex- 1597
tension possible à la prohibition établie par cet article. Elle
propose en conséquence de l'étendre aux notaires, en mettant le mot *notaires* après ceux-ci ; *défenseurs officieux.* Elle
propose encore une nouvelle extension, en disant *qui sont de
la compétence du tribunal d'appel dans le ressort duquel ils
exercent leurs fonctions,* etc.

Enfin, pour plus de régularité, la section propose de dire

ne peuvent devenir cessionnaires des procès, etc., au lieu de *ne peuvent prendre cession.*

1599   Art. 18. Cet article, à raison de sa rédaction, a présenté beaucoup de difficultés. La section en approuve bien le principe, qui déroge à ceux du droit romain, d'après lesquels on pouvait vendre la chose d'autrui, même quoique le vendeur et l'acheteur le connussent; en sorte que l'acheteur pourrait demander ou la chose, si elle était au pouvoir du vendeur, ou des dommages-intérêts, s'il ne pouvait la livrer. Mais néanmoins elle a pensé que la disposition de l'article ne devait pas avoir lieu si l'acquéreur ignorait que la chose vendue n'appartenait pas à son vendeur; et pour que la vente ne produise aucune sorte d'obligation, il faut qu'il soit prouvé que le vendeur et l'acheteur savaient également que la chose appartenait à autrui.

C'est dans ces vues que la section propose la rédaction suivante :

« La vente de la chose d'autrui, encore qu'elle soit qua-
« lifiée telle dans le contrat, est nulle et n'est point obliga-
« toire, sauf les dispositions relatives à la non-délivrance et
« à l'éviction en faveur de l'acquéreur de bonne foi : néan-
« moins, dans tous les cas, le vendeur sera tenu de la res-
« titution du prix payé avec les intérêts. »

1606   Art. 25, deuxième paragraphe. Dire, pour la régularité, *ou par leur tradition réelle*, au lieu de *ou par leur délivrance réelle*, afin de ne pas dire *la délivrance des effets mobiliers s'opère par leur délivrance réelle.*

1611   Art. 30. Dire, pour plus de régularité, *s'il résulte un préjudice pour l'acquéreur du défaut de délivrance au terme convenu.*

1624   Art. 43. On doute que le titre II du livre III, auquel l'article renvoie, soit celui des contrats et obligations conventionnelles; il est plus sûr de rappeler la dénomination du titre.

1630   Art. 49, troisième paragraphe. Dire, pour plus de régularité, *les frais faits sur la demande en garantie de l'acheteur et ceux faits par le demandeur originaire.*

Art. 54. Supprimer comme inutiles ces mots, *et en con-* 1635
naissance de cause.

Art. 58. Rappeler, pour plus de sûreté, le titre auquel on 1639
renvoie, par sa dénomination, et non par son numéro, qui est douteux.

Art. 67. Dire *des vices rédhibitoires*, faute typographique. 1648

Art. 71, quatrième paragraphe. Supprimer le mot *et*, par 1652
lequel ce paragraphe commence.

Art. 77. Il est à propos d'indiquer bien précisément le ap 1657
titre auquel cet article renvoie. La section observe qu'elle a peine à croire qu'il y ait un titre seul qui soit relatif au privilége du vendeur et au cas de la revendication.

Art. 78, ligne 4. Dire *par l'exercice*, etc., au lieu de *par* 1658
l'usage.

Art. 79. Comme on a employé dans la suite du titre quel- 1659
quefois le mot *rachat*, d'autres fois le mot *réméré*, il est à propos, pour qu'on n'y voie aucune différence quant au sens, de dire dans cet article : *La faculté de rachat ou de réméré est un pacte*, etc.

Art. 90, ligne 4. Substituer ces mots, *et s'ils ne se conci-* 1670
lient pas, à ceux-ci, *faute de ce.*

Art. 93, avant-dernière ligne. Dire *il*, et non *s'il*, etc., 1673
faute typographique.

Art. 99. Pour éviter la dureté de ces mots, *si aucuns il y a*, 1679
dire *s'il y a des avis différens, le procès-verbal en contiendra les motifs, sans qu'il soit permis* ; etc.

Art. 101. La section vote la suppression de cet article ; il ap. 1680
est inexécutable, et il faut nécessairement s'en tenir aux dispositions de l'article 97.

Il ne suffit pas en effet que les juges puissent décider eux-mêmes, d'après des preuves littérales, s'il y a lésion ou non; quand on se déciderait pour l'affirmative, il faudrait encore connaître la juste valeur de l'objet vendu, même au-dessus

du taux de la lésion, afin que, dans le cas où l'acquéreur
voudrait user du droit de retenir l'objet vendu en payant le
supplément du juste prix, on sache à quelle somme s'élève
ce supplément.

1684   Art. 105. La section propose de substituer à cet article la
rédaction suivante :

« Elle n'a point lieu en toutes ventes qui, d'après la loi,
« ne peuvent être faites que d'autorité de justice. »

En disant seulement, comme dans l'article du projet,
elle n'a pas lieu en vente forcée, on se fera difficilement une
idée de ce qu'on doit entendre par les ventes contre lesquelles la rescision aura ou n'aura pas lieu. Des difficultés
s'éleveraient sur certaines ventes qu'on pourrait regarder
comme forcées, par cela seul qu'on se serait soumis de les
faire à la chaleur des enchères et d'après un jugement, ainsi
que cela se pratique souvent, et notamment à Paris, et sur
certaines autres qu'on pourrait ne pas considérer comme
forcées dans le sens de la loi, quoique faites d'autorité de
justice, telles qu'une vente de biens d'un mineur, même
lorsqu'elle serait provoquée par son tuteur ou par ses parens,
ou des biens dotaux, s'il y a lieu.

Il pourrait aussi s'élever des difficultés relativement aux
ventes faites par licitation entre majeurs, qui doivent cependant être regardées comme susceptibles de lésion, puisqu'elles ne sont forcées qu'accidentellement et non à raison
de la qualité des personnes.

La section a pensé que, pour obtenir une disposition précise, il fallait partir du principe que, toutes les fois qu'une
vente ne peut avoir lieu d'après la loi qu'avec l'autorité de
la justice, la rescision ne doit pas y être admise ; alors c'est
la justice qui vend.

Il est vrai que le mineur ne pourra dans le cas ci-dessus
faire valoir la rescision ; mais aussi, d'après les précautions
prises, elle ne doit pas s'y présumer. D'ailleurs le mineur
pourrait même, jusqu'après l'expiration de deux ans après

sa majorité, exercer l'action en rescision, ce qui laisserait une trop grande incertitude sur les propriétés.

Art. 110. Dire *d'un droit ou d'une action*, etc., au lieu de 1689 *droit ou action*, etc.

Art. 111, deuxième paragraphe. On peut dire avec autant 1690 d'exactitude et avec plus de régularité : *Néanmoins le cessionnaire peut être légalement saisi par l'acceptation du transport faite par le débiteur dans un acte authentique.*

Cette rédaction comprend tous les cas et évite des répétitions ; l'objet important est que l'acceptation soit faite par un acte authentique.

RÉDACTION DÉFINITIVE DU CONSEIL D'ÉTAT.

(Procès-verbal de la séance du 3 ventose an XII. — 23 février 1804.)

M. GALLI, d'après la conférence tenue avec les membres de la section de législation du Tribunat, présente la rédaction définitive du titre XI du livre III du projet de Code civil, *de la Vente.*

LE CONSEIL l'adopte en ces termes :

DE LA VENTE.

CHAPITRE Ier.

De la Nature et de la Forme de la vente.

Art. 1er. « La vente est une convention par laquelle l'un 1582 « s'oblige à livrer une chose, et l'autre à la payer.

« Elle peut être faite par acte authentique ou sous seing « privé. »

Art. 2. « Elle est parfaite entre les parties, et la propriété 1583 « est acquise de droit à l'acheteur à l'égard du vendeur, « dès qu'on est convenu de la chose et du prix, quoique « la chose n'ait pas encore été livrée ni le prix payé. »

Art. 3. « La vente peut être faite purement et simplement, 1584

« ou sous une condition soit suspensive, soit résolutoire.

« Elle peut aussi avoir pour objet deux ou plusieurs choses
« alternatives.

« Dans tous ces cas son effet est réglé par les principes
« généraux des conventions. »

1585   Art. 4. « Lorsque des marchandises ne sont pas vendues en
« bloc, mais au poids, au compte ou à la mesure, la vente
« n'est point parfaite, en ce sens que les choses vendues
« sont aux risques du vendeur jusqu'à ce qu'elles soient pe-
« sées, comptées ou mesurées; mais l'acheteur peut en de-
« mander ou la délivrance ou des dommages-intérêts, s'il y
« a lieu, en cas d'inexécution de l'engagement. »

1586   Art. 5. « Si au contraire les marchandises ont été vendues
« en bloc, la vente est parfaite, quoique les marchandises
« n'aient pas encore été pesées, comptées ou mesurées. »

1587   Art. 6. « A l'égard du vin, de l'huile et des autres choses
« que l'on est dans l'usage de goûter avant d'en faire l'achat,
« il n'y a point de vente tant que l'acheteur ne les a pas
« goûtées et agréées. »

1588   Art. 7. « La vente faite à l'essai est toujours présumée
« faite sous une condition suspensive. »

1589   Art. 8. « La promesse de vente vaut vente lorsqu'il y a
« consentement réciproque des deux parties sur la chose et
« sur le prix. »

1590   Art. 9. « Si la promesse de vendre a été faite avec des
« arrhes, chacun des contractans est maître de s'en départir :
« Celui qui les a données, en les perdant;
« Et celui qui les a reçues, en restituant le double. »

1591   Art. 10. « Le prix de la vente doit être déterminé et dé-
« signé par les parties. »

1592   Art. 11. « Il peut cependant être laissé à l'arbitrage d'un
« tiers : si le tiers ne veut ou ne peut faire l'estimation, il n'y
« a point de vente »

1593   Art. 12. « Les frais d'actes et autres accessoires à la vente
« sont à la charge de l'acheteur. »

CHAPITRE II.

Qui peut acheter ou vendre.

Art. 13. « Tous ceux auxquels la loi ne l'interdit pas 1594
« peuvent acheter ou vendre. »

Art. 14. « Le contrat de vente ne peut avoir lieu entre 1595
« époux que dans les trois cas suivans :

« 1°. Celui où l'un des deux époux cède des biens à l'autre
« séparé judiciairement d'avec lui, en paiement de ses droits,

« 2°. Celui où la cession que le mari fait à sa femme, même
« non séparée, a une cause légitime, telle que le remploi de
« ses immeubles aliénés, ou de deniers à elle appartenant,
« si ces immeubles ou deniers ne tombent pas en commu-
« nauté ;

« 3°. Celui où la femme cède des biens à son mari en paie-
« ment d'une somme qu'elle lui aurait promise en dot, et
« lorsqu'il y a exclusion de communauté :

« Sauf, dans ces trois cas, les droits des héritiers des
« parties contractantes, s'il y a avantage indirect. »

Art. 15. « Ne peuvent se rendre adjudicataires sous peine 1596
« de nullité, ni par eux-mêmes, ni par personnes inter-
« posées :

« Les tuteurs, des biens de ceux dont ils ont la tutelle ;

« Les mandataires, des biens qu'ils sont chargés de
« vendre ;

« Les administrateurs, de ceux des communes ou des
« établissemens publics confiés à leurs soins ;

« Les officiers publics, des biens nationaux dont les ventes
« se font par leur ministère. »

Art. 16. « Les juges, leurs suppléans, les commissaires 1597
« du gouvernement, leurs substituts, les greffiers, huissiers,
« avoués, défenseurs officieux et notaires, ne peuvent de-
« venir cessionnaires des procès, droits et actions litigieux
« qui sont de la compétence du tribunal dans le ressort

« duquel ils exercent leurs fonctions, à peine de nullité et
« des dépens, dommages et intérêts. »

CHAPITRE III.

Des Choses qui peuvent être vendues.

1598 Art. 17. « Tout ce qui est dans le commerce peut être
« vendu lorsque des lois particulières n'en ont pas prohibé
« l'aliénation. »

1599 Art. 18. « La vente de la chose d'autrui est nulle : elle
« peut donner lieu à des dommages-intérêts lorsque l'ache-
« teur a ignoré que la chose fût à autrui. »

1600 Art. 19. « On ne peut vendre la succession d'une personne
« vivante, même de son consentement. »

1601 Art. 20. « Si, au moment de la vente, la chose vendue
« était périe en totalité, la vente serait nulle.

« Si une partie seulement de la chose est périe, il est au
« choix de l'acquéreur d'abandonner la vente ou de demander
« la partie conservée, en faisant déterminer le prix par la
« ventilation. »

CHAPITRE IV.

Des Obligations du vendeur.

SECTION 1re. — Dispositions générales.

1602 Art. 21. « Le vendeur est tenu d'expliquer clairement ce
« à quoi il s'oblige.

« Tout pacte obscur ou ambigu s'interprète contre le ven-
« deur. »

1603 Art. 22. « Il a deux obligations principales, celle de déli-
« vrer et celle de garantir la chose qu'il vend. »

SECTION II. — De la Délivrance.

1604 Art. 23. « La délivrance est le transport de la chose vendue
« en la puissance et possession de l'acheteur. »

1605 Art. 24. « L'obligation de délivrer les immeubles est rem-
« plie de la part du vendeur lorsqu'il a remis les clefs s'il

« s'agit d'un bâtiment, ou lorsqu'il a remis les titres de pro-
« priété. »

Art. 25. « La délivrance des effets mobiliers s'opère,   1606

« Ou par la tradition réelle,

« Ou par la remise des clefs des bâtimens qui les con-
« tiennent,

« Ou même par le seul consentement des parties, si le
« transport ne peut pas s'en faire au moment de la vente, ou
« si l'acheteur les avait déjà en son pouvoir à un autre
« titre. »

Art. 26. « La tradition des droits incorporels se fait ou par   1607
« la remise des titres, ou par l'usage que l'acquéreur en fait
« du consentement du vendeur. »

Art. 27. « Les frais de la délivrance sont à la charge du   1608
« vendeur, et ceux de l'enlèvement à la charge de l'ache-
« teur, s'il n'y a eu stipulation contraire. »

Art. 28. « La délivrance doit se faire au lieu où était au   1609
« temps de la vente la chose qui en a fait l'objet, s'il n'en a
« été autrement convenu. »

Art. 29. « Si le vendeur manque à faire la délivrance dans   1610
« le temps convenu entre les parties, l'acquéreur pourra, à
« son choix, demander la résolution de la vente ou sa mise en
« possession, si le retard ne vient que du fait du vendeur. »

Art. 30. « Dans tous les cas, le vendeur doit être condamné   1611
« aux dommages et intérêts, s'il résulte un préjudice pour
« l'acquéreur du défaut de délivrance au terme convenu. »

Art. 31. « Le vendeur n'est pas tenu de délivrer la chose   1612
« si l'acheteur n'en paie pas le prix, et que le vendeur ne
« lui ait pas accordé un délai pour le paiement. »

Art. 32. « Il ne sera pas non plus obligé à la délivrance   1613
« quand même il aurait accordé un délai pour le paiement,
« si, depuis la vente, l'acheteur est tombé en faillite ou en
« état de déconfiture, en sorte que le vendeur se trouve en
« danger imminent de perdre le prix, à moins que l'acheteur
« ne lui donne caution de payer au terme. »

1614   Art. 33. « La chose doit être délivrée en l'état où elle se
« trouve au moment de la vente.

« Depuis ce jour tous les fruits appartiennent à l'acquéreur. »

1615   Art. 34. « L'obligation de délivrer la chose comprend ses
« accessoires , et tout ce qui a été destiné à son usage perpé-
« tuel. »

1616   Art. 35. « Le vendeur est tenu de délivrer la contenance
« telle qu'elle est portée au contrat, sous les modifications
« ci-après exprimées. »

1617   Art. 36. « Si la vente d'un immeuble a été faite avec in-
« dication de la contenance , à raison de tant la mesure , le
« vendeur est obligé de délivrer à l'acquéreur, s'il l'exige , la
« quantité indiquée au contrat;

« Et si la chose ne lui est pas possible, ou si l'acquéreur
« ne l'exige pas, le vendeur est obligé de souffrir une dimi-
« nution proportionnelle du prix. »

1618   Art. 37. « Si, au contraire, dans le cas de l'article précé-
« dent, il se trouve une contenance plus grande que celle
« exprimée au contrat, l'acquéreur a le choix de fournir le
« supplément du prix, ou de se désister du contrat, si l'ex-
« cédant est d'un vingtième au-dessus de la contenance dé-
« clarée. »

1619   Art. 38. « Dans tous les autres cas,
« Soit que la vente soit faite d'un corps certain et limité,
« Soit qu'elle ait pour objet des fonds distincts et séparés,
« Soit qu'elle commence par la mesure ou par la désigna-
« tion de l'objet vendu suivie de la mesure ,
« L'expression de cette mesure ne donne lieu à aucun
« supplément de prix, en faveur du vendeur, pour l'excé-
« dant de mesure, ni en faveur de l'acquéreur, à aucune
« diminution du prix pour moindre mesure, qu'autant que
« la différence de la mesure réelle à celle exprimée au contrat
« est d'un vingtième en plus ou en moins, eu égard à la
« valeur de la totalité des objets vendus, s'il n'y a stipulation
« contraire. »

Art. 39. « Dans le cas où, suivant l'article précédent, il y 1620
« a lieu à augmentation de prix pour excédant de mesure,
« l'acquéreur a le choix ou de se désister du contrat, ou de
« fournir le supplément du prix, et ce avec les intérêts s'il a
« gardé l'immeuble. »

Art. 40. « Dans tous les cas où l'acquéreur a le droit de se 1621
« désister du contrat, le vendeur est tenu de lui restituer,
« outre le prix, s'il l'a reçu, les frais de ce contrat. »

Art. 41. « L'action en supplément de prix de la part du 1622
« vendeur, et celle en diminution de prix ou en résiliation
« du contrat de la part de l'acquéreur, doivent être inten-
« tées dans l'année, à compter du jour du contrat, à peine
« de déchéance. »

Art. 42. « S'il a été vendu deux fonds par le même contrat, 1623
« et pour un seul et même prix, avec désignation de la me-
« sure de chacun, et qu'il se trouve moins de contenance en
« l'un et plus en l'autre, on fait compensation jusqu'à due
« concurrence; et l'action, soit en supplément, soit en di-
« minution du prix, n'a lieu que suivant les règles ci-dessus
« établies. »

Art. 43. « La question de savoir sur lequel, du vendeur 1624
« ou de l'acquéreur, doit tomber la perte ou la détérioration
« de la chose vendue, avant la livraison, est jugée d'après
« les règles prescrites au titre *des Contrats ou des Obligations*
« *conventionnelles en général.* »

SECTION III.—*De la Garantie.*

Art. 44. « La garantie que le vendeur doit à l'acquéreur 1625
« a deux objets : le premier est la possession paisible de la
« chose vendue; le second, les défauts cachés de cette chose
« ou les vices rédhibitoires. »

§ Ier. *De la Garantie en cas d'éviction.*

Art. 45. « Quoique, lors de la vente, il n'ait été fait au- 1626
« cune stipulation sur la garantie, le vendeur est obligé, de
« droit, à garantir l'acquéreur de l'éviction qu'il souffre

XIV. 7

« dans la totalité ou partie de l'objet vendu, ou des charges
« prétendues sur cet objet, et non déclarées lors de la vente. »

1627   Art. 46. « Les parties peuvent, par des conventions par-
« ticulières, ajouter à cette obligation de droit ou en dimi-
« nuer l'effet ; elles peuvent même convenir que le vendeur
« ne sera soumis à aucune garantie. »

1628   Art. 47. « Quoiqu'il soit dit que le vendeur ne sera soumis
« à aucune garantie, il demeure cependant tenu de celle
« qui résulte d'un fait qui lui est personnel : toute conven-
« tion contraire est nulle. »

1629   Art. 48. « Dans le même cas de stipulation de non-garan-
« tie, le vendeur, en cas d'éviction, est tenu à la restitution
« du prix ;
  « A moins que l'acquéreur n'ait connu, lors de la vente,
« le danger de l'éviction, ou qu'il n'ait acheté à ses périls et
« risques. »

1630   Art. 49. « Lorsque la garantie a été promise, ou qu'il n'a
« rien été stipulé à ce sujet, si l'acquéreur est évincé, il a
« droit de demander contre le vendeur :
  « 1°. La restitution du prix ;
  « 2°. Celle des fruits, lorsqu'il est obligé de les rendre au
« propriétaire qui l'évince ;
  « 3°. Les frais faits sur la demande en garantie de l'ache-
« teur, et ceux faits par le demandeur originaire ;
  « 4°. Enfin, les dommages et intérêts, ainsi que les frais
« et loyaux coûts du contrat. »

1631   Art. 50. « Lorsqu'à l'époque de l'éviction la chose vendue
« se trouve diminuée de valeur, ou considérablement dété-
« riorée, soit par la négligence de l'acheteur, soit par des
« accidens de force majeure, le vendeur n'en est pas moins
« tenu de restituer la totalité du prix. »

1332   Art. 51. « Mais, si l'acquéreur a tiré profit des dégrada-
« tions par lui faites, le vendeur a droit de retenir sur le
« prix une somme égale à ce profit. »

1633   Art. 52. « Si la chose vendue se trouve avoir augmenté de prix à l'époque de l'éviction, indépendamment même du fait de l'aquéreur, le vendeur est tenu de lui payer ce qu'elle vaut au-dessus du prix de la vente. »

Art. 53. « Le vendeur est tenu de rembourser ou de faire 1634 rembourser à l'acquéreur, par celui qui l'évince, toutes les réparations et améliorations utiles qu'il aura faites au fonds. »

Art. 54. « Si le vendeur avait vendu de mauvaise foi le 1635 fonds d'autrui, il sera obligé de rembourser à l'acquéreur toutes les dépenses, même voluptuaires ou d'agrément, que celui-ci aura faites au fonds. »

Art. 55. « Si l'acquéreur n'est évincé que d'une partie de 1636 la chose, et qu'elle soit de telle conséquence, relativement au tout, que l'acquéreur n'eût point acheté sans la partie dont il a été évincé, il peut faire résilier la vente. »

Art. 56. « Si, dans le cas de l'éviction d'une partie du 1637 fonds vendu, la vente n'est pas résiliée, la valeur de la partie dont l'acquéreur se trouve évincé lui est remboursée suivant l'estimation à l'époque de l'éviction, et non proportionnellement au prix total de la vente, soit que la chose vendue ait augmenté ou diminué de valeur. »

Art. 57. « Si l'héritage vendu se trouve grevé, sans qu'il 1638 en ait été fait de déclaration, de servitudes non apparentes, et qu'elles soient de telle importance qu'il y ait lieu de présumer que l'acquéreur n'aurait pas acheté s'il en avait été instruit, il peut demander la résiliation du contrat, si mieux il n'aime se contenter d'une indemnité. »

Art. 58. « Les autres questions auxquelles peuvent donner 1639 lieu les dommages et intérêts résultant, pour l'acquéreur, de l'inexécution de la vente, doivent être décidées suivant les règles générales établies au titre *des Contrats ou des Obligations conventionnelles en général.* »

Art. 59. « La garantie pour cause d'éviction cesse lorsque 1640 l'acquéreur s'est laissé condamner par un jugement en dernier ressort, ou dont l'appel n'est plus recevable, sans

« appeler son vendeur, si celui-ci prouve qu'il existait des
« moyens suffisans pour faire rejeter la demande. »

§ II. *De la Garantie des défauts de la chose vendue.*

1641   Art. 60. « Le vendeur est tenu de la garantie à raison des
« défauts cachés de la chose vendue qui la rendent impro-
« pre à l'usage auquel on la destine, ou qui diminuent tel-
« lement cet usage, que l'acheteur ne l'aurait pas acquise,
« ou n'en aurait donné qu'un moindre prix, s'il les avait
« connus. »

1642   Art. 61. « Le vendeur n'est pas tenu des vices apparens
« et dont l'acheteur a pu se convaincre lui-même. »

1643   Art. 62. Il est tenu des vices cachés, quand même il ne
« les aurait pas connus ; à moins que, dans ce cas, il n'ait
« stipulé qu'il ne sera obligé à aucune garantie. »

1644   Art. 63. « Dans le cas des articles 60 et 62, l'acheteur a le
« choix de rendre la chose et de se faire restituer le prix, ou
« de garder la chose et de se faire rendre une partie du prix
« telle qu'elle sera arbitrée par experts. »

1645   Art. 64. « Si le vendeur connaissait les vices de la chose,
« il est tenu, outre la restitution du prix qu'il en a reçu, de
« tous les dommages et intérêts envers l'acheteur. »

1646   Art. 65. « Si le vendeur ignorait les vices de la chose, il ne
« sera tenu qu'à la restitution du prix, et à rembourser à
« l'acquéreur les frais occasionés par la vente. »

1647   Art. 66. « Si la chose qui avait des vices a péri par suite
« de sa mauvaise qualité, la perte est pour le vendeur, qui
« sera tenu, envers l'acheteur, à la restitution du prix, et
« aux autres dédommagemens expliqués dans les deux arti-
« cles précédens.

« Mais la perte arrivée par cas fortuit sera pour le compte
« de l'acheteur. »

1648   Art. 67. « L'action résultant des vices rédhibitoires doit
« être intentée par l'acquéreur, dans un bref délai, suivant

« la nature des vices rédhibitoires et l'usage du lieu où la
« vente a été faite. »

Art. 68. « Elle n'a pas lieu dans les ventes faites par auto- 1649
« rité de justice. »

CHAPITRE V.

Des Obligations, de l'acheteur.

Art. 69. « La principale obligation de l'acheteur est de 1650
« payer le prix au jour et au lieu réglés par la vente. »

Art. 70. « S'il n'a rien été réglé à cet égard lors de la 1651
« vente, l'acheteur doit payer au lieu et dans le temps où
« doit se faire la délivrance. »

Art. 71. « L'acheteur doit l'intérêt du prix de la vente 1652
« jusqu'au paiement du capital, dans les trois cas suivans :

« S'il a été ainsi convenu lors de la vente ;

« Si la chose vendue et livrée produit des fruits ou autres
« revenus ;

« Si l'acheteur a été sommé de payer.

« Dans ce dernier cas, l'intérêt ne court que depuis la
« sommation. »

Art. 72. « Si l'acheteur est troublé, ou a juste sujet de 1653
« craindre d'être troublé par une action soit hypothécaire,
« soit en revendication, il peut suspendre le paiement du
« prix jusqu'à ce que le vendeur ait fait cesser le trouble,
« si mieux n'aime celui-ci donner caution, ou à moins qu'il
« n'ait été stipulé que, nonobstant le trouble, l'acheteur
« paiera. »

Art. 73. « Si l'acheteur ne paie pas le prix, le vendeur 1654
« peut demander la résolution de la vente. »

Art. 74. « La résolution de la vente d'immeubles est pro- 1655
« noncée de suite si le vendeur est en danger de perdre la
« chose et le prix.

« Si ce danger n'existe pas, le juge peut accorder à l'ac-
« quéreur un délai plus ou moins long, suivant les circon-
« stances.

« Ce délai passé sans que l'acquéreur ait payé, la résolu
« tion de la vente sera prononcée. »

1656   Art. 75. « S'il a été stipulé, lors de la vente d'immeubles,
« que, faute de paiement du prix dans le terme convenu, la
« vente serait résolue de plein droit, l'acquéreur peut néan-
« moins payer après l'expiration du délai, tant qu'il n'a pas
« été mis en demeure par une sommation ; mais après cette
« sommation le juge ne peut pas lui accorder de délai. »

1657   Art. 76. « En matière de vente de denrées et effets mobi-
« liers, la résolution de la vente aura lieu de plein droit et
« sans sommation, au profit du vendeur, après l'expiration
« du terme convenu pour le retirement. »

CHAPITRE VI.

De la Nullité et de la Résolution de la vente.

1658   Art. 77. « Indépendamment des causes de nullité ou de
« résolution déjà expliquées dans ce titre, et de celles qui
« sont communes à toutes les conventions, le contrat de vente
« peut être résolu par l'exercice de la faculté de rachat et par
« la vileté du prix. »

SECTION 1re.— De la Faculté de rachat.

1659   Art. 78. « La faculté de rachat ou de réméré est un pacte
« par lequel le vendeur se réserve de reprendre la chose
« vendue, moyennant la restitution du prix principal, et le
« remboursement dont il est parlé à l'article 92. »

1660   Art. 79. « La faculté de rachat ne peut être stipulée pour
« un terme excédant cinq années.
« Si elle a été stipulée pour un terme plus long, elle est
« réduite à ce terme.»

1661   Art. 80. « Le terme fixé est de rigueur, et ne peut être pro-
« longé par le juge. »

1662   Art. 81. « Faute par le vendeur d'avoir exercé son action
« de réméré dans le terme prescrit, l'acquéreur demeure
« propriétaire irrévocable. »

Art. 82. « Le délai court contre toutes personnes, même 1663
« contre le mineur, sauf, s'il y a lieu, le recours contre qui
« de droit. »

Art. 83. « Le vendeur à pacte de rachat peut exercer son 1664
« action contre un second acquéreur, quand même la faculté
« de réméré n'aurait pas été déclarée dans le second contrat.»

Art. 84. « L'acquéreur à pacte de rachat exerce tous les 1665
« droits de son vendeur; il peut prescrire tant contre le vé-
« ritable maître que contre ceux qui prétendraient des droits
« ou hypothèques sur la chose vendue. »

Art. 85. « Il peut opposer le bénéfice de la discussion aux 1666
« créanciers de son vendeur. »

Art. 86. « Si l'acquéreur à pacte de réméré d'une partie 1667
« indivise d'un héritage s'est rendu adjudicataire de la to-
« talité sur une licitation provoquée contre lui, il peut obli-
« ger le vendeur à retirer le tout lorsque celui-ci veut user
« du pacte. »

Art. 87. « Si plusieurs ont vendu conjointement et par un 1668
« seul contrat un héritage commun entre eux, chacun ne
« peut exercer l'action en réméré que pour la part qu'il y
« avait. »

Art. 88. « Il en est de même si celui qui a vendu seul un 1669
« héritage a laissé plusieurs héritiers.

« Chacun de ces cohéritiers ne peut user de la faculté de
« rachat que pour la part qu'il prend dans la succession. »

Art. 89. « Mais, dans le cas des deux articles précédens, 1670
« l'acquéreur peut exiger que tous les covendeurs ou tous les
« cohéritiers soient mis en cause, afin de se concilier entre
« eux pour la reprise de l'héritage entier ; et, s'ils ne se con-
« cilient pas, il sera renvoyé de la demande. »

Art. 90. « Si la vente d'un héritage appartenant à plusieurs 1671
« n'a pas été faite conjointement et de tout l'héritage ensem-
« ble, et que chacun n'ait vendu que la part qu'il y avait,
« ils peuvent exercer séparément l'action en réméré sur la
« portion qui leur appartenait ;

« Et l'acquéreur ne peut forcer celui qui l'exercera de
« cette manière à retirer le tout. »

1672   Art. 91. « Si l'acquéreur a laissé plusieurs héritiers, l'ac-
« tion en réméré ne peut être exercée contre chacun d'eux
« que pour sa part, dans le cas où elle est encore indivise,
« et dans celui où la chose vendue a été partagée entre eux.

« Mais s'il y a eu partage de l'hérédité, et que la chose
« vendue soit échue au lot de l'un des héritiers, l'action en
« réméré peut être intentée contre lui pour le tout. »

1673   Art. 92. « Le vendeur qui use du pacte de rachat doit
« rembourser non seulement le prix principal, mais encore
« les frais et loyaux coûts de la vente, les réparations néces-
« saires, et celles qui ont augmenté la valeur du fonds, jus-
« qu'à concurrence de cette augmentation. Il ne peut entrer
« en possession qu'après avoir satisfait à toutes ces obli-
« gations.

« Lorsque le vendeur rentre dans son héritage par l'effet
« du pacte de rachat, il le reprend exempt de toutes les
« charges et hypothèques dont l'acquéreur l'aurait grevé :
« il est tenu d'exécuter les baux faits sans fraude par l'ac-
« quéreur. »

SECTION II.—*De la Rescision de la vente pour cause de lésion.*

1674   Art. 93. « Si le vendeur a été lésé de plus de sept douzièmes
« dans le prix d'un immeuble, il a le droit de demander la
« rescision de la vente, quand même il aurait expressément
« renoncé, dans le contrat, à la faculté de demander cette
« rescision, et qu'il aurait déclaré donner la plus-value. »

1675   Art. 94. « Pour savoir s'il y a lésion de plus de sept dou-
« zièmes, il faut estimer l'immeuble suivant son état et sa
« valeur au moment de la vente.

1676   Art. 95. « La demande n'est plus recevable après l'expi-
« ration de deux années, à compter du jour de la vente.

« Ce délai court contre les femmes mariées et contre les

« absens, les interdits et les mineurs venant du chef d'un
« majeur qui a vendu.

« Ce délai court aussi et n'est pas suspendu pendant la
« durée du temps stipulé pour le pacte de rachat. »

Art. 96. « La preuve de la lésion ne pourra être admise 1677
« que par jugement, et dans le cas seulement où les faits
« articulés seraient assez vraisemblables et assez graves pour
« faire présumer la lésion. »

Art. 97. « Cette preuve ne pourra se faire que par un rap- 1678
« port de trois experts, qui seront tenus de dresser un seul
« procès-verbal commun, et de ne former qu'un seul avis à
« la pluralité des voix. »

Art. 98. « S'il y a des avis différens, le procès-verbal en con- 1679
« tiendra les motifs, sans qu'il soit permis de faire connaître
« de quel avis chaque expert a été. »

Art. 99. « Les trois experts seront nommés d'office, à 1680
« moins que les parties ne se soient accordées pour les nom-
« mer tous les trois conjointement. »

Art. 100. « Dans le cas où l'action en rescision est admise, 1681
« l'acquéreur a le choix ou de rendre la chose en retirant le
« prix qu'il en a payé, ou de garder le fonds en payant le
« supplément du juste prix, sous la déduction du dixième
« du prix total.

« Le tiers possesseur a le même droit, sauf sa garantie
« contre son vendeur. »

Art. 101. « Si l'acquéreur préfère garder la chose en four- 1682
« nissant le supplément réglé par l'article précédent, il doit
« l'intérêt du supplément du jour de la demande en rescision.

« S'il préfère la rendre et recevoir le prix, il rend les
« fruits du jour de la demande.

« L'intérêt du prix qu'il a payé lui est aussi compté du
« jour de la même demande, ou du jour du paiement, s'il
« n'a touché aucuns fruits. »

Art. 102. « La rescision pour lésion n'a pas lieu en faveur 1683
« de l'acheteur. »

1684   Art. 103. « Elle n'a pas lieu en toutes ventes qui, d'après
« la loi, ne peuvent être faites que d'autorité de justice. »

1685   Art. 104. « Les règles expliquées dans la section précé-
« dente pour les cas où plusieurs ont vendu conjointement
« ou séparément, et pour celui où le vendeur ou l'acheteur
« a laissé plusieurs héritiers, sont pareillement observées
« pour l'exercice de l'action en rescision. »

CHAPITRE VII.

De la Licitation.

1686   Art. 105. « Si une chose commune à plusieurs ne peut être
« partagée commodément et sans perte,

  « Ou si, dans un partage fait de gré à gré de biens communs, il s'en trouve quelques-uns qu'aucun des coparta-
« geans ne puisse ou ne veuille prendre,

  « La vente s'en fait aux enchères, et le prix en est partagé
« entre les copropriétaires. »

1687   Art. 106. « Chacun des copropriétaires est le maître de
« demander que les étrangers soient appelés à la licitation.
« Ils sont nécessairement appelés lorsque l'un des copropri é-
« taires est mineur. »

1688   Art. 107. « Le mode et les formalités à observer pour la
« licitation sont expliqués au titre *des Successions* et au
« *Code judiciaire.* »

CHAPITRE VIII.

Du Transport des créances et autres droits incorporels.

1689   Art. 108. « Dans le transport d'une créance, d'un droit
« ou d'une action sur un tiers, la délivrance s'opère, entre
« le cédant et le cessionnaire, par la remise du titre. »

1690   Art. 109. « Le cessionnaire n'est saisi, à l'égard des tiers,
« que par la signification du transport faite au débiteur.

  « Néanmoins le cessionnaire peut être également saisi, par
« l'acceptation du transport faite par le débiteur dans un
« acte authentique. »

Art. 110. « Si, avant que le cédant ou le cessionnaire eus- 1691
« sent signifié le transport au débiteur, celui-ci avait payé
« le cédant, il sera valablement libéré. »

Art. 111. « La vente ou cession d'une créance comprend 1692
« les accessoires de la créance, tels que caution, privilége et
« hypothèque. »

Art. 112. « Celui qui vend une créance ou autre droit in- 1693
« corporel doit en garantir l'existence au temps du transport,
« quoiqu'il soit fait sans garantie. »

Art. 113. « Il ne répond de la solvabilité du débiteur que 1694
« lorsqu'il s'y est engagé, et jusqu'à concurrence seulement
« du prix qu'il a retiré de la créance. »

Art. 114. « Lorsqu'il a promis la garantie de la solvabilité 1695
« du débiteur, cette promesse ne s'entend que de la solva-
« bilité actuelle, et ne s'étend pas au temps à venir, si le cé-
« dant ne l'a expressément stipulé. »

Art. 115. « Celui qui vend une hérédité sans en spécifier 1696
« en détail les objets n'est tenu de garantir que sa qualité
« d'héritier. »

Art. 116. « S'il avait déjà profité des fruits de quelques 1697
« fonds, ou reçu le montant de quelque créance appartenant
« à cette hérédité, ou vendu quelques effets de la succession,
« il est tenu de les rembourser à l'acquéreur, s'il ne les a
« expressément réservés lors de la vente. »

Art. 117. « L'acquéreur doit, de son côté, rembourser au 1698
« vendeur ce que celui-ci a payé pour les dettes et charges
« de la succession, et lui faire raison de tout ce dont il était
« créancier, s'il n'y a stipulation contraire. »

Art. 118. « Celui contre lequel on a cédé un droit litigieux 1699
« peut s'en faire tenir quitte par le cessionnaire, en lui rem-
« boursant le prix réel de la cession, avec les frais et loyaux
« coûts, et avec les intérêts à compter du jour où le cession-
« naire a payé le prix de la cession à lui faite. »

Art. 119. « La chose est censée litigieuse dès qu'il y a pro- 1700
« cès et contestation sur le fond du droit. »

1701   Art. 120. « La disposition portée en l'article 118 cesse ,

« 1°. Dans le cas où la cession a été faite à un cohéritier
« ou copropriétaire du droit cédé ;

« 2°. Lorsqu'elle a été faite à un créancier en paiement de
« ce qui lui est dû ;

« 3°. Lorsqu'elle a été faite au possesseur de l'héritage
« sujet au droit litigieux. »

M. Portalis fut nommé, avec MM. Fleurieu et Dauchy,
pour présenter au Corps législatif, dans sa séance du 7
vensose an XII (27 février 1804), le titre XI du livre III
du projet de Code civil, *de la Vente*, et pour en soutenir
la discussion dans celle du 15 du même mois de ventose
(6 mars) suivant.

PRÉSENTATION AU CORPS LÉGISLATIF,

ET EXPOSÉ DES MOTIFS, PAR M. PORTALIS.

Législateurs , nous vous apportons un projet de loi sur le
contrat de vente.

Ce projet est divisé en huit chapitres.

Dans le premier on s'est occupé de la nature et de la forme
de la vente.

Le second déclare quelles sont les personnes qui peuvent
acheter ou vendre.

Le troisième est relatif aux choses qui peuvent être vendues.

Dans les quatrième et cinquième on détermine les obligations du vendeur et celles de l'acheteur.

On s'est occupé dans le sixième de la nullité et de la résolution de la vente.

Le septième a pour objet la licitation.

Le transport des créances et autres droits incorporels est la matière du huitième et dernier chapitre.

Tel est le plan général du projet de loi.

CHAPITRE Ier.

De la nature et de la forme du Contrat de vente.

Les hommes ont des besoins réciproques; de là naissent les [1581-1585] relations commerciales entre les nations diverses et entre les individus de la même nation.

D'abord on ne connut pas l'usage de la monnaie; on ne trafiqua que par échanges. C'est l'unique commerce des peuples naissans.

L'expérience découvrit bientôt les embarras et démontra l'insuffisance de ce genre de commerce; car il arrivait souvent qu'un individu qui avait besoin des marchandises d'un autre n'avait pas celles que celui-ci désirait acquérir pour lui-même. Deux personnes qui traitaient ensemble ne savaient comment se rapprocher, ni comment solder leurs comptes respectifs. Les difficultés que l'on rencontrait dans les communications entre particuliers existaient également dans les communications entre les différens peuples; elles opposaient des obstacles journaliers à toutes les spéculations et à toutes les entreprises.

Les nations, éclairées par la nécessité, établirent une monnaie; c'est-à-dire un signe de toutes les valeurs. Avec ce signe, les opérations devinrent moins compliquées et plus rapides. Ceux qui prenaient plus de marchandises qu'ils ne pouvaient en donner se soldaient ou payaient l'excédant avec de l'argent. Dans ce nouvel ordre de choses, on procéda presque toujours par vente et par achat.

Quand on connaît l'origine du contrat de vente, on connaît sa nature.

La vente est un contrat par lequel *l'un s'oblige à livrer une chose et l'autre à la payer.*

Considérés dans leur substance, les contrats appartiennent au droit naturel ; et en tout ce qui regarde leur forme, ils appartiennent au droit civil. En matière de vente, comme en toute autre matière, c'est le consentement, c'est la foi qui fait le contrat ; conséquemment, il existe une véritable vente dès que les parties sont d'accord sur la chose et sur le prix.

Mais comment doit-il conster de cet accord, pour qu'il puisse devenir obligatoire aux yeux de la société? Ici commence l'empire de la loi civile.

Les jurisconsultes romains, plus frappés de ce qui tient à la substance du contrat que de ce qui peut garantir sa sûreté, pensaient qu'il était libre au vendeur et à l'acheteur de traiter par parole ou par écrit.

Parmi nous il a été un temps où l'on avait presque perdu jusqu'au souvenir de l'usage de l'écriture. Dans ce temps, on avait proclamé cet adage qui nous a été conservé par quelques anciens coutumiers : *Témoins passent lettres.* Dans les affaires publiques on était gouverné par des usages ou des traditions plutôt que par des lois. Dans les affaires privées des paroles fugitives, recueillies par quelque affidé ou quelque voisin, faisaient toute la sûreté des contrats.

Les choses changèrent quand l'instruction reparut. On vit s'établir cette autre maxime : *Lettres passent témoins.*

L'ordonnance de Moulins et celle de 1667 prohibaient d'admettre la preuve par témoins en matière de contrats, à moins qu'il n'y eût un commencement de preuve par écrit, ou qu'il ne fût question d'une valeur infiniment modique. La vente ne fut pas distinguée des autres conventions.

Le projet de loi suppose et consacre à cet égard les principes existans.

Quand on parle de l'usage de l'écriture relativement aux différens actes, il faut distinguer les cas. Ordinairement l'écriture est exigée comme simple preuve de l'acte qu'il s'agit de constater ; quelquefois elle est exigée comme une forme nécessaire à la solennité même de l'acte. Dans ce second cas, l'écriture ne peut être suppléée. L'acte est nul s'il n'est pas rédigé par écrit, et dans la forme prescrite par la loi. Mais, dans le premier cas, l'écriture n'étant exigée que comme une simple preuve, la seule absence de l'écriture n'opère pas la nullité d'un acte dont il consterait d'ailleurs par d'autres preuves équivalentes et capables de rassurer le juge.

L'ordonnance des donations voulait que toute donation entre-vifs fût rédigée par contrat public, à peine de nullité. Il est évident que, dans cette espèce de contrat, l'écriture n'était pas simplement exigée pour la preuve de l'acte, mais pour sa solennité et sa validité, *non tantum ad probationem sed ad solemnitatem.*

Quelques jurisconsultes, et entre autres l'auteur du *Traité des Assurances*, enseignent que, dans le système de l'ordonnance de la marine, l'écriture est exigée comme une forme essentielle au contrat d'assurance (a).

Dans la vente et dans les autres contrats ordinaires, l'écriture n'est exigée que comme preuve, *tantum ad probationem.* Ainsi une vente ne sera pas nulle par cela seul qu'elle n'aura pas été rédigée par écrit. Elle aura tout son effet s'il conste d'ailleurs de son existence. Il sera seulement vrai de dire, comme à l'égard des autres conventions, que la preuve par témoins n'en doit point être admise s'il n'y a des commencemens de preuve par écrit.

L'écriture n'étant exigée dans la vente que pour la preuve de l'acte, le projet de loi laisse aux parties contractantes la liberté de faire leurs accords par acte *authentique ou sous seing privé.*

Il est de principe que l'on n'est pas moins lié par un acte que l'on rédige et que l'on signe soi-même que par ceux qui se font en présence d'un officier public. Les derniers sont revêtus de plus d'authenticité ; mais l'engagement que l'on contracte par les premiers n'est pas moins inviolable.

(a) Emérigon, *Traité des Assurances*, page 26.

Deux parties, en traitant ensemble sous seing privé, peuvent s'obliger à passer un contrat public à la première réquisition de l'une d'elles. L'acte sous seing privé n'est pas pour cela un simple projet; on promet seulement d'y ajouter une forme plus authentique; mais le fond du contrat demeure toujours indépendant de cette forme. On peut réaliser ou ne pas réaliser le vœu que l'on a exprimé de donner une plus grande publicité à la convention, sans que la substance des engagemens pris puisse en être altérée.

On a jugé constamment qu'une vente sous seing privé était obligatoire, quoique dans l'acte on se fût réservé de faire rédiger les accords en acte public, et que cette réserve n'eût jamais été réalisée. Toutes les fois qu'en pareil cas une partie a voulu se soustraire à ses engagemens, elle a toujours été condamnée à les exécuter.

La rédaction d'une vente privée en contrat public ne peut être réputée essentielle, qu'autant qu'il aurait été déclaré par les parties que jusqu'à cette rédaction leur premier acte demeurerait aux termes d'un simple projet.

On décide, dans le projet de loi, que la vente en général est *parfaite, quoique la chose vendue n'ait pas encore été livrée, et que le prix n'ait point été payé.*

Dans les premiers âges, il fallait *tradition et occupation corporelle* pour consommer un transport de propriété. Nous trouvons dans la jurisprudence romaine une multitude de règles et de subtilités qui dérivent de ces premières idées.

Nous citerons entre autres cette maxime : *Traditionibus et non pactis dominia rerum transferuntur.*

Dans les principes de notre droit français le contrat suffit, et ces principes sont à la fois plus conformes à la raison et plus favorables à la société.

Distinguons le contrat en lui-même d'avec son exécution. Le contrat en lui-même est formé par la volonté des contractans. L'exécution suppose le contrat; mais elle n'est pas le contrat même.

On est libre de prendre un engagement ou de ne pas le prendre ; mais on n'est pas libre de l'exécuter ou de ne pas l'exécuter quand on l'a pris. Le premier devoir de toute personne qui s'engage est d'observer les pactes qu'elle a consentis, et d'être fidèle à la foi promise.

Dans la vente, la délivrance de la chose vendue et le paiement du prix sont des actes qui viennent en exécution du contrat, qui en sont une conséquence nécessaire, qui en dérivent comme l'effet dérive de sa cause, et qui ne doivent pas être confondus avec le contrat.

L'engagement est consommé dès que la foi est donnée. Il serait absurde que l'on fût autorisé à éluder ses obligations en ne les exécutant pas.

Le système du droit français est donc plus raisonnable que celui du droit romain ; il a sa base dans les rapports de moralité qui doivent exister entre les hommes.

Ce système est encore plus favorable au commerce. Il rend possible ce qui ne le serait souvent pas, si la tradition matérielle d'une chose vendue était nécessaire pour rendre la vente parfaite. Par la seule expression de notre volonté, nous acquérons pour nous-mêmes, et nous transportons à autrui toutes les choses qui peuvent être l'objet de nos conventions. Il s'opère par le contrat une sorte de tradition civile qui consomme le transport du droit, et qui nous donne action pour forcer la tradition réelle de la chose et le paiement du prix. Ainsi la volonté de l'homme, aidée de toute la puissance de la loi, franchit toutes les distances, surmonte tous les obstacles, et devient présente partout comme la loi même.

La règle que la vente est parfaite, bien que la chose vendue ne soit point encore livrée, et que le prix n'ait point encore été payé, ne s'applique qu'aux ventes pures et simples, et non aux ventes conditionnelles ou subordonnées à quelque événement particulier. Il faut alors se diriger d'après la nature des conditions stipulées, et d'après les principes

1584

XIV.   8

qui ont été établis à cet égard sur les conventions en général.

1591-1592   Nous avons dit qu'il est de l'essence du contrat de vente que les parties soient d'accord sur la chose et sur le prix ; mais comment cet accord pourrait-il exister s'il n'était intervenu sur une chose déterminée et sur un prix certain ?

La nécessité de stipuler un prix certain n'empêche pourtant pas qu'on ne puisse s'en rapporter à un tiers pour la fixation de ce prix. Mais la vente est nulle si ce tiers refuse la mission qu'on lui donne, ou s'il meurt avant de l'avoir remplie. Une des parties ne pourrait exiger qu'il fût remplacé par un autre.

On dira peut-être que le prix n'est pas certain quand on s'en rapporte à un tiers pour le fixer. Mais les parties contractantes peuvent convenir de tels pactes que bon leur semble, pourvu que ces pactes ne soient contraires ni à l'ordre public, ni aux bonnes mœurs. Sans doute un prix dont la fixation est soumise à l'arbitrage d'un tiers n'est point encore certain ; mais il le deviendra après cette fixation, et la vente ne sera parfaite qu'autant que cette fixation aura eu lieu.

1585   De la nécessité de s'accorder sur une chose déterminée, il suit que, lorsque des marchandises ne sont pas vendues en bloc, mais au poids, au compte ou à la mesure, la vente n'en est point parfaite en ce sens que les choses vendues sont aux risques du vendeur jusqu'à ce qu'elles soient pesées, comptées ou mesurées : mais l'acheteur peut en demander ou la délivrance, ou des dommages-intérêts, s'il y a lieu, en cas d'inexécution de l'engagement ; car il y a au moins une obligation précise de vendre.

1587   A l'égard du *vin*, de l'*huile* et des autres choses que l'on est dans l'usage de goûter avant d'en faire l'achat, il n'y a pas de vente tant que l'acheteur ne les a pas goûtées et agréées, parce que, jusqu'à cette époque, il n'y a pas même un véritable consentement de sa part.

1588   La vente faite à l'essai est toujours présumée faite *sous une condition suspensive.*

La promesse de vendre vaut vente, lorsqu'il y aura consen- 1589
tement réciproque des deux parties sur la chose et le prix.

On trouve effectivement, en pareil cas, tout ce qui est de la substance du *contrat de vente* (a).

Dans l'usage on traite quelquefois en donnant et en rece- 1590
vant des arrhes. Si les arrhes tiennent à une convention qui en détermine l'effet, il faut suivre exactement cette conven-
tion. S'il n'y a point de convention expresse, alors, faute d'exécution du contrat de la part de l'acheteur, les arrhes sont perdues pour lui; et faute d'exécution de la part du vendeur, celui-ci est tenu de rendre à l'acheteur le double des arrhes qu'il a reçues.

Il est de droit commun et général que les *frais d'actes et* 1593
autres frais accessoires à la vente sont à la charge de l'acheteur.

CHAPITRE II.

Qui peut acheter ou vendre.

Après avoir déterminé la nature et la forme du contrat de 1594
vente, on s'est occupé de ceux qui peuvent vendre et acheter.

En thèse, la faculté de vendre et d'acheter appartient à tous ceux auxquels la loi ne l'interdit pas.

Le projet soumis à votre examen restreint cette faculté 1595
entre époux. On a craint, avec raison, l'abus que le mari peut faire de son autorité, et celui qui aurait sa source dans l'influence que la femme peut se ménager par les douces affections qu'elle inspire.

Ces motifs avaient déterminé la loi romaine et la plupart des coutumes à prohiber les donations entre-vifs entre la femme et le mari, hors du contrat de mariage. Entre personnes si intimement unies, il serait bien à craindre que la vente ne masquât presque toujours une donation.

De plus, le mari est chef de la société conjugale; il est

_____
(a) *Cochin*, tome VI, page 160.

l'administrateur des intérêts communs ; la femme ne peut faire aucun acte sans son autorisation : pourrait-on se promettre que la même personne sût concilier l'intérêt exclusif et personnel d'un contractant avec la sage vigilance d'un protecteur ?

Il répugne que l'on puisse être à la fois juge et partie : *Nemo potest esse auctor in re suá.* Or, quand on autorise on est juge, et on est partie quand on traite. On peut, comme partie, chercher son bien propre et particulier ; comme autorisant, on ne doit travailler qu'au bien d'autrui.

Le projet de loi reconnaît pourtant qu'il est des circonstances dans lesquelles il est permis entre époux de vendre et d'acheter. Ces circonstances sont celles où le contrat est fondé sur une juste cause, et où il a moins le caractère d'une vente proprement dite que celui d'un paiement forcé ou d'un acte d'administration.

1596   Nous avons renouvelé la défense faite aux *tuteurs, mandataires, administrateurs et officiers publics, de se rendre adjudicataires par eux-mêmes, ou par personnes interposées,* des biens qui sont sous leur protection ou leur surveillance.

Les raisons de sûreté et d'honnêteté publiques qui motivent ces défenses sont trop évidentes pour qu'il soit nécessaire de les développer.

Dans l'ancienne Rome les gouverneurs ne pouvaient rien acquérir dans l'étendue de leur gouvernement, et les magistrats ne pouvaient rien acquérir dans le ressort de leur juridiction. On voulait écarter d'eux jusqu'au soupçon de mêler des vues d'intérêt privé avec les grands intérêts publics confiés à leur sollicitude.

Une novelle de Valentinien vint adoucir la rigueur de cette législation ; et cette novelle, d'après le témoignage de Cujas, a formé le droit de la France.

Mais une foule d'arrêts intervenus en forme de règlemens ont constamment prononcé la nullité des adjudications faites à des juges et à des administrateurs chargés par état de la surveillance des biens adjugés. Si l'on a cru que la condition des officiers publics ne doit pas être pire que celle des citoyens ordinaires dans les choses étrangères au fait de leur administration, on a pensé aussi que le *titre public* de leur charge les soumet à de plus grandes précautions que les *personnes privées*, pour les mettre à couvert du soupçon d'abuser de leur autorité dans les occasions où ils ne peuvent et ne doivent se montrer que comme administrateurs ou comme magistrats.

Les ordonnances ont toujours prohibé aux juges, à tous ceux qui exercent quelques fonctions de justice ou quelque ministère près les tribunaux, *de se rendre cessionnaires d'actions et de droits litigieux qui sont ou peuvent être portés devant le tribunal dans le ressort duquel ils exercent leurs fonctions, à peine de nullité, dépens, dommages et intérêts.* 1597

Cette disposition est rappelée par le projet de loi ; elle est la sauve-garde des justiciables.

Un juge est établi pour terminer les contestations des parties, et non pour en trafiquer. Il ne peut et il ne doit intervenir entre les citoyens que comme ministre des lois, et non comme l'agent des intérêts, de la haine et des passions des hommes. S'il descend honteusement de son tribunal, s'il abandonne le sacerdoce auguste qu'il exerce, pour échanger sa qualité d'officier de justice contre celle d'acheteur d'actions, il avilit le caractère honorable dont il est revêtu ; il menace, par le scandale de ses procédés hostiles et intéressés, les familles qu'il ne doit que rassurer par ses lumières et ses vertus ; il cesse d'être magistrat : il n'est plus qu'oppresseur.

La prohibition faite aux juges d'acheter des actions litigieuses n'est donc qu'une conséquence nécessaire des principes religieux qui veillent sur la sainteté de leur ministère. Il importe à la société que ceux par qui la justice doit être rendue puissent être respectés comme s'ils étaient la justice même.

CHAPITRE III.

Des Choses qui peuvent être vendues.

1598   Toutes les choses qui s'offrent à nous dans la nature sont ou commerçables, ou hors du commerce.

Parmi les choses qui sont hors du commerce, il faut d'abord ranger celles qui ont été destinées par la Providence à demeurer communes, et qui ne pourraient cesser de l'être sans cesser d'être ce qu'elles sont. Ces choses ne sont point susceptibles de devenir l'objet d'une propriété privée, et ne peuvent appartenir à titre de domaine proprement dit à qui que ce soit, pas même à l'État, qui, selon le langage des jurisconsultes, n'en a que la simple *tuition*, et qui ne doit que garantir et protéger leur destination naturelle.

La seconde classe des choses qui sont hors du commerce embrasse toutes celles qui sont actuellement consacrées à des usages publics, et qui par cela seul n'appartiennent à personne.

Toutes ces choses ne peuvent devenir l'objet d'une vente.

Il est encore des biens qui, quoique possédés à titre de domaine proprement dit, ne sont point dans le commerce, parce que la loi défend de les aliéner.

De là vient que le projet de loi, en déclarant que *tout ce qui est dans le commerce peut être vendu*, ajoute *lorsque des lois particulières n'en ont pas prohibé l'aliénation*.

1599   On ne peut sciemment acheter ni vendre la chose d'autrui: nous avons écarté à cet égard toutes les subtilités du droit romain. L'acte par lequel nous disposons de ce qui ne nous appartient pas ne saurait être obligatoire si l'acquéreur a connu le vice de la chose vendue; car dès lors cet acquéreur n'ignore pas qu'on ne peut céder ni transporter à autrui un droit qu'on n'a pas soi-même; et il est contre toute raison et contre tous principes que deux parties puissent, avec connaissance de cause, disposer d'une propriété qui appartient à un tiers à l'insu duquel elles traitent.

Les lois romaines proscrivaient la vente de la succession 1600
d'une personne vivante ; la jurisprudence française s'était
conformée à la disposition des lois romaines : nous avons
cru qu'il importait de conserver une maxime essentiellement
bonne et dictée par l'humanité même.

Il est sans doute permis de traiter sur des choses incertaines, de vendre et d'acheter de simples espérances ; mais
il faut que les incertitudes et les espérances qui sont la matière du contrat ne soient contraires ni aux sentimens de la
nature, ni aux principes de l'honnêteté.

Nous savons qu'il est des contrées où les idées de la saine
morale ont été tellement obscurcies et étouffées par un vil
esprit de commerce, qu'on y autorise les assurances sur la
vie des hommes (a).

Mais en France de pareilles conventions ont toujours été
prohibées. Nous en avons la preuve dans l'ordonnance de la
marine de 1681, qui n'a fait que renouveler des défenses
antérieures.

L'homme est hors de prix ; sa vie ne saurait être un objet
de commerce ; sa mort ne peut devenir la matière d'une spéculation mercantile.

Ces espèces de pactes sur la vie ou sur la mort d'un
homme sont odieux, et ils peuvent n'être pas sans danger.
La cupidité qui spécule sur les jours d'un citoyen est souvent
bien voisine du crime qui peut les abréger.

La vente de la succession d'une personne vivante est un
contrat éventuel sur la vie de cette personne. Elle a donc
tous les vices, tous les dangers qui ont fait proscrire le contrat d'assurance sur la vie des hommes ; elle en a de plus
grands encore : elle nous offre le spectacle affligeant d'un
parent, d'un proche assez dénaturé pour consulter avec une
sombre et avide curiosité le livre obscur des destinées, pour
fonder de honteuses combinaisons sur les tristes calculs

(a) En Angleterre, par exemple. Voy. Émérigon. Traité des Assurances.

d'une prescience criminelle; et, je ne crains pas de le dire, pour oser entr'ouvrir la tombe sous les pas d'un parent, d'un bienfaiteur peut-être.

1601   Une chose ne pouvant être vendue qu'autant qu'elle existe, la vente est nulle si au moment du contrat la chose vendue n'existe plus. S'il en reste quelque partie, l'acquéreur a le choix de renoncer à la vente, ou de réclamer la partie conservée, ou d'en faire déterminer le prix.

CHAPITRES IV ET V.

Des Obligations du vendeur et de l'acheteur.

1603   Nous arrivons aux obligations qui naissent du contrat de vente.

Les deux principales obligations du vendeur sont de délivrer la chose vendue et de la garantir.

1604 à 1611   Le projet de loi détermine le mode de délivrance selon la nature des choses mobilières ou immobilières, corporelles ou incorporelles, qu'il s'agit de délivrer. Il fixe les droits de l'acquéreur dans les cas où le vendeur est en demeure de faire la délivrance. Il déclare que dans ces cas l'acquéreur a le choix de demander la résolution de la vente ou la mise en possession de la chose vendue, avec dommages et intérêts pour le préjudice qu'il a souffert.

1612-1613   Le vendeur n'est point réputé en demeure de faire la délivrance, si l'acquéreur est en demeure de payer le prix, ou si depuis la vente il est tombé en faillite ou dans un état de décadence qui puisse sérieusement menacer la sûreté du vendeur.

1614-1615   La chose vendue doit être délivrée en l'état où elle se trouve au moment de la vente et avec tous ses accessoires. On range dans la classe des accessoires tout ce qui était destiné d'une manière permanente à l'usage de la chose.

1616 à 1620   On distingue, dans les ventes d'immeubles faites avec déclaration de contenance, l'hypothèse où l'on a fixé le ré-

sultat de cette contenance à un nombre déterminé de mesures, en distribuant proportionnellement le prix sur chaque
mesure, d'avec celle où la déclaration de contenance se
trouve liée à la vente d'un ou de plusieurs corps certains,
séparés ou unis, avec stipulation d'un prix général pour le
tout.

Dans la première hypothèse, il peut arriver de deux choses
l'une, ou qu'il y ait un déficit dans la contenance déclarée,
ou qu'il y ait un excédant. Y a-t-il un déficit? l'acquéreur
peut exiger que le vendeur complète la contenance portée
par le contrat, ou se contenter d'une diminution proportionnelle dans le prix : ce dernier parti est même forcé si le
vendeur est dans l'impossibilité de remplir la contenance
annoncée. Y a-t-il un excédant? cet excédant est-il d'un
vingtième au-dessus de la contenance déclarée? l'acquéreur
a le choix de fournir le supplément du prix ou de se désister
de son achat.

Dans l'hypothèse, au contraire, où la déclaration de contenance se trouve liée à la vente d'un ou de plusieurs corps
certains séparés ou unis, avec stipulation d'un prix général
pour le tout, cette déclaration ne donne lieu à aucun supplément de prix en faveur du vendeur pour l'excédant de
contenance, ni en faveur de l'acquéreur à aucune diminution
de prix sous prétexte d'un déficit; à moins que le déficit ou
l'excédant ne soit d'un vingtième en plus ou en moins, eu
égard à la valeur totale des objets vendus.

Il était essentiel de fixer d'une manière uniforme le degré
d'importance que doit avoir l'excédant ou le déficit de contenance, pour fonder les droits respectifs du vendeur et de
l'acquéreur. Les coutumes variaient sur ce point. Nous avons
opté pour l'usage le plus universel.

Nous avons déclaré que, dans les occurrences dont nous 1622
venons de parler, l'action en résiliation ou en supplément de
prix ne doit durer qu'une année. Ce temps est suffisant pour
reconnaître une erreur dont la vérification est possible à

chaque instant. Un terme plus long jetterait trop d'incertitude dans les affaires de la vie.

1625   Indépendamment de l'obligation de délivrer fidèlement la chose vendue, le vendeur doit la garantir.

Cette garantie a deux objets : le premier, d'assurer à l'acquéreur la paisible possession de la chose vendue ; le second, de lui répondre des défauts cachés ou des vices qui donnent lieu à l'action rédhibitoire.

1626 1627   La garantie est de droit : elle dérive de la nature même du contrat de vente; mais on peut convenir que le vendeur n'y sera point soumis : car il ne s'agit ici que d'un intérêt privé ; et en matière d'intérêt privé chacun peut renoncer à son droit.

1628   Nous avons pourtant prévu le cas où l'événement qui ouvrirait l'action en *garantie* aurait sa source dans le propre fait du vendeur. Nous avons pensé avec tous les jurisconsultes que, dans un pareil cas, le pacte portant dispense de toute garantie ne pourrait être appliqué, et que même, si l'on stipulait que le vendeur ne serait pas tenu de répondre de son propre fait, une telle stipulation serait évidemment nulle, comme contraire à la justice naturelle et aux bonnes mœurs.

1629 et   Le projet de loi détermine l'étendue de la garantie, soit
suivans. en cas d'éviction, soit en cas de défauts ou de vices cachés dans la chose vendue. Nous n'entrerons point à cet égard dans des détails inutiles. On se convaincra par la seule lecture du projet qu'il ne fait que rappeler des maximes consacrées par la jurisprudence de tous les temps et liées aux principes de l'éternelle équité.

1650   Si les principales obligations du vendeur sont de délivrer la chose vendue et de la garantir, la principale obligation de l'acquéreur est de payer le prix.

1653   L'acquéreur ne peut suspendre ce paiement qu'autant qu'il serait en péril d'être évincé. Un tel danger l'autorise à garder le prix ou à exiger une caution suffisante et solvable.

Si l'acquéreur est en demeure de satisfaire à ses engage- 1654
mens, le vendeur est fondé à demander la résolution de la
vente.

Cette résolution doit être prononcée sans hésitation, dans 1655
le cas où le vendeur court le risque de perdre la chose et le
prix. Un tel risque n'existant pas, le juge peut accorder à
l'acquéreur un délai raisonnable pour se libérer. Une excessive rigueur dans l'administration de la justice aurait tous
les caractères d'une tyrannique oppression : *summum jus,
summa injuria.* Le bien se trouve entre deux limites; il finit
toujours où l'excès commence.

Quelquefois on convient que la vente sera résolue de plein 1656
droit, si l'acquéreur ne paie le prix dans un délai déterminé. On demande si, dans une telle situation, l'acquéreur
peut utilement, après le délai, satisfaire à ses obligations.
L'affirmative est incontestable tant que cet acquéreur n'a pas
été mis en demeure par une sommation. Dira-t-on qu'il était
suffisamment averti par le contrat? Mais la rigueur du contrat pouvait être adoucie par la volonté de l'homme. Le silence du vendeur fait présumer son indulgence. Une sommation positive peut seule empêcher ou détruire cette présomption.

Quand cette sommation a été faite, si l'acquéreur ne paie
pas, le juge ne peut plus accorder de délai. Un délai accordé
par le juge en pareille circonstance serait une infraction manifeste du contrat. L'équité du juge ne peut intervenir que
quand la circonstance du non-paiement dans le temps convenu n'a pas été formellement présentée dans le contrat
comme résolutoire de la vente; car alors il reste quelque
latitude à cette équité.

Ce que nous venons de dire n'est relatif qu'à des ventes 1657
d'immeubles. S'il s'agit de denrées et d'effets mobiliers, la
vente sera résolue de plein droit et sans sommation préalable, au profit du vendeur, après le délai dans lequel il

était convenu que l'acheteur retirerait la chose vendue et en paierait le prix.

Les raisons de différence entre les ventes d'immeubles et les ventes de denrées et d'effets mobiliers sont sensibles. Les denrées et les effets mobiliers ne circulent pas toujours dans le commerce avec le même avantage; il y a une si grande variation dans le prix de ces objets, que le moindre retard peut souvent occasioner un préjudice irréparable. Les immeubles n'offrent pas les mêmes inconvéniens.

1602 En développant les règles générales sur les obligations respectives du vendeur et de l'acheteur, nous n'avons rappelé que les principes qui appartiennent au droit commun et qui ont été adoptés par les lois civiles de toutes les nations policées. Mais nous n'avons pas laissé oublier que les règles générales du droit qui ont été posées peuvent être modifiées de mille manières par les conventions des parties. Le contrat est la véritable loi qu'il faut suivre, à moins que les pactes qu'il renferme ne soient vicieux en eux-mêmes ou dans leurs rapports avec la police de l'État. Quand le contrat est clair, il faut en respecter la lettre; s'il y a de l'obscurité et du doute, il faut opter pour ce qui paraît le plus conforme à l'intention des contractans. Les pactes dans lesquels cette intention n'est pas facile à découvrir doivent être interprétés contre le vendeur, parce qu'il dépendait de lui d'exprimer plus clairement sa volonté.

CHAPITRE VI.

De la Nullité et de la Résolution de la vente.

1658 L'ordre naturel des idées nous a conduits à l'examen des moyens et des causes qui peuvent opérer la nullité ou la dissolution du contrat de vente. Nous n'avons pas dû rappeler les règles communes à tous les contrats, et qui ont été exposées dans des projets de loi que vous avec sanctionnés.

Nous nous sommes attachés à celles qui sont particulières au contrat de vente.

Il a toujours été permis de stipuler, dans une vente, la **1659** faculté de rachat. Cette faculté consiste dans la réserve que se fait le vendeur de reprendre la chose vendue, moyennant la restitution du prix et le remboursement de tout ce qui est de droit.

Par l'exercice de cette faculté, la vente est résolue ou annulée.

Nous avons cru, d'après l'ancienne jurisprudence, devoir autoriser la stipulation de la faculté de rachat. Ce pacte offre au citoyen ou au père de famille malheureux des ressources dont il ne serait pas juste de le dépouiller. Avec la liberté de se réserver le rachat, on peut vendre pour se ménager un secours, sans perdre l'espérance de rentrer dans sa propriété.

Mais autrefois la faculté de rachat pouvait être stipulée **1660** pour un temps très-long et même pour un temps illimité. Quand on la stipulait pour un temps illimité, elle n'était prescriptible que par le laps de trente ans.

Dans le projet de loi, on limite à cinq ans l'action en rachat. On ne permet pas de stipuler la durée de cette action pendant un plus long terme.

Le bien public ne comporte pas que l'on prolonge trop une incertitude qui ne peut que nuire à la culture et au commerce.

Dans l'ancien régime on distinguait, en matière de rachat, **1661-1662** la prescription légale d'avec la prescription conventionnelle. La prescription légale se vérifiait lorsque la faculté de rachat, stipulée pour un temps illimité, n'était prescrite que par le laps de trente ans. La prescription conventionnelle se vérifiait lorsque la faculté de rachat ayant été stipulée pendant un temps convenu entre les parties, le vendeur avait laissé passer ce temps sans exercer son droit. On pensait que, dans l'hypothèse de la prescription légale, l'action en rachat

était éteinte par la seule force de cette prescription ; mais
que, dans le cas de la prescription conventionnelle, il était
nécessaire que l'acquéreur obtînt contre le vendeur ou ses
ayans-cause un jugement de déchéance.

Cette distinction ne nous a offert qu'une vaine subtilité.
Est-il nécessaire de faire déchoir un vendeur d'une action
qui n'existe plus? Cette action, dont la durée avait été déterminée par le contrat, peut-elle se survivre à elle-même?
Pourquoi vouloir qu'une partie soit obligée de rapporter un
jugement, quand sa sûreté est pleinement garantie par la
convention?

· Le projet de loi décide que l'action en rachat est éteinte
de plein droit après le délai convenu, qui ne peut excéder
cinq années.

1663   Le temps de cinq années court contre toute personne,
même contre le mineur, sauf à ce dernier à exercer son recours contre qui de droit. Nous devons encore faire remarquer ici une différence entre l'ancienne jurisprudence et le
projet de loi. L'ancienne jurisprudence, en distinguant la
prescription légale d'avec la prescription conventionnelle,
établissait que, quand le rachat ne s'éteignait que par la
prescription légale, cette prescription ne courait pas contre
les mineurs, et que le mineur ne pouvait être frappé que
par la prescription conventionnelle.

Il nous a paru que, dans tous les cas, la prescription soit
légale, soit conventionnelle, doit courir contre toute personne sans exception.

D'abord, cette règle ne peut être douteuse dans aucun système, quand il s'agit de la prescription conventionnelle ; car,
dans ce cas, il s'agit de l'exécution d'un pacte : or, les pactes
ne peuvent être que le résultat et l'ouvrage de la volonté. Il
serait donc absur de qu'un acquéreur se trouvât soumis, par
un événement étranger au contrat, à une prorogation qu'il
n'aurait ni voulue ni consentie. Quant à la prescription légale, elle serait acquise, dans le système du projet de loi, par

le laps de cinq ans ; puisque, par ce projet, l'action en rachat ne peut avoir une plus longue durée. Or, une prescription de cinq ans est une prescription abrégée, qui ne saurait être régie comme les prescriptions ordinaires.

Dans les prescriptions ordinaires, les lois ont plus en vue l'intérêt du propriétaire dépouillé que celui d'un simple possesseur ou d'un usurpateur ambitieux. De là vient qu'elles admettent, avec une grande faveur, dans ces sortes de prescriptions, tout ce qui peut en interrompre le cours.

Dans les prescriptions abrégées, les lois, par quelques considérations majeures d'utilité publique, ont plus en vue l'intérêt de celui qui peut s'aider de la prescription que l'intérêt de la personne à laquelle la prescription peut être opposée. De là les mineurs mêmes sont frappés par les prescriptions abrégées, parce que les motifs de bien public qui ont fait réduire ces prescriptions à un moindre temps luttent toujours avec avantage pour les personnes que les lois se proposent de secourir et de protéger.

Le projet de loi, après avoir déterminé la durée de l'ac- 1664à1673 tion en rachat, rappelle quelques règles connues sur la manière d'exercer cette action, et sur les obligations respectives du vendeur qui rentre dans sa propriété, et de l'acquéreur qui s'en dessaisit.

Une question vraiment importante s'est élevée. Doit–on 1674 admettre la rescision du contrat de vente pour cause de lésion ?

La loi II au code, *de Rescindenda Venditione*, admet cette rescision lorsque la lésion est d'*outre moitié du juste prix*.

Cette loi avait été adoptée en France, tant dans les pays de coutume que dans les pays de droit écrit.

L'introduction du papier–monnaie pendant la révolution eut une telle influence sur les opérations commerciales, et produisit une si grande mobilité dans la valeur relative de toutes choses, que l'action rescisoire pour cause de lésion parut incompatible avec les circonstances dans lesquelles on vivait.

Les affaires prenant ensuite un cours plus réglé, on proposa de rétablir l'action rescisoire. Il y eut quelque diversité d'avis. On renvoya à statuer sur cet objet lorsqu'on s'occuperait de la rédaction d'un Code civil.

Le moment est arrivé; et il s'agit aujourd'hui de savoir si l'action rescisoire pour cause de lésion sera ou ne sera pas consacrée par notre législation civile.

En France, nos jurisconsultes ont été uniformes jusqu'ici sur la justice de cette action. Quelques auteurs étrangers, et entre autres des docteurs allemands, ont publié une doctrine contraire à celle de nos jurisconsultes. Parmi ces auteurs, il en est qui attaquent le principe même de l'action rescisoire, et qui soutiennent que la lésion, quelque énorme qu'elle soit, ne peut donner lieu à la rescision du contrat de vente. D'autres reconnaissent que le principe sur lequel on fonde l'action rescisoire est bon en soi, mais qu'il ne peut être réalisé dans la pratique sans entraîner des dangers et des abus de toute espèce.

Quelques-uns, avec plus de science que de lumières, ont cherché à établir que la loi II au code, *de Rescindenda Venditione*, sur laquelle repose tout le système de l'action rescisoire pour cause de lésion, n'est pas l'ouvrage des empereurs auxquels on l'attribue; que ce texte se trouve en contradiction avec toutes les lois romaines publiées dans le temps de la république, et avec d'autres lois faites par les empereurs même que l'on suppose auteurs de la loi dont il s'agit.

Nous avons examiné la question sous les différens points de vue qu'elle présente.

D'abord, nous avons écarté toutes les discussions de date et de chronologie. Quelle est la véritable époque de la promulgation de la loi II au code, *de Rescindenda Venditione?* Par quel prince a-t-elle été promulguée? Existe-il des lois contraires dans la vaste compilation du droit romain? Dans ce moment, toutes ces recherches sont plus curieuses qu'utiles. Nous savons que la loi II au code, *de Rescindenda Venditione*, est dans le recueil de Justinien, et qu'elle a été constamment suivie et respectée parmi nous et dans presque tous les États de l'Europe. Quel poids peuvent donc avoir des dissertations obscures, uniquement relatives à la date de cette loi, lorsque tant de siècles et tant de peuples ont rendu si solennellement hommage à la sagesse de ses dispositions?

Dire que dans les temps florissans de la république on ne connaissait point à Rome l'action rescisoire pour cause de lésion, c'est proposer une observation inconcluante. Les lois n'ont été faites que successivement, selon les besoins et les circonstances. L'orateur romain remarque qu'il fut un temps où il n'existait aucune loi contre le parricide. Une loi naît ordinairement d'un abus qui se manifeste, et qu'il importe à la société de réprimer. Tant que les mœurs gouvernent, on a peu de lois. Les codes des nations se développent et s'étendent à mesure qu'on sent davantage le besoin de faire des lois pour corriger les mœurs. On a établi des lois contre le péculat quand la fréquence de ce crime les a provoquées. On a vraisemblablement établi l'action rescisoire quand des surprises ou des fraudes jusque là inouïes ont averti le législateur qu'il était temps de ramener la bonne foi dans les ventes et les achats. Ainsi il serait absurde de chercher un préjugé contre la loi II au code, *de Rescindenda Venditione*, dans l'époque plus ou moins ancienne à laquelle cette loi peut avoir été publiée. Ceux qui croient avoir fait une découverte chronologique veulent tout rapporter à cette découverte, parce qu'on s'attache toujours fortement à ce que l'on sait le mieux. Mais le législateur et le jurisconsulte ont une tâche plus importante à remplir. Ils ne doivent pas se borner à recueillir et à concilier des textes épars; ils doivent choisir, au milieu de toutes les idées et de toutes les maximes de législation qui ont été jetées dans le monde, celles qui se com-

binent le mieux avec les besoins de la société et le bonheur
des hommes.

En conséquence, laissant à l'écart tout ce qui est étranger
au fond des choses, nous avons uniquement pesé les principes qui pouvaient éclairer notre détermination.

Les auteurs qui attaquent l'action rescisoire pour cause de
lésion jusque dans sa source prétendent que le contrat fait
tout; que les hommes ne doivent pas être admis à revenir
contre leur propre fait; que la valeur des choses varie journellement; qu'elle n'est souvent relative qu'à la situation et
à la convenance des personnes qui vendent et qui achètent;
qu'il est impossible d'avoir une mesure fixe et commune;
qu'il serait conséquemment déraisonnable de supposer et de
chercher un *juste prix* autre que celui qui a été convenu entre
contractans.

A Dieu ne plaise que nous voulions affaiblir le respect qui
est dû à la foi des contrats! mais il est des règles de justice
qui sont antérieures aux contrats mêmes, et desquelles les
contrats tirent leur principale force. Les idées du juste et de
l'injuste ne sont pas l'unique résultat des conventions humaines. Elles ont précédé ces conventions, et elles doivent
en diriger les pactes. De là, les jurisconsultes romains, et,
après eux, toutes les nations policées, ont fondé la législation
civile des contrats sur les règles immuables de l'équité
naturelle.

Or, quelles sont ces règles?

Déjà, citoyens législateurs, vous les avez consacrées par
vos suffrages.

Vous avez proclamé la maxime qu'aucune obligation ne
peut exister sans cause, qu'aucune obligation ne peut même
exister sans une cause raisonnable et proportionnée. Quel est
donc le sens, quelle est l'application de cette maxime?

Distinguons les contrats de bienfaisance d'avec les contrats
intéressés. Pour la validité des uns et des autres il faut
sans doute une cause; car la nécessité de la cause s'applique

indéfiniment à toutes les obligations, à tous les contrats.

Pour ce qui concerne les contrats de bienfaisance, la cause se trouve suffisamment dans le sentiment qui les produit. On n'a pas voulu priver les hommes du doux commerce des bienfaits.

On peut examiner, relativement à ces sortes de contrats, si la cause est contraire aux bonnes mœurs, si elle est licite, ou si elle ne l'est pas; mais on ne peut jamais exciper du défaut de cause, parce que la cause d'un acte de bienfaisance est toujours dans la bienfaisance même.

Il en est autrement des contrats intéressés.

La cause de ces sortes de contrats est, selon les jurisconsultes, l'intérêt ou l'avantage, qui est le motif et comme la raison de l'engagement.

Il y a donc à examiner si cet intérêt, ou cet avantage, est réel ou imaginaire, s'il est proportionné, c'est-à-dire s'il y a un équilibre raisonnabl eentre ce que l'on donne et ce que l'on reçoit.

Dans un contrat de vente la cause de l'engagement est, pour le vendeur, d'échanger une chose quelconque contre de l'argent, et, pour l'acquéreur, d'échanger son argent contre la chose qu'on lui transporte. Ce contrat a été rangé dans la classe des contrats commutatifs. On définit le contrat commutatif, celui par lequel on donne une chose pour en recevoir l'équivalent.

De là vient le principe qu'il ne peut exister de vente proprement dite sans la stipulation d'un prix; et puisque le prix doit être l'équivalent de la chose vendue, il faut que ce prix réponde à la valeur de cette chose : s'il y a lésion, c'est-à-dire s'il n'y a point d'équilibre entre la chose et ce prix, le contrat se trouve sans cause, ou du moins sans une cause raisonnable et suffisante, à l'égard de la partie.

Ainsi l'action rescisoire pour cause de lésion a son fondement dans les maximes communes à tous les contrats, et

9.

elle est une conséquence immédiate , une conséquence nécessaire de la nature particulière du contrat de vente.

Tout cela est bon en théorie, dit-on; mais comment connaître, dans la pratique, que le prix stipulé dans un acte de
vente est équivalent à la chose vendue? Peut-on avoir une
mesure connue et fixe? La situation respective des parties,
leur convenance n'exigeraient-elles pas une mesure particulière pour chaque hypothèse, pour chaque contrat?

Pourquoi donc la convention ne serait-elle pas l'unique
loi des parties , puisqu'elle est le plus sûr et même l'unique
garant de leur désir et de leurs besoins réciproques?

La réponse à ces objections exige un certain développement.

En général, la valeur de chaque chose n'est que l'estimation de son utilité.

On appelle *prix* la portion ou la somme d'argent qui,
comparée à cette valeur, est réputée lui être équivalente.

On a toujours distingué le *juste prix* d'avec le prix conventionnel : on a eu raison ; car le prix conventionnel et le juste
prix diffèrent souvent l'un de l'autre.

Le prix conventionnel n'existe que par le fait même de la
convention : il ne peut être que le résultat des rapports sin-
guliers qui rapprochent les contractans. Le juste prix est
déterminé par des rapports plus étendus, qui ne tiennent
pas uniquement à la situation particulière dans laquelle deux
contractans peuvent accidentellement se trouver.

Le prix conventionnel n'est que l'ouvrage des volontés
privées qui ont concouru à le fixer. Le juste prix est le résultat de l'opinion commune.

Nous vivons en société. Tout ce qui forme la propriété
parmi les hommes réunis dans la même patrie, dans la même
cité , n'est pas tout à la fois dans le commerce. Les métaux ou les monnaies, qui sont les signes de la valeur des
choses , ne circulent pas toujours en même quantité ; la concurrence des vendeurs et des acheteurs n'est pas constam-

ment la même : tout cela dépend de la situation et des besoins variables de ceux qui se présentent pour vendre et pour acheter. Il est vrai néanmoins que la situation et les besoins de tous les vendeurs et de tous les acheteurs, ou du plus grand nombre, diffèrent peu, si on considère les choses et les hommes dans le même temps, dans le même lieu, et dans les mêmes circonstances : or, c'est de cette espèce de conformité de situation et de besoins que se forme, par l'opinion publique, une sorte de prix commun ou courant qui donne aux objets mobiliers ou immobiliers une valeur à peu près certaine tant que les mêmes circonstances subsistent. De là on voit journellement le prix des marchandises et des immeubles annoncé dans les feuilles périodiques de nos cités principales.

Il y a donc pour chaque chose un juste prix qui est distinct et indépendant du prix conventionnel. Le prix conventionnel peut s'écarter et s'écarte réellement du juste prix, quand la cupidité, d'une part, et la nécessité de l'autre, deviennent la seule balance des pactes ou des accords arrêtés entre les parties qui traitent ensemble.

On reconnaît si bien un juste prix indépendant du prix conventionnel, que l'on confronte tous les jours le prix conventionnel avec le juste prix pour savoir si un contrat auquel on donne le nom de *contrat de vente* en a véritablement les caractères et la nature. Ainsi on juge par la vileté du prix stipulé dans un acte que cet acte présenté comme une vente n'est qu'une donation déguisée. On juge encore par la vileté du prix que, sous la forme d'une vente faite avec faculté de rachat, on a voulu cacher un prêt sur gage. Enfin, c'est par la vileté du prix que l'on découvre si l'abandon d'un immeuble sous la condition d'une rente viagère présente un contrat onéreux ou une pure libéralité.

Or, si les lois présupposent l'existence d'un juste prix indépendant du prix conventionnel, lorsqu'il s'agit de prononcer sur les questions que nous venons d'annoncer, comment pourrait-on méconnaître ce juste prix quand il s'agit de lésion? La lésion n'est-elle pas une injustice inconciliable avec les principes d'équité et de réciprocité qui doivent être l'âme de tous les contrats? N'avons-nous pas démontré qu'elle choque l'essence même du contrat de vente? Pourquoi donc voudrait-on renoncer à l'espoir de la découvrir et de la faire réparer?

La lésion en soi est odieuse et illicite. Déjà l'action rescisoire pour cause de lésion est admise, dans notre Code civil, comme un moyen légal de restitution; car la lésion simple fait restituer les mineurs, et la loi déclare qu'ils ne sont point restitués comme mineurs, mais comme lésés : *Non tanquam minor, sed tanquam læsus.*

Lorsque vous avez adopté la partie du Code qui concerne les successions, vous avez décrété, citoyens législateurs, que la lésion du tiers au quart suffit pour faire rescinder un acte de partage passé entre majeurs.

En admettant, dans le projet de loi qui vous est aujourd'hui soumis, la lésion comme moyen de rescision contre le contrat de vente, nous n'avons donc fait qu'appliquer à ce contrat un principe récemment et solennellement consacré par vos suffrages.

Les partisans du système contraire à celui du projet de loi remarquent qu'il y a une très-grande différence entre un acte de partage et un contrat de vente; qu'un acte de partage exige une égalité plus parfaite entre les parties; que, dans cette espèce d'acte, chacun doit exactement retirer ce qui lui appartient, tandis que, dans un contrat de vente, les contractans se livrent en quelque sorte à des spéculations purement volontaires, déterminées par le besoin ou par la convenance du moment; d'où l'on conclut que des majeurs qui sont arbitres de leur fortune, et qui doivent savoir ce qu'ils font, sont peu recevables à se plaindre d'avoir été lésés. On ajoute que, si l'action rescisoire pour cause de lésion pouvait être admise en matière de vente, il arriverait souvent que l'on viendrait au secours d'un vendeur qui, après s'être ménagé par son contrat un secours d'argent auquel il serait redevable du rétablissement de ses affaires, ne craindrait pas de revenir ensuite contre son propre fait, et de se jouer de la foi de ses engagemens. De plus, les propriétés, dit-on, seraient trop incertaines; il n'y aurait plus rien de fixe dans le commerce de la vie. L'intérêt public, la sûreté des contrats et des patrimoines, exigent donc qu'une vente ne puisse être rescindée pour cause de lésion.

Ces objections sont visiblement dictées par l'esprit de système, qui ne considère jamais les choses avec une certaine étendue, et qui, dans ses observations, se jette ordinairement d'un seul côté, en perdant de vue tous les autres.

Nous convenons qu'il y a de la différence entre un acte de partage et un contrat de vente; il faut une égalité plus parfaite entre des copartageans qu'entre des individus qui vendent et qui achètent : mais cette différence n'a jamais été méconnue. Les lois qui ont admis l'action rescisoire dans les actes de partage et dans les contrats de vente n'ont exigé qu'une lésion du tiers au quart pour faire rescinder les actes de partage ; tandis qu'elles ont requis une lésion plus forte, telle, par exemple, qu'une lésion d'outre moitié du juste prix, pour faire rescinder un contrat de vente. Sans doute, il faut observer l'égalité dans les actes de partage : mais est-il un seul contrat dans lequel il soit permis de ne point garder la bonne foi ou de ne point observer la justice?

On ne cesse de répéter que les contrats de vente ne sont que des spéculations déterminées par le besoin ou par la convenance. Expliquons-nous une fois pour toutes sur ce point. Nous l'avons déjà dit : en matière de vente on appelle en général besoin ou convenance du vendeur le besoin ordinaire que tout vendeur a de vendre pour avoir un argent qui lui convient mieux que sa marchandise ou son immeuble. On appelle besoin de convenance de l'acheteur le besoin que tout acheteur a d'acheter pour avoir un immeuble ou une marchandise qui lui convient mieux que son argent.

Mais le désir immodéré de s'enrichir aux dépens d'autrui ne saurait être un besoin ni une convenance légitime pour personne.

Il est sans doute naturel que l'on veuille vendre cher et acheter à bon marché : c'est ce que les lois civiles de toutes les nations reconnaissent lorsqu'elles déclarent qu'il est permis, jusqu'à un certain point, à un vendeur et à un acheteur de se circonvenir mutuellement, *sese invicem circumvenire*, pour tirer le meilleur parti possible de leur position respective. Mais il ne faut pas étendre trop loin cette sorte de permission ou de tolérance.

Le juste prix des choses ne réside pas dans un point indivisible ; il doit se présenter à nous avec une certaine latitude morale : deux choses, quoique de la même espèce, ne sont jamais absolument ni mathématiquement semblables. L'avantage que l'on peut retirer des mêmes choses n'est jamais exactement le même pour tout vendeur et pour tout acheteur ; il serait donc impossible de partir, pour la fixation du juste prix, d'une règle absolue et inflexible dans tous les cas : mais, si l'on veut asseoir le règne de la justice, il ne faut pas que l'on puisse s'écarter trop considérablement de ce prix commun, qui est réglé par l'opinion, et qu'on appelle le juste prix, puisqu'il est le résultat équitable et indélibéré de toutes les volontés et de tous les intérêts.

La lésion résulte de la différence qui existe entre le prix commun ou le juste prix et le prix conventionnel.

Toute lésion pratiquée sciemment est un acte d'injustice aux yeux de la morale, mais ne saurait être un moyen de restitution aux yeux de la loi. La vertu est l'objet de sa morale. La loi a plus pour objet la paix que la vertu. Si la moindre lésion suffisait pour résoudre la vente, il y aurait parmi les hommes presque autant de procès qu'il se fait d'acquisitions. C'est pour éviter cet inconvénient général que les lois romaines avaient cru devoir fermer les yeux sur quelques inconvéniens particuliers, et prendre une sorte de milieu entre les règles d'une justice trop exacte et les spéculations odieuses de la cupidité humaine. Ces lois avaient en conséquence abandonné à la liberté du commerce tout l'espace qui est entre le juste prix et la lésion d'outre moitié de ce juste prix, espace dans lequel le vendeur et l'acheteur ont la faculté de se jouer. Dans le nouveau projet de loi, nous allons plus loin que les législateurs romains, nous exigeons que la lésion excède les sept douzièmes du juste prix; mais il faut convenir que, quand une lésion aussi énorme est constatée, on ne pourrait la tolérer sans renoncer à toute justice naturelle et civile.

Il importe peu d'observer que l'on peut rencontrer des hypothèses dans lesquelles un vendeur qui n'aurait aucune ressource s'il ne vendait pas trouve dans le modique prix qu'on lui donne un secours suffisant pour commencer sa fortune ou la rétablir. Ce sont là des circonstances extraordinaires sur lesquelles on ne saurait fonder un plan de législation. Le plus souvent un acquéreur avide abuse de la misère et de la triste situation de son vendeur pour obtenir à vil prix une propriété arrachée, pour ainsi dire, au malheur et au désespoir.

Nous ajouterons que, pour juger si un contrat est lésif ou s'il ne l'est pas, il faut confronter le prix avec la chose, et non avec des circonstances accidentelles et fortuites, qui ne font pas partie du prix. La vente n'est point ordinairement un contrat aléatoire; elle ne le devient que quand elle porte sur des choses incertaines, et alors l'action rescisoire pour cause de lésion n'a pas lieu : mais, toutes les fois qu'une vente porte sur une chose déterminée, il serait absurde qu'au lieu de juger du prix stipulé pour la valeur de la chose vendue, on fût admis à exciper de circonstances singulières et extraordinaires, dont les suites sont incertaines, et qui sont absolument étrangères au contrat.

On prétend que des majeurs doivent savoir ce qu'ils font,

qu'on ne doit point présumer qu'ils ont été lésés, et qu'ils ne doivent conséquemment pas pouvoir revenir contre la foi de leurs engagemens, sous prétexte de lésion.

A entendre cette objection, on dirait que des majeurs ne doivent jamais être écoutés quand ils se plaignent. Nous avons pourtant vu que dans le Code civil ils sont écoutés, même pour cause de lésion, quand ils se plaignent de l'inégalité qui s'est glissée dans un acte de partage.

Dans tous les contrats, le dol, l'erreur, une crainte grave, sont, par la disposition précise de nos lois, des moyens légitimes et suffisans pour faire restituer les majeurs. Or la lésion, telle que le projet de loi la fixe, pour qu'elle puisse devenir un moyen de restitution, n'équivaut-elle pas au dol ? Les jurisconsultes romains appelaient la lésion ultra-dimidiaire un dol réel, *dolum re ipsâ*, c'est-à-dire un dol prouvé non par de simples présomptions, mais par la chose même. — Nos jurisconsultes français n'ont pas tenu un autre langage (a). Dumoulin, en parlant de celui qui est lésé d'outre moitié du juste prix, dit qu'on peut le regarder et qu'on doit même le regarder, par le fait seul d'une telle lésion, comme trompé, *deceptus ultra dimidiam partem*.

Dans plusieurs textes du droit la lésion ultra-dimidiaire est présentée plutôt comme une fraude que comme une simple lésion : *Non læsio, sed potius deceptio*. C'est sous ce même point de vue qu'elle a été présentée par six ou sept de nos anciennes coutumes, qui, au lieu de se servir du simple mot de lésion, ont employé celui de *déception d'outre moitié*.

Ce serait donc évidemment autoriser le dol et la fraude que de refuser l'action rescisoire dans les cas d'une lésion aussi considérable que celle qui est énoncée dans le projet de loi, et qui est plus qu'ultra-dimidiaire.

Au surplus, pourquoi le dol, l'erreur et la crainte sont-ils des moyens de restitution pour les majeurs eux-mêmes ?

(a) *Dumoulin*, dans son traité *De Usuris*.

C'est, entre autres raisons, parce que l'on présume qu'il n'intervient point un véritable consentement de la part de celui qui se trompe ou qui est trompé, *errantis aut decepti nullus est consensus.* Or, peut-on dire que celui qui est énormément lésé aurait adhéré au contrat s'il avait connu cette lésion, ou s'il avait été dans une situation assez libre pour ne pas la souffrir?

Quels sont les effets ordinaires du dol, de l'erreur et de la crainte? En dernière analyse, ces effets aboutissent à une lésion que les lois veulent prévenir ou réparer, en protégeant les citoyens contre les diverses espèces de surprises qui peuvent être pratiquées à leur égard. Comment donc, dans quelque hypothèse que ce soit, les lois pourraient-elles voir avec indifférence un citoyen lésé au-delà de toutes les bornes, et d'une manière qui constate évidemment quelque fraude ou quelque erreur?

La majorité du contractant qui a été lésé empêche-t-elle qu'on n'assure à ce contractant l'action rédhibitoire pour les vices cachés de la chose vendue, une indemnité raisonnable pour les servitudes non apparentes qui lui auront été dissimulées, ou pour défaut de contenance qui sera d'un vingtième au-dessus ou au-dessous de la contenance annoncée dans l'acte de vente? Ne vient-on pas au secours d'un majeur dans toutes ces occurrences? Comment donc pourrait-on penser qu'un majeur qui souffre une lésion plus qu'ultra-dimidiaire n'a aucun droit à la vigilance et à la sollicitude des lois? Est-ce qu'on se montrerait plus jaloux de réparer un moindre mal qu'un mal plus grand?

Nous savons qu'en général les majeurs sont présumés avoir toute la maturité convenable pour veiller sur leurs propres intérêts. Mais la raison dans chaque homme suit-elle toujours les progrès de l'âge? On est aujourd'hui majeur à vingt-un ans. Nous avons devancé à cet égard le terme qui avait été fixé par notre ancienne législation. Or, croit-on qu'un jeune homme de vingt-un ans soit, dans l'instant métaphysique où la loi déclare sa majorité, tout ce qu'il doit devenir un jour par l'habitude des affaires et par l'expérience du monde? Des majeurs peuvent être absens; ils sont alors obligés de s'en rapporter à un procureur fondé. D'autres sont vieux ou infirmes; on peut abuser de leur faiblesse pour surprendre leur bonne foi.

Il en est qui peuvent être travaillés par quelque passion, et à qui l'on peut alors arracher des actes qui, selon le langage des jurisconsultes, ressemblent à la démence, *quasi non sanæ mentis*. Ne faut-il pas protéger les hommes non seulement contre les autres, mais encore contre eux-mêmes?

Tout majeur, quel qu'il soit, qui éprouve un dommage grave, n'est-il pas autorisé à en demander la réparation? Cela n'est-il pas dans le vœu de la nature, dans celui de toutes les lois?

Mais, dit-on, si l'on donne aux majeurs l'action rescisoire pour cause de lésion, toutes les propriétés seront incertaines; il n'y aura plus de sûreté dans le commerce de la vie.

Nous répondrons d'abord que cette objection ne prouve rien, ne fût-ce que parce qu'elle prouverait trop. Car, en lui donnant toute l'étendue dont elle serait susceptible, il faudrait proscrire toutes les actions en nullité, toutes celles qui pourraient être fondées sur le dol, l'erreur, la crainte, la violence; il faudrait proscrire généralement tous les moyens par lesquels on peut ébranler un contrat de vente, parce que tous ces moyens tendent à rendre la propriété plus ou moins incertaine dans les mains des acquéreurs.

1b.   En second lieu, le projet de loi, en admettant l'action rescisoire pour cause de lésion, ne l'a admise que dans les ventes d'immeubles. Il déclare que la vente des effets mobiliers ne comporte point cette action. On conçoit que les fréquens déplacemens des effets mobiliers, et l'extrême variation dans le prix de ces effets, rendraient impossible un système rescisoire pour cause de lésion dans la vente et l'achat de pareils objets, à moins qu'on ne voulût jeter un trouble universel dans toutes les relations commerciales, et qu'on ne voulût arrêter le cours des opérations journalières de la vie. Dans ces matières, il faut faire plus de cas de la liberté publique du commerce que de l'intérêt particulier de quelques citoyens. Il en est autrement des immeubles. Leur prix est plus constant, et leur circulation est certainement moins rapide. Des immeubles appartiennent long-temps au même propriétaire. Ils ne sortent guère des mains de celui qui les possède que par l'ordre des successions. Combien de familles dans lesquelles les diverses générations se partagent pendant long-temps le même patrimoine? On peut donc et on doit, quand il s'agit d'immeubles, se montrer plus occupé de réparer la lésion ou l'injustice que peut éprouver un citoyen, que de protéger la cupidité d'un autre.

Dans l'ancien régime, on recevait l'action rescisoire, même pour les objets mobiliers, quand ces objets étaient précieux. Nous avons cru devoir écarter cette exception, qui pouvait apporter des gènes trop multipliées dans la circulation des effets mobiliers, et entraîner des discussions trop arbitraires pour savoir si un objet est plus ou moins précieux. Nous avons absolument borné l'action rescisoire à la vente des choses immobilières. Objectera-t-on que, si l'action rescisoire, limitée à la vente d'immeubles, n'est point préjudiciable au commerce proprement dit, elle peut l'être à l'agriculture par l'espèce d'inaction dans laquelle se tient un nouveau propriétaire qui n'ose rien entreprendre quand il peut craindre d'être évincé?

Nous répondrons qu'il était possible d'avoir ces craintes Ib. et 1676 lorsque l'action rescisoire durait dix ans; mais le projet de loi ne lui donne plus que deux ans de durée, à compter du jour de la vente. Ce terme est assez long pour que l'action rescisoire puisse être utile à celui qui est en droit de l'exercer, et il est assez court pour que l'agriculture n'ait point à souffrir d'un délai qui, loin d'empêcher les entreprises du

nouveau propriétaire, ne lui laisse que le temps convenable
pour les préparer.

1677-1678   Les écrivains qui pensent que l'action rescisoire pour cause
de lésion ne doit point être admise se replient ensuite sur
les prétendus dangers de la preuve à laquelle on est forcé de
recourir pour constater la lésion.

Mais quelle est donc cette preuve qui inspire tant d'inquiétudes? L'estimation par experts. Rien n'est moins sûr, dit-
on, que cette estimation. On sait comment des experts opèrent; chaque partie a le sien. Un tiers est appelé, et l'opinion
de ce tiers fait la loi. Ainsi les propriétés se trouvent à la
disposition d'un seul homme.

Avec des objections semblables, il n'y aurait de sûreté que
pour les hommes injustes et nuisans. S'agirait-il du dol
personnel qui annulle tous les contrats? On dirait que la
plainte n'en doit point être reçue, parce que le dol personnel
ne peut être constaté que par la preuve testimoniale, qui est
la plus incertaine et la plus dangereuse de toutes les preuves. On renverserait bientôt tous les moyens de recours contre l'injustice, on assurerait l'impunité de tous les crimes,
faute de trouver une preuve qui pût rassurer suffisamment
l'innocence.

Heureusement il faut que les affaires marchent, et nous
nous résignons par nécessité à chercher non un mieux idéal,
mais le bien qu'il est possible et qui nous paraît présenter le
moins d'imperfections et le moins d'inconvéniens.

La preuve par témoins a des dangers; mais l'impunité des
délits en aurait davantage. On a donc fait plus d'attention
aux dangers de l'impunité qu'à ceux de la preuve testimoniale.

Il serait sans doute à désirer que tout ce que l'on a intérêt
de prouver pût être constaté par écrit : mais la force des
choses y résiste. L'écriture n'accompagne que les conventions
ou les choses qui sont susceptibles d'une certaine publicité.

Les coupables se cachent et n'écrivent pas. La preuve testimoniale est la preuve naturelle des faits. La déclaration d'experts est la preuve naturelle de tout ce qui requiert, dans certaines matières, le jugement ou l'opinion des gens de l'art.

Dans les procès en lésion, les preuves littérales ne sont point exclues. On peut administrer des baux, des documens domestiques, des actes et d'autres titres qu'il serait inutile d'énumérer; mais nous convenons que l'estimation par experts est la véritable preuve en pareille occurrence.

Que peut-on craindre de cette preuve? Elle est bien moins incertaine que celle par témoins. On n'a pour garant de la sincérité d'une déposition que la bonne foi et la mémoire de la personne qui dépose. Un témoin peut être corrompu ou suborné; sa mémoire peut être infidèle. Les faits sur lesquels on rend ordinairement témoignage sont, pour la plupart, fugitifs; ils ne laissent aucune trace après eux. Ainsi, en matière de preuve testimoniale, la nature des choses qui sont à prouver augmente les dangers de la preuve.

Les mêmes inconvéniens ne sauraient accompagner l'estimation par experts. Des experts sont des espèces de magistrats qui ont l'habitude de leurs fonctions, et qui ont besoin de conserver la confiance. Ils sont obligés de motiver leur décision : s'ils se trompent, ou s'ils veulent tromper, leur erreur ou leur fraude est à découvert. Ils ne peuvent s'égarer dans leurs opérations. Ayant à estimer s'il y a ou s'il n'y a pas lésion dans un contrat de vente, ils ont sous les yeux l'immeuble qui est l'objet de l'estimation, et ils peuvent le confronter facilement avec le prix qui a été stipulé dans le contrat, et avec les circonstances qui établissent le juste prix et qui sont garanties par l'opinion commune, étayée de tout ce que les localités peuvent offrir d'instruction et de lumières. Rien de plus rassurant.

La loi sur la propriété, que vous avez récemment décrétée, porte que, quand on prendra le fonds d'un particulier pour cause d'utilité publique, on donnera à ce particulier une juste et préalable indemnité. Or, ce sont des experts qui fixent cette juste indemnité par un rapport d'estimation.

Tous les jours, pour un partage à faire dans une succession, ou pour la rescision d'un partage déjà fait, on a recours à l'estimation par experts, qui seule peut faire connaître la véritable valeur des immeubles qui seront ou qui ont été l'objet du partage.

L'estimation par experts est encore d'un usage journalier dans les cas où l'on est évincé d'un immeuble, et où l'on demande le remboursement des améliorations qu'on y a faites.

Nous ne finirions pas si nous voulions énoncer toutes les hypothèses dans lesquelles l'intervention des experts est utile ou nécessaire.

Pourquoi donc concevrait-on des alarmes sur les prétendus dangers de l'estimation par experts, lorsqu'il s'agit d'un procès de lésion, tandis qu'on n'aurait pas les mêmes inquiétudes pour ce genre de preuves dans les occasions multipliées où elle est d'un si grand usage?

1677 Le projet de loi indique d'ailleurs toutes les précautions qui peuvent empêcher qu'on abuse de l'action rescisoire. Il exige une sorte de jugement préparatoire sur l'état du procès, c'est-à-dire sur le point de savoir si les circonstances apparentes présentent quelques doutes assez raisonnables pour faire désirer aux juges de recevoir de plus grands éclaircissemens, et d'admettre le demandeur en rescision à tous les genres de preuves dont la matière peut être susceptible. On montre tant de respect pour la sainteté des contrats et pour la sûreté du commerce, qu'une question rescisoire est traitée avec la même circonspection que pourrait l'être une question d'état.

1678 à 1680 On entoure ensuite la preuve de l'estimation par experts de toutes les formes qui peuvent nous rassurer sur l'intérêt de la justice et de la vérité. Les trois experts doivent être nommés à la fois ; ils doivent tous être choisis d'office par le juge, ou du commun accord des parties ; ils doivent opérer ensemble ; ils *sont tenus de dresser un seul procès-verbal commun, et de ne former qu'un seul avis à la pluralité des voix.*

S'il y a des avis différens, le procès-verbal en contiendra les motifs, sans qu'il soit permis de faire connaître de quel avis chaque expert a été.

Ainsi les experts se trouvent soumis, dans leurs opérations, aux mêmes règles et au même secret que les juges. Est-il donc possible d'offrir aux parties une plus forte garantie contre les abus réels ou imaginaires qu'elles pourraient redouter ?

Dans l'ancienne jurisprudence on doutait si l'action rescisoire pour cause de lésion devait compéter à l'acquéreur comme au vendeur, ou si elle ne devait compéter qu'au vendeur seul. Les cours souveraines s'étaient partagées sur cette question ; il y avait diversité d'arrêts. Le projet de loi déclare que le vendeur seul pourra exercer l'action rescisoire pour cause de lésion. On a cru avec raison que la situation de celui qui vend peut inspirer des inquiétudes toujours étrangères à la situation de celui qui acquiert. On peut vendre par besoin, par nécessité. Il serait affreux qu'un acquéreur avide pût profiter de la misère d'un homme ou de son état de détresse pour l'aider à consommer sa ruine, en cherchant à profiter de ses dépouilles. On ne peut avoir les mêmes craintes pour l'acquéreur lui-même ; on n'est jamais forcé d'acquérir ; on est toujours présumé dans l'aisance quand on fait une acquisition. 1683

Quand un vendeur aura exercé l'action rescisoire pour cause de lésion, et quand cette action aura été accueillie, l'acquéreur aura le choix d'abandonner la chose ou de la garder, en fournissant un supplément de prix. Ce supplément consiste dans ce qui manquait pour arriver au juste prix ; il doit être payé sous la déduction du dixième du prix total. 1681

On voit aisément les motifs qui ont dicté ces deux dispositions.

La première, qui donne à l'acquéreur le choix d'abandonner la chose ou de payer un supplément de prix, a existé dans tous les temps : c'est un hommage rendu à la foi des contrats. Il a toujours été de maxime, quand un contrat n'est pas nul de plein droit, quand il n'est entaché que d'un vice réparable, qu'il faut laisser aux parties tous les moyens de remplir leurs engagemens en réparant tout ce qui est vicieux ou injuste, et en respectant tout ce qui ne l'est pas.

La seconde des dispositions que nous discutons et qui veut que l'acquéreur, s'il garde la chose, paie le supplément du juste prix sous la déduction du dixième du prix total, présente une décision nouvelle ; car autrefois il n'y avait point lieu à cette déduction : mais nous avons cru qu'elle est équitable, parce que l'estimation des experts n'étant pas susceptible d'une précision mathématique, on ne peut l'adopter avec une rigueur qui supposerait cette inexactitude et cette précision.

1684   L'action rescisoire n'a pas lieu dans les ventes qui, d'après la loi, sont faites d'autorité de justice. Quand la justice intervient entre les hommes, elle écarte tout soupçon de surprise et de fraude. Elle leur garantit la plus grande sécurité.

16-4   Au reste un vendeur ne peut d'avance renoncer par le contrat au droit de se plaindre de la lésion, même sous prétexte de faire don à l'acquéreur de la plus-value. Un tel pacte serait contraire aux bonnes mœurs. Il ne serait souvent que le fruit du dol et des pratiques d'un acquéreur injuste qui arracherait cette sorte de désistement prématuré à l'infortune et à la misère.

De plus, autoriser dans les contrats de vente la renonciation à l'action rescisoire, c'eût été détruire cette action. Tout acquéreur eût exigé cette clause, et la loi n'eût prêté qu'un secours impuissant et illusoire au malheureux et à l'opprimé.

Il résulte de tout ce que nous venons de dire que l'équité,

que la saine morale ne permettaient pas de retrancher de notre Code civil l'action rescisoire pour cause de lésion.

Vainement alléguerait-on que les lois à cet égard n'auront d'autre effet que de produire des procès sans prévenir les injustices. Nous convenons qu'il y aura toujours des injustices malgré les lois ; mais sans les lois, les injustices n'auraient point de bornes. C'est mal juger des bons effets d'une loi que de ne s'occuper que du mal qu'elle réprime, sans s'occuper de celui qu'elle prévient. Il y a toujours des crimes à punir ; donc les lois n'empêchent pas toujours le crime. Mais n'opposez aucune digue au torrent des vices, des délits et des passions, et vous jugerez alors quelle est la force invincible que les lois exercent sur les actions des hommes.

S'il était une fois permis de tromper impunément quand on contracte ou que l'on traite avec ses semblables ; si la lésion la plus énorme ne pouvait être utilement dénoncée, il n'y aurait plus de honte ni de pudeur dans les engagemens publics : le plus fort ferait la loi au plus faible ; la morale, bannie de la législation, le serait bientôt de la société ; car, désabusons-nous, si quelquefois les mœurs suppléent les lois, plus souvent encore les lois suppléent les mœurs. La législation et la jurisprudence sont comme les canaux par lesquels les idées du juste et de l'injuste coulent dans toutes les classes de citoyens.

Répétera-t-on que l'intérêt public exige qu'il n'y ait point d'incertitude dans les possessions et les propriétés légitimement acquises : mais l'intérêt public ne veut-il pas aussi qu'on ne soit point perfide et injuste dans la manière de les acquérir ?

A ne parler même que d'après des principes non de morale, mais d'économie politique, quel est le véritable intérêt public et général ? Ne consiste-t-il pas à conserver un sage équilibre, à maintenir une juste proportion entre les choses et les signes qui les représentent ? Un État est dans la prospérité quand l'argent y représente bien toutes choses, et que

toutes choses y représentent bien l'argent; ce qui ne se vérifie que lorsqu'avec une telle valeur en immeubles ou en
marchandise l'on peut avoir sitôt qu'on le désire une valeur
proportionnée ou équivalente en argent. Si les lois favorisent
un acquéreur avide et injuste, les choses qui appartiennent
au vendeur ne représentent pas bien l'argent, puisque celui-
ci peut être dépouillé de tout en ne recevant pour les choses
qu'il abandonne qu'un prix misérable et infiniment au-
dessous de leur valeur.

Nous avons donc cru qu'une loi qui rétablit l'action rescisoire pour cause de lésion est aussi favorable à la saine politique que conforme à la bonne morale. Les circonstances les
plus impérieuses ne nous invitent-elles pas à faire rentrer le
commerce dans le sein de la probité?

CHAPITRE VII.

De la Licitation.

1686   Après nous être occupés du contrat de vente en général,
nous avons fixé notre attention sur un mode particulier de
vente qu'on appelle *licitation*.

La licitation a lieu lorsqu'il s'agit d'une chose commune
à plusieurs, qu'il est ou impossible ou bien difficile de diviser, et que l'on est forcé de vendre parce qu'aucun des copartageans ou des copropriétaires ne veut s'en accommoder
en payant aux autres ce qui leur revient à chacun.

Cette manière de vente se fait aux enchères. La chose est
adjugée au copartageant, au copropriétaire, ou à l'étranger
qui a été reçu à enchérir. Le prix est partagé entre ceux qui
ont droit à la chose.

1687   Chacun des copartageans ou des copropriétaires est autorisé à demander que des étrangers soient appelés à la licitation, pour qu'il y ait un plus grand concours d'offrans et
que l'on puisse tirer un meilleur parti de la chose qui est à
vendre.

Le concours des étrangers est indispensable s'il y a des mineurs intéressés.

Les formalités à observer pour la licitation sont expliquées ailleurs. 1688

CHAPITRE VIII.

Du Transport des créances et autres droits incorporels.

Indépendamment des choses mobilières et immobilières, il est une troisième espèce de biens, celle *des créances et autres droits incorporels.* 1689 et suivans.

Cette espèce de biens est de la création de l'homme; elle est l'ouvrage de nos mains; elle est dans le commerce comme tous les autres biens.

Elle est conséquemment susceptible d'être vendue, cédée et transportée. Le projet de loi détermine le mode de délivrance et les cas de garantie. Il rappelle à cet égard des maximes trop connues pour que nous ayons besoin d'indiquer les motifs de sagesse et de justice sur lesquels elles sont appuyées.

Par les lois romaines, le débiteur des droits, des actions ou des créances légitimes *litigieuses* cédées à un tiers avait le droit de racheter la cession et de se subroger au cessionnaire, en remboursant uniquement les sommes payées par ce dernier avec les intérêts, à dater du jour du paiement. 1699

Cette disposition légale était dirigée contre ces hommes avides du bien d'autrui qui achètent des actions ou des procès pour vexer le tiers ou pour s'enrichir à ses dépens.

La jurisprudence française avait adopté en ce point le droit romain. Nous avons cru devoir consacrer par le projet de loi une jurisprudence que la raison et l'humanité nous invitaient à conserver.

Nous avons en même temps indiqué les cas auxquels la règle qui vient d'être posée sera applicable. Ces cas sont tous ceux où l'on ne rapporte cession de quelque droit litigieux que pour se maintenir soi-même dans quelque droit acquis. 1701.

Ainsi la règle ne peut être appliquée lorsque la cession est rapportée par un cohéritier ou copropriétaire du droit cédé, par un créancier qui la prend en paiement de ce qui lui est dû, ou par le possesseur de la chose ou de l'héritage sujet au droit litigieux.

Vous vous apercevrez sans doute, législateurs, de l'attention que nous avons apportée à conserver de notre ancienne jurisprudence sur les contrats de vente tout ce qui est juste et utile, et à modifier tout ce qui pouvait ne plus convenir aux circonstances présentes.

Il ne suffit pas de faire de bonnes lois, il faut en faire de convenables.

En sanctionnant le projet qui vous est soumis, vous aurez fixé les règles qui veillent sur les pactes, la forme et l'exécution du plus important de tous les contrats, de celui qui est l'âme de toutes nos relations commerciales. Il est dans toute législation civile des choses qui sont particulières au peuple pour qui cette législation est promulguée : mais quand on proclame des maximes sur des objets qui appartiennent au code de tous les peuples, on travaille au bonheur de la société générale des hommes, on devient, pour ainsi dire, les législateurs du monde.

COMMUNICATION OFFICIELLE AU TRIBUNAT.

Le projet fut communiqué officiellement au Tribunat le 8 ventose an XII (28 février 1804), et M. Faure en prononça le rapport à l'assemblée générale le 12 ventose (3 mars) suivant.

RAPPORT FAIT PAR LE TRIBUN FAURE.

Tribuns, le projet de loi dont je suis chargé de vous présenter l'analyse est destiné à former le titre XI du livre III

du Code civil : il a pour objet le contrat de vente. Cette espèce de contrat est d'un usage si fréquent et si nécessaire,
qu'il n'est personne à qui les dispositions d'une telle loi puissent être indifférentes. Elles offrent d'autant plus d'intérêt,
que les principes qui les ont dictées doivent être gravés dans
le cœur de tous les hommes; ce sont ceux de l'équité. Les
modifications même, qui semblent être l'unique apanage du
droit positif, ne sont que des moyens de prévenir l'abus de
certaines règles qui, pour être trop générales, seraient dans
leur application illimitée beaucoup plus dangereuses qu'utiles.

Le contrat de vente dérive du contrat d'échange. Cette
incontestable vérité, démontrée par la raison comme par
l'histoire, est rappelée dans le recueil des lois romaines au
premier article du titre du Digeste relatif au contrat de vente.

Avant que les signes monétaires fussent connus, on ne
pouvait rien obtenir sans donner en échange quelque objet
particulier. Mais souvent cet objet était inutile au possesseur
de la chose demandée, souvent on ne pouvait pas lui offrir
celui qui lui était nécessaire. Quand on le pouvait, rarement
les choses étaient d'égale valeur ; il fallait recourir à des esti-
mations, donner d'autres objets en supplément : nouvelle
source d'embarras et de difficultés.

Lorsque la population s'accrut, que le commerce s'étendit,
que l'on ne se contenta plus des objets indispensables pour
la vie, que ceux de luxe et d'agrément devinrent aussi des
besoins, il fut impossible de se passer de signes monétaires.
Dès que ces signes eurent une valeur fixe, on put se procurer
avec eux toute espèce de biens mobiliers ou immobiliers, et
cet avantage extrême produisit les plus heureux effets dans
les rapports habituels des hommes entre eux. Avec ces signes
naquit le contrat de vente, qui fut bientôt aussi commun et
aisé que celui d'échange avait été rare et difficile.

La forme du contrat de vente, les droits qui en dérivent,
les obligations qui en résultent, sont réglés par la loi civile.

Telle est la matière du projet de loi soumis à votre examen.

1582   Le projet de loi commence par la définition du contrat de vente ; je dois en rapporter le texte littéral : dans une défi-nition tout est précieux. Celle du projet a le double mérite de la précision et de l'exactitude.

« La vente est une convention par laquelle l'un s'oblige à « livrer une chose et l'autre à la payer. »

1583   De cette définition il résulte que trois points essentiels constituent la vente : ce sont la chose, le prix et le consen-tement. Dès qu'on est convenu de la chose et du prix, la vente est parfaite. L'acquéreur devient propriétaire de l'objet vendu : le vendeur cesse de l'être ; elle est parfaite, quoique le vendeur n'ait encore rien livré, quoique l'acquéreur n'ait encore rien payé.

L'on doit observer cependant que la propriété n'est ac-quise de droit à l'acheteur qu'à l'égard du vendeur. Les con-ventions n'obligent que ceux avec lesquels elles sont passées : c'est une règle commune à toute espèce de contrat. Aucune des obligations qui résultent de la vente ne peut donc préju-dicier aux tiers qui n'y ont pas été parties et qui étaient fondés à réclamer quelque chose.

1584   Suivant le projet, on peut vendre avec faculté de rachat comme sans faculté : on peut vendre avec condition qu'on ne sera tenu de livrer la chose que dans un temps déter-miné. La même stipulation est permise pour le paiement du prix. Enfin le projet rappelle à divers endroits que tout ce qui concerne la vente et qui n'est pas réglé par la loi même relative à ce contrat est réglé par la loi générale sur les con-ventions.

1585-1586   Comme c'est l'intention des parties qui détermine l'époque où leurs obligations respectives commencent, de même que l'étendue de ces obligations, il faut, par exemple, lorsqu'il s'agit de vente de marchandises, examiner si elles ont été vendues en bloc ou si elles l'ont été au poids, au compte ou à la mesure.

Dans le premier cas la vente est parfaite aussitôt que les

parties ont traité. L'acheteur a reconnu implicitement qu'il consentait à les prendre sans autre vérification : c'est un risque qu'il veut bien courir. S'il y a plus qu'il n'espérait, il en profitera; s'il y a moins, il en supportera la perte. Il devient donc propriétaire à l'instant de la vente.

Dans le second cas, au contraire, l'acheteur ne peut devenir propriétaire des marchandises que lorsqu'elles auront été pesées, comptées ou mesurées; car jusque là rien n'est déterminé; et tant qu'il n'y a rien de déterminé les marchandises restent aux risques du vendeur : c'est sous ce point de vue que la vente n'est point parfaite. Au surplus, il existe un engagement réel entre les parties dès le moment du contrat. De cet engagement réciproque résulte pour l'acheteur le droit de demander la livraison des marchandises en faisant la vérification convenue, et pour le vendeur le droit de demander le prix de la vente, en offrant d'en faire la livraison.

Toutes ces réflexions s'appliquent aux objets qu'on est dans 1587 l'usage de goûter ou d'essayer.

Plusieurs savans jurisconsultes, en approfondissant cette matière, ont passé en revue les différentes stipulations qui peuvent avoir lieu à cet égard, les termes dans lesquels elles sont conçues, et les interprétations dont elles sont susceptibles. Comme il ne s'agit ici que d'un rapport analytique de la loi, je m'abstiendrai de plus longs développemens.

Si le contrat, au lieu de renfermer une vente, contient une 1589 promesse de vente, la promesse a la même force que la vente même, dès que les trois conditions se trouvent réunies, la chose, le prix et le consentement. La loi n'admet d'exception 1590 que lorsque la promesse de vente a été faite avec des arrhes. Cette stipulation emporte le consentement de la part de chacune des parties de regarder la promesse comme nulle si l'une d'elles juge à propos de se désister du contrat; celle qui se désistera en sera quitte pour perdre les arrhes si c'est elle qui les a données, ou pour payer le double si c'est elle qui les a reçues. En effet, si l'intention des parties n'eût pas été de se ménager cette alternative, la stipulation d'arrhes n'avait point d'objet.

Il importe ici d'observer que, si les deux parties se désistaient du contrat d'un commun accord, la partie qui a reçu les arrhes serait simplement obligée de les rendre ; l'une ne pourrait prétendre que l'autre est passible de quelque peine, sans en être passible également de son côté. Il faut que les contractans se remettent au même état où ils étaient lors de la convention.

1582   Quelle est la forme du contrat de vente? Le projet de loi répond ainsi : « La vente peut être faite par acte authentique « ou sous seing privé. » Il ne résulte pas de cette disposition que la vente doive être regardée comme nulle si elle n'est point rédigée par écrit; car le projet ne dit point *ne peut être faite que par acte authentique ou sous seing privé :* il dit *peut être faite*, etc.

Dans le cas où la vente serait verbale, il en résultera seulement que, si l'objet est d'une valeur qui excède 150 francs, la preuve testimoniale de la convention ne sera point admise, à moins qu'il n'existe un commencement de preuves écrites.

L'écriture, en un mot, ne sert point à la validité du contrat : elle sert à la preuve de son existence.

1589   La disposition précédente est applicable à la promesse de vendre. On a vu que la promesse de vendre était mise sur la même ligne que la vente elle-même, lorsqu'elle réunit comme elle les trois conditions.

ch. 2.   Ici se présente naturellement la question de savoir quelles sont les personn s capables de contracter.

Voici la réponse :

1594   La règle générale est pour la capacité (a).

Les divers cas d'incapacité sont autant d'exceptions.

Ainsi, lorsqu'on ne se trouve dans aucun de ces cas, la conséquence nécessaire est qu'on a la capacité de contracter.

(a) Article 1123.

Parcourons les exceptions.

Dans la classe des incapables il faut d'abord placer (a) :

Les mineurs,

Les interdits,

Les femmes mariées, pour les actes seulement où la loi consacre leur incapacité.

Les motifs sont,

A l'égard des mineurs, le défaut de maturité de leur raison ;

A l'égard des interdits, l'absence même de la raison ;

A l'égard des femmes mariées, l'autorité maritale.

Cette disposition appartient à toutes les espèces de contrats.

Le projet de loi défend les contrats de vente entre époux, 1595 à moins qu'il ne s'agisse de cession de biens faite l'un à l'autre en paiement de sommes légitimement dues, ou pour tenir lieu de remploi ; en un mot de cessions qui, fondées sur des droits incontestables, soient à l'abri de tout soupçon d'avantage indirect.

Sans cette précaution, en vain la loi des donations aurait fixé ce que les époux peuvent se donner ; elle serait trop facilement éludée.

Le projet de loi ne borne point les cas d'incapacité à ceux 1596. qui viennent d'être rappelés.

Sans cesse attentif à prévenir les fraudes, il défend à tous ceux qui ont des biens à vendre, pour tout autre compte que le leur, de s'en rendre adjudicataires ni par eux-mêmes ni sous le nom d'autres personnes interposées. Il nomme les tuteurs, les mandataires, les administrateurs des communes et de tous établissemens publics. Rien n'est plus louable que le motif de cette disposition. On n'a pas voulu mettre l'intérêt personnel aux prises avec le devoir. Le tuteur qui vend les biens de son pupille, le mandataire qui vend ceux de ses commettans ; en un mot, les divers agens qui vendent pour le compte d'autrui, doivent, par devoir, faire en sorte d'ob-

---

(a) Article 1124 du Code civil.

tenir le plus haut prix possible, puisque c'est le plus grand
avantage de ceux qu'ils représentent. S'il leur était permis de
de se rendre adjudicataires, leur propre intérêt les inviterait
à vendre au plus bas prix. Cet inconvénient disparaît au
moyen de la prohibition : elle ne peut être désagréable aux
hommes délicats. Quant à ceux à qui elle déplairait, leurs
regrets serviraient d'autant plus à la justifier.

1597   Enfin, le projet de loi défend aux juges, à leurs suppléans,
aux commissaires du gouvernement, à leurs substituts, aux
greffiers, huissiers, avoués, défenseurs et notaires, d'acquérir des droits et actions litigieux qui sont de la compétence du tribunal où ils exercent leurs fonctions. Non seulement de pareilles cessions seront déclarées nulles, mais
encore les cessionnaires seront passibles de tous dépens, dommages et intérêts.

Si cette incapacité n'existait pas, il serait à craindre que
ces différentes personnes, armées de leurs titres d'acquisitions, n'inquiétassent les plaideurs par leur influence ou tout
autre moyen, et ne les forçassent à faire en leur faveur des
sacrifices considérables pour se débarrasser d'adversaires si
1699-1700 dangereux. Pour qu'il ne puisse y avoir de doute sur ce que
la loi entend par droit litigieux, le projet déclare que la chose
est censée litigieuse dès qu'il y a procès et contestation sur le
fond du droit.

On verra dans la suite que les individus même qui ne sont
pas frappés de cette interdiction peuvent, hormis un très-
petit nombre de cas, être obligés de tenir quittes ceux contre
qui la cession est faite, pourvu que ces derniers leur rem-
boursent ce que la cession leur a réellement coûté.

ch. 3.   Je passe aux conditions essentielles à la nature du contrat
de vente.

Puisque la vente ne peut exister s'il n'y a pas une chose,
un prix et le consentement, d'une part de livrer la chose, de
l'autre de payer le prix, examinons chacune de ces conditions en particulier.

Et d'abord *la chose*. Il est clair que si elle était périe en 1601
totalité au moment de la vente le contrat serait nul ; car on
ne peut dire qu'il y ait eu une chose vendue, puisqu'il est
impossible de vendre ce qui n'existe point.

Si elle n'était périe qu'en partie, l'acquéreur ne pourrait
être obligé de prendre la chose en cet état. Si cependant il
aimait mieux avoir la partie conservée que d'abandonner la
vente, il en a le choix. Le prix subira une réduction proportionnée. Ce sera l'effet d'une ventilation.

Quoique la chose vendue existe, il faut de plus en avoir la 1599
propriété ; la vente d'un objet quelconque est déclarée nulle
par la nouvelle loi, dans le cas où il appartiendrait à tout
autre qu'au vendeur. Point de distinction, si le contrat porte
ou non que c'est la chose d'autrui. La loi romaine permettait
de vendre ce dont on n'était pas le propriétaire, sauf à l'a-
cheteur de restituer la chose quand le propriétaire la récla-
mait (a). Le motif de la nouvelle loi est que l'on ne doit pas
avoir le droit de vendre une chose quand on n'a pas celui
d'en transmettre la propriété. La transmission de propriété
est l'objet de la vente. C'est au propriétaire même à vendre
la chose, si bon lui semble ; mais pour celui qui ne l'est pas,
la seule obligation, dont l'exécution dépende de lui, consistant dans les dommages et intérêts, c'est par une pure subtilité qu'on l'appelle vendeur. Car, si le même jour où celui-
ci vend, le véritable propriétaire vendait, il faudrait donc
dire qu'il y a deux ventes : ce qui serait absurde. Si l'acheteur de la chose d'autrui a payé le prix, le vendeur lui en
doit la restitution avec les intérêts : les frais se compensent
avec eux lorsque l'acquéreur a joui de la chose.

Quoique la chose vendue existe, et qu'on en soit proprié- 1598
taire, il n'est pas permis de la vendre si elle est hors du
commerce. L'utilité publique doit toujours l'emporter sur
l'intérêt particulier, et l'on ne peut déroger, par des conven-

(a) L. xxviii. ff. *De contrahend. empt.*

tions particulières, à ce qui est d'ordre public. La défense de faire aucune convention sur ce qui n'est pas dans le commerce se trouve exprimée formellement dans la loi *des contrats* (a).

1600 Il répugne à l'honnêteté publique de vendre la succession d'une personne vivante : vainement cette personne y consentirait. La loi réprouve une convention où l'on spécule sur les dépouilles d'un individu qui n'est pas mort, et sur une succession qui ne peut pas encore porter ce titre.

La disposition qui défend de vendre la succession d'une personne vivante a déjà été consacrée par la loi sur *les successions* (b), et par celle *des contrats* en général (c).

1583-1591.
1592 Après avoir examiné quelles sont les choses qui peuvent être vendues, examinons la seconde condition : c'est *le prix de la vente.*

Il faut qu'il y ait un prix; autrement ce serait une donation.

Le prix de la vente ne peut être qu'une somme d'argent, ou ce qui en tient lieu dans l'usage ordinaire des paiemens.

Si le prix est un autre objet, ce n'est point une vente, c'est un échange.

Le prix de la vente doit être certain; il est déterminé par les contractans. Les parties, au lieu d'en convenir elles-mêmes, peuvent, à la vérité, convenir qu'un tiers l'arbitrera; mais il est nécessaire que ce tiers soit bien indiqué, et qu'il fasse l'arbitrage. S'il refuse de le faire, ou s'il meurt avant de l'avoir fait, la vente est nulle, à moins que les parties ne s'accordent sur une autre personne. Si l'arbitrage a eu lieu, le résultat lie les parties contractantes comme s'il était leur propre ouvrage. Le tiers qu'elles ont nommé a représenté le vendeur et l'acheteur. C'est en leur nom qu'il a réglé le prix; l'acheteur ne peut demander qu'on le diminue, ni le vendeur qu'on l'augmente.

1583 Je dois parler maintenant *du consentement.*

(a) Article 1128 du Code.
(b) Article 791.
(c) Article 1131.

Il faut que le consentement soit libre : quand il a été extorqué par dol, ou surpris par violence, il n'est point valable (a).

Il faut qu'il ne soit pas le fruit de l'erreur ; autrement il ne pourrait non plus valoir (b).

Mais les vendeurs et acheteurs qui auraient employé des moyens de dol pour tromper les personnes avec lesquelles ils ont contracté, ou qui se seraient permis des actes de violence pour forcer leur consentement, ne seraient pas reçus à se prévaloir, pour faire annuler le contrat, des vices résultant de l'erreur ou du défaut de liberté dans le consentement.

Il en est de même de ceux qui auraient vendu quelque chose à des incapables, ou qui auraient fait d'eux quelque acquisition.

Dans tous ces cas, le contrat de vente n'est annulé qu'autant que la nullité serait invoquée par les individus en faveur desquels elle a été établie. Tant qu'ils ne l'invoquent point, ou si, lorsqu'ils sont devenus capables, ils couvrent la nullité de la manière autorisée par la loi, le contrat devient inattaquable pour eux comme il l'a toujours été pour les parties qui ont stipulé avec eux.

Après avoir examiné les conditions nécessaires pour la validité du contrat de vente, l'ordre naturel appelle l'examen des droits et devoirs respectifs du vendeur et de l'acheteur. En les rapprochant, et les comparant les uns aux autres, on sentira mieux les points de contact et les différences. *ch. 4.*

C'est ici le lieu d'observer que le vendeur devant, d'après la nature du contrat, présider aux conditions, la loi l'avertit de bien s'expliquer. S'il y a quelque doute sur le sens d'une clause, le doute s'interprétera en faveur de l'acheteur. *1602*

Le vendeur a deux principales obligations : il doit livrer la chose ; il doit la garantir. *1603*

L'acheteur n'a qu'une seule obligation principale, celle de payer le prix de la vente. *1650*

(a et b) Article 1109.

1607 La tradition des droits incorporels ne peut se faire que par la remise des titres ou par l'usage que l'acquéreur fait de ces droits du consentement du vendeur.

1605-1606 A l'égard des objets corporels, on distingue entre les immeubles et les effets mobiliers.

La délivrance des immeubles se fait en remettant les titres de propriété, ou en donnant les clefs s'il s'agit d'un bâtiment.

Celle des effets mobiliers a lieu, ou par la tradition réelle, ou par la remise des clefs des bâtimens qui les contiennent, ou par le seul consentement des parties, si le transport ne peut pas s'en faire au moment de la vente.

Le seul consentement des parties suffit aussi pour la délivrance des immeubles, comme pour celle des meubles, si l'acheteur en était déjà en possession.

1604 Dans tous ces cas, l'effet de la délivrance est de transporter la chose vendue en la puissance et possession de l'acheteur.

1615 Le vendeur, en livrant la chose, doit en même temps livrer tous ses accessoires et tout ce qui a été destiné à son usage perpétuel; autrement la délivrance ne serait pas complète.

1593 L'acheteur doit, de son côté, payer, outre le prix de la vente, les frais d'actes et autres accessoires au contrat; car si ces frais et accessoires étaient à la charge du vendeur, ils diminueraient d'autant le prix de la vente, et il n'y aurait de véritable prix que ce qui resterait.

1652 Lorsque l'acheteur ne paie pas le capital sur-le-champ il en doit l'intérêt s'il s'y est obligé, et cet intérêt court du moment de la vente, à moins qu'on ne soit convenu d'un autre temps.

Quand même l'acheteur n'aurait pas contracté l'obligation de payer l'intérêt de son prix, il en est tenu dès qu'il est mis en demeure de payer le capital. Ce retard empêche le vendeur de jouir d'une somme dont il peut avoir le besoin le plus urgent, et dont la privation, quoique momentanée, ne sera peut-être pas compensée par les intérêts que l'acheteur doit au moins lui payer. La demeure est constatée par une sommation, et le jour où la sommation a été faite est celui depuis lequel les intérêts commencent à courir.

Les intérêts sont même dus de plein droit, c'est-à-dire sans qu'il soit besoin de convention spéciale ni de mise en demeure, lorsque la chose vendue produit quelques fruits ou revenus. Rien de plus juste. Si le vendeur eût conservé la chose, les fruits ou revenus eussent été pour lui. Les intérêts du prix doivent donc lui tenir lieu de cette jouissance jusqu'à ce qu'il ait reçu le prix qui est représentatif de la chose.

L'objet vendu doit être livré en l'état où il se trouve au moment de la vente; le prix doit être payé dans les espèces ayant cours lors du paiement. 1614

A moins de convention contraire, l'objet vendu doit être livré au lieu où il était lors de la vente. 1609

De même, à moins de stipulation spéciale, le prix doit être payé au lieu où la délivrance doit se faire. 1651

La délivrance se fait aux frais du vendeur. Dans la règle générale, ses frais se bornent là. Comme l'objet vendu se trouve en la possession de l'acheteur aussitôt qu'il lui est livré, c'est à l'acheteur de le faire transporter où bon lui semble, et les frais de l'enlèvement ne peuvent regarder que lui seul. 1608

Le vendeur doit livrer dans le temps convenu entre les parties. 1610

S'il y manque, et que le retard vienne de son fait, l'acheteur a le choix de demander la résolution de la vente ou sa mise en possession. Lorsque la mise en possession est ordonnée, la justice fait ce que le vendeur aurait dû faire; la volonté de la loi, dont les juges font l'application, remplace la volonté de l'homme : enfin le jugement opère la délivrance.

S'il résulte pour l'acheteur un préjudice du défaut de délivrance au terme convenu, le vendeur est passible envers lui des dommages et intérêts. 1611

XIV. 11

1612-1613   Par réciprocité, si l'acheteur est en retard de payer le prix de la vente, ou la vente est résolue de plein droit, ou il faut que la justice prononce la résolution d'après la demande que le vendeur a le droit d'en faire.

1656   La vente est résolue de plein droit lorsque telle a été la stipulation du contrat. Le projet exige cependant que, s'il s'agit d'un immeuble, il ait été fait une sommation à l'acquéreur pour constater le retard. La sommation faite, l'exécution de la clause ne peut souffrir ni difficultés ni délais.

1657   S'agit-il de vente de denrées et effets mobiliers? la sommation n'est point nécessaire. Aussitôt que le terme convenu pour retirer les objets et les payer est passé sans que l'acheteur ait satisfait à ses obligations, la résolution est opérée. Les conventions relatives à cette espèce de biens exigent souvent la plus grande célérité dans l'exécution.

1654-1655   S'il n'a pas été stipulé dans l'acte qu'à défaut de paiement la vente serait résolue de plein droit, le vendeur non payé peut cependant s'adresser à la justice pour faire prononcer cette résolution. Elle sera prononcée sur-le-champ si le vendeur est en danger de perdre la chose et le prix; elle ne le sera qu'après un délai si le danger n'existe point. La durée de ce délai dépendra des circonstances.

1612-1613   Le vendeur ne peut être obligé de faire la délivrance tant que l'acheteur ne paie pas son prix : il le serait cependant, s'il lui avait accordé un délai pour payer sans s'être réservé à lui-même un délai pour livrer. Les délais de paiement ne produisent plus cet effet, si, depuis la vente, l'acheteur est tombé en faillite ou dans une situation telle, qu'il y ait pour le vendeur danger imminent de perdre le prix : alors l'acheteur n'a droit d'exiger la délivrance qu'en payant sur-le-champ ou donnant caution de payer au terme.

1653   D'un autre côté, l'acheteur à qui la délivrance est faite et qui n'a pas encore payé son prix peut en suspendre le paiement lorsqu'il est troublé ou qu'il a un juste sujet de l'être. La loi dit *un juste sujet*; elle ne veut pas autoriser les prétextes; elle exige un motif raisonnable. Dès que le trouble est cessé la suspension n'a plus d'objet, et le paiement doit se faire ; l'acheteur ne peut même s'en dispenser pendant la durée du trouble lorsque le vendeur donne caution.

Enfin, quoiqu'il y ait trouble et que le vendeur ne donne pas caution, si le contrat porte que, nonobstant le trouble, l'acquéreur paiera, cette clause est un obstacle formel à toute suspension de prix.

Depuis le jour de la délivrance ou tradition, les fruits ap- 1614 partiennent à l'acheteur.

Par une conséquence naturelle, depuis le même jour, les 1652 intérêts du prix sont dus au vendeur.

Le projet prévoit le cas où la vente est faite avec indication 1617 de la contenance à raison de tant la mesure. D'après l'intention manifeste qui résulte d'un tel acte, il est hors de doute que la plus stricte exactitude doit être observée dans la délivrance de la quantité. S'il y a déficit, quelque modique qu'il soit, l'acquéreur a le droit d'exiger que la quantité promise soit complétée. S'il ne l'exige point, ou qu'il soit impossible au vendeur de la compléter, l'acquéreur doit obtenir une diminution proportionnelle de prix.

Si, au contraire, la quantité délivrée excède celle expri- 1618 mée au contrat, il faut, pour que le vendeur ait droit de demander un supplément de prix, que l'excédant soit d'un vingtième au-dessus de la contenance déclarée. Le projet ne dit pas de même, par rapport à l'acheteur, qu'il sera nécessaire que le déficit soit d'un vingtième au-dessous pour qu'une diminution de prix lui soit accordée. En effet, elle ne devait pas le dire, parce que, suivant les termes de la convention, l'acquéreur devait compter sur la mesure la plus juste.

Il est à remarquer que le vendeur, lors même qu'il peut demander à l'acquéreur un supplément de prix, n'a pas le droit de l'y contraindre. L'acquéreur a la faculté de se désister du contrat s'il ne peut ou ne veut payer le supplément.

1619-1620 Le projet porte ensuite que, dans tout autre cas où le contrat ne porte point indication de la contenance à raison de tant la mesure, il faut, pour autoriser une augmentation ou diminution de prix, que la différence de la mesure réelle à celle exprimée au contrat soit d'un vingtième en plus ou en moins relativement à la valeur de la totalité des objets vendus. Si la différence est d'un vingtième en plus, et que l'acquéreur aime mieux se désister du contrat que de payer le supplément de prix qu'on exige de lui, la loi lui laisse encore le choix à cet égard.

1621 Toutes les fois que l'acquéreur exerce le droit qu'il a de se désister, le vendeur est tenu de lui restituer, outre le prix, les frais auxquels le contrat a donné lieu.

1623 Il peut arriver que deux fonds aient été vendus ensemble avec expression de la mesure de chacun : si la mesure réelle de l'un excède celle énoncée au contrat, et que la mesure réelle de l'autre soit au contraire plus faible, on calcule l'excédant et le déficit ; on en fait une compensation exacte jusqu'à concurrence de leur évaluation respective : la compensation faite, ce qui excède ou ce qui manque sert à régler de quelle manière et jusqu'à quel point doit être appliquée la disposition que je viens d'analyser. Il est essentiel d'observer qu'il ne suffit pas, pour donner lieu à la compensation, que les deux fonds aient été vendus par le même contrat ; il faut encore qu'ils l'aient été par un seul et même prix. Cette circonstance fait supposer que, dans la fixation du prix, on n'a point considéré les fonds séparément l'un de l'autre ; qu'on les a considérés comme s'ils étaient tellement unis, qu'ils ne dussent en former qu'un seul. L'équité veut, d'après l'intention présumée des contractans, que la même règle soit suivie toutes les fois que le vendeur et l'acheteur prétendent que la contenance réelle de l'un des fonds est différente de celle exprimée au contrat.

1622 C'est dans l'année, à compter du jour du contrat, que doit être intentée l'action relative à l'excédant ou au déficit de mesure. Après ce délai, la déchéance est encourue; la loi le porte expressément. Le but de cette limitation est de ne pas trop prolonger les inquiétudes sur des points dont la vérification est si facile; son but surtout est de ne pas rendre les propriétés trop long-temps incertaines.

J'arrive à *la garantie*. 1626

Le vendeur n'est pas libéré de toutes ses obligations lorsqu'il a livré la chose, et que la contenance répond parfaitement aux termes de l'acte et à l'intention des parties; il répond de l'éviction que l'acquéreur éprouve.

Je vais parcourir les conséquences de cette garantie. Une première règle incontestable est que le vendeur doit toujours répondre de son propre fait. Quand même le contrat porterait qu'il ne s'est soumis à aucune garantie, la clause ne pourrait s'étendre à ce cas particulier; la règle prend sa source dans la bonne foi qui doit présider à tous les contrats. Il serait contre toute justice de souffrir que le vendeur profitât de sa fraude, et contre toute raison de présumer que l'acquéreur a bien voulu lui permettre de le tromper impunément.

Ce cas excepté, la loi ne défend point aux contractans de 1627 restreindre ou d'étendre à leur gré les effets de la garantie.

Lorsque l'acte ne parle point de garantie, le vendeur et l'acheteur sont censés s'en être rapportés à la loi. Le résultat doit donc être le même que s'il y avait une stipulation générale.

Les dispositions de la loi sont communes aux deux hypothèses.

La loi, d'accord avec l'équité, oblige le vendeur d'indemniser l'acquéreur lorsqu'il est dépossédé juridiquement.

C'est cette dépossession juridique qui s'appelle éviction.

L'obligation du vendeur ne se borne point à restituer le 1629-1630 prix et les frais du contrat.

Elle comprend les fruits que l'acquéreur a restitués en exécution du jugement.

Elle embrasse tous les frais de justice occasionés par les différentes demandes relatives à l'éviction.

Enfin l'acquéreur a le droit de réclamer des dommages-intérêts proportionnés au préjudice qu'il a souffert.

1631   Le vendeur doit rendre le prix tout entier, quoique la chose soit détériorée, et quand même elle le serait par la négligence de l'acheteur. Celui-ci n'a pas dû compter sur l'éviction. Il ne doit pas être puni pour avoir usé comme il a voulu d'une chose dont il se croyait propriétaire incommutable.

1632   Les dégradations, telles que des arbres abattus, dont l'acquéreur a profité, doivent entrer en déduction du prix qu'on doit lui rendre; car ce profit étant représentatif d'une partie de l'objet vendu, l'acquéreur recevrait deux fois la même somme, si le vendeur, qui doit rendre ce qu'on lui a donné comme représentatif de la chose entière, ne pouvait pas retenir une somme égale à ce profit.

1634   L'acquéreur doit être remboursé des réparations et améliorations utiles qu'il a faites.

1633   Il a droit de réclamer l'augmentation de valeur, quelle qu'en soit la cause, et quoiqu'elle ne soit le produit ni de ses dépenses, ni de ses soins.

S'il fût resté propriétaire, ainsi qu'il devait le croire, il aurait profité de ces améliorations et de cet excédant de valeur. L'éviction qui lui fait perdre tous ces avantages est un préjudice que le vendeur ne peut se dispenser de réparer.

Quant aux dépenses d'agrément, qui ne contribuent en rien à donner au fonds une valeur plus considérable, la loi n'assujétit point le vendeur de bonne foi à les rembourser. Dans la stipulation générale de garantie, ou dans la convention tacite à défaut de stipulation générale, on ne peut supposer que l'intention du vendeur ait été de rembourser à l'acquéreur, en cas d'éviction, les dépenses que le goût ou le caprice l'auraient porté à faire, et qui, sans augmenter le prix du fonds, auraient coûté quelquefois plus que le fonds lui-même.

Cette exception, comme je viens de l'observer, ne s'applique qu'au vendeur de bonne foi ; celui qui savait que son titre n'était pas à l'abri de tout reproche ne mérite ni indulgence ni égards. Si la bonne foi est du côté de l'acquéreur et la mauvaise du côté du vendeur, celui-ci doit être condamné à indemniser l'acquéreur de toutes ses dépenses indistinctement, en punition de sa mauvaise foi ; car, si l'acquéreur eût été averti, ou il n'aurait point acheté, ou sans doute il se serait bien gardé de faire de pareilles dépenses. 1635

L'acquéreur peut n'être évincé que d'une partie de la chose ; et il est possible que, sans cette partie, la vente n'eût pas eu lieu. La justice examinera si l'importance de cette partie est telle, qu'en effet on doive présumer que l'acquéreur n'eût pu raisonnablement consentir à prendre le surplus ; en ce cas, et dans ce cas seulement, l'acquéreur aura le droit de demander la résiliation. 1636

S'il ne la demande point, ou qu'il n'ait pas le droit de la demander, on estimera ce que vaut à l'époque de l'éviction la partie évincée ; et c'est dans le produit de cette estimation que consistera le remboursement dû à l'acquéreur. 1637

Je me contenterai d'ajouter ici que les règles qui viennent d'être exposées doivent servir également à décider si des servitudes non déclarées lors de la vente, et qu'il était impossible d'apercevoir, peuvent donner lieu à la résiliation de la vente ou ne comportent qu'une indemnité. 1638

Il est deux exceptions qui dispensent le vendeur de toute garantie autre que celle de son fait. 1639

La première a lieu quand le vendeur a déclaré dans le contrat qu'il achetait à ses périls et risques, ou même lorsque, sans l'avoir déclaré expressément, il est censé avoir donné à cet égard un consentement implicite par la connaissance qu'il avait, lors de la vente, des dangers de l'éviction.

La seconde exception résulte de l'impossibilité où l'acqué- 1640

reur aura mis le vendeur de se défendre sur la demande en
éviction; lorsqu'au lieu de l'appeler dans un temps utile, il
se sera laissé condamner par un jugement qui ne peut plus
être attaqué, l'acquéreur doit s'imputer sa négligence.

La loi cependant n'admet le vendeur à se prévaloir de
l'exception qu'en prouvant qu'il existait des moyens suffisans pour faire rejeter la demande.

§ 2. Je viens de parler de la garantie relative aux immeubles.

Il s'agit maintenant de celle relative aux autres objets : elle
résulte des vices de la chose vendue.

1641 La question de savoir si tel ou tel vice est rédhibitoire par
sa nature dépend singulièrement de l'usage des lieux. La loi
n'a pu donner sur cette garantie qu'une définition générale,
à laquelle l'usage seul peut appliquer les espèces.

1642 Quant aux dispositions d'après lesquelles la garantie a
des effets plus ou moins étendus, ou même n'a pas lieu malgré l'existence incontestable du vice, elles sont puisées dans
l'équité, comme presque toutes celles qui appartiennent aux
contrats.

Ainsi le vendeur n'est pas tenu de la garantie si lors de
la vente l'acheteur a connu les vices, ou s'il a pu s'en assurer,
soit par lui-même, soit par des personnes en état d'en juger.
Autrement il y aurait la plus grande instabilité dans les
transactions humaines. On reviendrait contre la plupart des
conventions, sous prétexte qu'on n'avait pas assez de connaissance pour juger de la chose qu'on avait achetée.

1643 Le vendeur n'est pas tenu non plus de la garantie lorsqu'il
a été stipulé que l'acheteur ne pourrait en exercer aucune.
Que les vices fussent cachés ou apparens, l'acquéreur a bien
voulu courir ce risque; il doit s'imputer d'avoir consenti à
cette clause.

1644-1646 Quand il n'y a point de stipulation pareille, et qu'au moment de la vente il existait quelque vice caché, l'acheteur a
le choix de garder la chose ou de la rendre. S'il la garde, le
vendeur doit lui restituer une partie du prix à dire d'experts.

Cette restitution est proportionnée à ce que la chose vaut de moins par l'effet du vice nouvellement découvert. Si l'acheteur la rend, le vendeur doit lui restituer le prix entier et les frais de la vente.

On suppose que le vendeur ignorait lui-même les vices.

S'il les connaissait, sa mauvaise foi doit le forcer à réparer 1645 tout le préjudice que l'acheteur peut avoir souffert.

Le vendeur ne peut se dispenser de restituer le prix, sous 1647 prétexte que la chose n'existe plus, et qu'elle a péri lorsqu'elle était encore en la possession de l'acheteur : il suffit que l'acheteur prouve qu'elle a péri par suite de sa mauvaise qualité. En effet, dès que cette preuve est acquise, il est évident que l'acheteur ne peut être traité moins favorablement que s'il eût rendu la chose avant que cette perte arrivât. Il ne l'aurait rendue auparavant que parce que le vice qu'elle avait en empêchait l'usage, et rien ne justifie mieux l'empêchement de l'usage que la perte qui est arrivée.

La loi proposée veut que l'action soit intentée dans le plus 1648 court délai : elle ne pouvait établir à cet égard un délai commun. L'usage des lieux et la prudence des juges y suppléeront.

Cette action, au surplus, n'a lieu qu'à l'égard des ventes 1649 qui n'ont pas été faites par autorité de justice. La vente par autorité de justice est accompagnée de formalités et de vérifications qui ne permettent point de craindre la fraude des vendeurs et l'ignorance des acheteurs.

Je passe à une autre cause de résolution du contrat de vente. ch. 6.

Lorsque le vendeur ne veut pas être dépouillé pour tou- 1659 jours de l'objet qu'il vend ; lorsqu'il espère qu'une situation plus heureuse lui permettra d'en redevenir propriétaire, il se réserve la faculté de reprendre sous un certain temps ce qu'il a vendu, en remboursant à l'acquéreur tout ce que lui a coûté son acquisition. Voilà ce que la loi appelle faculté de rachat ou de réméré. On la connaît en certains lieux sous le nom de *retrait conventionnel*.

1660		Jusqu'alors, dans le droit général, la faculté de réméré pouvait être stipulée pour le terme qu'on jugeait à propos de fixer. Si le contrat ne portait aucune fixation de temps, elle durait trente ans.

Le projet, toujours par le motif dont j'ai déjà eu occasion de parler, celui de ne pas rendre les propriétés trop long-temps incertaines, fixe à cinq ans le plus long terme de la durée de la faculté de rachat.

Le contrat peut accorder moins de temps, jamais plus.

1661 à 1663		Défense aux juges de le prolonger.

Prescription que rien ne peut interrompre.

Propriété irrévocablement acquise à l'acquéreur si le vendeur laisse passer le terme sans user de la faculté.

Telles sont les dispositions formelles du projet.

1664-1665-1666		Il est inutile, sans doute, d'ajouter qu'aussitôt après le terme expiré sans que le vendeur ait agi, la déchéance est encourue de plein droit ; car, s'il fallait une mise en demeure, ce serait un moyen de prolonger les cinq années, et l'intention du législateur est trop évidente pour qu'un tel moyen puisse être regardé comme admissible.

Pendant la durée du temps l'acquéreur exerce les mêmes droits qu'aurait exercés son vendeur pour tout ce qui tend à l'utilité et à la conservation de l'objet vendu, et le vendeur en profite s'il fait usage de la faculté qu'il s'est réservée.

Mais l'acquéreur ne peut grever l'objet vendu d'aucune charge ni d'aucune hypothèque au préjudice de son vendeur.

Les charges et hypothèques sont conditionnelles comme la propriété.

La propriété reste-t-elle définitivement à l'acquéreur ? il est dans la même situation que s'il eût été dès l'origine propriétaire incommutable.

1664-1673		Le vendeur use-t-il de la faculté ? il reprend son bien entièrement libre et dans quelques mains qu'il se trouve. L'acquéreur est censé ne l'avoir jamais eu.

1668 à 1671		Supposons maintenant que plusieurs personnes aient vendu par un seul contrat l'héritage qui leur appartenait, et qu'elles veuillent user de la faculté qu'elles se sont réservée.

Ou la vente a été faite conjointement et de tout l'héritage ensemble, ou chacun n'a vendu que la part qu'il avait.

Lorsque chacun a vendu seulement sa part, il en résulte, à l'égard de l'acquéreur, comme autant de ventes partielles ; de sorte que l'un des vendeurs peut user de la faculté, et l'autre n'en pas user ; et l'acquéreur est tenu de conserver les portions qui lui sont laissées.

Mais si les propriétaires ont vendu tout l'héritage ensemble et sans distinction de part, cette hypothèse nécessite plusieurs observations.

D'un côté, chaque propriétaire ne peut exercer l'action que pour la part qui lui reviendrait dans la division, vu que, s'il manifestait son intention au-delà, il pourrait se trouver en opposition avec les autres vendeurs, qui ont le droit de manifester une intention contraire, jusqu'à la portion qu'ils ont dans cette même propriété.

D'un autre côté, l'acquéreur à qui l'on a vendu tout l'hé- 1670 ritage ensemble avec faculté de réméré peut soutenir avec raison qu'il ne peut être tenu de garder une partie de l'héritage en abandonnant l'autre. Il n'a point acheté des portions distinctes, il a acheté un corps indivisible, quant aux termes du contrat et quant à son intention. La reprise ne peut être divisée. L'acquéreur est donc fondé à dire à ses vendeurs : Accordez-vous les uns avec les autres pour reprendre le tout, sans quoi je ne rendrai rien.

Telle est la disposition du projet de loi : elle finit par dire que, si les vendeurs ne se concilient point pour la reprise de l'héritage entier, l'acquéreur sera renvoyé de la demande.

Cette disposition s'applique aux héritiers de celui qui a 1669 vendu seul s'ils voulaient en son nom user de la faculté. Il y a même raison.

Quant aux héritiers de l'acquéreur, on ne peut, à titre 1672 d'achat, réclamer contre chacun que la part à laquelle il a droit dans l'objet vendu, ou qui lui est échue par l'effet du partage. L'un d'eux a-t-il reçu dans son lot l'héritage entier? alors nul doute que le vendeur ne puisse lui redemander le tout.

166; Il est un cas où l'on ne peut se dispenser de reprendre le tout quoiqu'on n'ait vendu qu'une partie ; c'est lorsque cette partie est indivise, et que l'acquéreur est devenu par l'effet d'une licitation, provoquée contre lui, propriétaire du tout. L'acquéreur, en se rendant adjudicataire, n'a pu agir que comme copropriétaire lui-même. Les deux portions, se trouvant réunies dans la même main, ne forment plus qu'un tout indivisible. Si le vendeur ne reprenait que la portion qu'il a vendue, il faudrait diviser encore ce qui était réuni, et laisser à l'acquéreur une portion qu'il n'a acquise que comme propriétaire, et qu'il ne doit plus conserver s'il cesse de l'être.

167³ Comme personne ne doit s'enrichir aux dépens d'autrui, il ne suffit pas que le vendeur qui rentre dans sa propriété rembourse à l'acquéreur le prix et les frais de la vente; il faut de plus qu'il lui tienne compte des réparations qui sont à la charge des propriétaires, et de l'excédant de valeur que les dépenses bien constatées ont donné à l'héritage.

Nous avons dit en parlant du vendeur, qu'il n'était pas tenu de délivrer la chose si on ne lui en payait pas le prix ; de même l'acquéreur à réméré ne peut être obligé de rendre l'héritage au vendeur tant que celui-ci ne lui a pas remboursé tout ce qu'il lui doit.

Quoique le vendeur reprenne l'héritage entièrement libre, il doit exécuter les baux faits par l'acquéreur, pourvu qu'ils l'aient été sans fraude. Cette disposition est à l'avantage du vendeur comme à celui de l'acquéreur ; il serait impossible de louer avantageusement, si, pendant les cinq années de réméré, le locataire ou le fermier avait sans cesse à craindre d'être expulsé par l'exercice de la faculté de rachat.

sect. 2 Un autre mode de résolution des contrats de vente est la rescision pour cause de lésion. L'usage de cette rescision est extrêmement ancien.

Les motifs puissans qui doivent déterminer à le maintenir ont été développés avec tant d'érudition et de talent par l'orateur qui a présenté le projet au corps législatif que j'abuserais de vos momens, citoyens tribuns, si je m'étendais beaucoup sur ce que vous connaissez déjà si bien.

Lorsqu'un objet a été vendu à vil prix, il est impossible de croire que le consentement du vendeur n'ait pas été nécessité par un état de détresse qui ne lui permettait ni de chercher, ni d'attendre. Quel homme, à moins qu'il ne soit privé de l'usage de la raison, voudra se dépouiller de sa propriété en recevant une valeur presque nulle en comparaison de ce que cette propriété vaut réellement? Il faut qu'un besoin pressant le force à prendre pour acheteur le premier qui se présente; et celui-ci ne peut douter de la situation du vendeur, quand il le voit prêt à vendre à quelque prix que ce soit. Ainsi l'humanité réclame pour l'un, et la défaveur qui s'élève contre l'autre donne encore plus de force à la voix de l'humanité. *Humanum est*, dit la loi romaine, au code, *de Rescindenda Venditione* (a).

C'est cette considération majeure qui, pendant si long-temps, a maintenu parmi nous l'usage de la rescision; c'est elle qui l'a fait adopter par tant d'autres nations.

Les rédacteurs de la nouvelle loi ont pensé, d'un autre côté, que, pour détruire plus complètement les objections fondées sur la nécessité de favoriser la libre circulation des biens, il convenait de rendre encore plus difficiles les conditions de la rescision des ventes pour cause de lésion.

Suivant la loi romaine, adoptée à cet égard dans toutes les parties de la France, il y avait lieu à rescision lorsque l'immeuble avait été vendu moins de la moitié du juste prix.

Suivant le projet, il faudra que la lésion soit de plus des sept douzièmes.

(a) Livre 1.

Ainsi, par exemple, pour un bien valant 120,000 francs, la rescision pouvait autrefois être prononcée lorsqu'il avait été vendu moins de 60,000 francs.

Désormais elle ne pourra l'être que si le bien est vendu moins de 5o. Dans cette hypothèse, la lésion sera donc de plus de 70,000 francs. A la vue d'une lésion si énorme, qui ne serait pas satisfait que la loi vint au secours du vendeur?

1676 Suivant l'ancien droit français consacré par plusieurs or-donnances, les lettres de rescision, pour la lésion comme pour les autres cas, devaient être obtenues dans les dix ans à compter du jour de l'acte; et même, à l'égard des mineurs, les dix ans ne commençaient à courir que du jour de la ma-jorité.

Suivant le projet, le vendeur n'aura que deux ans, à comp-ter du jour de la vente, pour demander cette rescision. Après l'expiration des deux années, il ne sera plus recevable. Point de distinction entre ceux qui sont incapables de contracter et ceux qui sont capables. Les incapables de contracter conser-veront au surplus leurs autres moyens. Le délai courra éga-lement contre tous. Quand la vente aurait été faite à réméré, le terme relatif à la faculté de rachat, terme qui lui-même est fatal, ne suspendra point le délai de la rescision.

C'est ainsi que le projet, par une sage combinaison, con-cilie l'intérêt particulier avec l'intérêt social.

1674 Il n'est point permis de renoncer par le contrat à deman-der la rescision; autrement la loi serait éludée par une clause que les acheteurs ne manqueraient jamais de faire insérer dans les contrats, et bientôt ce ne serait plus qu'une clause de style.

1677 Ce sera toujours par un jugement rendu d'après une in-struction contradictoire que le vendeur obtiendra la permis-sion de prouver la lésion; les juges ne l'admettront à cette preuve que d'après les présomptions les plus fortes.

1678-1680 Pour constater la lésion, le ministère de trois experts sera nécessaire. Les parties intéressées ne les nommeront qu'autant qu'elles feront cette nomination conjointement. Sans cet accord entre tous, la nomination sera faite d'office.

Autrefois on ne nommait d'abord que deux experts; chaque partie choisissait le sien : ce n'était qu'en cas de partage qu'un troisième expert était nommé. Dans cet état de choses, chaque partie regardait l'expert qu'elle avait choisi plutôt comme un défenseur complaisant que comme un appréciateur impartial. Quand l'expert se laissait entraîner par cette illusion, quelle justice était-il possible d'attendre? De là résultait la nécessité de recourir à des tiers experts, qui, plus impartiaux, étaient à leur tour plus embarrassés. On agitait la question de savoir si le tiers expert devait prononcer sans avoir égard à l'avis des deux autres, ou s'il devait nécessairement suivre l'avis de l'un ou celui de l'autre, ou s'il devait au moins pour sa tierce expertise se renfermer dans le cercle de la plus forte et de la plus faible estimation.

Rien de fixe à cet égard; aucune règle que des jurisprudences versatiles. Le projet fait disparaître tous ces embarras.

D'abord, de la manière dont ils seront nommés, les experts ne pourront jamais se considérer comme appartenant à l'une des parties plutôt qu'à l'autre.

En second lieu,

Il n'y aura jamais qu'un seul avis;

Jamais qu'un seul procès-verbal commun.

Comme les experts seront en nombre impair, la pluralité des voix formera cet avis unique.

Si les experts ne sont pas unanimes, les différens motifs 1679 seront exprimés dans le procès-verbal, sans qu'il soit permis de laisser entrevoir quelle était l'opinion de chacun.

Cette précaution assurera l'indépendance, et par conséquent l'impartialité des experts.

L'immeuble doit être estimé suivant son état et sa valeur 1675 au moment de la vente.

La rescision une fois admise, le vendeur recevra sa chose, 1681 ou recevra le supplément du juste prix.

Il n'a point l'option.

C'est à l'acheteur que la loi donne le choix de payer le supplément ou de restituer la chose.

S'il préfère payer le supplément, il a droit de retenir un dixième sur le prix total.

Ainsi, dans le cas où l'immeuble, valant 120,000 francs d'après l'estimation des experts, n'aurait été vendu que 38,000 francs, l'acheteur voulant le garder pourra retenir 12,000 francs, et dès lors ne sera tenu de payer que 70,000 francs outre les 38,000 francs qu'il a déjà payés.

Cet allégement pour l'acheteur diminue encore pour lui la rigueur de la loi, et l'on voit que la circulation des propriétés est peu gênée par le nouveau mode, puisque la rescision n'aura jamais lieu que pour une lésion énorme, et que l'acquéreur sera toujours assuré de n'avoir à payer qu'un supplément réduit sur l'estimation des experts.

1682   Si l'immeuble est restitué, l'acquéreur et le vendeur se feront raison respectivement des fruits et des intérêts, à compter du jour de la demande en rescision.

Si l'acquéreur n'a encore touché aucuns fruits, le vendeur, en lui rendant le prix, doit lui tenir compte des intérêts depuis le jour qu'il a reçu la somme principale.

Quand l'acquéreur garde la chose, il est censé devoir le supplément du prix, à compter du jour de la demande en rescision : c'est donc de ce même jour qu'il en doit les intérêts.

1684   Le projet défend la rescision des ventes faites par autorité de justice : il n'applique, avec raison, cette défense qu'aux ventes pour lesquelles l'intervention de la justice est absolument nécessaire. Celles-ci demandent des procès-verbaux, des affiches, et plusieurs autres formalités telles, qu'il est impossible de craindre que la vente n'ait pas été assez publique, qu'il ne se soit pas présenté assez d'enchérisseurs, et qu'enfin la chose n'ait pas été vendue à peu près la somme qu'il était possible d'en retirer.

Enfin l'acheteur n'est point recevable à demander la res- 1683
cision pour cause de lésion. Sa position est bien différente de
celle du vendeur. La nécessité force de vendre à vil prix ;
mais rien n'oblige d'acheter trop cher que l'envie d'avoir la
chose. Cette raison est donnée en peu de mots par un de nos
plus savans jurisconsultes ; *quia penes emptorum invidia et pe-*
nes venditorum inopia (a).

Lorsque plusieurs personnes sont propriétaires d'un objet 1685
commun qu'elles ne peuvent ou ne veulent point partager,
la vente s'en fait aux enchères.

Cette vente s'appelle licitation.

Si parmi les copropriétaires il s'en trouve un qui soit mi- 1687
neur, les étrangers sont nécessairement admis aux enchères.
La loi, qui veille plus particulièrement aux intérêts de ceux
qui par la faiblesse de leur âge appelle sa sollicitude, ne
permet pas qu'on se prive du moyen le plus efficace pour
multiplier les concurrens, et conséquemment pour vendre
de la manière la plus avantageuse possible.

Quand tous les propriétaires sont majeurs et font liciter
sans qu'il soit dit qu'on admettra les étrangers, ils sont censés avoir consenti tacitement à ce qu'il n'y eût d'enchérisseurs que les parties intéressées.

Mais si l'un d'eux réclame l'admission de toute espèce
d'enchérisseurs, n'eût-il qu'un intérêt très-modique, les
autres ne peuvent s'y refuser.

La licitation faite, le prix se partage entre les vendeurs 1686
proportionnellement à la part que chacun avait dans la propriété.

Quant aux formalités de la licitation, c'est au Code judi- 1688
ciaire qu'il appartient de les régler. En attendant, les anciennes lois seront suivies.

Il me reste à dire un mot sur la cession des droits incor- ch. 8.
porels.

(a) Cujas, C. de Rescind, Vend.

1689   En parlant de la délivrance des objets vendus, on a remarqué de quelle manière s'opérait la tradition des droits incorporels.

1692   Lorsqu'une créance ou autre droit incorporel sont vendus ou cédés, les accessoires de la créance s'y trouvent compris. Ainsi, la caution, le privilége et l'hypothèque suivent le principal, sauf les distinctions qu'établit la loi générale des contrats.

1693   Quoique la cession soit faite sans garantie, le cédant doit garantir l'existence du droit au terme du transport. Cette règle est fondée sur la bonne foi.

1694-1695   Le cédant ne répond de la solvabilité du débiteur que lorsqu'il s'y est expressément engagé. S'il n'a pas promis de garantir la solvabilité future, sa garantie de solvabilité se borne à la solvabilité actuelle.

1690-1691   Ce n'est qu'après la signification du transport au débiteur, ou l'acceptation qu'il en a faite dans un acte authentique, que le cessionnaire est saisi à l'égard des tiers. Avant la signification ou l'acceptation, le débiteur a pu payer le cédant au préjudice du cessionnaire, et par là se libérer valablement; car le transport ne lui était pas légalement connu.

1696 à 1698   La vente d'une hérédité, sans expression d'aucun des objets dont elle est composée, est la vente d'un droit incorporel. Quand le vendeur ne se serait soumis à aucune garantie, la bonne foi exige qu'il garantisse sa qualité d'héritier, et le projet porte qu'il sera toujours tenu de cette garantie. Si le vendeur a touché quelque chose de la succession, il en doit tenir compte à l'acquéreur. L'acquéreur doit, de son côté, lui faire raison de ce qu'il a payé pour les dettes et charges de la succession. Ces reprises respectives sont toutefois subordonnées aux conventions particulières.

1699   Deux lois romaines, fort connues dans la pratique (a) et très-estimées par leur profonde sagesse, la loi *per diversas,*

_____

(a) Liv. 12 et 13, Cod. *Mandal.*

et celle *ab Anastasio*, sont consacrées par le projet. Elles sont relatives à la cession des droits litigieux.

Conformément à ces lois, le projet oblige le cessionnaire d'un droit litigieux d'en faire l'abandon à celui contre lequel la cession est faite, si ce dernier le requiert, et pourvu qu'il lui rembourse le prix réel de la cession avec les frais et loyaux-coûts, et avec les intérêts à compter du jour où le prix de la cession a été payé.

Le projet n'exige avec raison que le remboursement du prix réel de la cession, et la loi romaine le porte aussi en termes exprès, puisqu'elle borne le remboursement *usque ad ipsam tantummodo solutarum pecuniarum quantitatem*. Si donc celui qui veut rembourser prouve que le prix énoncé dans l'acte portant cession n'est pas le prix véritable, et que ce qui a été payé est inférieur au prix apparent, il en sera quitte pour rembourser la somme réellement payée, quelque modique qu'elle soit.

C'est un frein salutaire que la loi a établi contre ceux qui, profitant de ce qu'ils ne se trouvent par leur état dans aucun des cas particuliers d'exclusion, achètent des droits litigieux afin d'arracher par la chicane ce qu'ils ne pourraient obtenir par le bon droit.

Il y a cependant quelques exceptions. Le cessionnaire ne peut être remboursé, 1° s'il est cohéritier ou copropriétaire du droit cédé ; 2° si c'est un créancier à qui la cession n'a été faite qu'en paiement de ce qui lui est dû ; 3° s'il est possesseur de l'héritage sujet au droit litigieux. Ces trois exemptions sont fondées sur ce qu'alors la cession, loin d'être suspecte, est favorable.

Il importe de ne jamais perdre de vue que le contrat de vente, comme chaque contrat en particulier, ne contient que les dispositions qui le concernent spécialement. A l'égard des dispositions communes à tous les contrats, c'est dans la loi relative aux contrats en général qu'elles se trouvent, et c'est elle qu'il faut consulter.

Telle est, tribuns, l'analyse du projet de loi relatif au contrat de vente.

La section de législation, dont je suis l'organe, a pensé qu'elle offrait le résultat le plus satisfaisant des méditations et de l'expérience. Aussi clairement conçu que sagement combiné, son ensemble et ses détails sont à la portée des citoyens les moins exercés dans l'étude des lois. Guidés par ce flambeau, jamais ils n'auront à craindre de s'égarer. Les décisions précises que porte la loi proposée tariront la source de ces éternels procès, qui, par les dépenses qu'ils nécessitent, les lenteurs qu'ils entraînent, les soucis qu'ils sèment à chaque pas, font payer si cher au vainqueur même l'objet désiré que la justice lui accorde ou lui laisse. Enfin cette loi contribuera beaucoup au perfectionnement de ce Code si précieux au bonheur du peuple et à la gloire de l'État, de ce Code dont chaque page commandera notre reconnaissance pour le chef suprème à qui nous devons les avantages incalculables de la sagesse et de l'uniformité des lois.

Votre section me charge de vous proposer l'adoption du projet de loi.

Le Tribunat vota l'adoption de ce projet dans sa séance du 14 ventose an XII (5 mars 1804), et il chargea MM. Faure, Grenier et Jubé, de porter le lendemain ce vœu au Corps législatif.

DISCUSSION DEVANT LE CORPS LÉGISLATIF.

DISCOURS PRONONCÉ PAR LE TRIBUN GRENIER.

Législateurs, le contrat de vente est celui dont l'usage est le plus fréquent dans la société : son objet est de procurer non seulement les choses nécessaires à la subsistance, mais encore les commodités et les jouissances que les peuples ont toujours recherchées lorsqu'ils ont eu de quoi satisfaire aux principaux besoins de la vie. Sans l'existence de ce contrat, dont la nécessité a fait naître l'usage des monnaies, on aurait peine à concevoir la moindre idée de civilisation.

Mais c'est aussi parce que ce contrat est la source d'aussi grands avantages qu'il est devenu plus particulièrement qu'aucun autre le sujet sur lequel s'exercent avec le plus d'énergie la cupidité et l'ambition des hommes.

En effet, selon la nature des choses qui sont vendues ou achetées, le vendeur et l'acheteur peuvent respectivement abuser de leur situation. C'est la convention qui donne le plus de prise aux moyens de se tromper, qu'un intérêt sordide ne suggère que trop souvent. Son organisation est donc un des objets les plus importans qui puissent être offerts à l'attention du législateur.

On sait que, relativement aux choses destinées à la consommation journalière, cette convention intéresse tellement la société qu'elle est une des attributions de la surveillance habituelle de l'administration publique.

Mais on sait aussi que des règlemens de police ont un but bien différent de celui d'une législation fixe sur les contrats, et qu'ils tiennent à d'autres idées.

Il s'agit ici d'établir ces principes fondamentaux et permanens qui doivent régulariser la transmission de la propriété ou des immeubles qui font le patrimoine des familles, ou d'autres biens qui, quoique d'une nature différente, ne forment pas moins les fortunes des citoyens, sur lesquels leur industrie s'exerce, et dont la circulation alimente le commerce, devenu la principale source de la prospérité publique.

Vous allez juger si le projet de loi soumis à votre sanction atteint le but que le législateur doit se proposer.

Le plan d'une loi influe puissamment sur sa clarté, et par conséquent sur la facilité de l'entendre; c'est donc une des premières choses à considérer.

Or, le projet de loi dont il s'agit est conçu dans une division propre à procurer tous les avantages qu'on doit obtenir
de l'ordre et de la méthode. L'esprit le plus attentif remar-
quera aisément que chaque disposition est à la place que lui
assignait la série naturelle des idées, et que toutes se corres-
pondent et s'entendent, sans qu'il soit besoin de répétitions,
qui déparent au moins une loi si elles ne lui nuisent pas.

Indépendamment des méditations particulières que vous
avez déjà faites sur ce projet de loi, vous serez convaincus de la
vérité de ce que je viens de dire, en prêtant votre attention
à l'analyse que je vais faire le plus succinctement possible
de ses principales dispositions, dans laquelle je suivrai le
plan qui y est tracé.

CHAPITRE Ier.

De la Nature et de la Forme de la vente.

L'objet de ce chapitre est de définir la vente, d'expliquer
les cas dans lesquels elle est parfaite, et de déterminer ce
qui la constitue.

1582 La vente est définie « une convention par laquelle l'un
« s'oblige à livrer une chose, et l'autre à la payer. »

Il n'est besoin d'aucune réflexion pour prouver qu'il y a là
tout le mérite que doit avoir une définition.

1583 On est ensuite parti de ce principe, que le consentement
fait la vente. Cependant, quoique l'engagement qui donne
l'essence à la vente existe, elle peut n'être pas toujours parfaite. Sa perfection dépend, dans certains cas, de quelques
circonstances qui l'accomplissent; et c'est seulement lors de
cet accomplissement qu'elle peut être considérée comme ayant
réellement opéré la transmission de la propriété.

Il était important de distinguer les cas où il y a transmission de propriété de ceux où il n'y en a pas; quoiqu'il y
ait toujours l'engagement qui fait le principe de la vente,
engagement dont l'exécution peut être réclamée par l'ache-

teur afin d'obtenir la délivrance de la chose vendue, ou des dommages et intérêts, si le vendeur est dans l'impossibilité de la délivrer.

La raison de cette distinction est que, dans le cas où la vente est parfaite et accomplie par le seul consentement, la chose vendue est dès le moment même de ce consentement au pouvoir de l'acheteur. Elle est sa propriété, et dès lors elle est à ses risques, d'après la règle si connue : *Res perit domino.*

Au lieu que, lorsque la vente existe à la vérité, mais qu'on ne peut pas la considérer comme accomplie sans le concours de quelques circonstances, la chose vendue est aux risques du vendeur jusqu'à ce que ces circonstances arrivent : en sorte que si auparavant elle périt, c'est pour le vendeur qui n'est pas encore dessaisi de sa propriété.

C'est d'après ces idées qu'il a été dit, article 2, « que la « vente est parfaite entre les parties, et la propriété est ac- « quise de droit à l'acheteur à l'égard du vendeur, dès qu'on « est convenu de la chose et du prix, quoique la chose n'ait « pas encore été livrée, ni même le prix payé. »

Voilà le principe général. Le consentement seul donne l'essence à la vente, et emporte transmission de la propriété.

Une exception à ce principe est consignée dans l'article 4, **1585** qui est ainsi conçu : « Lorsque des marchandises ne sont pas « vendues en bloc, mais au poids, au compte ou à la mesure, « la quantité n'est point parfaite en ce sens que les choses « vendues sont aux risques du vendeur, jusqu'à ce qu'elles « soient pesées, comptées ou mesurées. Mais l'acheteur peut « en demander ou la délivrance ou des dommages et inté- « rêts, s'il y a lieu, en cas d'inexécution de l'engagement. »

Ce dernier article est une suite évidente de la distinction que j'ai déjà faite.

Des marchandises sont-elles vendues en bloc? la vente est **1586** dès lors parfaite (article 5). Ce cas rentre dans les principes généraux du contrat de vente. La perte ou les accidens que

ces marchandises pourraient éprouver concernent l'acheteur
qui en est devenu propriétaire.

Mais dans le cas différent, prévu dans l'article 4, il n'y
aurait de vente accomplie et consommée qu'après la pesée,
le compte ou le mesurage de la totalité de ce qui aurait été
vendu, ou de la partie qui aurait été pesée, comptée ou mesurée. Jusque là la perte ou les accidens seraient à la charge
du vendeur.

Par la même raison, si, avant l'une ou l'autre de ces opérations, selon que les objets vendus en seraient susceptibles,
le vendeur les revendait et les délivrait à un tiers, celui-ci
en aurait la propriété exclusivement au premier acheteur,
en faveur duquel il n'y aurait point eu de transmission de
propriété.

Mais il est toujours juste que dans ce dernier cas, ou si le
vendeur se trouvait par toute autre raison dans l'impossibilité de faire la délivrance des objets vendus, l'acheteur ait
une action en dommages et intérêts contre le vendeur. L'engagement qui a formé la vente ne subsiste pas moins, et
le vendeur ne laisse pas de demeurer responsable de son inexécution.

La disposition de cet article 4 s'induisait seulement des
dispositions des lois romaines; quelques auteurs en avaient
ainsi développé le sens. L'explication claire et précise contenue dans l'article est une amélioration sensible.

Cette disposition est en harmonie avec les règles établies
dans la section Ire du chapitre II du titre du Code, concernant *les Contrats ou les Obligations conventionnelles*, qui explique en général dans quels cas les accidens arrivés à la
chose vendue sont aux périls du vendeur ou à ceux de l'a-
cheteur, lorsque la délivrance ne se fait pas dans le même
temps que la vente.

C'est aussi par cette raison que, dans le projet de loi actuel, on a dû se renfermer dans les hypothèses qui y sont
particulièrement énoncées, et qu'on a renvoyé pour tous les

autres cas, ainsi qu'on le voit dans l'article 43, aux règles
prescrites au titre que je viens de rappeler.

Il est encore des cas où il n'y a pas à distinguer dans la 1584
vente son accomplissement du consentement qui l'a fait
naître, et dans lesquels elle existe ou non, selon un événement ou une condition auxquels son effet est subordonné.

Ainsi, suivant l'article 3, la vente peut être faite purement
et simplement, ou sous une condition soit suspensive, soit
résolutoire.

Il était inutile que le projet de loi expliquât en détail les
règles qui devaient être appliquées à ces différens cas. Ces
règles se trouvent dans les principes généraux des conventions qui sont déjà expliquées dans le Code. Il a donc suffi
d'y renvoyer, comme le fait le même article 3.

Ainsi, lorsqu'il s'agit des choses que l'on est dans l'usage 1587
de goûter avant d'en faire l'achat, « il n'y a point de vente
« tant que l'acheteur ne les a pas goûtées et agréées. » Art. 6.

De même : « La vente faite à l'essai est toujours présumée 1588
« être faite sous une condition suspensive. » Art. 7.

Il est encore aisé de sentir que, dans ces derniers cas,
comme dans ceux dont j'ai déjà parlé, et même, à bien plus
forte raison, les choses vendues sont aux risques du vendeur
jusqu'à l'événement ou l'accomplissement de la condition
qui assure l'existence de la vente.

Quand on a dit que le consentement faisait seul la vente, 1591
il est bien sensible que ce consentement doit nécessairement
porter sur une chose qui fasse la matière de la vente et sur
un prix déterminé. Ce sont là les élémens de la convention,
sans lesquels il serait impossible de la concevoir.

C'est pourquoi, après avoir dit dans l'article 2 que la vente
est parfaite *dès qu'on est convenu de la chose et du prix*, il est
ajouté dans l'article 10, « que le prix de la vente doit être
« déterminé et désigné par les parties. » L'incertitude sur le
prix ferait naître une incertitude sur le consentement même,
et dès lors comment pourrait-on voir une vente ?

1591 Comme il est de l'intérêt public de faciliter les conven_tions commerciales autant qu'il est possible, l'article 11 porte que le prix « peut cependant être laissé à l'arbitrage d'un « tiers : si le tiers ne veut ou ne peut faire l'estimation, il « n'y a point de vente. »

De tout temps le prix a pu être soumis par les parties à l'arbitrage d'un tiers; mais, à défaut de loi positive à ce sujet, il s'élevait dans certains cas des difficultés qui embarrassaient les tribunaux. Cela arrivait si les parties, au lieu de nommer directement le tiers qui devait faire l'estimation, avaient laissé cette nomination au choix d'un autre individu. Le tiers qui aurait été nommé directement par les parties venait-il à mourir avant d'avoir fait la fixation du prix, ou en était-il empêché par toute autre circonstance? nouvel embarras. Enfin, si les parties avaient nommé deux arbitres pour procéder à cette détermination du prix, et si ces deux arbitres étaient divisés, c'était un nouveau sujet de contestation.

Il fallait donc une règle positive à ce sujet, et tel a été l'objet de cet article. On sent qu'il importait de laisser le moins d'arbitraire possible sur le sort de la vente dont le prix était laissé à l'arbitrage d'un tiers. Les conditions nécessaires pour que dans ce cas la vente existe sont qu'il n'y ait qu'un tiers qui soit chargé de la fixation du prix, qu'il soit expressément désigné par les parties, que ce tiers veuille ou puisse lui-même faire cette fixation, et qu'il la fasse.

1582 Quant à la manière de constater le consentement qui fait l'essence de la vente, on avait cru d'abord devoir distinguer les choses mobilières des immeubles.

Relativement à la vente des choses mobilières, il ne s'est présenté aucune difficulté. Soit qu'on soit réduit à la preuve testimoniale, soit qu'il existe une preuve littérale, c'est-à-dire un titre dont il s'agisse de juger la validité, soit qu'enfin, à défaut de preuve ou testimoniale ou littérale, on veuille y suppléer par un commencement de preuve par écrit, on n'a vu aucune raison pour ne pas adopter entièrement les règles établies sur les preuves pour les conventions dans le titre du Code, *des Contrats ou des Obligations conventionnelles en général.*

Mais, par rapport à la vente des immeubles, il s'est élevé plusieurs opinions pour soutenir qu'il était digne de la prévoyance du législateur d'exiger qu'elle fût toujours constatée par écrit ou authentique ou sous seing privé.

On disait, à l'appui de ces opinions, que les ventes de choses mobilières laissent rarement des traces après elles ; qu'elles se consomment presque toujours par la délivrance des objets ; et que l'intérêt du commerce, naturellement ennemi des entraves, exige qu'il ne faille pas toujours constater ces ventes par des écrits.

Mais qu'il n'en est pas de même des immeubles ; que leur vente peut moins se supposer par un fait que la vente des choses mobilières ; de ce qu'un individu serait en possession à une époque d'un immeuble qui serait reconnu avoir appartenu à une autre époque à un autre individu, il serait difficile d'en conclure qu'il y ait eu une vente. On pourrait y voir autant une usurpation qu'une transmission de propriété qui fût l'effet d'une convention.

On se fondait sur l'importance des propriétés de cette nature, sur ce que l'usage de l'écriture est plus généralement répandu parmi nous que chez les peuples anciens, dont la législation n'exigeait pas que la vente fût écrite ; sur la difficulté de prouver par témoins les conditions des ventes d'immeubles, qui sont ordinairement plus compliquées que les ventes de choses mobilières ; sur la nécessité de n'attribuer l'effet de la prescription des immeubles qu'à une possession qui ait duré un assez grand nombre d'années, et enfin sur le désir de mieux assurer le repos des familles.

Mais toutes ces raisons n'ont pas paru suffisantes pour déterminer à distinguer la vente des autres conventions. C'eût été sans objet que le contrat de vente, essentiellement formé par le consentement, qui est un contrat ordinaire de bonne foi, eût été assimilé à ceux pour lesquels la loi, par des motifs particuliers d'ordre public, ou pour éviter des fraudes, a exigé des preuves écrites plus ou moins solennelles, c'est-à-dire la simple écriture sous seing-privé, avec une date certaine pour quelques-uns et la forme authentique pour d'autres, comme pour les donations entre-vifs ou pour les contrats de mariage ; conditions absolument nécessaires, non seulement pour l'exécution de ces actes, mais encore pour leur existence. Ainsi les principes, en ce qui concerne la preuve des ventes d'immeubles, sont les mêmes que ceux qui sont consignés pour les conventions en général dans le titre du Code relatif aux *Contrats et Obligations conventionnelles.*

L'article 1ᵉʳ, qui dit, au paragraphe 2, que la vente *peut être faite par acte authentique ou sous seing privé*, est évidemment conçu dans le sens que, lorsque les parties ont recours à l'écriture pour la preuve de la vente, elles ont le choix de la forme ; mais l'article n'exclut point les autres preuves établies pour les conventions.

Au surplus, il ne peut en résulter de graves inconvéniens : la simple preuve testimoniale ne peut avoir lieu que pour les ventes dont le prix serait au-dessous de 150 francs ; et par rapport à celles d'un prix plus élevé, ce sera aux parties à veiller à leurs intérêts, et il dépendra d'elles de ne pas soumettre l'exécution de l'engagement à de simples commencemens de preuve par écrit, souvent équivoques.

1583   Mais la vente étant une fois établie légalement, la transmission de la propriété, dès l'instant qu'elle devra avoir lieu selon les différens cas déterminés par la loi, s'opérera de droit.

Mais, à ce sujet même, il était essentiel que le législateur indiquât que cette règle, dans sa généralité, ne devait avoir lieu, comme il est dit dans l'article 2, que de l'acheteur à l'égard du vendeur. Il était de toute évidence que cette règle ne devait pas être appliquée à l'égard des tiers qui pourraient avoir sur la chose un droit antérieur à la vente qui en serait faite. Elle ne devait pas plus l'être à l'égard des tiers qui n'auraient acquis un droit que postérieurement à la vente, mais qui devaient le conserver, si cette vente n'avait pas été revêtue de certaines formalités prescrites par la loi, comme moyens de parvenir à la consolidation de la propriété.

Je citerai pour exemple de ce que je viens de dire la formalité de la transcription des contrats de vente, établie par l'article 26 de la loi du 11 brumaire an VII, relative au régime hypothécaire, et qui peut être maintenue par la loi qui est attendue sur les hypothèques. Jusqu'à cette transcription, les actes translatifs de biens et droits susceptibles d'hypothèque ne peuvent être opposés aux tiers qui auraient contracté avec le vendeur, et qui se seraient conformés aux conditions établies par cette même loi du 11 brumaire.

On sent donc la sagesse de la limitation de l'article 2 du projet de loi résultant de ces expressions : « Et la propriété « est acquise de droit *à l'acheteur à l'égard du vendeur.* »

Il est un autre acte qui renferme la vente et qui en a tous 1580 les effets, quoique sous une dénomination différente. C'est la *promesse de vendre.* L'usage en est aussi ancien que celui de la vente, et il n'y avait aucun inconvénient à le conserver. Il est bien entendu que la validité de la promesse de vendre, qui ne peut avoir plus de faveur que la vente à laquelle elle est parfaitement assimilée, est soumise aux mêmes conditions que celle de la vente. Cela résulte suffisamment de l'article 8.

Il a cependant paru sage d'établir une exception à cette 1590 règle pour une espèce de promesse de vendre qui n'est guère usitée que pour les denrées ou marchandises. C'est celle qui est faite avec des arrhes.

Il est dit dans le projet de loi, article 9, « que chacun des « contractans est maître de s'en départir, celui qui les a « données en les perdant, et celui qui les a reçues en resti-« tuant le double. »

Les idées n'étaient point fixées à ce sujet, et les usages variaient. Il ne pourra plus à l'avenir y avoir de difficulté. La

délivrance et la réception des arrhes détermineront le caractère et l'effet de l'engagement, en le réduisant à une simple
promesse de vendre dont on pourra se désister sous les conditions établies dans l'article.

CHAPITRE II.

Qui peut acheter ou vendre.

1594　Il ne peut exister une vente sans qu'il en résulte des obligations respectives entre le vendeur et l'acquéreur. Ceux qui
ne peuvent point s'obliger ne peuvent donc ni acheter ni
vendre. Les obligations qui naissent de la vente se réfèrent
par conséquent aux principes généraux déjà consignés dans
le Code relativement aux personnes qui peuvent ou ne peuvent pas s'obliger, à raison de leur âge ou de leur état, ainsi
qu'aux modifications qui y sont établies par rapport aux engagemens que ces personnes auront pu contracter. Il suffisait
donc de dire dans le projet de loi actuel, comme on a fait
dans l'article 13, « que tous ceux auxquels la loi ne l'interdit
« pas peuvent acheter ou vendre. »

1596　On a dû s'occuper seulement, dans le projet de loi, de
quelques cas dans lesquels la vente ne peut avoir lieu, non
sous le rapport de l'incapacité civile de s'obliger, mais sous
celui d'idées morales qui, dans ces cas, doivent interdire la
faculté d'acheter.

Ainsi la crainte que des idées suggérées par la cupidité ne
prissent la place des sentimens d'affection et de désintéressement qui doivent animer des administrateurs ne permet pas
qu'ils puissent se rendre adjudicataires des biens dont l'administration leur est confiée. L'article 15 atteint à cet égard
quatre sortes d'administrateurs ou fonctionnaires; la mesure
en est juste. La prohibition qui a toujours eu lieu pour les
tuteurs et les mandataires a dû sagement être étendue aux
administrateurs et officiers publics dont il est parlé dans cet
article 15.

Ainsi l'article 16, en interdisant les cessions des procès et 1597
droits litigieux aux personnes qui y sont désignées, les pré-
munit sagement contre la tentation que quelques-unes d'elles
pourraient avoir de spéculer sur des profits honteux, en
abusant et de l'état de détresse où seraient certains créanciers de droits sujets à contestation, qui les mettrait hors
d'état de les poursuivre, et de la plus grande facilité qu'elles
auraient d'en tirer parti.

Cet article établit un droit plus positif que celui qui avait
existé jusqu'à présent, en indiquant avec précision les personnes qui sont comprises dans la prohibition, et en déterminant les droits litigieux dont la cession leur est interdite,
qui sont tous ceux qui seraient de la compétence du tribunal
dans le ressort duquel elles exercent leurs fonctions.

On aurait pu croire que les liens qui unissent des époux 1595
dussent être un obstacle à ce que l'un pût vendre à l'autre.
Cependant si l'un des époux devait quelque somme à l'autre,
séparé judiciairement d'avec lui ; si un mari devait à sa femme
un remploi de ses immeubles qui auraient été aliénés, ou
d'une somme à elle appartenante, ces immeubles ou cette
somme ne tombent pas en communauté ; si enfin la femme
se voyait hors d'état d'effectuer le paiement d'une somme
qu'elle aurait promise en dot à son mari, lorsqu'il y a exclusion de communauté, pourquoi, dans ces trois cas, aurait-
on interdit une vente entre des époux ? Comme ces créances
sont légitimes et exigibles, il serait injuste d'empêcher une
libération par la voie de la vente. Il serait dur pour des
époux d'être forcés de vendre leur bien à des étrangers
pour se faire respectivement raison de leurs droits, et de
se priver de la douceur de les conserver pour eux et pour
leurs enfans, quel que soit celui d'eux sur lequel la propriété réside.

La loi devait pourtant empêcher des avantages indirects
qu'elle prohibe, et que des époux pourraient se faire sous
l'apparence d'une vente. Mais voilà tout ce qu'on devait at—

tendre de sa prévoyance ; c'est aussi ce qu'elle a fait par ces
termes de l'article 14 : « Sauf, dans ces trois cas, les droits
« des héritiers des parties contractantes, s'il y a avantage
« indirect. »

CHAPITRE III.

Des Choses qui peuvent être vendues.

1599   Je me contenterai de fixer vos regards sur les deux principales dispositions de ce chapitre, consignées dans les articles 18 et 19.

Suivant le droit romain, qui était généralement observé à
ce sujet et qui avait force de loi, le vendeur et l'acquéreur
pouvaient respectivement vendre et acheter la chose qu'ils
auraient su ne pas appartenir au vendeur ; l'acquéreur avait
le droit ou de revendiquer la chose vendue, si elle venait au
pouvoir du vendeur, ou, si celui-ci était dans l'impossibilité
de la délivrer, l'acquéreur pouvait réclamer des dommages
et intérêts à raison de l'excès de valeur de la chose vendue
au-delà du prix de la vente.

Cette législation, qui, dans quelques cas, pouvait favoriser
des vues immorales, a paru contraire au vrai principe de la
vente. Son unique but doit être la transmission d'une propriété : or, la vente d'une chose qui n'appartient pas au vendeur, telle, par exemple, que celle qu'un fils ferait d'un immeuble appartenant à son père encore vivant, ne peut être
le germe d'une transmission de propriété.

Il a donc paru plus conforme à la nature des choses et aux
vues saines de la morale d'annuler l'engagement comme
vente. Il ne pourra donner lieu qu'à la seule restitution du
prix ; et dans le cas où il ne serait pas établi que l'acquéreur
eût su que la chose était à autrui, l'acte ne produira qu'un
seul effet, qui sera de donner lieu à des dommages et intérêts.
Il n'aura pu acquérir la propriété, parce que son vendeur n'a
pu lui transmettre plus de droit qu'il n'en avait ; mais ne

devant pas être victime de sa bonne foi, il pourra réclamer des dommages et intérêts.

Au surplus, il est aisé de comprendre que cette disposition législative a principalement trait aux immeubles, et qu'on ne peut l'appliquer aux objets qui font la matière des transactions commerciales, et qu'il est au pouvoir et dans l'intention du vendeur de se procurer.

La seconde disposition de ce chapitre que j'ai en vue est celle de l'article 19, qui veut qu'on ne puisse vendre la succession d'une personne vivante, même de son consentement. 1620

On n'a jamais dû tolérer que les successions de personnes vivantes devinssent un sujet de trafic et la matière des contrats ordinaires. Elles ne peuvent être assurées que par des dispositions qui prennent leur source dans des affections purement morales, ou qui sont commandées par le maintien de l'ordre public, qui exige une succession de biens, comme il y a succession de personnes.

En adoptant ce principe, les Romains étaient tombés dans une espèce de contradiction, en voulant, dans une de leurs lois, que la succession d'une personne vivante pût être vendue lorsque la vente était faite de son consentement. Cette exception n'était point admise dans la jurisprudence française, ou au moins dans plusieurs tribunaux; et le projet de loi, en la rejetant, fera disparaître toute difficulté.

CHAPITRE IV.

Des Obligations du vendeur.

Ce chapitre commence par deux dispositions générales. En premier lieu, il consacre un principe élémentaire en matière de vente, en disant, article 21, que « le vendeur est tenu « d'expliquer clairement ce à quoi il s'oblige, et que tout « pacte obscur ou ambigu s'interprète contre le vendeur. » 1602

On sent en effet que le vendeur connaissant particulièrement tout ce qu'il vend et tous ses accessoires, ayant fixé le

prix qui lui est accordé par l'acquéreur, sachant que la délivrance et la garantie sont les conditions premières de la
vente, s'il y avait quelque doute sur ces objets, on devrait
l'interpréter contre lui, parce qu'il a été en son pouvoir d'expliquer à cet égard la convention, et que toute réticence de
sa part devient suspecte.

Mais aussi c'est relativement à ces objets que se borne la
règle d'interprétation contre le vendeur ; car par rapport aux
autres clauses de la vente, qui seraient autant du fait de
l'acquéreur que de celui du vendeur, en cas d'obscurité ou
d'ambiguité, la manière de les entendre serait soumise aux
règles générales de l'interprétation des conventions ; et l'on
ne doit pas voir une idée contraire dans les termes dans lesquels le second paragraphe de l'article est conçu, parce qu'il
est évident qu'il se rapporte à ce qui fait l'objet du paragraphe premier ; c'est-à-dire à l'obligation, de la part du
vendeur, *d'expliquer clairement ce à quoi il s'oblige.*

1603   En second lieu, ce chapitre fixe, article 22, les deux obligations principales du vendeur, dont l'une est de délivrer
sect. 2 et et l'autre de garantir la chose qu'il vend. Pour procéder avec
suivans.   plus d'ordre, chacune de ces obligations fait l'objet d'une
section particulière : dans une première, on explique les
règles relatives à la délivrance ; une seconde renferme celles
qui concernent la garantie.

Dans la section première, on voit comment l'obligation de
délivrer les immeubles est remplie ;

Comment s'opère la délivrance des effets mobiliers ;

De quelle manière se fait la tradition des droits incorporels ;

A quel lieu doit se faire la délivrance des objets mobiliers ;

Quels sont les droits de l'acheteur si le vendeur ne fait
pas la délivrance au terme convenu ;

Dans quel cas le vendeur peut, pour la sûreté du prix de
la vente, se dispenser de faire cette délivrance ou la retarder ;

Quel temps il faut considérer pour régler dans quel état
doit être la chose sujette à la délivrance.

Toutes les dispositions relatives à ces objets sont d'une justice dont l'évidence obtient l'assentiment à la simple lecture, et cette évidence ne pourrait être que troublée par des explications.

On pourrait, au premier abord, trouver trop de laconisme 1615 dans l'article 34, où il est dit que « l'obligation de délivrer « la chose comprend ses accessoires et tout ce qui a été des- « tiné à son usage perpétuel. »

Mais toute explication eût été inutile, parce que, dans le titre du Code *de la Distinction des biens*, on verra à sa véritable place tout ce qui peut former les accessoires d'un immeuble, et tout ce qui doit être considéré comme ayant été destiné à son usage perpétuel.

Les dispositions les plus importantes de la section pre- 1616 mière du chapitre IV, que nous examinons, sont celles qui concernent les engagemens respectifs des parties sur la contenance des immeubles vendus.

Une distinction nécessaire à cet égard forme la base des dispositions du projet de loi.

Ou la vente d'un immeuble a été faite avec indication de 1617-1618 la contenance, à raison de tant la mesure; ou la vente porte seulement sur un corps certain dont la contenance est indiquée, sans qu'il soit dit que les parties aient entendu vendre et acheter respectivement *à raison de tant la mesure.*

Au premier cas, il a paru juste que le vendeur fût obligé de délivrer à l'acquéreur, s'il l'exigeait, la quantité indiquée au contrat, et que si cela n'était pas possible au vendeur, ou que si l'acquéreur ne l'exigeait pas, le vendeur fût obligé de souffrir une diminution proportionnelle du prix. Art. 36.

Le prix de la vente n'est pas fixé pour le corps entier, mais pour chacune des parties indiquées qui le composent et qui en déterminent l'étendue. L'acquéreur ne doit donc payer qu'à raison de la quantité exacte de ces parties, et aucune erreur sur ce point n'est excusable pour le vendeur.

Et si dans le cas dont je viens de parler, au lieu d'un dé-

13.

ficit, il se trouve une contenance plus grande que celle exprimée au contrat, alors on a pensé que l'acquéreur devait avoir le choix de fournir le supplément du prix, ou de se désister du contrat, si l'excédant est d'un vingtième au-dessus de la contenance déclarée. Art. 37.

On remarque une différence entre la circonstance de l'excédant de contenance et celle du déficit ; c'est que pour la première l'acquéreur peut se désister du contrat, au lieu qu'à l'égard de la seconde cette faculté ne lui est pas accordée. La raison en est que, lorsqu'il y a une moindre étendue, l'acquéreur est toujours présumé avoir voulu l'acheter, et il est incontestable qu'il en a les moyens, puisqu'il avait voulu en acquérir une plus grande ; au lieu que, lorsqu'il y a excédant de contenance, en forçant l'acquéreur de payer le supplément du prix, ce serait l'obliger à acheter plus qu'il n'aurait voulu, et que peut-être il ne pourrait payer. Mais pour que l'acquéreur puisse se désister de la vente, il faut un excédant d'un vingtième en sus de la contenance indiquée, un excédant moindre n'a pas paru suffisant pour donner lieu à la résolution de la vente.

Au surplus, on ne perdra pas de vue que les parties peuvent, par des conventions particulières qui ne soient pas illicites, modifier les règles générales prescrites par la loi. Ainsi, pour me borner à un seul exemple, il peut y avoir des cas où un acheteur ne se serait pas déterminé à acquérir un objet s'il n'avait pas, jusqu'à la plus exacte précision, la contenance qu'il a désirée, et que le vendeur lui a indiquée, parce que sans cela cet objet pourrait ne pas servir à ses desseins. Alors rien n'empêcherait qu'en cas du moindre déficit dans la contenance, la vente ne pût être résiliée ; mais il faudrait une stipulation expresse : car dans le silence des conventions, les parties sont toujours présumées s'en être rapportées à la sagesse de la loi sur leurs intérêts et sur leurs droits respectifs.

1619   Je passe au second cas que j'ai déjà annoncé, c'est-à-dire lorsque la vente n'a pas été faite avec indication de contenance *à raison de tant la mesure*; et alors, soit que la vente soit faite d'un corps certain et limité, soit qu'elle ait pour objet des fonds distincts et séparés, soit qu'elle commence par la mesure ou par la désignation de l'objet vendu, suivie de la mesure, l'expression de cette mesure ne donne lieu à aucun supplément de prix en faveur du vendeur pour l'excédant de mesure, ni en faveur de l'acquéreur à aucune diminution de prix pour moindre mesure, qu'autant que la différence de la mesure réelle à celle exprimée au contrat serait d'un vingtième en plus ou en moins.

L'intention des parties s'est plutôt portée sur le corps vendu que sur chacune de ses parties en particulier. La contenance a cependant dû déterminer le prix; mais on a été fondé à penser qu'une erreur peu importante n'a pu influer sur la fixation de ce prix, et en déterminant le résultat de l'erreur au-dessus d'un vingtième en plus ou en moins, on s'est décidé par la jurisprudence de la plupart des tribunaux de France, et on a pu s'étayer d'une autorité respectable sans doute, qui est la disposition de l'article 10 du titre XV de l'ordonnance des eaux et forêts de 1669.

Encore faut-il remarquer l'attention du législateur sur la Ib.et 1623
manière de déterminer ou l'augmentation ou la diminution. S'il y avait plusieurs héritages vendus avec des indications particulières des contenances, et qu'il y eût une erreur dans la contenance indiquée par rapport à l'un des héritages, alors la détermination et l'appréciation de l'erreur devraient se faire sur deux bases qu'il faudrait combiner. L'une serait le déficit ou l'excédant de la contenance, l'autre serait la portion du prix qu'il faudrait assigner à l'héritage sur la contenance duquel il y aurait erreur, respectivement à la valeur totale des objets compris dans la vente.

Si en effet deux héritages de même étendue étaient vendus moyennant un seul prix, et que celui sur la contenance duquel il y aurait un excédant ou un déficit d'un vingtième dût, relativement à l'infériorité de la qualité du terrain, ne comporter qu'un quart du prix de la vente, alors le résultat de l'erreur ne serait pas au taux exigé par la loi, pour qu'il y eût lieu à réclamation. Dans ce cas, il faut que l'erreur sur la contenance soit telle qu'elle produise une erreur dans la même proportion sur la valeur réelle. C'est ce que dit le projet de loi, quoique laconiquement, par ces termes de l'article 38, *eu égard à la valeur de la totalité des objets vendus.*

1622 Les autres articles de cette section ne sont que des conséquences sagement déduites des principes que je viens d'exposer sur les erreurs relatives à la contenance. Mais vous aurez sans doute remarqué la sagesse de l'article 41, qui veut que l'action à ce sujet soit intentée dans l'année, à compter du jour du contrat, à peine de déchéance.

sect. 3 La troisième section du chapitre IV renferme les règles relatives à la garantie.

1625 L'esprit d'analyse et de méthode a fait distinguer deux objets dans la garantie; savoir, la possession paisible de la chose vendue, et les défauts cachés *qui pourraient s'y trouver,* ou ceux désignés de tout temps par ces expressions, *vices rédhibitoires,* et sous ces deux rapports la section est divisée en deux paragraphes.

1626 à 1629 Par rapport à la garantie en cas d'éviction, on retrouve dans le projet de loi les principes éternels consacrés par les lois romaines, et qui sont puisés dans l'équité naturelle.

La garantie est de droit; on peut la modifier, y renoncer même. Mais aucune stipulation ne peut mettre le vendeur à l'abri de la garantie de ses faits personnels et de la restitution du prix. Il est impossible qu'en ne vendant rien on touche un prix. Il était cependant juste qu'il y eût une exception à cette règle lorsque l'acquéreur avait connu, lors de la vente, le danger de l'éviction, ou qu'il aurait acheté à ses périls et risques; alors l'acte prend le caractère d'un contrat aléatoire.

1630 et suivans. Lorsque la garantie a été promise, ou qu'il n'a rien été

stipulé à ce sujet, le projet de loi règle ce qui doit être restitué à l'acquéreur, en cas d'éviction, d'une manière positive
et d'après les principes reçus jusqu'à présent.

Quant à la garantie des défauts de la chose vendue, on y 1641
retrouve les mêmes idées de justice et de morale.

Quelques personnes regretteront peut-être que le projet de
loi ne contienne pas le détail des vices rédhibitoires qui concernent principalement les ventes de certains animaux et de
quelques denrées.

Mais le législateur a sagement fait de s'interdire à cet
égard une disposition générale. Quelquefois la loi, dans son
action, doit prendre le caractère de l'administration. Il
existe des différences qui tiennent aux localités ; et la loi,
pour vouloir être uniforme, deviendrait souvent injuste. Il
faut donc dans ces cas que la loi respecte des usages antiques et invariables qui sont eux-mêmes devenus une espèce
de loi vivante.

Il a donc suffi de dire, comme on le voit dans l'article 67, 1643
que l'action résultant des vices rédhibitoires doit être intentée par l'acquéreur, dans un bref délai, suivant leur nature
et l'usage des lieux où la vente a été faite.

CHAPITRE V.

Des Obligations de l'acheteur.

Deux dispositions contenues dans ce chapitre doivent fixer
votre attention. La première règle les cas dans lesquels l'intérêt du prix de la vente est dû ; la seconde établit le droit
du vendeur sur la chose vendue lorsque le prix ne lui est
pas payé.

Relativement au premier objet, c'était une question con- 1652
troversée de savoir si l'intérêt du prix était de droit, et
abstraction faite de toute convention. Les auteurs et les tribunaux étaient divisés à cet égard. Le projet de loi fait cesser
toute difficulté par l'article 71, en réglant de la manière la
plus précise les cas dans lesquels les intérêts sont dus.

Par rapport au second objet, on doutait encore si le ven_deur qui n'était pas payé du prix de la vente pouvait en demander la résolution pour se mettre en possession de l'objet vendu, ou s'il ne devait pas le faire vendre judiciai_rement, sauf à faire valoir son privilége sur le prix, même malgré une stipulation contenue dans le contrat, qu'on re_gardait comme comminatoire. En un mot, devait-il être con_sidéré comme propriétaire ou seulement comme créancier privilégié? La jurisprudence sur ce point était vacillante.

Le projet de loi, après avoir d'abord adopté, et avec rai_son, le principe que la condition sous laquelle la transmission de la propriété avait été faite n'étant pas remplie, cette trans_mission de propriété pouvait être révoquée, est parti ensuite d'une distinction infiniment juste.

Ou le contrat de vente ne contient pas de stipulation rela_tivement à la résolution de la vente par le défaut de paiement du prix, ou cette stipulation existe.

Au premier cas la résolution de la vente est prononcée de suite, si le vendeur est en danger de perdre la chose et le prix; si ce danger n'existe pas, le juge peut accorder à l'ac_quéreur un délai plus ou moins long, suivant les circonstan_ces. Ce délai passé sans que l'acquéreur ait payé, la résolution de la vente sera prononcée. La seule circonstance de l'expira_tion du délai consomme le droit du vendeur à la chose, et la résolution de la vente devient forcée. Le juge n'a qu'à pro_noncer que ce droit est acquis.

Au second cas, c'est-à-dire s'il a été stipulé qu'à défaut de paiement du prix dans le terme convenu la vente serait résolue de plein droit, cette clause n'a pas paru suffisante pour faire retourner la propriété au vendeur : cependant comme la stipulation donne au droit de ce dernier une nou_velle énergie, l'acquéreur pourra bien conserver l'objet vendu en payant même après l'expiration du délai, tant qu'il n'aura pas été mis en demeure par une sommation. Mais s'il ne répond pas à cette sommation par le paiement, le juge ne peut accorder aucun délai, et la résolution de la vente est opérée par la force de la convention.

Une législation aussi juste et aussi précise assure l'exécution des contrats, en même temps qu'elle tarit la source des procès.

Ce que nous venons de dire n'a lieu que pour les ventes 1657 d'immeubles. La résolution de la vente d'objets mobiliers est réglée d'une manière précise dans un autre article du même chapitre V.

CHAPITRE VI.

De la Nullité et de la Résolution de la vente.

Deux sortes de résolution de la vente sont l'objet de ce 1658 chapitre ; l'une par l'exercice de la faculté de rachat, l'autre par la vileté du prix.

On n'a pas cru devoir priver le vendeur de la faculté de 1659 pouvoir racheter l'héritage, et elle ne peut nuire à l'acquéreur lorsqu'il consent que cette faculté soit une condition de la vente.

Mais cette faculté de rachat est organisée de la manière la 1660 plus heureuse par le projet de loi.

Il s'agissait d'abord de concilier l'intérêt particulier du vendeur avec l'intérêt public qui s'oppose à ce que les propriétés demeurent pendant long-temps incertaines et flottantes.

C'est d'après cette idée que la faculté de racheter ne pourra être stipulée pour un terme excédant cinq années.

Ensuite le terme fixé sera de rigueur, et il ne pourra être 1661 prolongé par le juge.

Le délai courra contre toutes personnes, même contre le 1663 mineur, sauf, s'il y a lieu, le recours contre ceux qui sont chargés de l'administration de leurs biens, parce qu'il s'agit d'un délai conventionnel qui doit courir contre toutes sortes de personnes, à la différence de la prescription légale.

Quand on connaît les entraves tolérées, établies même par

l'ancienne jurisprudence sur cette matière, de combien de procès ne voit-on pas étouffer le germe dont la convention la plus précise ne pouvait mettre l'acquéreur à l'abri ! Si le délai dans lequel la faculté de rachat devait être exercée était illimité, il était prorogé à trente ans, c'est-à-dire au terme des prescriptions ordinaires. S'il était limité, l'acquéreur devait toujours mettre le vendeur en demeure, quelque stipulation qu'il y eût dans le contrat, et il fallait au moins deux jugemens pour que la déchéance devînt définitive. Ce n'est pas tout : quand la faculté de rachat était illimitée, et par conséquent prorogée à trente ans, on avait imaginé de considérer ce délai comme une prescription légale qui dès lors était suspendue à l'égard du mineur. La faculté de rachat est donc ramenée par le projet de loi aux principes de l'équité, à l'exécution des contrats.

1664   Lorsqu'il y a transmission de la faculté de rachat et de l'héritage acquis sous cette faculté, en faveur d'autres personnes, à titre successif, ou à titre particulier, l'exercice du rachat pouvait rencontrer des difficultés. Elles sont prévues par le projet de loi, par des dispositions de détail dont je crois inutile de vous entretenir.

sect. 2   Je passe à la rescision de la vente pour cause de lésion.

1674   Vous connaissez, citoyens législateurs, les diverses opinions qui se sont formées sur la question de savoir si cette lésion devait ou non être conservée. Je me contenterai de les rapporter en substance.

Ceux qui s'étaient décidés pour l'exclusion de la rescision se fondaient sur l'intérêt public, qui souffrait de ce que les propriétés, quoique légitimement acquises, étaient incertaines pendant le long espace de dix années entre les mains des acquéreurs, qui négligeaient la culture, et n'osaient faire des améliorations dont ils craignaient de perdre le bénéfice ; sur ce que le vendeur connaissait mieux que l'acquéreur lui-même la nature et la valeur de ce qu'il vendait, que souvent l'acquéreur courait même plus de risques que le vendeur :

ce qui avait donné lieu à un ancien proverbe conservé par quelques auteurs, *qu'il y a plus de fous acheteurs que de ven-deurs;* sur ce que l'ordre de la société exige qu'on maintienne la foi des contrats ; et sur ce qu'enfin cette action était abolie par la loi du 14 fructidor an III, et que ce n'est pas sans inconvénient qu'on revient sur un point de législation une fois établi.

Les partisans de la rescision disaient que l'on était forcé de convenir que, sinon tous les vendeurs, au moins plusieurs, étaient pressés par le besoin, et que cette circonstance, dont on pouvait aisément abuser, les mettait dans la nécessité de vendre à bas prix ; que le principe d'humanité qui avait dicté la fameuse loi 2, au code *de Rescindenda Venditione*, qui n'admettait la rescision que lorsqu'il y avait une lésion de plus de moitié du juste prix, et qui était suivie dans toute la France ; que ce motif d'humanité, dis-je, restait dans tous les cœurs ; que ce qui avait donné lieu au proverbe ancien, que j'ai déjà rappelé, c'étaient principalement les risques que l'acquéreur pouvait courir relativement aux hypothèques dont l'héritage vendu pouvait être grevé, et que ces risques étaient devenus infiniment moindres par l'établissement d'un régime hypothécaire ; qu'une lésion de plus de moitié dans le juste prix prenait le caractère d'un véritable dol que la loi ne devait pas consacrer ; qu'enfin la loi du 14 fructidor an III avait été provoquée par les embarras qu'avait éprouvés l'exercice de l'action en rescision à raison de la concurrence du papier-monnaie avec le numéraire métallique, en sorte qu'on devait regarder cette loi comme produite par des circonstances passagères.

Le Conseil d'État et ensuite le Tribunat ont adopté ces derniers motifs, et le principe qui en fait la base est tellement honorable qu'il y a lieu de penser qu'ils détermineront aussi votre opinion.

Mais le projet de loi, en venant au secours d'un vendeur qui peut avoir fléchi sous le joug impérieux de la nécessité, affaiblit aussi d'une manière bien sensible les inconvéniens qui pouvaient accompagner la demande en rescision.

1°. En ce qu'il faut que la lésion soit au-dessus des sept douzièmes du juste prix, au lieu de la moitié ;

1676   2°. En ce que la demande doit en être formée dans deux ans au lieu de dix ;

3°. En ce que ce délai court contre les mineurs, les femmes mariées, les interdits et les absens, venant du chef du majeur qui a vendu ; que même il n'est pas suspendu pendant la durée du temps du rachat qui aurait été stipulé ;

1675 et suivans   Enfin, à raison des formes nouvelles qui doivent précéder le jugement sur la demande en lésion, et que, sans doute, vous avez remarquées.

1684   Le projet de loi contient encore sur cette matière une disposition importante par l'effet qu'elle doit produire ; c'est celle qui veut que la demande en rescision n'ait pas lieu *en toutes ventes qui, d'après la loi, ne peuvent être faites que d'autorité de justice*.

On disait autrefois que la rescision ne devait point être admise contre *les ventes forcées*. Ces expressions étaient équivoques, et donnaient lieu à des contestations qui embarrassaient les tribunaux.

Le projet de loi établit une règle simple et dont les conséquences peuvent être appliquées avec sûreté. Tout se réduit à examiner si la vente a pour principe la volonté libre de ceux dont les biens sont vendus, ou si l'intervention de la justice était absolument nécessaire d'après la loi pour que la vente eût son effet ; si c'est en un mot la justice qui vend pour suppléer au défaut de volonté ou de capacité de la part de celui dont la propriété est vendue. La recherche de ce principe est si aisée qu'il est inutile de proposer des exemples.

CHAPITRE VII.

De la Licitation.

Je ne vous entretiendrai pas sur ce chapitre. Les principes ch 7. qui y sont établis sont d'une telle certitude, qu'on ne peut prévoir qu'il se soit élevé quelque doute dans les esprits.

CHAPITRE VIII.

Du Transport des créances et autres droits incorporels.

Indépendamment des effets mobiliers et des immeubles, il ch. 8. y a une troisième espèce de propriété qui peut faire l'objet de la vente ; ce sont les créances et autres droits incorporels. La vente ou cession de cette espèce de biens tient à des principes particuliers, qui sont établis par le projet de loi sur des bases certaines, et qui étaient posées par des lois existantes.

Vous approuverez sans doute, citoyens législateurs, qu'on 1699 ait conservé une disposition morale qui nous était transmise par le droit romain, et qui est consignée dans l'article 118 du projet de loi, qui veut que celui contre lequel on a cédé un droit litigieux puisse s'en faire tenir quitte par le cessionnaire, en lui remboursant le prix réel de la cession avec les frais et loyaux-coûts et les intérêts.

Mais en même temps le projet de loi, article 119, règle 1701 avec une exactitude propre à prévenir toutes difficultés, les cas où il doit y avoir exception à cette règle, qui sont au nombre de trois.

Vous penserez sans doute qu'il était superflu de rappeler Ib. et 1597 que dans les mêmes cas il n'y a plus lieu à la prohibition d'acquérir, prononcée contre certaines personnes par l'article 16, parce qu'alors on ne peut pas dire que l'acquéreur soit un cessionnaire de droits litigieux dans le sens de la loi.

Mes collègues et moi sommes chargés par le Tribunat de vous déclarer que, d'après les motifs dont je viens de faire l'analyse, il a voté l'adoption du projet de loi soumis à votre sanction.

Le Corps législatif rendit son décret d'adoption dans la même séance, et la promulgation de la loi eut lieu le 25 ventose an XII (16 mars 1804).

TITRE SEPTIÈME.

De l'Échange.

DISCUSSION DU CONSEIL D'ÉTAT.

(Procès-verbal de la séance du 9 nivose an XII. — 31 décembre 1803.)

M. Galli présente le titre XII du livre III.
Il est ainsi conçu :

DE L'ÉCHANGE.

Art. 1er. « L'échange est un contrat par lequel les parties 1702
« se donnent respectivement une chose pour une autre. »

Art. 2. « L'échange s'opère par le seul consentement, de la 1703
« même manière que pour la vente. »

Art. 3. « Si l'un des échangeurs a déjà reçu la chose à lui 1704
« donnée en échange, et qu'il prouve ensuite que l'autre
« contractant n'est pas propriétaire de cette chose, il ne peut
« pas être forcé à livrer celle qu'il a promise en contre-
« échange, mais seulement à rendre celle qu'il a reçue. »

Art. 4. « Le copermutant qui est évincé de la chose qu'il 1705
« a reçue en échange a le choix de conclure à des domma-
« ges et intérêts, ou de répéter la chose. »

Art. 5. « La rescision pour cause de lésion n'a pas lieu dans 1706
« le contrat d'échange. »

Art. 6. « Toutes les autres règles prescrites pour le contrat 1707
« de vente s'appliquent d'ailleurs à l'échange. »

L'article 5 est ajourné comme lié à la question de la res- 1702 à 1707
cision pour cause de lésion.

Les autres articles sont adoptés.

M. GALLI présente une nouvelle rédaction du titre XII du livre III du projet de Code civil.

LE CONSEIL l'adopte en ces termes :

DE L'ÉCHANGE.

1701 à 1707   Art. 1, 2, 3, 4, 5 et 6 (*les mêmes que ceux du procès-verbal ci-dessus rapporté*).

LE CONSUL ordonne que le titre ci-dessus sera communiqué officieusement, par le secrétaire-général du Conseil d'État, à la section de législation du Tribunat, conformément à l'arrêté du 18 germinal an X.

COMMUNICATION OFFICIEUSE

A LA SECTION DE LÉGISLATION DU TRIBUNAT.

La communication eut lieu le 30 nivose an XII (21 janvier 1804) et le projet fut examiné le 24 pluviose (14 février) suivant.

OBSERVATIONS.

A la suite de la discussion du projet de loi sur la vente, il est fait, au nom de la même commission, un rapport sur le projet de loi relatif à l'échange, formant le titre XII du livre III du Code civil.

La discussion du projet de loi n'amène aucune proposition de changemens à faire.

RÉDACTION DÉFINITIVE DU CONSEIL D'ÉTAT.

(Procès-verbal de la séance du 5 ventose an XII. — 25 février 1804.)

M. GALLI, d'après la conférence tenue avec le Tribunat, présente la rédaction définitive du titre XII du livre III du projet de Code civil, *de l'Échange.*

LE CONSEIL l'adopte en ces termes :

DE L'ÉCHANGE.

Art. 1er. « L'échange est un contrat par lequel les parties 1702 « se donnent respectivement une chose pour une autre. »

Art. 2. « L'échange s'opère par le seul consentement, de la 1703 « même manière que la vente. »

Art. 3. « Si l'un des copermutans a déjà reçu la chose à lui 1704 « donnée en échange, et qu'il prouve ensuite que l'autre « contractant n'est pas propriétaire de cette chose, il ne peut « pas être forcé à livrer celle qu'il a promise en contre— « échange, mais seulement à rendre celle qu'il a reçue. »

Art. 4. « Le copermutant qui est évincé de la chose qu'il 1705 « a reçue en échange a le choix de conclure à des domma- « ges—intérêts, ou de répéter sa chose. »

Art. 5. « La rescision pour cause de lésion n'a pas lieu dans 1706 « le contrat d'échange. »

Art. 6. « Toutes les autres règles prescrites pour le contrat 1707 « de vente s'appliquent d'ailleurs à l'échange. »

M. Bigot-Préameneu fut nommé, avec MM. Lacuée et Fourcroy, pour présenter au Corps législatif, dans sa séance du 8 ventose an XII (28 février 1804) le titre XII du livre III du projet de Code civil, *de l'Échange,* et pour en soutenir la discussion dans celle du 16 du même mois de ventose (7 mars) suivant.

PRÉSENTATION AU CORPS LÉGISLATIF,

ET EXPOSÉ DES MOTIFS, PAR M. BIGOT-PRÉAMENEU.

1702   Législateurs, le plus ancien des contrats est l'échange. Si l'imagination pouvait se figurer les temps où le droit de propriété n'était pas encore établi, on verrait les hommes se prêtant des secours mutuels, l'un aidant l'autre de sa force lorsque l'autre l'aidait de son adresse, et faisant ainsi l'échange des avantages qu'ils avaient reçus de la nature.

Le droit de propriété ayant attribué à chacun exclusivement le produit de son travail, et la civilisation ayant multiplié avec les besoins les divers genres d'ouvrages, aucun n'a pu embrasser tous ces divers genres de travaux pour fournir à tous ses besoins. Sans l'échange, le droit de propriété eût été en vain établi ; c'est à l'échange qu'il faut attribuer et les premiers degrés et les progrès de la civilisation.

La multiplicité toujours croissante des échanges a fait rechercher les moyens de les rendre plus faciles : telle a été l'origine des monnaies, que tous les peuples ont prises pour un signe représentatif de la valeur de tous les travaux et de toutes les choses qui peuvent être dans le commerce.

Les métaux qui servent de monnaie peuvent aussi être un objet direct d'échange, parce qu'ils ont par eux-mêmes une valeur intrinsèque fondée sur l'emploi qu'on en fait en bijoux ou en meubles, et encore plus sur le besoin qu'en ont tous les peuples pour en faire leurs monnaies. Lorsqu'à ce titre, et revêtus des empreintes qui servent de garantie au public, ils sont mis en circulation, on les considère moins comme marchandises que comme signe représentatif des valeurs et comme instrument d'échange ; et les transports de propriété qui se font ainsi pour de la monnaie ont été dès les temps les plus reculés désignés par le nom de vente.

Les échanges faits par le moyen des monnaies et distingués sous le nom de vente parurent aux législateurs romains d'une telle importance pour l'ordre social, qu'ils mirent le contrat de vente dans la classe des contrats *nommés*, à l'exécution desquels la loi contraignait les parties, et ils laissèrent les échanges au nombre des contrats *consensuels*, des simples pactes dont l'exécution fut d'abord livrée à la bonne foi des contractans, et pour lesquels il n'y eut ensuite, pendant plusieurs siècles, d'action civile que quand ils avaient été exécutés par l'une des parties.

Ces divers effets donnés par la jurisprudence romaine à la vente et à l'échange ont fixé l'attention sur les différences dans la nature de ces deux contrats. Ces différences ne sont point essentielles, puisque des deux sectes entre lesquelles se divisaient les jurisconsultes, celle des Sabiniens soutenait que l'échange était un vrai contrat de vente. Il fut reconnu par la loi 1, ff. *de Contrah. Emptione*, que l'échange ne doit point être confondu avec la vente ; que dans l'échange on ne peut pas distinguer celle des choses échangées qui est le prix de celle qui est marchandise ; au lieu que dans la vente celui qui livre la marchandise est toujours, sous le nom de *vendeur*, distingué de celui qui, ne livrant que la monnaie ou le prix pécuniaire, est appelé *acheteur*. *Aliud est pretium, aliud merx quod in permutatione discerni non potest uter emptor, uter venditor sit.* L. 1, ff. *de Contrah. Empt.*

La vente et l'échange ne diffèrent pas seulement dans leur dénomination : ces contrats ont encore quelques effets qui ne sont pas les mêmes.

Dans l'une et l'autre, les deux contractans sont obligés de livrer une chose ; mais, dans l'exécution de cet engagement, il y a une différence entre la vente et l'échange.

Dans la vente, celui qui achète doit livrer le prix consistant en une somme d'argent, et cette obligation a les effets suivans :

Le premier, que toute chose pouvant se convertir en ar-

14.

gent, il suffit qu'il soit possible à l'acheteur d'en réaliser le prix en vendant lui-même tout ce qu'il possède pour que l'acheteur ait le droit de l'y contraindre.

Le second effet est que la propriété de ce prix est transférée au vendeur par le seul fait du paiement, sans qu'il reste exposé à aucune éviction : *Emptor nummos venditori facere cogitur.* L. 2, § 2, ff. *Act. Vend.*

1704-1705   De son côté, le vendeur doit aussi livrer la chose vendue; mais lorsque c'est un corps certain et déterminé, il est possible que la propriété en soit avec fondement réclamée par une tierce personne; le vendeur doit alors être garant, et l'obligation de transmettre cette propriété ne pouvant plus s'accomplir, il est tenu, par l'effet de la garantie, de restituer le prix, de rembourser les frais et de payer les dommages et intérêts.

Dans l'échange, il s'agit d'objets mobiliers ou immobiliers qui sont à livrer de part et d'autre; chaque contractant ne peut donc aussi être contraint de livrer la chose même dont il n'est pas propriétaire et d'en maintenir la possession s'il l'a livrée. Mais alors quelle est l'espèce de garantie que l'équité peut admettre?

L'objet déterminé, qui n'a été promis ou livré que pour un autre objet déterminé, ne peut pas être effectivement remplacé par une somme d'argent.

Il est donc juste que, si l'un des copermutans a déjà reçu la chose à lui donnée en échange, et s'il prouve ensuite que l'autre contractant n'est pas propriétaire de cette chose, il ne puisse être forcé à livrer celle qu'il a promise en contre-échange, mais seulement à rendre celle qu'il a reçue. Il est également juste que celui qui est évincé de la chose qu'il a reçue en échange ait le choix de conclure à des dommages et intérêts, ou de répéter sa chose.

1706   La rescision pour cause de lésion a été admise dans le contrat de vente d'immeubles en faveur du vendeur. Il était nécessaire de maintenir une règle dictée par des sentimens d'humanité ; c'est le moyen d'empêcher que la cupidité n'abuse du besoin qui, le plus souvent, force le vendeur à ces aliéna-nations.

Ce genre de réclamation n'a point été admis au profit de l'acheteur ; c'est toujours volontairement qu'il contracte. S'il donne un prix plus considérable que la valeur réelle, on peut présumer que c'est par des considérations de conve-nance que lui seul pouvait apprécier ; qu'ainsi le contrat doit à cet égard faire la loi.

Les motifs qui ont fait rejeter à l'égard de l'acheteur l'ac-tion en rescision de vente d'immeubles pour cause de lésion l'ont aussi fait exclure dans le contrat d'échange. Il est égale-lement l'effet de la volonté libre et de la convenance des co-permutans. Chacun d'eux est d'ailleurs à la fois vendeur et acquéreur. Il y aurait donc contradiction si, dans le contrat d'échange, l'action dont il s'agit était admise, lorsque dans le contrat de vente elle n'a point été accordée à l'acheteur.

Telles sont les observations particulières dont le contrat d'échange est susceptible : on doit d'ailleurs lui appliquer toutes les règles prescrites par le contrat de vente.

COMMUNICATION OFFICIELLE AU TRIBUNAT.

Le Corps législatif transmit le projet et l'exposé des motifs au Tribunat le 9 ventose an IX (29 février 1804), et M. Faure en fit le rapport à l'assemblée générale le 14 ventose (5 mars).

RAPPORT FAIT PAR LE TRIBUN FAURE.

Tribuns, après vous avoir présenté l'analyse motivée du projet de loi relatif à la *vente*, il me reste à vous entretenir du projet relatif à l'*échange* ; celui-ci doit former le titre VII du livre III du Code civil.

1702   Le contrat d'échange diffère seulement du contrat de vente en ce que, dans le dernier, l'une des parties donne à l'autre une somme d'argent pour avoir l'objet qu'elle désire, tandis que dans le premier chacune des deux parties donne et reçoit une chose particulière, autre que de l'argent.

Cette distinction prouve qu'il est impossible que l'échange n'ait pas précédé la vente : ce dernier contrat ne peut pas être plus ancien que la création des signes monétaires, et l'on a dit avec beaucoup de raison que la vente n'était qu'un échange perfectionné.

Les règles sont presque en tout point les mêmes pour les deux contrats : aussi le projet actuel ne contient-il qu'un très-petit nombre de dispositions. Ce qu'on aurait ajouté n'eût été que la répétition de celles contenues dans le projet relatif à la vente, ou de celles consacrées par la loi sur les obligations conventionnelles en général.

1703   S'il est dit, article 2, que l'échange s'opère par le seul consentement, de même que la vente, c'est pour avertir que le législateur n'admet point la subtilité de la loi romaine, d'après laquelle la convention d'échange ne produisait aucune obligation civile tant qu'elle n'avait pas été consentie par l'un des contractans : elle était qualifiée de *contrat innommé*. La vente au contraire produisait une obligation civile sans avoir reçu encore aucune exécution : elle était au rang des *contrats nommés*.

1704   Le projet se borne à prévoir trois cas :

1°. Le cas où l'un des copermutans a donné ce qui ne lui appartenait point, et où l'autre n'a encore rien livré ;

2°. Le cas de l'éviction ;

3°. Celui de la lésion.

Il décide d'abord que, si une chose est donnée à titre d'échange par celui qui n'en est pas le propriétaire, la partie qui l'a reçue n'est pas obligée de livrer l'objet promis en contre-échange. La restitution de l'objet reçu éteint toute obligation. En effet, les parties n'ont contracté que pour ac-

quérir l'une et l'autre la propriété de ce qu'elles se donne-
raient respectivement, et non pas pour acquérir une simple
possession qui ne pourrait se convertir en propriété qu'après
le temps nécessaire pour la prescription, ou par la vente
qu'en ferait le véritable propriétaire lui-même.

Quant à l'éviction, le projet décide que le copermutant, 1705
évincé de ce qu'il tient à titre d'échange, a droit à des dommages et intérêts; la justice en arbitrera le montant. Aime-
t-il mieux répéter sa propre chose? on ne peut se dispenser
de la lui rendre : c'est à lui d'opter. La loi lui laisse le choix
du parti qui lui conviendra le mieux.

Enfin, si l'un des copermutans est lésé, quelque considé- 1706
rable que soit la lésion, il ne peut faire rescinder le contrat.

On a remarqué, par rapport au contrat de vente, que la
rescision pour cause de lésion était admise uniquement en
faveur du vendeur, jamais en faveur de l'acheteur.

On se rappelle la raison de cette différence.

Souvent le vendeur n'a disposé de sa chose à vil prix que
par l'effet d'un besoin urgent qui l'a forcé de s'immoler à la
cupidité d'un acheteur impitoyable. L'humanité de la loi
vient le consoler de l'insensibilité de l'homme.

L'acheteur qui prétend avoir fait un trop grand sacrifice
pour son acquisition ne peut exciter le même intérêt. Ce
n'est pas par besoin qu'il a contracté, c'est parce que l'objet
qu'il a cru devoir acquérir était à sa convenance. Or, cette
convenance seule suffit pour ajouter au prix réel un prix d'affection, qui ne peut avoir de tarif aux yeux de la loi.

Ce qui vient d'être dit sur l'acheteur est parfaitement applicable a chacun des copermutans. En matière d'échange il
ne s'agit point de se procurer une somme d'argent.

L'échange n'est jamais le résultat de la détresse. Si celui
qui dispose à ce titre était dans le besoin, il vendrait et n'é-
changerait pas. Le motif qui a fait admettre la rescision en
faveur du vendeur n'est donc nullement applicable à ceux
qui disposent à titre d'échange. Puisque dans le contrat d'é-

change chacun des objets est tout à la fois la chose et le prix, chacun des contractans n'est-il pas aussi tout à la fois vendeur et acheteur? La confusion de ces deux qualités ramène nécessairement à la règle générale ; car la faveur que l'on alléguerait sous la première qualité serait repoussée par l'exclusion résultant de la seconde.

1707   Ici le projet de loi se réfère pour tous les autres cas aux dispositions du *contrat de vente.*

Ici se terminent également les observations sur le *contrat d'échange.*

La section de législation a pensé que la sagesse des dispositions de ce projet les rendait dignes de trouver place dans le Code ; elle m'a chargé de vous en proposer l'adoption.

Le Tribunat vota l'adoption du projet dans la séance du lendemain 15 ventose an XII (6 mars 1804), et chargea MM. Jaubert, Faure et Mouricault de porter son vœu au Corps législatif.

M. Faure prononça le discours de présentation le 16 ventose (7 mars).

DISCUSSION DEVANT LE CORPS LÉGISLATIF.

DISCOURS PRONONCÉ PAR LE TRIBUN FAURE.

M. Faure a prononcé devant le Corps législatif le rapport qu'il avait fait au Tribunat, et son discours n'a point été imprimé ici, parce qu'il n'eût été qu'une répétition textuelle de ce rapport.

Le Corps législatif rendit son décret d'adoption dans la même séance, et la promulgation de la loi eut lieu le 26 ventose an XII (17 mars 1804).

TITRE HUITIÈME.

Du Contrat de louage.

DISCUSSION DU CONSEIL D'ÉTAT.

(Procès-verbal de la séance du 9 nivose an XII. — 31 décembre 1803.)

M. GALLI présente le titre XIII du livre III.
Il est ainsi conçu :

DU LOUAGE.
Dispositions générales.

Art. 1er. « Il y a deux sortes de contrats de louage :   1708
« Celui des choses,
« Et celui d'ouvrage. »

Art. 2. « Le louage des choses est un contrat par lequel l'un 1709
« s'oblige à faire jouir l'autre d'une chose pendant un cer-
« tain temps et moyennant un certain prix que celui-ci s'o-
« blige de lui payer. »

Art. 3. « Le louage d'ouvrage est un contrat par lequel 1710
« l'une des parties donne quelque chose à faire à l'autre,
« moyennant un prix convenu entre elles. »

Art. 4. « Ces deux genres de louages se subdivisent encore 1711
« en plusieurs espèces particulières.

« On appelle *bail à loyer* le louage des maisons et celui
« des meubles ;

« *Bail à ferme* , celui des héritages ruraux ;

« *Loyer*, le louage du travail ;

« *Bail à cheptel*, celui des animaux dont le profit se par-
« tage entre le propriétaire et celui à qui il les confie ;

« *Devis*, *marché* ou *prix fait*, l'entreprise d'un ouvrage
« moyennant un prix déterminé.

« Ces trois dernières espèces ne sont comprises dans le
« louage que dans un sens très-étendu ; elles ont des règles
« particulières. »

1712   Art. 5. « Les baux des biens nationaux , de ceux des com-
« munes et des établissemens publics , sont soumis à des rè-
« glemens particuliers. »

CHAPITRE Ier.

Du Louage des choses.

1713   Art. 6. « On peut louer toutes sortes de biens meubles ou
« immeubles. »

SECTION 1re. — *De la Forme et de la durée des baux.*

1714   Art. 7. « On peut louer ou par écrit, ou verbalement. »

1715   Art. 8. « Si le bail fait sans écrit n'a encore reçu aucune
« exécution , et que l'une des parties le nie,
   « La preuve ne peut être reçue par témoins ,
   « Quelque modique qu'en soit le prix , et quoiqu'on allègue
« qu'il y a eu des arrhes données ;
   « Le serment peut seulement être déféré à celui qui nie le
« bail. »

1716   Art. 9. « S'il y a contestation sur le prix du bail verbal dont
« l'exécution a commencé, et qu'il n'y ait point de quittance,
« le propriétaire en sera cru sur son serment ;
   « Si mieux n'aime le locataire demander l'estimation par
« experts, auquel cas les frais de l'expertise restent à sa
« charge, si elle excède le prix qu'il a déclaré. »

1717   Art. 10. « Le preneur a le droit de sous–louer, et même
« de céder son bail à un autre, si cette faculté ne lui a pas
« été interdite.
   « Elle peut être interdite pour le tout ou pour partie.
   « Cette clause est toujours de rigueur. »

ap. 1717   Art. 11. « Le colon partiel n'a pas la faculté ni de sous-
et 1763.   « louer ni de céder, si elle ne lui a pas été expressément
« accordée par le bail. »

1764   Art. 12. « En cas de contravention, le propriétaire a droit
« de rentrer, et le preneur est condamné à payer le prix du

« bail pendant le temps nécessaire pour la relocation, et en
« outre aux dommages-intérêts du bailleur. »

Art. 13. « Les articles 40 et 41 du titre XI, *du Contrat de* 1718
« *mariage*, relatifs aux baux des biens des femmes mariées,
« sont applicables aux baux des biens des mineurs. »

Art. 14. « Si le bail a été fait sans écrit, l'une des parties ap. 1718
« ne pourra donner congé à l'autre qu'en observant les délais et 1736.
« ci-après :

« S'il s'agit d'une maison entière, le congé devra être
« donné au moins une année avant ;

« S'il s'agit d'un corps-de-logis entier ou d'une boutique,
« six mois avant ;

« Et pour tous autres appartemens, dans les délais fixés
« par les usages des lieux. »

Art. 15. « Le bail des meubles fournis pour garnir une 1757
« maison entière est censé fait pour un an.

« Celui des meubles garnissant un corps-de-logis entier,
« ou une boutique, est censé fait pour six mois.

« Le bail des meubles fournis pour garnir tous autres ap-
« partemens est censé fait pour la durée ordinaire des baux
« desdits appartemens, selon l'usage des lieux.

« Le bail de l'appartement meublé est censé fait pour un an. »

Art. 16. « Le bail d'un appartement meublé est censé fait 1758
« à l'année quand il a été fait à tant par an ;

« Au mois, quand il a été fait à tant par mois ;

« Au jour, s'il a été fait à tant par jour.

« Si aucun écrit ne constate que le bail soit fait à tant par
« an, par mois ou par jour, la location est censée faite pour
« un mois. »

Art. 17. « Le bail sans écrit d'un fonds rural est censé 1774
« fait pour le temps qui est nécessaire afin que le preneur
« recueille tous les fruits de l'héritage affermé.

« Ainsi le bail à ferme d'un pré, d'une vigne, et de tout
« autre fonds dont les fruits se recueillent en entier dans le
« cours de l'année, est censé fait pour un an.

« Le bail des terres labourables, lorsqu'elles se divisent
« par soles ou saisons, est censé fait pour autant d'années
« qu'il y a de soles.

« Mais le bail d'un bois taillis, lors même qu'il se partage
« en plusieurs coupes, n'est censé fait que pour une coupe.»

1737 Art. 18. « Le bail cesse de plein droit à l'expiration du
« terme fixé, tant à l'égard des maisons que des fonds de
« terre, lorsqu'il a été fait par écrit, sans qu'il soit nécessaire
« de donner congé. »

1775 Art. 19. « Le bail des héritages ruraux, quoique fait sans
« écrit, cesse aussi de plein droit à l'expiration du temps
« pour lequel il est censé fait, suivant l'article 17. »

1738 Art. 20. « Si, à l'expiration des baux écrits, le preneur
« reste et est laissé en possession, il s'opère un nouveau bail
« dont l'effet est réglé par l'article relatif aux locations faites
« sans écrit. »

1776 Art. 21. « La même règle sera observée pour les baux ru-
« raux, et en conséquence l'article ci-dessus recevra son
« exécution lorsqu'après l'expiration des baux écrits le pre-
« neur restera et le bailleur le laissera en possession. »

1739 Art. 22. « Lorsqu'il y a un congé signifié, le preneur,
« quoiqu'il ait continué sa jouissance, ne peut invoquer la
« tacite réconduction. »

1759 Art. 23. « Si le locataire d'une maison ou d'un apparte-
« ment continue de même sa jouissance après l'expiration
« du bail par écrit, sans opposition de la part du bailleur,
« il sera censé les occuper aux mêmes conditions, pour le
« terme fixé par l'usage des lieux, et ne pourra plus en sortir
« ni en être expulsé qu'après un congé donné de la manière
« prescrite en l'article 14. »

1740 Art. 24. « Dans le cas de l'article précédent, la caution
« donnée pour le bail ne s'étend pas aux obligations résul-
« tant de la prolongation. »

SECTION II. — *Des Obligations du bailleur.*

Art. 25. « Le bailleur est obligé, par la nature du contrat, 1719
« et sans qu'il soit besoin d'aucune stipulation particulière,

« 1°. De délivrer au preneur la chose louée ;

« 2°. D'entretenir cette chose en état de servir à l'usage
« pour lequel elle a été louée ;

« 3°. D'en faire jouir paisiblement le preneur pendant la
« durée du bail. »

Art. 26. « Le bailleur est tenu de délivrer la chose en bon 1720
« état de réparations de toute espèce.

« Il doit y faire, pendant la durée du bail, toutes les ré-
« parations qui peuvent devenir nécessaires, autres que les
« locatives. »

Art. 27. « Il est dû garantie au preneur pour tous les vices 1721
« ou défauts de la chose louée qui en empêchent l'usage,
« quand même le bailleur ne les aurait pas connus lors du
« bail.

« S'il résulte de ces vices ou défauts quelque perte pour le
« preneur, le bailleur est tenu de l'indemniser. »

Art. 28. « Si, pendant la durée du bail, la chose louée 1722
« est détruite en tout ou en partie par cas fortuits, le preneur
« peut, suivant les circonstances, demander ou une diminu-
« tion du prix, ou la résiliation même du bail, mais sans
« aucun autre dédommagement. »

Art. 29. « Le bailleur ne peut, pendant la durée du bail, 1723
« changer la forme de la chose louée. »

Art. 30. « Si durant le bail la chose louée a besoin de ré- 1724
« parations urgentes et qui ne puissent être différées jusqu'à
« sa fin, le preneur doit les souffrir, quelque incommodité
« qu'elles lui causent, et quoiqu'il soit privé pendant qu'elles
« se font d'une partie de la chose louée.

« Mais si ces réparations durent plus de quarante jours,
« le prix du bail sera diminué à concurrence du temps et de
« la partie de la chose louée dont il aura été privé.

« Si les réparations sont de telle nature qu'elles rendent
« inhabitable ce qui est nécessaire au logement du preneur
« et de sa famille, celui-ci aura la faculté de résilier le bail. »

1765   Art. 31. « Si dans un bail à ferme on donne aux fonds
« une contenance plus grande que celles qu'ils ont réelle-
« ment, il n'y a lieu à diminution de prix pour le preneur
« que dans les cas et suivant les règles exprimés au contrat
« de vente. »

1725   Art. 32. « Le bailleur n'est pas tenu de garantir le preneur
« du trouble que des tiers apportent par voie de fait à sa
« jouissance, sans prétendre d'ailleurs aucun droit sur la
« chose louée, sauf au preneur à les poursuivre en son nom,
« et à demander même, s'il y a lieu, une diminution de
« prix, suivant ce qui est dit à l'article 70. »

1727   Art. 33. « Si ceux qui ont commis les voies de fait pré-
« tendent avoir quelque droit sur la chose louée, ou si le
« preneur est lui-même cité en justice pour se voir condam-
« ner au délaissement de la totalité ou de partie de cette
« chose, ou à souffrir l'exercice de quelque servitude, il doit
« appeler le bailleur à sa garantie, et doit être mis hors
« d'instance, s'il l'exige, en nommant le bailleur pour lequel
« il possède. »

SECTION III. — *Des Obligations du preneur.*

1728   Art. 34. « Le preneur est tenu de deux obligations prin-
« cipales :
« 1°. D'user de la chose louée en bon père de famille et
« suivant la destination qui lui a été donnée par le bail ;
« 2°. De payer le prix du bail aux termes convenus. »

1729   Art. 35. « Si le preneur emploie la chose louée à un autre
« usage que celui auquel elle a été destinée, ou dont il puisse
« résulter un dommage pour le bailleur, celui-ci peut, sui-
« vant les circonstances, obtenir la résiliation du bail.
« En cas de résiliation, le preneur est condamné à payer
« le prix du bail pendant le temps nécessaire à la relocation,

« et aux dommages et intérêts qui ont pu résulter de l'abus. »

Art. 36. « Le locataire qui ne garnit pas la maison de 1752 « meubles suffisans peut être expulsé, à moins qu'il ne donne « des sûretés capables de répondre du loyer. »

Art. 37. « Les réparations locatives ou de menu entretien 1754 « dont le preneur est tenu, s'il n'y a clause contraire, sont « celles qui deviennent nécessaires pendant la durée du bail,

« Aux âtres, contre-cœurs, chambranles et tablettes des « cheminées ;

« Au récrépiment du bas des murailles des appartemens, « à la hauteur d'un mètre ;

« Aux pavés et carreaux des chambres, lorsqu'il y en a « seulement quelques-uns de cassés, et que tout le pavé en « général n'est pas devenu mauvais par vétusté ;

« Aux vitres, excepté qu'elles ne soient cassées par la grêle « ou autres accidens extraordinaires et de force majeure, « dont le preneur ne peut être tenu ;

« Aux portes, croisées, planches de cloison ou de ferme- « ture des boutiques, gonds, targettes et serrures, sauf qu'il « en manque par vétusté ou mauvaise qualité, ou qu'ils aient « été cassés ou endommagés par une force majeure ;

« Et autres désignées *par l'usage des lieux.* »

Art. 38. « Le curement des puits et celui des fosses d'aisan- 1756 « ces sont à la charge du bailleur, s'il n'y a clause contraire. »

Art. 39. « Si le fermier d'un héritage rural ne le garnit 1766 « pas des bestiaux et des ustensiles nécessaires à son exploi- « tation, s'il abandonne la culture, s'il ne cultive pas en « bon ménager et père de famille, s'il emploie la chose « louée à un autre usage que celui auquel elle a été destinée, « ou, en général, s'il n'exécute pas les clauses du bail, et « qu'il en résulte un dommage pour le bailleur, celui-ci « peut, suivant les circonstances, obtenir la résiliation du « bail.

« En cas de résiliation, le fermier est condamné, ainsi « qu'il est dit du preneur à l'article 35 de ce titre. »

1730   Art. 40. « S'il a été fait un état des lieux entre le bailleur
       « et le preneur au commencement du bail, le preneur doit
       « rendre la chose telle qu'il l'a reçue, suivant cet état, ex-
       « cepté ce qui a péri ou a été dégradé par vétusté ou force
       « majeure. »

1731   Art. 41. « S'il n'a pas été fait d'état des lieux, le preneur
       « est présumé les avoir reçus en bon état, et doit les rendre
       « tels, sauf la preuve contraire. »

1732   Art. 42. « Le preneur est tenu des dégradations et des
       « pertes qui arrivent pendant sa jouissance, à moins qu'il ne
       « prouve qu'elles ont eu lieu sans sa faute. »

1735   Art. 43. « Il répond aussi des dégradations et des pertes
       « qui arrivent par le fait des personnes de sa maison ou des
       « sous–locataires qu'il y place. »

1733   Art. 44. « Il repond de l'incendie, à moins qu'il ne prouve
       « qu'il est arrivé par cas fortuit ou force majeure,
          « Ou par un vice de construction de la cheminée,
          « Ou qu'il a été communiqué par une maison voisine. »

1734   Art. 45. « S'il y a plusieurs locataires dans la maison,
       « tous sont solidairement responsables de l'incendie;
          « A moins qu'ils ne prouvent que l'incendie a commencé
       « dans l'habitation de l'un d'eux, auquel cas celui-là seul
       « en est tenu;
          « Ou que quelques-uns ne prouvent que l'incendie n'a pu
       « commencer chez eux, auquel cas ceux-là n'en sont pas
       « tenus. »

1768   Art. 46. « Le fermier d'un bien rural est tenu d'empêcher
       « les usurpations qui peuvent être commises sur les fonds, ou
       « d'en avertir le propriétaire, à peine d'en répondre. »

SECTION IV. — *De la Résolution du louage.*

1741   Art. 47. « Le contrat de louage se résout par la perte de
       « la chose louée et par le défaut respectif du bailleur et du
       « preneur de remplir leurs engagemens, ainsi qu'il est ex-
       « pliqué dans les sections précédentes. »

Art. 48. « Le contrat de louage n'est point résolu par la ¹⁷⁴²
« mort du bailleur ni par celle du preneur.

« Les héritiers sont respectivement tenus des mêmes
« obligations. »

Art. 49. « Le bailleur ne peut résoudre la location, encore ¹⁷⁶¹
« qu'il déclare vouloir occuper par lui-même la maison
« louée, s'il n'y a eu convention contraire. »

Art. 50. « Si le bailleur vend la chose louée, l'acquéreur ¹⁷⁴³
« ne peut expulser le fermier ou le locataire qui a un bail
« authentique ou dont la date est certaine, à moins que la
« réserve n'en ait été faite dans le contrat de bail. »

Art. 51. « S'il a été convenu dans le contrat de louage ¹⁷⁶²
« que le bailleur pourrait venir occuper la maison, il n'est
« tenu que de signifier un congé au temps d'avance usité
« dans le lieu. »

Art. 52. « S'il a été convenu lors du bail qu'en cas de ¹⁷⁴⁴
« vente l'acquéreur pourrait expulser le fermier ou locataire,
« et qu'il n'ait été fait aucune stipulation sur les dommages
« et intérêts, le bailleur est tenu d'indemniser le fermier ou
« le locataire de la manière suivante. »

Art. 53. « S'il s'agit d'une maison, appartement ou bou- ¹⁷⁴⁵
« tique, le bailleur paie, à titre de dommages et intérêts,
« au locataire évincé une somme égale au prix du loyer,
« pendant le temps qui, suivant l'usage des lieux, est ac-
« cordé entre le congé et la sortie. »

Art. 54. « S'il s'agit de biens ruraux, l'indemnité que le ¹⁷⁴⁶
« bailleur doit payer au fermier est du tiers du prix du bail
« pour tout le temps qui reste à courir. »

Art. 55. « L'indemnité se réglera par experts, s'il s'agit ¹⁷⁴⁷
« de manufactures, usines, ou autres établissemens qui
« exigent de grandes avances. »

Art. 56. « L'acquéreur qui veut user de la faculté réservée ¹⁷⁴⁸
« par le bail, d'expulser le fermier ou locataire en cas de
« vente, est en outre tenu d'avertir le locataire au temps
« d'avance usité dans le lieu pour les congés.

« Et il doit aussi avertir le fermier de biens ruraux au
« moins un an à l'avance. »

1749   Art. 57. « Le fermier ou le locataire ne peuvent être ex-
« pulsés qu'ils ne soient payés par le bailleur, ou à son dé-
« faut par le nouvel acquéreur, des dommages et intérêts ci-
« dessus expliqués et de toutes les autres reprises qu'ils
« peuvent avoir. »

1750   Art. 58. « Si le bail n'est pas fait par acte authentique, ou
« n'a point de date certaine, l'acquéreur n'est tenu d'aucuns
« dommages et intérêts. »

1751   Art. 59. « Dans le cas expliqué aux articles 49 et 50, l'ac-
« quéreur à pacte de rachat ne peut user de la faculté d'ex-
« pulser le preneur, jusqu'à ce que, par l'expiration du
« délai fixé pour le réméré, il devienne propriétaire in-
« commutable. »

SECTION V. — *Des Règles particulières à la ferme des biens*
ruraux.

1777   Art. 60. « Le fermier doit, la dernière année du bail,
« laisser à celui qui lui succède dans la culture la facilité et
« les logemens nécessaires pour les travaux de l'année sui-
« vante, selon l'usage des lieux.

« Et réciproquement, le fermier entrant doit procurer à
« celui qui sort la facilité et les logemens nécessaires pour la
« consommation des fourrages et pour les récoltes restant à
« faire. »

1778   Art. 61. « Il doit aussi laisser les pailles et engrais de l'an-
« née, s'il les a reçus lors de son entrée en jouissance ; et
« quand même il ne les aurait pas reçus, le propriétaire
« pourra les retenir suivant l'estimation. »

1767   Art. 62. « Tout fermier de bien rural est tenu d'engranger
« dans les lieux à ce destinés d'après le bail. »

que 1770   Art. 63. « Si le bail n'est pas d'une année, et que la perte
« soit ou totale, ou du moins de moitié des fruits, le fermier

« sera déchargé d'une partie proportionnelle du prix de la
« ferme.

« Il ne pourra point prétendre de remise si la perte est
« moindre de moitié. »

Art. 64. « Si le bail est pour plusieurs années, et qu'il   1769
« arrive dans quelqu'une de ces années des cas fortuits qui
« enlèvent ou la totalité ou du moins la moitié de la récolte,
« leur effet sera réglé d'après la distinction suivante. »

Art. 65. « Si le cas fortuit arrive après plusieurs années   Ib.
« écoulées du bail, on vérifie si le fermier est récompensé
« par les récoltes précédentes. »

Art. 66. « Si le cas fortuit arrive ou dans les premières   Ib.
« années ou vers la fin du bail, ou si, arrivant après plu-
« sieurs années écoulées, le fermier ne se trouve pas récom-
« pensé par les récoltes précédentes, on attend la fin du bail
« pour faire la compensation de toutes les années.

« Et cependant le juge peut provisoirement dispenser le
« fermier de payer une partie du prix correspondante à la
« perte qu'il a soufferte. »

Art. 67. « Le fermier ne peut obtenir de remise lorsque   1771
« la perte des fruits arrive après qu'ils sont séparés de la
« terre, à moins que le bail ne donne au propriétaire une
« quotité de la récolte, telle que la moitié ou le tiers en na-
« ture; auquel cas, le propriétaire doit supporter sa part de
« la perte, pourvu que le fermier ne fût pas en demeure de
« lui délivrer sa portion de récolte.

« Il ne peut également en demander lorsque la cause du
« dommage était existante et connue à l'époque où le bail a
« été passé. »

Art. 68. « Le fermier peut renoncer aux cas fortuits. »   1772

Art. 69. « Cette renonciation ne s'entend que des cas for-   1773
« tuits ordinaires, tels que grèle, feu du ciel, gelée ou
« coulure.

« Elle ne s'entend point des cas fortuits extraordinaires,
« tels que les ravages de la guerre ou une inondation, aux-

« quels le pays n'est pas ordinairement sujet ; à moins que
« le fermier n'ait renoncé à tous cas fortuits prévus ou im-
« prévus. »

1726   Art. 70. « Si le fermier a été empêché de jouir d'une
« partie du fonds, le propriétaire lui doit toujours un rabais
« proportionné sur le prix de ferme, pourvu que le trouble
« et l'empêchement lui aient été dénoncés.

« Cette dénonciation doit être faite dans le mois si le do-
« micile du propriétaire n'est pas éloigné de plus de 22 my-
« riamètres (50 lieues), et de deux mois s'il demeure au-
« delà. »

CHAPITRE II.

Du Bail à cheptel.

Dispositions générales.

1800   Art. 71. « Le bail à cheptel est un contrat par lequel l'une
« des parties donne à l'autre un fonds de bétail pour le gar-
« der, le nourrir et le soigner, sous les conditions convenues
« entre elles. »

1801   Art. 72. « Il y a trois espèces de cheptels :
« Le cheptel simple ou ordinaire,
« Le cheptel à moitié,
« Et celui donné au fermier ou au colon partiaire. »

1802   Art. 73. « On peut donner à cheptel toute espèce d'ani-
« maux susceptibles de croît ou de profit, pour l'agriculture
« ou le commerce. »

1803   Art. 74. « A défaut de conventions particulières, ces con-
« trats se règlent par les principes qui suivent : »

SECTION 1re.—Du Cheptel simple.

1804   Art. 75. « Le cheptel simple est un contrat par lequel l'un
« donne à l'autre des bestiaux à garder, nourrir et soigner,
« à condition que celui-ci profitera de la moitié du croît, et
« qu'il supportera aussi la moitié de la perte. »

1805   Art. 76. « Le cheptel est estimé dans le bail pour fixer la

« perte ou le profit qui pourra se trouver à son expiration ;

« Mais le bailleur ne demeure pas moins propriétaire du « cheptel. »

Art. 77. « Le preneur doit les soins d'un bon père de fa— 1806 « mille à la conservation du cheptel. »

Art. 78. « Il n'est tenu du cas fortuit que lorsqu'il a été 1807 « précédé de quelque faute de sa part, sans laquelle la perte « ne serait pas arrivée. »

Art. 79. « En cas de contestation, le preneur est tenu de 1808 « prouver le cas fortuit, et le bailleur est tenu de prouver la « faute qu'il impute au preneur. »

Art. 80. « Le preneur qui est déchargé par le cas fortuit est 1809 « toujours tenu de rendre compte des peaux des bêtes. »

Art. 81. « Si le cheptel périt en entier sans la faute du 1810 « preneur, la perte en est pour le bailleur ;

« S'il n'en périt qu'une partie, la perte est supportée en « commun. »

Art. 82. « On ne peut stipuler que le preneur supportera 1811 « la perte totale du cheptel, quoique arrivée par cas fortuit « et sans sa faute,

« Ou qu'il supportera, dans la perte, une part plus grande « que dans le profit,

« Ou que le bailleur prélèvera, à la fin du bail, quelque « chose de plus que le cheptel qu'il a fourni.

« Toute convention semblable est nulle.

« Le preneur profite seul des laitages, du fumier, et du « travail des animaux donnés à cheptel.

« La laine et le croît se partagent. »

Art. 83. « Le preneur ne peut disposer d'aucune bête du 1812 « troupeau sans le consentement du bailleur. »

Art. 84. « Lorsque le cheptel est donné au fermier d'au— 1813 « trui, il doit être notifié au propriétaire de qui ce fermier « tient ; sans quoi il peut le saisir et le faire vendre pour ce « que son fermier lui doit. »

1814   Art. 85. « Le preneur ne pourra tondre sans en prévenir
« le bailleur. »

1815   Art. 86. « S'il n'y a pas de temps fixé par la convention
« pour la durée du cheptel, il est censé fait pour trois ans. »

1816   Art. 87. « Le bailleur peut en demander plutôt la résolu-
« tion si le preneur ne remplit pas ses obligations. »

1817   Art. 88. « A la fin, ou lors de la résolution du bail, il se
« fait une nouvelle estimation du cheptel.

« Le bailleur peut prélever des bêtes de chaque espèce,
« jusqu'à concurrence de la première estimation. L'excédant
« se partage.

« S'il n'existe pas assez de bêtes pour remplir la première
« estimation, le bailleur prend ce qui reste, et les parties se
« font raison de la perte. »

SECTION II. — *Du Cheptel à moitié.*

1818   Art. 89. « Le cheptel à moitié est une société dans laquelle
« chacun des contractans fournit la moitié des bestiaux, qui
« demeurent communs pour le profit ou pour la perte. »

1819   Art. 90. « Le preneur profite seul, comme dans le cheptel
« simple, des laitages, du fumier et des travaux des bêtes.

« Toute convention contraire est nulle, à moins que le
« bailleur ne soit propriétaire de la métairie dont le preneur
« est fermier ou colon partiaire. »

1820   Art. 91. « Toutes les autres règles du cheptel simple s'ap-
« pliquent au cheptel à moitié. »

SECTION III. — *Du Cheptel donné par le propriétaire à son
fermier ou colon partiaire.*

§ Ier. *Du Cheptel donné au fermier.*

1822   Art. 92. « L'estimation du cheptel donné au fermier ne lui
« en transfère pas la propriété, mais néanmoins le met à ses
« risques. »

1823   Art. 93. « Tous les profits appartiennent au fermier pen-

« dant la durée de son bail, s'il n'y a convention contraire. »

Art. 94. « Dans les cheptels donnés au fermier et au colon 1824
« partiaire, le fumier n'est point dans les profits personnels
« des preneurs, mais appartient à la métairie, à l'exploita-
« tion de laquelle il doit être uniquement employé. »

Art. 95. « La perte même totale et par cas fortuit est aussi 1825
« en entier pour le fermier, s'il n'y a convention contraire. »

Art. 96. « A la fin du bail, le fermier ne peut retenir le 1826
« cheptel en en payant l'estimation originaire ; il doit en
« laisser un de valeur pareille à celui qu'il a reçu.

« S'il y a du déficit, il doit le payer ; et c'est seulement
« l'excédant qui lui appartient. »

§ II. *Du Cheptel donné au colon partiaire.*

Art. 97. « Si le cheptel périt en entier sans la faute du co- 1827
« lon, la perte est pour le bailleur, s'il n'y a stipulation con-
« traire. »

Art. 98. « On peut stipuler que le colon délaissera au bail- 1828
« leur sa part de la toison à un prix inférieur à la valeur
« ordinaire ;

« Que le bailleur aura une plus grande part du profit ;

« Qu'il aura la moitié des laitages.

« Mais on ne peut pas stipuler que le colon sera tenu de
« toute la perte. »

Art. 99. « Ce cheptel finit avec le bail à métairie. » 1819

Art. 100. « Il est d'ailleurs soumis à toutes les règles du 1830
« cheptel simple. »

CHAPITRE III.

Du Louage d'ouvrage et d'industrie.

Art. 101. « Ce louage a trois objets principaux : 1779
« 1°. Celui des gens de travail qui se louent au service de
« quelqu'un ;

« 2°. Celui des voituriers, tant par terre que par eau, qui

« se chargent du transport des personnes ou des marchan-
« dises ;

. « 3°. Les devis ou marchés d'ouvrages. »

SECTION 1ʳᵉ. — *Du Louage des domestiques et ouvriers.*

1781   Art. 102. « Le maître en est cru sur son affirmation,
« Pour la quotité des gages ,
« Pour le paiement du salaire de l'année échue ,
« Et pour les à-comptes donnés sur l'année courante. »

1780   Art. 103. « On ne peut engager ses services qu'à temps. »

ap. 1780   Art. 104. « Si l'individu qui a loué ses services n'exécute
« pas son engagement, il est condamné aux dommages et
« intérêts ; mais il ne peut jamais être contraint personnelle-
« ment à l'exécution. »

SECTION II. — *Des Voituriers par terre et par eau.*

1782   Art. 105. « Les voituriers par terre et par eau sont assu-
« jétis , pour la garde et la conservation des choses qui leur
« sont confiées , aux mêmes obligations que les aubergistes ,
« dont il est parlé au titre *du Dépôt.* »

1783   Art. 106. « Ils ne répondent pas seulement de ce qu'ils ont
« déjà reçu dans leur bâtiment ou voiture , mais encore de
« ce qui leur a été remis sur le port ou dans l'entrepôt pour
« être placé dans leur bâtiment ou voiture. »

1785   Art. 107. « Les entrepreneurs de voitures et roulages pu-
« blics doivent tenir registre de l'argent, des sacs et des pa-
« quets dont ils se chargent. »

1784   Art. 108. « Les voituriers sont responsables de la perte et
« des avaries des choses qui leur sont confiées, à moins qu'ils
« ne prouvent qu'elles ont été perdues et avariées par un cas
« fortuit. »

1786   Art. 109. « Les entrepreneurs et directeurs de voitures et
« roulages publics, les maîtres de barques et navires, sont
« en outre assujétis à des règlemens particuliers, qui font la
« loi entre eux et les autres citoyens. »

SECTION III. — *Des Devis et Marchés.*

Art. 110. « Lorsqu'on charge quelqu'un de faire un ou- 1787
« vrage, on peut convenir qu'il fournira seulement son tra-
« vail ou son industrie, ou bien qu'il fournira aussi la matière.

« Dans le premier cas, c'est un pur louage.

« Dans le second, c'est une vente d'une chose une fois
« faite. »

Art. 111. « Si, dans le cas où l'ouvrier fournit la matière, 1788
« la chose vient à périr, de quelque manière que ce soit,
« avant d'être livrée, la perte en est pour l'ouvrier, à moins
« que le maître ne fût en demeure de recevoir la chose. »

Art. 112. « Dans le cas où l'ouvrier fournit seulement son 1789
« travail ou son industrie, si la chose vient à périr, l'ouvrier
« n'est tenu que de sa faute. »

Art. 113. « Si, dans le cas de l'article précédent, la chose 1790
« vient à périr, quoique sans aucune faute de la part de l'ou-
« vrier, avant que l'ouvrage ait été reçu, et sans que le
« maître fût en demeure de le vérifier, l'ouvrier n'a point de
« salaire à réclamer, à moins que la chose n'ait péri par le
« vice de la matière. »

Art. 114. « S'il s'agit d'un ouvrage à plusieurs pièces ou à 1791
« la mesure, la vérification peut s'en faire par parties ; et elle
« est censée faite si le maître paie l'ouvrier à proportion de
« l'ouvrage fait. »

Art. 115. « Si l'édifice donné à prix fait périt en tout ou 1792
« en partie par le vice du sol, l'architecte en est responsable
« pendant le temps réglé au titre *des Prescriptions.* »

Art. 116. « Lorsqu'un architecte ou un entrepreneur s'est 1793
« chargé de la construction à forfait d'un bâtiment, d'après
« un plan arrêté et convenu avec le propriétaire du sol, il ne
« peut demander aucune augmentation de prix, ni sous le
« prétexte d'augmentation de la main d'œuvre ou des maté-
« riaux, ni sous celui de changemens ou d'augmentations
« faits sur ce plan, si ces changemens ou augmentations

« n'ont pas été autorisés par écrit, et le prix convenu avec le
« propriétaire. »

1794   Art. 117. « Le maître peut résilier, par sa seule volonté,
« le marché à forfait, quoique l'ouvrage soit déjà commencé,
« en dédommageant l'entrepreneur de toutes ses dépenses,
« de tous ses travaux, et de tout ce qu'il aurait pu gagner
« dans cette entreprise. »

1795   Art. 118. « Le contrat de louage d'ouvrage est dissous par
« la mort de l'ouvrier; à moins que le propriétaire ne con-
« sente d'accepter, pour la continuation de l'ouvrage, l'hé-
« ritier de l'entrepreneur, ou l'ouvrier que cet héritier lui
« présente. »

1796   Art. 119. « Dans le cas où le propriétaire ne donne pas ce
« consentement, il n'y a lieu à aucuns dommages et intérêts
« de part ni d'autre.

« Mais le propriétaire est tenu de payer au prix porté par
« la convention, à la succession de l'entrepreneur, la valeur
« des ouvrages faits et celle des matériaux préparés, lors
« seulement que ces travaux ou ces matériaux peuvent lui
« être utiles. »

ap. 1796   Art. 120. « Si l'ouvrier ne fait pas l'ouvrage convenu, ou
« s'il ne le fait pas tel et dans le temps qu'il l'a promis, il est
« tenu de tous les dommages et intérêts qui peuvent résulter
« de l'inexécution de son obligation. »

1797   Art. 121. « L'entrepreneur répond du fait des personnes
« qu'il emploie. »

1798   Art. 122. « Les maçons, charpentiers et autres ouvriers
« qui ont été employés à la construction d'un bâtiment ou
« d'autres ouvrages faits à l'entreprise, n'ont d'action contre
« le propriétaire pour lequel les ouvrages ont été faits, que
« jusqu'à concurrence de ce dont il peut se trouver débiteur
« envers l'entrepreneur, au moment où leur action est in-
« tentée. »

1799   Art. 123. « Les maçons, charpentiers, serruriers et autres
« ouvriers qui font directement des marchés à prix fait sont

« astreints aux règles prescrites dans la présente section : ils
« sont entrepreneurs dans la partie qu'ils traitent. »

M. Galli fait lecture des *Dispositions générales.*
Les articles 1, 2 et 3 sont adoptés.   1709 à 1710

L'article 4 est discuté.   1711
M. Regnaud (de Saint-Jean-d'Angely) observe que le
devis, *marché* ou *prix fait*, est une convention qui passe les
bornes du louage, lorsqu'elle comprend, indépendamment
de la main-d'œuvre, la fourniture de matériaux.

Il demande que l'article soit rédigé dans le sens de cette
distinction. Il ajoute que, pour l'ordre des matières, la facilité de la discussion en ce moment, et la commodité des
recherches après l'émission de la loi, il faudrait distinguer *le
simple louage d'ouvrages* d'avec les entreprises *sur devis* et à
forfait.

M. Tronchet demande que le mot *gage* soit ajouté au mot
louage de travail, cette dernière expression ne présentant pas
l'idée qu'on attache au mot *gage.*
L'article est adopté avec ces deux amendemens.

L'article 5 est adopté.   1712

M. Galli fait lecture du chapitre Ier, *du Louage des choses.*
L'article 6 est adopté.   1713

La section Ire, *de la Forme et de la Durée des baux*, est
soumise à la discussion.
Les articles 7 et 8 sont adoptés.   1714-1715

L'article 9 est discuté.   1716
Le Consul Cambacérès pense que cet article est trop absolu. Il conviendrait de laisser le juge, suivant les circonstances, déférer le serment, ordonner l'expertise ou arbitrer
par lui-même.
L'article est adopté avec cet amendement.

1717   L'article 10 est discuté.

M. PELET dit que la faculté donnée au preneur de sous-louer et de céder même son bail sans l'aveu du propriétaire se concilie difficilement avec l'intérêt de la propriété et avec le respect qui lui est dú.

M. BIGOT-PRÉAMENEU observe que ce droit ne serait accordé qu'au locataire d'une maison, et non au fermier d'un bien rural.

M. LACUÉE dit que, même restreint dans ces limites, ce droit aurait encore de grands inconvéniens, car il serait possible qu'un locataire en abusât pour placer dans la maison qu'il occupe des individus qui exercent une profession infâme, incommode ou dangereuse.

LE CONSUL CAMBACÉRÈS dit que, dans l'exactitude des principes, le locataire a le droit de jouir des lieux dans toute la latitude qui appartient au propriétaire lui-même, à moins qu'une clause particulière ne limite ce droit. Il est seulement responsable de l'usage qu'il en fait.

Au surplus, une disposition qui restreindrait ce droit serait facilement éludée. On l'invoquerait inutilement : le locataire répondrait qu'il n'y a pas contrevenu ; qu'il ne sous-loue pas son appartement, qu'il le prête : si elle peut avoir quelque avantage, le propriétaire aura soin de se le ménager, ainsi que le projet le lui permet, par une stipulation particulière.

M. BIGOT-PRÉAMENEU dit que l'article 35 pourvoit à l'inconvénient que craint M. *Pelet :* cet article autorise le propriétaire à faire résilier le bail, si le preneur emploie la chose louée à un autre usage que celui auquel elle a été destinée, ou dont il puisse résulter du dommage pour le bailleur.

M. LACUÉE convient qu'en effet l'article 35 suffit pour prévenir l'abus qu'on pourrait faire de l'article 10.

L'article est adopté.

ap. 1717
art. 1718-
1763-1764. Les articles 11, 12 et 13 sont adoptés.

ap. 1718-
1736

L'article 14 est discuté.

M. Bigot-Préameneu observe qu'il est des lieux où l'usage rend les locations annuelles ; qu'ainsi, en manifestant l'intention de respecter en général les usages, on abolirait néanmoins celui dont il s'agit, si l'on établissait généralement que la location d'une boutique ou d'un corps-de-logis entier, lorsqu'il n'y a pas de bail écrit, est de six mois.

M. Regnaud (de Saint-Jean-d'Angely) dit que, dans tous les cas, il ne suffirait pas de borner aux corps-de-logis entiers le délai de six mois, parce que dans les grandes villes, et singulièrement à Paris, on loue peu de corps-de-logis, mais on loue ordinairement un étage entier, dont le prix est bien plus considérable que celui d'un corps-de-logis dans une petite ville.

M. Fourcroy dit qu'il ne voit aucune difficulté à s'en référer indéfiniment aux usages des lieux.

M. Galli pense que, pour les maintenir, il suffit d'ajouter à l'article : *sauf les usages contraires.*

M. Regnaud (de Saint-Jean-d'Angely) répond que cette rédaction aurait l'inconvénient de subordonner la loi à l'usage. C'est la diversité et l'incertitude de ces usages qui causent des contestations auxquelles une disposition précise de la loi mettrait fin.

M. Bigot-Préameneu propose de s'en rapporter à l'usage dans les cas des deux derniers alinéas de l'article, et de retrancher toute énonciation de termes.

Le Consul Cambacérès voudrait que, dans toutes ses dispositions, l'article fût moins restrictif ; qu'il laissât aux juges la faculté de déférer aux usages des lieux et aux circonstances. Le délai, en effet, ne doit pas être le même lorsqu'il s'agit du déplacement d'une manufacture, d'un grand établissement, d'une famille considérable, d'un homme public, tel qu'un notaire, que lorsqu'il ne s'agit que du déménagement d'un célibataire ou d'une personne sans état et sans suite ; lorsqu'on occupe une habitation importante dans une grande ville, que lorsqu'on ne tient à loyer qu'une chaumière dans une campagne.

M. TRONCHET dit que l'usage des lieux a toujours réglé les termes sur l'étendue et le prix de l'habitation.

LE CONSEIL adopte en principe que sur les termes on s'en référera aux usages des lieux.

1757   L'article 15 est discuté.

M. TRONCHET dit qu'on doit appliquer à cet article le principe adopté pour l'article précédent, afin que les deux dispositions se trouvent en harmonie.

L'article est adopté avec cet amendement.

1758   L'article 16 est discuté.

LE CONSUL CAMBACÉRÈS dit que cet article doit être également réduit au principe adopté pour les articles précédens.

M. BERLIER dit qu'il y a quelque différence en ce que l'article se rapporte à un cas précis et particulier sur lequel il existe une convention qu'il s'agit de fixer.

M. TRONCHET observe que cette raison ne s'applique point au dernier alinéa, et qu'en conséquence il convient de renvoyer aux usages sur le cas prévu dans cette partie de l'article.

M. LACUÉE pense que cet amendement est d'autant plus nécessaire que la dernière disposition de l'article change l'usage subsistant de considérer les appartemens garnis comme loués pour un terme de quinze jours : la disposition ferait durer cette location pendant un mois.

M. BERLIER observe qu'il est sans inconvénient de retrancher la dernière partie de cet article, mais qu'il ne faut point que la suppression porte sur la règle posée dans la première partie.

En effet, si un appartement est loué à tant par an, par mois ou par jour, le bail a pour limites naturelles celles indiquées par le prix; ainsi il convient de dire qu'en ce cas le bail est censé fait ou pour un an, ou pour un mois, ou pour un jour.

Il ne faut point pour cela renvoyer aux usages, car il ne s'agit là que d'expliquer les effets d'une convention.

M. Lacuée objecte que cette suppression nuirait au locateur, parce que, ne sachant pas précisément le jour où il pourra disposer de son appartement, il serait dans l'impossibilité de le louer à une autre personne pour une époque déterminée.

M. Tronchet dit que l'article embrasse deux cas, celui où les parties ont déterminé le temps de la location en la fixant à l'année, au mois ou au jour, et celui où le temps n'a pas été déterminé : c'est ce dernier cas qu'il faut abandonner aux usages.

L'article est adopté avec cet amendement.

L'article 17 est discuté.

M. Defermon dit que lorsque la convention ne donne au preneur qu'une seule coupe, ce n'est point un bail, c'est une vente, car si la totalité de l'exploitation se divise, par exemple, en neuf coupes, il ne peut y avoir de bail que lorsque le contrat les comprend toutes également.

M. Galli dit que le tribunal d'appel de Rennes a déjà fait cette observation ; il a demandé que la dernière partie de l'article fût réformée et convertie dans la disposition suivante :

« Le bail d'un bois taillis, lorsqu'il se partage en plusieurs « coupes, est censé fait pour l'exploitation successive de « toutes les coupes. »

Cette opinion n'a pas été adoptée par la section de législation.

M. Defermon dit que, dans la ci-devant Bretagne, il se trouve presque toujours des taillis parmi les terres affermées ; qu'on en laisse la jouissance au fermier pour les coupes aux époques convenables et sans anticipation, et qu'ils font partie de la totalité du bail. Ces usages se trouveraient détruits par l'article.

1774

M. Tronchet pense que ce motif, et les autres considérations qui ont été proposées, doivent décider à ne se point expliquer sur les baux des bois.

L'article est adopté avec la suppression du dernier alinéa.

1757-1775   Les articles 18 et 19 sont adoptés.

1755   L'article 20 est discuté.

M. Tronchet dit que cet article est en contradiction avec l'article 18. Le premier de ces articles veut que le bail cesse de plein droit à l'expiration du terme fixé; et le second, qu'il y ait tacite réconduction, si le preneur reste ou est laissé en possession.

L'Assemblée constituante avait supprimé la tacite réconduction. Cette abrogation était juste, car il arrive souvent qu'un fermier qui exploite un domaine éloigné se maintient en possession à l'aide de quelques labours qu'il se hâte de faire, et trompe ainsi l'attente du propriétaire, qui, dans la persuasion que la convention serait exécutée telle qu'elle a été faite, pense que le fermier sortant a quitté la ferme à l'expiration du bail, et dans cette idée loue à un autre fermier.

M. Treilhard dit que l'article 20 n'est pas en contradiction avec l'article 18. Il suppose, en effet, non seulement que le fermier est resté en possession, mais encore que le propriétaire l'y a laissé. Il est certain que si au vu et su de ce propriétaire, et non d'une manière furtive, le preneur a continué d'exploiter, il s'est formé entre eux une convention nouvelle qui fait durer la location pendant un temps quelconque. Mais ce contrat est bien différent de la tacite réconduction, laquelle s'opérait par le seul fait du preneur.

M. Tronchet dit que la tacite réconduction n'avait point d'autre principe que celui qu'on vient d'alléguer ; elle supposait aussi de la part des deux parties l'intention de continuer la location.

Au surplus, cette expression, *laissé en possession*, donnera lieu, dans l'application, à une foule de procès.

Il arrivera ordinairement qu'un propriétaire qui aura fait un bail nouveau s'en reposera sur le fermier entrant du soin de déposséder le fermier sortant, et que personnellement il ne s'en occupera plus. Cependant le nouveau fermier différera de se mettre en possession au moment même où le bail précédent expirera : le fermier sortant argumentera de ce retard contre le propriétaire, et celui-ci se trouvera lié des deux côtés.

Le Consul Cambacérès dit qu'il admet la disposition d'après laquelle le fermier sortant demeure suffisamment interpellé par le seul effet de l'expiration du bail. Cependant il faut voir le cas où les parties ne s'étant point expliquées, et étant domiciliées à une grande distance l'une de l'autre, le fermier a espéré que le bail lui serait continué, et a fait en conséquence les semences et labours. Le Consul pense que cette expression, *laissé en possession*, prévient toutes les difficultés qui peuvent s'élever dans cette hypothèse.

M. Treilhard observe qu'il y a si peu tacite réconduction, que ce n'est pas même l'ancien bail qui continue, car on se réfère sur la durée de la jouissance du fermier aux articles qui règlent le temps des locations faites sans écrit.

M. Bigot-Préameneu croit que l'article n'aura pas de grands inconvéniens. Toujours le fermier entrant commence les nouveaux labours, et s'emménage avant l'expiration du bail précédent. Ainsi la volonté du propriétaire se trouve expliquée par la communication nécessaire qui s'établit entre les deux fermiers. Mais si le propriétaire ne s'est expliqué ni directement, ni indirectement, et que, dans ce silence, l'ancien fermier ait continué d'exploiter, il est juste qu'il continue.

M. Regnaud (de Saint-Jean-d'Angely) dit que le système est de supposer que le bailleur a suffisamment manifesté l'intention de continuer au fermier son exploitation, en le laissant pendant un temps en jouissance ; mais que, comme la loi ne peut précisément déterminer ni la durée de ce temps, ni les circonstances qui prouvent cette intention, elle fait tout ce qui est en son pouvoir en posant le principe, et elle en renvoie l'application à l'arbitrage du juge.

M. TRONCHET dit qu'un des grands inconvéniens de la tacite réconduction est qu'elle n'est invoquée contre le propriétaire que lorsqu'il y a un bail nouveau ; car le propriétaire, dont l'intérêt n'est pas de laisser ses terres sans culture, ne se met pas en devoir d'expulser l'ancien fermier lorsqu'il n'en a pas un autre à lui substituer.

La tacite réconduction tourne donc toujours contre le propriétaire, et toujours aussi elle sert la mauvaise foi du fermier : si celui-ci prétend qu'on a eu intention de lui laisser son exploitation, il faut le réduire à n'en justifier qu'en rapportant un nouveau bail.

M. TREILHARD dit qu'il est impossible que le preneur reste en jouissance sans que le bailleur y ait consenti. On n'attend pas en effet la fin d'un bail pour préparer la récolte nouvelle ; ainsi le fait du propriétaire a dû avertir le fermier de son intention ; si elle n'a pas été manifestée au fermier ni de cette manière, ni d'aucune autre, qu'a-t-il pu faire de mieux pour l'intérêt de tous, que de ne pas laisser les terres sans culture et de continuer son exploitation ? Dans ce cas, il est juste qu'il jouisse comme celui qui n'a point de bail par écrit, et il serait injuste de l'expulser après qu'il a pourvu aux intérêts du propriétaire.

M. DEFERMON dit que, dans ce système, la condition des deux parties n'est pas égale, car le propriétaire se trouve lié et le fermier ne l'est pas ; il lui serait facile, d'ailleurs, pourvu qu'il eût l'adresse de se maintenir pendant un court laps de temps, de se donner à lui-même une location nouvelle, quoique contre l'intention du propriétaire.

Il est des pays où les fermiers sortant ensemencent et même récoltent après leur sortie. Là nécessairement ils res-

tent encore quelque temps après l'expiration du bail ; le nouveau fermier exploite même à côté d'eux : il ne résulte donc
pas nécessairement de semblables circonstances que le propriétaire ait eu intention de laisser l'exploitation à l'ancien
fermier. Cette intention ne sera jamais exactement justifiée
que par une autorisation écrite.

M. Berlier dit que, si, après avoir été laissé en possession,
le fermier acquiert le droit d'achever l'exploitation commencée, le propriétaire a de même action contre le fermier
soit pour l'y contraindre, soit pour se faire payer, et qu'il
n'aperçoit rien qui puisse motiver l'objection déduite du
défaut de réciprocité ;

Qu'à l'égard des actes de possession tolérés par le propriétaire et propres à caractériser la tacite réconduction, il
est bien entendu que ce sont ceux qui s'appliquent non à
l'exploitation passée, mais à l'exploitation future, et qu'il
ne peut y avoir à ce sujet d'équivoque.

Que des actes furtifs et précipités, précédés ou suivis de
la contradiction immédiate du propriétaire, ne sauraient
non plus fonder la tacite réconduction ; mais que l'article
n'autorise point à faire cette objection, puisqu'il dispose
formellement et uniquement pour le cas où le propriétaire *a
laissé le fermier en possession.*

Cette possession, continue M. *Berlier*, est un fait ; or, en
faisant abstraction du premier bail, on ne peut se dispenser
d'apercevoir dans les nouveaux actes possessoires au moins
un bail sans écrit ; et l'article en discussion ne pouvait faire
moins que d'assimiler, comme il le fait, l'ancien fermier à
celui qui jouit sans bail écrit.

L'opinant observe d'ailleurs qu'il serait contre toutes les
règles de l'équité qu'après avoir laissé commencer une nouvelle exploitation le propriétaire pût ensuite, et avant son
achèvement, expulser le fermier ; car il est résulté des actes
du fermier et de la tolérance du propriétaire un contrat *per
factum,* qui doit sans doute être resserré dans d'étroites li-

16.

mites, mais qui cependant mérite quelque considération.

M. Ségur dit qu'il serait nécessaire de fixer du moins un délai avant l'expiration duquel le fermier ne fût pas réputé être resté en possession.

Le Consul Cambacérès dit que ces mots, *laissé en possession*, pourront sans doute donner lieu à quelques procès; mais qu'il ne faut point s'arrêter à cet inconvénient, puisque les procès comme les guerres seront toujours inévitables entre les hommes; le législateur ne doit point, dans la vue de les prévenir, consacrer une injustice : c'en serait une cependant que d'expulser tout-à-coup le fermier qui a ensemencé sans rencontrer d'opposition les terres dont le bail est expiré.

M. Bigot-Préameneu pense que, sans poser de règles précises soit à l'effet d'expulser le fermier, soit à l'effet de le laisser en jouissance, il convient d'abandonner ces cas à la sagesse des juges.

M. Portalis dit que l'article, tel qu'il est proposé, remplit ces vues, puisque ce seront les juges qui décideront dans quelles circonstances le propriétaire sera réputé avoir laissé le fermier en possession; mais que du moins il leur donne une règle, et n'abandonne pas les parties à un arbitraire absolu.

M. Jollivet dit qu'il a eu récemment occasion de vérifier quelle est la jurisprudence sur ces sortes de questions. Un fermier, qu'il n'avait pas expressément expulsé, a persisté à vouloir labourer après l'expiration du bail, et a empêché le nouveau fermier d'entrer en jouissance. Les tribunaux, en dépossédant le fermier ancien, ont ordonné que le nouveau lui rembourserait ses labours et semences.

M. Treilhard dit que cette décision est dans l'esprit de l'article 20.

Le Consul Cambacérès dit qu'il est difficile de rejeter la tacite réconduction dans une loi où l'on admet des baux non écrits. Comment ne pas reconnaître qu'un bail semblable s'est formé lorsque toutes choses demeurent dans le même état entre le bailleur et le preneur ? Sans doute ce raisonnement ne serait pas exact si l'on proposait de donner, comme autrefois, trois ans de durée au bail nouveau; mais il faut prendre garde qu'on le réduit au terme d'un bail non écrit.

M. Ségur dit qu'il reste cependant cette différence qu'en formant un bail même non écrit les parties ont du moins stipulé verbalement; mais celui qui a fait un bail écrit a dû compter qu'à l'expiration de ce bail la possession du preneur cessait, et ne pouvait se renouveler sans son consentement, soit verbal, soit écrit. Si l'on veut que son silence serve de droit nouveau au preneur, il faut que ce silence ait duré assez pour faire présumer qu'il a eu l'intention de laisser la possession au fermier.

M. Jollivet propose de rédiger ainsi : « Si, à l'expiration « des baux écrits, le preneur reste et est laissé en possession « pendant le temps nécessaire pour faire présumer qu'il y a « tacite réconduction, il s'opère un nouveau bail, etc. »

Cette rédaction est adoptée.

Les articles 21, 22, 23 et 24 sont adoptés. 1774-1739. 1759-1740

La section II, *des Obligations du bailleur*, est soumise à la discussion.

Les articles 25, 26, 27, 28, 29, 30 et 31 sont adoptés. 1719à1724 et 1765

L'article 32 est discuté. 1725

M. Lacuée dit qu'il est contradictoire de décharger le bailleur de toute garantie du trouble apporté par des voies de fait à la jouissance du preneur, et d'autoriser cependant celui-ci à réclamer une diminution de prix.

M. Regnaud (de Saint-Jean-d'Angely) dit que le renvoi à l'article 70 contredit également le principe de l'article; car le bailleur deviendrait responsable des vols et des coupes faites furtivement par des tiers sur les terres données à ferme.

M. Tronchet dit qu'il n'est dû de diminution sur le prix

que lorsqu'une partie de la récolte a été détruite par des événemens de force majeure, tels que ceux de la guerre.

L'article est adopté avec le retranchement de la dernière partie, depuis ces mots : *et à demander même*.

1727 L'article 33 est adopté.

M. Regnaud (de Saint-Jean–d'Angely) fait de nouveau une observation générale sur le classement des articles ; il pense qu'ils ne sont pas placés dans leur ordre naturel. On aurait pu, suivant le plan adopté par *Pothier*, réunir sous une même division les dispositions relatives au louage des maisons et des biens ruraux, et sous une autre celles qui concernent le louage des animaux et des meubles.

M. Tronchet dit qu'on a réuni ici les règles communes à tous les louages, et rejeté dans une section particulière les règles propres au louage des biens ruraux.

M. Regnaud (de Saint-Jean–d'Angely) dit que les règles qui composent le chapitre Ier reçoivent des développemens bien différens, suivant l'espèce de louage auquel on les applique. Par exemple, l'article 26 n'aura pas les mêmes résultats lorsqu'il s'agira d'une maison que le bailleur aura livrée sans portes ni fenêtres, que lorsqu'il s'agira d'un cheval qu'il aura donné sans être ferré.

L'observation de M. *Regnaud* (de Saint–Jean–d'Angely) est renvoyée à la section.

La section III, *des Obligations du preneur*, est soumise à la discussion.

1728-1729 Les articles 34 et 35 sont adoptés.

1752 L'article 36 est discuté.

M. Regnaud (de Saint–Jean–d'Angely) demande si les meubles des sous–locataires répondent du loyer dû par le locataire principal.

Cette question se présente très-fréquemment ; il importe donc de la décider.

M. TRONCHET dit que la question appartient à la matière des priviléges ; que cependant, si l'on veut la traiter dès à présent, il observera que, dans l'usage, les meubles des sous-locataires répondent du loyer au propriétaire tant qu'ils ne l'ont pas payé au locataire principal.

M. REGNAUD (de Saint-Jean-d'Angely) dit que, s'ils n'en répondent pas indéfiniment, le propriétaire se trouve exposé à perdre. En effet, s'il réclame l'exécution de la disposition qui oblige à garnir la maison de meubles suffisans pour lui donner ses sûretés, le principal locataire lui objectera qu'elle est garnie par les meubles des sous-locataires ; s'il demande à faire valoir son privilége sur les meubles des sous-locataires, ils lui diront qu'ils ont payé le locataire principal. Il serait donc utile d'établir une règle claire sur un cas qui se reproduit fréquemment dans les grandes villes.

M. TREILHARD dit qu'en général le preneur loue pour jouir, ou par lui-même, ou par les autres, à moins qu'il n'ait renoncé à la faculté de sous-louer ; ainsi, les meubles qui garnissent la maison doivent répondre du loyer comme s'ils appartenaient tous au locataire principal, mais seulement jusqu'à concurrence de ce que chacun occupe.

M. REGNAUD (de Saint-Jean-d'Angely) observe que la règle de M. *Treilhard* est plus absolue que celle de M. *Tronchet*, qui décharge les meubles des sous-locataires de la responsabilité lorsque le locataire principal est payé ; d'où il résulte qu'ils ne fourniraient aucune sûreté au propriétaire.

On pourrait distinguer : adopter la règle de M. *Tronchet* pour le cas où le locataire a sous-loué, malgré la renonciation qu'il a faite à ce droit, et celle de M. *Treilhard* pour le cas contraire.

M. BERLIER dit que cette distinction ne peut atteindre les sous-locataires sans aggraver leur condition : dans tous les cas, leurs meubles doivent être assujétis au privilége du propriétaire jusqu'à concurrence de ce qu'ils doivent sur le prix de leurs locations particulières ; mais ils ne peuvent être tenus au-delà, lors même que le locataire principal n'eût pas eu la faculté de leur sous-louer ; car tout ce qui résultait de cette clause vis-à-vis des tiers, c'est que le propriétaire pouvait empêcher qu'ils n'occupassent : s'il ne l'a point fait, leurs obligations envers lui n'excèdent pas celles de tous les autres sous-locataires.

M. TREILHARD croit la difficulté plus spécieuse que réelle. Le doute ne peut subsister que pour un seul terme ; car on n'en laisse pas ordinairement accumuler plusieurs. Il est donc facile au sous-locataire de s'assurer, avant de payer le locataire principal, si le propriétaire est payé.

La question est renvoyée à la section.

1754   L'article 37 est discuté.

M. MIOT dit que l'énumération contenue dans cet article ne comprend pas tous les cas ; que cependant elle ne peut être incomplète sans qu'on en infère que l'intention de la loi est de ne pas avoir égard aux cas qui ne seraient pas énoncés. Il serait donc préférable de s'en rapporter sur tous aux usages.

M. GALLI répond que c'est aussi pour suppléer à l'insuffisance de l'énumération que, par la disposition qui termine l'article, on a conservé aux usages toute leur force.

M. REGNAUD (de Saint-Jean-d'Angely) dit que cette précaution suffit ; mais qu'il est nécessaire de fixer positivement le droit sur plusieurs des points sur lesquels l'article s'explique.

M. TRONCHET ajoute que souvent l'humeur ou la mauvaise foi des parties oblige à recourir à des experts ; qu'ainsi il est utile de diminuer les doutes en fixant l'opinion sur les cas les plus ordinaires.

M. BIGOT-PRÉAMENEU propose de placer à la tête de l'article, et avant l'énumération, la disposition qui maintient les usages.

M. REGNAUD (de Saint-Jean-d'Angely) demande que l'obligation de faire le récrépiment du bas des murailles soit étendue à tous les lieux clos, tels que les écuries et autres.

L'article est adopté avec les amendemens de MM. *Bigot-Préameneu* et *Regnaud* (de Saint-Jean-d'Angely).

M. REGNAUD (de Saint-Jean d'Angely) propose de charger le locataire de la réparation des parquets et planchers en bois, s'ils viennent à être brisés.

M. TREILHARD dit que ce n'est pas là une réparation locative : si une feuille du parquet ou une partie du plancher est brisée par la faute du locataire, il doit en indemniser le propriétaire, non parce que les réparations d'un parquet sont une charge de la location en général, mais parce qu'il a détérioré la chose d'autrui.

M. REGNAUD (de Saint-Jean-d'Angely) observe que le projet met à la charge du locataire généralement toutes les détériorations qui ne proviennent pas de vétusté, telles que les carreaux de terre ou pavés brisés; et il y a une ressemblance parfaite entre cette dégradation et le bris d'une feuille de parquet ou d'une des planches qu'on emploie au lieu de parquet dans un grand nombre de départemens.

L'observation est renvoyée à la section.

Les articles 38, 39 et 40 sont adoptés. 1756-1766-1730

L'article 41 est discuté. 1731

M. DEFERMON propose de n'obliger le locataire à rendre les lieux en bon état que des réparations locatives seulement.

M. TREILHARD répond que c'est là le sens de l'article.

L'article est adopté.

Les articles 42 et 43 sont adoptés. 1732-1733

L'article 44 est discuté. 1733

M. DEFERMON dit que cet article et l'article 42 imposent au preneur une obligation à laquelle il lui sera difficile de satisfaire. Comment pourra-t-il prouver que l'événement est arrivé sans sa faute? Comment justifiera-t-il, par exemple, de l'accident qui aura fait périr quelque partie d'un troupeau qu'il tient à cheptel?

M. Tronchet répond que des preuves de cette nature se tirent des circonstances.

Au surplus, on ne pose ici que la règle générale.

Ailleurs on trouve les règles particulières au louage des animaux, des fonds ruraux, etc.

L'article est adopté avec le retranchement des mots *de la cheminée*.

1734   L'article 45 est discuté.

M. Lacuée trouve la disposition de cet article trop dure.

M. Treilhard dit qu'on ne peut la retrancher sans priver le propriétaire de son recours.

L'article est adopté.

1768   L'article 46 est adopté.

La section IV, *de la Résolution du louage*, est soumise à la discussion.

M. Regnaud (de Saint-Jean-d'Angely) demande que la rubrique soit changée, et que, pour ne pas envelopper dans cette section le louage de la main-d'œuvre auquel ses dispositions ne peuvent se rapporter, on dise *de la Résolution du bail à loyer ou à ferme*.

M. Tronchet dit que les dispositions de cette section conviennent également à toute espèce de louage.

La rubrique est maintenue.

1741   L'article 47 est adopté.

1742   L'article 48 est discuté.

M. Defermon propose d'ajouter à l'article *s'il n'y a convention contraire*.

M. Treilhard dit que cette clause est de droit, qu'elle dérive des principes généraux sur les conventions.

M. Defermon observe que cependant on a cru devoir l'ajouter à l'article suivant.

M. Berlier répond que c'est parce que l'article 49 change le droit existant, et que par cette raison il a fallu donner plus de développement à une disposition qui établit un droit dont les effets ne sont pas encore déterminés par la jurisprudence.

L'article est adopté.

L'article 49 est adopté.

L'article 50 est discuté.

M. Defermon demande pourquoi on n'attacherait pas au bail sous seing privé l'effet que l'article donne au bail authentique.

M. Treilhard répond que c'est parce que ce serait faciliter la fraude ; qu'au surplus le bail sous seing privé conserve toute sa force entre le bailleur et le preneur.

Le Consul Cambacérès dit qu'il y a sans doute de très-fortes raisons pour abolir la loi *Æde*, mais qu'on ne peut se dissimuler que ce changement dans le droit existant nuira à la valeur des maisons.

M. Tronchet répond que la loi *Æde* n'était fondée sur aucune raison solide ; que la loi *Emptorem* avait un motif, mais qui n'était après tout qu'une subtilité : l'acquéreur, disait-on, n'étant que successeur à titre singulier, ne doit pas, comme le successeur à titre universel, ètre tenu des engagemens personnels de son auteur.

Depuis l'Assemblée constituante, ces deux lois ont été abandonnées, on a pensé cependant que, pour prévenir les difficultés et les procès, il convenait de les abroger formellement, en laissant néanmoins la faculté de s'y soumettre par une stipulation particulière.

Le Consul Cambacérès dit qu'il se rend à ces raisons ; son observation ne porte que sur l'effet que produira le changement de jurisprudence. Il en résultera certainement une diminution dans la valeur des maisons. La précaution que prendra le propriétaire de faire renoncer le preneur au droit commun persuadera ce dernier que le bailleur se propose de vendre prochainement sa maison, et, par une suite de cette idée, le loyer sera fixé plus bas. Si les parties n'ont pas dérogé au droit commun, et que la maison soit vendue, l'acheteur qui se trouvera gêné dans sa jouissance par la nécessité de respecter le bail existant ne voudra acheter qu'à un prix moins élevé.

M. Berlier dit que le bail authentique doit être maintenu, parce que son sort ne peut ni ne doit dépendre d'un acte postérieur ; tant pis pour le bailleur, si, voulant vendre ensuite, il trouve un moindre prix. La raison ne veut pas que le contrat qu'il a souscrit devienne résoluble par son seul fait. Au surplus, M. *Tronchet* a fort justement observé que la loi *Emptorem* ne reposait que sur l'une de ces subtilités que l'on trouve trop souvent dans le droit romain ; elle n'est pas plus favorable que la loi *Æde ;* et si celle-ci a été rejetée sans opposition, l'autre ne mérite pas un meilleur sort.

M. Treilhard dit que la différence de valeur sera toujours légère ; les baux n'étant ordinairement que de trois, six ou neuf ans, l'acheteur ne sera pas privé long-temps de la libre disposition de la chose.

M. Tronchet dit que d'ailleurs la disposition ne change réellement rien à ce qui existe. Actuellement un bail existant cause toujours quelque perte au propriétaire ; car, s'il en charge l'acquéreur, il vend moins ; s'il ne l'en charge pas, il prend sur lui l'obligation d'indemniser le locataire.

M. Bigot-Préameneu dit que le droit nouveau diminuera un peu la valeur des biens, attendu qu'il écarte la concurrence de tous ceux qui n'achètent que pour occuper à l'instant par eux-mêmes ; mais que néanmoins il n'est point d'avis d'abroger les lois *Emptorem* et *Æde*, qui ne peuvent se concilier avec l'équité et avec la foi due aux contrats.

M. Jollivet, en approuvant la disposition, demande qu'on y fasse exception pour le cas de la vente judiciaire, parce que la condition des créanciers hypothécaires serait moins avan-

tageuse si la valeur de la chose engagée venait à décroître,
et qu'elle ne doit pas changer par le fait du débiteur.

M. TREILHARD répond que l'hypothèque ne peut diminuer
le droit que la propriété donne au débiteur de jouir de sa
chose, ni le constituer en quelque sorte dans un état d'interdiction.

L'article est adopté.

L'article 51 est discuté. 1762

M. DEFERMON dit que cette expression, *n'est tenu que de
signifier un congé*, semble supposer que le bailleur n'est soumis à aucune autre condition, et qu'il peut en conséquence
louer sa maison à une autre personne après en avoir expulsé
le preneur sous le prétexte de l'habiter lui-même.

M. TREILHARD dit que, si l'on suppose des fraudes, il n'y
a pas de disposition dont on puisse espérer qu'elle aura son
effet; mais qu'on poursuit la fraude, et que, dans le cas
prévu, le preneur expulsé obtiendrait des dommages-intérêts.

M. BIGOT-PRÉAMENEU dit que la locution restrictive qu'on
a employée dans l'article n'a pour objet que de faire connaître que le bailleur ne doit pas de dommages-intérêts au
preneur.

M. DEFERMON demande que l'article soit ainsi rédigé : *Il
est tenu de signifier*, etc.

L'article est adopté avec cet amendement.

Les articles 52, 53, 54, 55, 56, 57, 58 et 59 sont adoptés. 1744 à 1751

La section V, *des Règles particulières à la ferme des biens
ruraux*, est soumise à la discussion.

Les articles 60, 61, 62, 63, 64, 65, 66, 67, 68, 69 et 70, 1777-1778.
qui la composent, sont adoptés. 1767-1769 à
1775-1726

M. GALLI fait lecture du chapitre II, *du Bail à cheptel*.

Les articles 71, 72, 73 et 74, qui forment les *dispositions* 1800 à 1803
générales, sont adoptés.

La section Ire, *du Cheptel simple*, est soumise à la discussion.

1804 à 1808 Les articles 75, 76, 77, 78 et 79 sont adoptés.

1809 L'article 80 est discuté.

M. DEFERMON dit que cet article impose au preneur un
engagement difficile à remplir.

M. TREILHARD répond que l'article ne l'oblige pas à payer
toujours les peaux qu'il ne peut pas représenter, mais seulement à en rendre compte.

L'article est adopté.

1810 L'article 81 est discuté.

M. DEFERMON dit que, si l'intention de la section est de
n'imposer en aucun cas au preneur une perte qui puisse excéder ses profits, elle blesse l'essence du bail à cheptel.

M. TREILHARD dit que la section, pour régler sur qui
tombe la perte, ne s'attache qu'à une dictinction qui est
dans le droit commun : si le fonds du cheptel périt par cas
fortuit, il périt pour le propriétaire; s'il périt par la faute
du preneur, c'est lui qui en supporte la perte.

M. DEFERMON dit que, par l'effet naturel du temps, des
bestiaux donnés à cheptel doivent perdre de leur valeur;
cependant, d'après la dernière partie de l'article, le preneur
entrerait dans cette diminution.

M. TRONCHET dit que ces mots, *la perte est supportée en
commun*, ne signifient pas que le cheptelier sera tenu de
rembourser la moitié de la perte ; mais qu'elle portera sur
lui, en ce sens qu'elle diminuera d'autant le profit qu'il
tire du cheptel sans qu'il ait de recours contre le propriétaire.

M. TREILHARD dit que, si l'opinion de M. *Defermon* est
que, quand il n'y a ni cas fortuit ni faute du preneur, les
bénéfices de celui-ci ne doivent pas souffrir de diminution
sur ce qui reste du troupeau, elle est juste, et qu'il convient
de la rendre d'une manière plus claire dans la rédaction.

ch 4 Le chapitre entier est renvoyé à la section de législation pour être revu dans l'esprit des observations qui ont été faites.

La section de législation est également chargée de revoir tit. 8 le titre entier, sous le rapport du classement des articles.

(Procès-verbal de la séance du 14 nivose an XII. — 5 janvier 1804.

On reprend la discussion du titre XIII du livre III, *du Louage*.

M. GALLI fait lecture du chapitre III , *du Louage d'ouvrage et d'industrie*.

L'article 101 est adopté. 1779

La section Ire, *du Louage des domestiques et ouvriers*, est soumise à la discussion.

L'article 102 est discuté. 1781

M. JOLLIVET demande que, dans le troisième alinéa de l'article, on substitue les mots *terme échu* à ceux-ci, *l'année échue*, attendu qu'il y a des louages au mois, et en général pour un temps plus court que l'année.

M. TREILHARD dit qu'on peut se borner à dire *le salaire échu*, sans exprimer le temps.

Cet amendement est adopté.

M. DEFERMON observe que les règles relatives aux ouvriers ne sont pas les mêmes que celles qui concernent les domestiques. On ne s'en rapporte pas en effet à l'affirmation de la personne qui a confié des travaux à un maçon ou à un couvreur. On ne peut donc, comme on le fait ici, envelopper dans les mêmes dispositions les ouvriers et les domestiques.

M. MIOT répond que la disposition n'a d'effet qu'entre l'entrepreneur et l'ouvrier qu'il emploie.

M. TREILHARD dit qu'en effet l'article ne dispose qu'entre l'entrepreneur et son ouvrier, entre le maître et le domestique. Il fallait déférer l'affirmation à l'un ou à l'autre ; or, le maître mérite le plus de confiance.

Le Consul Cambacérès pense que, pour rendre plus clairement l'idée de la section, il conviendrait de faire plusieurs articles, et de dire :

« Le maître est cru à son affirmation sur la quotité et sur « le paiement des salaires de l'ouvrier qu'il emploie. »

« Le maître est cru à son affirmation sur la quotité et sur « le paiement des gages de ses domestiques. »

Id. et 1780   L'ordre naturel, continue le Consul, serait de commencer par l'article 103, qui établit une règle générale.

1781   M. Lacuée demande si les preuves morales seront écoutées : par exemple, l'ouvrier ou le domestique produira des témoins en présence desquels le maître se sera expliqué sur la quotité ou sur le paiement, soit du salaire, soit des gages; y aura-t-il encore lieu de lui déférer l'affirmation?

M. Treilhard répond qu'on ne pourrait avoir égard à des preuves de cette espèce sans ouvrir la porte aux fraudes; les ouvriers ne pourraient-ils pas se servir de témoins entre eux?

L'article est adopté avec l'amendement et le classement proposés par le Consul *Cambacérès*.

M. Bérenger observe que l'article 103 semblerait s'opposer à ce qu'un individu pût s'engager pour une entreprise dont il serait impossible de fixer la durée. On préviendrait cette fausse application, et l'on maintiendrait néanmoins la disposition, si l'on s'exprimait ainsi, *on ne peut engager ses services à temps.*

Le Consul Cambacérès dit qu'on peut exprimer qu'il est permis de s'engager jusqu'à l'accomplissement d'une entreprise.

Ces propositions sont renvoyées à la section.

1780 et 1781   Les articles 102, 103, et 104 sont adoptés, sauf les amendemens ci-dessus.

La section II, *des Voituriers par terre et par eau*, est soumise à la discussion.

Les articles 105 et 106 sont discutés.

M. DEFERMON dit qu'il n'y a pas de doute qu'un voiturier ne doive répondre des paquets qui lui sont directement remis; mais que, s'ils sont remis à des tiers ou dans un entrepôt, le voiturier ne peut plus en répondre; alors il faut que la responsabilité porte sur les tiers.

M. BÉRENGER dit que le voiturier n'est chargé que du moment où il prend le paquet dans l'entrepôt.

M. TREILHARD observe que les articles 107 et 109 lient les tiers qui tiennent l'entrepôt.

M. DEFERMON dit qu'il parle, non des entrepreneurs de roulage et des directeurs de voitures publiques, que les articles 107 et 109 concernent, mais de ceux qui, sans avoir cette qualité, se rendent commissionnaires entre le voiturier et la personne qui veut faire transporter des paquets.

M. RÉAL dit que ces commissionnaires sont de véritables entreposeurs, et qu'en conséquence ils deviennent responsables envers ceux qui entreposent : mais il s'agit ici du cas où le paquet est confié au voiturier lui-même. Comme il ne peut être responsable que lorsqu'il accepte le dépôt et qu'il s'en charge, il faudrait substituer le mot *reçu* au mot *remis*.

M. REGNAUD (de Saint-Jean-d'Angely) dit que la difficulté vient de ce qu'on assimile les voituriers aux aubergistes; cependant il y a une grande différence. Dans une auberge, les paquets déposés ne sont pas enregistrés et ne peuvent l'être : tout se traite de bonne foi. Les voituriers, au contraire, ont des registres, ou du moins doivent en avoir : on peut donc se réduire à ordonner que les paquets seront enregistrés.

M. RÉAL dit que la rapidité avec laquelle on fait les chargemens ne permet pas toujours de remplir cette formalité; aussi les voituriers n'ont-ils souvent que de simples lettres de voiture.

L'article, au surplus, leur est étranger; il ne concerne que les entrepreneurs.

M. TREILHARD dit que les voituriers sont chargés par le

fait seul. Très-souvent on n'apporte les paquets qu'au moment du départ, et l'on n'a pas le temps de remplir des formalités : il faut alors que l'entrepreneur demeure chargé envers le public, et le voiturier envers lui.

M. REGNAUD (de Saint-Jean-d'Angely) objecte que ce système mettrait les entrepreneurs à la discrétion des voituriers.

M. TREILHARD dit qu'il serait sans doute préférable qu'il
y eût toujours un enregistrement ; mais qu'il est impossible
de l'espérer.

Au reste, les difficultés qui s'élèvent dans ces cas entre le
voiturier et l'entrepreneur s'expliquent par les circonstances
d'après lesquelles le juge se détermine.

LE CONSUL CAMBACÉRÈS dit qu'un maître ne peut suivre le
domestique qu'il charge de porter un paquet aux voitures
publiques ; cependant il faut qu'il ait ses sûretés. Il ne peut
les trouver que dans la responsabilité de l'entrepreneur.
Celui-ci n'a pas à se plaindre : s'il ne tient pas de registres,
par cela seul il devient suspect de mauvaise foi ; s'il en
tient, et qu'il n'ait pas enregistré, même sans que le voyageur l'ait requis, même malgré son refus, il est en faute. La
loi doit veiller pour celui qui fait le dépôt, et rendre l'enregistrement forcé de la part de l'entrepreneur.

Le voyageur, dira-t-on, profitera peut-être de l'omission
de cette formalité pour réclamer des effets plus précieux que
ceux qu'il a déposés.

Mais on sait comme on prononce sur de semblables contestations ; on se réduit à ce qui est vraisemblable, et on
défère le serment.

M. BIGOT-PRÉAMENEU dit que l'article 108 comprend aussi
les voituriers qui n'ont point de registres, et qui la plupart,
ne sachant même pas écrire, seraient hors d'état d'en tenir.
On a dû assujétir à des formes plus sévères les entrepreneurs
de voitures et roulage.

LE CONSUL CAMBACÉRÈS pense que les articles de cette section seraient mieux placés au titre du Dépôt.

M. Defermon rappelle que la régie nationale avait une règle d'après laquelle la personne qui n'avait pas fait une déclaration par état ne pouvait, en cas de perte du paquet, réclamer au-delà de 150 francs : on pourrait appliquer ici cette règle. Mais ce serait changer les principes reçus que de soumettre les entrepreneurs aux mêmes engagemens que les aubergistes. Ils ne peuvent répondre des paquets qui sont remis au voiturier pendant sa route et loin de leur présence.

Le Consul Cambacérès résume la discussion.

Sur l'article 105, il faut examiner si les obligations des aubergistes sont trop étendues pour y soumettre les voituriers ; si le dépôt fait à ces derniers est en effet un dépôt nécessaire. On pourrait rappeler précisément ceux de ces engagemens auxquels on croirait devoir assujétir les voituriers.

A l'article 106 on pourrait ajouter *sans préjudice de la responsabilité de l'entrepreneur.*

On a demandé sur l'article 107 que l'entrepreneur ne fût chargé que lorsque les paquets auraient été enregistrés.

Mais la personne qui les envoie prend toujours un reçu. Cette pièce suffit pour charger l'entrepreneur. C'est sa faute s'il n'a pas de registres.

M. Regnaud (de Saint-Jean-d'Angely) dit que, dans le cas de l'article 105, il n'y a pas de dépôt nécessaire.

Il avoue, au surplus, qu'un reçu doit suffire pour charger l'entrepreneur.

M. Treilhard observe que les voyageurs ont le droit de porter avec eux un paquet dont le poids est déterminé ; qu'il n'y a ni reçu ni enregistrement de ce paquet, et que cependant l'entrepreneur en demeure chargé.

M. Regnaud (de Saint-Jean-d'Angely) dit que toute messagerie a un registre sur lequel les voyageurs ont soin de faire charger leur malle ; autrement il serait impossible de constater le dépôt ; ou si l'on écoutait les réclamations qui ne seraient pas appuyées de cette preuve, la mauvaise foi au-

17.

rait trop d'avantages. Lorsque le registre est en règle, et que
le paquet ne s'y trouve pas inscrit, l'entrepreneur est déchargé : tel est l'usage.

A l'égard des petits paquets que les voyageurs portent avec
eux, c'est à eux à y veiller; l'entrepreneur n'en répond pas.

LE CONSUL CAMBACÉRES dit que ce système favorise l'entrepreneur au préjudice de la masse des citoyens.

Très-souvent on se borne à prendre un reçu; mais si le
propriétaire le perd, et que l'entrepreneur soit de mauvaise
foi, comment prononcer entre eux? Par les registres, ré-
pond-on; et le Code civil obligera d'en tenir.

Mais cette disposition aura-t-elle infailliblement l'effet de
faire enregistrer tous les paquets déposés? Elle aura donc
un résultat désastreux, en ce qu'elle avertira l'entrepreneur
que, pour échapper à la responsabilité, il lui suffira d'éluder l'enregistrement.

On objectera qu'il faut cependant à l'entrepreneur une
garantie contre la mauvaise foi du voyageur.

Il aura cette garantie si l'on fixe un *maximum* aux réclamations, qu'on défère l'affirmation, et que, dans tous les
cas, les tribunaux puissent avoir égard aux indices qui dé-
montreraient sa bonne foi.

M. BERLIER dit que l'embarras de cette discussion lui semble provenir en grande partie de ce que l'article 105 assimile
les voituriers aux aubergistes, et renvoie au titre *du Dépôt*
pour savoir comment les uns et les autres seront traités.

Sans doute, si en articulant qu'on a remis quelque chose
à un voiturier, rien ne pouvait en empêcher la preuve, et
que le juge fût tenu de l'ordonner, une règle aussi absolue,
toujours dure, serait souvent injuste.

Mais si l'on recourt aux règles projetées sur le dépôt par
les rédacteurs du projet de Code civil, on y verra que le juge
ne doit, même contre l'aubergiste, admettre la preuve
qu'*avec circonspection, suivant les circonstances de fait et l'état
des personnes.*

Ce tempérament salutaire a peut-être besoin d'être indiqué ici autrement que par un renvoi à des dispositions qui n'existent pas encore, et ce parti leverait bien des difficultés.

Le Conseil adopte en principe que les engagemens des entrepreneurs et des voituriers seront spécifiés.

Les articles 105, 106, 107, 108 et 109 sont renvoyés à un nouvel examen de la section. ch. 3.
sect. 2.

La section III, *des Devis et Marchés*, est soumise à la discussion.

Les articles 110 et 111 sont adoptés. 1787-1788

L'article 112 est discuté. 1789

M. Regnaud (de Saint–Jean–d'Angely) demande qu'on ajoute à l'article : *à moins qu'il ne soit en retard de livrer la chose*.

MM. Tronchet, Berlier, Treilhard et Bigot–Préameneu répondent que le retard est compris dans la faute.

M. Boulay ajoute que l'article 113 explique l'article 112 dans ce sens.

L'article est adopté.

Les articles 113 et 114 sont adoptés. 1790-1791

L'article 115 est discuté. 1792

M. Ségur demande pourquoi l'article rend le constructeur responsable du vice du sol. Il croit qu'on devrait ne le faire répondre que du vice de la construction.

MM. Treilhard et Fourcroy répondent que l'architecte est obligé ou de remédier au vice du sol, ou d'avertir le propriétaire que la construction n'aura pas de solidité.

M. Réal ajoute qu'on a toujours suivi cette règle.

M. Bérenger propose de rendre l'architecte également responsable des vices de construction.

M. Treilhard dit que cette disposition est nécessaire, et que ce n'est que par omission qu'elle n'a pas été exprimée.

M. Regnaud (de Saint–Jean–d'Angely) observe que Pothier décharge l'architecte de la responsabilité aussitôt que l'ouvrage a été reçu , et que l'article 113 semble supposer ce principe en l'appliquant au cas opposé.

M. Bérenger dit que l'article 113 se rapporte à tout ouvrage quelconque, au lieu que l'article 115 établit une règle particulière pour les ouvrages dirigés par un architecte. Cette distinction est nécessaire : on peut facilement vérifier si un meuble est conditionné comme il doit l'être ; ainsi, dès qu'il est reçu, il est juste que l'ouvrier soit déchargé de toute responsabilité : mais il n'en est pas de même d'un édifice ; il peut avoir toutes les apparences de la solidité, et cependant être affecté de vices cachés qui le fassent tomber après un laps de temps. L'architecte doit donc en répondre pendant un délai suffisant pour qu'il devienne certain que la construction est solide.

M. Réal dit que Pothier suppose que l'architecte répondra de sa construction pendant dix ans.

M. Treilhard dit que l'on a toujours suivi le principe consacré par l'article.

M. Regnaud (de Saint-Jean-d'Angely) dit que, dans la doctrine de Pothier, la construction doit être vérifiée ; et que lorsqu'elle est jugée solide , l'architecte est déchargé.

M. Réal dit que la vérification dont parle Pothier a pour objet d'autoriser l'architecte à demander son paiement lorsque l'ouvrage est fait d'après les règles de l'art; mais qu'elle ne l'affranchit pas de la responsabilité à laquelle il est soumis pour les vices cachés, et que le temps seul peut découvrir.

M. Tronchet dit qu'il est des vices que la vérification ne peut faire connaître : on a vu, par exemple, des édifices qui paraissaient construits en pierre de taille , tandis que des dehors trompeurs ne servaient qu'à cacher des matériaux beaucoup moins solides.

M. Treilhard dit que la vérification ne porte que sur les proportions et sur le plan : quand ils ont été suivis, le propriétaire est obligé de payer : mais il ne perd pas le droit de se pourvoir contre l'architecte pour les vices cachés de construction.

M. Ségur demande quelle est la responsabilité de l'architecte pour vice du sol, et comment doit se faire la vérification.

M. Tronchet dit que ce point était expliqué par le projet du Code civil, qui portait :

« Si l'édifice donné à prix fait périt par le vice du sol, « l'architecte en est responsable, à moins qu'il ne prouve « avoir fait au maître les représentations convenables pour le « dissuader d'y bâtir. »

M. Réal dit qu'il y a sur les constructions des règles qu'il n'est pas permis au propriétaire lui-même d'enfreindre : ce sont les règles de la police des bâtimens, telles que celles qui déterminent l'épaisseur des murs. L'architecte, dans ces cas, doit se refuser à la volonté du propriétaire.

M. Regnaud (de Saint-Jean-d'Angely) dit que l'exécution des règlemens dont on vient de parler était confiée à une autorité qui n'existe plus, à la chambre des bâtimens ; ainsi les constructions ne sont plus vérifiées.

M. Réal dit que ce n'était pas là l'objet de la chambre des bâtimens ; elle n'était qu'une chambre de consultation, et réglait les mémoires : mais alors, comme aujourd'hui, les tribunaux appliquaient les règlemens et punissaient les contraventions.

M. Tronchet dit que la section a eu raison d'écarter l'addition faite par le projet. L'architecte, en effet, ne doit pas suivre les caprices d'un propriétaire assez insensé pour compromettre sa sûreté personnelle en même temps que la sûreté publique.

M. Bigot-Préameneu dit qu'il n'est pas probable qu'un propriétaire soit capable de cet excès de folie ; qu'ainsi les allégations de l'architecte ne méritent aucune confiance.

M. Pelet dit que les principes de la construction, sous le rapport de la sûreté, n'étant pas les mêmes dans les petites localités que dans les grandes villes, il conviendra de ne pas établir de règle générale.

Le Consul Cambacérès pense que la disposition retranchée par la section doit être rétablie avec une légère modification.

Elle sera utile surtout pour le cas, rare à la vérité, mais qui cependant peut se présenter, où le propriétaire étant décédé avant la chute du bâtiment, ses héritiers poursuivraient l'architecte. Il est juste que, s'il parvient à prouver qu'il a fait des représentations, et que le propriétaire n'a pas voulu s'y rendre, il soit dégagé envers eux de tous dommages-intérêts.

Cependant cette preuve ne doit pas l'exempter de la peine que mérite la contravention aux règlemens de police ; mais comme la faute est commune, il faut que la punition le soit aussi, et qu'elle porte également et sur l'architecte et sur le propriétaire.

M. Réal observe que les architectes, pour déterminer les propriétaires à construire, cherchent ordinairement à leur persuader que la dépense sera modique. Peut-être y a-t-il lieu de craindre, si on leur fournit un moyen de ne pas répondre des mauvaises constructions, qu'ils ne prennent plus aucun soin de rendre les édifices solides.

Le Consul Cambacérès dit qu'il est utile de poser par la loi une règle pour décider une question qui jusqu'ici n'a été résolue que par le sentiment des auteurs : si cette règle était trop absolue, le juge serait quelquefois obligé de l'appliquer contre l'équité. On ne doit donc pas craindre de multiplier les articles, afin de faire les distinctions nécessaires, et de donner plus de latitude aux tribunaux. Cette considération a persuadé au Consul que la disposition additionnelle proposée par les rédacteurs doit être adoptée, en la modifiant de la manière qu'il a expliquée.

M. Treilhard dit qu'il n'y a aucun inconvénient à être sévère à l'égard de l'architecte ; le propriétaire ne connaît pas les règles de la construction ; c'est à l'architecte à l'en

instruire et à ne pas s'en écarter par une complaisance con-
damnable.

M. Tronchet propose d'expliquer que l'architecte est responsable toutes les fois que les vices, soit de construction,
soit du sol, compromettent la solidité du bâtiment.

M. Réal observe que le mot *périt* renferme cette explication.

M. Bérenger ajoute que, si l'action contre l'architecte n'a
pas une durée trop longue, le bâtiment ne pourra périr sans
qu'il soit évident que sa chute a pour cause un vice de construction.

Le Conseil rejette la proposition de rétablir la rédaction
de la commission, adopte l'article, et fixe à dix ans la durée
de la garantie.

L'article 116 est discuté.   1793

M. Tronchet dit que cet article prévient une surprise qui
était très-commune. Les architectes avaient coutume de sug-
gérer au propriétaire l'idée de faire quelques changemens au
plan adopté, et quelques légers que ces changemens fussent,
les architectes soutenaient que le devis se trouvait annulé.

L'article est adopté.

L'article 117 est adopté.   1794

L'article 118 est discuté.   1795

M. Regnaud (de Saint-Jean-d'Angely) observe que Pothier fait ici une distinction. Il veut que le contrat subsiste à
l'égard des héritiers, si l'on est convenu, en général, que le
bâtiment serait construit pour un prix qui serait déterminé;
mais que, si la construction a été confiée à un architecte par
l'effet de la confiance qu'on avait dans ses talens, le contrat
s'éteigne avec lui.

M. Réal pense que cette distinction ne serait pas juste. Le
propriétaire n'a pas pu prévoir qu'il se trouverait un jour
avoir contracté avec la femme, avec les enfans en bas âge
que l'architecte a laissés.

Comment d'ailleurs ceux-ci parviendraient-ils à exécuter le contrat? Il faudrait des avis de parens et le concours d'une famille entière pour achever une entreprise qui ne peut être conduite que par l'intelligence d'un seul.

M. Regnaud (de Saint-Jean-d'Angely) répond que le système de M. *Réal* priverait les héritiers de l'architecte des bénéfices qu'il devait tirer de l'entreprise, et les exposerait peut-être à des pertes, si, par exemple, des matériaux avaient déjà été achetés. Il peut y avoir quelque embarras pour les héritiers à exécuter le marché ; mais il est cependant dans leur intérêt qu'il subsiste. Ce n'est pas néanmoins que le choix de l'ouvrier doive leur appartenir privativement ; tout se réduirait à le présenter, et à n'obliger le propriétaire à l'accepter que lorsqu'il serait habile.

M. Treilhard dit qu'il faudrait donc faire prononcer par un jury sur l'habileté de cet ouvrier. L'article 119 garantit la succession des pertes auxquelles on la dit exposée.

M. Bérenger dit que quand on traite avec un architecte, ce n'est pas seulement parce qu'il est architecte, mais parce qu'on le croit habile ; ainsi s'il meurt, la confiance qui a formé le contrat et qui en est le principe n'existe plus, et par une suite nécessaire le contrat se trouve détruit.

Au reste, la fin de l'article est inutile. La disposition qu'il établit est de droit, et existe par l'effet des principes généraux sur la liberté des conventions.

M. Lacuée observe qu'on fait quelquefois avec un entrepreneur un forfait qui le charge d'entretenir, pendant un temps déterminé, des murs ou d'autres constructions ; cependant si, quoiqu'il eût touché le prix annuel, il avait négligé l'entretien des murs, et qu'il vînt à mourir, il se trouverait déchargé par l'effet de l'article.

MM. Réal et Treilhard répondent que le propriétaire aurait son recours contre la succession, faute par l'entrepreneur d'avoir exécuté son engagement.

M. Lacuée dit qu'il ne suppose pas qu'il y ait eu de la négligence de la part de l'entrepreneur, mais qu'il n'y a pas eu besoin de réparations pendant les années écoulées.

M. Tronchet dit qu'on se perd infailliblement si, lorsqu'il s'agit de fixer un principe, on se jette dans les hypothèses.

Il y a ici un principe certain et auquel il faut se tenir, c'est qu'un marché d'ouvrage ne se règle pas seulement par la fixation d'un prix, mais par la confiance qu'on a dans la probité et dans l'intelligence de celui qu'on en charge. Il est donc impossible de forcer un propriétaire à en accepter un autre.

L'article est adopté avec le retranchement proposé par M. *Bérenger*.

La première partie de l'article 119 est supprimée, et la seconde ajoutée à l'article 118.   1795-1796

Les articles 120, 121, 122 et 123 sont adoptés.   up. 1796-
1797à1799

Le titre entier est renvoyé à la section, pour présenter une rédaction nouvelle, et changer le classement des articles, conformément à la proposition précédemment adoptée.   tit. 8.

(Procès-verbal de la séance du 28 nivôse an XII. — 19 janvier 1804.)

M. Jollivet pense que c'est ici le lieu de s'occuper des dispositions relatives aux voituriers, lesquelles ont été ajournées dans la séance du 14 nivôse.   ch. 3,
sect. 2

M. Tronchet dit que les engagemens des voituriers forment un contrat mêlé de dépôt et de louage; qu'ainsi on doit reporter au titre *du Louage* les dispositions qui les règlent comme tenant de la nature du louage, et ne placer dans le titre en discussion que celles qui les concernent sous le rapport du dépôt.

Le Consul Cambacérès dit qu'il convient de se fixer d'abord sur les dispositions qu'on croira devoir adopter; que la question de savoir où elles seront placées n'est que secondaire, et qu'on pourra la décider ensuite.

Cet ordre de discussion est adopté.

En conséquence, M. GALLI fait lecture de la section II du chapitre III du titre XIII, *du Louage*.

Elle est adoptée ainsi qu'il suit :

Des Voituriers par terre et par eau.

av. 1782 Art. 105. « Le marché fait avec les voituriers par terre et « par eau est un contrat mixte, qui participe de la nature du « contrat de louage et de celui de dépôt. »

1782-1783-1785 Art. 106, 107 et 108 (*les mêmes que les articles* 105, 106 *et* 107 *du procès-verbal du 9 nivose*).

1784 Art. 109. « Les voituriers sont responsables de la perte et « des avaries des choses qui leur sont confiées, à moins qu'ils « ne prouvent qu'elles ont été perdues et avariées par un cas « fortuit ou force majeure. »

1786 Art. 110 (*conforme à l'article* 109 *du procès-verbal ci-dessus énoncé*).

LE CONSUL met aux voix la question de savoir dans quel titre les articles qui viennent d'être adoptés seront placés.

LE CONSEIL décide qu'ils conserveront leur place dans le titre XIII, *du Louage*.

(Procès-verbal de la séance du 7 pluviose an XII. — 28 janvier 1804.)

M. GALLI présente le titre XIII du livre III, *du Louage*, rédigé conformément aux amendemens adoptés dans les séances des 9, 14 et 28 nivose.

LE CONSEIL l'adopte en ces termes :

DU LOUAGE.

CHAPITRE Ier.

Dispositions générales.

1708 à 1710 Art. 1, 2 et 3 (*conformes à ceux contenus au procès-verbal du 9 nivose*).

Art. 4. « Ces deux genres de louage se subdivisent encore 1711
« en plusieurs espèces particulières :

« On appelle *bail à loyer* le louage des maisons et celui
« des meubles ;

« *Bail à ferme*, celui des héritages ruraux ;

« *Loyer*, le louage du travail ou du service ;

« *Bail à cheptel*, celui des animaux dont le profit se par-
« tage entre le propriétaire et celui à qui il les confie.

« Les *devis, marché* ou *prix fait*, pour l'entreprise d'un
« ouvrage moyennant un prix déterminé sont aussi un louage,
« lorsque le maître fournit la matière.

« Ces trois dernières espèces ne sont comprises dans le
« louage que dans un sens très-étendu ; elles ont des règles
« particulières. »

Art. 5. « Les baux des biens nationaux, des biens des 1712
« communes et des établissemens publics, sont soumis à des
« règlemens particuliers. »

CHAPITRE II.

Du Louage des choses.

Art. 6 (*tel qu'il est au procès-verbal énoncé*).   1713

SECTION 1re.— *Des Règles communes aux baux des maisons et
des biens ruraux.*

Art. 7 et 8 (*tels qu'ils sont au même procès-verbal*).   1714-1715

Art. 9. « Lorsqu'il y aura contestation sur le prix du bail 1716
« verbal dont l'exécution a commencé, et qu'il n'existera
« point de quittance, le propriétaire en sera cru sur son ser-
« ment ; si mieux n'aime le locataire demander l'estimation
« par experts ; auquel cas les frais de l'expertise restent à sa
« charge, si l'estimation excède le prix qu'il a déclaré. »

Art. 10. « Le preneur a le droit de sous-louer, et même 1717
« de céder son bail à un autre, si cette faculté ne lui a pas été
« interdite.

« Elle peut être interdite pour le tout ou partie.

« Cette clause est toujours de rigueur. »

1718   Art. 11. «Les articles du titre IX, *du Contrat de mariage et* « *des Droits respectifs des époux*, relatifs aux baux des biens « des femmes mariées, sont applicables aux baux des biens « des mineurs. »

1719à1724   Art. 12, 13, 14, 15, 16 et 17 (*les mêmes que les articles* 25. 26, 27, 28, 29 *et* 30 *du procès-verbal ci-dessus énoncé*).

1725   Art. 18. « Le bailleur n'est pas tenu de garantir le pre- « neur du trouble que des tiers apportent par voies de fait à « sa jouissance, sans prétendre d'ailleurs aucun droit sur la « chose louée ; sauf au preneur à les poursuivre en son nom « personnel. »

1726   Art. 19. « Si, au contraire, le locataire ou le fermier ont « été troublés dans leur jouissance par suite d'une action « concernant la propriété du fonds, le propriétaire leur doit « toujours un rabais proportionné sur le prix du bail à loyer, « ou à ferme, pourvu que le trouble et l'empêchement lui « aient été dénoncés. »

1727   Art. 20 (*tel que l'article* 33 *du procès-verbal ci-dessus cité*).

1728   Art. 21. « Le preneur est tenu de deux obligations prin- « cipales,

« 1°. D'user de la chose louée en bon père de famille, et « suivant la destination qui lui a été donnée par le bail ou par « l'usage à défaut de convention ;

« 2°. De payer le prix du bail aux termes convenus. »

1729   Art. 22. « Si le preneur emploie la chose louée à un autre « usage que celui auquel elle a été destinée, ou dont il puisse « résulter un dommage pour le bailleur, celui-ci peut, sui- « vant les circonstances, obtenir la résiliation du bail. »

1730   Art. 23 (*conforme à l'article* 40 *du procès-verbal énoncé*).

1731   Art. 24. « S'il n'a pas été fait d'état des lieux, le preneur « est présumé les avoir reçus en bon état de réparations lo- « catives, et doit les rendre tels ; sauf la preuve contraire. »

1732   Art. 25. « Le preneur est tenu des dégradations et des

« pertes qui arrivent par le fait des personnes de sa maison,
« ou des sous-locataires qu'il y place. »

Art. 26. « Il répond aussi des dégradations ou des pertes 1735
« qui arrivent pendant sa jouissance, à moins qu'il ne prouve
« qu'elles ont eu lieu sans sa faute. »

Art. 27. « Il répond de l'incendie, à moins qu'il ne prouve 1733
« Que l'incendie est arrivé par cas fortuit ou force ma-
« jeure, ou par vice de construction,
« Ou qu'il a été communiqué par une maison voisine. »

Art. 28. « S'il y a plusieurs locataires, tous sont solidaire- 1734
« ment responsables de l'incendie,
« A moins qu'ils ne prouvent que l'incendie a commencé
« dans l'habitation de l'un d'eux, auquel cas celui-là seul en
« est tenu;
« Ou que quelques-uns ne prouvent que l'incendie n'a pu
« commencer chez eux, auquel cas ceux-là n'en sont pas
« tenus. »

Art. 29. « Si le bail a été fait sans écrit, l'une des parties 1736
« ne pourra donner congé à l'autre qu'en observant les délais
« fixés par l'usage des lieux. »

Art. 30. « Le bail cesse de plein droit à l'expiration du 1737
« terme fixé, lorsqu'il a été fait par écrit, sans qu'il soit né-
« cessaire de donner congé. »

Art. 31 et 32 (*conformes aux articles* 20 *et* 22 *du procès-ver-* 1738-1739
bal cité).

Art. 33. « Dans le cas des deux articles précédens, la cau- 1740
« tion donnée pour le bail ne s'étend pas aux obligations
« résultant de la prolongation. »

Art. 34. « Le contrat de louage se résout par la perte de 1741
« la chose louée, et par le défaut respectif du bailleur et du
« preneur de remplir leurs engagemens. »

Art. 35, 36, 37, 38, 39, 40, 41, 42 et 43 (*les mêmes que* 1742à1750
les articles 48, 50, 52, 53, 54, 55, 56, 57 *et* 58 *du procès-*
verbal énoncé).

Art. 44. « L'acquéreur à pacte de rachat ne peut user de 1751

« la faculté d'expulser le preneur, jusqu'à ce que, par l'ex-
« piration du délai fixé pour le réméré, il devienne proprié-
« taire incommutable. »

SECTION II. — *Des Règles particulières aux baux à loyer.*

1752   Art. 45 (*le même que l'article 36 du procès-verbal ci-dessus*
rapporté).

1753   Art. 46. « Le sous-locataire n'est tenu envers le proprié-
« taire que jusqu'à concurrence du prix de sa sous-location,
« dont il peut être débiteur au moment de la saisie, et sans
« qu'il puisse opposer des paiemens faits par anticipation.

   « Les paiemens faits par le sous-locataire, soit en vertu
« d'une stipulation portée en son bail, soit en conséquence
« de l'usage des lieux, ne sont pas réputés faits par antici-
« pation. »

1754   Art. 47. « Les réparations locatives ou de menu entre-
« tien dont le locataire est tenu, s'il n'y a clause contraire,
« sont celles désignées comme telles par l'usage des lieux,
« et entre autres les réparations à faire,

   « Aux âtres, contre-cœurs, chambranles et tablettes des
« cheminées ;

   « Au recrépiment du bas des murailles des appartemens
« et autres lieux d'habitation, à la hauteur d'un mètre;

   « Aux pavés et carreaux des chambres, lorsqu'il y en a seu-
« lement quelques-uns de cassés ;

   « Aux vitres, à moins qu'elles ne soient cassées par la
« grêle, ou autres accidens extraordinaires et de force ma-
« jeure, dont le locataire ne peut être tenu ;

   « Aux portes, croisées, planches de cloison ou de ferme-
« ture de boutiques, gonds, targettes et serrures. »

1755   Art. 48. « Aucune des réparations réputées locatives n'est
« à la charge des locataires quand elles ne sont occasionées
« que par vétusté ou force majeure. »

1756   Art. 49 (*conforme à l'article 38 du même procès-verbal*).

1757   Art. 50. « Le bail des meubles fournis pour garnir une

« maison entière, un corps-de-logis entier, une boutique
« ou tous autres appartemens, est censé fait pour la durée
« ordinaire des baux de maisons, corps-de-logis, boutiques
« ou autres appartemens, selon l'usage des lieux. »

Art. 51. « Le bail d'un appartement meublé est censé fait 1758
« à l'année quand il a été fait à tant par an ;

« Au mois, quand il a été fait à tant par mois ;

« Au jour, s'il a été fait à tant par jour.

« Si rien ne constate que le bail soit fait à tant par an, par
« mois ou par jour, la location est censée faite suivant l'u-
« sage des lieux. »

Art. 52. « Si le locataire d'une maison ou d'un apparte- 1759
« ment continue sa jouissance après l'expiration du bail par
« écrit, sans opposition de la part du bailleur, il sera censé
« les occuper aux mêmes conditions pour le terme fixé par
« l'usage des lieux, et ne pourra plus en sortir ni en être
« expulsé qu'après un congé donné de la manière prescrite
« en l'article 12. »

Art. 53. « En cas de résiliation, le locataire est tenu de 1760
« payer le prix du bail pendant le temps nécessaire à la re-
« location, sans préjudice des dommages et intérêts qui ont
« pu résulter de l'abus. »

Art. 54 et 55 (*les mêmes que les articles* 49 *et* 51 *du procès-* 1761-1762
verbal énoncé).

SECTION III.—*Des Règles particulières aux baux à ferme.*

Art. 56. « Le colon partiaire n'a pas la faculté de sous- 1763
« louer ni de céder, si elle ne lui a pas été expressément
« accordée par le bail. »

Art. 57 (*le même que l'article* 12 *du susdit procès-verbal*). 1764

Art. 58. « Si, dans un bail à ferme, on donne aux fonds 1765
« une contenance moindre ou plus grande que celle qu'ils
« ont réellement, il n'y a lieu à augmentation ou diminu-
« tion de prix pour le fermier que dans le cas et suivant les
« règles exprimés au titre *de la Vente.* »

XIV.   18

1766-1767   **Art. 59 et 60** (*les mêmes que les art. 39 et 62 dud. proc.-verb.*).

1768   **Art. 61.** « Le fermier d'un bien rural est tenu, sous peine « de tous dépens, dommages et intérêts, d'avertir le pro- « priétaire des usurpations qui peuvent être commises sur « les fonds.

« Cet avertissement doit être donné dans le même délai « que celui qui est réglé en cas d'assignation suivant la dis- « tance des lieux. »

1769   **Art. 62, 63 et 64** (*conformes aux articles 64, 65 et 66 du procès-verbal déjà indiqué*).

1770   **Art. 65.** « Si le bail n'est que d'une année, et que la perte « soit ou totale, ou du moins de moitié des fruits, le fer- « mier sera déchargé d'une partie proportionnelle du prix de « la ferme.

« Il ne pourra point prétendre de remise si la perte est « moindre de moitié. »

1771   **Art. 66** (*le même que l'article 67 du procès-verbal énoncé*).

1772   **Art. 67.** « Le fermier peut être valablement chargé des cas « fortuits par une stipulation expresse. »

1773   **Art. 68.** « Cette stipulation ne s'entend que des cas fortuits « ordinaires, tels que grêle, feu du ciel, gelée ou coulure.

« Elle ne s'entend point des cas fortuits extraordinaires, « tels que les ravages de la guerre, ou une inondation, aux- « quels le pays n'est pas ordinairement sujet, à moins que le « fermier n'ait été chargé de tous les cas fortuits prévus ou « imprévus. »

1774   **Art. 69.** « Le bail sans écrit d'un fonds rural est censé « fait pour le temps qui est nécessaire, afin que le preneur « recueille tous les fruits de l'héritage affermé.

« Ainsi le bail à ferme d'un pré, d'une vigne, et de tout « autre fonds dont les fruits se recueillent en entier dans le « cours de l'année, est censé fait pour un an.

« Le bail des terres labourables, lorsqu'elles se divisent « par soles ou saisons, est censé fait pour autant d'années « qu'il y a de soles. »

1775   **Art. 70.** « Le bail des héritages ruraux, quoique fait sans

« écrit, cesse aussi de plein droit à l'expiration du temps pour
« lequel il est censé fait, selon l'article précédent. »

Art. 71. « Si, à l'expiration des baux ruraux écrits, le pre- 1776
« neur reste et est laissé en possession, il s'opère un nouveau
« bail dont l'effet est réglé par l'article relatif aux locations
« faites sans écrit. »

Art. 72 et 73 (*conformes aux articles* 60 *et* 61 *du même pro-* 1777-1778
cès-verbal).

SECTION IV. — *Du Louage d'ouvrage et d'industrie.*

Art. 74. « Ce louage a trois objets principaux : 1779
« 1°. Celui des gens de travail qui se louent au service de
« quelqu'un ;
« 2°. Celui des voituriers tant par terre que par eau qui se
« chargent du transport des personnes ou des marchandises;
« 3°. Les devis ou marchés d'ouvrages,
« Pour le paiement du salaire,
« Et pour les à-comptes donnés. »

§ Iᵉʳ. *Du Louage des domestiques et ouvriers.*

Art. 75. « On ne peut engager ses services qu'à temps, ou 1780
« pour une entreprise déterminée. »

Art. 76. « Le maître est cru sur son affirmation, 1781
« Pour la quotité des gages. »

Art. 77. « Si l'individu qui a loué ses services n'exécute ap. 1780
« pas son engagement, il est condamné aux dommages et
« intérêts ; mais il ne peut jamais être contraint personnelle-
« ment à l'exécution. »

§ II. *Des Voituriers par terre et par eau.*

Art. 78 (*conforme à l'article* 105 *du procès-verbal du* 28 *ni-* av. 1781
vose an XII).

Art. 79. « Les voituriers par terre et par eau sont assujétis, 1782
« pour la garde et la conservation des choses qui leur sont
« confiées, aux mêmes obligations que les aubergistes, dont il
« est parlé au titre *du Dépôt et du Séquestre.* »

18.

1783-1785   Art. 80 et 81 (*tels que sont les articles* 106 *et* 107 *du procès-verbal du* 9 *nivose, et* 107 *et* 108 *de celui du* 28 *nivose*).

1784   Art. 82 (*tel que l'article* 109 *du procès-verbal du* 28 *nivose*).

1786   Art. 83 (*le même que l'article* 109 *du procès-verbal du* 9 *nivose, et l'article* 110 *de celui du* 28 *nivose*).

§ III. *Des Devis et des Marchés.*

1787 à 1791   Art. 84, 85, 86, 87 et 88 (*les mêmes que les articles* 110, 111, 112, 113 *et* 114 *du procès-verbal du* 9 *nivose*).

1791   Art. 89. « Si l'édifice donné à prix fait périt en tout ou en « partie par le vice de la construction, même par le vice du « sol, l'architecte en est responsable pendant dix ans. »

1793-1794   Art. 90 et 91 (*tels que les articles* 116 *et* 117 *du même procès-verbal*).

1795   Art. 92. « Le contrat de louage d'ouvrage est dissous par « la mort de l'ouvrier. »

1796   Art. 93. « Mais le propriétaire est tenu de payer en pro-« portion du prix porté par la convention, à la succession de « l'entrepreneur, la valeur des ouvrages faits et celle des « matériaux préparés, lors seulement que ces travaux ou ces « matériaux peuvent lui être utiles. »

ap. 1796-
1797 à 1799   Art. 94, 95, 96 et 97 (*les mêmes que les articles* 120, 121, 122 *et* 123 *du procès-verbal dernier énoncé*).

CHAPITRE III.
Du Bail à cheptel.

SECTION 1re. — *Dispositions générales.*

1800   Art. 98 (*le même que l'article* 71 *du procès-verbal du* 9 *nivose*).

1801   Art. 99. « Il y a plusieurs sortes de cheptels, « Le cheptel simple ou ordinaire, « Le cheptel à moitié, « Le cheptel donné au fermier ou colon partiaire. « Il y a encore une quatrième espèce de contrat impro-« prement appelée *cheptel*. »

1802-1803   Art. 100 et 101 (*conformes aux articles* 73 *et* 74 *du même procès-verbal*).

SECTION II. — *Du Cheptel simple.*

Art. 102, 103, 104, 105, 106 et 107 (*tels que sont les articles* 1804à1809
75, 76, 77, 78, 79 *et* 80 *du procès-verbal du 9 nivose*).

Art. 108. « Si le cheptel périt en entier sans la faute du 1810
« preneur, la perte en est pour le bailleur.

« S'il n'en périt qu'une partie, la perte est supportée en
« commun, d'après le prix de l'estimation originaire, et celui
« de l'estimation à l'expiration du cheptel. »

Art. 109 (*le même que l'article* 82 *dudit procès-verbal*). 1811

Art. 110. « Le preneur ne peut disposer d'aucune bête du 1812
« troupeau, soit du fonds, soit du croît, sans le consente-
« ment du bailleur, qui ne peut lui-même en disposer sans
« le consentement du preneur. »

Art. 111, 112, 113, 114 et 115 (*conformes aux articles* 84, 1813à1817
85, 86, 87 *et* 88 *du même procès-verbal*).

SECTION III. — *Du Cheptel à moitié.*

Art. 116 (*le même que l'article* 89 *du procès-verbal du 9 ni-* 1818
vose).

Art. 117. « Le preneur profite seul, comme dans le cheptel 1819
« simple, des laitages, du fumier et des travaux des bêtes.

« Le bailleur n'a droit qu'à la moitié des laines et du croît.

« Toute convention contraire est nulle, à moins que le
« bailleur ne soit propriétaire de la métairie dont le preneur
« est fermier ou colon partiaire. »

Art. 118 (*tel que l'article* 91 *du même procès-verbal*). 1820

SECTION IV. — *Du Cheptel donné par le propriétaire à son fermier ou colon partiaire.*

§ Ier. *Du Cheptel donné au fermier.*

Art. 119. « Ce cheptel (aussi appelé *cheptel de fer*) est ce- 1821
« lui par lequel le propriétaire d'une métairie la donne à
« ferme, à la charge qu'à l'expiration du bail le fermier lais-
« sera des bestiaux d'une valeur égale au prix de l'estimation
« de ceux qu'il aura reçus. »

Art. 120, 121, 122, 123 et 124 (*les mêmes que les ar-* 1822à1826 *ticles* 92, 93, 94, 95 *et* 96 *du dernier procès-verbal énonce).*

§ II. *Du Cheptel donné au colon partiaire.*

1827 à 1830   Art. 125, 126, 127 et 128 (*les mêmes que les articles* 97, 98, 99 *et* 100 *du procès-verbal du 9 nivose*).

SECTION V.— *Du Contrat improprement appelé Cheptel.*

1831   Art. 129. « Lorsqu'une ou plusieurs vaches sont données « pour les loger et les nourrir, le bailleur en conserve la pro-« priété, et il a seulement le profit des veaux qui en naissent. »

LE CONSUL ordonne que le titre ci-dessus sera communiqué officieusement, par le secrétaire-général du Conseil d'État, à la section de législation du Tribunat, conformément à l'arrêté du 18 germinal an X.

COMMUNICATION OFFICIEUSE

A LA SECTION DE LÉGISLATION DU TRIBUNAT.

Le projet fut transmis au Tribunat le 16 pluviose an XII (6 février 1804), et la section l'examina les 23 pluviose (13 février) et jours suivans.

OBSERVATIONS DE LA SECTION.

Un rapport est fait sur un projet intitulé *du Louage*, et destiné à former le titre XIII du livre III du Code civil.

La discussion a donné lieu aux observations suivantes :

D'abord la section pense que cette loi doit avoir pour titre *du Contrat de louage*, de même que la loi relative à la vente devrait être intitulée *du Contrat de vente*.

Quant aux articles, il ne sera question ici que de ceux qui ont paru devoir être modifiés, ou changés, ou supprimés.

1709   Art. 2. Au lieu de *un contrat par lequel l'un s'oblige à faire jouir l'autre*, etc., dire *un contrat par lequel l'une des parties s'oblige à faire jouir l'autre*, etc.

Comme jusqu'ici le projet a parlé seulement de louage et

de contrat, et non point de locateur et de locataire, ce léger changement préviendra toute équivoque.

Même article. Au lieu de *celui-ci*, dire *celle-ci*. Ce mot se Ib. rapporte à l'autre partie.

Art. 3. Au lieu de *donne quelque chose à faire à l'autre*, etc., 1710 dire *s'engage à faire quelque chose pour l'autre*. Cette nouvelle rédaction est plus exacte, en ce que la première obligation est de celui qui s'engage à faire, et que le prix convenu n'est que le paiement de la chose faite. Aussi l'article 74 du projet, qui est le développement de l'article 3, est-il rédigé dans cet esprit.

Art. 4, avant-dernier paragraphe. Au lieu de *lorsque* 1711 *le maître fournit la matière*, dire *lorsque la matière est fournie par celui pour qui l'ouvrage se fait*. Ce changement évitera l'emploi du mot *maître*, qui ne serait pas exact pour tous les cas auxquels la disposition l'applique.

Même article. Le dernier paragraphe est ainsi conçu : *ces* Ib. *trois dernières espèces ne sont comprises dans le louage que dans un sens très-étendu : elles ont des règles particulières ;* dire seulement : *ces trois dernières espèces ont des règles particulières*. Le surplus a paru trop vague et absolument inutile.

Art. 11. Ajouter un deuxième paragraphe, rédigé en ces 1718 termes :

La durée de tous autres baux est purement conventionnelle.

Cette disposition générale ne doit point être omise dans la loi sur le contrat de louage, et la section pense que sa place naturelle est immédiatement après la seule restriction dont la règle soit susceptible.

Art. 15. La section propose de changer la rédaction ainsi 1722 qu'il suit :

« Si pendant la durée du bail la chose louée est détruite
« en tout par cas fortuit, le bail est résilié de plein droit. Si
« elle n'est détruite qu'en partie, le preneur peut, suivant
« les circonstances, demander ou une diminution du prix,
« ou la résiliation même du bail. Dans l'un et l'autre cas, il
« n'y a lieu à aucuns dédommagemens. »

Le motif de ce changement est que la rédaction du projet confond le cas de la destruction totale de la chose louée avec celui de sa destruction partielle. La rédaction établit entre ces deux cas une juste distinction.

1724   Art. 17, deuxième paragraphe. Au lieu de *à concurrence du temps*, dire *à proportion du temps*. Cette dernière expression a paru préférable comme consacrée par l'usage.

1b.   Même article, troisième paragraphe. Au lieu de *celui-ci aura la faculté de résilier le bail*, dire *celui-ci pourra faire résilier le bail*. Lorsque le preneur, se trouvant dans le cas de cet article, entend user de la faculté qui lui est accordée relativement à la résiliation du bail, ou le bailleur consent à la résiliation, ou il n'y consent point. S'il y consent, la résiliation est opérée par le concours des deux parties ; s'il s'y refuse, c'est à la justice seule qu'il appartient de la prononcer. En aucun cas on ne peut dire que le preneur résilie.

1726   Art. 19. Au lieu de *le propriétaire leur doit toujours un rabais proportionné sur le prix du bail à loyer ou à ferme, pourvu que le trouble et l'empêchement lui aient été dénoncés*, dire *ils ont droit à une diminution proportionnée sur le prix du bail à loyer ou à ferme, pourvu que le trouble et l'empêchement aient été dénoncés au propriétaire.*

On a observé que le mot *rabais* ne convient point ici. L'acception qu'il faudrait lui donner n'est point celle qu'on lui donne ordinairement. La section préfère la rédaction proposée.

1727   Art. 20. Au lieu de *il doit appeler le bailleur à sa garantie*, dire *il doit appeler le bailleur en garantie*. Cette expression est consacrée par l'usage.

1728   Art. 21. Le projet commence ainsi :

« Le preneur est tenu de deux obligations principales :

« 1°. D'user de la chose louée en bon père de famille, et « suivant la destination qui lui a été donnée par le bail ou « par l'usage à défaut de convention. »

On a pensé que ces mots *destination donnée par le bail ou par l'usage* ne disaient pas assez. Par exemple, si une maison, qui jusqu'alors était occupée par un boulanger, et servait à son état, est louée ensuite à un serrurier, le bailleur, n'ignorant point que tel est l'état du nouveau locataire, ne pourra empêcher le serrurier d'employer la chose louée à cette nouvelle destination : il ne pourra l'empêcher, quoique le bail ne contienne aucune convention formelle à cet égard, et que la maison n'eût pas encore été employée à l'usage d'un serrurier. Ce sont les circonstances qui doivent décider toutes les fois que le bail ne s'explique point : ces circonstances sont si variées qu'elles ne sont point susceptibles d'être prévues par la loi. Le législateur ne peut se dispenser de s'en rapporter à cet égard à la sagesse et à l'expérience des juges. En conséquence cette partie de l'article a paru devoir être généralisée et rédigée ainsi qu'il suit :

« Le preneur est tenu de deux obligations principales :
« 1° d'user de la chose louée en bon père de famille et sui-
« vant la destination qui lui a été donnée par le bail, ou
« suivant celle présumée d'après les circonstances à défaut
« de conventions ; 2°., etc. »

Art. 22. Au lieu de *obtenir la résiliation du bail*, dire *faire* 1729 *résilier le bail*. L'expression *faire résilier le bail* a paru mieux s'adapter au style législatif.

Art. 23. Supprimer les mots *au commencement du bail*. Peu 1730 importe que l'état des lieux ait été fait au commencement ou vers la fin du bail, lorsque toutes les parties ont signé : au contraire, l'état des lieux ne peut valoir lorsqu'il n'a été signé que par une seule. S'il fallait absolument dans le cas de l'article que cet état fût fait au commencement du bail, il faudrait en même temps que la loi déterminât l'époque passé laquelle il ne pourrait plus être utilement fait. Le retranchement proposé fait disparaître un doute et dès lors un sujet de contestation.

Art. 25. Cet article parle des personnes de la maison du 1735 locataire et des sous-locataires qu'il y place. Les articles 26 et 27 parlant du locataire seul, et l'article 28 des divers locataires, lorsqu'il y en a plusieurs, la section pense que,

suivant l'ordre naturel des idées, l'article 25 doit être placé
après l'article 28 ; il ne doit être question de ceux qui sont
au second rang qu'après s'être occupé de ceux qui sont au
premier.

1733   Art. 27, troisième paragraphe. Au lieu de *ou qu'il a été
communiqué*, etc., dire *ou que le feu a été communiqué*, etc.;
ce léger changement contribue à l'exactitude et à la clarté.

1742   Art. 35. Supprimer le deuxième paragraphe. Il est inutile
de dire que les héritiers sont tenus des obligations de ceux
auxquels ils succèdent. Dès que le contrat de louage n'est
point résolu par la mort du bailleur ni par celle du preneur, il
en résulte nécessairement que leurs héritiers respectifs, s'ils
acceptent la succession, doivent tenir leurs engagemens.
Tout ce qui concerne les droits et devoirs des héritiers appartient à la loi des successions.

1749   Art. 42. Supprimer les mots *et de toutes autres reprises qu'ils
peuvent avoir*. Ces mots sont inutiles s'ils ne disent rien de
plus que ce qui précède dans le même article. Ils sont injustes si l'on doit entendre que le fermier ou le locataire ne
pourront être expulsés jusqu'à ce que le bailleur leur ait
payé ce qu'il leur plaira de répéter à titre de reprises. Quant
aux répétitions reconnues et liquidées par acte fait entre les
parties ou par jugement, il est incontestable que le bailleur
ne peut obliger le locataire ou le fermier de sortir tant qu'il
ne les a pas payées.

1751   Art. 44. Remplir les blancs de la première ligne.

1753   Art. 46, relatif aux paiemens faits par anticipation. On a
demandé sur cet article si les créanciers du locateur ne devaient pas avoir un privilége sur les meubles du locataire, et
le locateur sur les meubles des sous-locataires, pour garantie des paiemens anticipés faits à leur préjudice. On a
répondu qu'il y aurait sans doute une disposition à cet égard
dans la loi sur les priviléges et hypothèques. La section a
désiré que cette observation fût consignée au procès-verbal.

1754   Art. 47, cinquième paragraphe. Au lieu de *excepté qu'elles
ne soient*, lire *à moins qu'elles ne soient*.

Art. 5o, deuxième paragraphe. Supprimer ce deuxième 1757
paragraphe. La disposition qu'il contient se trouve comprise
dans l'article 51, et dès lors ce paragraphe est inutile. L'article 51 suffit d'autant mieux qu'il prévoit tous les cas.

Art. 52. Au lieu de *qu'après un congé donné de la manière* 1759
prescrite en l'article 12, lire *qu'après un congé donné suivant les délais fixés par l'usage des lieux.*

Le motif de ce changement est que le projet renvoie par erreur à l'article 12, qu'on a voulu parler de l'article 29, lequel renvoie lui-même à l'usage des lieux; qu'en conséquence il est plus simple et plus naturel de répéter les termes de l'article 29 que de laisser un double renvoi.

Art. 53. Au lieu de *en cas de résiliation, le locataire,* etc., 1760
dire *en cas de résiliation par la faute du locataire, celui-ci est tenu,* etc. Comme cet article ne doit être appliqué qu'au cas où la faute du locataire a donné lieu à la résiliation du bail, et qu'il y a bien d'autres causes qui peuvent donner lieu à la résiliation, l'addition proposée est indispensable afin de prévenir toute ambiguïté.

Art. 55. Au lieu de *signifier un congé au temps d'avance* 1762
usité dans le lieu, dire *signifier d'avance un congé aux époques déterminées par l'usage des lieux.* Cette nouvelle rédaction a paru plus satisfaisante sous le rapport de l'exactitude grammaticale.

Art. 56. Le projet est ainsi conçu : 1763

« Le colon partiaire n'a pas la faculté de sous-louer ni de
« céder, si elle ne lui a pas été expressément accordée par
« le bail. »

On a craint que les mots *colon partiaire* ne fussent pas bien entendus dans toutes les parties de la France, et qu'on ne les interprétât de différente manière ; on a pensé que la disposition ne laisserait rien à désirer en mettant la définition à la place du défini, et en rédigeant l'article ainsi qu'il suit :

« Celui qui cultive sous la condition d'un partage de fruits
« avec le bailleur ne peut ni sous-louer ni céder, si la faculté
« ne lui en a été expressément accordée par le bail. »

1764   **Art. 57.** Le projet est rédigé en ces termes :

« En cas de contravention, le propriétaire a droit de ren-
« trer, et le preneur est condamné à payer le prix du bail
« pendant le temps nécessaire pour la relocation, et en outre
« aux dommages et intérêts du bailleur. »

La section pense que cette disposition s'appliquant au
colon partiaire, elle doit être conçue de manière à pouvoir être exécutée. Or, comment le colon partiaire serait-il
condamné à payer le prix du bail, puisque la convention
consiste dans un partage de fruits? En exprimant dans l'article que le contrevenant sera condamné aux dommages-
intérêts résultant de l'inexécution du bail, tout embarras
disparaît : quelle que soit la condamnation que le colon
partiaire subisse, c'est toujours à titre de dommages-intérêts.
D'après ces motifs, la section préfère la rédaction suivante :

« En cas de contravention, le propriétaire a droit de ren-
« trer en jouissance, et le preneur est condamné aux dom-
« mages-intérêts résultant de l'inexécution du bail. »

1766   **Art. 59, paragraphe premier.** Au lieu de ces mots, *si le
fermier d'un héritage*, dire *si le preneur d'un héritage rural.*
Cette substitution est fondée sur la nécessité de généraliser
la disposition d'une manière parfaitement claire. Le mot *preneur* comprend tout; le colon partiaire s'y trouve compris;
le même effet ne résulterait pas du mot *fermier.*

Ib.   **Mêmes article et paragraphe.** Supprimer *en bon ménager;*
il suffit de dire *en bon père de famille.* C'est l'expression usitée.
Bon ménager ne dit rien de plus ; car celui qui ne se conduirait pas en bon père de famille ne se conduirait pas en bon
ménager, *et vice versa.*

Ib.   **Même article et fin du même paragraphe.** Au lieu de *obtenir la résiliation*, dire *faire résilier le bail.* Voir l'article 22.

Ib.   **Même article, paragraphe deuxième.** Le projet porte :

« En cas de résiliation, le fermier est tenu ainsi qu'il est
« dit en l'article 42 de ce titre. »

1°. Cette disposition ne doit s'appliquer qu'au cas où la
résiliation a lieu par la faute du preneur, et c'est ce qu'il

faut dire. **De la manière dont elle est conçue, elle semble-**
rait applicable toutes les fois qu'il y a résiliation, quelle que
fût la cause.

2°. Il convient de substituer *preneur* à *fermier*. Voir la première observation sur le premier paragraphe de cet article.

3°. Il convient aussi d'exprimer ce dont le preneur est
tenu.

4°. Le projet renvoie à l'article 42 ; c'est à l'article 57 qu'il
devait renvoyer : l'erreur est évidente. En conséquence, ce
deuxième paragraphe a paru à la section exiger la rédaction
suivante :

« En cas de résiliation provenant du fait du preneur,
« celui-ci est tenu des dommages et intérêts, ainsi qu'il est
« dit en l'article 57 de ce titre. »

Art. 60. *Tout fermier*, etc., dire *tout preneur*. Voir l'art. 59. 1767

Même art. Supprimer les mots *d'après le bail*. S'il n'y a Ib.
pas de lieux destinés par le bail, il peut y en avoir qui soient
destinés par l'usage. Il vaut mieux se borner à dire *les lieux
à ce destinés*. Il est clair qu'à défaut de convention l'usage en
tiendra lieu.

Art. 61. *Le fermier d'un bien rural*, dire *le preneur d'un bien* 1768
rural. Voir l'article 59.

Art. 62, 63 et 64. La section pense que ces trois articles, 1769
dont le fond lui a paru très-sage, acquerront une grande
perfection sous le rapport de la précision et de la clarté s'ils
sont fondus en un seul et rédigés ainsi qu'il suit :

« Si le bail est fait pour plusieurs années, et que, pendant
« la durée du bail, la totalité ou la moitié au moins d'une
« récolte soit enlevée par des cas fortuits, le fermier peut
« demander une remise du prix de sa location, à moins qu'il
« ne soit indemnisé par les récoltes précédentes.

« S'il n'est pas indemnisé, l'estimation de la remise ne
« peut avoir lieu qu'à la fin du bail, auquel temps il se fait
« une compensation de toutes les années de jouissance.

« Et cependant le juge peut provisoirement dispenser le
« fermier de payer une partie du prix. »

1770   Art. 65. La section propose la rédaction suivante, qui contient quelques changemens par rapport aux termes, et n'en contient aucun par rapport au fond :

« Si le bail n'est que d'une année, et que la perte soit de
« la totalité des fruits, ou au moins de la moitié, le fermier
« sera déchargé d'une partie proportionnelle du prix de la
« location.

« Il ne pourra prétendre aucune remise si la perte est
« moindre de moitié. »

1771   Art. 66, paragraphe premier. A ces mots, *après qu'ils sont séparés de la terre*, ajoutez *et mis en état d'être enlevés*. Au moyen de cette addition, il sera hors de doute que, s'il s'agit de grains venant d'être coupés, mais n'étant pas encore en gerbes, le bailleur ne pourra se prévaloir de l'article pour opposer une fin de non recevoir au fermier qui demande une remise. Les mots *après qu'ils sont séparés de la terre* seraient interprétés différemment s'ils restaient seuls.

Ib.   Mêmes article et paragraphe. *Excepté que*, dire *à moins que*.

Ib.   Mêmes article et paragraphe. Au lieu de *une quotité de la récolte, telle que la moitié ou le tiers en nature*, dire seulement *une quotité de la récolte en nature*. Le mot *quotité* n'a pas besoin d'explication. Il est clair qu'il signifie portion de chose, et conséquemment que la moitié, le tiers, le quart, etc., sont des quotités.

Ib.   Même article, deuxième paragraphe. *Il ne peut également en demander*, etc., dire *le fermier ne peut également demander une remise*, etc. La répétition des mots *fermier* et *remise* rend la construction plus claire, et dès lors le sens est plus facilement saisi.

1772   Art. 67. Supprimer le mot *valablement*. Ce mot est inutile. Lorsque la loi dit qu'une chose peut être faite, il est incontestable que, si on la fait, on la fait valablement.

1775   Art. 70. Supprimer le mot *aussi*. Cet article n'est point une conséquence de l'article 69, et il prévoit un nouveau cas.

Ib.   Même article. *Selon l'article suivant*, lire *selon l'article précédent*. Faute typographique.

Art. 71. **Au lieu de** *par l'article relatif aux locations faites* 1776
sans écrit, **dire** *par l'article* 69. L'article 69 est trop voisin
pour qu'il ne soit pas plus simple de le rappeler. Les termes
du projet pourraient faire croire au lecteur peu attentif qu'il
s'agit d'un article très-éloigné.

Art. 72. La rédaction suivante a paru préférable à celle du 1777
projet :

« Le fermier sortant doit laisser à celui qui lui succède dans
« la culture les logemens convenables et autres facilités pour
« les travaux de l'année suivante ; et réciproquement, le fer-
« mier entrant doit procurer à celui qui sort les logement
« convenables et autres facilités pour la consommation des
« fourrages et pour les récoltes restant à faire.

« Dans l'un et l'autre cas on doit se conformer à l'usage des
« lieux. »

SECTION IV. — *Du Louage d'ouvrage et d'industrie.*   ch. 3.

Au lieu de *section IV*, dire *chapitre II*.

L'article 2 du projet définit le louage des choses ; tel
est l'objet du chapitre Ier; aussi est-il intitulé *du Louage des
choses*.

L'article 3 définit le louage d'ouvrage ; ce doit être l'objet
du chapitre II.

Les sections du chapitre ne doivent être relatives qu'aux
dépendances de son objet principal.

Art. 74. La section pense qu'il convient de rédiger ainsi 1779
cet article :

« Il y a trois espèces de louage d'ouvrage et d'industrie :

« 1°. Le louage des gens de travail qui s'engagent au ser-
« vice de quelqu'un ;

« 2°. Celui des voituriers tant par terre que par eau qui se
« chargent du transport des personnes ou des marchandises ;

« 3°. Celui des entrepreneurs d'ouvrages par suite de devis
« ou marchés. »

Supprimer les deux dernières lignes qui se trouvent dans

la rédaction du projet; elles ne sont là que par l'effet d'une erreur typographique, et appartiennent à l'article 76, comme on le verra ci-après.

§ I⁰ʳ. *Du Louage des domestiques et ouvriers.*

Au lieu de § I⁰ʳ, dire *section* I⁰ᵉ. La section IV du projet étant devenue un chapitre, les paragraphes de ce chapitre doivent être appelés *sections.*

1871-1779   **Art. 76.** Au-dessous des mots *pour la quotité des gages,* ajoutez *pour le paiement du salaire de l'année échue, et pour les à-comptes donnés pour l'année courante.*

Ces deux lignes ont été placées par erreur dans l'article 74.

Le sens de l'article 76 appelle cette restitution; on ne fait que suivre ici le projet de la commission du Code civil.

ap. 1780   **Art. 77.** La section pense qu'il faut commencer par dire qu'on ne peut être contraint personnellement à faire ce que l'on a promis. Cette règle doit être établie avant tout. En conséquence, celui qui refuse de faire ce qu'il a promis doit être condamné aux dommages-intérêts s'il a eu tort de refuser. Voilà ce qui doit être dit ensuite. Cet ordre est observé dans la rédaction suivante, qui de plus a l'avantage de conserver la réciprocité entre le maître et ceux qu'il emploie.

« Si l'individu qui a loué ses services n'exécute point son « engagement, il ne peut être contraint personnellement à « l'exécuter, mais il est condamné aux dommages-intérêts, « s'il y a lieu.

« Cette disposition est applicable au maître à l'égard du « domestique et de l'ouvrier. »

§ II. Au lieu de § II, dire *section* II. Même motif que ci-dessus.

Ib.   **Art. 78.** Cet article a paru devoir être supprimé comme purement doctrinal. Il présente d'ailleurs une définition abstraite qui nécessiterait plusieurs développemens.

1783   **Art. 80.** *Ils ne répondent pas seulement,* etc., *mais encore,* etc.. dire *ils répondent non seulement,* etc., *mais encore,* etc. L'exactitude grammaticale appelle ce léger changement.

Ici doit être placé l'article 82, qui deviendrait alors l'ar- ¹⁷⁸⁴
ticle 81, et commencerait en ces termes : *Ils sont responsables
de la perte et des avaries*, etc. L'ordre naturel des idées exige
qu'on mette à la suite l'une de l'autre deux dispositions qui
déterminent des cas de responsabilité à l'égard des mêmes
personnes.

Art. 81. D'après ce qui vient d'être dit, cet article serait ¹⁷⁸⁵
le 82.

Quant à sa rédaction, 1° la section craint que, par ces
mots *entrepreneurs de voitures et roulages publics*, on n'en-
tende que les voitures de terre ; il est certain que la disposition doit aussi s'appliquer aux entrepreneurs de voitures
d'eau ; 2° on propose de substituer le mot *effets* au mot *sacs*,
dont le sens n'a pas la même latitude dans l'acception commune.

La rédaction suivante satisfait à ces deux observations.

« Les entrepreneurs de voitures publiques par terre et par
« eau, et ceux des roulages publics, doivent tenir registre de
« l'argent, des effets et des papiers dont ils se chargent. »

§ III. Au lieu de § III, dire *section* III : même motif que
ci-dessus.

Art. 84. Supprimer les deux derniers alinéas de cet article, ¹⁷⁸⁷
comme étant de pure doctrine, et n'ayant nullement le caractère d'une disposition législative.

Art. 85. *Excepté que*, dire *à moins que*. ¹⁷⁸⁸

Art. 87. *Excepté que*, dire *à moins que*. ¹⁷⁹⁰

Art. 88. *Et elle est censée faite*, on propose de supprimer ¹⁷⁹¹
la conjonction *et*, vu que ce qui suit forme une disposition
particulière, et d'ajouter *pour toutes les parties payées*, afin
de rendre la disposition plus claire. Sans cette addition il serait à craindre qu'on imaginât que, dans le cas de l'article,
la vérification est censée faite indistinctement pour toutes les
parties payées ou non payées : cela ne peut ni ne doit être.

Art. 89. *Si l'édifice donné a prix fait*, dire *l'édifice construit* ¹⁷⁹²
à prix fait. L'expression est plus exacte.

Ib.   **Même article.** *L'architecte*, ajouter *et entrepreneur.* En certains lieux le mot *architecte* est à peine connu; on se sert
habituellement du mot *entrepreneur.*

1795   **Art. 92.** *Par la mort de l'ouvrier*, ajouter *de l'architecte ou
de l'entrepreneur.* Cette addition est d'autant plus nécessaire
qu'il est essentiel de faire voir qu'il n'est question ici que de
l'ouvrier qui s'est chargé directement de l'ouvrage, et le fait
ou le dirige comme un entrepreneur. Il ne s'agit nullement
de l'ouvrier travaillant sous l'ordre d'un autre.

1796   **Art. 93.** Au lieu de *à la succession de l'entrepreneur*, dire
à leur succession; leur se rapporte aux trois personnes men-
tionnées en l'article 92.

np. 1796   **Art. 94.** Cet article rentre dans les règles générales des
conventions : on propose de le supprimer comme inutile.

1798   **Art. 96.** Au lieu de *contre le propriétaire pour lequel les
ouvrages ont été faits*, dire *contre celui pour lequel les ouvrages
ont été faits.* Ce n'est pas toujours un propriétaire qui les fait
faire.

Ib.   **Même article.** Au lieu de *ce dont il peut se trouver débiteur*,
dire *ce dont il se trouve débiteur.* L'expression doit être positive et non dubitative.

     Chapitre II, dire *chapitre III.*

1801   **Art. 99.** Supprimer le cinquième paragraphe, commençant
par ces mots : *il y a encore une quatrième espèce*, etc. La section pense que la division en trois espèces suffit. Toute autre
espèce rentre nécessairement dans une des trois premières
dont parle le projet.

1804   **Art. 102.** *Le cheptel simple est un contrat par lequel l'un
donne à l'autre des bestiaux à garder, nourrir et soigner, à condition que celui-ci*, etc.

     Le cheptel est là chose qui forme l'objet du bail.

     L'article a trait au bail même : *l'un* ne peut s'appliquer ni
au cheptel ni au contrat; on a donc pensé que la rédaction
suivante était préférable :

     Le bail à cheptel simple est un contrat par lequel on donne à un autre des bestiaux à garder, nourrir et soigner, à condition que le preneur, etc.

Art. 103. On a craint que, de la manière dont cet article 1805 est rédigé, on ne supposât que l'estimation du cheptel est absolument indispensable. Le seul but du législateur doit être de marquer les effets de l'estimation lorsqu'elle a lieu. C'est dans ce sens qu'il convient que la disposition soit rédigée. On propose de changer l'article ainsi qu'il suit :

« L'estimation donnée au cheptel dans le bail n'en transporte pas la propriété au preneur : elle n'a d'autre objet que de fixer la perte ou le profit qui pourra se trouver à l'expiration du bail. »

Après l'article 110 on a observé qu'il serait utile de placer 1811 une disposition relative au cas où le preneur se permettrait de vendre des bêtes du cheptel sans le consentement du bailleur, et où celui-ci voudrait les revendiquer. C'est une sage précaution que la loi ne doit pas oublier. Cet article additionnel pourrait être ainsi conçu :

« Si le preneur vend des bêtes du cheptel sans le consentement du bailleur, celui-ci peut les revendiquer des mains de l'acheteur ou autre tiers possesseur, s'il a un titre authentique ou ayant une date certaine avant la vente.

« Cette revendication a lieu sans restitution du prix, à moins que les bestiaux n'aient été vendus dans une foire ou dans un marché. »

Art. 115, paragraphe premier. Au lieu de *à la fin ou lors* 1817 *de la résolution du bail*, dire *à la fin du bail ou lors de sa résolution*. Cette construction est plus régulière.

Art. 117, paragraphe troisième. *Excepté que*, dire *à moins* 1819 *que*.

Art. 122. Supprimer les mots *et au colon partiaire*. Il 1824 ne s'agit point dans cet article du colon partiaire, il n'est question que du fermier seul. Ainsi le mot *fermier* doit être seul employé. Cette observation est confirmée par l'intitulé même de la section qui porte : *Du Cheptel donné au fermier*.

1825 **Art. 123** Supprimer le mot *aussi*. La disposition de cet article n'est ni une dépendance ni une conséquence de celles qui précèdent.

1827 **Art. 125.** Supprimer les mots *s'il n'y a stipulation contraire;* autrement il y aurait contradiction avec le quatrième paragraphe de l'article 126, qui porte qu'on ne peut pas stipuler que le colon ne sera pas tenu de toute la perte.

sect. 5 On propose enfin de supprimer le dernier chapitre du projet, intitulé *du Cheptel improprement dit*. Outre que son intitulé est très-vague, l'article unique dont il est composé n'a rien que de conforme à la règle générale; il est donc superflu. On abuserait peut-être même de l'existence de ce chapitre pour prétendre que le cheptel improprement dit est toute autre chose que le cheptel propremet dit, puisque sans cela on n'en aurait pas fait un chapitre particulier.

Telles sont les observations relatives au *Contrat de louage*.

On s'entendit, dans une conférence, sur les changemens proposés.

RÉDACTION DÉFINITIVE DU CONSEIL D'ÉTAT.

(Procès-verbal de la séance du 5 ventose an XII. — 25 février 1804.)

M. GALLI, d'après la conférence tenue avec le Tribunat, présente la rédaction définitive du titre XIII du livre III du projet de Code civil, *du Louage*.

Le CONSEIL l'adopte en ces termes :

DU LOUAGE.

CHAPITRE Ier.

Dispositions générales.

1708 **Art. 1er.** « Il y a deux sortes de contrats de louage :
« Celui des choses,

« Et celui d'ouvrage. »

Art. 2. « Le louage des choses est un contrat par lequel l'une 1709 « des parties s'oblige à faire jouir l'autre d'une chose pen- « dant un certain temps et moyennant un certain prix que « celle-ci s'oblige de lui payer. »

Art. 3. « Le louage d'ouvrage est un contrat par lequel 1710 « l'une des parties s'engage à faire quelque chose pour l'au- « tre moyennant un prix convenu entre elles. »

Art. 4. « Ces deux genres de louage se subdivisent encore 1711 « en plusieurs espèces particulières.

« On appelle *bail à loyer* le louage des maisons et celui « des meubles ;

« *Bail à ferme*, celui des héritages ruraux ;

« *Loyer*, le louage du travail ou du service ;

« *Bail à cheptel*, celui des animaux dont le profit se par- « tage entre le propriétaire et celui à qui il les confie ;

« Les *devis*, *marché* ou *prix fait*, pour l'entreprise d'un « ouvrage moyennant un prix déterminé, sont aussi un « louage, lorsque la matière est fournie par celui pour qui « l'ouvrage se fait.

« Ces trois dernières espèces ont des règles particulières. »

Art. 5. « Les baux des biens nationaux, des biens des 1712 « communes et des établissemens publics, sont soumis à des « règlemens particuliers. »

CHAPITRE II.

Du Louage des choses.

Art. 6. « On peut louer toutes sortes de biens meubles ou 1713 « immeubles. »

SECTION Iʳᵉ. — *Des Règles communes aux baux des maisons et des biens ruraux.*

Art. 7. « On peut louer ou par écrit, ou verbalement. » 1714

Art. 8. « Si le bail fait sans écrit n'a encore reçu aucune 1715

« exécution, et que l'une des parties le nie, la preuve ne peut
« être reçue par témoins, quelque modique qu'en soit le prix,
« et quoiqu'on allègue qu'il y a eu des arrhes données ;

« Le serment peut seulement être déféré à celui qui nie le
« bail. »

17.6   Art. 9. « Lorsqu'il y aura contestation sur le prix du bail
« verbal dont l'exécution a commencé, et qu'il n'existera
« point de quittance, le propriétaire en sera cru sur son ser-
« ment ; si mieux n'aime le locataire demander l'estimation
« par experts, auquel cas les frais de l'expertise restent à sa
« charge, si l'estimation excède le prix qu'il a déclaré. »

1717   Art. 10. « Le preneur a le droit de sous-louer, et même
« de céder son bail à un autre, si cette faculté ne lui a pas
« été interdite.

« Elle peut être interdite pour le tout ou partie.

« Cette clause est toujours de rigueur. »

1718   Art. 11. « Les articles du titre *du Contrat de mariage* et
« *des Droits respectifs des époux*, relatifs aux baux des biens
« des femmes mariées, sont applicables aux baux des biens
« des mineurs. »

1719   Art. 12. « Le bailleur est obligé, par la nature du contrat,
« et sans qu'il soit besoin d'aucune stipulation particulière,

« 1°. De délivrer au preneur la chose louée ;

« 2°. D'entretenir cette chose en état de servir à l'usage
« pour lequel elle a été louée ;

« 3°. D'en faire jouir paisiblement le preneur pendant la
« durée du bail. »

1720   Art. 13. « Le bailleur est tenu de délivrer la chose en bon
« état de réparations de toute espèce.

« Il doit y faire, pendant la durée du bail, toutes les ré-
« parations qui peuvent devenir nécessaires, autres que les
« locatives. »

1721   Art. 14. « Il est dû garantie au preneur pour tous les vices
« ou défauts de la chose louée qui en empêchent l'usage,
« quand même le bailleur ne les aurait pas connus lors du bail.

« S'il résulte de ces vices ou défauts quelque perte pour
« le preneur, le bailleur est tenu de l'indemniser. »

Art. 15. « Si, pendant la durée du bail, la chose louée 1722
« est détruite en totalité par cas fortuit, le bail est résilié de
« plein droit ; si elle n'est détruite qu'en partie, le preneur
« peut, suivant les circonstances, demander ou une diminu-
« tion du prix, ou la résiliation même du bail. Dans l'un et
« l'autre cas, il n'y a lieu à aucun dédommagement. »

Art. 16. « Le bailleur ne peut, pendant la durée du bail, 1723
« changer la forme de la chose louée. »

Art. 17. « Si, durant le bail, la chose louée a besoin de 1724
« réparations urgentes, et qui ne puissent être différées jus-
« qu'à sa fin, le preneur doit les souffrir, quelque incom-
« modité qu'elles lui causent, et quoiqu'il soit privé, pen-
« dant qu'elles se font, d'une partie de la chose louée.

« Mais, si ces réparations durent plus de quarante jours,
« le prix du bail sera diminué à proportion du temps et de
« la partie de la chose louée dont il aura été privé.

« Si les réparations sont de telle nature qu'elles rendent
« inhabitable ce qui est nécessaire au logement du preneur
« et de sa famille, celui-ci pourra faire résilier le bail. »

Art. 18. « Le bailleur n'est pas tenu de garantir le pre- 1725
« neur du trouble que des tiers apportent par voies de fait
« à sa jouissance, sans prétendre d'ailleurs aucun droit sur
« la chose louée ; sauf au preneur à les poursuivre en son
« nom personnel. »

Art. 19. « Si, au contraire, le locataire ou le fermier ont 1726
« été troublés dans leur jouissance par suite d'une action
« concernant la propriété du fonds, ils ont droit à une di-
« minution proportionnée sur le prix du bail à loyer ou à
« ferme, pourvu que le trouble et l'empêchement aient été
« dénoncés au propriétaire. »

Art. 20. « Si ceux qui ont commis les voies de fait pré- 1727
« tendent avoir quelque droit sur la chose louée, ou si le
« preneur est lui-même cité en justice pour se voir condam-

« ner au délaissement de la totalité ou de partie de cette
« chose, ou à souffrir l'exercice de quelque servitude, il doit
« appeler le bailleur en garantie, et doit être mis hors d'in-
« stance, s'il l'exige, en nommant le bailleur pour lequel il
« possède. »

1728   Art. 21. « Le preneur est tenu de deux obligations prin-
« cipales,

   « 1°. D'user de la chose louée, en bon père de famille, et
« suivant la destination qui lui a été donnée par le bail, ou
« suivant celle présumée d'après les circonstances, à défaut
« de convention;

   « 2°. De payer le prix du bail aux termes convenus. »

1729   Art. 22. « Si le preneur emploie la chose louée à un autre
« usage que celui auquel elle a été destinée, ou dont il puisse
« résulter un dommage pour le bailleur, celui-ci peut, sui-
« vant les circonstances, faire résilier le bail. »

1730   Art. 23. « S'il a été fait un état des lieux entre le bailleur
« et le preneur, celui-ci doit rendre la chose telle qu'il l'a
« reçue, suivant cet état, excepté ce qui a péri ou a été dé-
« gradé par vétusté ou force majeure. »

1731   Art. 24. « S'il n'a pas été fait d'état des lieux, le preneur
« est présumé les avoir reçus en bon état de réparations lo-
« catives, et doit les rendre tels; sauf la preuve contraire. »

1732   Art. 25. Il répond des dégradations ou des pertes qui ar-
« rivent pendant sa jouissance, à moins qu'il ne prouve
« qu'elles ont eu lieu sans sa faute. »

1733   Art. 26. « Il répond de l'incendie, à moins qu'il ne prouve
   « Que l'incendie est arrivé par cas fortuit ou force ma-
« jeure, ou par vice de construction,

   « Ou que le feu a été communiqué par une maison voisine. »

1734   Art. 27. « S'il y a plusieurs locataires, tous sont solidai-
« rement responsables de l'incendie;

   « A moins qu'ils ne prouvent que l'incendie a commencé
« dans l'habitation de l'un d'eux, auquel cas, celui-là seul
« en est tenu;

« Ou que quelques-uns ne prouvent que l'incendie n'a pu
« commencer chez eux ; auquel cas ceux-là n'en sont pas
« tenus. »

Art. 28. « Le preneur est tenu des dégradations et des 1735
« pertes qui arrivent par le fait des personnes de sa maison
« ou de ses sous-locataires. »

Art. 29. « Si le bail a été fait sans écrit, l'une des parties 1736
« ne pourra donner congé à l'autre qu'en observant les délais
« fixés par l'usage des lieux. »

Art. 30. « Le bail cesse de plein droit à l'expiration du 1737
« terme fixé, lorsqu'il a été fait par écrit, sans qu'il soit
« nécessaire de donner congé. »

Art. 31. « Si, à l'expiration des baux écrits, le preneur 1738
« reste et est laissé en possession, il s'opère un nouveau
« bail dont l'effet est réglé par l'article relatif aux locations
« faites sans écrit. »

Art. 32. « Lorsqu'il y a un congé signifié, le preneur, 1739
« quoiqu'il ait continué sa jouissance, ne peut invoquer la
« tacite réconduction. »

Art. 33. « Dans le cas des deux articles précédens, la cau- 1740
« tion donnée pour le bail ne s'étend pas aux obligations
« résultant de la prolongation. »

Art. 34. « Le contrat de louage se résout par la perte de la 1741
« chose louée, et par le défaut respectif du bailleur et du
« preneur de remplir leurs engagemens. »

Art. 35. « Le contrat de louage n'est point résolu par la 1742
« mort du bailleur, ni par celle du preneur. »

Art. 36. « Si le bailleur vend la chose louée, l'acquéreur 1743
« ne peut expulser le fermier ou le locataire qui a un bail
« authentique ou dont la date est certaine, à moins qu'il ne
« se soit réservé ce droit par le contrat de bail. »

Art. 37. « S'il a été convenu, lors du bail, qu'en cas de 1744
« vente l'acquéreur pourrait expulser le fermier ou locataire,
« et qu'il n'ait été fait aucune stipulation sur les dommages
« et intérêts, le bailleur est tenu d'indemniser le fermier ou
« le locataire, de la manière suivante. »

1745   Art. 38. « S'il s'agit d'une maison, appartement ou bou-
« tique, le bailleur paie, à titre de dommages et intérêts,
« au locataire évincé, une somme égale au prix du loyer,
« pendant le temps qui, suivant l'usage des lieux, est accordé
« entre le congé et la sortie. »

1746   Art. 39. « S'il s'agit de biens ruraux, l'indemnité que le
« bailleur doit payer au fermier est du tiers du prix du bail
« pour tout le temps qui reste à courir. »

1747   Art. 40. « L'indemnité se réglera par experts, s'il s'agit de
« manufactures, usines, ou autres établissemens qui exigent
« de grandes avances. »

1748   Art. 41. « L'acquéreur qui veut user de la faculté réservée
« par le bail, d'expulser le fermier ou locataire en cas de
« vente, est, en outre, tenu d'avertir le locataire au temps
« d'avance usité dans le lieu pour les congés.

    « Il doit aussi avertir le fermier de biens ruraux au moins
« un an à l'avance. »

1749   Art. 42. « Les fermiers ou les locataires ne peuvent être
« expulsés qu'ils ne soient payés par le bailleur, ou, à son
« défaut, par le nouvel acquéreur, des dommages et intérêts
« ci-dessus expliqués. »

1750   Art. 43. « Si le bail n'est pas fait par acte authentique, ou
« n'a point de date certaine, l'acquéreur n'est tenu d'aucuns
« dommages et intérêts. »

1751   Art. 44. « L'acquéreur à pacte de rachat ne peut user de
« la faculté d'expulser le preneur, jusqu'à ce que, par l'ex-
« piration du délai fixé pour le réméré, il devienne proprié-
« taire incommutable. »

SECTION II.— *Des Règles particulières aux baux à loyer.*

1752   Art. 45. « Le locataire qui ne garnit pas la maison de meu-
« bles suffisans peut être expulsé, à moins qu'il ne donne
« des sûretés capables de répondre du loyer. »

1753   Art. 46. « Le sous-locataire n'est tenu envers le proprié-
« taire que jusqu'à concurrence du prix de sa sous-location

« dont il peut être débiteur au moment de la saisie, et sans
« qu'il puisse opposer des paiemens faits par anticipation.

« Les paiemens faits par le sous-locataire, soit en vertu
« d'une stipulation portée en son bail, soit en conséquence
« de l'usage des lieux, ne sont pas réputés faits par anticipa-
« tion. »

Art. 47. « Les réparations locatives ou de menu entretien 1754
« dont le locataire est tenu, s'il n'y a clause contraire, sont
« celles désignées comme telles par l'usage des lieux, et,
« entre autres, les réparations à faire

« Aux âtres, contre-cœurs, chambranles et tablettes des
« cheminées ;

« Au recrépiment du bas des murailles des appartemens
« et autres lieux d'habitation, à la hauteur d'un mètre ;

« Aux pavés et carreaux des chambres, lorsqu'il y en a
« seulement quelques-uns de cassés ;

« Aux vitres, à moins qu'elles ne soient cassées par la grêle,
« ou autres accidens extraordinaires et de force majeure,
« dont le locataire ne peut être tenu ;

« Aux portes, croisées, planches de cloison ou de ferme-
« ture de boutiques, gonds, targettes et serrures. »

Art. 48. « Aucune des réparations réputées locatives n'est 1755
« à la charge des locataires, quand elles ne sont occasionées
« que par vétusté ou force majeure. »

Art. 49. « Le curement des puits et celui des fosses d'ai- 1756
« sances sont à la charge du bailleur, s'il n'y a clause con-
« traire. »

Art. 50. « Le bail des meubles fournis pour garnir une 1757
« maison entière, un corps-de-logis entier, une boutique,
« ou tous autres appartemens, est censé fait pour la durée
« ordinaire des baux de maisons, corps-de-logis, boutiques
« ou autres appartemens, selon l'usage des lieux. »

Art. 51. « Le bail d'un appartement meublé est censé fait 1758
« à l'année, quand il a été fait à tant par an ;

« Au mois, quand il a été fait à tant par mois ;

« Au jour, s'il a été fait à tant par jour.

« Si rien ne constate que le bail soit fait à tant par an, par
« mois ou par jour, la location est censée faite suivant l'usage
« des lieux. »

1759   Art. 52. « Si le locataire d'une maison ou d'un apparte-
« ment continue sa jouissance après l'expiration du bail par
« écrit, sans opposition de la part du bailleur, il sera censé
« les occuper aux mêmes conditions, pour le terme fixé par
« l'usage des lieux, et ne pourra plus en sortir ni en être
« expulsé qu'après un congé donné suivant le délai fixé par
« l'usage des lieux. »

1760   Art. 53. « En cas de résiliation par la faute du locataire,
« celui-ci est tenu de payer le prix du bail pendant le temps
« nécessaire à la relocation, sans préjudice des dommages et
« intérêts qui ont pu résulter de l'abus. »

1761   Art. 54. « Le bailleur ne peut résoudre la location, encore
« qu'il déclare vouloir occuper par lui-même la maison
« louée, s'il n'y a eu convention contraire. »

1762   Art. 55. « S'il a été convenu dans le contrat de louage
« que le bailleur pourrait venir occuper la maison, il est
« tenu de signifier d'avance un congé aux époques déter-
« minées par l'usage des lieux. »

SECTION III. — *Règles particulières aux baux à ferme.*

1763   Art. 56. « Celui qui cultive sous la condition d'un partage
« de fruits avec le bailleur ne peut ni sous-louer ni céder,
« si la faculté ne lui en a été expressément accordée par le
« bail. »

1764   Art. 57. « En cas de contravention, le propriétaire a droit
« de rentrer en jouissance, et le preneur est condamné aux
« dommages-intérêts résultant de l'inexécution du bail. »

1765   Art. 58. « Si dans un bail à ferme on donne aux fonds une
« contenance moindre ou plus grande que celle qu'ils ont
« réellement, il n'y a lieu à augmentation ou diminution de

« prix pour le fermier, que dans les cas et suivant les règles
« exprimés au titre *de la Vente.* »

Art. 59. « Si le preneur d'un héritage rural ne le garnit pas   1766
« des bestiaux et des ustensiles nécessaires à son exploitation,
« s'il abandonne la culture, s'il ne cultive pas en bon père
« de famille, s'il emploie la chose louée à un autre usage que
« celui auquel elle a été destinée, ou, en général, s'il n'exé-
« cute pas les clauses du bail, et qu'il en résulte un dom-
« mage pour le bailleur, celui-ci peut, suivant les circon-
« stances, faire résilier le bail.

« En cas de résiliation provenant du fait du preneur,
« celui-ci est tenu des dommages-intérêts, ainsi qu'il est dit
« en l'article 57 de ce titre. »

Art. 60. « Tout preneur de bien rural est tenu d'engran-   1767
« ger dans les lieux à ce destinés d'après le bail. »

Art. 61. « Le preneur d'un bien rural est tenu, sous peine   1768
« de tous dépens, dommages et intérêts, d'avertir le pro-
« priétaire des usurpations qui peuvent être commises sur les
« fonds.

« Cet avertissement doit être donné dans le même délai
« que celui qui est réglé en cas d'assignation suivant la dis-
« tance des lieux. »

Art. 62. « Si le bail est fait pour plusieurs années, et que,   1769
« pendant la durée du bail, la totalité ou la moitié d'une
« récolte au moins soit enlevée par des cas fortuits, le fermier
« peut demander une remise du prix de sa location, à moins
« qu'il ne soit indemnisé par les récoltes précédentes.

« S'il n'est pas indemnisé, l'estimation de la remise ne
« peut avoir lieu qu'à la fin du bail, auquel temps il se fait
« une compensation de toutes les années de jouissance ;

« Et cependant le juge peut provisoirement dispenser le
« preneur de payer une partie du prix, en raison de la perte
« soufferte. »

Art. 63. « Si le bail n'est que d'une année, et que la perte   1770
« soit de la totalité des fruits, ou au moins de la moitié, le

« preneur sera déchargé d'une partie proportionnelle du prix
« de la location.

« Il ne pourra prétendre aucune remise, si la perte est
« moindre de moitié. »

1771 Art. 64. « Le fermier ne peut obtenir de remise lorsque
« la perte des fruits arrive après qu'ils sont séparés de la
« terre, à moins que le bail ne donne au propriétaire une
« quotité de la récolte en nature ; auquel cas le propriétaire
« doit supporter sa part de la perte, pourvu que le preneur
« ne fût pas en demeure de lui délivrer sa portion de récolte.

« Le fermier ne peut également demander une remise
« lorsque la cause du dommage était existante et connue à
« l'époque où le bail a été passé. »

1772 Art. 65. « Le preneur peut être chargé des cas fortuits par
« une stipulation expresse. »

1773 Art. 66. « Cette stipulation ne s'entend que des cas for-
« tuits ordinaires, tels que grêle, feu du ciel, gelée ou
« coulure.

« Elle ne s'entend point des cas fortuits extraordinaires,
« tels que les ravages de la guerre, ou une inondation, aux-
« quels le pays n'est pas ordinairement sujet, à moins que le
« fermier n'ait été chargé de tous les cas fortuits prévus ou
« imprévus. »

1774 Art. 67. « Le bail sans écrit d'un fonds rural est censé fait
« pour le temps qui est nécessaire, afin que le preneur re-
« cueille tous les fruits de l'héritage affermé.

« Ainsi le bail à ferme d'un pré, d'une vigne, et de tout
« autre fonds dont les fruits se recueillent en entier dans le
« cours de l'année, est censé fait pour un an.

« Le bail des terres labourables, lorsqu'elles se divisent par
« soles ou saisons, est censé fait pour autant d'années qu'il y
« a de soles. »

1775 Art. 68. « Le bail des héritages ruraux, quoique fait sans
« écrit, cesse de plein droit à l'expiration du temps pour le-
« quel il est censé fait, selon l'article précédent. »

Art. 69. « Si, à l'expiration des baux ruraux écrits, le 1776
« preneur reste et est laissé en possession, il s'opère un nou-
« veau bail dont l'effet est réglé par l'article 67. »

Art. 70. « Le fermier sortant doit laisser à celui qui lui 1777
« succède dans la culture les logemens convenables et autres
« facilités pour les travaux de l'année suivante ; et récipro-
« quement, le fermier entrant doit procurer à celui qui sort
« les logemens convenables et autres facilités pour la con-
« sommation des fourrages, et pour les récoltes restant à
« faire.

« Dans l'un et l'autre cas, on doit se conformer à l'usage
« des lieux. »

Art. 71. « Le fermier sortant doit aussi laisser les pailles et 1778
« engrais de l'année, s'il les a reçus lors de son entrée en
« jouissance ; et quand même il ne les aurait pas reçus, le
« propriétaire pourra les retenir suivant l'estimation. »

CHAPITRE III.

Du Louage d'ouvrage et d'industrie.

Art. 72. « Il y a trois espèces principales de louage d'ou- 1779
« vrage et d'industrie :

« 1°. Le louage des gens de travail qui s'engagent au service
« de quelqu'un ;

« 2°. Celui des voituriers, tant par terre que par eau, qui
« se chargent du transport des personnes ou des marchan-
« dises ;

« 3°. Celui des entrepreneurs d'ouvrages par suite de devis
« ou marchés. »

SECTION 1re. — Du Louage des domestiques et ouvriers.

Art. 73. « On ne peut engager ses services qu'à temps, ou 1780
« pour une entreprise déterminée. »

Art. 74. « Le maître est cru sur son affirmation, 1781
« Pour la quotité des gages,

« Pour le paiement du salaire de l'année échue,

« Et pour les à-comptes donnés pour l'année courante. »

SECTION II. — *Des Voituriers par terre et par eau.*

1782　Art. 75. « Les voituriers par terre et par eau sont assu-
« jétis, pour la garde et la conservation des choses qui leur
« sont confiées, aux mêmes obligations que les aubergistes,
« dont il est parlé au titre *du Dépôt et du Séquestre.* »

1783　Art. 76. « Ils répondent non seulement de ce qu'ils ont
« déjà reçu dans leur bâtiment ou voiture, mais encore de
« ce qui leur a été remis sur le port ou dans l'entrepôt pour
« être placé dans leur bâtiment ou voiture. »

1784　Art. 77. « Ils sont responsables de la perte et des avaries
« des choses qui leur sont confiées, à moins qu'ils ne prouvent
« qu'elles ont été perdues et avariées par un cas fortuit ou
« force majeure. »

1785　Art. 78. « Les entrepreneurs de voitures publiques par
« terre et par eau, et ceux des roulages publics doivent tenir
« registre de l'argent, des effets et des paquets dont ils se
« chargent. »

1786　Art. 79. « Les entrepreneurs et directeurs de voitures et
« roulages publics, les maîtres de barques et navires, sont
« en outre assujétis à des règlemens particuliers, qui font la
« loi entre eux et les autres citoyens. »

SECTION III. — *Des Devis et des Marchés.*

1787　Art. 80. « Lorsqu'on charge quelqu'un de faire un ou-
« vrage, on peut convenir qu'il fournira seulement son tra-
« vail ou son industrie, ou bien qu'il fournira aussi la matière.

1788　Art. 81. « Si, dans le cas où l'ouvrier fournit la matière,
« la chose vient à périr, de quelque manière que ce soit,
« avant d'être livrée, la perte en est pour l'ouvrier, à moins
« que le maître ne fût en demeure de recevoir la chose. »

1789　Art. 82. « Dans le cas où l'ouvrier fournit seulement son

« travail ou son industrie, si la chose vient à périr, l'ouvrier
« n'est tenu que de sa faute. »

Art. 83. « Si, dans le cas de l'article précédent, la chose   1790
« vient à périr, quoique sans aucune faute de la part de l'ou-
« vrier, avant que l'ouvrage ait été reçu, et sans que le
« maître fût en demeure de le vérifier, l'ouvrier n'a point de
« salaire à réclamer, à moins que la chose n'ait péri par le
« vice de la matière. »

Art. 84. « S'il s'agit d'un ouvrage à plusieurs pièces ou à   1791
« la mesure, la vérification peut s'en faire par parties; elle
« est censée faite pour toutes les parties payées, si le maître
« paie l'ouvrier en proportion de l'ouvrage fait. »

Art. 85. « Si l'édifice construit à prix fait périt en tout ou   1792
« en partie par le vice de la construction, même par le vice
« du sol, les architecte et entrepreneur en sont responsables
« pendant dix ans. »

Art. 86. « Lorsqu'un architecte ou un entrepreneur s'est   1793
« chargé de la construction à forfait d'un bâtiment, d'après
« un plan arrêté et convenu avec le propriétaire du sol, il ne
« peut demander aucune augmentation de prix, ni sous le
« prétexte d'augmentation de la main d'œuvre ou des maté-
« riaux, ni sous celui de changemens ou d'augmentations
« faits sur ce plan, si ces changemens ou augmentations
« n'ont pas été autorisés par écrit, et le prix convenu avec le
« propriétaire. »

Art. 87. « Le maître peut résilier, par sa seule volonté,   1794
« le marché à forfait, quoique l'ouvrage soit déjà commencé,
« en dédommageant l'entrepreneur de toutes ses dépenses,
« de tous ses travaux, et de tout ce qu'il aurait pu gagner
« dans cette entreprise. »

Art. 88. « Le contrat de louage d'ouvrage est dissous par   1795
« la mort de l'ouvrier, de l'architecte ou entrepreneur. »

Art. 89. « Mais le propriétaire est tenu de payer en pro-   1796
« portion du prix porté par la convention, à leur succession,
« la valeur des ouvrages faits et celle des matériaux pré-

« parés, lors seulement que ces travaux ou ces matériaux
« peuvent lui être utiles. »

1797   Art. 90. « L'entrepreneur répond du fait des personnes
« qu'il emploie. »

1798   Art. 91. « Les maçons, charpentiers et autres ouvriers
« qui ont été employés à la construction d'un bâtiment ou
« d'autres ouvrages faits à l'entreprise, n'ont d'action contre
« celui pour lequel les ouvrages ont été faits, que jusqu'à
« concurrence de ce dont il se trouve débiteur envers l'en-
« trepreneur, au moment où leur action est intentée. »

1799   Art. 92. « Les maçons, charpentiers, serruriers et autres
« ouvriers qui font directement des marchés à prix fait sont
« astreints aux règles prescrites dans la présente section : ils
« sont entrepreneurs dans la partie qu'ils traitent. »

CHAPITRE IV.

Du Bail à cheptel.

SECTION Iᵉ. — Dispositions générales.

1800   Art. 93. « Le bail à cheptel est un contrat par lequel l'une
« des parties donne à l'autre un fonds de bétail pour le gar-
« der, le nourrir et le soigner, sous les conditions convenues
« entre elles. »

1801   Art. 94. « Il y a plusieurs sortes de cheptels :
« Le cheptel simple ou au ordinaire,
« Le cheptel à moitié,
« Le cheptel donné au fermier ou colon partiaire.
« Il y a encore une quatrième espèce de contrat impro-
« prement appelée cheptel. »

1802   Art. 95. « On peut donner à cheptel toute espèce d'ani-
« maux susceptibles de croît ou de profit, pour l'agriculture
« ou le commerce. »

1803   Art. 96. « A défaut de conventions particulières, ces con-
« trats se règlent par les principes qui suivent : »

SECTION II.—*Du Cheptel simple.*

Art. 97. « Le bail à cheptel simple est un contrat par le- 1804
« quel on donne à un autre des bestiaux à garder, nourrir
« et soigner, à condition que le preneur profitera de la moitié
« du croît, et qu'il supportera aussi la moitié de la perte. »

Art. 98. « L'estimation donnée au cheptel dans le bail n'en 1805
« transporte pas la propriété au preneur; elle n'a d'autre
« objet que de fixer la perte ou le profit qui pourra se trouver
« à l'expiration du bail. »

Art. 99. « Le preneur doit les soins d'un bon père de fa- 1806
« mille à la conservation du cheptel. »

Art. 100. « Il n'est tenu du cas fortuit que lorsqu'il a été 1807
« précédé de quelque faute de sa part, sans laquelle la perte
« ne serait pas arrivée. »

Art. 101. « En cas de contestation, le preneur est tenu de 1808
« prouver le cas fortuit, et le bailleur est tenu de prouver la
« faute qu'il impute au preneur. »

Art. 102. « Le preneur qui est déchargé par le cas fortuit 1809
« est toujours tenu de rendre compte des peaux des bêtes. »

Art. 103. « Si le cheptel périt en entier sans la faute du 1810
« preneur, la perte en est pour le bailleur ;

« S'il n'en périt qu'une partie, la perte est supportée en
« commun, d'après le prix de l'estimation originaire, et
« celui de l'estimation à l'expiration du cheptel.

Art. 104. « On ne peut stipuler 1811

« Que le preneur supportera la perte totale du cheptel,
« quoique arrivée par cas fortuit et sans sa faute,

« Ou qu'il supportera, dans la perte, une part plus grande
« que dans le profit,

« Ou que le bailleur prélèvera, à la fin du bail, quelque
« chose de plus que le cheptel qu'il a fourni.

« Toute convention semblable est nulle.

« Le preneur profite seul des laitages, du fumier, et du
« travail des animaux donnés à cheptel.

« La laine et le croît se partagent. »

1812 Art. 105. « Le preneur ne peut disposer d'aucune bête du
« troupeau, soit du fonds, soit du croît, sans le consente-
« ment du bailleur, qui ne peut lui-même en disposer sans
« le consentement du preneur. »

1813 Art. 106. « Lorsque le cheptel est donné au fermier d'au-
« trui, il doit être notifié au propriétaire de qui ce fermier
« tient; sans quoi il peut le saisir et le faire vendre pour ce
« que son fermier lui doit. »

1814 Art. 107. « Le preneur ne pourra tondre sans en prévenir
« le bailleur. »

1815 Art. 108. « S'il n'y a pas de temps fixé par la convention
« pour la durée du cheptel, il est censé fait pour trois ans. »

1816 Art. 109. « Le bailleur peut en demander plutôt la résolu-
« tion si le preneur ne remplit pas ses obligations. »

1817 Art. 110. « A la fin du bail, ou lors de sa résolution, il se
« fait une nouvelle estimation du cheptel.

« Le bailleur peut prélever des bêtes de chaque espèce,
« jusqu'à concurrence de la première estimation. L'excédant
« se partage.

« S'il n'existe pas assez de bêtes pour remplir la première
« estimation, le bailleur prend ce qui reste, et les parties se
« font raison de la perte. »

SECTION III. — *Du Cheptel à moitié.*

1818 Art. 111. « Le cheptel à moitié est une société dans laquelle
« chacun des contractans fournit la moitié des bestiaux, qui
« demeurent communs pour le profit ou pour la perte. »

1819 Art. 112. « Le preneur profite seul, comme dans le cheptel
« simple, des laitages, du fumier et des travaux des bêtes.

« Le bailleur n'a droit qu'à la moitié des laines et du croît.

« Toute convention contraire est nulle, à moins que le
« bailleur ne soit propriétaire de la métairie dont le preneur
« est fermier ou colon partiaire. »

Art. 113. « Toutes les autres règles du cheptel simple s'ap- 1820
« pliquent au cheptel à moitié. »

SECTION IV. — *Du Cheptel donné par le propriétaire à son*
fermier ou colon partiaire.

§ Ier. *Du Cheptel donné au fermier.*

Art. 114. « Ce cheptel (aussi appelé *cheptel de fer*) est ce- 1821
« lui par lequel le propriétaire d'une métairie la donne à
« ferme, à la charge qu'à l'expiration du bail le fermier
« laissera des bestiaux d'une valeur égale au prix de l'esti-
« mation de ceux qu'il aura reçus. »

Art. 115. « L'estimation du cheptel donné au fermier ne lui 1822
« en transfère pas la propriété, mais néanmoins le met à ses
« risques. »

Art. 116. « Tous les profits appartiennent au fermier pen- 1823
« dant la durée de son bail, s'il n'y a convention contraire. »

Art. 117. « Dans les cheptels donnés au fermier, le fumier 1824
« n'est point dans les profits personnels des preneurs, mais
« appartient à la métairie, à l'exploitation de laquelle il doit
« être uniquement employé. »

Art. 118. « La perte même totale et par cas fortuit est en 1825
« entier pour le fermier, s'il n'y a convention contraire. »

Art. 119. « A la fin du bail, le fermier ne peut retenir le 1826
« cheptel en en payant l'estimation originaire ; il doit en
« laisser un de valeur pareille à celui qu'il a reçu.

« S'il y a du déficit, il doit le payer ; et c'est seulement
« l'excédant qui lui appartient. »

§ II. *Du Cheptel donné au colon partiaire.*

Art. 120. « Si le cheptel périt en entier sans la faute du co- 1827
« lon, la perte est pour le bailleur. »

Art. 121. « On peut stipuler que le colon délaissera au bail- 1828
« leur sa part de la toison à un prix inférieur à la valeur
« ordinaire ;

« Que le bailleur aura une plus grande part du profit ;

« Qu'il aura la moitié des laitages.

« Mais on ne peut pas stipuler que le colon sera tenu de « toute la perte. »

1829   Art. 122. « Ce cheptel finit avec le bail à métairie. »

1830   Art. 123. « Il est d'ailleurs soumis à toutes les règles du « cheptel simple. »

SECTION V.—*Du Contrat improprement appelé* Cheptel.

1831   Art. 124. « Lorsqu'une ou plusieurs vaches sont données « pour les loger et les nourrir, le bailleur en conserve la « propriété ; il a seulement le profit des veaux qui en nais- « sent. »

M. Galli fut nommé, avec MM. Treilhard et Bérenger, pour présenter au Corps législatif, dans la séance du 9 ventose an XII (29 février 1804), le titre XIII du livre III du projet de Code civil, intitulé *du Louage*, et pour en soutenir la discussion dans sa séance du 16 ventose (7 mars) suivant.

PRÉSENTATION AU CORPS LÉGISLATIF,

ET EXPOSÉ DES MOTIFS, PAR M. GALLI.

Législateurs, l'on vient de vous présenter, pour être converti en loi, le titre XI, *de la Vente ;*

Celui *du Louage*, que l'on vous présente aujourd'hui, lui ressemble beaucoup, et la différence qu'il y a entre eux n'empêche pas qu'ils aient aussi de grands rapports.

Le premier contrat que firent les hommes fut celui de l'échange (a).

_____

(a) Domat, *Lois civiles*, page 26, colon. 2, édition de Paris, 1771.

Le second fut celui de la vente : *Origo emendi vendendique a permutationibus cœpit*, dit le texte dans la loi 1re, ff. *de contrahend. empt.*

C'est par l'invention de la monnaie que l'usage de la vente s'est introduit (a). Or il est probable que le contrat de louage a suivi immédiatement celui de la vente.

Les anciens jurisconsultes *locationem sœpe* venditionem *appellarunt et conductorem emptorem ;* et cela *propter vicinitem emptionis et locationis :* c'est entre autres Cujas qui nous l'observe (b).

De là il résulte que plusieurs règles sont communes à l'un et à l'autre des deux contrats.

Nous en avons un exemple dans la loi 39, ff. *de Pactis : ibi : veteribus placet pactionem obscuram vel ambiguam venditori, et qui locavit nocere.* En voici la raison : parce qu'il est au pouvoir soit du vendeur, soit du locateur, *legem apertius conscribere* (c).

Le contrat de louage, n'en déplaise à ceux qui pensent autrement, doit être envisagé comme très-utile à l'agriculture. Tel a une métairie qui depuis quelque temps est fort dégradée ; tel autre, un héritage qui pourrait être amélioré par des canaux, par des aplanissemens ; tel pourrait en augmenter les revenus au moyen de quelques défrichemens ou d'autres variations : mais comment les faire, s'il n'a pas les sommes qu'il lui faut ? Un contrat de louage, un fermier, mettent le propriétaire dans le cas de remplir ses vues. D'après ces réflexions, je ne puis comprendre qu'il puisse y avoir une opinion contraire. Un ancien philosophe (d) disait fort bien : *Pauca admodum sunt sine adversario.*

Mais, quoi qu'il en soit de cette question, approchons-nous de la matière et de la loi dont il s'agit ; voyons quels en furent les principes et les bases.

(a) Domat, *Lois civiles*, page 44.
(b) *Ad LL.* 19 et 20, ff. *de Actionibus empt.*
(c) Domat, page 48.
(d) Senec. natural. Quest. lib. 5.

La plus grande partie des choses qu'on dit dans ce titre appartiennent à la substance et à la nature du contrat de louage, et ne sont appuyées que sur les règles générales du droit écrit, du droit commun, enfin sur les principes de cette philosophie qui est exactement l'âme et la source de la jurisprudence.

Ce sera donc mieux de me resserrer dans des bornes plus étroites, n'ayant pour objet que les matières les plus importantes ou les plus douteuses, et susceptibles de discussion.

ch. 1.　Les six premiers articles ne consistent que dans la division de plusieurs sortes de louages, dans leurs définitions, et dans d'autres matières de toute évidence.

1714　Le seul consentement sur la chose qui est louée et sur le prix fait le louage (a); il peut donc se faire par écrit ou verbalement, comme il est dit dans l'article 7 : car les actes qui en sont dressés, soit sous signature privée, soit par-devant notaires, ne sont interposés que pour servir à la preuve du contrat, ou pour acquérir des droits d'hypothèque et d'exécution (b).

1715　L'article 8 porte : « Si le bail sans écrit n'a encore reçu « aucune exécution, et que l'une des parties le nie,

　　« La preuve ne peut être reçue par témoins,

　　« Quelque modique qu'en soit le prix, et quoiqu'on allègue « qu'il y a eu des arrhes données;

　　« Le serment peut seulement être déféré à celui qui nie « le bail. »

Cet article, tel qu'il est conçu, évite bien des procès sans que l'intérêt d'aucun y soit lésé, puisque c'est dans l'hypothèse que le bail n'ait encore eu la moindre exécution.

1717　L'article 10 déclare que « le preneur (c) a le droit de sous-« louer et même de céder son bail à un autre, si cette faculté « ne lui a pas été interdite. »

(a) Pothier, du Louage, page 3, édition d'Orléans, 1771.

(b) Idem, pages 34, 56 et 59.

(c) Preneur soit conducteur, Domat, tit. 4 du Louage, page 2, 44, colonne 2, édition de Paris, 1771.

La loi romaine nous l'avait déjà dit : *nemo prohibetur rem quam conduxit, fruendam alii locare, si nihil aliud convenit* (a).

L'article 13 dit que « le bailleur (b) doit faire pendant la 1720 « durée du bail toutes les réparations qui peuvent devenir « nécessaires, autres que les *locatives*. »

Notez *autres que les locatives ;* car il y a certaines menues réparations qu'on appelle *locatives* dont l'usage a chargé les locataires des maisons (c).

Dans le cas de réparations urgentes durant le bail, il est 1724 dit, art. 17, que, « si elles durent plus de quarante jours, « le prix du bail sera diminué à concurrence du temps et de « la partie de la chose louée dont le preneur aura été privé. »

La fixation du terme ne permettra plus aux parties de s'entraîner dans des questions peut-être de peu d'importance, mais toujours très-dispendieuses.

L'article 19 dispose que, « si le bail a été fait sans écrit, 1726 « l'une des parties ne pourra donner congé à l'autre qu'en « observant les délais fixés par l'usage des lieux. »

Voici, dans ce titre comme dans bien d'autres, respectés les usages des lieux : *Inveterata consuetudo pro lege custoditur, et hoc est jus quod dicitur moribus constitutum.* L. 32, § 1er, ff. *de Legibus.*

Même il est bon de remarquer que la loi romaine les respectait également en matière de louage. L. 19, Cod. *Loc.* (d).

L'article 33 dispose que « la caution donnée par le bail ne 1740 « s'étend pas aux obligations résultant de la prolongation. » Rien de plus juste, parce que l'obligation de la caution est censée fixée au temps du bail, et non à une prolongation à laquelle celui qui s'est rendu garant n'aurait eu aucune part et n'y aurait acquiescé (e).

Cette disposition doit paraître d'autant plus sage, qu'elle

(a) L. 16, Cod. *de Locato.* L. 60, ff. *eodem.*
(b) Bailleur, soit *locateur*, Domat, tit. 4 *du Louage*, page 44.
(c) Selon ce que dit Pothier, page 176.
(d) Voyez aussi Pothier, page 268.
(e) Domat, *du Louage,* tit. 4, sect. 4, § 9, page 49.

est aussi appuyée sur la maxime constatée de tout temps, que *fidejussores in leviorem causam accipi póssunt , in duriorem non possunt* (a).

1743   La maxime du droit romain *emptorem fundi necesse non est, stare colono cui prior dominus locavit, nisi ea lege emit,* L. 3, Cod. *Locati* (b), serait très-judicieusement rejetée dans l'article 36, puisqu'il y est dit : « Si le bailleur vend la chose louée, l'ac-« quéreur ne peut expulser le fermier ou le locataire qui a « un bail authentique ou dont la date est certaine, à moins « que la réserve n'en ait été faite dans le contrat de bail. »

Cette loi *emptorem fundi* avait bien son motif ; mais il n'é-tait pas après tout qu'une subtilité (c). L'acquéreur, disait-on, n'étant que successeur à titre singulier, ne doit pas, comme le successeur à titre universel, être tenu des engage-mens personnels de son auteur (d).

Par cet article 36 du nouveau Code, combien de contesta-tions ne va-t-on pas écarter, surtout dans ces pays où l'on fait à cet égard une foule de distinctions entre les locations verbales et celles faites par instrument; entre l'écriture privée ayant ou non hypothèque et clause de *constituts ;* entre hypo-thèque générale et hypothèque spéciale , etc. (e)!

En outre, que d'altercations, que de débats n'y a-t-il pas aussi entre le vendeur et le fermier pour le plus ou le moins d'indemnité qui peut être dû à ce dernier !

1744à1748   Les articles 37 à 40 : que de différens, que de disputes n'empêcheront-ils pas!

Il y est dit : « S'il a été convenu, lors du bail, qu'en cas « de vente l'acquéreur pourrait expulser le fermier ou loca-« taire, et qu'il n'ait été fait aucune stipulation sur les dom-

(a) L. 8 , § 7, 8 et 9 ; l. 34 , ff. *de Fidejussoribus* , § 5 , *Inst. Cod.,* tit.

(b) Pothier , page 228 à 231.

(c) Aussi ce n'est pas d'aujourd'hui que les Français se vantent , non sans raison , d'avoir banni toute subtilité de leur droit. Pothier , tome II , partie 1re , chap. 2 *du Prêt,* art. 2 , page 717, édit. 1781.

(d) Voyez le procès-verbal , séance du Conseil d'État , du 9 nivose an XII.

(e) Pothier , *du Louage* , page 330.

« mages et intérêts, le bailleur est tenu d'indemniser le fer-
« mier ou le locataire de la manière suivante :

« S'il s'agit d'une maison, appartement ou boutique, le
« bailleur paie, à titre de dommages et intérêts, au locataire
« évincé, une somme égale au prix du loyer pendant le temps
« qui, suivant l'usage des lieux, est accordé entre le congé
« et la sortie.

« S'il s'agit de biens ruraux, l'indemnité que le bailleur
« doit payer au fermier est du tiers du prix du bail pour
« tout le temps qui reste à courir.

« L'indemnité se réglera par experts s'il s'agit de manu-
« factures, usines, ou autres établissemens qui exigent de
« grandes avances. »

L'article 42 porte que « le fermier ou le locataire ne peu-   1749
« vent être expulsés qu'ils ne soient payés par le bailleur, ou,
« à son défaut, par le nouvel acquéreur, des dommages et
« intérêts et de toutes les autres reprises qu'ils peuvent
« avoir. »

C'est ici une autre disposition bien équitable ; car l'objet
principal de l'indemnité du fermier ou locataire est précisément celui de ne pas être expulsé qu'il ne soit payé.

A l'article 47 il est bien dit que les réparations locatives   1754
sont à la charge du locataire ; mais il y est dit aussi que ces
réparations locatives sont celles désignées comme telles par
l'usage des lieux.

A l'article 48 il est statué que « le curement des puits doit   1756
« être à la charge du bailleur. »

Cela doit être ainsi (a) ; car, dans une maison où il y aurait beaucoup de locataires, cet ouvrage ne se ferait pas, ou
serait mal fait, ou pour le moins retardé, s'il dépendait du
fait de plusieurs locataires dont l'humeur, la fortune et les
circonstances les empêcheraient de s'accorder entre eux.

Il est statué par l'article 54 que « le bailleur ne peut ré-   1761

(a) Quoi qu'en dise Desgodets en son livre des *Lois des bâtimens*, partie 2, sur l'article 172 de la
Coutume de Paris, n° 10. Voyez aussi Pothier, *du Louage*, pages 180 et 181.

« soudre la location, encore qu'il déclare vouloir occuper
« par lui–même la maison louée, s'il n'y a eu convention
« contraire. »

Voilà une jurisprudence totalement en opposition avec le
texte du droit romain : *Æde quam te conductam habere dicis,*
si pensionem in solidum solvisti, invitum te expelli non oportet,
nisi propriis usibus dominus eam necessariam esse proba-
verit (a).

Or l'on a trouvé qu'il y avait de très-fortes raisons pour
abolir une loi qui n'est fondée sur rien de solide (b).

Effectivement, nous ne la voyons basée que sur le besoin
qu'a de sa maison le propriétaire pour l'occuper par lui-
même, et sur ce qu'on doit présumer qu'il n'eût pas voulu
la louer s'il eût prévu ce besoin. D'où l'on tire la conséquence qu'on doit sous–entendre dans le bail à loyer qu'il
en a fait une condition par laquelle il s'est tacitement réservé la faculté de résoudre le bail en indemnisant le locataire, s'il venait à avoir besoin de sa maison pour l'occuper
par lui–même (c).

On a donc observé que la loi *Æde* est une décision qui
n'a aucun fondement sur la raison naturelle, et qui est purement arbitraire et contraire aux principes généraux (d).

Aussi, sous ce prétexte de nécessité, un chétif locateur
pourrait voiler sa malignité, sa vengeance, son injustice,
aux dépens d'un pauvre locataire. Le serment même du locateur à l'égard de la prétendue nécessité (e) est-il suffisant
pour assurer la sincérité de sa prétention? Ne peut-il pas être
suspect bien des fois, et ne peut–il pas y avoir une espèce de
parjure sans qu'il y ait le moyen de le prouver?

(a) L. 3, Cod. de *Locato.*

(b) Cambacérès, *second consul*, Tronchet, *sénateur* (*), deux jurisconsultes des plus savans et
des plus profonds que j'aie connus de mes jours.

(c) C'est précisément ce que nous rapporte Pothier dans son *appendice du contrat de louage,*
pages 580 et 581, édition d'Orléans, 1771.

(d) Ce sont les précises paroles de Pothier, page 580, même édition.

(e) Pothier, pages 259 et 260.

(*) Dans le procès-verbal, séance du Conseil d'État, du 9 nivose an XII.

Après cela, remarquez, législateurs, que ce sera en outre un bénéfice pour la société et un mérite pour le nouveau Code, que d'avoir emporté le germe de si fréquens litiges, toujours vifs et toujours coûteux.

L'article 56 nous invite à parler du colon partiaire, dont parle aussi la loi 25, § VI, ff. *loc. ibi. Partiarius colonus quasi societatis jure et damnum et lucrum cum domino partitur.*

Leur bail forme entre eux une espèce de société où le propriétaire donne le fonds et le colon la semence et la culture, chacun hasardant la portion que cette société lui donnait aux fruits (a).

Il est donc dit à l'article 96 que celui qui cultive sous la condition d'un partage de fruits avec le bailleur ne peut ni sous-louer ni céder, si la faculté ne lui en a été expressément accordée par le bail.

C'est là une disposition dans toutes les règles, puisque, dans ces sortes de contrats, ainsi que disent les praticiens, *electa est industria.*

Or le colon partiaire étant celui *qui terram colit non pacta pecunia, sed pro rata ejus quod in fundo nascetur dimidia, tertia,* etc.

Il est bien clair que c'est là le cas d'*electa industria :* c'est-à-dire, pour labourer mes terres, pour les exploiter, j'ai choisi, j'ai contemplé l'adresse, la capacité de telle personne, et non de telle autre.

Je vendrais bien à qui que ce soit un héritage, pourvu qu'il me le paie ce que j'en demande ; mais je ne ferais pas un contrat de colonie partiaire avec un homme inepte, quelque condition onéreuse qu'il fût prêt à subir, et quelques avantages qu'il voulût m'accorder.

Il est établi dans l'article 67 que « le bail des terres labou- « rables, lorsqu'elles se divisent par soles ou saisons, est « censé fait pour autant d'années qu'il y a de soles. »

(a) Domat, page 50, art. 3.

Par exemple, si les terres de telle métairie sont partagées en trois soles ou saisons, c'est-à-dire, si la coutume est d'en-semencer une partie en blé, une autre en petits grains qui se sèment au mois de mars, et qu'une autre se repose, le bail est présumé fait pour trois ans, lorsque le temps que doit durer le bail n'est pas exprimé dans le contrat (a).

1779 Venons au louage d'ouvrage et d'industrie, qui commence par l'article 72.

Le contrat de louage, ainsi que nous l'avons déjà dit ail-leurs, a beaucoup d'analogie avec le contrat de vente; et il est bon de remarquer ici qu'à l'égard des doutes qui peuvent s'élever sur certains contrats, s'ils sont de vente ou de louage, Justinien, dans ses *Insitutes* (b), nous donne des règles pour les discerner (c).

1780 A l'article 73 il est dit « qu'on ne peut engager ses services « qu'à temps ou pour une entreprise déterminée. »

A la vérité, il serait étrange qu'un domestique, un ouvrier, pussent engager leurs services pour toute leur vie. La con-dition d'homme libre abhorre toute espèce d'esclavage.

1791 Passons maintenant aux devis et marchés.

Il est ordonné, article 85, « Si l'édifice donné à prix fait « périt en tout ou en partie par le vice de la construction, « même par le vice du sol, l'architecte et entrepreneur en « sont responsables pendant dix ans. » *Quod imperitia pec-cavit, culpam esse,* dit le texte, *in lege* 9, § V, ff. *loc. Impe-ritiam culpæ adnumeratur,* dit la loi 142, ff. *de Regulis juris.*

1800 Finalement, quant au bail à cheptel, dont il est parlé à l'article 93 et suivans, il est à observer que « c'est un contrat « par lequel l'une des parties donne à l'autre un fonds de « bétail pour le garder, le nourrir et le soigner sous les con-« ditions convenues entre elles. »

1811 L'article 104 dit formellement « qu'on ne peut stipuler

(a) Pothier, pag. 23 et 24.

(b) *Lib.* 3, *tit.* 25, *de Locatione et conductione.*

(c) Pothier, page 304.

« que le preneur supportera la perte totale du cheptel, quoi-
« que arrivée par cas fortuits et sans sa faute,

« Ou qu'il supportera dans la perte une part plus grande
« que dans le profit,

« Ou que le bailleur prélèvera à la fin du bail quelques
« choses de plus que le cheptel qu'il a fourni, »

Et que « toute convention semblable est nulle. »

Cette disposition est précisément d'après les principes de
la justice, d'après les bonnes mœurs et d'après cette égalité
qui doit triompher dans les contrats.

Et c'est aussi d'après les mêmes règles qu'il est écrit à 1828
l'article 121, « qu'on ne peut pas stipuler que, dans le cheptel
« donné au colon partiaire, celui-ci sera tenu de toute la
« perte. »

Législateurs, le titre que nous venons de parcourir est à
la portée de tout le monde, et les matières que l'on y traite
intéressent toute classe, tout ordre de personnes.

Presque toutes les maisons sont louées à baux à loyer ; une
grande partie des biens ruraux le sont à baux à ferme : tous
les citoyens de la France ont donc un égal intérêt pour en
être instruits, et par conséquent les Piémontais aussi. Mais,
pour bien comprendre une loi dans son véritable esprit,
dans la justesse du sens, il faut la lire, il faut l'apprendre
dans son original, dans sa langue primitive. C'est donc avec
bien de raison que le gouvernement, par son arrêté du
24 prairial an XI, a pour ainsi dire pressé l'ordre administratif et judiciaire du Piémont à étudier votre langue, à s'y
familiariser.

Le délai peut-être a été trop court ; n'importe : les Piémontais tâcheront de se conformer aux vœux du gouvernement. Les Piémontais seront désormais les émules de leurs
frères aînés. Certainement ils le seront dans la bravoure, dans
les vertus, dans les sciences, dans les arts. Quant à la langue,
je l'avoue, ils auront quelque difficulté ; mais il n'est pas dit

qu'avec le temps ils ne puissent par leurs talens atteindre le
but et les surmonter.

Un Gilles Ménage, d'Angers ; un François Régnier, de
Paris, ont su écrire, ont pu imprimer en langue italienne (a),
ont pu être inscrits en Toscane académiciens de la Crusca ;
les Piémontais ne pourront-ils pas un jour se rendre dignes
d'être inscrits dans la classe de la langue et de la littérature
françaises (b)? Je l'espère.

COMMUNICATION OFFICIELLE AU TRIBUNAT.

Le projet fut transmis par le Corps législatif au Tribunat
le 10 ventose an XII (1er mars 1804), et M. Mouricault en
fit le rapport à l'assemblée générale le 14 ventose (5 mars).

RAPPORT FAIT PAR LE TRIBUN MOURICAULT.

Tribuns, je viens, au nom de votre section de législation,
vous rendre compte de l'examen qu'elle a fait du projet de
loi relatif au *Contrat de Louage*, placé sous le titre XIII du
troisième livre du Code civil.

Ce contrat est d'un usage indispensable et fréquent. C'est
par lui que la plupart des hommes acquièrent un asile pour
leur famille, un dépôt pour leur fortune mobilière, un domicile fixe pour eux-mêmes ; c'est par lui que s'établissent
tant d'ateliers d'agriculture, d'industrie et de commerce ;
c'est par lui enfin que la classe laborieuse attire à soi le superflu de la classe opulente, en lui donnant temporairement
à loyer son travail, ses services ou ses soins. Il était donc

(a) Leurs ouvrages sont très-connus en Italie. On raconte de Régnier que l'académie de la Crusca
prit pour une production de Pétrarque une ode qu'il avait composée.

(b) Ils ont déjà un bon modèle à suivre dans leur compatriote *Cerutti*, auteur de *l'Apologie des
Jésuites* et d'autres ouvrages.

essentiel de réunir dans un même cadre, et dans un ordre méthodique, les principes relatifs à ce contrat : c'est encore dans le droit romain qu'ils devaient être et qu'ils ont été puisés ; c'est encore dans Domat et dans Pothier qu'on les trouve recueillis et développés (a).

Le projet distingue deux espèces principales de contrats 1708 de louage, l'un de *choses* et l'autre d'*ouvrage*.

Il définit le *louage des choses* un contrat par lequel l'une 1709 des parties s'oblige à faire jouir l'autre d'une chose pendant un certain temps et moyennant un certain prix.

Il définit le *louage d'ouvrage* un contrat par lequel l'une des 1710 parties s'engage à faire quelque chose pour l'autre moyennant un prix convenu entre elles.

Cette division et ces définitions sont exactes ; toutes les espèces de louage qu'on peut imaginer s'y rapportent. Le louage des choses embrasse toute location d'immeubles, de meubles, d'effets et même d'animaux. Le louage d'ouvrage embrasse tous les engagemens portant convention de salaire pour travaux, soins ou services ; le mandat et le dépôt eux-mêmes, quand ils ne sont pas gratuits, viennent s'y ratta-cher (b).

La plupart des règles relatives au contrat de vente s'ap-pliquent au contrat de louage ; et cela devait être, puisque celui-ci ne diffère de celui-là qu'en ce qu'il ne transmet qu'une jouissance ou un usage à temps, au lieu d'une propriété ou d'un usufruit. Les deux contrats se ressemblent en tout le reste.

D'après la division générale indiquée par le projet, il semble qu'on aurait pu ne le partager qu'en deux chapitres, l'un pour le *louage des choses*, et l'autre pour le *louage d'ou-vrage*. Mais parmi les louages des choses il s'en trouve un particulièrement en usage pour les bestiaux dans plusieurs

(a) Domat. *Lois civiles*, partie 1, livre I, titre IV ; et Pothier, *du Contrat de louage*.
(b) Art. 1, 2, 3, 4 et 5. Voyez Pothier, *du Contrat de mandat*, n° 22, et du *Contrat de dé-pôt*, n° 13.

cantons de la République, lequel, connu sous le titre de *bail à cheptel*, est réglé par des principes qu'il était utile d'exposer séparément; et le projet en fait la matière d'un troisième chapitre.

Parcourons ces trois parties.

I. *Du Louage des choses.*

1713   On peut en général louer toutes sortes de biens meubles et immeubles; il ne faut excepter que les choses qui se consomment par l'usage, comme l'argent comptant, le blé, le vin, etc., parce qu'elles ne peuvent se rendre identiquement au bailleur (a). Celui qui prend de telles choses, à la charge de les restituer à une époque et avec un bénéfice convenus, souscrit à une espèce de vente dont la quantité reçue forme la matière, et dont une quantité pareille, réunie au bénéfice stipulé, forme le prix.

Le projet, parmi les louages des choses, distingue surtout celui des *immeubles*, s'en occupe immédiatement, et ne parle plus spécialement des meubles au louage desquels il est aisé d'appliquer dans l'usage celles des dispositions subséquentes qui leur sont communes.

1711   Le louage d'un bien rural, c'est-à-dire d'un fonds produisant des fruits naturels ou industriels, est appelé *bail à ferme*.

Le louage d'une maison ou d'un bâtiment qui ne produit que des fruits civils ou loyers est appelé *bail à loyer*.

II. Il y a des *règles communes* à ces deux sortes de baux.

1714 à 1716   Et d'abord ils ne sont assujétis ni l'un ni l'autre à aucune *forme*; on peut louer par écrit ou verbalement : il faut seulement observer que, s'il n'y a point d'écrit, la preuve du contrat ne pourra se faire par témoins, quelque modique que puisse être son objet, et quand même on alléguerait qu'il y a eu des arrhes données. Cette disposition est fondée sur les inconvéniens particuliers de la preuve testimoniale en cette matière, où tout est urgent.

(a) *Non potest commodari id quod usu consumitur.* L. 1, § ult. de Commod.

Ainsi, quand un bail prétendu fait sans écrit n'aura encore reçu aucune exécution, s'il est désavoué par l'une des
parties, et que, sur le serment à elle déféré, elle affirme
n'avoir pas contracté, le bail sera regardé comme non
avenu. Si le bail n'était pas désavoué, mais qu'il y eût contestation sur le prix, il faudrait s'en rapporter à cet égard
au serment du bailleur, dont le preneur aurait suivi la foi en
entrant en possession de la chose louée sans avoir réglé par
écrit les conditions du bail. Le preneur peut cependant, s'il
le préfère, demander une estimation par experts ; mais alors
les frais de l'expertise seront à sa charge, si l'estimation excède le prix articulé par le bailleur.

/lui

Ici le projet reconnaît le droit incontestable du preneur 1717
de *sous-louer* la chose par lui prise à bail, et même de céder
le bail, si cette faculté ne lui a pas été expressément interdite par la convention. Telle était déjà la jurisprudence ;
mais dans une partie des tribunaux on ne respectait pas
assez cette interdiction (a). Le projet de loi, pour réformer
cet abus, pour ramener les parties à la stricte exécution de
leurs engagemens, pour garantir notamment aux propriétaires de maisons ou de biens ruraux le droit qu'ils ont de
ne laisser introduire chez eux que des locataires ou des fermiers qui leur conviennent, déclare que la clause qui interdit de sous-louer pour le tout ou partie est de rigueur.

Quelle *durée* peut avoir un bail de maison ou de bien rural ? 1718
L'article 43 (titre *du Contrat de mariage*) porte que « les
« baux que le mari seul a faits des biens de sa femme pour
« un temps qui excède neuf ans ne sont, en cas de dissolu-
« tion de la communauté, obligatoires vis-à-vis de la femme
« ou de ses héritiers que pour le temps qui reste à courir,
« soit de la première période de neuf ans si les parties s'y
« trouvent, soit de la seconde, et ainsi de suite : de manière
« que le fermier n'ait que le droit d'achever la jouissance de
« la période de neuf ans où il se trouve. »

(a) Voyez Pothier, n° 283.

21.

L'article 44 ajoute que « les baux de neuf ans même, et « au-dessous que le mari seul a passés ou renouvelés des « biens de sa femme, plus de trois ans avant l'expiration du « bail courant s'il s'agit de biens ruraux, et plus de deux ans « avant la même époque s'il s'agit de maisons, sont sans « effet ; à moins que leur exécution n'ait commencé avant la « dissolution de la communauté. »

Dans le titre *de la Tutelle* il n'avait été rien réglé sur le pouvoir des tuteurs relativement à la durée des baux des biens de leurs pupilles. Le projet y supplée en appliquant à ces baux les dispositions que je viens de citer.

ap. 1718   A l'égard de tous autres baux, leur durée est purement arbitraire et ne dépend que de la convention.

Si le bail à rente doit être regardé comme une vente de propriété, si le bail à vie est une vente d'usufruit, le bail à terme, quelque prolongé qu'il soit, ne transmet qu'une jouissance temporaire, et par conséquent ne sera toujours qu'un bail pur et simple.

Après avoir déclaré ce qui peut faire la matière d'un bail, comment il peut être constaté et combien il peut durer, il fallait déterminer les *obligations respectives* du bailleur et du preneur.

1719   Celle du *bailleur* est de *faire jouir le preneur.*

De là trois conséquences directes : 1° il doit lui délivrer la chose louée ; 2° il doit entretenir cette chose en bon état ; 3° il doit garantir le preneur du trouble et des évictions.

1720   *Le bailleur doit livrer la chose louée.* Voici les conséquences ultérieures qui dérivent de ce premier devoir. 1°. Si le bailleur se trouve hors d'état de faire cette délivrance, il est sujet aux dommages et intérêts du preneur, à moins que la chose n'ait péri par un accident de force majeure. 2°. Si la délivrance est possible, elle doit se faire aux frais du bailleur, qui ne peut laisser à la charge du preneur que les frais d'entrée en jouissance. 3°. Si le bailleur, pouvant délivrer la chose, s'y refuse ou seulement diffère, le preneur peut se faire autoriser par justice à s'en mettre en possession, et même obtenir des dommages et intérêts. 4°. La chose doit être livrée avec tous ses accessoires, sans quoi la délivrance ne serait pas complète. 5°. La chose doit être livrée en bon état, sans quoi la délivrance serait illusoire, puisque le preneur ne pourrait en tirer le service sur lequel il a droit de compter. 6°. Le bailleur est garant envers le preneur de tous les vices ou défauts de la chose louée qui peuvent nuire à son usage, quand même le bailleur n'aurait pas connu ces vices lors du bail. 7°. Enfin, si la chose, par ses défauts, se trouve hors d'état de servir à l'usage pour lequel elle était louée, le droit du preneur va jusqu'à pouvoir demander la résolution du bail.

Le bailleur doit entretenir en bon état la chose louée. Il en faut conclure qu'il ne peut, dans le cours du bail, apporter à l'état de cette chose aucun changement qui puisse nuire à la jouissance sur laquelle le preneur a droit de compter. Le bailleur ne pourrait, par exemple, soit dans la maison par lui donnée à bail, soit dans une maison voisine dont il se trouverait également propriétaire, élever des constructions capables de priver son locataire des jours qu'il avait et qui lui étaient nécessaires pour l'exercice de sa profession.

Le bailleur ne doit pas seulement laisser les lieux dans l'état où ils ont été acceptés par le preneur; il doit encore les y maintenir, et par conséquent y faire au besoin les réparations convenables : mais aussi, pour le mettre en état d'accomplir cette obligation, le preneur est lui-même tenu de subir les réparations, si durant le cours du bail il en survient à faire, si elles sont essentielles, et si elles ne peuvent se différer jusqu'à sa fin. Le preneur doit les souffrir, quelque incommodité qu'elles lui causent, et quoique pendant qu'elles se font il soit privé d'une partie de la chose louée, pourvu qu'elles ne durent pas plus de quarante jours. Cette règle, établie par la jurisprudence, est avec raison adoptée par le projet, parce que le locataire, en acceptant le bail, a dû pré-

voir qu'il pourrait survenir des dégradations à la chose
louée ; qu'elles pourraient lui occasioner de l'embarras ; que
cependant il serait nécessaire d'y pourvoir; qu'il serait même
intéressant pour lui qu'on ne les négligeât pas ; parce qu'il a
dû déterminer d'après ces considérations le prix qu'il lui
convenait de donner.

Si les réparations durent plus de quarante jours , alors la
loi ne présumant plus que le locataire ait entendu subir une
plus longue privation, et ne trouvant pas juste de l'y assujétir sans dédommagement, l'autorise à réclamer une diminution de loyer proportionnelle à la privation et à sa durée,
et même à demander la résiliation de son bail (mais sans
dommages et intérêts), si les réparations à faire sont telles
qu'elles rendent inhabitable ce qui est nécessaire au logement du preneur et à sa famille.

1722   Par la même raison , si , pendant la durée du bail, la chose
est entièrement détruite par un événement fortuit, le bail
est de plein droit anéanti; si la chose n'est détruite qu'en
partie, le preneur peut, selon les circonstances, demander
ou une diminution du loyer, ou la résiliation absolue du bail ;
mais dans l'un et l'autre cas il n'y aura lieu à aucun dédommagement.

1726-1727   *Le bailleur*, enfin , *est tenu de garantir le preneur de l'éviction et du trouble ;* mais il faut distinguer :

Si le trouble est du fait direct ou indirect du bailleur, son
obligation d'en garantir n'est pas douteuse ; c'est même à lui
seul à faire cesser le trouble. Le preneur, en effet, par la
tradition qui lui est faite de la chose , n'a reçu que la faculté
d'en jouir ou d'en user ; c'est le bailleur qui possède par lui ;
c'est donc contre le bailleur que doivent se diriger les actions de ceux qui prétendent, soit à la propriété, soit à la
possession. Si donc ceux qui ont commis des voies de fait
s'attribuent quelque droit sur la chose, ou si le preneur est
lui-même judiciairement cité en délaissement de tout ou de
partie, il doit appeler immédiatement le bailleur en garantie ;

il doit même être mis hors d'instance, s'il l'exige, en indiquant seulement aux auteurs du trouble celui pour qui il possède.

Mais le bailleur n'est pas tenu de garantir le preneur du 1725 trouble que des tiers apportent à sa jouissance par de simples voies de fait, sans prétendre d'ailleurs aucun droit sur la chose : le preneur doit alors se défendre en son nom ; c'est lui seul qu'ils attaquent, c'est à sa jouissance personnelle qu'ils attentent ; c'est à lui seul à les faire réprimer.

Quant aux *obligations du preneur*, la première est celle de 1728 *payer le prix de la location* aux termes expressément ou tacitement convenus : j'appelle ici termes tacitement convenus ceux sur la fixation desquels les parties s'en sont rapportées à l'usage, en ne stipulant rien de contraire.

Une seconde obligation du preneur est d'*user de la chose louée suivant la destination* qui lui a été donnée par le bail, ou suivant celle présumée d'après les circonstances, à défaut de convention Ainsi le locataire d'une maison ne pourrait y établir une forge, s'il n'y en avait pas eu auparavant, à moins que la profession de ce locataire, connue au temps du bail, ne dût faire présumer que la maison lui a été louée pour être employée à cet usage. Si le preneur faisait servir la chose 1729 louée à un autre usage que celui auquel elle était destinée, et s'il en pouvait résulter un dommage pour le bailleur, celui-ci pourrait, selon les circonstances, obtenir la résiliation du bail.

Une troisième obligation du preneur est d'*user de la chose* 1728 *louée en bon père de famille*. Ainsi le fermier d'une métairie doit bien façonner les terres et en saison convenable, et ne rien détourner des fumiers et des pailles qui sont destinés à l'engrais.

Une quatrième obligation du preneur est de *rendre les* 1730-1731 *lieux en l'état* où il les a pris. S'il a eu la précaution de faire contradictoirement un état ou description des lieux, c'est cette description qui règle son obligation : s'il n'y a pas eu de description, il est présumé avoir reçu les lieux en bon état, sauf la preuve contraire.

1732   De toutes les dégradations survenues pendant sa jouissance, il n'y a que celles qu'il peut prouver l'être sans sa faute, par vétusté, cas fortuit ou force majeure, qu'il ne soit pas tenu de garantir.

1735   Il n'est pas tenu seulement des dégradations qui arrivent par son fait, il l'est encore de celles arrivées par le fait des
1733   personnes de sa maison ou de ses locataires. Il répond spécialement de l'incendie, s'il ne prouve pas qu'il soit arrivé par cas fortuit ou force majeure, ou par vice de construction, ou que le feu ait été communiqué par une maison voisine.

1734   Ici le projet décide une question fort importante qui partageait les jurisconsultes. Il s'agissait de savoir qui doit répondre de l'incendie qui se déclare dans une maison où il y a plusieurs locataires indépendans les uns des autres, ou principaux chacun en ce qui les concerne ; d'un incendie qui n'est arrivé, ni par cas fortuit ou force majeure, ni par vice de construction, ni par communication d'une maison voisine ; d'un incendie manifesté dans la maison même, mais dont on ignore l'auteur. Beaucoup de jurisconsultes, et Pothier parmi eux (a), prétendent qu'alors aucun des locataires n'est tenu de dédommager le propriétaire ; qu'au moyen de l'incertitude, la présomption de faute, qui doit servir de base à la garantie, ne s'élève contre personne. D'autres pensent que tous les locataires, en ce cas, sont solidairement garans. C'est cette dernière opinion que le projet consacre, et votre section a pensé que c'était avec raison.

Dans ce cas, en effet, il y a un point certain ; c'est que le propriétaire qui éprouve le dommage a droit à une indemnité ; et à côté de ce droit est le fait également certain que l'incendie, ayant commencé dans la maison, est le produit de la faute des locataires, quels qu'ils soient. C'est donc sur ces

____

(a) N° 194.

locataires que doit porter l'action de garantie ; et, quand le coupable n'est pas connu, il faut bien que ce soit sur tous. C'est à eux à se surveiller mutuellement, surtout désormais, au moyen de l'avertissement que la loi leur donne ici. Il en résultera non seulement que le propriétaire lésé ne restera pas sans indemnité ; mais encore qu'une surveillance plus active préviendra, sinon toujours l'incendie, du moins souvent ses progrès ; et, sous ce point de vue, la disposition du projet a le double mérite d'être juste et salutaire. Au reste, elle contient les modifications que pouvaient désirer les locataires eux-mêmes pour la rendre presque toujours sans inconvénient : car elle ajoute, non seulement que s'ils prouvent que l'incendie a commencé dans l'habitation de l'un d'eux, celui-là seul sera tenu de la garantie ; mais encore qu'en tout cas ceux là n'en seront pas tenus qui prouveront du moins que l'incendie n'a pu commencer chez eux (a).

Il restait à parler de la *cessation de bail*, et, à cette occa- 1736 sion, de la *tacite réconduction* : c'est l'objet du reste des dispositions de cette section.

Si le bail a été fait sans écrit, sans terme fixe, ce bail cesse dès qu'il plaît à l'une des parties. Mais alors il faut que cette partie en prévienne l'autre à l'avance par un congé, qu'elle ne peut lui donner qu'avec les délais d'usage dans le lieu.

Il aurait été à désirer qu'il fût possible de déterminer ces délais, et de les rendre uniformes pour toute la République. Mais les usages sont à cet égard si variés ; on est en général si attaché à ces usages, dont la différence des localités peut au surplus justifier la diversité ; on est tellement accoutumé à faire ses spéculations et ses dispositions d'après ces usages ; enfin il y a si peu d'inconvéniens à s'y référer sur ce point, comme on y est obligé sur beaucoup d'autres, que votre commission n'a pas cru devoir insister sur une détermination uniforme des délais pour les congés.

(a) Voyez, sur cette question, au *Répertoire de jurisprudence*, sous le mot *Incendie*, la savante dissertation de M. Merlin.

1737   Lorsqu'il y a un terme fixé par écrit, le bail cesse de plein
droit à ce terme, sans qu'il soit nécessaire de donner congé,
1738à1740 il suffit que le preneur quitte à cette époque. S'il arrivait que
le preneur ne sortît pas, et que le bailleur négligeât de l'expulser, alors on supposerait à tous deux l'intention de continuer la location, et il s'opérerait de droit entre eux un nouvel
engagement entièrement conforme au premier quant aux
conditions, mais sans terme comme sans écrit, et sans que
les hypothèques et l'engagement des cautions, s'il y en a,
continuent. Cette tacite réconduction n'aurait pas lieu, quoique le preneur eût joui quelque temps au-delà du terme de
son bail, si le bailleur, par un congé ou par une sommation
de sortie signifiés à ce terme, avait déclaré sa volonté.

1741   Le contrat de louage ne cesse pas seulement par l'expiration du temps fixé pour sa durée; il cesse encore par la perte
de la chose louée; il cesse encore par la résiliation que l'une
ou l'autre des parties peut en demander, à défaut d'exécution des engagemens contractés.

1743   Mais (et c'est encore ici une innovation utile) le bail ne
sera plus résolu par la seule volonté de l'acquéreur de la chose
louée; ce ne sera plus du moins une faculté attribuée de
droit au nouvel acquéreur; il faudra, pour qu'elle lui ait été
transmise, qu'elle ait été expressément réservée par le bail.

Cette faculté prenait sa source dans les lois romaines (a) :
mais elles ne l'attribuaient qu'à celui qui, par le titre de son
acquisition, n'avait pas été chargé de l'entretien du bail.
Chez nous, cette stipulation-là même ne le privait pas de la
faculté; elle ne le soumettait à autre chose qu'à indemniser
le locataire en l'expulsant; elle n'avait pas plus d'effet que
la stipulation directe qui l'aurait chargé de payer l'indemnité
en l'acquit du vendeur (b). A l'appui de cette jurisprudence

(a) *Emptorem fundi necesse non est stare colono cui prior dominus locavit, nisi ea lege emit.* l.
9, Cod. Lorat. Voyez aussi la loi 52. D. dict. tit.

(b) Voyez le *Dictionnaire de jurisprudence civile* de Lacombe, au mot *Bail*, section 2 ; Pothier,
du *Louage*, numéros 284 et suivans; et le *Répertoire de jurisprudence*, au mot *Bail*, partie 13

ou disait que le droit du locataire n'est qu'un droit de créance personnelle ; que la tradition qu'il reçoit ne lui transfère aucun droit dans la chose, pas même celui de possession, puisque le bailleur reste propriétaire, et même possède par son locataire ; que l'acquéreur, au contraire, reçoit une pleine transmission de propriété.

Mais qu'importent ces considérations ? N'est-il donc pas de principe qu'on ne peut transmettre à autrui plus de droit qu'on n'en a soi-même ? Le vendeur qui, par un bail constaté, s'est dessaisi pour un temps convenu de la jouissance de sa chose, qui a promis de garantir cette jouissance au preneur, et dont l'obligation principale, en effet, est de faire jouir le preneur, peut-il donc vendre ou léguer à un tiers sa propriété dégagée de cette obligation ? On croyait, en attribuant au nouvel acquéreur le droit d'expulsion, favoriser les ventes, et l'on décourageait les établissemens d'agriculture, d'usines et de manufactures, en violant les principes. Il vaut mieux y revenir, et conserver à chacun ce qui lui appartient, ce que la convention lui promet et doit lui assurer.

Il fallait seulement mettre les acquéreurs à l'abri des baux Ib. et 1780 supposés ; et c'est ce que fait le projet, en statuant que le locataire ne pourra se maintenir qu'en produisant un bail authentique, ou dont la date soit certaine, et que tout autre bail ne pourra ni le garantir de l'expulsion, ni l'autoriser à exiger aucune indemnité.

Après avoir posé le principe, le projet prévoit le cas (dé- 1744 à 1751 sormais bien rare sans doute) où le bail contiendrait la réserve du droit d'expulsion en faveur de celui qui pourrait acquérir subséquemment la propriété, et il assure alors au locataire, 1° un délai pour sortir des lieux ; 2° une indemnité qui lui sera due par le bailleur, ou par le nouveau propriétaire en son acquit, s'il est ainsi stipulé par le titre de transmission de propriété. La manière de fixer cette indemnité, s'il n'y a pas été pourvu par le bail même, est déterminée par le projet, qui autorise d'ailleurs le locataire ou fermier

à rester en possession jusqu'à ce qu'on l'ait entièrement désintéressé. Enfin, lorsque la vente est à faculté de rachat, le
projet interdit à l'acquéreur l'exercice de celle d'expulser,
jusqu'à ce que, par l'expiration du délai fixé par le réméré,
il soit devenu propriétaire incommutable.

sect. 3   Après ces règles communes aux baux de maisons et de
biens ruraux, le projet passe aux *dispositions particulières aux
baux* de maisons ou *à loyer*.

II. Ces dispositions sont détachées les unes des autres,
parce qu'elles ne forment pour les baux à loyer que le complément des règles générales comprises sous la première
section.

1752   On s'occupe d'abord des *sûretes à donner au propriétaire.*
Le locataire d'une maison doit la *garnir de meubles suffisans* pour répondre du loyer; s'il ne le fait pas, il peut être
expulsé, à moins qu'il ne donne d'autres sûretés.

Le rapport ne détermine pas la proportion qui doit exister
entre la valeur de ces meubles et les loyers tant échus qu'à
échoir; les usages varient à cet égard comme sur beaucoup
d'autres points relatifs au contrat de louage : c'est à ces usages
qu'il faut renvoyer.

1b.   Quand le locataire sous-loue, il faut que ce soit sans porter
atteinte aux sûretés comme aux droits du propriétaire. Celui-ci doit donc trouver dans les sous-locataires une garantie
équivalente à celle que lui présenterait l'occupation personnelle du locataire direct : ce sont les loyers à payer par les
sous-locataires, et leurs meubles, qui doivent lui fournir
1753   cette garantie. Mais le sous-locataire ne doit être tenu envers
le propriétaire que jusqu'à concurrence du prix de sa sous-
location, et seulement pour ce qu'il en peut devoir à l'instant de la saisie faite entre ses mains; il est juste même de
le tenir quitte relativement aux loyers qu'il peut avoir payés
d'avance au principal locataire, pourvu qu'ils ne l'aient été
que conformément à l'usage des lieux, et en vertu d'une stipulation suffisamment attestée par le bail.

C'est encore des intérêts du propriétaire que le projet s'oc- 1754 à 1756 cupe quand il indique les réparations qui sont ordinairement à la charge du locataire : et quand il les distingue de celles dont le propriétaire demeure chargé. Ces *réparations locatives* sont censées occasionées par l'usage même de la chose, ou par son abus trop fréquent, par le défaut de soin de la part du locataire ou des personnes dont il est responsable.

A l'égard de la *tacite réconduction* qui peut avoir lieu à 1758-1759 l'expiration d'un bail de maison à terme fixe, les dispositions particulières de cette section ne sont que l'application de celles générales que vous avez vues dans la précédente.

Les règles générales relatives à la *durée* présumée d'un 1736 bail sans écrit ou sans terme s'appliquent également au bail d'une maison ou d'un appartement.

Le *bail des meubles* fournis au locataire pour garnir les lieux 1757 qu'il veut occuper est censé fait pour le même temps que celui de ces lieux.

La location d'un appartement meublé est censée faite à l'an- 1758 née quand elle est faite à tant par an, au mois quand elle est faite à tant par mois, au jour si elle a été faite à tant par jour ; et si rien ne constate que la location ait été faite à tant par an, par mois ou par jour, elle est censée faite suivant l'usage local.

S'il y a lieu à la *résiliation* du bail, sur la demande du 1760 propriétaire, pour le fait du locataire, dans l'une des circonstances indiquées par la loi, le locataire, indépendamment des dommages et intérêts à sa charge, sera tenu du loyer pendant le temps ordinairement laissé au propriétaire pour s'assurer d'un nouveau locataire.

Cette section est terminée par une innovation aussi impor- 1761-1762 tante que les précédentes. Vous savez que tout propriétaire avait la faculté, s'il n'y avait pas formellement renoncé par le bail, d'expulser ses locataires quand il voulait occuper sa maison en personne. Cette faculté prenait sa source, comme celle du nouvel acquéreur, dans la disposition des lois romaines (a), qui cependant exigeaient que le propriétaire prouvât préalablement qu'il avait un besoin essentiel de sa maison. L'usage avait prévalu parmi nous d'admettre indistinctement tout propriétaire qui voulait personnellement occuper sa maison, soit en tout, soit en partie, à donner congé à son locataire : on s'était borné, pour prévenir la fraude d'un propriétaire qui n'aurait d'autre vue que de se procurer une location plus avantageuse, à exiger qu'il affirmât en justice vouloir réellement occuper, et qu'effectivement il occupât (b). Cette faculté du propriétaire rendait souvent illusoire un contrat qui ne doit pas plus que tout autre dépendre de la volonté d'une seule des parties ; cette faculté pouvait mettre obstacle ou nuire à des établissemens utiles, qui, pour se former et s'étendre avec confiance, ont besoin d'être assurés d'une jouissance fixe et durable. La conservation de cette faculté n'avait, au reste, aucun prétexte aujourd'hui, que les habitations sont assez multipliées pour qu'un propriétaire qui a donné la sienne à loyer en trouve une autre sans avoir besoin de rompre ses engagemens. C'est donc une disposition sage que celle qui supprime désormais cette faculté, ou plutôt qui ne permet plus au propriétaire de l'exercer que quand, par le bail, il l'aura expressément réservée. Tout locataire qui n'aura pas souscrit à des réserves sera donc, à l'avenir, assuré de jouir paisiblement jusqu'au terme, sans redouter d'expulsion arbitraire, ni de la part de son propriétaire, ni de celle d'un acquéreur.

sect. 3.   Je passe aux *règles particulières des baux* de biens ruraux ou *à ferme*. C'est la matière de la troisième et dernière section du chapitre premier.

III. Ces règles, qui sont encore, à l'égard des baux à ferme, le complément de celles générales de la première

---

(a) *Æde quam te conductam habere dicis...., invitum te expelli non oportet, nisi propriis usibus dominus eam necessariam esse probaverit.* Loi 3, Code de Locat. et cond.

(b) Voyez Lacombe, au mot *Bail*, sect. 1; Pothier, *du Louage*, numéros 32 et suiv.; et le *Répertoire de jurisprudence*, au mot *Bail*, partie 12.

section, ne pouvaient également présenter que des dispositions détachées.

D'abord le droit de *sous-location* ou de cession de bail est 1717-1765
limité, quant au colon qui cultive sous la condition d'un partage de fruits avec le bailleur. Ce droit ne lui est attribué
qu'autant qu'il lui a été expressément réservé ; à la différence
du locataire ou du fermier, qui ne peuvent en être privés
que par une clause formelle. Si le colon contrevient à cette 1764
prohibition, le bail peut être résilié avec dommages et intérêts. La raison de cette différence de droits résulte de ce
que le colon partiaire est une sorte d'associé, et qu'il est de
principe, en matière de société, que personne n'y peut être
introduit sans le consentement de tous les associés.

Le projet, prévoyant ensuite les *indemnités* que le proprié- 1765
taire ou le fermier pourrait prétendre *pour excès ou déficit*
dans la mesure déclarée par le bail aux fonds affermés, renvoie à cet égard à ce qui est établi entre le vendeur et l'acquéreur dans le titre *du Contrat de vente*. Ainsi il ne peut y
avoir lieu à aucun supplément de prix en faveur du bailleur
pour excédant de mesure, ni à aucune diminution de prix
en faveur du preneur pour déficit de mesure, qu'autant que
la différence de la mesure réelle à celle exprimée au bail se
trouvera d'un vingtième en plus ou en moins, s'il n'y a stipulation contraire (a). Cette disposition est propre à prévenir
beaucoup de contestations.

Une disposition subséquente pourvoit aux moyens de ga- 1766
rantir au propriétaire une *culture convenable*. Il est statué,
dans cette vue, que si le preneur d'un héritage rural ne le
garnit pas des bestiaux et ustensiles nécessaires à son exploitation, s'il abandonne la culture, s'il ne cultive pas en
bon père de famille, s'il emploie la chose louée à un autre
usage que celui auquel elle a été destinée, ou, en général,
s'il n'exécute pas les clauses du bail, et qu'il en résulte un

(a) Voyez l'article 58-1619 du titre *du Contrat de vente*.

dommage pour le bailleur, celui-ci peut, selon les circonstances, faire résilier le bail avec dommages et intérêts.

1767 Quant aux *sûretés du propriétaire* pour la perception de ses
fermages ou de sa part dans les produits de la métairie, elles
sont principalement dans les fruits mêmes (a). C'est pour lui
conserver ce gage, c'est pour le mettre à portée d'en prévenir
la soustraction, qu'il est statué que tout preneur de bien
rural doit engranger dans les lieux qui y sont destinés.

1768 Enfin, comme le preneur, placé sur les lieux, est à portée
de veiller pour le bailleur; comme celui-ci possède par le
preneur, s'en rapporte à sa surveillance, et doit y compter,
puisqu'elle profite à tous deux, il est enjoint expressément
au preneur, sous peine de dommages et intérêts, d'avertir
le bailleur, dans le délai réglé pour les assignations, des
usurpations qui pourraient être commises sur les fonds. Ce
devoir est une conséquence de l'obligation d'*user de la chose
en bon père de famille.*

1769à1775 Vient ensuite le règlement des *indemnités* que le fermier
d'un bien rural peut avoir à prétendre *pour perte de récolte par
cas fortuit.* Cette matière avait ses difficultés. Le projet de loi
les prévient pour l'avenir par des dispositions claires. Deux
principes ont ici servi de guides : le premier, que le contrat
de louage s'analyse en une espèce de contrat de vente de
fruits futurs, laquelle ne se réalise qu'autant que des fruits
viennent à naître, et à former la matière du contrat; le second, que cette vente n'est pas celle particulière des fruits
de chaque année du bail, mais celle de la masse des fruits
de toutes les années qu'il embrasse.

On admet que le fermier peut être chargé des cas fortuits
par une stipulation expresse. Mais d'abord il est déclaré
qu'une telle stipulation ne s'entend que des cas fortuits ordinaires, tels que la grêle, le feu du ciel, la gelée et la coulure, à moins que le fermier n'ait été expressément chargé

a) *In prædiis rusticis, fructus qui ibi nascuntur tacite intelliguntur pignori esse domino fundi
locati etiamsi nominatim id non convenerit. L.* 7, D. *In quib. caus. pign.*

de tous les cas fortuits prévus ou imprévus; ensuite on reconnaît que, s'il n'a pas été chargé des cas fortuits, il en doit être indemnisé.

Mais à cet égard on distingue.

Si le bail est fait pour plusieurs années, et que, pendant 1769 la durée du bail, la totalité ou la moitié au moins d'une récolte se trouve perdue pour le fermier, il peut demander une remise proportionnelle du prix de sa location, à moins qu'il ne soit indemnisé par le bénéfice des récoltes précédentes; il faut même subsidiairement faire entrer en considération le bénéfice des récoltes subséquentes. Si donc le fermier n'est pas indemnisé par celles précédentes, la remise ne peut avoir lieu qu'à la fin du bail : c'est alors qu'il se fait une juste compensation de toutes les années de jouissance. Mais comme, en attendant, il faut venir au secours du fermier, les juges peuvent provisoirement le dispenser de payer une partie de son prix.

Si le bail n'est que d'une année, le fermier sera déchargé 1770 d'une partie proportionnelle du prix de sa location; mais toujours pourvu que la perte soit au moins de la moitié des fruits.

Au reste, il ne peut en aucun cas obtenir de remise que 1771 quand la perte des fruits arrive avant qu'ils soient séparés de la terre, parce que c'est jusque là seulement qu'ils font partie du sol, et restent avec lui aux risques du propriétaire. Il est cependant un cas où la perte des fruits peut tomber, proportionnellement du moins, sur le bailleur même, après qu'ils sont séparés du fonds : c'est lorsque le bail donne au propriétaire une quotité de la récolte en nature; et c'est le cas où se trouve toujours le propriétaire vis-à-vis du colon partiaire.

Enfin le fermier ne peut demander de remise lorsque la cause des dommages était existante et connue au moment où le bail a été passé.

Sur l'époque de l'*expiration des baux à ferme* dont la 1774à1773

durée n'a pas été fixée par la convention, le projet se déter_
mine par les présomptions qui sortent de la nature des biens
ruraux. En général, le bail est censé fait pour le temps qui
est nécessaire au preneur pour recueillir les fruits de l'héritage affermé ; et le bail finit de droit, sans qu'il soit besoin
de congé, à cette époque présumée, comme à celle qui aurait
été stipulée par écrit : et si, par une possession continuée
au—delà du terme présumé, il s'opère une *tacite réconduction*,
c'est un nouveau bail en tout conforme au premier pour les
conditions, le prix et la durée.

1777   Enfin, comme il est de l'intérêt du propriétaire, et même
de l'intérêt public, que la culture des terres ne soit pas un
seul instant entravée, deux obligations sont imposées au
fermier dont le bail cesse, et qui sort. La première est de
laisser au fermier qui lui succède les facilités et les logemens
nécessaires pour les travaux de l'année suivante, selon l'u-
sage des lieux ; mais réciproquement le fermier entrant doit
procurer à celui qui sort les facilités et les logemens nécessaires pour la consommation des fourrages et pour les récoltes
1778 restant à faire. La seconde obligation du fermier sortant est
de laisser les pailles et engrais de l'année, s'il les a reçus à
son entrée en jouissance ; et même, quand il ne les aurait pas
reçus, le propriétaire est autorisé à les retenir au prix de
l'estimation.

Ici se termine ce qui concerne le *louage des choses ;* et c'est
la partie la plus étendue du projet.

II. *Du Louage d'ouvrage.*

Les soins, les services, le travail et l'industrie, forment la
matière du contrat de *louage d'ouvrage ;* voilà ce qu'on y
donne à loyer, voilà ce qu'on y paie. C'est donc le gardien,
le serviteur, l'artisan, l'ouvrier ou l'entrepreneur, qui est
véritablement le locateur ; celui qui les paie est le véritable
locataire ou conducteur ; et c'est mal à propos que, dans les

lois et les ouvrages des jurisconsultes, ces qualités ont été interverties.

Le projet, dans ce chapitre, ramène les diverses locations 1779 d'ouvrage ou d'industrie à trois principales : celle des gens de travail qui s'engagent au service de quelqu'un ; celle des voituriers tant par terre que par eau qui se chargent du transport des personnes ou des marchandises, et celle des entrepreneurs d'ouvrages avec devis ou marchés. Elles forment la matière d'autant de sections.

I. A l'occasion du *louage des domestiques et ouvriers*, il était 1780 convenable de consacrer de nouveau le principe de la liberté individuelle ; c'est ce que fait le projet en statuant qu'on ne peut engager ses services qu'à temps ou pour une entreprise déterminée. Il résulte encore du principe cette conséquence que l'engagement, s'il n'est pas exécuté, se résout en dommages et intérêts (a).

Si la convention s'exécute, et qu'il y ait contestation sur 1781 le salaire ou sur son paiement, le maître dont on a suivi la foi est alors cru sur son affirmation pour la quotité des gages, pour le paiement du salaire de l'année échue et pour les àcomptes donnés sur l'année courante.

Le projet s'en tient à ces dispositions sur ce genre de louage, et elles suffisent. On peut suppléer les développemens par l'application de celles des règles générales énoncées dans le précédent chapitre qui sont de nature à régir également ce contrat.

II. Le projet est, par la même considération, presque 1782 aussi laconique sur le *louage des voituriers par terre et par eau*. C'était principalement sur leur *responsabilité* qu'il fallait établir quelques règles, et les voici :

D'abord, en général, les voituriers par terre et par eau sont assujétis, pour la garde et la conservation des choses qui leur sont confiées, aux mêmes obligations que les auber-

(a) *Cum nemo possit præcise cogi ad factum.*

22.

gistes, parce que c'est à leur égard un dépôt tout aussi né-
1783 cessaire et aussi peu gratuit. Cette responsabilité embrasse
non seulement ce que les voituriers ont déjà reçu dans leur
bâtiment ou voiture, mais encore ce qui leur a été remis sur
le port ou dans l'entrepôt pour être placé dans leur bâtiment
ou voiture, parce que c'est dès ce moment qu'ils sont de-
1784 venus dépositaires. Enfin cette responsabilité ne cesse que
lorsqu'ils sont en état de prouver que les choses qui leur ont
été confiées ne sont perdues ou avariées que par l'effet d'un
cas fortuit.

1785   Pour ajouter aux sûretés des voyageurs, il est enjoint aux
entrepreneurs des voitures publiques par terre et par eau,
et à ceux des roulages publics, de tenir registre de l'argent
et des effets dont ils se chargent.

sect. 3   III. Sur le louage des entrepreneurs d'ouvrage par devis
et marchés, le projet devait être et est en effet plus étendu.
Il s'applique surtout à régler les intérêts de l'ouvrier et du
propriétaire, relativement à la *perte* et aux *défauts de l'ouvrage*.

1787   Il commence par distinguer le cas où l'ouvrier ne doit
fournir que son travail, de celui où il s'est engagé à fournir
aussi la matière.

1788   Lorsque l'ouvrier fournit la matière, le contrat se rapproche de la vente, puisque c'est la chose entière, matière et
travail réunis, que l'ouvrier s'est engagé à fournir au prix
convenu ; il demeure donc propriétaire jusqu'à la confection
de l'ouvrage, jusqu'au moment où il est en état et offre d'en
faire la livraison. La chose reste donc à ses risques jusque là.

1789à1791   Si, au contraire, l'ouvrier n'a promis que son travail ou
même des matériaux, si la chose principale est fournie par
le maître, comme lorsqu'un entrepreneur s'est engagé à
bâtir une maison sur le terrain du maître, c'est un véritable
bail d'ouvrage. Mais alors même il faut distinguer :

Ou la chose vient à périr par cas fortuit, sans qu'il y ait
de la faute ni du maître ni de l'entrepreneur, avant que l'ou-

vrage ait été reçu, et avant que le maître ait été mis en demeure de le vérifier et de le recevoir : alors la perte se partage ; elle est à la charge du maître pour la chose, et de
l'ouvrier pour le travail, parce qu'ils sont demeurés propriétaires à part, l'un du travail, et l'autre de la chose (a) :

Ou bien l'ouvrage était fait et reçu (et quand il s'agit d'un
ouvrage à plusieurs pièces ou à la mesure, la vérification peut
s'en faire par parties, et est censée faite pour toutes les parties payées), ou le maître était en demeure de le vérifier et
de le recevoir : alors toute la perte est pour le maître, et
l'ouvrier doit être par lui payé de son salaire :

Ou bien encore l'ouvrage n'était pas reçu, et le maître
n'était pas en demeure de le recevoir ; mais le tout a péri
par le vice intrinsèque de la chose : alors encore la perte est
à la charge du maître :

Ou bien, enfin, tout a péri par la faute de l'ouvrier : c'est
alors sur lui seul que doit tomber toute la perte ; il faut
qu'il indemnise le propriétaire.

Mais il est une disposition particulière à noter ici. S'il s'agit 1792
de la construction d'un édifice, et qu'il vienne à périr, soit
par le vice de la construction, soit même par le vice du sol,
l'entrepreneur en est responsable : c'était à lui à savoir sa
profession, et, par conséquent, non seulement à faire une
bonne et solide construction, mais encore à savoir si le sol
qu'on lui donnait pour y bâtir était propre à recevoir l'édifice et à résister. Au surplus, cette responsabilité de l'entrepreneur ne dure que dix ans après le travail fait, vérifié et
payé.

Enfin l'entrepreneur répond non seulement de ses faits 1797
personnels, mais aussi des faits des ouvriers qu'il emploie.

Ce n'était pas assez de déterminer sur qui, selon les cir- 1793
constances, devait tomber la perte, tant de l'ouvrage que de
la chose ; il fallait encore prévenir un abus trop commun en

_____
(a) Contre la loi romaine, voy. Pothier, partie 7, chap. 3.

matière de construction. C'est celui qui résulte des changemens que les entrepreneurs, après avoir fait leurs plans, devis et marchés, se permettent souvent; des changemens dont
ils se font un prétexte pour sortir des limites tracées par la
convention, et qui entraînent aisément la ruine des propriétaires ainsi dérangés dans leurs spéculations. Le projet, pour
y pourvoir, statue, d'une part, que lorsqu'un architecte ou
entrepreneur se sera chargé de la construction à forfait d'un
bâtiment, d'après un plan arrêté et convenu avec le propriétaire du sol, il ne pourra demander aucune augmentation de
prix, ni sous le prétexte d'augmentation de la main-d'œuvre
ou des matériaux, ni sous celui de changemens ou d'augmentations faits sur ce plan, si ces changemens ou augmentations n'ont pas été autorisés par écrit, et le prix convenu
avec le propriétaire.

1794   Le projet, d'autre part, confirme au maître le droit de
résilier, par sa seule volonté, le marché à forfait, quoique
l'ouvrage soit déjà commencé; il l'oblige seulement de dédommager en ce cas l'architecte ou l'entrepreneur de toutes
ses dépenses, de tous ses travaux, et de tout ce qu'il aurait
pu gagner dans l'entreprise.

1795   Hors ce cas, *le contrat de louage d'ouvrage* n'est *dissous* que
par la mort de l'ouvrier, de l'architecte ou de l'entrepreneur.
On distinguait entre le louage d'ouvrage où le talent de l'ar-
tiste avait été spécialement considéré, et le louage d'ouvrage
pour lequel l'entrepreneur pouvait aisément se faire remplacer (a). Mais il est mieux de ne faire aucune distinction,
parce que la confiance aux talens, aux soins et à la probité
du locateur entre toujours plus ou moins en considération
dans le louage d'ouvrage, et que c'est toujours en définitif
l'obligation d'un fait personnel que le locateur y contracte.

1796 Mais il est juste aussi que, même en ce cas, le propriétaire
ne profite pas gratuitement de ce qui peut être fait de l'ou-

(a) Voy. Pothier, numéros 444 et suiv.

vrage : il est donc tenu de payer à la succession de l'entrepreneur, en proportion du prix porté par la convention, la
valeur des ouvrages faits et celle des matériaux préparés ,
lorsque ces ouvrages et ces matériaux peuvent lui être utiles.

Quand c'est un entrepreneur qui a été chargé de l'ouvrage, 1798
les maçons , charpentiers et autres ouvriers qui peuvent avoir
été employés à cet ouvrage , n'ont d'action contre celui pour
qui il a été fait que jusqu'à concurrence de ce dont il se
trouve débiteur envers l'entrepreneur au moment où leur
action est intentée.

Lorsqu'il n'y a pas d'entrepreneur en chef , les maçons , 1799
charpentiers et autres ouvriers qui font directement des marchés à forfait, sont soumis aux dispositions que je viens d'a
nalyser ; chacun d'eux est considéré comme entrepreneur
particulier dans la partie qu'il traite.

Je n'ai plus à vous entretenir que du troisième et dernier ch. 4.
chapitre , qui traite du *bail de cheptel*.

III. *Du bail de cheptel*.

C'est un contrat par lequel l'une des parties donne à l'autre 1800-1802
des animaux de quelque espèce que ce soit, susceptibles de
croît ou de profit pour l'agriculture ou le commerce, à l'effet
de les garder, nourrir et soigner, sous les conditions convenues.

C'est un bail de choses qui participe du bail à ferme, en
ce que ces choses produisent des fruits naturels ; il participe
aussi du bail d'ouvrage, en ce qu'il a pour objet, en partie,
les soins réels que le preneur est tenu de donner à la chose :
enfin, on verra qu'il devient un vrai contrat de société ,
quand le troupeau est fourni moitié par le bailleur et moitié
par le preneur. C'est par ces motifs qu'il a fallu faire du bail
de cheptel l'objet d'un chapitre à part.

S'il n'y a pas de conditions convenues, elles seront sup- 1803
pléées par les dispositions de ce chapitre.

1801   Il y a trois espèces principales de cheptels; savoir : le cheptel simple ou ordinaire, le cheptel à moitié, et le cheptel donné au fermier ou au colon partiaire.

1804-1811   I. Le bail *à cheptel simple* est un contrat par lequel un propriétaire de bestiaux les donne, soit à son fermier, soit à celui d'un autre, soit à un propriétaire, pour les garder, soigner et nourrir. Le prix de ce bail est immédiatement formé par le profit entier des laitages, du fumier et du travail des animaux. Mais, pour intéresser davantage le preneur à la surveillance, on lui donne en outre une part dans la laine, le croît et l'augmentation de valeur du troupeau, à la charge de supporter proportionnellement la perte s'il en survient. Cette part, tant active que passive, est ordinairement de moitié.

Sous ce point de vue, il se forme entre le bailleur et le preneur une espèce de société : aussi quelques auteurs considèrent-ils ce contrat comme un contrat de société. Mais il est évident que l'association n'est ici qu'un contrat secondaire; que le contrat principal est un bail, celui par lequel le preneur promet et se fait payer ses soins; que le troupeau n'entre point dans la société; que le bailleur en reste propriétaire; qu'enfin l'association au profit et à la perte n'est qu'un supplément au prix du bail.

C'est aussi sous ce point de vue que les coutumes de Berri, de Bourbonnais, de Nivernais et de Bergerac ont considéré ce contrat. Ce sont les seules qui eussent des dispositions relatives; mais l'usage des baux à cheptel s'était introduit dans d'autres provinces où les coutumes n'en parlaient pas.

C'est dans les dispositions de ces quatre coutumes qu'ont été puisées celles du projet.

1805   Aucune *forme* déterminée n'est requise pour la validité de ce contrat; mais il faut du moins qu'au moment de la délivrance du cheptel il en soit fait une *estimation*, pour qu'on puisse, à l'expiration du bail, savoir s'il y a de l'augmentation ou du déchet dans la valeur. Cette estimation n'a pas d'autre objet, puisque le bailleur conserve la propriété du troupeau.

D'après ce premier aperçu, il est aisé de pressentir sur 1807à1811 qui, selon les circonstances, doit tomber *la perte partielle ou totale.*

Il faut d'abord décider, avec le projet, que le preneur ne peut être tenu que des pertes qui surviendraient par sa faute. Ce sont celles-là seulement qu'il doit réparer par un remplacement en nature ou en valeur.

S'il prouve que la perte est arrivée par cas fortuit, et si l'on n'établit pas qu'il ait été précédé de quelque faute du preneur sans laquelle la perte ne serait pas arrivée, il faut distinguer : la perte est-elle seulement partielle? elle tombe à la charge commune, proportionnellement à la part assignée à chacun dans la perte et dans le gain ; le preneur est seulement tenu de rendre compte des peaux des bêtes péries. La perte est-elle totale? comme la chose appartient au bailleur seul, comme elle fait la matière du contrat, et comme l'extinction de la chose par cas fortuit ou par force majeure résout la convention, cette perte est à la charge du propriétaire seul. Non seulement cela est conforme aux principes, mais cela est de toute justice, puisque l'extinction absolue ôte au preneur tout espoir de réparer la perte, espoir qui lui reste et qui souvent est rempli quand l'extinction n'est que partielle, au moyen des laines, du croît et de l'augmentation de valeur de ce qui n'a pas péri. Toute convention contraire à cette disposition serait regardée comme léonine, et est déclarée nulle.

Voyons maintenant quelles sont les *obligations respectives* du bailleur et du preneur.

Celle du bailleur est de délivrer le cheptel donné à bail et 1812 d'en faire jouir le preneur ; et il en résulte qu'il ne peut, sans le consentement du preneur, disposer d'aucune des bêtes du troupeau.

Quant au preneur, l'obligation qui lui est imposée de Ib. et 1806 veiller en bon père de famille à la conservation du cheptel entraîne avec elle une égale prohibition de disposer d'aucune des bêtes qui le composent, soit du fonds, soit du croît, sans le consentement du propriétaire. S'il se le permettait, le propriétaire pourrait revendiquer les bêtes vendues en justifiant de sa propriété.

1814   Il est une autre obligation imposée au preneur, c'est celle de ne pas tondre sans avoir prévenu le bailleur, qui partage avec lui ce genre de produit.

1816   A défaut par le preneur de remplir ses obligations, le bailleur peut demander la résiliation du bail.

1813   Si le bail est fait au fermier d'un autre propriétaire, le bailleur du cheptel doit, pour empêcher qu'il ne se confonde avec les gages de cet autre propriétaire, lui notifier son bail.

1815   S'il n'y a pas de convention sur la *durée* de ce bail, il est censé fait pour trois ans.

1817   Lorsque le bail est fini, pour pouvoir procéder au *partage*, lors duquel le bailleur doit avant tout prélever la valeur qu'avait le troupeau à l'ouverture du bail, il faut faire une nouvelle estimation du cheptel. Le bailleur, ensuite, peut prélever des bêtes de chaque espèce jusqu'à concurrence de la première estimation, et l'excédant se partage. S'il n'existe pas assez de bêtes pour remplir cette première estimation, le bailleur prend ce qui reste, et les parties se font raison de la perte.

1831   Voilà tout ce qui concerne le bail à cheptel simple. On peut y rapporter la convention par laquelle une ou plusieurs vaches sont quelquefois données pour les loger et nourrir, le bailleur conservant la propriété, et le preneur profitant des veaux comme du laitage et du fumier.

1818à1820   II. Quant au *bail de cheptel à moitié*, c'est un contrat par lequel chacun des contractans fournit la moitié du cheptel. Ce n'est, à proprement parler, qu'une société; mais il en fallait traiter ici, puisque c'est une modification du contrat de bail à cheptel, et puisque les mêmes règles le gouvernent.

à une seule exception près, que voici. Lorsque le bailleur est propriétaire de la métairie dont le preneur est colon partiaire ou fermier, le bailleur peut, par la convention, s'attribuer dans le profit des laines et du croît une part plus forte que celle du preneur ; il peut même s'attribuer une portion dans les autres profits ordinairement appartenant au preneur seul, parce qu'en ce cas le bailleur se trouve fournir le logement et la nourriture à la partie du troupeau qui appartient au preneur.

III. Je n'ai plus à vous parler que du *cheptel donné par le* sect. 4 *propriétaire à son fermier ou à son colon partiaire*, et d'abord de celui donné au fermier.

Ce cheptel (aussi appelé *cheptel de fer*, parce qu'il est 1821 comme enchaîné à la ferme), est celui que le propriétaire d'une métairie, en l'affermant, donne à son fermier, à la charge qu'à l'expiration du bail celui-ci laissera sur la ferme des bestiaux d'une valeur égale au prix de l'estimation de ce cheptel.

Ici, comme dans le bail de ce cheptel simple, le troupeau 1822-1823- entier est fourni par le bailleur ; ici, comme dans le bail de 1825 cheptel simple, l'estimation du troupeau n'en transfère pas la propriété au preneur. Cependant cette estimation le met tout-à-fait à ses risques : en conséquence, la perte, même totale et par cas fortuit, est en entier à la charge du fermier, s'il n'y a convention contraire ; mais aussi tous les profits quelconques du troupeau appartiennent au fermier, à moins qu'il n'en ait été autrement convenu. Ces conventions différentes sont licites, parce qu'elles sont censées faire partie du prix de la ferme du fonds.

Il n'y a que les fumiers qui n'entrent pas dans les profits 1824 du fermier ; ils appartiennent à la métairie, à laquelle tient le troupeau, et ils doivent être uniquement employés à l'exploitation de cette métairie.

Au reste, comme c'est un troupeau que le propriétaire a 1826 donné avec la ferme, c'est un troupeau de même valeur que le fermier doit rendre avec cette ferme à la fin du bail, et il ne peut retenir le cheptel en payant l'estimation originaire. C'est du déficit, s'il y en a, qu'il doit payer la valeur au propriétaire; l'excédant seulement, quand il s'en trouve, appartient au fermier.

1827   A l'égard du cheptel remis par le propriétaire à son colon partiaire, le bailleur, non seulement en restant propriétaire, mais encore étant copartageant avec le colon dans les produits de la métairie à laquelle ce cheptel est attaché, la perte totale de ce cheptel tombe sur le bailleur si elle arrive sans la faute du colon, et l'on ne peut pas stipuler le contraire.

1828   Mais on peut convenir que le colon délaissera au bailleur, qui fournit le logement et la nourriture, sa part de la toison à un prix inférieur à la valeur ordinaire; qu'il aura même une plus grande part dans le profit, et même encore qu'il aura la moitié des laitages.

1829-1830   Ce bail de cheptel, qui finit avec le bail de la métairie, est d'ailleurs soumis à toutes les règles du bail de cheptel simple, ou plutôt ce n'est qu'un véritable bail de cheptel simple donné par le propriétaire du cheptel à son colon partiaire, et qui, par cette raison et en considération de ce que le bailleur fournit le logement et la nourriture, est susceptible des clauses interdites aux baux de ce genre qui sont donnés à d'autres.

Ici se termine, 'tribuns, l'analyse du projet. J'en ai parcouru toutes les dispositions; je vous les ai présentées dans l'ordre qui m'a paru le plus naturel, et je vous ai exposé les motifs des principales. Votre section les croit justifiées et suffisantes; et ce titre lui a paru digne de figurer parmi ceux qui font partie du Code civil. Il n'en reste à discuter qu'un petit nombre, et leurs dispositions seront moins étendues. Avec quelle satisfaction ne voyons-nous pas ce grand ouvrage approcher de son terme, et la nation prête à en recueillir les fruits! C'est dans cette loi commune que tous les habitans de ce vaste empire vont incessamment puiser un esprit, des usages et des mœurs uniformes ; c'est de ce Code unique que va sortir le ciment qui doit unir toutes les parties de l'édifice politique et en former une masse homogène et solide ; c'est quand il gouvernera seul tous les Français, que, devenus parfaitement égaux dans tous leurs rapports civils, c'est-à-dire dans tous leurs rapports journaliers, ils seront véritablement des citoyens et des frères.

Hâtons-nous donc, tribuns, d'arriver à cette époque désirée. Secondons à cet égard, comme à tant d'autres, les grandes vues du génie qui s'est dévoué à la restauration complète de la France, qui veut que la République lui doive son bonheur, comme elle lui doit déjà sa gloire ; qui marche rapidement à son but ; qui voit tous les moyens, donne l'action à tous, et n'est arrêté ni ralenti par aucun obstacle.

Votre section vous propose de voter l'adoption du projet intitulé *du Contrat de louage.*

Le Tribunat émit un vœu d'adoption dans sa séance du lendemain 15 ventose an XII (6 mars 1804), et il chargea MM. Jaubert, Faure et Mouricault, de porter son vœu au Corps législatif.

M. Jaubert a prononcé le discours le 16 ventose (7 mars).

DISCUSSION DEVANT LE CORPS LÉGISLATIF.

DISCOURS PRONONCÉ PAR LE TRIBUN JAUBERT.

Législateurs, le contrat de louage est né du besoin que la propriété foncière et l'industrie ont de se prêter mutuellement secours. Ce contrat est d'un usage fréquent dans un pays surtout où les sciences, les arts, le commerce et la navigation ne laissent à un grand nombre de propriétaires ni le temps ni les moyens nécessaires pour l'exploitation, dans un pays où tous les habitans ne sont pas propriétaires fonciers, et où le mouvement du commerce exige que de grands capitaux soient réservés pour la circulation.

La matière du louage a donc les plus grands rapports avec les deux objets qui intéressent le plus essentiellement l'ordre public, la propriété et l'industrie.

Ainsi il faut que les règlemens sur le louage tendent à la conservation des propriétés.

Il faut qu'ils tendent au perfectionnement de l'agriculture.

Il faut aussi ne pas perdre de vue que la classe très-nombreuse qui n'a d'autre propriété que ses bras n'a aussi d'autre ressource pour son habitation et pour sa subsistance que dans le louage de la chose d'autrui.

Les règlemens sur le louage doivent donc être simples, clairs et précis.

Cette matière, comme celle des autres transactions, rentre dans la grande théorie des obligations conventionnelles.

C'est dans l'importante loi sur les contrats qu'il faut chercher la règle générale sur l'objet, sur la cause de la convention, sur la capacité et sur le consentement des contractans, etc., etc.

Le louage a aussi une grande affinité avec la vente, par exemple, en ce qui concerne la chose, le prix, la garantie.

Le législateur n'a donc dû s'occuper, au titre *du Louage*, que des règles qui sont particulières à cette espèce de contrat.

sect. 1.   Parmi ces règles il y en a de communes aux baux des maisons et aux baux des biens ruraux.

Elles portent sur la délivrance que le bailleur doit faire de la chose, sur la jouissance paisible qu'il doit procurer au preneur, sur les obligations du preneur, qui doit jouir en bon père de famille, payer le prix du bail aux termes convenus et faire les réparations locatives.

1714   Toujours on a reconnu que le louage étant un contrat consensuel, on pouvait louer verbalement comme par écrit.

Le projet ne pouvait sans doute changer ces idées, qui sont déduites de la nature des choses, l'obligation existant dans la conscience des contractans dès le moment où le consentement réciproque est formé.

Mais si le bail n'est que verbal, qu'il n'ait encore reçu aucune exécution, et que l'une des parties nie l'existence de la convention, l'autre partie pourra-t-elle être admise à la preuve par témoins? Ne devrait-on pas du moins distinguer si le montant entier de la location n'excède pas 150 francs? Ne faudra-t-il pas, d'après les règles générales sur les contrats, accueillir la preuve testimoniale? *1715*

Notre projet le défend, et cette innovation nous a paru extrêmement sage; surtout elle sera utile pour cette classe nombreuse qui ne peut louer que des objets d'une valeur modique: un procès est leur ruine; il faut tarir la source de ces procès en proscrivant dans cette matière la preuve testimoniale. Le serment peut seulement être déféré à celui qui nie le bail.

Une grande question s'élevait souvent devant les tribunaux: un incendie a consumé la chose louée: le bailleur doit-il supporter l'événement, ou du moins ne peut-il recourir contre le preneur que dans le cas où il pourrait prouver que l'accident provient de la faute ou de la négligence ou du preneur ou de ceux que le preneur a placés dans la maison? ou bien est-ce au preneur à prouver les cas fortuits? *1733-1734*

Ce point était controversé; il avait donné lieu à une foule de distinctions et de décisions contradictoires?

Le projet a tranché toutes les difficultés.

Le preneur répondra de l'incendie, à moins qu'il ne prouve qu'il est arrivé par cas fortuit ou force majeure, ou par vice de construction, ou qu'il a été communiqué par une maison voisine.

Ces règles sont sages, conservatrices de la propriété à laquelle le bailleur n'a aucun moyen de veiller; ces règles sont le gage le plus assuré de l'exactitude du preneur, du soin qu'il doit apporter dans l'usage de son droit, de la surveillance qu'il doit exercer sur sa famille et sur ses serviteurs.

Au reste, la loi n'établit qu'une présomption; cette présomption peut être détruite par une preuve contraire : mais la présomption devait être établie contre le preneur, parce que, d'une part, le bailleur n'avait aucun moyen de prévenir ni d'éviter l'accident, et que de l'autre les incendies arrivent ordinairement par la faute de ceux qui habitent dans la maison.

1736 à 1738 Il était également digne du législateur de faire cesser la diversité de jurisprudence sur la matière de la tacite réconduction.

Lorsque le bail était expiré et que le preneur continuait de jouir sans contradiction, on décidait qu'il y avait tacite réconduction? Quel était l'effet, quelle était la durée de cette tacite réconduction? Sur cela diversité.

A l'avenir, de deux choses l'une, ou c'est un bail verbal, ou c'est un bail écrit.

Si le bail est verbal, l'une des parties ne peut donner congé à l'autre qu'en observant les délais fixés par l'usage des lieux. Si le bail était écrit, le nouveau bail tacite ne produira d'autre effet que celui qui résulte d'un bail verbal; ainsi, dans ce cas, l'une des parties ne pourra non plus donner congé à l'autre qu'en observant les délais fixés par l'usage des lieux.

1743 Le bail pourra-t-il être rompu par la vente? L'acquéreur pourra-t-il expulser le fermier ou le locataire? Le droit romain n'avait vu que le droit de propriété.

Une loi de l'Assemblée constituante avait admis une exception en faveur des baux des biens ruraux. Si les baux n'excédaient pas six années, le nouvel acquéreur ne pouvait troubler le fermier ; si les baux excédaient six années, l'acquéreur était autorisé à faire cesser le bail, toutefois avec des tempéramens et après avoir payé une préalable indemnité.

Il fallait compléter la réforme.

Le principe ancien était que l'acquéreur pouvait déposséder le fermier ou le locataire, sauf, dans certains cas, des dommages et intérêts pour le preneur.

Le projet veut que l'acquéreur ne puisse déposséder le fermier ou le locataire avant l'expiration du bail, à moins que le preneur ne s'y soit soumis.

Pourquoi l'intérêt des tiers serait-il lésé par une vente qui leur est étrangère? pourquoi un titre nouveau détruirait-il un titre préexistant?

C'est surtout à l'égard des baux des biens ruraux que l'innovation était appelée par l'intérêt public. Elle favorise les baux à longues années.

Les baux à longues années sont les plus utiles pour les progrès de l'agriculture. Ce sont ces baux qui invitent le plus les fermiers à faire à la terre des avances dont ils seront certains d'être remboursés.

Qu'est-ce qui importe le plus à l'État? sont-ce les mutations parmi les propriétaires? Non, sans doute; la bonne culture, les grandes entreprises, l'entretien des canaux, le perfectionnement des dessèchemens, la création des prairies artificielles, l'augmentation des troupeaux, voilà, voilà les objets qui peuvent faire fleurir nos campagnes, et rien de cela ne peut se retrouver là où les mutations de jouissances sont trop fréquentes.

A Dieu ne plaise aussi que je ne rende justice à la classe laborieuse, mais peu aisée, qui arrose de ses sueurs le champ qui fait toute sa fortune; celle-là aussi rend de grands services à l'État.

Mais notre système politique a pour base première la propriété foncière. Il est donc convenable que toutes nos combinaisons législatives tendent à favoriser autant que possible la durée des masses et leur amélioration.

Et c'est sous ce nouveau rapport qu'il était essentiel, dans le cas du nouvel acquéreur, de préférer l'intérêt de l'agriculture à toute autre considération.

Passons aux règles particulières des baux à loyer.

Il est un point important dans lequel la législation actuelle se trouvera absolument changée.

Nous avions emprunté des Romains une loi qui permettait aux propriétaires d'expulser le locataire même avant l'expiration du bail, s'il avait besoin de sa maison pour l'habiter lui-même.

Mais d'abord cette prérogative attribuée aux propriétaires exposait le locataire aux plus grands embarras.

Puis elle ne devenait que trop souvent l'occasion de procès difficiles à juger. Le propriétaire voulait-il réellement rentrer dans sa maison, ou ne cherchait-il qu'un prétexte de renvoyer un locataire pour en prendre un autre?

La loi aura tari aussi cette source de contestations ; cela seul serait un grand bienfait; mais de plus l'innovation se rattachera aux grands principes sur la stabilité des transactions : c'est au propriétaire à savoir ce qu'il fait. Le locataire doit toujours trouver sa sûreté dans son contrat.

Quant aux règles particulières des baux des biens ruraux, vous avez dû aussi remarquer, législateurs, quelques dispositions qui améliorent notre ancien droit.

1768 Par exemple, c'est une grande idée d'ordre public et de morale que d'assujétir le fermier d'un bien rural à avertir le propriétaire des usurpations qui peuvent être commises sur les fonds, sous peine de tous dépens, dommages et intérêts.

1769-1770 La matière du cas fortuit est aussi traitée avec autant de précision que de sagesse.

Le bail à ferme est un contrat commutatif. La chose pour le prix. Les fruits doivent donc être l'équivalent du prix de ferme.

Ainsi il est dans l'essence de ce contrat que le fermier soit dispensé de payer le prix si un cas fortuit le prive de toute la récolte ou de la majeure partie.

C'est aussi l'intérêt de l'agriculture.

Mais serait-il juste que le propriétaire supportât l'événement d'un cas fortuit arrivé pendant une seule année, lors-

que déjà le fermier a été récompensé par les récoltes précédentes ? Non, sans doute. D'un autre côté, si le fermier ne
se trouve pas déjà récompensé, on attend la fin du bail
pour faire la compensation de toutes les années, et cependant le juge pourra provisoirement dispenser le fermier de
payer une partie du prix correspondant à la perte qu'il a
subie.

Le propriétaire serait à l'abri de toutes demandes en indemnités si le fermier s'était chargé des cas fortuits : mais,
dans le cas particulier du bail à ferme, l'équité naturelle
commandait des distinctions.

Un fermier assume sur lui les cas fortuits ; il n'a véritablement entendu parler que des cas fortuits ordinaires, tels que
grêle, feu du ciel, gelée ou coulure. Certes il ne serait pas
juste d'étendre son obligation aux cas fortuits extraordinaires, qui n'ont pas dû entrer dans sa pensée, tels que les
ravages de la guerre ou une inondation, auxquels le pays
n'est pas ordinairement sujet. Si le fermier s'était chargé de
tous les cas fortuits prévus ou imprévus, alors plus de distinction.

Nous venons de parler du louage des choses ; il y a aussi
le louage d'ouvrages.

Ce louage a trois objets principaux :

1°. Celui des gens de travail qui se louent au service de
quelqu'un ;

2°. Celui des voituriers tant par terre que par eau ;

3°. Les devis ou marchés d'ouvrages.

A l'égard des gens de travail, le projet rappelle des principes qui concilient le respect dû aux conventions et à la
liberté individuelle.

Les voituriers par terre ou par eau sont assujétis aux obligations qui résultent du contrat de louage, mais dans plusieurs points ils sont aussi assimilés aux dépositaires nécessaires.

L'article relatif aux devis et marchés est également traité

23.

avec le plus grand soin. On y retrouve toutes les règles consacrées par l'usage sur la garantie due par les architectes ou
entrepreneurs, soit en ce qui concerne le fait des personnes
qu'ils emploient, soit en ce qui concerne la solidité des
ouvrages.

1787 à 1791   Le projet distingue le cas où l'entrepreneur fournit seulement son travail et celui où il fournit aussi la matière.

1793   Il était impossible, dans le classement de cette partie de
la législation, de ne pas s'occuper de la réforme d'un abus
dont nous ne voyons que trop d'exemples.

Un architecte ou un entrepreneur se charge de la construction à forfait d'un bâtiment, d'après un plan arrêté et
convenu avec le propriétaire du sol. Le propriétaire avait
calculé la dépense qu'il voulait faire et qu'il pouvait faire;
cependant l'architecte vient parler d'augmentation de prix.
Il ne manque pas de prétextes. Ici c'est l'augmentation de la
main-d'œuvre; là c'est l'augmentation des matériaux. Quelquefois aussi l'architecte a fait quelque changement sur le
plan, il a fait des augmentations qu'il prétend être nécessaires ou utiles, ou du moins agréables; et sur cela de longues et coûteuses contestations. L'architecte invoque la règle
que nul ne peut s'enrichir aux dépens d'autrui. Il prétend
que le propriétaire a été instruit des augmentations; qu'il les
a tacitement approuvées; que du moins il ne les a pas contre-
dites; qu'on ne fera aucun tort au propriétaire en l'obligeant
à payer à dire d'experts. De son côté le propriétaire dit qu'il
a traité à forfait; que si les matériaux avaient baissé de prix,
il n'aurait point été autorisé à demander un rabais; qu'il n'a
point consenti aux changemens; que ces changemens n'aug-
mentent pas intrinsèquement la valeur de la chose; que sa
position personnelle ne lui permet pas de plus grands dé-
boursés.

Notre loi a sagement décidé que lorsqu'un architecte ou
un entrepreneur s'est chargé de la construction à forfait d'un
bâtiment, d'après un plan arrêté avec le propriétaire du sol,

il ne peut demander aucune augmentation de prix, ni sous le prétexte d'augmentation de la main-d'œuvre ou des matériaux, ni sous celui de changemens ou d'augmentations faites sur ce plan, *si ces changemens ou augmentations n'ont été autorisés par écrit, et si le prix n'a été convenu avec le propriétaire.*

Enfin, sous la dénomination du louage, nous comprenons aussi le bail à cheptel, matière digne de tout l'intérêt du législateur. ch. 4.

La multiplication des bestiaux, leur conservation, l'amélioration des races, l'augmentation des engrais, les produits des laines, du laitage, quels trésors pour l'agriculture, quelles ressources pour les manufactures, pour le commerce, pour l'industrie, pour les grands propriétaires, pour la classe peu fortunée !

Le bail à cheptel se diversifie en plusieurs espèces : le cheptel simple, pour lequel l'un donne à l'autre des bestiaux à garder, nourrir et soigner, à condition que celui-ci profitera de la moitié du croît et qu'il supportera aussi la moitié de la perte ; 1804

Le cheptel à moitié, dans lequel chacun des contractans fournit la moitié des bestiaux, qui demeurent communs pour le profit ou pour la perte ; 1818

Le cheptel donné au fermier; sect. 4

Le cheptel donné au colon partiaire.

Il y a des règles générales pour toutes les espèces de cheptel; il y en a de particulières surtout en ce qui regarde la perte des bestiaux, pour en fixer les conséquences entre le bailleur et le preneur. 1822-1827

Il est conforme à la nature des choses que la perte soit pour le fermier, s'il n'y a convention contraire ; et que le colon partiaire ne subisse pas l'événement, s'il n'y pas non plus de stipulation contraire.

Le fermier traite par spéculation, au lieu que le colon

partiaire n'engage ses soins que pour se procurer sa subsistance.

Le projet ne néglige aucun détail, Législateurs, protéger
la propriété et favoriser les développemens de l'industrie,
tel est le but que le législateur doit atteindre dans la matière du louage. Le Tribunat a pensé que ce but serait
rempli par le projet offert à votre sanction ; il a pensé que,
par ses rapports avec la morale, par son influence sur les
besoins sans cesse renaissans de la société, le titre du Code
civil serait aussi digne du peuple français.

Au nom du Tribunat, nous vous en proposons l'adoption.

Le Corps législatif a rendu son décret d'adoption dans
la même séance, et la promulgation de ce titre a eu lieu
le 26 ventose an XII (17 mars 1804).

TITRE NEUVIÈME.

Du Contrat de société.

DISCUSSION DU CONSEIL D'ÉTAT.

(Procès-verbal de la séance du 14 nivose an XII. — 5 janvier 1804.)

M. Berlier présente le titre XIV du livre III.
Il est ainsi conçu :

DU CONTRAT DE SOCIÉTÉ.

CHAPITRE Ier.

Dispositions générales.

Art. 1er. « La société est un contrat par lequel deux ou 1832
« plusieurs personnes conviennent de mettre quelque chose
« en commun, dans la vue de partager le bénéfice qui pourra
« en résulter. »

Art. 2. « Toute société doit avoir un objet licite et être 1833
« contractée pour l'intérêt commun des parties.

« Chaque associé doit y apporter ou de l'argent, ou d'au-
« tres biens, ou son industrie. »

Art. 3. « Toutes sociétés autres que celles contractées en 1834
« foire ou pour affaires de foire, doivent être rédigées par
« écrit, lorsque leur objet est d'une valeur de plus de 150
« francs.

« Nulle preuve testimoniale n'est admise contre et outre
« le contenu en l'acte de société. »

CHAPITRE II.

Des diverses Espèces de société.

Art. 4. « Les sociétés sont universelles ou particulières. » 1835

1836   Art. 5. « On distingue deux sortes de sociétés universelles ;
« la société universelle de gains, et celle de tous biens pré-
« sens. »

1838   Art. 6. « La société universelle de gains renferme tout ce
« que les parties acquerront par leur industrie, à quelque
« titre que ce soit, pendant le cours de la société : les meu-
« bles que chacun des associés possède au temps du contrat
« y sont aussi compris ; mais leurs immeubles personnels n'y
« entrent que pour la jouissance seulement. »

1837   Art. 7. « La société de tous biens présens est celle par la-
« quelle les parties mettent en commun tous les biens meu-
« bles et immeubles qu'elles possèdent actuellement.

    « Les biens qui peuvent leur avenir par succession , dona-
« nation ou legs, n'entrent dans cette société que pour la
« jouissance : toute stipulation tendantà y faire entrer la
« proprieté des biens à venir est prohibée, sauf entre
« époux, et conformément à ce qui est réglé à leur égard. »

1839   Art. 8. « La simple convention de société, faite sans autre
« explication, n'emporte que la société universelle de gains.»

1841   Art. 9. « La société particulière est celle qui ne s'applique
« qu'à certaines choses déterminées, ou à leur usage, ou
« aux fruits à en percevoir. »

1842   Art. 10. « Le contrat par lequel plusieurs personnes s'as-
« socient, soit pour une entreprise désignée, soit pour
« l'exercice de quelque métier ou profession, est aussi une
« société particulière. »

1873   Art. 11. « Il y a des sociétés particulières qui appartien-
« nent spécialement au commerce, telles que *la société en
« nom collectif*, celle en *commandite*, et celle appelée *ano-
« nyme*.

    « Ces sociétés sont régies par les lois commerciales. »

CHAPITRE III.

*Des Engagemens des associés entre eux et vis-à-vis
des tiers.*

SECTION 1re. — *Des Engagemens des associés entre eux.*

Art. 12. « La société commence à l'instant même du con- 1843
« trat, s'il ne désigne une autre époque. »

Art. 13. « S'il n'y a pas de convention sur la durée de la 1844
« société, elle est censée contractée pour toute la vie des
« associés; ou, s'il s'agit d'une affaire dont la durée soit
« limitée, pour tout le temps que doit durer cette affaire. »

Art. 14. « Chaque associé est débiteur envers la société de 1845
« tout ce qu'il a promis d'y apporter.

« Lorsque cet apport consiste en un corps certain, et que
« la société en est évincée, l'associé en est garant envers la
« société, de la même manière qu'un vendeur l'est envers
« son acheteur. »

Art. 15. « L'associé qui devait apporter une somme dans 1846
« la société et ne l'a point fait, devient, de plein droit, et
« sans demande, débiteur des intérêts de cette somme, à
« compter du jour où elle devait être payée.

« Il en est de même à l'égard des sommes qu'il a prises
« dans la caisse sociale, à compter du jour où il les en a tirées
« pour son profit particulier ; le tout sans préjudice de plus
« amples dommages–intérêts, s'il y a lieu. »

Art. 16. « Les associés qui se sont soumis à apporter leur 1847
« industrie à la société lui doivent compte de tous les gains
« qu'ils ont faits par l'espèce d'industrie qui est l'objet de
« cette société. »

Art. 17. « Lorsque l'un des associés est, pour son compte 1848
« particulier, créancier d'une somme exigible envers une
« personne qui se trouve aussi devoir à la société une somme
« également exigible, cet associé doit imputer ce qu'il reçoit
« de ce débiteur sur la créance de la société et sur la sienne,

« dans la proportion des deux créances, encore qu'il eût,
« par sa quittance, dirigé l'imputation intégrale sur sa
« créance particulière ; mais s'il a exprimé dans sa quittance
« que l'imputation serait faite en entier sur la créance de la
« société, cette stipulation sera exécutée. »

1849 Art. 18. « Lorsqu'un des associés a reçu sa part entière de
« la créance commune, et que le débiteur est depuis devenu
« insolvable, cet associé est tenu de rapporter à la masse
« commune ce qu'il a reçu, encore qu'il eût spécialement
« donné quittance *pour sa part.* »

1850 Art. 19. « Chaque associé est tenu envers la société des
« dommages qu'il lui a causés par sa faute, sans pouvoir
« compenser avec ces dommages les profits que son industrie
« lui aurait procurés dans d'autres affaires. »

1851 Art. 20. « Si les choses dont la jouissance seulement a été
« mise dans la société sont des corps certains et déterminés
« qui ne se consomment point par l'usage, elles sont aux
« risques de l'associé propriétaire.

« Si ces choses se consomment, si elles se détériorent en
« les gardant, si elles ont été destinées à être vendues, ou si
« elles ont été mises dans la société sur une estimation por-
« tée par un inventaire, elles sont aux risques de la société.

« Si la chose a été estimée, l'associé ne peut répéter que
« le montant de son estimation. »

1852 Art. 21. « Un associé a action contre la société, non seu-
« lement à raison des sommes qu'il a déboursées pour elle,
« mais encore à raison des obligations qu'il a contractées de
« bonne foi pour les affaires de la société et des risques insé-
« parables de sa gestion. »

1853 Art. 22. « Lorsque l'acte de société ne détermine point
« la part de chaque associé dans les bénéfices ou pertes, la
« part de chacun est en proportion de sa mise dans le fonds
« de la société. »

1854 Art. 23. « Si les associés sont convenus de s'en rapporter
« à l'un d'eux, ou à un tiers, pour le règlement des parts,

« ce règlement ne peut être attaqué s'il n'est évidemment
« contraire à l'équité.

« Nulle réclamation n'est admise à ce sujet s'il s'est écoulé
« plus de trente jours depuis que la partie qui se prétend
« lésée a eu connaissance du règlement, ou si ce règlement
« a reçu de sa part un commencement d'exécution. »

Art. 24. « La convention qui donnerait à l'un des associés 1855
« la totalité des bénéfices est nulle.

« Il en est de même de la stipulation qui affranchirait de
« toute contribution aux pertes les sommes ou effets mis dans
« le fonds de la société par un ou plusieurs des associés. »

Art. 25. « L'associé chargé de l'administration par une 1856
« clause spéciale du contrat de société peut faire, nonob-
« stant l'opposition des autres associés, tous les actes qui
« dépendent de son administration, pourvu que ce soit sans
« fraude.

« Ce pouvoir ne peut être révoqué sans cause légitime
« tant que la société dure ; mais s'il n'a été donné que par
« acte postérieur au contrat de société, il est révocable
« comme un simple mandat. »

Art. 26. « Lorsque plusieurs associés sont chargés d'ad- 1857
« ministrer sans que leurs fonctions soient déterminées, ou
« sans qu'il ait été exprimé que l'un ne pourrait agir sans
« l'autre, ils peuvent faire, chacun séparément, tous les
« actes de cette administration. »

Art. 27. « S'il a été stipulé que l'un des administrateurs ne 1858
« pourra rien faire sans l'autre, un seul ne peut, sans une
« nouvelle convention, agir en l'absence de l'autre, lors
« même que celui-ci serait dans l'impossibilité actuelle de
« concourir aux actes d'administration. »

Art. 28. « A défaut de stipulations spéciales sur le mode 1859
« d'administration, l'on suit les règles suivantes :

« 1°. Les associés sont censés s'être donné réciproque-
« ment le pouvoir d'administrer l'un pour l'autre : ce que
« chacun fait est valable, même pour la part de ses associés,

« sans qu'il ait pris leur consentement, sauf le droit qu'ont
« ces derniers, ou l'un d'eux, de s'opposer à l'opération
« avant qu'elle soit conclue.

« 2°. Chaque associé peut se servir des choses appartenant
« à la société, pourvu qu'il les emploie à leur destination
« fixée par l'usage, et qu'il ne s'en serve pas contre l'intérêt
« de la société, ou de manière à empêcher ses associés d'en
« user selon leur droit.

« 3°. Chaque associé a le droit d'obliger ses associés à
« faire, avec lui, les dépenses qui sont nécessaires pour la
« conservation des choses de la société.

« 4°. L'un des associés ne peut faire d'innovations sur les
« immeubles dépendans de la société, même quand il les
« soutiendrait avantageuses à cette société, si les autres asso-
« ciés n'y consentent. »

1860   Art. 29. « L'associé qui n'est point administrateur ne peut
« aliéner ni engager les choses même mobilières qui dépen-
« dent de la société. »

1861   Art. 30. « Chaque associé peut, sans le consentement de
« ses associés, s'associer une tierce personne relativement à
« la part qu'il a dans la société ; il ne peut pas, sans ce con-
« sentement, l'associer à la société, lors même qu'il en aurait
« l'administration.

« Il répond des dommages causés à la société par cette
« tierce personne, comme de ceux qu'il aurait causés lui-
« même. »

1873   Art. 31. « Des lois spéciales règlent de quelle manière les
« associés aliènent ou acquièrent pour la société en matière
« de commerce. »

SECTION II. — *Des Engagemens des associés vis-à-vis des tiers.*

1862   Art. 32. « Dans les sociétés autres que celles de commerce,
« les associés ne sont pas tenus solidairement des dettes so-
« ciales, et l'un des associés ne peut obliger les autres, si
« ceux-ci ne lui en ont conféré le pouvoir. »

Art. 33. « Dans ces mêmes sociétés, chacun des associés ¹⁸⁶³
« est tenu, envers le créancier avec lequel il a contracté pour
« sa part virile, encore que sa part dans la société fût moin-
« dre, si l'acte n'a pas spécialement restreint l'obligation
« sur le pied de cette dernière part. »

Art. 34. « La stipulation que l'obligation est contractée ¹⁸⁶⁴
« pour le compte de la société ne lie que l'associé contrac-
« tant et non les autres, à moins que ceux-ci ne lui aient
« donné pouvoir ou que la chose n'ait tourné au profit de la
« société. »

Art. 35. « Les engagemens résultant envers les tiers des ¹⁸₇³
« sociétés de commerce sont spécialement réglés par les
« lois commerciales. »

CHAPITRE IV.

Des différentes Manières dont finit la société.

Art. 36. « La société finit, ₁ 865

« 1°. Par l'expiration du temps pour lequel elle a été con-
« tractée ;

« 2°. Par l'extinction de la chose ou la consommation de
« la négociation ;

« 3°. Par la mort naturelle de quelqu'un des associés ;

« 4°. Par la mort civile, l'interdiction ou la déconfiture
« de l'un d'eux ;

« 5°. Par la volonté qu'un seul ou plusieurs expriment
« de n'être plus en société. »

Art. 37. « La prorogation d'une société à temps limité ne ₁866
« peut être prouvée que par un écrit revêtu des mêmes
« formes que le contrat de société. »

Art. 38. « La chose que l'un des associés devait mettre ₁86₇
« dans la société, et qui a péri, opère la dissolution de la
« société par rapport à tous les associés. »

« Art. 39. « S'il a été stipulé qu'en cas de mort de l'un ₁868
« des associés la société continuerait, ou avec son héritier,

« ou seulement entre les associés survivans, ces dispositions
« seront suivies; mais au second cas, l'héritier du décédé
« n'a droit qu'au partage de la société eu égard à la situa-
« tion de cette société lors du décès, et ne participe aux
« droits ultérieurs qu'autant qu'ils sont une suite nécessaire
« de ce qui s'est fait avant la mort de l'associé auquel il
« succède. »

1869   Art. 40. « La dissolution de la société par la volonté de
« l'une des parties ne s'applique qu'aux sociétés dont la
« durée est illimitée, et s'opère par une renonciation noti-
« fiée à tous les associés, pourvu que cette renonciation soit
« de bonne foi et non faite à contre-temps. »

1870   Art. 41. « La renonciation n'est pas de bonne foi lorsque
« l'associé renonce pour s'approprier à lui seul le profit que
« les associés s'étaient proposé de retirer en commun.

« Elle est faite à contre-temps lorsque les choses ne sont
« plus entières, et qu'il importe à la société que sa dissolu-
« tion soit différée. »

1871   Art. 42. « La dissolution des sociétés à terme ne peut être
« demandée par l'un des associés avant le terme convenu,
« qu'autant qu'il y en a de justes motifs, comme lorsqu'un
« autre associé manque à ses engagemens, ou qu'une infir-
« mité habituelle le rend impropre aux affaires de la société,
« ou autres cas semblables, dont la légitimité et la gravité
« sont laissées à l'arbitrage des juges. »

1872   Art. 43. « Les règles concernant le partage des succes-
« sions, la forme de ce partage, et les obligations qui en
« résultent entre les cohéritiers, s'appliquent aux associés;
« sauf l'action en rescision pour cause de lésion, laquelle
« n'est point accordée à ces derniers. »

M. Berlier fait lecture du chapitre Ier, contenant les
dispositions générales.

1832   L'article 1er est adopté.

1833   L'article 2 est discuté.

M. PELET dit qu'on peut apporter dans la société son nom et sa réputation, lesquels doivent aussi être considérés comme une mise.

M. TREILHARD dit que la réputation étant le résultat de l'industrie, ce ne serait rien mettre dans la société que de n'y apporter que son nom, si l'industrie ne l'a rendu recommandable.

M. BERLIER ajoute que d'ailleurs l'espèce de mise dont on parle ne s'applique qu'aux sociétés de commerce, dont toutes les règles sont spécialement et exceptionnellement maintenues par plusieurs dispositions du titre que l'on discute.

Au surplus, et en thèse générale, un *nom* isolé de tout acte de la personne est une chose fort abstraite, au lieu que l'industrie est une chose positive à laquelle il convient de s'arrêter.

L'article est adopté.

L'article 3 est adopté.

1834

M. BERLIER fait lecture du chapitre II, *des diverses Espèces de société*.

L'article 4 est adopté.

1835

L'article 5 est discuté.

1836

M. DEFERMON observe que la société de tous biens comprend nécessairement les gains. La définition que présente cet article n'est donc pas exacte, car elle réduit la société des biens aux biens présens, et se tait sur les gains. Cependant une explication est d'autant plus importante, que dans la suite on exclut la société des biens à venir.

M. BERLIER répond qu'en lisant tout l'article, et notamment sa seconde partie, l'on y voit clairement que les seuls biens *futurs* exclus de cette espèce de société sont ceux provenant de successions et donations ; d'où il résulte que ceux avenus par *gains ordinaires* y sont compris.

L'opinant observe au surplus que les biens mis dans la société étant le principe des bénéfices, les gains sont un accessoire du principal, et que la société dont il s'agit comprend non seulement les gains futurs, mais de plus, et dès l'origine, tous les biens présens; qu'au reste et surabondamment, il est facile de l'exprimer en termes formels.

M. Tronchet dit que l'article 5 présente une division et non une définition.

Le Consul Cambacérès propose de placer la société de biens la première, et d'expliquer qu'elle embrasse les gains à venir.

M. Berlier dit qu'il ne voit nulle difficulté à faire l'inversion désirée par le Consul.

L'article est adopté avec l'amendement du Consul *Cambacérès.*

1837 et 1840 D'après ce changement, l'article 7, devant être placé immédiatement après l'article 5, est d'abord discuté.

Le Consul Cambacérès dit que la faculté de disposer étant indéfinie hors deux cas seulement, les motifs qui autrefois ont fait exclure la société de biens à venir ne subsistent plus.

M. Berlier dit qu'à l'égard de la prohibition de comprendre dans la société les biens futurs provenant de successions, donations ou legs, il croit devoir, en prenant les choses de plus haut, rendre compte de ce qui a conduit à cette résolution.

Le projet de Code civil n'admettait que la société universelle de gains; plusieurs tribunaux, et notamment celui de Paris, ont réclamé une plus grande latitude; à cette occasion, la section a admis la société de tous biens *présens*, mais a craint d'aller plus loin par plusieurs motifs.

D'abord, confondre dans ce pacte les successions et donations à venir, ce serait y comprendre des choses éventuelles, tandis qu'il est dans les principes de la société que les associés connaissent bien ce qu'ils donnent et ce qu'ils reçoivent.

En second lieu, bien que les libéralités soient moins restreintes qu'elles ne l'étaient avant la promulgation du Code civil, cependant elles ne doivent pas être encouragées et leur mode étendu outre mesure.

Enfin, et ce motif a déterminé la section, on ne peut disposer, par donation entre-vifs, de biens *à venir*; or, la société qu'on discute est certainement un acte entre-vifs.

M. Bigot-Préameneu dit qu'il est de l'essence de la société que les choses qui y entrent soient connues, sauf l'incertitude des bénéfices ou des pertes : or, elles ne peuvent l'être dans la société de biens à venir. Personne ne peut connaître quelles successions lui écherront, et il est établi en principe qu'elles ne peuvent être l'objet d'aucun traité.

Le Consul Cambacérès répond que ce contrat serait aléatoire.

M. Tronchet objecte que ce serait autoriser les avantages indirects en les affranchissant des formalités de la donation.

M. Treilhard dit qu'il partage l'opinion du Consul. Il y aurait dans ces sortes de conventions des chances réciproques qui empêcheraient qu'elles pussent masquer des avantages indirects. Par exemple, celui des associés qui espère une succession peut en être frustré, tandis qu'il peut survenir à l'autre, qui n'a en perspective aucune espérance, des gains inopinés, ne fût-ce que ceux que donne la loterie.

Le Consul Cambacérès dit que Pothier admet la société de biens à venir.

Il est difficile de voir quel motif pourrait décider à employer ce moyen pour faire des avantages indirects, lorsque la loi permet de disposer indéfiniment de tous les biens qui ne forment pas la réserve des ascendans ou des enfans. Il n'y a de fraude possible que vis-à-vis du fisc, qui se trouverait frustré des droits d'enregistrement établis sur les donations.

Si cependant on voulait faire quelque distinction, on pourrait exclure de ces sortes de sociétés les successions à recueillir.

M. Bérenger attaque l'ensemble du titre.

Ses dispositions ne s'appliquent ni au commerce ni au mariage; ainsi leur effet porte sur très-peu de cas. Alors il suffirait peut-être de ne pas interdire le contrat de société et de laisser les parties en déterminer à leur gré les résultats, en pourvoyant cependant à l'intérêt des tiers.

M. Berlier dit que le titre qu'on discute n'a pas trait seulement à des sociétés universelles qui seront rares, mais à des sociétés particulières qui le seront moins;

Que, d'un autre côté, il contient des principes généraux qui régiront même *les sociétés de commerce*, lorsqu'ils ne seront pas en opposition avec les lois spéciales du commerce;

Que le besoin de certaines règles pour les sociétés purement civiles avait d'ailleurs été tellement senti, que plusieurs coutumes en avaient un titre exprès;

Et que, sous ces divers rapports, il n'est pas possible d'écarter le projet comme inutile en son entier.

Revenant ensuite à l'article 7, M. *Berlier* pense que, s'il doit être amendé, ce n'est pas pour ajouter à ses dispositions, et ce par les raisons qu'il a déjà déduites, mais pour interdire la société universelle, même réduite aux biens présens, entre personnes qui ne peuvent s'avantager.

Cet amendement est dans l'esprit du projet.

Le Consul Cambacérès dit que les rédacteurs du projet de Code civil avaient réglé les dispositions qu'ils proposaient sur un système dans lequel la faculté de donner était restreinte.

Ensuite ils n'avaient pas même admis la société de tous biens. Si l'on va plus loin qu'eux sur ce point, il n'y a pas de motifs de ne pas autoriser également la société des biens à venir.

On objecte que les donations ne peuvent avoir pour objet que les biens présens; qu'il convient donc de renfermer la société des biens dans les mêmes limites.

L'analogie n'est pas exacte : il y a entre les deux contrats cette différence essentielle que la donation est gratuite, au lieu que la société est intéressée.

Reste donc l'inconvénient des avantages indirects.

On l'a déjà observé : avec la faculté étendue de disposer qui existe maintenant, il n'y a de fraudes à craindre que pour le fisc. Le remède est dans le droit qui lui appartient d'attaquer les contrats simulés.

M. Tronchet dit que la commission n'a vu dans la société de tous biens, même présens, qu'une véritable donation ; que ce motif l'avait déterminé à l'exclure, parce qu'elle tend à frauder le fisc, à frauder les tiers qui ne se trouvent plus avertis par la publication, enfin à éluder les prohibitions établies pour certains cas et entre certaines personnes.

M. Treilhard dit qu'on ne peut empêcher la société des biens présens sans gêner le libre usage de la propriété.

S'il fallait chercher dans ce contrat un autre caractère que celui que son titre présente, ce ne serait pas une donation qu'il faudrait y voir ; ce serait une vente, car la mise de l'un est le prix de la mise de l'autre, quand même les deux mises paraîtraient inégales. Les parties seules, lorsqu'elles sont majeures, peuvent juger jusqu'à quel point le contrat établit l'égalité ; elle ne se mesure pas toujours par l'argent : l'industrie, l'affection, beaucoup d'autres considérations raisonnables sont mises dans la balance et déterminent l'évaluation.

La crainte de faciliter les donations déguisées ne doit pas faire impression.

Il est sans doute du plus grand intérêt d'assurer au gouvernement les ressources sans lesquelles il se trouverait paralysé ; mais il est des moyens pour empêcher que le fisc ne soit fraudé : ne peut-on pas assujétir les sociétés de tous biens aux mêmes droits que les donations ?

Pour empêcher que les prohibitions ne soient éludées, on peut interdire ces sortes de sociétés entre personnes qui sont incapables de se donner.

Avec ces précautions, il ne restera plus qu'un contrat fondé sur des motifs légitimes.

M. Réal revient à l'opinion de la commission.

Il a été reconnu en effet que, par des considérations d'un ordre supérieur, la liberté de disposer doit être quelquefois gênée. De là des prohibitions et des dispositions restrictives qu'il serait impossible de concilier avec la faculté de donner sous le voile d'une société de tous les biens. Par exemple, les donations sont révoquées par survenance d'enfans : cependant, s'il n'y a en apparence qu'une société, les enfans ne recueilleront pas le bénéfice de cette disposition, et la loi se trouvera en contradiction avec elle-même, lorsque à côté de la disposition qui les favorise elle aura placé une autre disposition qui donne la facilité de les en frustrer.

M. Tronchet dit que néanmoins un amendement serait indispensable.

La vente est un contrat comme la société, et cependant, quand elle est faite à des personnes prohibées, et à vil prix, il est permis de l'attaquer, comme n'étant qu'une donation déguisée.

Toutes les donations, même les donations réciproques, sont soumises aux prohibitions et aux réserves : donc, si les sociétés de tous biens peuvent être quelquefois des donations, il est nécessaire, en les autorisant, d'exprimer que c'est sans préjudice des dispositions prohibitives.

Le Consul Cambacérès admet cette restriction : la crainte des abus est un motif de prendre des précautions contre les sociétés frauduleuses, mais non de priver les citoyens du droit d'user de celles qui sont fondées sur des motifs légitimes.

M. Bigot-Préameneu dit que les véritables sociétés de tous biens seront rares : elles seront dangereuses, si on ne les défend entre personnes prohibées. L'opinant adopte donc l'amendement de M. *Treilhard;* mais il repousse celui de M. *Tronchet :* ce ne serait qu'une source de procès entre les enfans et les pères.

LE CONSEIL adopte en principe la société de tous biens présens, en la défendant aux personnes entre lesquelles les donations sont prohibées.

Il rejette la société des biens à venir.

M. RÉAL observe que, d'après le principe adopté, la survenance d'enfans détruira les sociétés de tous les biens.

LE CONSUL CAMBACÉRÈS dit que si la société donne quelque avantage à l'autre associé, on le réduira à la portion disponible.

L'article 6 devenu le 7e, et les articles 8, 9 et 10, sont adoptés. 1838-1839. 1841-1842

L'article 11 est retranché. 1873

La section est chargée de rédiger un article général tendant à déclarer que les dispositions du titre ne dérogent point aux lois et usages du commerce.

M. BERLIER fait lecture du chapitre III, *des Engagemens des associés entre eux et vis-à-vis des tiers*.

La section Ire, *des Engagemens des associés entre eux*, est soumise à la discussion.

Les articles 12, 13, 14, 15, 16, 17 et 18 sont adoptés. 1843à1849

L'article 19 est discuté. 1850

M. LACUÉE pense que le mot *faute* est trop vague; on pourrait en abuser pour rendre l'associé responsable des événemens qui auraient trompé des combinaisons exactes dans leur principe.

M. TREILHARD dit que les tribunaux sauront faire les distinctions que réclame la justice; que la loi ne peut que s'en rapporter à eux : vainement elle entreprendrait de spécifier d'avance tous les cas de la responsabilité.

M. BERLIER dit que le principe posé est inattaquable, et qu'il lui semble impossible d'en rendre l'idée par une autre expression.

Le droit romain distinguait la faute *grave*, la faute *légère*, et même la faute *très-légère*; on a évité ces distinctions dans tous les titres adoptés, mais sans ôter aux tribunaux la faculté d'apprécier ce qui constitue la faute ou en absout.

Des spéculations raisonnables qui tournent mal sont un *malheur* et non une *faute*; tout cela doit être décidé *ex æquo et bono* : l'expression employée n'y fait point obstacle, et il est d'ailleurs impossible de la remplacer par aucune autre qui ait un sens tout à la fois plus précis et moins dangereux.

L'article est adopté.

1851   L'article 20 est discuté.

M. Bérenger dit qu'il est des choses qui sans se consommer par l'usage périssent faute d'entretien : tels sont, par exemple, les immeubles. Il serait juste de mettre les frais d'entretien à la charge de la société.

M. Berlier dit que ce que désire M. *Bérenger* est implicitement dans le contrat, et n'a pas besoin d'être exprimé; car la société est usufruitière de la chose, et dès lors tenue même des charges de l'usufruit, au premier rang desquelles se placent l'entretien et les réparations usufruitières.

Ce principe très-clairement posé au titre de l'*Usufruit*, et pour tous les cas qui s'y rapportent, n'offrirait ici qu'une très-inutile répétition.

M. Tronchet dit que l'unique objet de l'article est de mettre en opposition le cas où il s'agit de choses qui se consomment par l'usage, avec le cas contraire; mais il n'exclut pas la règle générale que les frais d'entretien sont dus par la société.

L'article est adopté.

1852   L'article 21 est adopté.

1853   L'article 22 est discuté.

M. Lacuée demande comment cet article pourra recevoir son application lorsque l'un des deux associés n'aura apporté que son industrie.

M. Tronchet répond que dans le silence de l'acte de société, celui qui n'apporte que son industrie est réputé avoir mis autant que les personnes qui ont fourni en argent la totalité de la mise, en raison du nombre des associés, et qu'il partage dans cette proportion.

L'article est adopté.

L'article 23 est discuté.   1854

Le Consul Cambacérès dit que le délai est trop court. Trente jours ne suffisent pas pour prendre conseil et pour se concerter; il serait utile de porter le délai à un an.

M. Tronchet dit que dans la rigueur des principes il ne devrait être accordé aucun délai, car le règlement est exécutoire à l'instant. Du moins faut-il que le délai ne soit pas trop long : dans l'intervalle, la société, si elle n'était pas dissoute, se trouverait paralysée.

M. Boulay propose de fixer le délai à trois mois.

L'article est adopté avec cet amendement.

Les articles 24, 25, 26, 27, 28 et 29 sont adoptés.   1855 à 1860

L'article 30 est discuté.   1861

M. Defermon dit que le dernier alinéa de cet article paraît en contradiction avec le premier; car s'il est permis à l'un des associés d'introduire un tiers dans la société, il ne doit pas répondre de lui.

M. Berlier dit que, soit que l'associé n'use que de son droit en associant quelqu'un à sa part simplement, soit qu'il abuse de ce droit en allant au-delà, la tierce personne ne devient point membre de la société.

Rien de contraire n'est dit par la dernière disposition de l'article, qui suppose seulement que le tiers a pu s'ingérer et nuire à la société.

Ceci peut avoir lieu de la part de tout autre que de ceux qui sont membres de la société : ainsi point de contradiction entre les deux dispositions; mais à la rigueur la seconde peut fort bien paraître inutile, car la garantie qu'elle exprime est de droit, et, en ne considérant le tiers que comme un préposé de l'associé, celui-ci répond de ses faits.

M. Treilhard dit qu'en effet l'article donne à l'associé le droit d'associer un tiers à sa part, mais non à la société. Si ensuite il lui plaît d'employer ce tiers aux affaires de la société, il en répond comme de son agent.

M. Réal dit que cette responsabilité étant de droit, la partie de l'article qui l'établit devient oiseuse.

M. Regnaud (de Saint-Jean-d'Angely) observe qu'elle est prise textuellement de Pothier.

M. Treilhard dit que néanmoins il est inutile de l'exprimer : on a énoncé ailleurs le principe général que chacun répond de ceux qu'il emploie.

L'article est adopté avec le retranchement de la dernière disposition.

1873   L'article 31 est supprimé, sa disposition devant entrer dans l'article général qui déclarera que les affaires de commerce ne sont pas réglées par les principes du Code civil.

La section II, *des Engagemens des associés vis-à-vis des tiers*, est soumise à la discussion.

862à1864   Les articles 32, 33 et 34 sont adoptés sauf rédaction.

1873   L'article 35 est supprimé par les mêmes motifs que l'article 31.

M. Berlier fait lecture du chapitre IV, *des Différentes manières dont finit la société*.

1865à1872   Les articles 36, 37, 38, 39, 40, 41, 42 et 43 qui le composent sont adoptés.

M. Berlier présente une nouvelle rédaction du titre qui vient d'être discuté, il observe qu'elle est conforme aux amendemens adoptés.

Le Conseil l'adopte en ces termes :

DU CONTRAT DE SOCIÉTÉ.

CHAPITRE Ier.

Dispositions générales.

Art. 1 et 2 (*les mémes que ceux en téte du présent procès—* 1832-1833
verbal).

Art. 3. « Toutes sociétés doivent être rédigées par écrit 1834
« lorsque leur objet est d'une valeur de plus de 150 francs.

« Nulle preuve testimoniale n'est admise contre et outre le
« contenu en l'acte de société. »

CHAPITRE II.

Des diverses Espèces de sociétés.

Art. 4 (*conforme au méme article en téte de ce procès-verbal*). 1835

SECTION Ire. — *Des Sociétés universelles.*

Art. 5. « On distingue deux sortes de sociétés universelles: 1836
« la société de tous biens présens, et la société universelle
« de gains. »

Art. 6. « La société de tous biens présens est celle par la— 1837
« quelle les parties mettent en commun tous les biens meu-
« bles et immeubles qu'elles possèdent actuellement, et les
« profits qu'elles pourront en tirer.

« Elles peuvent aussi y comprendre toute autre espèce de
« gains ; mais les biens qui pourraient leur avenir par succes-
« sion, donation ou legs, n'entrent dans cette société que
« pour la jouissance : toute stipulation tendant à y faire en-
« trer la propriété des biens à venir est prohibée, sauf entre
« époux, et conformément à ce qui est réglé à leur égard. »

Art. 7 (*le méme que l'article 6 de la rédaction énoncée*). 1838

Art. 8. « La simple convention de société universelle, faite 1839
« sans autre explication, n'emporte que la société universelle
« de gains. »

1840   Art. 9. « Nulle société universelle ne peut avoir lieu
« qu'entre personnes respectivement capables de se donner
« ou de recevoir l'une de l'autre, et auxquelles il n'est point
« prohibé de s'avantager au préjudice d'autres personnes. »

SECTION II. — *De la Société particulière.*

1841-1842   Art. 10 et 11 (*les mêmes que les articles 9 et 10 de la rédaction ci-dessus énoncée*).

CHAPITRE III.

Des Engagemens des associés entre eux et vis-à-vis des tiers.

SECTION Ire. — *Des Engagemens des associés entre eux.*

1843à1853   Art. 12, 13, 14, 15, 16, 17, 18, 19, 20, 21 et 22 (*conformes aux mêmes articles en tête de ce procès-verbal*).

1854   Art. 23. « Si les associés sont convenus de s'en rapporter à
« l'un d'eux, ou à un tiers, pour le règlement des parts, ce
« règlement ne peut être attaqué s'il n'est évidemment con-
« traire à l'équité.

« Nulle réclamation n'est admise à ce sujet s'il s'est écoulé
« plus de trois mois depuis que la partie qui se prétend lésée
« a eu connaissance du règlement, ou si ce règlement a reçu
« de sa part un commencement d'exécution. »

1855à1860   Art. 24, 25, 26, 27, 28 et 29 (*tels que les mêmes articles en
tête de ce procès-verbal*).

1861   Art. 30. « Chaque associé peut, sans le consentement de
« ses associés, s'associer une tierce personne relativement à la
« part qu'il a dans la société ; il ne peut pas, sans ce consen-
« tement, l'associer à la société, lors même qu'il en aurait
« l'administration. »

SECTION II.—*Des Engagemens des associés vis-à-vis des tiers.*

1862   Art. 31. « En matière ordinaire, les associés ne sont pas
« tenus solidairement des dettes sociales, et l'un des associés

« ne peut obliger les autres, si ceux-ci ne lui en ont conféré
« le pouvoir. »

Art. 32. « Les associés sont tenus envers le créancier avec 1863
« lequel ils ont contracté, chacun pour une somme et part
« égales, encore que la part de l'un d'eux dans la société fût
« moindre, si l'acte n'a pas spécialement restreint l'obliga-
« tion de celui-ci sur le pied de cette dernière part. »

Art. 33 (*conforme à l'article* 34 *de la première rédaction en* 1864
tête de ce procès-verbal).

CHAPITRE IV.

Des différentes Manières dont finit la société.

Art. 34, 35 et 36 (*les mêmes que les articles* 36, 37 *et* 38 *de* 1865 à 1867
la première rédaction).

Art. 37. « S'il a été stipulé qu'en cas de mort de l'un des 1868
« associés la société continuerait, ou avec son héritier, ou
« seulement entre les associés survivans, ces dispositions se-
« ront suivies; au second cas, l'héritier du décédé n'a droit
« qu'au partage de la société eu égard à la situation de cette
« société lors du décès, et ne participe aux droits ultérieurs
« qu'autant qu'ils sont une suite nécessaire de ce qui s'est fait
« avant la mort de l'associé auquel il succède. »

Art. 38, 39, 40 et 41 (*conformes aux articles* 40, 41, 42 1869 à 1872
et 43 *de la première rédaction*).

Dispositions relatives aux Sociétés de commerce.

Art. 42. « Les dispositions du présent titre ne s'appliquent 1873
« aux sociétés de commerce que dans les points qui n'ont rien
« de contraire aux lois et usages du commerce. »

LE CONSUL ordonne que le titre ci-dessus sera communiqué
officieusement, par le secrétaire-général du Conseil d'État,
à la section de législation du Tribunat, conformément à l'arrêté du 18 germinal an X.

COMMUNICATION OFFICIEUSE

A LA SECTION DE LÉGISLATION DU TRIBUNAT.

Le projet fut transmis au Tribunat le 18 nivose
an XII (9 janvier 1804), et la section procéda à son
examen dans ses séances des 29 nivose et 29 pluviose
(20 janvier et 19 février) suivans.

TEXTE DU PROCÈS-VERBAL.

Un membre, au nom d'une commission, fait un rapport
sur le titre XIV du livre III du projet de Code civil, intitulé
du Contrat de société. La discussion s'ouvre, et produit les
résultats suivans :

1834 Dans le deuxième paragraphe de l'article 3 il est dit :
Nulle preuve testimoniale n'est admise contre et outre le con-
tenu en l'acte de société.

La section est d'avis de substituer à cette rédaction celle
qui suit, et qui est puisée dans l'article 237 du projet de loi
sur les *contrats ou obligations conventionnelles en général.*

« La preuve testimoniale n'est point admise contre et outre
« le contenu en l'acte de société, ni sur ce qui serait allégué
« avoir été dit avant, lors ou depuis cet acte, encore qu'il
« s'agisse d'une somme ou valeur moindre de 150 francs.

Le projet de loi présente une lacune relativement à ce qui
serait allégué avoir été dit avant, lors ou depuis l'acte de société. On croit toujours bien qu'on devrait y suppléer en y
appliquant ce qui a été dit en général par rapport aux contrats, dans l'article ci-dessus rappelé. Cependant il serait
possible que quelques tribunaux se fissent une difficulté, et
qu'ils crussent que, parce que l'interdiction de la preuve testimoniale aurait été expresse dans la loi sur les contrats pour
les cas dont il s'agit, et qu'elle aurait été omise pour les

mêmes cas, quand il s'agirait de la société, il ne dût pas en être de la société comme des contrats en général. La loi sur la société sera plus parfaite en rappelant littéralement ce qui a été dit à ce sujet dans la loi sur les contrats.

Texte du chapitre III, dire *à l'égard des tiers*, au lieu de *ch. 3. vis-à-vis des tiers*.

Art. 15. Dire pour plus de régularité dans la rédaction, *et 1846 qui ne l'a point fait*, au lieu de *et ne l'a point fait*.

Art. 17. Il est à propos de dire : *l'imputation de ce qu'il 1848 reçoit de ce débiteur doit se faire sur sa créance*, etc. Le reste de l'article devant subsister, au lieu de dire *cet associé doit imputer ce qu'il reçoit de ce débiteur*, etc.

Le créancier, dans le cas dont il s'agit, peut ne pas faire, dans la quittance, l'imputation, comme le veut la loi. Il faut donc exprimer que, quoi qu'il fasse, l'imputation se fera en faveur de la société, par le seul ministère de la loi, de la manière voulue par l'article.

Art. 22. Cet article suppose seulement une mise déter- *1853* minée et précise de la part de chaque associé dans le fonds de la société, et il règle la part de chaque associé dans les bénéfices ou pertes, proportionnellement à la mise de chacun.

Mais il peut se faire et il arrive souvent qu'un associé ne porte d'autre mise que celle de son industrie. Ce cas doit être prévu par une disposition législative que la section propose d'exprimer, en ajoutant à cet article un nouveau paragraphe qui serait conçu dans les termes suivans :

« A l'égard de celui qui n'a apporté que son industrie, sa « part dans les bénéfices ou dans les pertes est réglée comme « si sa mise eût été égale à celle de l'associé qui a le moins « apporté. »

Cette fixation a paru plus juste à la section; et au surplus elle ne peut présenter aucun inconvénient, puisque tout l'article n'aura lieu que pour le cas où il n'y aura point de la part des parties une convention contraire qu'il ne dépendra que d'elles de stipuler.

1862   Art. 31. La section est d'avis de commencer cet article ainsi : *Dans les sociétés autres que celles de commerce*, etc. C'est ce qu'ont sans doute voulu dire les auteurs du projet par ces mots, *en matière ordinaire*. Mais on ne croit pas que ces expressions aient la même clarté et la même précision que celles qu'on propose de substituer.

1871   Art. 40. La section, pour plus de régularité, propose de dire *inhabile* au lieu d'*impropre*.

1872   Art. 41. La section propose de dire *s'appliquent aux partages entre associés*, au lieu de *s'appliquent aux associés*.

Il est à propos de bien exprimer que ce n'est pas à ce qui concerne en général les associés que s'appliquent les règles rappelées dans l'article, mais seulement *aux partages faits entre associés*. L'expression de cette limitation rendra la rédaction plus exacte.

ADDITION AU PROCÈS-VERBAL CI-DESSUS.

(Séance du 29 pluviose an XII.) .

Un membre a dit que la commission chargée de l'examen du titre *de la Société* a été invitée de conférer avec des membres de la section de législation du Conseil d'Etat sur trois amendemens dont le projet est encore susceptible. Il est résulté de la conférence les amendemens qui suivent, et que la commission soumet à l'approbation de la section.

1837   Art. 6. Le second alinéa porte : « Les biens qui pourraient « leur avenir (aux associés) par succession, donation ou « legs, n'entrent dans la société que pour la jouissance : « toute stipulation tendant à y faire entrer la propriété des « *biens à venir* est prohibée. »

Par ces mots, *les biens à venir*, on n'a dû entendre parler que des biens provenant de successions, donations ou legs. Ces biens sont les seuls qui doivent être exclus de la société de tous biens présens. Les biens que les associés acquièrent avec le produit de leurs travaux, de leurs gains, et même ceux qu'ils devraient à d'heureux hasards, peuvent y entrer.

En conséquence, et pour éviter le doute, on est convenu de rédiger le second paragraphe de cet article en ces termes :

La stipulation tendante à y faire entrer la propriété de ces biens est nulle, etc.; ce qui ne se rapportera qu'aux biens venant de successions, donations ou legs.

Art. 13. Ainsi conçu : « S'il n'y a pas de convention sur la « durée de la société, elle est censée contractée pour la vie.» 1844

L'article 38 veut que chacun des associés puisse faire cesser la société par une renonciation dûment notifiée; d'où il suit que, dans ce cas, la durée de la société est illimitée, et conséquemment que la disposition de l'article 13 est modifiée par celle de l'article 38.

Il est bon que cette modification soit annoncée par l'article 13. On est convenu d'y faire, après ces mots, *pour la vie des associés*, l'addition de ces termes, *sous la modification portée en l'article* 38.

L'article 36 du projet porte : « La chose que l'un des asso- 1867 « ciés *devait* mettre dans la société, et qui a péri, opère la « dissolution de la société. »

Lorsque la chose dont l'un des associés a promis de mettre en commun la propriété même, vient à périr *avant* que la mise en commun en soit effectuée, la perte de cette chose doit sans doute opérer la dissolution de la société, cet associé se trouvant réduit à l'impossibilité de réaliser sa mise.

Si la chose dont la propriété même est mise en commun ne vient à périr qu'après avoir été effectivement *apportée* à la société, la perte en tombe alors sur la société qui en est demeurée propriétaire.

Si ce n'est pas la propriété même, mais la seule jouissance ou les fruits de la chose qui aient été mis en commun, que la chose périsse avant ou après que la mise a été effectuée, la perte de la chose dissout évidemment dans les deux cas la société, puisque dans l'un et dans l'autre l'associé dont la chose a péri ne peut plus contribuer pour rien à faire de mise dans la société, qui ne consistait qu'en fruits ou simple jouissance.

Pour mieux rendre ces idées, on est convenu de la rédac. tion suivante :

« Lorsque l'un des associés a promis de mettre en com-
« mun la propriété d'une chose, la perte survenue avant que
« la mise en soit effectuée opère la dissolution de la société
« par rapport à tous les associés.

« La société est également dissoute, dans tous les cas, par
« la perte de la chose, lorsque la jouissance seule a été mise
« en commun, et que la propriété est restée dans la main de
« l'associé.

« Mais la société n'est pas rompue par la perte de la chose
« dont la propriété a déjà été apportée à la société. »

1872 Sur l'article 41, on a proposé de supprimer les deux der-nières lignes, à commencer par ces mots, *sauf l'action en rescision*, etc.

Si l'admission de l'action en restitution contre tout partage en général et contre les ventes a d'assez graves inconvéniens, ils sont absolument les mêmes, et dans le cas du partage d'une succession, et dans celui du partage d'une société : mais ce qui importe essentiellement à la perfection du Code civil est de tenir invariablement aux principes qu'il a consacrés; et, loin de pouvoir assigner de fortes raisons de différence pour admettre la rescision contre un partage de succession et la rejeter contre celui d'une société, l'action n'est que plus favorable dans le deuxième cas, puisque l'égalité, qui est l'âme de tout partage, appartient plus particulièrement en-core à celui d'une société, dont elle constitue la nature et l'essence.

La section approuve unanimement ces amendemens.

Une conférence s'était engagée entre la section du Conseil d'État et celle du Tribunat, et elle a motivé les observations qui terminent le procès-verbal précédent.

RÉDACTION DÉFINITIVE DU CONSEIL D'ÉTAT.

(Procès-verbal de la séance du 5 ventose an XII. — 25 février 1804.)

M. BERLIER, d'après la conférence tenue avec le Tribunat, présente la rédaction définitive du titre XIV du livre III, *du Contrat de société*.

LE CONSEIL l'adopte en ces termes :

DU CONTRAT DE SOCIÉTÉ.
CHAPITRE Iᵉʳ.

Dispositions générales.

Art. 1ᵉʳ. « La société est un contrat par lequel deux ou   1832
« plusieurs personnes conviennent de mettre quelque chose
« en commun, dans la vue de partager le bénéfice qui pourra
« en résulter. »

Art. 2. « Toute société doit avoir une chose licite et être   1833
« contractée pour l'intérêt commun des parties.

« Chaque associé doit y apporter ou de l'argent, ou d'au—
« tres biens, ou son industrie. »

Art. 3. « Toutes sociétés doivent être rédigées par écrit   1834
« lorsque leur objet est d'une valeur de plus de 150 francs.

« La preuve testimoniale n'est point admise contre et
« outre le contenu en l'acte de société, ni sur ce qui serait
« allégué avoir été dit avant, lors ou depuis cet acte, encore
« qu'il s'agisse d'un somme ou valeur moindre de 150 fr. »

CHAPITRE II.

Des diverses Espèces de sociétés.

Art. 4. « Les sociétés sont universelles ou particulières. »   1835

SECTION 1re. — *Des Sociétés universelles.*

1836   Art. 5. « On distingue deux sortes de sociétés universelles,
« la société de tous biens présens, et la société universelle
« de gains. »

1837   Art. 6. « La société de tous biens présens est celle par la-
« quelle les parties mettent en commun tous les biens meu-
« bles et immeubles qu'elles possèdent actuellement, et les
« profits qu'elles pourront en tirer.

« Elles peuvent aussi y comprendre toute autre espèce de
« gains ; mais les biens qui pourront leur avenir par succes-
« sion, donation ou legs, n'entrent dans cette société que pour
« la jouissance : toute stipulation tendant à y faire entrer la
« propriété de ces biens est prohibée, sauf entre époux, et
« conformément à ce qui est réglé à leur égard. »

1838   Art. 7. « La société universelle de gains renferme tout ce
« que les parties acquerront par leur industrie, à quelque
« titre que ce soit, pendant le cours de la société : les meu-
« bles que chacun des associés possède au temps du contrat
« y sont aussi compris ; mais leurs immeubles personnels n'y
« entrent que pour la jouissance seulement. »

1839   Art. 8. « La simple convention de société universelle, faite
« sans autre explication, n'emporte que la société universelle
« de gains. »

1840   Art. 9. « Nulle société universelle ne peut avoir lieu qu'en-
« tre personnes respectivement capables de se donner ou de
« recevoir l'une de l'autre, et auxquelles il n'est point dé-
« fendu de s'avantager au préjudice d'autres personnes. »

SECTION II. — *De la Société particulière.*

1841   Art. 10. « La société particulière est celle qui ne s'applique
« qu'à certaines choses déterminées, ou à leur usage, ou
« aux fruits à en percevoir. »

1842   Art. 11. « Le contrat par lequel plusieurs personnes s'as-
« socient, soit pour une entreprise désignée, soit pour

« l'exercice de quelque métier ou profession, est aussi une
« société particulière. »

CHAPITRE III.

Des Engagemens des associés entre eux et à l'égard des tiers.

SECTION Iʳᵉ. — *Des Engagemens des associés entre eux.*

Art. 12. « La société commence à l'instant même du con- 1843
« trat, s'il ne désigne une autre époque. »

Art. 13. « S'il n'y a pas de convention sur la durée de la 1844
« société, elle est censée contractée pour toute la vie des
« associés, sous la modification portée en l'article 38 ci-après;
« ou, s'il s'agit d'une affaire dont la durée soit limitée,
« pour tout le temps que doit durer cette affaire. »

Art. 14. « Chaque associé est débiteur envers la société de 1845
« tout ce qu'il a promis d'y apporter.

« Lorsque cet apport consiste en un corps certain, et que
« la société en est évincée, l'associé en est garant envers la
« société, de la même manière qu'un vendeur l'est envers
« son acheteur. »

Art. 15. « L'associé qui devait apporter une somme dans 1846
« la société, et qui ne l'a point fait, devient, de plein droit,
« et sans demande, débiteur des intérêts de cette somme, à
« compter du jour où elle devait être payée.

« Il en est de même à l'égard des sommes qu'il a prises
« dans la caisse sociale, à compter du jour où il les en a tirées
« pour son profit particulier;

« Le tout sans préjudice de plus amples dommages–inté-
« rêts, s'il y a lieu. »

Art. 16. « Les associés qui se sont soumis à apporter leur 1847
« industrie à la société lui doivent compte de tous les gains
« qu'ils ont faits par l'espèce d'industrie qui est l'objet de
« cette société. »

Art. 17. « Lorsque l'un des associés est, pour son compte 1848

« particulier, créancier d'une somme exigible envers une
« personne qui se trouve aussi devoir à la société une somme
« également exigible, l'imputation de ce qu'il reçoit de ce
« débiteur doit se faire sur la créance de la société et sur la
« sienne dans la proportion des deux créances, encore qu'il
« eût, par sa quittance, dirigé l'imputation intégrale sur sa
« créance particulière ; mais s'il a exprimé dans sa quittance
« que l'imputation serait faite en entier sur la créance de la
« société, cette stipulation sera exécutée. »

1849   Art. 18. « Lorsqu'un des associés a reçu sa part entière de
« la créance commune, et que le débiteur est depuis devenu
« insolvable, cet associé est tenu de rapporter à la masse
« commune ce qu'il a reçu, encore qu'il eût spécialement
« donné quittance *pour sa part.* »

1850   Art. 19. « Chaque associé est tenu envers la société des
« dommages qu'il lui a causés par sa faute, sans pouvoir
« compenser avec ces dommages les profits que son industrie
« lui aurait procurés dans d'autres affaires. »

1851   Art. 20. « Si les choses dont la jouissance seulement a été
« mise dans la société sont des corps certains et déterminés
« qui ne se consomment point par l'usage, elles sont aux
« risques de l'associé propriétaire.

« Si ces choses se consomment, si elles se détériorent en
« les gardant, si elles ont été destinées à être vendues, ou si
« elles ont été mises dans la société sur une estimation por-
« tée par un inventaire, elles sont aux risques de la société.

« Si la chose a été estimée, l'associé ne peut répéter que
« le montant de son estimation. »

1852   Art. 21. « Un associé a action contre la société, non seu-
« lement à raison des sommes qu'il a déboursées pour elle,
« mais encore à raison des obligations qu'il a contractées de
« bonne foi pour les affaires de la société et des risques insé-
« parables de sa gestion. »

1853   Art. 22. « Lorsque l'acte de société ne détermine point
« la part de chaque associé dans les bénéfices ou pertes, la

« part de chacun est en proportion de sa mise dans le fonds
« de la société.

« A l'égard de celui qui n'a apporté que son industrie, sa
« part dans les bénéfices ou dans les pertes est réglée comme
« si sa mise eût été égale à celle de l'associé qui a le moins
« apporté. »

Art. 23. « Si les associés sont convenus de s'en rapporter 1854
« à l'un d'eux, ou à un tiers, pour le règlement des parts,
« ce règlement ne peut être attaqué s'il n'est évidemment
« contraire à l'équité.

« Nulle réclamation n'est admise à ce sujet s'il s'est écoulé
« plus de trois mois depuis que la partie qui se prétend
« lésée a eu connaissance du règlement, ou si ce règlement
« a reçu de sa part un commencement d'exécution. »

Art. 24. « La convention qui donnerait à l'un des associés 1855
« la totalité des bénéfices est nulle.

« Il en est de même de la stipulation qui affranchirait de
« toute contribution aux pertes les sommes ou effets mis dans
« le fonds de la société par un ou plusieurs des associés. »

Art. 25. « L'associé chargé de l'administration par une 1856
« clause spéciale du contrat de société peut faire, nonob-
« stant l'opposition des autres associés, tous les actes qui
« dépendent de son administration, pourvu que ce soit sans
« fraude.

« Ce pouvoir ne peut être révoqué sans cause légitime
« tant que la société dure; mais s'il n'a été donné que par
« acte postérieur au contrat de société, il est révocable
« comme un simple mandat. »

Art. 26. « Lorsque plusieurs associés sont chargés d'ad- 1857
« ministrer sans que leurs fonctions soient déterminées, ou
« sans qu'il ait été exprimé que l'un ne pourrait agir sans
« l'autre, ils peuvent faire, chacun séparément, tous les
« actes de cette administration. »

Art. 27. « S'il a été stipulé que l'un des administrateurs ne 1858
« pourra rien faire sans l'autre, un seul ne peut, sans une

« nouvelle convention, agir en l'absence de l'autre, lors
« même que celui-ci serait dans l'impossibilité actuelle de
« concourir aux actes de l'administration. »

1859   Art. 28. « A défaut de stipulations spéciales sur le mode
« d'administration, l'on suit les règles suivantes :

« 1°. Les associés sont censés s'être donné réciproque-
« ment le pouvoir d'administrer l'un pour l'autre : ce que
« chacun fait est valable, même pour la part de ses associés,
« sans qu'il ait pris leur consentement, sauf le droit qu'ont
« ces derniers, ou l'un d'eux, de s'opposer à l'opération
« avant qu'elle soit conclue.

« 2°. Chaque associé peut se servir des choses appartenant
« à la société, pourvu qu'il les emploie à leur destination
« fixée par l'usage, et qu'il ne s'en serve pas contre l'intérêt
« de la société, ou de manière à empêcher ses associés d'en
« user selon leur droit.

« 3°. Chaque associé a le droit d'obliger ses associés à
« faire, avec lui, les dépenses qui sont nécessaires pour la
« conservation des choses de la société.

« 4°. L'un des associés ne peut faire d'innovations sur les
« immeubles dépendans de la société, même quand il les
« soutiendrait avantageuses à cette société, si les autres asso-
« ciés n'y consentent. »

1860   Art. 29. « L'associé qui n'est point administrateur ne peut
« aliéner ni engager les choses même mobilières qui dépen-
« dent de la société. »

1861   Art. 30. « Chaque associé peut, sans le consentement de
« ses associés, s'associer une tierce personne relativement à
« la part qu'il a dans la société ; il ne peut pas, sans ce con-
« sentement, l'associer à la société, lors même qu'il en aurait
« l'administration. »

SECTION II. — *Des Engagemens des associés à l'égard des tiers.*

1862   Art. 31. « Dans les sociétés autres que celles de commerce,
« les associés ne sont pas tenus solidairement des dettes so-

« ciales, et l'un des associés ne peut obliger les autres, si
« ceux-ci ne lui en ont conféré le pouvoir. »

Art. 32. « Les associés sont tenus envers le créancier avec 1863
« lequel ils ont contracté chacun pour une somme et part
« égales, encore que la part de l'un d'eux dans la société fût
« moindre, si l'acte n'a pas spécialement restreint l'obliga-
« tion de celui-ci sur le pied de cette dernière part. »

Art. 33. « La stipulation que l'obligation est contractée 1864
« pour le compte de la société ne lie que l'associé contrac-
« tant et non les autres, à moins que ceux-ci ne lui aient
« donné pouvoir ou que la chose n'ait tourné au profit de la
« société. »

CHAPITRE IV.

Des différentes Manières dont finit la société.

Art. 34. « La société finit,   1865

« 1°. Par l'expiration du temps pour lequel elle a été con-
« tractée ;

« 2°. Par l'extinction de la chose ou la consommation de
« la négociation ;

« 3°. Par la mort naturelle de quelqu'un des associés ;

« 4°. Par la mort civile, l'interdiction ou la déconfiture
« de l'un d'eux ;

« 5°. Par la volonté qu'un seul ou plusieurs expriment
« de n'être plus en société. »

Art. 35. « La prorogation d'une société à temps limité ne 1866
« peut être prouvée que par un écrit revêtu des mêmes
« formes que le contrat de société. »

Art. 36. « Lorsque l'un des associés a promis de mettre 1867
« en commun la propriété d'une chose, la perte survenue
« avant que la mise en soit effectuée opère la dissolution de
« la société par rapport à tous les associés.

« La société est également dissoute dans tous les cas par la
« perte de la chose, lorsque la jouissance seule a été mise en

« commun, et que la propriété en est restée dans la main de
« l'associé.

« Mais la société n'est pas rompue par la perte de la chose
« dont la propriété a déjà été apportée à la société. »

1868   Art. 37. « S'il a été stipulé qu'en cas de mort de l'un
« des associés la société continuerait avec son héritier, ou
« seulement entre les associés survivans, ces dispositions se-
« ront suivies ; au second cas, l'héritier du décédé n'a droit
« qu'au partage de la société eu égard à la situation de cette
« société lors du décès, et ne participe aux droits ultérieurs
« qu'autant qu'ils sont une suite nécessaire de ce qui s'est
« fait avant la mort de l'associé auquel il succède. »

1869   Art. 38. « La dissolution de la société par la volonté de
« l'une des parties ne s'applique qu'aux sociétés dont la
« durée est illimitée, et s'opère par une renonciation noti-
« fiée à tous les associés, pourvu que cette renonciation soit
« de bonne foi et non faite à contre-temps. »

1870   Art. 39. « La renonciation n'est pas de bonne foi lorsque
« l'associé renonce pour s'approprier à lui seul le profit que
« les associés s'étaient proposé de retirer en commun.

« Elle est faite à contre-temps lorsque les choses ne sont
« plus entières, et qu'il importe à la société que sa dissolu-
« tion soit différée. »

1871   Art. 40. « La dissolution des sociétés à terme ne peut être
« demandée par l'un des associés avant le terme convenu,
« qu'autant qu'il y en a de justes motifs, comme lorsqu'un
« autre associé manque à ses engagemens, ou qu'une infir-
« mité habituelle le rend inhabile aux affaires de la société,
« ou autres cas semblables, dont la légitimité et la gravité
« sont laissées à l'arbitrage des juges. »

1872   Art. 41. « Les règles concernant le partage des succes-
« sions, la forme de ce partage, et les obligations qui en
« résultent entre les cohéritiers, s'appliquent aux partages
« entre associés. »

Disposition relative aux sociétés de commerce.

Art. 42. « Les dispositions du présent titre ne s'appliquent 1873
« aux sociétés de commerce que dans les points qui n'ont rien
« de contraire aux lois et usages du commerce. »

M. Treilhard fut nommé, avec MM. Réal et Sainte-
Suzanne, pour présenter au Corps législatif, dans sa
séance du 10 ventose an XII (1ᵉʳ mars 1804), le titre XIV
du livre III du projet de Code civil, intitulé *du Contrat
de société*, et pour en soutenir la discussion dans celle
du 17 ventose (8 mars) suivant.

PRÉSENTATION AU CORPS LÉGISLATIF,

ET EXPOSÉ DES MOTIFS, PAR M. TREILHARD.

Législateurs, avant d'exposer les motifs du projet que le
gouvernement présente à votre sanction, il convient d'en
bien déterminer l'objet.

Il ne s'agit pas aujourd'hui de cette société que contractent deux personnes d'un sexe différent, qui établit des rapports plus étroits entre deux familles, et enrichit l'État d'une
troisième, qui, si elle est fondée sur une conformité d'humeur, de goûts, de sentimens, prête un nouvel éclat à tous
les charmes de la vie, ou présente des adoucissemens à tous
ses revers.

Le projet est aussi étranger à une autre espèce de société
qui se forme entre des personnes rapprochées par quelque
événement quelquefois indépendant de leur volonté particulière, comme, par exemple, entre des cohéritiers tenus de
supporter *en commun* les charges d'une succession dont ils
partagent les bénéfices, ou entre deux voisins que la loi sou-

met à des *obligations communes* pour leur sûreté particulière
et pour le maintien de l'ordre public.

1873   Enfin il se forme tous les jours des sociétés de commerce :
régies par les lois et les usages de cette matière, elles peuvent être soumises aux règles générales de la société ; mais
elles ont aussi leurs règles particulières, et n'entrent pas
dans le plan du titre dont vous allez vous occuper.

1832   Il s'agit uniquement de cette espèce de société qui se
forme entre deux ou plusieurs personnes à l'effet de mettre
en commun ou une propriété ou des jouissances, pour se
rendre compte et partager les bénéfices de l'association.

Ce contrat peut avoir une infinité de causes particulières.
On s'associe pour un achat, pour un échange, pour un
louage, pour une entreprise, enfin pour toute espèce d'affaires ; des associés peuvent donc, en cette qualité, être soumis à toutes les règles des différens contrats, suivant le
motif qui les a réunis.

Tel est le caractère distinctif du contrat de société. Les
autres contrats ont des engagemens bornés et réglés par leur
nature particulière ; mais le contrat de société a une étendue
bien plus vaste, puisqu'il peut embrasser dans son objet tous
les engagemens et toutes les conventions.

1833-1855   Tout ce qui est licite est de son domaine ; il ne trouve de
limites que dans une prohibition expresse de la loi. Ainsi on
ne peut s'associer ni pour un commerce de contrebande, ni
pour exercer des vols, ni pour tenir un mauvais lieu, ni
pour des manœuvres qui tendraient à faire hausser le prix
d'une denrée, ni enfin pour aucun fait réprouvé par la loi ou
par les bonnes mœurs.

Mais tout ce qui ne se trouve pas frappé de cette prohibition peut être l'objet du contrat de société.

Les parties sont libres d'insérer dans leurs traités toutes
les clauses qu'elles jugent convenables ; rien de ce qui est
honnête et permis ne doit en être exclu.

Ce contrat est de droit naturel ; il se forme et se gouverne par les seules règles de ce droit; il doit surtout reposer sur la bonne foi : sans doute elle est nécessaire dans tous les contrats; mais elle est plus expressément encore requise dans les contrats de société; elle devrait être excessive, s'il est permis de le dire, et s'il pouvait y avoir des excès dans la bonne foi.

Si la société n'était formée que pour l'intérêt d'un seul, la bonne foi ne serait-elle pas étrangement violée? Il faut donc s'unir pour l'intérêt commun des parties qui contractent. C'est là la première règle, la règle fondamentale de toute société. Il est contre la nature qu'une société de plusieurs, de quelque espèce qu'on la suppose, se forme pour l'intérêt particulier, pour le seul intérêt d'une des parties. On n'a pas pu marquer plus fortement les vices d'une pareille société qu'en la qualifiant de *léonine*; c'est d'une part la force, de l'autre la faiblesse : il ne peut y avoir entre elles aucun traité, parce qu'il ne peut exister ni liberté ni consentement : or la société est un contrat consensuel, et la loi ne peut voir de consentement véritable dans un contrat de société dont un seul recueillerait tout le profit, et dont l'intérêt commun des parties ne serait pas la base.

Tel est, législateurs, l'esprit de quelques dispositions générales contenues dans le premier chapitre du projet.

Je ne parle pas de la nécessité de rédiger un écrit pour 1834 toute espèce de société dont l'objet est d'une valeur de plus de 150 francs. La formalité de l'écriture n'est pas nécessaire pour la substance d'un contrat; elle est prescrite seulement pour la preuve : le contrat est parfait entre les parties contractantes par le consentement, et indépendamment de tout écrit : mais les tribunaux n'en peuvent reconnaître l'existence que lorsqu'elle est prouvée, et la prudence ne permet pas d'admettre d'autres preuves que celles qui résultent d'un acte, quand il a été possible d'en faire. Cette disposition n'est pas particulière au contrat de société; elle s'applique à toute espèce de conventions. Vous avez déjà plusieurs fois

entendu sur ce point des discussions lumineuses qui me dispensent de m'en occuper. Je passe donc aux diverses espèces
de société.

1835-1836. Elles peuvent être universelles ou particulières. Elles sont
1841 universelles quand elles comprennent tous les biens des associés ou tous les gains qu'ils pourront faire.

Elles sont particulières quand elles n'ont pour objet que
des choses déterminées : c'est la volonté et la volonté seule
des parties qui règle ce qui doit entrer dans la société, et
qui la range par conséquent dans l'une ou l'autre de ces
deux classes.

1837-1840 Ici je ne remarquerai que deux dispositions du projet :
l'une défend de comprendre dans la société, même universelle, la propriété des biens qui pourraient échoir dans la
suite par succession, donation ou legs.

L'autre ne permet de société universelle qu'entre personnes respectivement capables de se donner ou de recevoir,
et qui ne sont frappées d'aucune prohibition de s'avantager
entre elles.

Le motif de cette dernière disposition se fait assez sentir :
c'est par des considérations d'une haute importance que vous
avez établi entre quelques personnes des incapacités de se
donner au préjudice de quelques autres. Ces prohibitions ne
sont pas nombreuses dans notre législation; mais enfin il en
existe : or, ce que vous avez expressément défendu, ce
qu'on ne peut faire directement, il serait inconséquent et
dérisoire de le tolérer indirectement : il ne faut donc pas
que, sous les fausses apparences d'une société, on puisse, en
donnant en effet, éluder la prohibition de la loi qui a défendu
de donner, et que ce qui est illicite devienne permis, en dé-
guisant sous les qualités d'associés celles de donateur et de
donataire.

Les motifs de la prohibition de comprendre dans la société
la propriété des biens à venir ne se font peut-être pas sentir
si promptement ni si vivement.

Dans le droit romain les biens à venir pouvaient être mis en société comme les biens présens ; et une pareille convention n'offre, il faut l'avouer, rien qui répugne précisément à l'ordre naturel ; mais, lorsque nous en avons examiné les conséquences, nous avons pensé qu'il était plus convenable de la défendre.

Les donations des biens à venir étaient aussi permises par le droit romain, et cependant peu de personnes ont refusé des applaudissemens à la disposition de l'ordonnance de 1731, qui les a proscrites en général et sauf les cas du mariage.

Si les actes de société peuvent déguiser des actes de donation, la prohibition de comprendre les biens à venir dans ces derniers doit entraîner, par une conséquence inévitable, la prohibition de les comprendre dans les premiers.

S'il doit y avoir une égalité de mises dans la société, dans quelle classe pourrait-on ranger celle qui se formerait entre deux hommes, aujourd'hui peut-être égaux en fortune, mais dont l'un n'aurait aucune perspective d'augmentation pour la sienne, pendant que l'autre aurait des perspectives immenses, prochaines, immanquables ? et peut-on se dissimuler que dans ce cas l'égalité ne serait qu'apparente, mais que l'inégalité serait monstrueuse ?

Enfin il faut que tout ce qui entre dans la société au moment où elle se forme puisse être connu et apprécié : c'est le seul moyen d'assurer une répartition de profits proportionnée aux apports, et de se soustraire aux désastreux effets d'une société léonine ou quasi-léonine.

Nous n'avons pu voir dans la société des biens à venir aucun avantage réel qui pût compenser les inconvéniens qu'elle entraînerait après elle, et nous avons prévenu en la prohibant les surprises et les fraudes dont elle serait presque toujours suivie.

Passons actuellement aux engagemens des associés, soit ch. 3. entre eux, soit à l'égard des tiers.

Les associés peuvent insérer dans leur contrat toute clause qui ne blesse ni la loi ni les bonnes mœurs ; la mesure de leurs engagemens est celle dont il leur a plu de convenir.

1855   Nous l'avons déjà dit, la bonne foi est surtout nécessaire dans le contrat de société ; et comme toute clause qui tendrait à jeter sur l'un toutes les charges et à gratifier l'autre de tous les bénéfices se trouverait en opposition manifeste avec la bonne foi et la nature de l'acte, pareille convention serait essentiellement nulle. Il faut, pour que l'égalité ne soit pas violée, qu'il y ait entre les associés répartition des charges et des bénéfices, non qu'il soit nécessaire que toutes les mises soient égales ou de même nature, et que la part dans les profits soit la même pour tous ; mais il faut une proportion équitable entre la mise et le profit de chaque associé ; il faut que la différence dans la répartition des bénéfices, s'il en existe une, soit fondée ou sur une mise plus forte, ou sur des risques plus grands, ou sur de plus éminens services, ou enfin sur toute autre cause légitime en faveur de celui qui est le plus avantagé.

1845   La mise de chaque associé peut être différente : l'un peut apporter de l'argent comptant, un autre une maison, un troisième son industrie ; et ce n'est peut-être pas celui dont la mise sera la moins utile : mais il faut toujours de la réalité dans cette mise ; si elle n'était qu'illusoire et en paroles, la convention serait en effet léonine.

Elle est contraire à l'honnêteté et aux bonnes mœurs quand la mise ne consiste que dans une promesse de crédit, vaine le plus souvent, mais toujours coupable quand elle est payée. Loin de nous ces viles intrigans qui, vendant leurs manœuvres et leur protection, trompent également et l'autorité dont ils surprennent la confiance, et l'honnête homme qui compte sur eux.

ch. 3.   Au reste, toutes les règles que les associés pourront établir sur le mode d'administration et de partage doivent être scrupuleusement observées quand elles ont été faites de bonne foi. Les dispositions que nous présentons à cet égard ne sont applicables qu'à défaut de conventions par les parties: on ne doit y avoir recours que dans le cas où l'acte serait muet. Alors seulement la loi est consultée ; et comme elle supplée la volonté de l'homme dans un contrat du ressort du droit naturel et tout de bonne foi, il faut, en cette matière surtout, que la raison dicte et que le législateur écrive.

Vous trouverez ce caractère , j'ose le dire, dans les dispositions qui vous sont présentées ; elles règlent l'époque où la société doit commencer, la durée qu'elle doit avoir, les engagemens des associés, soit pour fournir la mise, soit pour se faire mutuellement raison de leurs frais et avances, soit pour la réparation des dommages qu'ils ont pu causer, soit pour le mode d'administration, soit pour le partage des bénéfices, soit enfin pour tous les incidens qui peuvent survenir dans le cours d'une société ; mais , nous le répétons encore , ces règles ne sont applicables que dans le silence des parties intéressées.

Ainsi , à défaut de convention , la société commence à 1843-1844 l'instant du contrat; elle dure pendant la vie des associés , ou jusqu'à une renonciation valable de la part de l'un d'eux, ou jusqu'à ce que l'affaire particulière qui en est l'objet soit terminée.

L'associé doit apporter tout ce qu'il a promis : il est ga- 1845-1846 rant de l'éviction de ce qu'il a porté; il doit les intérêts à compter du jour où il a dû faire son paiement; il les doit aussi des sommes appartenant à la société qu'il aurait employées à son usage personnel.

S'il a promis son industrie, il doit tous les gains qu'elle 1847 peut lui procurer.

S'il est créancier d'une somme exigible, et que son débi- 1848 teur soit aussi le débiteur de la société , il doit faire de ce qu'il touche une juste imputation sur les deux créances ; la bonne foi ne permet pas qu'il s'occupe moins de celle de la société que de celle qui lui est personnelle.

1850   S'il a causé des dommages par sa faute, il est tenu de les
réparer sans offrir en compensation les profits que son industrie a pu d'ailleurs procurer ; car ces profits ne sont pas à lui,
ils appartiennent à la société.

1852   Par le même motif, l'associé a le droit de réclamer les
sommes qu'il a déboursées pour elle ; il est indemnisé des
obligations qu'il a aussi contractées de bonne foi.

1853   Si l'acte de société n'a pas déterminé les portions dans les
bénéfices ou les pertes, elles sont égales.

1859-1861   Si le mode d'administration n'est pas réglé, les associés
sont censés s'être donné réciproquement le pouvoir d'administrer l'un pour l'autre ; ils peuvent, sans le consentement
de leurs coassociés, admettre un tiers à leur part dans la
société; mais ils ne peuvent pas l'adjoindre à la société même ;
la confiance personnelle est la base de ce contrat, et l'ami de
notre associé peut n'avoir pas notre confiance.

1854   Enfin, si les associés conviennent de s'en rapporter à un
arbitre pour le règlement des contestations qui pourraient
s'élever entre eux, ce règlement doit être sacré, à moins que
quelque disposition évidemment contraire à l'équité n'en
sollicitât hautement la réforme; encore a-t-on dû fixer un
terme court à la partie lésée pour faire sa réclamation.

Je crois, citoyens législateurs, que de pareilles dispositions se trouvent dans un accord parfait avec l'équité naturelle et la saine raison.

Telles seront les règles des associés entre eux, quand ils
n'auront pas fait de conventions différentes ; car, on ne saurait trop le répéter, les conventions des associés sont leurs
premières lois, si elles ne se trouvent empêchées par aucune
prohibition.

sect. 2   C'est aussi dans l'acte même de société qu'il faut chercher
la mesure des engagemens des associés envers des tiers.

1862-1864   Un associé ne peut engager la société qu'autant qu'il contracte en son nom, et qu'il a reçu le pouvoir de le faire. Celui
qui traite avec l'associé peut demander, s'il a des doutes, la

communication de l'acte de société. S'il n'a voulu que l'engagement personnel de celui avec qui il traitait, il n'est certainement pas fondé à prétendre que les autres associés soient
engagés avec lui ; bien entendu toutefois que tout se passe
sans fraude, et que le tiers n'est pas en état de prouver qu'il
a été trompé par l'associé, ou que la chose a tourné au profit de la société.

Les dettes de la société sont supportées également par tous   1863
ses membres ; ils ne sont point solidaires entre eux lorsque
l'acte qui les a réunis ne présente rien de contraire : n'ou-
blions pas qu'il ne s'agit pas ici des sociétés de commerce,
mais seulement des autres sociétés qui peuvent se former
entre les citoyens et pour tout autre objet.

Vous avez consacré la maxime qu'une obligation n'est solidaire que lorsque le titre donne expressément le droit de
poursuivre chacun des débiteurs pour le tout : la disposition
du projet sur ce point n'est qu'une application de cette disposition générale déjà sanctionnée.

Enfin nous arrivons au dernier chapitre du projet sur les   ch. 4.
différentes manières dont finit la société.

C'est dans la nature même du contrat qu'il faut rechercher   1865
les causes de sa dissolution.

Le contrat de société est consensuel ; on ne peut pas être
en société malgré soi, la bonne foi est la première base du
contrat ; la confiance mutuelle des associés dans leurs personnes respectives en est le véritable lien : il est facile, d'a-
près ces notions, de déterminer la durée des sociétés.

Ce contrat étant formé par le consentement, peut se résoudre sans contredit par une volonté contraire.

Le contrat peut avoir pour objet une affaire déterminée ;
la société expire donc naturellement lorsque l'affaire est finie.

Le contrat peut être formé pour un temps limité, la so-   1871
ciété cesse donc d'exister à l'expiration du terme convenu.
Elle ne doit pas finir plus tôt, à moins toutefois que l'un des
associés n'eût un juste motif d'en provoquer le terme, comme,

par exemple, si le coassocié n'exécutait pas les conditions du contrat. La société repose sur la bonne foi, et celui qui viole ses engagemens ne peut pas retenir un autre sous des liens qu'il a brisés lui-même.

1869   Si le contrat de société avait pour objet des affaires indéterminées, s'il était fait sans limitation de temps, il serait censé, comme on l'a déjà dit, devoir se prolonger pendant la vie des associés; mais comme personne ne peut être perpétuellement retenu en société malgré lui, chaque associé conserve toujours le droit de déclarer sa renonciation, et la société se termine.

Cette faculté cependant ne peut être exercée ni de mauvaise foi ni à contre-temps.

1870   Si l'associé renonçait dans un moment où, par l'effet de cette déclaration, il s'approprierait les bénéfices que les associés s'étaient proposé de faire en commun, sa renonciation serait évidemment de mauvaise foi.

Elle serait faite à contre-temps si, les choses n'étant plus entières, elle blessait l'intérêt commun de la société : la volonté particulière et l'intérêt privé de celui qui veut rompre le contrat ne doivent pas être seuls consultés. S'il a le droit de renoncer, parce que sa volonté ou son intérêt ne sont plus les mêmes, il faut aussi qu'il ne compromette pas les intérêts d'autrui par la précipitation excessive qu'il mettrait à pourvoir aux siens.

1865-1857   La société se compose d'objets mis en commun; s'ils viennent à périr, il est évident qu'il n'y a plus de société. Il n'est pas même nécessaire que tous ces objets périssent pour que la société soit rompue. Si de deux associés l'un se trouve dans l'impossibilité d'apporter la chose qu'il avait promise, parce qu'elle n'existe plus, il ne peut plus y avoir de société. Il en est de même lorsque deux associés n'ayant mis en commun que des jouissances, en conservant chacun sa propriété, la chose de l'un vient à périr; il n'y a plus de mise de sa part, et par conséquent plus de société.

Le contrat est aussi rompu par la mort naturelle ou civile 1865-1568
de l'un des associés : on s'associe à la personne ; quand elle
n'est plus, le contrat se dissout. On tenait si rigoureusement à ce principe dans le droit romain, qu'il était même
interdit aux associés de convenir que l'héritier de l'un d'eux
prendrait la place du défunt ; nous n'avons pas été jusque là.
Nous ne trouvons rien qui blesse la bonne foi, les convenances, ni les bonnes mœurs dans la clause qui admettait
l'héritier de l'associé ; si telle a été la volonté des parties,
pourquoi ne serait-elle pas exécutée?

La faillite de l'un des associés opère aussi la dissolution de 1865
la société ; il ne peut plus y avoir ni confiance dans la personne, ni égalité dans le contrat, qui tombe aussitôt, parce
qu'il reposait principalement sur ces deux bases.

Quand la société est finie, les associés procèdent à la li- 1872
quidation et au partage : c'est dans leurs conventions particulières qu'ils trouvent les règles de la contribution de chacun aux charges et de sa part dans les bénéfices. A défaut
de convention, les règles générales que nous avons établies
reçoivent leur application ; mais pour tout ce qui concerne
les formes du partage, ses effets, et les causes qui peuvent
en opérer la rescision, nous avons dû renvoyer au chapitre VI
du titre *des Successions* qui présente sur cette matière des
dispositions auxquelles nous n'avons rien à ajouter.

Vous connaissez actuellement, citoyens législateurs, tous
les motifs du projet qui vous est soumis. Le gouvernement
croit avoir rempli dans toute son étendue l'objet qu'il a dû
se proposer ; mais, il faut en convenir, les dispositions les
plus sages peuvent être impuissantes, et même devenir dangereuses, quand elles ne sont pas appliquées avec discerne-
ment et impartialité. La sagesse des tribunaux est en
quelque sorte le complément de la loi et la première garantie de son exécution. Nous n'eûmes jamais plus de droit
d'espérer qu'ils acquitteront fidèlement cette dette sacrée.

26.

Il est déjà bien loin de nous le temps où des juges nommés par un parti et dans un parti disparaissaient avec lui.

La nation entière se presse autour d'un gouvernement juste et ferme, et promet à la magistrature, stabilité, confiance, respect : le besoin de la justice est vivement et universellement senti. S'il faut de la force pour réprimer les ennemis de l'État, la justice n'est pas moins nécessaire pour régler sagement les droits des citoyens.

Lorsque toutes les autorités rivalisent entre elles d'amour pour le gouvernement, de talens et de zèle, la magistrature, n'en doutons pas, saura se distinguer encore par les vertus qui lui sont particulières ; par cette probité sévère que rien ne peut ébranler ; par cette abnégation absolue d'affections, d'opinions, de préjugés, sans laquelle le juge de la nation ne serait plus que l'homme d'un parti ; par ces méditations profondes auxquelles rien ne peut échapper de ce qu'il est utile de connaître ; par cette modestie enfin, cette simplicité de mœurs qui font de la vie d'un magistrat une leçon vivante et perpétuelle pour tous ses concitoyens.

Voilà les traits qui distingueront dans tous les âges le véritable magistrat, voilà les vertus qui mériteront à la magistrature le respect et la vénération des peuples.

Nous avons devancé nos rivaux dans bien des carrières ; je ne crains pas de dire qu'il n'en est aucune dans laquelle ils nous aient surpassés. Que la vertu de nos magistrats égale la sagesse de nos lois, et rien ne manquera au bonheur des citoyens, comme il ne manque rien à la gloire de la nation.

COMMUNICATION OFFICIELLE AU TRIBUNAT.

Le Corps législatif transmit le projet et l'exposé des motifs au Tribunat le 11 ventose an XII (2 mars 1804), et M. Boutteville en fit le rapport à l'assemblée générale le 14 ventose (5 mars).

RAPPORT FAIT PAR M. BOUTTEVILLE.

Tribuns, les principes qui régissent l'importante matière des contrats ont été exposés avec tant de clarté, de précision et de profondeur, que nous n'avons qu'à en faire l'application pour reconnaître dans chaque espèce de contrat les caractères qui en déterminent la nature et qui la distinguent.

Le contrat dont nous venons, au nom de la section de législation, vous entretenir aujourd'hui, est celui de société.

Le projet de loi est divisé en quatre chapitres.

Le premier fait connaître la nature, l'essence du contrat de société, et le genre de preuves nécessaires pour en constater l'existence ;

Le second, les différentes espèces de société ;

Le troisième, les engagemens que des associés contractent entre eux et à l'égard des tiers ;

Le quatrième, comment finit la société.

« La société, dit l'article 1er, est un contrat par lequel 1852-1853 « deux ou plusieurs personnes conviennent de mettre quel- « que chose en commun, dans la vue d'en partager les bé- « néfices. »

On peut observer qu'elles doivent aussi en supporter les pertes ; mais comme très-certainement elles ont principalement en vue d'obtenir et de partager des bénéfices, il serait difficile de ne pas trouver la définition exacte.

Il est une observation plus importante.

Des cohéritiers, des colégataires, souvent des voisins, ont des intérêts communs ; mais ils sont unis d'intérêts, non par une convention, mais pour un fait indépendant de leurs volontés.

Le bailleur et le preneur à cheptel, et surtout à cheptel simple, le sont également, mais sans avoir l'un et l'autre un droit absolument de même nature à la chose qui leur est commune. Il n'y a point, dans ces différens cas, vraie société, et vous ne trouverez en conséquence dans le projet aucune disposition qui y soit relative.

« Toute société, dit l'article 2 , doit avoir un objet licite, « et être contractée pour l'intérêt commun des parties. »

Ces développemens, citoyens tribuns, ne sont rien moins qu'oiseux ; ils renferment les caractères essentiels de la so-ciété , ce qu'elle exige de bonne foi, de moralité, et ce qu'elle offre de plus digne de l'attention du législateur.

1834   Les associations connues de nos aïeux sous le nom de *sociétés taisibles*, et qui se formaient par le seul fait de la cohabitation, ne convenant plus depuis long-temps à nos mœurs, le projet a le soin de rappeler le principe général qui veut que toute convention pour objet de valeur au-dessus de 150 francs soit rédigée par écrit, et qu'aucune preuve par témoins ne puisse être admise contre et outre le contenu aux actes qui les renferment.

En s'attachant au principe, vrai en lui-même, que des vues de bienfaisance peuvent s'unir aux motifs d'une asso-ciation sans dénaturer le contrat, les Romains reconnais-saient un contrat de société, une convention légitime dans la société universelle de biens contractée entre un citoyen pauvre et le citoyen le plus opulent, quelle que fût l'inégalité de leur patrimoine et de leurs espérances. La loi en donnait cette seule raison : *Cum plerumque pauperior opera suppleat quod ei per comparationem patrimonii deest* (a).

1855 à 1857   Mais comme il est impossible de désavouer que la société que l'un des associés contracte dans la seule intention de gratifier ne renferme une donation déguisée, inutilement le législateur aurait, avec tant de précision, réglé l'ordre des successions, assigné des bornes à la faculté de disposer, et fixé les caractères essentiels et les formalités des donations entre-vifs, s'il eût suffi de recourir à la forme du contrat de société pour éluder les sages précautions de la loi. C'est par

(a) ff. Loi 5 , § 1 , tit. *Pro societ.*

ces motifs qu'après avoir, comme les Romains, distingué la société universelle et la société particulière, ensuite la société universelle de tous biens présens, et la société universelle de gains, le projet avertit, par le sixième article, ceux qui s'associent, qu'ils peuvent bien faire entrer dans leur société les biens meubles et immeubles qu'ils possèdent au jour de leur convention ; mais que s'ils voulaient y comprendre les biens qu'ils recueilleront par succession, donation ou legs, une telle stipulation leur est interdite comme subversive de l'ordre des successions.

Par les mêmes motifs encore, l'article 9 avertit les personnes déclarées incapables de se donner ou de recevoir l'une de l'autre, et celles auxquelles il est défendu de s'avantager au préjudice d'autres personnes, qu'elles ne peuvent se soustraire, les premières à leur incapacité réciproque, les secondes aux prohibitions de la loi.   1840

Ces dispositions pouvaient seules mettre le projet en parfait accord avec nos lois sur les successions, donations et testamens.

Dans la société universelle de gains (la seule énonciation des termes le fait entendre), ceux qui la contractent apportent les meubles qu'ils possèdent au jour de leur contrat, les produits et revenus de leurs immeubles, et tout ce qu'ils pourront acquérir par leur industrie, à quelque titre que ce soit.   1838

Mais toute convention qui tend à exproprier ne pouvant être entendue que dans le sens le plus étroit, la simple convention de société universelle faite sans autre explication n'emportera qu'une société universelle de gains.   1839

En passant, avec le projet, des sociétés universelles aux sociétés particulières, c'est-à-dire à celles qui ont pour objet la propriété même, la jouissance ou les fruits seulement de certaines choses déterminées, une entreprise particulière, l'exercice d'un métier, d'une profession, il suffit d'observer que ces sociétés n'établissent entre les associés de rapports et   1841-1842 d'obligations que relativement à la chose qui en est l'objet.

ch. 3. Une partie plus importante de la loi est celle qui forme le second chapitre du projet, et qui traite des engagemens que les associés contractent entre eux et à l'égard des tiers.

Les premières dispositions du chapitre sont si simples qu'il suffit de les énoncer pour ne pas perdre la chaîne des idées et en saisir l'ensemble.

1843 « La société, dit l'article 12, commence à l'instant même « du contrat, si une autre époque n'y est pas désignée. »

1844 L'article 13 : « Si la convention ne dit rien sur la durée « de la société, elle est censée contractée pour la vie entière « des associés. »

1845 En signant le contrat, un associé se constitue débiteur envers la société de tout ce qu'il promet d'y apporter. Si c'est un corps certain, et que la société en soit évincée, il est à l'instar du vendeur, garant envers elle de l'éviction qu'elle éprouve.

1846 et suivans. Mais donnant dans les dispositions qui suivent plus de développement aux engagemens respectifs des associés, le projet les envisage sous quatre rapports ; on y aperçoit quatre objet s prinipaux, savoir :

Les obligations que l'associé contracte envers la société ;

Celles de la société envers l'associé ;

Le règlement des parts de chaque associé dans la masse commune ;

L'administration enfin du fonds social.

Les jurisconsultes romains disent, répètent souvent :

Societas jus quodam modo fraternitatis habet.

In societatis contractu bona fides exuberet.

Voilà, si nous ne nous trompons pas, citoyens tribuns, les maximes où le projet a puisé l'esprit de toutes ses dispositions sur les engagemens respectifs des associés.

En effet, un débiteur ordinaire ne doit d'intérêt que du jour de la demande judiciaire formée contre lui.

Si en recevant des à-comptes sur plusieurs dettes un créancier fait telle ou telle imputation, le débiteur seul peut l'agréer ou la contredire en acceptant ou refusant la quittance.

Le cohéritier qui reçoit la part, à lui afférante dans la créance d'une succession commune, conserve ce qu'il a reçu pour sa part, et n'en doit point de compte ni de rapport à ses cohéritiers.

Celui qui, sans y être obligé, aurait procuré à un concitoyen un profit considérable, et qui lui aurait d'ailleurs causé quelque tort, pourrait en certains cas opposer le profit en compensation du tort qu'il devrait réparer.

Ces différens procédés sont tous interdits à l'associé, comme contraires à la nature de la société, à l'esprit de fraternité qui en est l'âme.

L'associé doit les intérêts des sommes qu'il a promises du 1846 jour où il devait les verser, des deniers qu'il prend dans la caisse commune, et qu'il emploie pour son propre compte du jour où il les y a puisés.

Les imputations qu'il fait dans ses quittances peuvent tourner au profit, jamais au détriment de la société. 1848

Il rapporte à ses coassociés la somme qu'il prétendrait avoir reçue à son profit et pour sa part dans une créance de la société. 1849

Par les profits que son industrie ou ses travaux procurent à la société, il ne fait qu'acquitter sa propre dette ; ces profits ne compensent pas les dommages dont il peut être tenu envers la société pour les torts qu'il lui a causés. 1847-1850

Quant aux obligations de la société envers l'associé, elles se rapportent toutes aux choses dont ce dernier a mis seulement l'usage ou la jouissance en commun, ou aux affaires qu'il a gérées pour la société. 1851

Les obligations relatives à l'extinction ou à la perte des choses dont la jouissance ou les fruits sont mis en société se règlent par le principe général que la chose périt pour le propriétaire, et cette distinction si connue entre les choses dont on ne peut user sans les consommer, c'est-à-dire sans en être propriétaire, et celles qui ne se consomment point par l'usage, et dont on peut laisser à un autre la jouissance en en conservant la propriété. Les premières périssent pour le compte de la société, les secondes pour celui de l'associé.

1852   Relativement aux affaires gérées par l'associé pour la société, les jurisconsultes romains le suivaient dans ses voyages, au milieu des hasards et des périls qu'il y courait, et distinguaient le genre de pertes qu'il y avait faites, pour décider qui de lui ou de la société devait les supporter.

Le projet dit très-simplement : « Un associé a action contre « la société, non seulement à raison des sommes qu'il a dé- « boursées, des obligations qu'il a contractées pour les af- « faires de la société, mais à raison des risques inséparables « de sa gestion. »

Votre section a pensé que cette précision était préférable, qu'elle tranchait beaucoup de difficultés et répondait suffisamment à toutes.

Malgré les nombreuses dispositions des lois romaines sur le règlement des parts dans le fonds social, ce point est peut-être celui qui exige ou même qui comporte le moins de dispositions positives.

En effet, et nous ne l'avons que trop chèrement appris, rien ne serait plus contraire à une véritable, une réelle égalité, qu'une convention ou une disposition qui, malgré une grande inégalité dans les mises, assignerait une part égale à chacun des associés.

Il est encore évident que ceux qui forment une société sont réellement les seuls qui puissent bien connaître et justement apprécier ce que chacun d'eux y apporte en valeurs réelles, mais surtout en industrie, en zèle, en talens, en activité, en courage. Nous ne parlons pas de ces trompeuses annonces de crédit, de faveur, que de vils intrigans ont trop souvent offertes pour des réalités.

1853   Mais donnerons-nous la plus forte ou la plus faible des parts des autres associés à celui qui n'apporte que ses bras, sa tête et son courage, et qui néglige de faire régler la part ou le traitement qui lui sera accordé?

Si nous lui donnons la plus forte, n'encouragerons-nous pas l'insouciance et l'oubli de la précaution la plus facile à prendre?

En ne lui assignant que la plus faible, nous lui donnons le sage avertissement de ne jamais négliger de stipuler lui-même ses intérêts, et de faire régler son sort.

Daignez aussi le remarquer, nous n'avions à choisir qu'entre la part la plus forte et la plus faible; il était impossible de recourir au nombre des associés. Les mises et les parts des autres pouvant être inégales, il devient impossible de suivre à la fois la proportion du nombre des associés et celle de leurs mises. Le seul parti à prendre était donc celui des dispositions du projet qui statuent que l'égalité entre associés n'est pas en raison de leur nombre, mais en proportion des mises de chacun; que l'industrie n'aura droit qu'à la part la plus faible, c'est-à-dire qu'elle est bien avertie de s'apprécier elle-même et de faire fixer sa part ou son traitement; qu'en-fin, si les associés s'en rapportent pour le règlement des parts à un tiers ou à l'un d'eux, la décision d'un arbitre de leur choix sera sacrée pour eux ou du moins ne pourra être attaquée que dans un temps très-court, et être anéantie que par la cause qui détruit tout pouvoir, l'abus et le dernier terme de l'injustice. 1854

Si le projet, au surplus, a le soin d'ajouter qu'une convention qui donnerait à l'un des associés tous les profits, et l'affranchirait de toutes les pertes, n'est pas une société, mais l'association si justement proscrite sous le nom de *société léonine*, c'est principalement pour ne pas laisser oublier que jamais la violence, la force ne produisent de véritables droits, de conventions légitimes. 1855

Quant à l'administration du fonds social, comment la sagesse du législateur peut et doit-elle intervenir sur ce point? D'abord par la sage précaution d'avertir ici, comme sur toute 1856 et suivans.

espèce de convention, des inconvéniens que le silence des contractans ne manque jamais d'entraîner; en cherchant ensuite à prévoir les causes les plus usitées; enfin à suppléer par des règles générales aux lois que les intéressés ont toujours le droit et souvent seuls le moyen, mais que trop souvent aussi ils négligent de se dicter.

Les dispositions du projet ne peuvent donc avoir trait qu'au cas où les parties ont, et à celui où elles n'ont pas eu le soin de s'expliquer sur l'administration du fonds social.

1856 Si par le contrat même de société les associés chargent de l'administration l'un d'entre eux, la loi présume que cette marque honorable de confiance a été ou au moins a pu être pour lui le motif de son association. Ce pouvoir est irrévocable sans cause légitime pendant toute la durée de la société.

Si le pouvoir est postérieur au contrat, c'est un mandat ordinaire révocable comme tout autre.

1857 Si l'administration est confiée à plusieurs, et qu'il n'en soit pas assigné à chacun une partie déterminée, ni stipulé que l'un d'eux ne pourra agir sans l'autre, les actes d'administration séparément faits par chacun seront réguliers, efficaces et légitimes.

1858 Si cette défense d'agir l'un sans l'autre est contenue au contrat, et que l'un des associés appelés à l'administration se trouve dans l'impossibilité d'y concourir, le pouvoir des autres est suspendu, et ils ne peuvent continuer l'administration sans une autorisation nouvelle de la société.

1859 Si le contrat de société se tait au contraire sur l'administration, la faculté et le devoir pour chaque associé d'y concourir, le droit d'user des choses communes sans nuire à la société ni aux coassociés, l'obligation de contribuer aux dépenses nécessaires pour la conservation de ces choses, la défense d'innover à l'état des immeubles, même sous le prétexte d'amélioration : telles ont paru les conséquences naturelles et nécessaires du silence des contractans.

1860 Il faut, sur l'administration, observer encore que si la société l'a confiée à quelques-uns de ses membres, l'associé qui n'est pas de ce nombre ne peut ni engager ni aliéner les choses même mobilières appartenant à la société ; et qu'enfin 1861 le principe de l'association étant qu'elle ne peut être formée que par la volonté, le choix, la confiance réciproques des parties, aucun des associés ne peut, contre le gré ou même sans l'aveu de la société, y faire entrer un associé nouveau, et que les administrateurs eux-mêmes, auxquels on n'en a pas donné le pouvoir, sont, comme les autres, soumis à cette règle fondamentale.

Les sociétés de commerce soumettent les associés à des 1862-1873 obligations étendues et rigoureuses envers les tiers. Les règles particulières à ces sociétés seront développées dans le Code de commerce.

Celles qui concernent les sociétés étrangères au commerce, 1862 moins étendues, moins sévères, se trouvent renfermées dans ces deux notions fort simples : qu'il n'y a jamais solidarité dans les obligations qu'en conséquence d'une stipulation expresse ; que toute convention ne lie que ceux qui l'ont formée, et qu'ils sont seuls présumés légalement en connaître les conditions.

Il n'y a donc pas solidarité entre associés dans les sociétés étrangères au commerce. L'obligation d'un seul n'engage pas les autres s'il n'en a reçu de ses associés expressément le pouvoir.

Le tiers qui contracte avec les associés, toujours censé 1863 ignorer leurs conventions particulières, peut demander à chacun d'eux une part égale de sa créance, à moins qu'il n'ait été averti par la convention même que l'un des associés avait une part moindre que les autres, et qu'il n'entendait s'engager qu'en proportion de sa part.

L'associé enfin qui, en contractant, déclare, mais sans en 1864 tenir le pouvoir de ses associés, que c'est pour le compte de la société qu'il traite, n'en demeure pas moins le seul obligé, et ne lie les autres qu'autant que l'obligation aurait tourné au profit de la société.

Ces dispositions ne sont que l'application de principes très-connus et déjà consacrés.

Qu'est-ce en effet, citoyens tribuns, que la législation relative aux contrats? quelles règles peut-elle tracer? quelles obligations peut-elle imposer aux parties, si ce n'est celles qui résultent de leur propre volonté et de la nature même des choses? Le but du législateur n'est-il pas toujours de les ramener à la loi qu'elles se sont faite, à la bonne foi qu'elles se doivent, et à la raison à laquelle trop souvent elles résistent; mais qu'aussi quelquefois des événemens imprévus leur rendent difficile à entendre.

1865   Voilà, citoyens tribuns, ce que vous retrouverez encore dans les dispositions du projet sur les causes qui amènent la fin ou opèrent la dissolution de la société.

C'est encore à la volonté des parties que la société doit sa fin, que cette volonté se manifeste, ou par la convention même, ou par la nature et l'objet de l'association, ou, postérieurement au contrat, par des causes, des motifs qui la justifient.

Lorsque les parties ont expressément déclaré pour quel temps ou pour quelle affaire, quelle entreprise, quelle négociation, elles entendaient s'associer, rien d'aussi évident : la société finit lorsque le temps convenu est expiré, l'affaire ou l'entreprise achevée, la négociation consommée.

1866   Lorsque la société est dissoute ou n'existe plus, la continuer, la proroger, c'est réellement en contracter une nouvelle. Une convention écrite, et toutes les formes nécessaires pour constater la première, le sont donc également pour la seconde.

1867   Mais lorsque les associés se sont engagés à mettre, ou que chacun a déjà mis une chose en commun, et que celle appartenant à l'un des associés vient à périr, la société est-elle indistinctement et dans tous les cas également dissoute?

Une règle unique, générale et commune ne pourrait être justement appliquée à des conventions et à des cas de nature très-différente.

Si ce n'est point la propriété même , citoyens tribuns, mais seulement la jouissance, l'usage ou les fruits de leur chose que les associés ont mis en commun , il n'y a société que pour cette jouissance, pour les fruits ; il n'est en ce cas nul besoin d'observer et distinguer le moment où la chose vient à périr. Qu'elle ait ou n'ait pas encore été alors apportée, l'association n'ayant pour objet qu'une jouissance ou des fruits, dès que la chose n'existe plus, qu'il n'y a plus de jouissance possible, plus de fruits à recueillir , conséquemment plus de mise en société de la part de l'un des associés , il est évident que la chose périt pour celui à qui elle appartenait, et que dans les deux cas il n'existe plus de société.

Mais si c'est la propriété même de la chose qui a été ou dû être mise en commun, l'on sent combien il importe de distinguer si la chose a déjà ou n'a pas encore été apportée à la société lorsqu'elle vient à périr.

Au premier cas, la chose, on le conçoit, périt pour le compte de la société, puisqu'elle en est devenue propriétaire, et l'extinction ou la perte de la chose ne peut, ne doit pas opérer la dissolution de la société.

Dans le deuxième cas, non seulement l'associé demeuré propriétaire de la chose en supporte nécessairement la perte, mais il suit encore qu'il ne peut plus exister de société du moment que cet associé est dans l'impossibilité de réaliser sa mise et de contribuer au fonds de la société.

Il est un autre principe sur lequel nous vous prions de 1868 nous permettre, tribuns, de vous arrêter encore un moment.

Quelques jurisconsultes romains pensaient que des associés ne peuvent convenir qu'à la mort de l'un d'eux la société continuera entre les associés survivans; mais tous décidaient unanimement que les associés ne peuvent stipuler que la société continuera avec l'héritier de l'associé décédé (a).

Nous l'avouerons, tribuns, ce n'est jamais qu'à regret

(a) *Adeo ut nec ab initio recte paciscatur ut hæres in societatem succedat* Loi 54 , au Cod. *Quibus modis obl. toll.*

que nous nous écartons de la législation des Romains sur les contrats; mais devons-nous porter le respect, la reconnaissance que nous devons à leurs lois jusqu'à en embrasser toutes les décisions; et celle dont s'est écarté le projet suit-elle en effet, comme on l'a prétendu, de l'essence du contrat de société? S'il en était ainsi, le principe ne serait-il pas inflexible? aurait-il pu y être fait une seule exception?

Cependant il est certain que les Romains en admettaient une pour les sociétés ayant pour objet la perception des revenus publics, *exceptis*, disaient-ils, *societatibus vectigalium*; c'est-à-dire qu'eux-mêmes reconnaissaient que la stipulation n'est pas contre l'essence de la société. Or les stipulations contre les mœurs ou contre l'essence des contrats sont les seules qu'il appartient à la législation d'interdire.

Ceux qui contractent une société ne peuvent-ils pas avoir de puissans motifs pour désirer que leur association, leur entreprise, soient suivies par leurs héritiers? Ceux-ci n'auront-ils pas la faculté attachée aux sociétés dont la durée est illimitée, de faire cesser la leur quand leurs intérêts l'exigeront? Ces raisons ont paru à votre section, comme à Pothier et aux rédacteurs du projet, l'emporter sur celles des jurisconsultes romains.

Des associés pourront donc stipuler que, dans le cas de la mort de l'un d'entre eux, la société continuera avec l'héritier ou seulement entre les associés survivans.

S'ils se bornent à cette seconde stipulation, l'héritier ne sera point un associé; il prendra la société dans l'état où elle se trouvera à la mort de son auteur, et n'aura droit qu'aux profits faits antérieurement à cette époque.

Nous venons à l'instant de l'observer, tribuns, si le contrat ne fixe point de terme à la durée de la société, elle est censée contractée pour la vie.

Mais ce n'est qu'une présomption, et jamais la loi ne met sa volonté à la place de celle des contractans: quand leur silence l'oblige à parler pour eux elle n'entend pas leur imposer des chaînes qu'ils n'auraient pas eu l'intention de se donner.

Tout ce que la loi exige en ce cas de l'associé qui veut se retirer, c'est qu'il notifie sa renonciation, et qu'il ne renonce pas, ou pour s'approprier un profit qui devait par sa nature être commun, ou dans un moment où la dissolution et le partage ne pourraient avoir lieu sans détriment pour la société; c'est-à-dire que la renonciation ne soit pas de mauvaise foi ni faite à contre-temps.

Dans les sociétés à terme, la règle est différente ou même en quelque sorte opposée. 1871

Si, avant le terme convenu, l'un des associés manque à ses engagemens, ou devient par quelque infirmité habituelle incapable de se livrer aux affaires de la société, il peut résulter de ces événemens ou d'autres cas semblables des motifs qui justifient de la part des autres une renonciation et autorisent les juges à l'admettre.

Autrement l'associé ne peut, avant le terme fixé, se soustraire à ses engagemens et renoncer. Le principe est, relativement au contrat de société, aussi impérieux qu'à l'égard de tout autre.

La mort civile, l'interdiction, la faillite, la déconfiture, 1865 sont des causes de dissolution si évidentes, qu'il suffit de les énoncer pour n'en omettre aucune.

Il resterait à régler le partage des sociétés, si l'égalité, la 1872 justice déjà prescrite à des cohéritiers ne devaient pas en quelque sorte régner plus souverainement encore entre des associés, et régir un contrat auquel elles semblent appartenir plus spécialement qu'à tous autres.

La législation sur le partage des successions est donc, comme l'indique le projet, nécessairement celle du partage des sociétés.

Observons avec le projet que la loi proposée ne régira pas 1873 les sociétés de commerce dans tous les points où ses dispositions seraient contraires aux lois et aux usages particuliers

du commerce, mais aussi que sur tous ceux où ces dispositions n'y auront rien de contraire elles conserveront leur
empire, et n'en contiendront pas moins les règles premières
et générales de toute association.

Votre section de législation, qui désire si ardemment que
tous les titres du Code soient dignes de faire partie de cet
immortel ouvrage, a pensé que celui sur le *Contrat de société*
répondait à la sagesse des autres et méritait d'y trouver
place ; elle m'a chargé de vous en proposer l'adoption.

Le Tribunat vota l'adoption du projet dans sa séance
du 16 ventose an XII (7 mars 1804), et il fit porter
son vœu au Corps législatif par MM. Boutteville, Gillet
et Gallois.

M. Gillet prononça le discours dans la séance du lendemain.

DISCUSSION DEVANT LE CORPS LÉGISLATIF.

DISCOURS PRONONCÉ PAR LE TRIBUN GILLET.

Législateurs, le mot de *société* appartient à toutes les
sciences qui ont l'homme pour objet. Son acception la plus
générale s'étend à la morale, à la politique, à toutes les institutions publiques ou domestiques.

Plus restreinte dans le droit civil, sa signification se
trouve déterminée avec beaucoup d'exactitude par le projet
proposé.

Là il indique un *contrat par lequel deux ou plusieurs personnes conviennent de mettre quelque chose en commun, dans
la vue de partager le bénéfice qui pourra en résulter.*

De cette définition résultent plusieurs caractères dont la
société se compose.

D'abord c'est un contrat : ainsi elle reçoit l'application de 1833 tous les principes qui règlent les effets communs à cette sorte d'engagement ; et c'est pour cela, entre autres conditions, qu'elle doit toujours avoir un objet licite.

Ensuite le sujet de ce contrat est quelque chose que la convention a mise en commun entre plusieurs personnes : ainsi tous les engagemens dont il résulte quelque communauté sans convention, tels que sont ceux de l'hérédité indivise et du voisinage, sont étrangers à la matière des sociétés.

Enfin, l'espoir de partager le bénéfice que la chose commune pourra produire est la *vue* intentionnelle qui dirige ce contrat.

Ainsi il ne faut pas non plus y comprendre plusieurs sortes de communautés qui ont un autre objet plus direct.

Par exemple, la communauté de biens entre époux a pour but principal l'indivisibilité des intérêts conjugaux, bien plus que le partage des bénéfices.

De même le bail à cheptel, les baux à portion de fruits, sont bien, sous plusieurs rapports, de véritables associations, mais leur premier objet est d'abord la facilité des exploitations agricoles.

Voilà pourquoi ces matières ont dû être traitées sous d'autres titres particuliers ; et même, en rédigeant celui que le Code civil consacre spécialement à la société, il a fallu encore en distraire tout ce qui a un rapport exclusif avec les intérêts purement commerciaux : ces sortes d'intérêts ont leurs règles séparées qui leur sont propres.

Jusqu'ici la définition avait été moins précise. Les écrivains en jurisprudence y avaient ajouté parmi les objets de la société la communication des *pertes*. Il a paru au Tribunat que le projet proposé était plus exact, lorsqu'il considérait cette communication comme une simple condition du contrat, et non pas comme son but.

Une autre limite sagement posée par le projet, c'est de

27.

n'avoir admis au nombre des choses qui entrent dans la société que les biens ou l'industrie, *operam*, *pecuniam*.

Les Romains y reconnaissaient une troisième sorte de mise,
le crédit et la faveur, *gratiam*. Le législateur ne saurait écrire
ces mots sans honte que dans des États corrompus, où l'on
trafique de tout, même de la puissance publique.

1834   C'est avec non moins de raison qu'on a exigé que toute
société fût constatée par écrit lorsque sa valeur excède plus
de 150 francs ; sans cette mesure, les intérêts et les obligations de chaque associé eussent été livrés à des témoignages
trop incertains ou à des conjectures trop arbitraires. Toutefois cette disposition fait cesser une institution dont l'obser-
vateur aime à contempler quelquefois les derniers vestiges,
celle des communautés *tacites* qui avaient lieu dans plusieurs
coutumes. Des familles unies depuis plusieurs siècles sous le
titre de *copersonniers* avaient honoré cette institution, qui
portait dans les mœurs quelque image de l'antiquité patriar-
chale. Mais la maturité de notre civilisation ne permet plus
de conserver l'idée de ces usages que comme d'intéressans
souvenirs.

1835   Ces caractères généraux de la société une fois déterminés,
la première division des diverses espèces du contrat s'est naturellement faite en société universelle et société particulière.

1836   La société universelle se subdivise elle-même en société
de biens présens et en société de gains. Le projet assigne
très-bien à l'une et à l'autre les caractères qui leur conviennent.

1837   Je me contenterai de vous faire remarquer que, si dans
les biens présens on comprend aussi les profits à venir, c'est
que les capitaux ou l'industrie qui les font naître sont en
effet des mises actuelles. Par la même raison, cette désignation des biens présens exclut tous ceux qui peuvent survenir
par succession, donation ou legs, comme étant indépendans
des apports primitifs qui composent le fonds social.

1841   La classe des sociétés particulières aurait pu avoir aussi sa subdivision, si l'on eût parlé de société en *nom collectif* et de société en *commandite*; mais ces distinctions, qui ne touchent qu'aux conditions et non pas à la nature même de la société, ont paru plus propres à la science du commerce qu'à la doctrine générale du droit civil.

Au reste, quelle que soit la formation de la société, il est ch. 3 et 4 aisé de sentir qu'elle devient comme un être collectif dont les relations diverses ont dû être déterminées par autant de règles différentes.

Premièrement, rapports de la société avec les choses qui en sont l'objet.

De là la nécessité d'indiquer à quelle époque et à quelles conditions ces choses sortent de la propriété particulière de l'associé pour rentrer dans le domaine de la société. Leur administration, le pouvoir qu'a sur elle chacun des associés, celui qui résulte d'un mandat spécial donné à l'un d'entre eux, ce sont là autant de points qu'il a fallu prévoir, et auxquels les principes généraux ont dû être appliqués par des dispositions spéciales.

Secondement, rapports qui obligent l'associé envers la société.

Par exemple, il est évident que l'associé est tenu d'apporter 1846 au fonds social tout ce qu'il a promis d'y mettre.

Sa mise est-elle en argent? il doit la payer avec les intérêts s'il est en retard, et à plus forte raison est-il tenu d'y rétablir avec pareils intérêts toutes les sommes qu'il aurait pu tirer de la caisse pour son profit particulier, sans préjudice : de plus grandes peines encourues, si cette extraction avait eu les caractères d'un délit.

Sa mise est-elle en industrie? il doit au fonds social tous 1847 les gains produits par l'industrie qu'il a promise.

Il doit encore une entière bonne foi, telle que, dans le 1848 1849 concours opposé de ses intérêts avec ceux de la société, ces derniers ne soient jamais sacrifiés : les articles 17 et 18 du projet ne sont que l'application de ces principes.

1850   Il lui doit enfin sa vigilance et ses soins ; et c'est pour cela qu'il est comptable envers elle de toutes les pertes qu'il lui cause par sa faute.

1852   Troisièmement, rapports qui obligent la société envers les associés.

La société doit à l'associé les sommes qu'il a déboursées pour elle, et l'indemnité des obligations qu'il a contractées de bonne foi pour sa gestion.

1853   Elle lui doit de plus un juste partage des bénéfices et des pertes. Cette justesse dans les lots, si elle n'est pas déterminée d'avance par le traité, s'établit ordinairement dans la proportion des mises ; et à cet égard la mise en industrie est comptée comme la moindre, parce qu'étant la plus susceptible d'estimation arbitraire, l'associé doit s'imputer à lui-même de n'en avoir pas fait d'avance stipuler le prix.

1854-1855   La convention qui donnerait à l'un des associés la totalité des bénéfices serait la société du lion ; elle serait nulle.

Mais cela n'empêche pas que les associés n'aient pu constituer l'un d'eux pour unique arbitre et régulateur de leur partage.

Cet abandon à l'autorité d'un seul est favorable en plusieurs occasions, où les associés ne sont que des collaborateurs choisis et protégés par le chef de la famille ou de la maison. Toutefois la décision de cet arbitre unique devrait être réformée si elle était évidemment injuste.

Les pertes sont susceptibles d'un autre calcul. On regarderait, à la vérité, comme une stipulation léonine celle qui affranchirait de toute contribution dans leur charge les sommes ou effets mis au fonds social par un ou plusieurs associés. Mais, s'il se trouvait quelque associé dont la mise fût uniquement en industrie, il pourrait être convenu de l'exempter des pertes ; cette exemption serait à son égard considérée comme une partie du prix qu'on aurait mis à ses travaux.

1861   Quatrièmement, rapport des associés entre eux.

C'est par choix qu'ils se sont unis; la confiance mutuelle a été le premier motif de leur lien : aucun d'entre eux ne peut donc, sans le consentement des autres, adjoindre un étranger dans la société; il peut seulement lui donner un intérêt dans sa part. De là est venue cette maxime : *Socius mei socii non est meus socius.*

Cinquièmement, rapports de la société et des associés avec des tiers. 1862 à 1864

La principale règle sur ce point, c'est que tous les associés sont égaux devant le créancier, sans considération de l'inégalité de leurs intérêts; mais, par une juste restriction, il n'y a d'obligation pour eux envers un tiers que celle qui résulte ou de leur engagement personnel, ou du mandat qu'ils ont donné pour la société, ou du profit que la société a tiré des effets de l'engagement.

Sixièmement, relations de la société avec elle-même. 1843-1865

De là naissent les règles qui fixent le temps où elle commence, pendant lequel elle se prolonge, où elle expire.

L'instant de sa naissance est celui du contrat, s'il ne désigne pas une autre époque.

Sa durée est celle de l'affaire pour laquelle elle est contractée, ou celle que la convention lui a assignée, ou enfin celle de la vie entière des associés.

Son terme dépend de ces diverses circonstances et de celle que p ut produire, soit l'extinction de la chose mise en commun, soit la volonté d'un seul ou de plusieurs associés, soit l'altération apportée à leurs facultés par la mort civile, par l'interdiction ou par la déconfiture.

Non cependant que, parmi ces cas différens, il n'y en ait plusieurs qui soient susceptibles de modification. Aussi ont-elles été établies dans le chapitre IV du projet.

Pourquoi chercherions-nous, législateurs, à ajouter aux explications qu'il présente des explications nouvelles? Dans ce sujet, comme en tant d'autres, les meilleurs interprètes sont la raison, qui saisit toutes les idées générales pour en déduire

les conséquences, et la bonne foi, dont l'empire semble s'é-
tendre avec une protection plus spéciale sur le contrat de
société.

Tel est le caractère d'une loi fondée sur les notions évidentes de la justice, que c'est presque le profaner que d'en
faire le commentaire.

Il en est un pourtant que n'épargnera pas l'histoire quand
elle parlera du Code civil : elle dira que, pour la nation
française, il exista une grande époque où ses destinées étaient
fixées par l'heureux concours de son chef et de ses députés
assemblés ; où les lois, conçues avec sagesse et délibérées
avec maturité, recevaient encore leur force de l'assentiment
de la volonté publique ; où les affaires, suivant l'expression
de Montesquieu, renaissaient de toutes parts, et de toutes
parts étaient terminées ; où la gloire était l'instrument de la
prospérité générale, et la prospérité générale le premier
titre de la gloire ; où enfin la France, heureuse au dedans par
son administration, respectable au dehors par ses armes, ne
comptait que des amis, hormis les brigands des mers, dont
l'impuissante cupidité venait échouer contre ses rivages.
Peut-être à ces traits nos ancêtres eussent-ils distingué le
siècle de Charlemagne ; nos neveux y reconnaîtront celui de
Bonaparte.

Le Corps législatif a rendu son décret d'adoption dans
la même séance, et la promulgation de la loi a eu lieu
le 27 ventose an XII (18 mars 1804).

TITRE DIXIÈME.

Du Prêt.

DISCUSSION DU CONSEIL D'ÉTAT.

(Procès-verbal de la séance du 7 pluviose an XII.— 28 janvier 1804.)

M. GALLI présente le titre XV du livre III du projet de Code civil, *du Prêt*.

Il est ainsi conçu :

DU PRÊT.

Art. 1er. « Il y a deux sortes de prêt ;   1874

« Celui des choses dont on peut user sans les détruire,

« Et celui des choses qui se consomment par l'usage qu'on

« en fait.

« La première espèce s'appelle *prêt à usage* ou *commodat ;*

« La deuxième s'appelle simplement *prêt*. »

Art. 2. « Cette seconde espèce se subdivise encore en prêt   ap. 1874

« gratuit et prêt à intérêt.

CHAPITRE Ier.

Du Prêt à usage ou Commodat.

SECTION 1re. — *De la Nature du prêt à usage.*

Art. 3. « Le prêt à usage ou commodat est une convention   1875

« par laquelle l'un livre une chose à l'autre pour s'en servir

« dans ses besoins, à la charge par celui-ci de la rendre

« après qu'il s'en sera servi. »

Art. 4. « Ce prêt est essentiellement gratuit. »   1876

Art. 5. « Le prêteur demeure propriétaire de la chose   1877

« prêtée. »

1878 Art. 6. « Tout ce qui est dans le commerce, et qui ne se
« consomme pas par l'usage, peut être l'objet de cette con-
« vention. »

1879 Art. 7. « Les engagemens qui se forment par le commodat
« passent aux héritiers de celui qui prête et aux héritiers de
« celui qui emprunte.

« Mais si l'on n'a prêté qu'en considération de l'emprun-
« teur, à et lui personnellement, alors ses héritiers ne peu-
« vent continuer de jouir du prêt à usage. »

SECTION II. — *Des Engagemens de l'emprunteur.*

1880 Art. 8. « L'emprunteur est tenu de veiller, en bon père de
« famille, à la garde et à la conservation de la chose prêtée. »

1881 Art. 9. « Si l'emprunteur emploie la chose à un autre
« usage, ou pour un temps plus long qu'il ne le devait, il
« sera tenu de la perte arrivée, même par cas fortuit. »

1882 Art. 10. « Si la chose prêtée périt par cas fortuit dont l'em-
« prunteur aurait pu la garantir en employant la sienne pro-
« pre, ou si, ne pouvant conserver que l'une des deux, il a
« préféré la sienne, il est tenu de la perte de l'autre. »

1883 Art. 11. « Si la chose a été estimée en la prêtant, la perte
« qui arrive, même par cas fortuit, est pour l'emprunteur,
« s'il n'y a convention contraire. »

1884 Art. 12. « Si la chose se détériore par le seul effet de l'u-
« sage pour lequel elle a été empruntée, et sans aucune faute
« de la part de l'emprunteur, il n'en est pas tenu. »

1885 Art. 13. « L'emprunteur ne peut pas retenir la chose par
« compensation de ce que le prêteur lui doit. »

1886 Art. 14. « Si, pour user de la chose, l'emprunteur a fait
« quelque dépense, il ne peut pas la répéter. »

1887 Art. 15. « Si plusieurs ont conjointement emprunté la
« même chose, ils en sont solidairement responsables envers
« le prêteur »

SECTION III.—*Des Engagemens de celui qui prête à usage.*

Art. 16. « Le prêteur ne peut retirer sa chose qu'après le 1828
« terme convenu, ou, à défaut de convention, qu'après
« qu'elle a servi à l'usage pour lequel elle a été empruntée. »

Art. 17. « Néanmoins, si, pendant ce délai, ou avant que 1889
« le besoin de l'emprunteur ait cessé, il survient au prêteur
« un besoin pressant et imprévu de sa chose, le juge peut,
« suivant les circonstances, obliger l'emprunteur à la lui
« rendre. »

Art. 18. « Si, pendant la durée du prêt, l'emprunteur a 1890
« été obligé, pour la conservation de la chose, à quelque dé-
« pense extraordinaire, nécessaire, et tellement urgente qu'il
« n'ait pas pu en prévenir le prêteur, celui-ci sera tenu de
« la lui rembourser. »

CHAPITRE II.

Du Prêt de consommation.

SECTION Ire. — *De la Nature du prêt de consommation.*

Art. 19. « Le prêt de consommation est une convention 1892
« gratuite par laquelle l'un livre à l'autre une certaine quan-
« tité de choses qui se consomment par l'usage, à la charge
« par ce dernier de lui en rendre autant de même espèce et
« qualité. »

Art. 20. « Par l'effet du prêt l'emprunteur devient le pro- 1893
« priétaire de la chose prêtée ; et c'est pour lui qu'elle périt,
« de quelque manière que cette perte arrive. »

Art. 21. « On peut donner à titre de prêt tout ce qui est tel 1894
« qu'on peut en rendre de même espèce et qualité ; mais on
« ne peut pas donner à ce titre des choses qui, quoique de
« même espèce, diffèrent dans l'individu, comme les ani-
« maux : alors c'est un prêt à usage. »

Art. 22. « L'obligation qui résulte d'un prêt en argent n'est 1895
« toujours que de la somme numérique énoncée au contrat.

« S'il y a eu augmentation ou diminution d'espèces avant
« l'époque du paiement, le débiteur doit rendre la somme
« numérique prêtée, et ne doit rendre que cette somme dans
« les espèces ayant cours au moment du paiement. »

1896   Art. 23. « La règle portée en l'article précédent n'a pas
« lieu si le prêt a été fait en lingots ou en marcs. »

1897   Art. 24. « Si ce sont des lingots, ou des marcs, ou des den-
« rées qui ont été prêtés, quelle que soit l'augmentation ou
« la diminution de leur prix, le débiteur doit toujours rendre
« la même quantité et qualité, et ne doit rendre que cela. »

SECTION II. — *Des Obligations du prêteur.*

1891   Art. 25. « Lorsque la chose prêtée a des défauts tels
« qu'elle puisse causer du préjudice à celui qui s'en sert, le
« prêteur est responsable, s'il n'a pas fait connaître ces dé-
« fauts à l'emprunteur. »

1899   Art. 26. « Le prêteur ne peut pas redemander les choses
« prêtées avant le terme convenu. »

1900   Art. 27. « S'il n'a pas été fixé de terme pour la restitution,
« le juge peut accorder à l'emprunteur un délai suivant les
« circonstances. »

1901   Art. 28. « S'il a été seulement convenu que l'emprunteur
« paierait quand il le pourrait, ou quand il en aurait les
« moyens, le juge lui fixera un terme de paiement suivant
« les circonstances. »

SECTION III. — *Des Engagemens de l'emprunteur.*

1902   Art. 29. « Le premier engagement de l'emprunteur est de
« rendre les choses prêtées en mêmes quantité et qualité, et
« au terme convenu. »

1903   Art. 30. « S'il est dans l'impossibilité d'y satisfaire, il est
« tenu d'en payer la valeur eu égard au temps et au lieu où
« la chose devait être rendue par la convention.

« Si ce temps et ce lieu n'ont pas été réglés, le paiement
« se fait au prix du temps et du lieu où l'emprunt a été fait. »

Art. 31. « Si l'emprunteur ne rend pas les choses prêtées 1904
« ou leur valeur au terme convenu, il en doit l'intérêt du
« jour de la demande en justice. »

CHAPITRE III.

Du Prêt à intérêt.

Art. 32. « Il est permis de stipuler des intérêts pour simple 1905
« prêt soit d'argent, soit de denrées, ou autres choses mo-
« bilières. »

Art. 33. « L'emprunteur qui a payé des intérêts qui n'é- 1906
« taient pas stipulés ne peut ni les répéter ni les imputer sur
« le capital. »

Art. 34. « Le taux de l'intérêt est déterminé par des lois 1907
« particulières.

« L'intérêt qui aura été stipulé à un taux plus fort sera
« réduit conformément à la loi.

« Si l'intérêt a été payé au-dessus du taux légitime, l'ex-
« cédant sera imputé, année par année, sur le capital, qui
« sera réduit d'autant.

« Ces dispositions ne s'appliquent pas aux négociations
« commerciales. »

Art. 35. « La quittance du capital donnée sans réserve des 1908
« intérêts en fait présumer le paiement, et en opère la li-
« bération. »

Art. 36. « On peut stipuler un intérêt moyennant un ca- 1909
« pital que le prêteur s'interdit d'exiger.

« Dans ce cas, le prêt prend le nom de *constitution de rente*. »

Art. 37. « Cette rente peut être constituée de deux ma-
« nières, en perpétuel ou en viager. »

Art. 38. « La rente constituée est essentiellement rache- 1911
« table.

« Les parties peuvent seulement convenir que le rachat ne
« sera pas fait avant un délai qui ne pourra excéder dix ans,

« ou sans avoir averti le créancier au terme d'avance qu'elles
« détermineront. »

1912 Art. 39. « Le débiteur d'une rente constituée peut être
« contraint au rachat,

« 1°. S'il cesse de remplir ses obligations pendant deux
« années ;

« 2°. S'il manque à fournir au prêteur les sûretés promises
« par le contrat. »

1913 Art. 40. « Le capital de la rente constituée devient aussi
« exigible en cas de faillite ou de déconfiture du débiteur. »

1874 et sp. Les articles 1 et 2 sont soumis à la discussion et adoptés.

M. GALLI fait lecture du chapitre Ier, *du Prêt à usage ou
Commodat.*

La section Ire, *de la Nature du prêt à usage*, est soumise à
la discussion.

1876 à 1879 Les articles 3, 4, 5, 6 et 7 qui la composent sont adoptés.

La section II, *des Engagemens de l'emprunteur*, est soumise
à la discussion.

1880 à 1887 Les articles 8, 9, 10, 11, 12, 13, 14 et 15 qui la composent sont adoptés.

La section III, *des Engagemens de celui qui prête à usage*,
est soumise à la discussion.

1888 à 1890 Les articles 16, 17 et 18 qui la composent sont adoptés.

M. GALLI fait lecture du chapitre II, *du Prêt de consommation.*

La section Ire, *de la Nature du prêt de consommation*, est
soumise à la discussion.

1892 à 1895 Les articles 19, 20, 21 et 22 sont adoptés.

1896 L'article 23 est discuté.

M. JOLLIVET demande la suppression du mot *marc*, lequel
n'est plus en usage.

M. Portalis pense que l'on pourrait y substituer le mot *poids*.

M. Jollivet dit qu'il suffit d'employer le mot *lingot*, lequel suppose que la chose a été pesée.

L'article est adopté en retranchant ces mots, *ou en marcs*.

L'article 24 est adopté en retranchant également les mots, *ou des marcs*. 1897

La section II, *des Obligations du prêteur*, est soumise à la discussion.

L'article 25 est discuté. 1891

M. Lacuée demande comment et dans quel cas cet article rend le prêteur responsable.

M. Jollivet dit qu'au lieu d'établir une règle positive, il conviendrait de laisser le juge prononcer sur la responsabilité du prêteur ; car le prêt étant gratuit, il faut sans doute des circonstances très-graves pour que le prêteur devienne responsable.

M. Treilhard répond que l'esprit de l'article n'est point d'imposer au prêteur une responsabilité hors des cas où l'équité l'exige.

On a demandé quand et comment il serait responsable.

Ce sera quand, faute d'avoir déclaré les défauts de la chose prêtée, il aura causé quelque dommage à l'emprunteur ; par exemple, s'il a prêté un cheval morveux qui ait fait périr les chevaux de ce dernier.

M. Lacuée dit qu'on pourrait abuser de la règle pour inquiéter trop légèrement le prêteur. On prétendrait, par exemple, que lorsqu'il a prêté une échelle en mauvais état, il répond de l'accident arrivé à celui qui s'en est servi.

Le Consul Cambacérès dit qu'il ne s'agit point ici du prêt à usage, dont les règles sont fixées par le chapitre Ier, mais du prêt de consommation.

M. Lacuée craint que les dispositions de l'article 25 ne détournent les personnes officieuses de prêter.

M. Treilhard dit que cette règle n'est point nouvelle ; qu'elle est dans les principes de l'équité naturelle, et que jusqu'à présent elle n'a point empêché de prêter.

M. Jollivet ajoute qu'en effet si quelqu'un prête un blé avarié qui puisse nuire à la santé, il doit répondre de cette faute.

M. Berlier propose de ne rendre le prêteur responsable que lorsqu'il connaissait les défauts de la chose, et qu'il n'en a pas averti l'emprunteur.

L'article est adopté, en substituant à ces mots : *le prêteur est responsable s'il n'a pas fait connaître ces défauts à l'emprunteur*, ceux-ci : *le prêteur est responsable s'il connaissait les défauts et n'en a pas averti l'emprunteur*.

Les articles 26, 27 et 28 sont adoptés.

1899 à 1901.
chap. 1,
section 2.

M. Regnaud (de Saint-Jean-d'Angely) fait une observation générale sur la totalité de la section II. Il dit qu'elle est intitulée, *des Obligations du prêteur*; que cependant, suivant Pothier, le prêt n'impose des obligations qu'à l'emprunteur.

M. Berlier dit qu'en effet les articles 27 et 28 n'imposent aucune obligation au prêteur. On peut donc supprimer la section II, en plaçant ailleurs l'article 25.

M. Tronchet observe que l'article 25 devant être conservé, on est forcé de reconnaître que le prêt impose des obligations au prêteur; et même ce n'est point là l'unique engagement auquel ce contrat le soumette. L'article 26 ne lui permet pas de retirer la chose prêtée avant le terme convenu.

M. Jollivet ajoute que les articles 27 et 28 ne font que développer les articles 25 et 26. Ainsi tous les articles de la section II se rapportent aux engagemens du prêteur.

Le Consul Cambacérès dit que Pothier pense que le contrat de prêt, étant unilatéral, ne soumet directement le prêteur à aucune obligation; que néanmoins, comme ce contrat doit être exécuté de bonne foi, il impose au prêteur des devoirs.

LE CONSEIL maintient la section II.

La section III, *des Engagemens de l'emprunteur*, est soumise à la discussion.

Les articles 29, 30 et 31, qui la composent, sont adoptés. 1902 à 1904

M. GALLI fait lecture du chapitre III, *du Prêt à intérêt.*
Les articles 32 et 33 sont adoptés. 1905-1906

L'article 34 est discuté. 1907

LE CONSUL CAMBACÉRÈS propose de retrancher le dernier alinéa de cet article. On pourrait en conclure que le taux des négociations commerciales demeurera toujours abandonné aux parties. On verra, au contraire, lorsqu'on s'occupera des lois qui fixeront l'intérêt de l'argent, s'il ne doit pas être réglé, même par rapport au commerce ; car il serait choquant que, si, par exemple, l'intérêt était en général fixé à cinq pour cent, les négocians eussent le droit de le porter à vingt-cinq.

M. TREILHARD voudrait que l'article fût moins absolu, qu'il se bornât à dire que le taux de l'intérêt *pourra* être déterminé par des lois particulières.

M. REGNAUD (de Saint-Jean–d'Angely) dit que cet article décide une question depuis long-temps controversée, celle de savoir si la loi doit fixer le taux de l'intérêt, et si les particuliers ne peuvent, dans leurs stipulations, l'élever plus haut.

L'affirmative a certainement des avantages, mais elle n'est pas sans inconvéniens.

C'en est un d'abord que de porter une loi qui sera éludée au gré des parties; car il serait facile de masquer la stipulation d'un intérêt excédant le taux que la loi aurait fixé.

C'est un autre inconvénient non moins fâcheux que de mettre le système de législation en contradiction avec le système administratif, de lier les particuliers, dans leurs négociations, à une règle dont le gouvernement sera forcé de s'écarter dans les siennes. On ne pourra, par exemple, placer qu'à cinq pour cent sur les particuliers, tandis qu'on placera à dix pour cent sur l'État en achetant des rentes à cinquante-quatre ou à cinquante-cinq pour cent, ou en prenant des effets publics à trois quarts pour cent par mois.

Cependant si le Conseil adopte le principe, et que le taux de l'intérêt doive être réglé par la loi, du moins faut-il pourvoir à ce qu'on n'infère pas de cette disposition que, jusqu'à ce qu'il ait été porté une loi nouvelle sur ce sujet, la loi qui fixe l'intérêt à cinq pour cent doit conserver sa force; ce qui n'est pas, quoique le tribunal de cassation paraisse aussi l'avoir décidé.

M. Treilhard dit qu'en rendant l'article facultatif on ne pourra en conclure que la loi dont il vient d'être parlé soit maintenue.

M. Regnaud (de Saint-Jean-d'Angely) pense qu'il conviendrait de s'en expliquer d'une manière plus positive.

Le Consul Cambacérès dit que la première question est de savoir si le taux de l'intérêt sera fixé par la loi : c'est celle qu'il faut d'abord traiter.

Les autres questions ne sont que secondaires ; elles viendront ensuite ; et parmi elles se place l'importante question qu'on vient d'élever sur la force de l'ancienne loi.

M. Tronchet pense qu'il faut d'abord examiner si le législateur a le droit de régler l'intérêt ; on verra ensuite s'il convient de le faire.

Le droit ne peut être contesté ; il est consacré par l'usage de tous les peuples civilisés. Dans tous les codes on trouve des lois sur le taux de l'intérêt.

Il y a plus : ces lois sont indispensables pour le cas particulier des condamnations à des dommages-intérêts. Comment les tribunaux pourraient-ils les liquider si la loi ne leur donnait une règle ?

M. Berlier observe que ce qu'a dit M. *Tronchet* sur la nécessité de fixer l'intérêt considéré comme peine de l'inexécution des contrats est vrai, mais ne résout pas la difficulté, et ne prouve pas même que la règle qu'il a rappelée soit ici convenablement placée, si elle ne s'applique aux condamnations judiciaires, et doive rester sans influence sur le contrat de prêt, qui est le seul objet dont on traite dans le chapitre en discussion.

LE CONSUL CAMBACÉRÈS dit que M. *Tronchet* n'a traité la question qu'à demi. La règle qu'il demande pour déterminer judiciairement les intérêts, dépend de celle qui sera établie sur la stipulation d'intérêt. On pourrait, en effet, décider que les parties règleront les intérêts de gré à gré, et que, lorsqu'elles n'auront pas usé de cette faculté, l'intérêt sera fixé à cinq pour cent.

M. JOLLIVET demande la suppression du premier alinéa de l'article. Il le croit inutile, attendu que le législateur n'a pas besoin de se réserver expressément un droit qui lui appartient par la nature de son pouvoir.

Il suffirait donc de dire que l'intérêt ne pourra être stipulé à un taux plus fort que celui qui aura été déterminé par la loi.

M. TREILHARD est aussi d'avis de supprimer le premier alinéa de l'article, mais par d'autres motifs que ceux qui viennent d'être présentés.

Il partage l'opinion de M. *Regnaud* (de Saint-Jean-d'Angely) sur la nécessité de ne pas mettre en contradiction le système de la loi et le système administratif. Il adopte également la distinction faite par M. *Tronchet* entre l'intérêt légal et l'intérêt conventionnel. Mais il observe que la question sera beaucoup plus ardue lorsqu'il y aura une convention.

Etablira-t-on que l'intérêt conventionnel ne pourra jamais être élevé plus haut que l'intérêt légal ? Alors il est à craindre que la loi et les circonstances ne se trouvent pas toujours d'accord. La loi aura fixé l'intérêt à un taux modéré, et les circonstances cependant pourront quelquefois être telles qu'il deviendra impossible de trouver de l'argent à ce prix.

28.

Pour se déterminer, il importe de se bien pénétrer de cette vérité, que ce ne sont pas les conventions qui gênent les emprunteurs. Jamais on ne stipule ouvertement vingt, trente, quarante pour cent d'intérêt; et, d'un autre côté, la loi défendrait inutilement de semblables stipulations : comme actuellement, on les ferait par des moyens indirects; on cumulerait dans l'obligation les intérêts avec le capital.

On doit donc se borner à décider que l'intérêt sera réglé par des lois particulières, lorsqu'il ne l'aura pas été par la convention.

M. Tronchet propose de dire que l'intérêt est ou légal ou conventionnel; que l'intérêt légal est celui que la loi détermine; que l'intérêt conventionnel peut s'élever plus haut lorsque la loi ne l'a pas prohibé; que, si elle le prohibe, l'excédant est imputé sur le capital.

M. Maleville répond aux réflexions de M. *Treilhard*. Il dit qu'une loi sur le taux de l'intérêt aura l'avantage de donner aux citoyens honnêtes une règle à laquelle ils se conformeront; que, si cette règle n'existe pas, ils prendront pour guide l'usage, et le suivront sans scrupule. Mais un État ne peut subsister sans une telle loi; la justice y serait paralysée, et les tribunaux ne sauraient que prononcer, dans les cas si fréquens où il s'agit de déterminer la peine du refus ou du retard à remplir ses obligations.

Aussi, dans le moment actuel même, la loi qui a fixé l'intérêt à cinq pour cent est-elle en pleine vigueur : la Convention nationale l'avait abrogée, il est vrai, en déclarant l'argent marchandise; mais les funestes inconvéniens de cette déclaration furent bientôt sentis, et vingt-trois jours après elle fut rapportée. C'est donc bien mal à propos qu'on a dit qu'on pourrait conclure de l'article en discussion que la loi qui fixe l'intérêt à cinq pour cent existe encore : oui, elle existe, et on ne peut la révoquer qu'en en portant une autre qui donne un nouveau taux à l'intérêt.

Il suffit, au reste, de la triste expérience que nous en

avons faite, et de ce qui se passe chaque jour sous nos yeux, pour savoir s'il est bien utile de laisser le taux de l'intérêt à l'arbitraire des conventions, et de ne pas fixer au moins une mesure à ces conventions. A-t-on jamais vu en France l'intérêt porté à un taux aussi scandaleux que depuis que la Convention a lâché législativement cette déclaration imprudente, que l'argent était une marchandise ? Mais qui est-ce qui ignore que l'intérêt excessif de l'argent produit nécessairement l'avilissement des fonds de terre, la ruine du commerce, et un tel renchérissement des objets manufacturés, qu'il est impossible de soutenir la concurrence dans le marché des nations ?

On a dit que ce sont les circonstances qui font le taux de l'intérêt : c'est une erreur. L'opinant vient de parcourir des départemens ravagés par l'usure, et il a reconnu que le prix excessif de l'argent est bien moins l'ouvrage des circonstances que de la cupidité qui abuse du besoin.

M. Bérenger dit que, dans l'ancienne législation, tout prêt à intérêt était réputé usuraire.

Ce préjugé a été écarté. Cependant on l'a ménagé encore en établissant l'intérêt légal comme un correctif et un remède du prêt à intérêt, dans lequel on semblait voir encore un mal qu'il était bon de restreindre.

De là sont venues les idées que vient de rappeler M. *Maleville* : on a distingué entre l'intérêt juste et l'intérêt injuste.

Si l'on raisonne d'après la loi, il n'y aura sans doute d'intérêt juste que celui qu'elle détermine.

Cependant, dans les idées naturelles, un intérêt de sept pour cent peut n'être pas plus injuste qu'un intérêt de trois ; car il est de la nature de l'intérêt d'être variable comme le prix des loyers, comme toutes les choses sur lesquelles les circonstances peuvent influer.

Lorsqu'on a fixé l'intérêt à cinq pour cent, l'argent n'était employé qu'à l'exploitation des terres : ainsi les bénéfices qu'il pouvait donner se trouvaient plus circonscrits que dans

nos temps modernes, où une industrie plus active l'emploie
à beaucoup d'autres usages. Aujourd'hui, en empruntant à
sept pour cent, on peut obtenir des gains beaucoup plus
considérables que dans les temps plus reculés, où l'on avait
l'argent à cinq.

Il n'y a donc pas de règle d'une justice absolue pour la
fixation de l'intérêt. On ne peut pas plus le déterminer
qu'on ne peut fixer un *maximum* au prix des denrées et des
marchandises.

D'ailleurs la loi serait presque toujours éludée; car les
consciences timorées dont a parlé M. *Maleville* sont très-
rares. Chacun se dit que, pouvant tirer dix pour cent de
son argent, il donne la moitié de son bénéfice à l'emprunteur s'il prête à cinq. Cependant il est dangereux d'accou-
tumer les citoyens à se soustraire à la loi. Celle qui serait
portée sur l'intérêt de l'argent ne servirait qu'à le faire hausser, et à rendre les emprunts plus rares et plus difficiles.

L'intérêt de l'argent ne doit donc être fixé par la loi que
pour le cas où il ne l'a pas été par les parties.

M. Tronchet dit qu'on vient de reconnaître que l'intérêt
de l'argent doit être fixé par la loi, du moins pour un cas, et
que cependant la conséquence des raisonnemens qu'on a
faits serait qu'il est impossible de trouver une juste règle
pour le déterminer.

C'est ce qu'il faut éclaircir.

Il est vrai qu'autrefois, donnant un sens trop étendu à ce
texte de l'Évangile, *mutuum date, nihil inde sperantes*, et
convertissant en précepte ce qui n'était qu'un conseil, on ré-
prouvait comme usuraire toute espèce de prêt à intérêt. Mais
depuis, ce principe a été abandonné dans le droit civil, et
l'on a considéré l'intérêt comme une indemnité juste des bénéfices que le prêteur aurait pu tirer de son argent s'il s'en
était réservé l'usage.

Cependant quelle règle la loi pouvait-elle établir?

Elle a dû considérer que celui qui stipule des intérêts les

évalue d'après les bénéfices ordinaires que peuvent lui donner les moyens d'emploi qui existent. C'est par cette raison qu'autrefois la législation fixait à cinq pour cent l'intérêt de l'argent, parce que c'était le bénéfice ordinaire de tout emploi de fonds.

Mais les circonstances faisant varier l'espoir des bénéfices, la loi peut-elle prendre ces bénéfices pour base d'une règle générale sur la fixation de l'intérêt?

Tout ce qu'il faudrait conclure de là, c'est que la loi devant se régler sur les circonstances, qui changent et qui varient, elle ne peut être invariable.

La rédaction proposée par l'opinant est dans ces termes. Elle décide qu'il appartient à la loi de fixer l'intérêt légal, et qu'il lui appartient également de prohiber l'intérêt conventionnel, si les circonstances permettent une telle prohibition.

M. TREILHARD propose d'ajouter qu'on n'aura égard aux conventions d'intérêts que lorsqu'elles seront rédigées par écrit : autrement la stipulation sera réduite au taux de l'intérêt légal.

L'article 34 est supprimé, et remplacé par la rédaction de M. *Tronchet*, amendée par M. *Treilhard*.

Cette rédaction est ainsi conçue :

« L'intérêt est légal ou conventionnel. L'intérêt légal est « fixé par la loi. L'intérêt conventionnel peut excéder celui « de la loi toutes les fois que la loi ne le prohibe pas.

« Le taux de l'intérêt conventionnel doit être fixé par « écrit. »

Les articles 35, 36 et 37 sont adoptés. 1908 à 1910

L'article 38 est discuté. 1911

M. JOLLIVET propose d'ajouter à ces mots, *la rente consti-tuée*, ceux-ci, *en perpétuel*, afin de ne pas déroger à ce qui a été dit relativement aux rentes viagères.

L'article est adopté avec cet amendement.

Les articles 39 et 40 sont adoptés.

LE CONSUL ordonne que le titre qui vient d'être arrêté par le Conseil sera communiqué officieusement, par le secrétaire-général du Conseil d'État, à la section de législation du Tribunat, conformément à l'arrêté du 18 germinal an X.

COMMUNICATION OFFICIEUSE

A LA SECTION DE LÉGISLATION DU TRIBUNAT.

Le projet fut transmis au Tribunat le 9 pluviose an XII (30 janvier 1804), et l'examen en fut fait le 2 ventose (22 février) suivant.

OBSERVATIONS DE LA SECTION.

Un membre, au nom d'une commission, fait un rapport sur le titre XV du livre III du projet de Code civil, intitulé *du Prêt*. La discussion produit les résultats suivans :

1874 Art. 1er. L'examen de cet article a appelé un amendement qui paraît indispensable. Il est dit dans le cinquième paragraphe de l'article 1er, *la deuxième s'appelle simplement prêt*, en parlant du prêt des choses qui se consomment par l'usage qu'on en fait, énoncé dans le deuxième paragraphe.

Mais en considérant l'ensemble du projet, et notamment l'intitulé du chapitre II et de la section 1re de ce chapitre, on ne voit plus rappeler cette espèce de prêt sous cette dénomination de *simplement prêt*. Il est désigné sous le titre de *Prêt de consommation*. On sent qu'il faut un accord entre une première désignation et toutes celles qui suivent, afin qu'on sache que l'espèce est la même.

Ainsi, pour obtenir une définition plus analogue à toutes les dispositions du projet, et une rédaction qui présente plus

de précision et de clarté, la section propose de laisser subsister les quatre derniers paragraphes de l'article, et de rédiger le cinquième ainsi qu'il suit : *La deuxième s'appelle prêt
de consommation, ou simplement prêt.*

Art. 2. La section vote la suppression de cet article. Il est ap.1874
à propos qu'on ne s'occupe du caractère particulier de chaque
espèce de prêt qu'aux chapitres où chacune de ces espèces
est traitée.

Aussi, dans le chapitre Ier, après avoir défini le prêt à
usage, on dit : *Ce prêt est essentiellement gratuit.* De même,
au chapitre II, relatif au prêt de consommation ou simplement prêt, on annoncera la sous-division en prêt gratuit et
prêt à intérêt. On sent que cet ordre sera meilleur et plus
analogue à la série des idées.

Art. 3. Pour obtenir plus de précision et de régularité, la 1875
section propose la rédaction suivante :

« Le prêt à usage ou commodat est un contrat par lequel
« l'une des parties livre une chose à l'autre pour s'en servir,
« à la charge par le preneur de la rendre après s'en être
« servi. »

Le mot *contrat* est plus propre que celui de *convention*, qui
est trop générique. D'ailleurs, dans les principes généraux,
les conventions peuvent quelquefois ne pas produire de
contrat.

Ensuite ces mots, *dans ses besoins*, sont absolument inutiles.

Art. 7. Il est ensuite plus régulier de dire à la fin de cet 1879
article *de jouir de la chose prêtée*, au lieu de *de jouir du prêt
à usage.*

Art. 8. Il doit être imposé à l'emprunteur une autre obli- 1880
gation, qui est qu'il ne doit se servir de la chose qu'à l'usage
déterminé par sa nature ou par la convention, et d'ailleurs
toutes ces obligations doivent être sanctionnées par une peine.
En conséquence la section propose d'ajouter à cet article 8
ce qui suit :

« Il ne peut s'en servir qu'à l'usage déterminé par sa na-

« ture ou par la convention, le tout à peine de dommages et
« intérêts, s'il y a lieu. »

1884   Art. 12. Pour plus de régularité dans la rédaction, on
propose de dire à la fin de cet article *il n'est pas tenu de la
détérioration*, au lieu de *il n'en est pas tenu*.

1888   Art. 16. Dire *la chose prêtée* au lieu de *sa chose*.

1890-1891-
1898   Art. 18. Cet article est adopté. Mais la section propose
d'insérer immédiatement après, et comme devant former
l'article 19, la disposition littérale de l'article 25 du projet
de loi.

La raison en est que la disposition de cet article 25 s'applique tant au prêt à usage ou commodat qu'au prêt simplement dit ou prêt de consommation, et qu'en la laissant à
l'article 25 on pourrait croire qu'elle s'applique simplement
au prêt de la seconde espèce, sauf à substituer à l'article 25
une disposition qui rappelle que celle de l'article 19 sera commune aux deux sortes de prêt.

ch. 2.

CHAPITRE II.

Par les raisons déjà déduites sur l'article 1er, la section
propose d'intituler ce chapitre *du Prêt de consommation ou
simple prêt*, en laissant subsister l'intitulé de la première
section tel qu'il est dans le projet de loi.

1891   Art. 19. La section propose de dire : *Le prêt de consommation
est un contrat par lequel l'une des parties livre à l'autre*, etc.,
en laissant subsister le reste de l'article ; et de plus, par les
motifs développés sur l'article 2, la section est d'avis d'ajouter
à cet article 19 ce qui suit : *Ce prêt est ou gratuit ou à intérêt.*

On ne pouvait pas dire que le prêt de consommation fût
gratuit, puisque déjà il avait été dit aux articles 1 et 2 que
ce prêt se subdivisait en prêt *gratuit* et en prêt *à intérêt*, et
ce dernier prêt est l'unique objet du chapitre III. L'addition
proposée met donc tout le projet en accord. Elle était d'ailleurs d'autant plus nécessaire à l'endroit indiqué, que les
dispositions de la section Ire du chapitre II se rapportent

aux deux espèces de prêt de consommation ou gratuit, comme à celui à intérêt.

Art. 20. Dire : *Par l'effet de ce prêt, l'emprunteur*, etc. 1893

Art. 21. L'article sera bien plus brièvement rédigé, et il 1894 aura autant de clarté, en disant :

« On ne peut pas donner à titre de prêt de consommation « des choses qui, quoique de même espèce, diffèrent dans « l'individu, comme les animaux ; alors c'est un prêt à usage.»

Art. 25. Par les raisons expliquées à la suite de l'article 18, 1891-1898 la section propose de substituer à cet article la rédaction qui suit :

« Dans le prêt de consommation, le prêteur est tenu de la « même responsabilité établie par l'article 19 pour le prêt à « usage. »

Art. 29. Dire simplement : *L'emprunteur est tenu de ren-* 1902 *dre*, etc. En disant *le premier engagement*, ce serait en faire attendre d'autres.

Art. 30. Dire, à la fin du premier paragraphe, *d'après la* 1903 *convention*, au lieu de *par la convention*.

Art. 34. Dire à la fin, *doit être fixé par écrit*, au lieu de 1907 *doit être fait par écrit*.

Art. 38. Dire à la fin *au terme d'avance qu'elles auront dé-* 1911 *terminé*, puisqu'il s'agit d'exprimer une chose qui aura déjà dû être faite.

Art. 40. On propose d'ajouter après cet article un nouvel 1913-1914 article pour annoncer le motif pour lequel on ne parle pas dans ce titre des rentes viagères, après y avoir parlé des rentes constituées ; ce nouvel article peut être ainsi conçu :

(1914). « Les règles concernant les rentes viagères sont « établies au titre *des Contrats aléatoires*. »

RÉDACTION DÉFINITIVE DU CONSEIL D'ÉTAT.

(Procès-verbal de la séance du 10 ventose an XII. — 1ᵉʳ mars 1804.)

M. GALLI, d'après la conférence tenue avec le Tribunat, présente la rédaction définitive du titre XV du livre III du projet de Code civil, *du Prêt*.

LE CONSEIL l'adopte en ces termes :

DU PRÊT.

1874 Art. 1ᵉʳ. « Il y a deux sortes de prêt :

« Celui des choses dont on peut user sans les détruire,

« Et celui des choses qui se consomment par l'usage « qu'on en fait.

« La première espèce s'appelle *prêt à usage,* ou *commodat;*

« La deuxième s'appelle *prêt de consommation*, ou simple- « ment *prêt*. »

CHAPITRE Iᵉʳ.

Du Prêt à usage, ou Commodat.

SECTION Iʳᵉ. — *De la Nature du prêt à usage.*

1875 Art. 2. « Le prêt à usage ou commodat est un contrat par « lequel l'une des parties livre une chose à l'autre pour s'en « servir, à la charge par le preneur de la rendre après s'en « être servi. »

1876 Art. 3. « Ce prêt est essentiellement gratuit. »

1877 Art. 4. « Le prêteur demeure propriétaire de la chose « prêtée. »

1878 Art. 5. « Tout ce qui est dans le commerce et qui ne se « consomme pas par l'usage peut être l'objet de cette con- « vention. »

1879 Art. 6. « Les engagemens qui se forment par le commodat

« passent aux héritiers de celui qui prête et aux héritiers de
« celui qui emprunte.

« Mais, si l'on n'a prêté qu'en considération de l'em-
« prunteur, et à lui personnellement, alors ses héritiers ne
« peuvent continuer de jouir de la chose prêtée. »

SECTION II. — *Des Engagemens de l'emprunteur.*

Art. 7. « L'emprunteur est tenu de veiller en bon père de   1880
« famille à la garde et à la conservation de la chose prêtée.
« Il ne peut s'en servir qu'à l'usage déterminé par sa nature ,
« ou par la convention; le tout à peine de dommages-inté-
« rêts, s'il y a lieu. »

Art. 8. « Si l'emprunteur emploie la chose à un autre   1881
« usage, ou pour un temps plus long qu'il ne le devait, il
« sera tenu de la perte arrivée, même par cas fortuit. »

Art. 9. « Si la chose prêtée périt par cas fortuit dont l'em-   1882
« prunteur aurait pu la garantir en employant la sienne
« propre, ou si, ne pouvant conserver que l'une des deux ,
« il a préféré la sienne, il est tenu de la perte de l'autre. »

Art. 10. « Si la chose a été estimée en la prêtant, la perte   1883
« qui arrive, même par cas fortuit, est pour l'emprunteur ,
« s'il n'y a convention contraire. »

Art. 11. « Si la chose se détériore par le seul effet de l'u-   1884
« sage pour lequel elle a été empruntée, et sans aucune faute
« de la part de l'emprunteur, il n'est pas tenu de la dété-
« rioration. »

Art. 12. « L'emprunteur ne peut pas retenir la chose par   1885
« compensation de ce que le prêteur lui doit. »

Art. 13. « Si, pour user de la chose, l'emprunteur a fait   1886
« quelque dépense, il ne peut pas la répéter. »

Art. 14. « Si plusieurs ont conjointement emprunté la   1887
« même chose, ils en sont solidairement responsables envers
« le prêteur. »

SECTION III. — *Des Engagemens de celui qui prête à usage.*

1888   Art. 15. « Le prêteur ne peut retirer la chose prêtée qu'a-
« près le terme convenu, ou, à défaut de convention, qu'a-
« près qu'elle a servi à l'usage pour lequel elle a été em-
« pruntée. »

1889   Art. 16. « Néanmoins, si, pendant ce délai, ou avant que
« le besoin de l'emprunteur ait cessé, il survient au prêteur
« un besoin pressant et imprévu de sa chose, le juge peut,
« suivant les circonstances, obliger l'emprunteur à la lui
« rendre. »

1890   Art. 17. « Si, pendant la durée du prêt, l'emprunteur a
« été obligé, pour la conservation de la chose, à quelque
« dépense extraordinaire, nécessaire, et tellement urgente
« qu'il n'ait pas pu en prévenir le prêteur, celui-ci sera tenu
« de la lui rembourser. »

1891   Art. 18. « Lorsque la chose prêtée a des défauts tels
« qu'elle puisse causer du préjudice à celui qui s'en sert, le
« prêteur est responsable, s'il connaissait les défauts et n'en
« a pas averti l'emprunteur. »

CHAPITRE II.

Du Prêt de consommation ou simple Prêt.

SECTION Ire. — *De la Nature du prêt de consommation.*

1892   Art. 19. « Le prêt de consommation est un contrat par
« lequel l'une des parties livre à l'autre une certaine quan-
« tité de choses qui se consomment par l'usage, à la charge
« par cette dernière de lui en rendre autant de même espèce
« et qualité. »

1893   Art. 20. « Par l'effet de ce prêt, l'emprunteur devient le
« propriétaire de la chose prêtée; et c'est pour lui qu'elle
« périt, de quelque manière que cette perte arrive. »

1894   Art. 21. « On ne peut pas donner à titre de prêt de con-
« sommation des choses qui, quoique de même espèce, dif-

« fèrent dans l'individu, comme les animaux : alors c'est un
« prêt à usage. »

Art. 22. « L'obligation qui résulte d'un prêt en argent   1895
« n'est toujours que de la somme numérique énoncée au
« contrat.

« S'il y a eu augmentation ou diminution d'espèces avant
« l'époque du paiement, le débiteur doit rendre la somme
« numérique prêtée, et ne doit rendre que cette somme dans
« les espèces ayant cours au moment du paiement. »

Art. 23. « La règle portée en l'article précédent n'a pas   1896
« lieu si le prêt a été fait en lingots. »

Art. 24. « Si ce sont des lingots ou des denrées qui ont   1897
« été prêtés, quelle que soit l'augmentation ou la diminu-
« tion de leur prix, le débiteur doit toujours rendre la
« même quantité et qualité, et ne doit rendre que cela. »

SECTION II. — *Des Obligations du prêteur.*

Art. 25. « Dans le prêt de consommation, le prêteur est   1898
« tenu de la responsabilité établie par l'article 18 pour le prêt
« à usage. »

Art. 26. « Le prêteur ne peut pas redemander les choses   1899
« prêtées avant le terme convenu. »

Art. 27. « S'il n'a pas été fixé de terme pour la restitution,   1900
« le juge peut accorder à l'emprunteur un délai suivant les
« circonstances. »

Art. 28. « S'il a été seulement convenu que l'emprunteur   1901
« paierait quand il le pourrait ou quand il en aurait les
« moyens, le juge lui fixera un terme de paiement suivant
« les circonstances. »

SECTION III. — *Des Engagemens de l'emprunteur.*

Art. 29. « L'emprunteur est tenu de rendre les choses   1902
« prêtées en mêmes quantité et qualité, et au terme convenu. »

Art. 30. « S'il est dans l'impossibilité d'y satisfaire, il est   1903

« tenu d'en payer la valeur, eu égard au temps et au lieu où
« la chose devait être rendue d'après la convention.

« Si ce temps et ce lieu n'ont pas été réglés, le paiement
« se fait au prix du temps et du lieu où l'emprunt a été fait. »

1904   Art. 31. « Si l'emprunteur ne rend pas les choses prêtées
« ou leur valeur au terme convenu, il en doit l'intérêt du
« jour de la demande en justice. »

CHAPITRE III.

Du Prêt à intérêt.

1905   Art. 32. « Il est permis de stipuler des intérêts pour
« simple prêt, soit d'argent, soit de denrées, ou autres
« choses mobilières. »

1906   Art. 33. « L'emprunteur qui a payé des intérêts qui n'é-
« taient pas stipulés ne peut ni les répéter ni les imputer sur
« le capital. »

1907   Art. 34. « L'intérêt est légal ou conventionnel. L'intérêt
« légal est fixé par la loi. L'intérêt conventionnel peut ex-
« céder celui de la loi toutes les fois que la loi ne le pro-
« hibe pas.

« Le taux de l'intérêt conventionnel doit être fixé par
« écrit. »

1908   Art. 35. « La quittance du capital donnée sans réserve des
« intérêts en fait présumer le paiement et en opère la libé-
« ration. »

1909   Art. 36. « On peut stipuler un intérêt moyennant un ca-
« pital que le prêteur s'interdit d'exiger.

« Dans ce cas le prêt prend le nom de *constitution de*
« *rente*. »

1910   Art. 37. « Cette rente peut être constituée de deux ma-
« nières, en perpétuel ou en viager. »

1911   Art. 38. « La rente constituée en perpétuel est essentiel-
« lement rachetable.

« Les parties peuvent seulement convenir que le rachat ne

« sera pas fait avant un délai qui ne pourra excéder dix
« ans, ou sans avoir averti le créancier au terme d'avance
« qu'elles auront déterminé. »

Art. 39. « Le débiteur d'une rente constituée en perpétuel 1912
« peut être contraint au rachat,

« 1°. S'il cesse de remplir ses obligations pendant deux
« années ;

« 2°. S'il manque à fournir au prêteur les sûretés promises
« par le contrat. »

Art. 40. « Le capital de la rente constituée en perpétuel 1913
« devient aussi exigible en cas de faillite ou de déconfiture
« du débiteur. »

Art. 41. « Les règles concernant les rentes viagères sont 1914
« établies au titre *des Contrats aléatoires.* »

M. Galli fut nommé, avec MM. Réal et Najac, pour
présenter au Corps législatif, dans sa séance du 11 ventose an XII (2 mars 1804), le titre XV du livre III du
projet de Code civil, intitulé *du Prêt*, et pour en soutenir
la discussion dans celle du 18 du même mois de ventose
(9 mars).

PRÉSENTATION AU CORPS LÉGISLATIF,

ET EXPOSÉ DES MOTIFS, PAR M. GALLI.

Citoyens législateurs, l'on vous a présenté, ces jours passés, les titres XI, XII et XIII du livre III du projet de Code
civil, qui sont ceux *de la Vente*, *de l'Échange* et *du Louage.*

On ne peut pas toujours acheter, échanger ou louer pour
avoir certaines choses dont nous manquons et dont nous
avons besoin. Ce fut donc une suite de notre liaison, de notre

humanité, de nous en accommoder l'un l'autre, et de nous aider mutuellement par divers moyens, notamment par celui du *Prêt à usage* (a).

Le projet de loi qui vous est soumis aujourd'hui est donc celui *du Prêt*. Son titre , qui est le quinzième du livre III , est divisé en trois chapitres. Le premier est *du Prêt à usage ou Commodat ;* le second est *du Prêt de consommation ou simple prêt ;* le troisième est *du Prêt à intérêt.*

1875 1876   L'article 2 nous donne la définition du prêt à usage ou commodat. Il nous dit que « c'est un contrat par lequel l'une « des parties livre une chose à l'autre pour s'en servir, à la « charge par le preneur de la rendre après s'en être servi. »

Le prêt à usage n'est pas un contrat commutatif ; il est en- tièrement lucratif vis-à-vis de l'emprunteur (b).

Aussi les jurisconsultes mettent le prêt à usage parmi les contrats de bienfaisance , étant de son essence d'être gra- tuit (c).

Notez bien ces dernières paroles , *à la charge de la rendre après s'en être servi,* puisque autrement ce serait, non pas un prêt à usage , non pas un commodat, mais *un précaire.*

Precarium est , quod precibus petenti utendum conceditur tamdiu quamdiu is qui concessit patitur (d).

L'article 3 nous observe que « ce prêt est essentiellement « gratuit. » Oui , car s'il y avait un prix , ce serait un louage, § 2, Inst. : *Quib. mod. re contrahitur oblig.* Ibi : *Commodat res tunc proprie intelligitur , si nulla mercede accepta vel con- stituta (res) utenda data est…. Gratuitum enim debet esse commodatum.*

1865   L'article 12 porte que « l'emprunteur ne peut pas retenir « la chose par compensation de ce que le prêteur lui doit. »

(a) Domat, *Lois civiles* , liv. 1, tit. 5, *du Prêt à usage*, page 55 , colonne 1 et 2, édition de Paris , 1781.

(b) Pothier, tome II, *du Prêt à usage*, page 701, édition d'Orléans, 1781.

(c) *Idem* , pages 669 et 671.

Puffendorff, l. 5 , chap. 4, § 6, *du Droit de la nature et des gens.*

(d) L. 1 , ff. de Prec. L. 2 , § ult. Cod.

pretextu debiti restitutio commodati non probabiliter recusatur.
L. ult. Cod. *Commodati.*

L'article 15 s'exprime ainsi : « Le prêteur ne peut retirer 1888
« sa chose qu'après le terme convenu, ou, à défaut de con-
« vention, qu'après qu'elle a servi à l'usage pour lequel elle
« a été empruntée. »

Très-bien, c'est la doctrine du texte dans la loi 17,
§ 3, ff. *Commodati,* où cette opinion est confirmée par
l'exemple du mandat. *Ibi : Voluntatis est suscipere mandatum,
necessitatis consumare.* C'est une suite du principe général :
*Quæ sunt ab initio nudæ voluntatis, sæpius fiunt postea neces-
sitatis* (a).

Néanmoins (dit l'article 16) « si pendant ce délai, ou avant 1889
« que le besoin de l'emprunteur ait cessé, il survient au prê-
« teur un besoin pressant et imprévu de sa chose, le juge
« peut, suivant les circonstances, obliger l'emprunteur à la
« lui rendre. »

C'est ici une disposition pleine d'équité. Elle présume, s'il
survient au prêteur un besoin pressant et imprévu, la condition tacite de pouvoir résoudre le *commodat,* et demander
que la chose lui soit rendue quoique avant l'expiration du
temps pour lequel il l'a prêtée, ou avant que le besoin de
l'emprunteur ait cessé.

Observez en outre que cette faculté n'est pas absolue en
faveur du prêteur ; elle dépend du juge, par qui elle peut
être ou non accordée, suivant les circonstances qu'il doit
peser.

On n'ignore pas l'aphorisme de Bacon : *Optima est lex
quæ minimum relinquit arbitrio judicis : optimus judex qui minimum sibi* (b).

Mais cela n'empêche aucunement de laisser cette affaire à
la discrétion du juge, c'est-à-dire rien n'empêche de donner
au juge quelque degré de latitude, au moyen duquel il puisse

(a) L. 17, § 3, ff. *Commodati.*

(b) *De dignitate et augmentis scientiarum,* aphorisme 46.

délibérer dans sa sagesse s'il doit ou non obliger l'emprunteur à rendre la chose avant le terme convenu ; ou avant que
le besoin de l'emprunteur ait cessé.

1892   Dans l'article 19 on passe à parler particulièrement du prêt
de consommation ; car on ne peut prêter à usage les choses
qui se consomment par l'usage, comme du blé, du vin, de
l'huile et autres denrées : *Non potest commodari id quod usu
consumitur* (a).

1899   A l'article 26 il est dit que « le prêteur ne peut pas rede-
« mander les choses prêtées avant le terme convenu. »

7900   « S'il n'a pas été (dit l'article 27) fixé de terme pour la
« restitution, le juge peut accorder à l'emprunteur un délai
« suivant les circonstances. »

1901   Et, à l'article 28, il est ajouté que, « s'il a été seulement
« convenu que l'emprunteur paierait quand il pourrait, ou
« quand il en aurait les moyens, le juge lui fixera un terme
« de paiement suivant les circonstances. »

Voilà d'autres latitudes bien sagement confiées à la prudence du juge, ainsi que je l'ai déjà observé ci-dessus à l'é-
gard de l'article 16.

ch. 3, 1905   Quant au prêt à intérêt, qui forme l'objet des articles 32 et
suivans, « il est permis, article 32, de stipuler des intérêts
« pour simple prêt, soit d'argent, soit de denrées, ou autres
« choses mobilières. »

Puffendorff dit (b) qu'il était défendu de prêter à usure,
de Juif à Juif, pour deux raisons politiques, l'une tirée du
naturel de ce peuple, l'autre de la constitution du gouvernement.

Mais qu'il leur était permis de mettre en usage toute leur
adresse dans le commerce à l'égard des étrangers..... D'ailleurs, en ce temps-là, tous les revenus des Israélites se tiraient du bétail, de l'agriculture, ou du travail des artisans.
Le commerce y était aussi fort simple et fort petit, les secrets

(a) L. 5, § ult. ff. *Commod.* Domat, page 45, art. 4, et page 56, art. 6.
(b) Tome II, liv. 5, chap. 8, *du Droit de la nature et des gens.*

du négoce et l'usage de la navigation ne leur étant pas encore connus, comme ils l'étaient de la plupart des nations voisines.

Dans un pays où les choses sont sur ce pied-là, tous ceux qui empruntent ne le font que parce que la nécessité et l'indigence les y réduisent.

Le même auteur ajoute que c'est en vain qu'on objecte que la monnaie étant de sa nature une chose stérile qui ne sert de rien aux besoins de la vie, on ne doit rien exiger pour l'usage d'un argent prêté. Car, dit-il, quoique une pièce de monnaie n'en produise pas par elle-même physiquement une autre semblable, néanmoins, depuis que l'on a attaché à la monnaie *un prix éminent*, l'industrie humaine rend l'argent très-fécond, puisqu'il sert à acquérir bien des choses qui produisent, ou *des fruits naturels*, ou *des fruits civils* (a) ; et c'est au rang de ces derniers qu'il met les intérêts qu'un débiteur paie à son créancier.

Par suite de ce sentiment, un auteur célèbre d'une fameuse contrée d'Italie (b) nous observe que l'intérêt ne l'exige pas comme un fruit de l'argent, mais bien comme le prix de la commodité et de l'avantage qui en résulte à celui qui prend l'argent à prêt.

Effectivement l'on a considéré l'intérêt comme une indemnité juste des bénéfices que le prêteur aurait pu tirer de son argent s'il s'en était réservé l'usage (c).

Le même auteur italien, *Antoine Genovesi*, voudrait cependant que le taux de l'intérêt fût modique, parce que cette

---

(a) Voyez Pothier, tome II, pages 765, 766, 768 et 769, §§ 118, 119, 124 et 126, où il est fait mention des intérêts, *ratione* AUT *damni emergentis*, AUT *lucri cessantis*, AUT *periculi sortis a mutuante suscepti*.

En Piémont, il s'est introduit depuis long-temps la présomption du DAMNUM EMERGENS et du LUCRUM CESSANS, *ne litee ex litibus fiant ut contingeret si lucri cessantis, vel damni emergentis specifica et præcisa exigeretur probatio*. C'est le ci-devant Sénat de Piémont qui parle dans sa décision du 10 décembre 1744, *referente honorato*.

(b) Antoine Genovesi, de Naples, *Lezioni di commercio*, tome II, page 184, édition de Bassano, 1769.

(c) Procès-verbal, séance du Conseil d'État, du 7 pluviose an 12, *du Prêt*.

modicité invite et engage plusieurs personnes à emprunter
de l'argent pour le verser ensuite dans des ouvrages d'industrie, dans la culture des champs, dans celle des animaux,
dans des manufactures, dans le commerce (a).

1907   Nous voici maintenant à un article bien sage, qui est le
trente-quatrième. *Ibi :* « L'intérêt est légal ou conventionnel :
« l'intérêt légal est fixé par la loi ; l'intérêt conventionnel
« peut excéder celui de la loi toutes les fois que la loi ne le
« prohibe pas. »

Oui, il appartient à la loi de fixer l'intérêt légal, et il lui
appartient également de prohiber l'intérêt conventionnel si
les circonstances permettent une telle prohibition.

A l'égard de l'intérêt conventionnel, on doit considérer
que celui qui stipule des intérêts les évalue d'après les bénéfices ordinaires que peuvent lui donner les moyens d'emploi
qui existent (b).

Mais les circonstances faisant varier l'espoir de ces bénéfices, la loi ne peut les prendre pour base d'une règle générale sur la fixation de l'intérêt ;

Et c'est de là qu'il faut conclure que la loi devant se régler
sur les circonstances qui changent et qui varient, elle ne peut
être invariable (c).

Locke, dans ses *Lettres sur la monnaie*, croyait que le taux
de l'intérêt ne devait jamais être déterminé par des lois particulières, mais devait être abandonné à l'estimation, au vœu
et à la volonté publique (d).

Quoi qu'il en soit de son opinion, la disposition de notre
Code n'est pas moins bonne et moins juste : c'est ce qu'ont
fait d'autres nations ; c'est ce qui fut fait en Piémont par le
manifeste du ci-devant Sénat, du 24 avril 1767.

(a) Genovesi, page 184.

(b) C'est par cette raison qu'autrefois la législation fixait à cinq pour cent l'intérêt de l'argent, parce que c'était le bénéfice ordinaire de tout emploi des fonds (*).

(c) Voyez le procès-verbal.

(d) Voyez aussi Genovesi, tome II, page 169.

(*) Procès-verbal.

D'ailleurs, elle est ici, quant à cet illustre philosophe, très à propos, l'observation de Tite-Live (a), *nulla lex satis commoda omnibus est ; id modo quæritur si majori parti et in summum prodest.*

L'article 40 porte « que le capital de la rente constituée « devient aussi exigible en cas de faillite ou de déconfiture « du débiteur. »

C'est là une disposition très-juste, et d'après les principes reçus en France et partout ailleurs.

Et quant à l'article 41, qui est le dernier du titre, il y est dit que « les règles concernant les rentes viagères sont établies au titre *des Contrats aléatoires.* »

La compilation du Code civil touche à sa fin, le temps de sa publication s'approche : c'est aux soins du gouvernement que la France en sera redevable ; c'est à la sollicitude paternelle du premier magistrat que nous devrons ce bénéfice ; c'est lui qui, autant par son activité que par ses mûres réflexions, l'a porté à ce point de bonté et de sagesse où il est parvenu ; c'est son zèle qui lui a fait accélérer un ouvrage qui fera toujours de plus en plus la félicité du peuple et la gloire du gouvernement (b).

C'est dans le fond de son cœur que sont gravées les paroles de Cicéron (c) : *Justitia : hæc una virtus, omnium domina et regina virtutum.* Enfin ce n'est qu'une comète celui qui est à la fois Lycurgue et Scipion.

Que nous reste-t-il donc à faire pour lui témoigner l'hommage de notre reconnaissance? Si j'étais le poëte vénitien, Horace, je lui ferais une ode, comme il la fit à Auguste (d).

(a) Lib. 34, cap. 3.

(b) Dont le premier Consul est le pivot et le centre ; les deux autres en sont le principal appui ; l'un grand jurisconsulte, l'autre grand littérateur ; tous deux bons et humains , tous deux intègres.

(c) Liv. 3, *de Officiis.*

(d) *Carminum*, liv. 1, ode 35.

Juste ciel! *veillez à la conservation de César, qui va contre les Bretons aux extrémités de la terre* (a).

Serves iturum Cæsarem in ultimos
Orbis Britannos (b).

COMMUNICATION OFFICIELLE AU TRIBUNAT.

Le Corps législatif transmit le projet avec l'exposé des motifs au Tribunat le 12 ventose an XII (3 mars 1804), et M. Boutteville en fit le rapport à l'assemblée générale, dans sa séance du 16 ventose (7 mars).

RAPPORT FAIT PAR LE TRIBUN BOUTTEVILLE.

Tribuns, le projet de loi dont nous sommes chargés par la section de législation de vous rendre compte a pour objet le prêt en général, ses différentes espèces et les engagemens qui en résultent.

Dans l'ordre des idées, des contrats et des titres du Code civil, la loi sur le prêt devait suivre celles plus étendues et plus importantes sur la *vente* et le *louage.*

1874   Deux idées s'attachent naturellement au prêt : l'une, que celui qui consent à aider de sa chose un concitoyen, un ami, exerce envers lui un acte de générosité, d'amitié ou de bienfaisance ; l'autre, qu'il ne se dessaisit que pour un temps, et ne se dépouille pas de sa propriété.

S'il fallait rigoureusement s'en tenir à ces deux idées, et

(a) M. Dacier, tome I, page 415, édition de Paris, 1709.

(b) Ode 35 précitée. Auguste voulant porter ses armes en Angleterre, et s'étant mis en marche, reçut à Rimini des ambassadeurs que les Anglais lui envoyaient pour lui demander la paix (*). Le voyage serait bien plus court pour venir à Paris.

(*) Dacier, tome I, page 416.

si la gratuité, le désintéressement absolu du prêteur, et de sa part la conservation de sa propriété, étaient deux élémens inséparables du prêt, appartenaient à son essence, le prêt se trouverait renfermé dans un cercle fort étroit.

Le propriétaire d'un vêtement, d'un meuble, d'un animal propre au service domestique, peut s'en priver momentanément et en conserver la propriété; il peut aussi en céder l'usage ou la jouissance pour un temps et pour un prix : ce serait alors non un prêt, mais un louage.

Il est au contraire impossible de faire un plein et entier usage des denrées, des marchandises et de l'argent, sans avoir aussi le droit de les consommer, ou au moins de s'en dépouiller irrévocablement, sans en être réellement propriétaire.

Celui qui possède des denrées, des marchandises ou de l'argent n'aurait donc relativement aux denrées que la seule faculté de les donner ou de les vendre, et relativement à l'argent que celle d'en disposer en pur don, si, à l'idée du louage, toujours fortement et justement repoussée, il n'en pouvait être substitué aucune autre, et s'il n'était pas permis de les prêter gratuitement ou à intérêt.

Il suit donc de la nature des choses, d'abord que celles dont on peut user sans les consommer ni les détruire, et dont le propriétaire peut céder gratuitement l'usage et conserver la propriété, sont les seules qui puissent être l'objet du prêt à usage ou commodat : que celles au contraire dont on ne peut user sans les consommer, et dont il faut nécessairement céder à la fois et l'usage et la propriété, ne peuvent être l'objet que du prêt de consommation;

Qu'il y a nécessairement deux sortes de prêts de consommation, l'un fait à titre purement gratuit, l'autre à intérêt.

Le projet devait donc traiter et traite en effet dans un premier chapitre du prêt à usage ou commodat;

Dans un second, du prêt de consommation ou simplement prêt;

Dans un troisième, du prêt à intérêt.

Dans les trois chapitres est développée la nature particulière de ces trois sortes de prêts ; et déjà vous le remarquez sans doute, le prêt à usage et le prêt de consommation diffèrent entre eux en raison de la différente nature des choses qui en sont l'objet ; tandis que la différence entre le prêt de consommation ou simple prêt et le prêt à intérêt résulte de la volonté des parties et des conditions que le prêteur fait à l'emprunteur.

1875 à 1879   Le prêt à usage, dit l'article 2 du projet, est un contrat par lequel l'une des parties livre une chose à l'autre pour s'en servir, à la charge par le prêteur de la rendre après s'en être servi.

D'après cette définition et les développemens qu'y donnent les cinq dispositions suivantes, ce qui caractérise particulièrement le prêt à usage ou commodat, c'est que toutes les choses qui sont dans le commerce, et dont on peut user sans les consommer ou les détruire, en sont nécessairement les véritables et seuls objets ; que la chose prêtée n'est confiée à l'emprunteur que pour en faire usage et la rendre après s'en être servi ; que le prêteur conserve la propriété de sa chose ; que dans ce contrat, comme dans tous autres, le prêteur et l'emprunteur stipulent pour eux et pour leurs héritiers, à moins qu'il n'apparaisse que le prêt n'a eu lieu qu'en considération et en faveur de l'emprunteur personnellement, et qu'enfin ce prêt est essentiellement gratuit.

1880   De ces différens caractères du prêt à usage, mais surtout de sa gratuité et du désintéressement absolu du prêteur, il suit :

Que l'emprunteur doit veiller, en bon père de famille, à la conservation de la chose prêtée ;

1881   Qu'il n'en doit user que le temps convenu suivant la destination naturelle de la chose ou l'intention connue du prêteur ;

1882   Que, quand il peut également garantir ou sauver d'un péril sa propre chose ou celle qui lui est prêtée, il doit à l'homme généreux qui l'oblige de ne pas sacrifier la chose du prêteur pour garantir ou sauver la sienne ;

Qu'enfin, si le prêteur a voulu que sa chose fût estimée, 1883 il doit être présumé qu'il a pris cette précaution pour s'assurer de la restitution de la chose ou de son prix.

Quelques jurisconsultes respectables ont, sur ce dernier point, professé une doctrine contraire. A coup sûr ils auraient embrassé l'opinion consacrée par le projet, si, au lieu de s'opiniâtrer à vouloir expliquer le texte obscur et embarrassant d'une loi romaine, ils s'étaient bornés à consulter les lumières de la raison.

Au surplus, c'est toujours un bien que de fixer un point controversé; et, sur une question au moins difficile, il est aussi naturel que juste de décider en faveur du prêteur.

Des autres dispositions relatives aux obligations de l'em- 1887 prunteur, la seule à remarquer est celle qui très-justement soumet plusieurs personnes qui empruntent conjointement une chose à l'obligation solidaire d'en répondre et de la rendre.

Quant aux obligations du prêteur, on sent qu'elles ne peu- chap. 1, vent être que d'équité, et qu'elles sont les suites et le com- section 3. plément nécessaire du service qu'il a voulu rendre.

Il ne doit donc pas inopportunément réclamer sa chose 1888 avant le terme convenu, ou, à défaut de convention, avant que l'usage qu'il en a permis ait pu en être fait.

Si, avant ce temps, il en a lui-même un besoin pressant 1889 et imprévu, et que l'emprunteur prétexte un besoin semblable, et la refuse, le prêteur doit recourir au juge, qui décidera, d'après les circonstances, lequel des deux besoins doit le céder à l'autre.

Si l'emprunteur est obligé de faire, pour la conservation 1890 de la chose, une dépense extraordinaire, et tellement urgente qu'il n'ait pu en prévenir le prêteur, ce dernier ne doit pas moins la lui rembourser. Son refus s'allierait mal avec le sentiment généreux qui a dû seul le déterminer à prêter.

1891   Nous disons le sentiment généreux : car quel nom donner à l'homme qui prêterait une chose qu'il saurait ne pouvoir être employée sans compromettre la vie, la santé ou la fortune de celui qui en ferait usage ? La réparation du mal pourrait n'être pas toujours une punition suffisante de l'odieuse perfidie qui ose prendre le masque de la bienfaisance.

1892-1893   Des caractères du prêt de consommation, que nous avons déjà suffisamment fait connaître, et dont pour cette raison nous ne reprenons pas la définition, il suit encore que les choses prêtées y devenant la propriété de l'emprunteur, les risques en sont aussi nécessairement à sa charge, et que les pertes et profits sont à son compte, si les choses viennent à périr, augmenter ou décroître.

1895   S'il s'agit d'un prêt d'argent, les pièces fournies ne sont donc pas identiquement celles prêtées et celles à rendre, mais pareille somme que celle énoncée au contrat, en espèces ayant cours au jour convenu pour la restitution, quelques variations que les espèces aient éprouvées entre l'époque du prêt et celle du paiement.

1896-1897   Si le prêt consiste en denrées ou marchandises, ou même en métaux encore en nature, en lingots, la restitution à faire, quelque différence qui ait pu survenir dans leur prix, est celle d'une quantité de denrées ou de marchandises, de lingots, de même espèce et de même qualité.

Si les parties sont convenues du lieu et du temps où cette restitution doit être faite, l'emprunteur en paie la valeur au prix du temps et du lieu fixés par la convention ; s'il n'y a pas de temps et de lieu convenus, au prix du temps et du lieu où l'emprunt a été fait.

1899 à 1901   Dans tout ce que les deux espèces de prêt ont au surplus de semblable, les obligations du prêteur et de l'emprunteur sont les mêmes et réglées de la même manière. La loi s'en réfère encore à la sagesse des juges sur le moment de la restitution, si les parties ont négligé de le fixer, ou s'il y a dureté dans la poursuite du prêteur, mauvaise volonté ou injustice dans le refus de l'emprunteur.

Si nous avons, tribuns, développé avec quelque soin et quelques détails les différens caractères qui distinguent les trois sortes de prêt, notre objet, nous l'avouerons, a été surtout de faire pressentir à l'avance les motifs qui ont présidé à la rédaction des dispositions du projet sur le prêt à intérêt.

Aucune réclamation, aucune voix ne s'élèvent contre les 1905-1907 dispositions du 32ᵉ article, portant :

« Il est permis de stipuler des intérêts pour simple prêt, « soit d'argent, soit de denrées ou autres marchandises. »

Mais l'article 34 ajoute : « L'intérêt est légal ou conven- « tionnel : l'intérêt légal est fixé par la loi; l'intérêt conven- « tionnel peut excéder celui de la loi toutes les fois que la loi « ne le prohibe pas. »

Quelques personnes, législateurs (et pourquoi le dissimu- lerions-nous, puisque le plus pur amour du bien public, des sentimens dignes de tous nos respects ont causé leurs alarmes?), n'ont pu s'en défendre à la lecture de cette dis- position.

Si la loi, ont-elles dit, déclare solennellement aux prê- teurs qu'ils peuvent porter aussi haut qu'ils le voudront l'in- térêt des capitaux qui leur seront demandés, qui les empê- chera d'abuser des embarras, des besoins, de l'infortune de l'emprunteur, et de stipuler un intérêt de 30, de 50 et de 100 pour 100, lorsque la position de ce dernier le réduira à la cruelle nécessité d'y souscrire?

Et si des conventions aussi scandaleuses, d'aussi énormes, d'aussi effrayantes usures ne craignent pas de se produire devant les tribunaux, les juges ne seront-ils pas forcés par la loi même, ne liront-ils pas dans ses dispositions le devoir de maintenir et de faire exécuter ces coupables stipulations? Eh! quels débordemens ne seront pas ceux de l'usure! quelles plaies ne portera-t-elle pas et à la morale et à la fortune publiques, du moment qu'elle se sentira autorisée par de tels exemples, par la loi même?

Ah! que nous honorons, que nous respectons la source de ces inquiétudes, de ces alarmes, et qu'elles tarderaient peu à nous être communes, si, pour les concevoir, il suffisait de partager les sentimens qui les font naître!

Mais que les hommes estimables qui les expriment, et que nous n'en honorons que davantage, daignent donc aussi peser les motifs qui nous rassurent, et qui ont vaincu avant nous un gouvernement dont l'amour du bien et de la morale publics suffirait d'ailleurs pour nous rassurer encore davantage.

Qu'eux-mêmes au moins nous disent si, avec les hommes les plus justes, les plus amis de la morale, ils ont refusé leur assentiment à la loi de l'Assemblée constituante, qui a déclaré erronée la doctrine qui regardait l'aliénation du capital comme la condition à défaut de laquelle toute stipulation d'intérêts était usuraire, et qui l'a permise dans les obligations exigibles et payables à terme déterminé.

Mais les hommes effrayés par l'article 34 ne le sont pas par l'article 32, qui permet la stipulation d'intérêt pour tout prêt d'argent, de denrées ou marchandises.

Nous espérons leur démontrer que la dernière des deux dispositions est d'une profonde sagesse, et qu'elle n'est que la conséquence de la première.

Mais, avant d'aller plus loin, qu'on veuille bien ne pas négliger d'observer la sage précaution prise par le même article 34.

Le taux de l'intérêt conventionnel, dit l'article, doit être fixé par écrit.

Ah! les vampires qui abusent de la misère, de l'infortune, ce n'est pas au grand jour qu'ils destinent les honteuses stipulations par lesquelles ils préparent la ruine de leurs victimes; ce n'est pas à la face des tribunaux qu'ils réclament le paiement des scandaleuses, des effrayantes usures qu'ils ne rougissent pas de se permettre : c'est dans l'ombre et loin des yeux du public qu'ils consomment leurs iniquités et s'en assurent les fruits.

Oui, législateurs, indépendamment des puissans motifs qui justifient, qui réclament la disposition, cette seule précaution de la loi serait une garantie suffisante pour la morale publique contre les débordemens, les ravages de l'usure qu'on appréhende.

Nous disons les motifs qui réclament cette disposition : nous sommes loin de nous promettre, ni même d'entreprendre de donner à cette vérité et le développement et la démonstration dont nous la croyons susceptible.

Mais que la proclamation de quelques vérités aujourd'hui bien connues et en quelque sorte élémentaires nous suffise.

Sans doute l'élévation du taux de l'intérêt est un mal, un grand mal. Le taux peu élevé ou très-bas de l'intérêt est en quelque sorte le vrai garant de la prospérité publique.

Mais qu'on nous permette ces observations.

Un gouvernement aussi sage que le nôtre ignore-t-il les grands et importans ressorts à employer pour atteindre un but aussi désirable? Serait-ce par des lois prohibitives qu'il s'en approcherait?

Mais, en supposant que la sagesse de l'administration ne soit pas le vrai, le seul ressort auquel il faille recourir, et qu'il soit possible de concourir utilement au même but par une loi qui fixerait un taux au-delà duquel la stipulation de l'intérêt serait défendue, n'est-il pas très-constant que cette fixation dépend de la situation actuelle d'un État; que la fixation ne pouvant être que relative à l'époque où elle serait faite, une loi de cette nature est comme toutes celles qui appartiennent à la science de l'administration et au génie de l'administrateur; que le seul soin du Code civil, dans lequel une telle loi ne peut trouver sa place, est de poser le principe; que c'est à l'œil de l'administrateur à suivre de moment en moment l'état du corps politique dont le bonheur

lui est confié, à juger de l'influence possible du remède et
du moment où il peut être utilement et sagement employé.

Jusque là reposons-nous avec confiance dans le sein du
gouvernement, dont la sagesse sur ce point, comme sur tant
d'autres, est notre véritable et meilleure garantie.

Et jusque là l'intérêt légal continuera d'être celui qui résultera des condamnations judiciaires, et qui restera le
même, à 5 pour 100, tant qu'il n'existera point de loi qui
l'ait expressément changé.

1912   De toutes les dispositions du projet qui rappellent et déterminent, conformément à la législation existante, la nature
de la rente perpétuelle, de celle de la rente viagère (en ren-
voyant celle-ci aux contrats aléatoires), la seule à observer
comme disposition nouvelle est celle qui autorise le créancier
à exiger le remboursement de son capital, si le débiteur
cesse de remplir ses obligations deux années, ou s'il manque
de fournir au prêteur les sûretés qu'il lui a promises par le
contrat.

Votre commission, qui n'a rien vu que de sage dans cette
innovation et dans toutes les autres dispositions du projet,
m'a chargé de vous en proposer l'adoption.

Le Tribunat vota l'adoption dans sa séance du lendemain 17 ventose an XII (8 mars 1804), et il fit porter
son vœu au Corps législatif par MM. Boutteville, Albisson
et Portiez.

Le discours fut prononcé le 18 ventose (9 mars) par
M. Albisson.

DISCUSSION DEVANT LE CORPS LÉGISLATIF.

DISCOURS PRONONCÉ PAR LE TRIBUN ALBISSON.

Législateurs, le Tribunat a voté l'adoption du projet de loi relatif au *Prêt*, que vous lui avez transmis le 11 de ce mois; nous venons en son nom vous exposer ses motifs.

Ce projet, qui formera le titre X du livre III du Code civil, porte, ainsi que tous ceux que vous avez déjà sanctionnés par vos suffrages, l'empreinte de la sagesse et de la prévoyance du gouvernement; il respire le même respect pour la propriété et pour les convenances sociales.

Si chacun avait tout ce qu'il pourrait désirer pour la conservation, la commodité, l'agrément de son existence, il n'y aurait point de société entre les hommes. La société ne s'est formée et ne subsiste que par la réciprocité des besoins et l'échange continuel des services. L'inégalité, jointe à l'insuffisance des moyens individuels, en est le ressort le plus actif; et la bienveillance, la commisération, la bienfaisance, la fidélité, dont la Providence qui gouverne le monde a déposé les germes précieux au fond de nos cœurs, en sont le plus ferme soutien et le plus glorieux ornement.

Parmi les différentes manières dont les hommes peuvent s'entr'aider et subvenir à leurs besoins réciproques, le prêt doit attirer singulièrement l'attention du législateur, comme un des plus propres à faciliter entre eux la communication bénévole de ce qu'ils possèdent respectivement, et dont il importe par conséquent de prévenir les abus que la cupidité, la mauvaise foi, la négligence ou l'insouciance pourraient en faire : et tel est, législateurs, le but du projet soumis à votre délibération.

Généralement parlant, prêter une chose, c'est se priver momentanément de la possession de cette chose pour en transmettre l'usage à autrui.

XIV. 30

Mais on peut prêter des choses dont celui à qui on les prête pourra user sans les détruire, et d'autres dont il n'usera qu'en les consommant.

De là une première distinction entre le *prêt à usage* et le *prêt de consommation* ; celui-là obligeant à rendre *la chose même qui a été prêtée*, celui-ci ne pouvant obliger à rendre que *des choses de mêmes nature et qualité que celles qui ont été prêtées* : d'où une différence essentielle entre l'un et l'autre, en ce que le *prêt à usage* obligeant à rendre la chose prêtée telle qu'elle a été reçue, n'en transfère pas la propriété à l'emprunteur, au lieu que le *prêt de consommation* lui transfère nécessairement cette propriété, puisqu'il ne peut user de la chose prêtée qu'en la consommant.

On peut encore prêter gratuitement et sans aucun retour de la part de l'emprunteur, et prêter à charge de retour.

De là une seconde distinction entre le *prêt gratuit* et le *prêt à intérêt* ; distinction que n'admet pas le *prêt à usage*, qui est essentiellement gratuit, et que la stipulation d'un retour quelconque dénaturerait entièrement en le transformant en contrat de louage.

Il n'en est pas de même du *prêt de consommation*, qui peut être gratuit ou intéressé sans changer de nature, la stipulation d'un retour n'en étant qu'un accessoire accidentel.

Ainsi, division générale du prêt en *prêt à usage* et *prêt de consommation* ; et sous-division de celui-ci en *prêt gratuit* et *prêt à intérêt*. C'est sur ce double pivot que roule en entier le projet de loi sur lequel, législateurs, vous avez à prononcer.

Je vais parcourir par ordre les trois chapitres qui le composent ; et, après les notions générales que je viens de vous présenter, j'espère pouvoir le faire assez rapidement pour ne pas abuser de vos momens, si précieux à la chose publique, sans néanmoins rien négliger de ce que je dois à la mission dont je suis honoré.

Le projet est divisé en trois chapitres. Les deux premiers, sous-divisés chacun en trois sections, traitent, l'un *du prêt a usage ou commodat*, l'autre *du prêt de consommation ou simple prêt ;* le troisième est intitulé *du prêt à intérêt.*

Les trois sections des deux premiers sont employées dans chacun à déterminer la nature du prêt qui fait la matière du chapitre, et les engagemens ou obligations du prêteur et de l'emprunteur dans chaque espèce.

L'article 2 définit *le prêt à usage ou commodat* un contrat par lequel l'une des parties livre une chose à l'autre pour s'en servir, à la charge par le preneur de la rendre après s'en être servi. 1875

Il suit de cette définition, 1° que le prêteur demeure propriétaire de la chose prêtée ; 1877

2°. Que l'emprunteur est tenu de veiller en bon père de famille à sa conservation, et ne peut s'en servir qu'à l'usage déterminé par sa nature ou par la convention ; 1880

3°. Que s'il emploie la chose à un autre usage, ou pour un temps plus long qu'il ne le devait, il est tenu de la perte arrivée même par cas fortuit ; 1881

4°. Que si la chose se détériore par le seul effet de l'usage pour lequel elle a été empruntée, et sans aucune faute de la part de l'emprunteur, il n'est pas tenu du cas fortuit, à moins de convention contraire ; 1884

5°. Que si, pour user de la chose, l'emprunteur a fait quelque dépense, il ne peut pas la répéter ; 1886

6°. Que le prêteur ne peut retirer la chose prêtée qu'après le terme convenu, ou, à défaut de convention, qu'après qu'elle a servi à l'usage pour lequel elle a été empruntée ; 1888

7°. Que si, pendant la durée du prêt, l'emprunteur a été obligé, pour la conservation de la chose, à quelque dépense extraordinaire, nécessaire, et tellement urgente qu'il n'ait pas pu en prévenir le prêteur, celui-ci sera tenu de la lui rembourser. 1890

Telles sont en effet les dispositions textuelles des articles 4, 7, 8, 11, 13, 15 et 17 : elles se déduisent naturellement, comme vous voyez, de la seule définition contenue

30.

dans l'article 2, et ne sont d'ailleurs que la juste application
des maximes générales établies dans la loi sur les contrats
et de quelques règles du droit romain extrêmement fami-
lières.

Les autres articles du premier chapitre, qui se déduisent
moins directement de la définition, ne sont ni moins justes,
ni moins en harmonie avec des principes déjà consacrés par
la nouvelle législation, ou par des règles du droit romain
dictées par la raison et généralement adoptées.

1879 L'article 6 porte que les engagemens qui se forment par le
commodat passent aux héritiers du prêteur et de l'emprunteur, à moins que le prêt n'ait été fait qu'en considération
de l'emprunteur, et à lui personnellement ; ce qui n'est
qu'une application formelle de l'article 22 sur les contrats (a).

1882 L'article 9, que « si la chose périt par cas fortuit dont
« l'emprunteur aurait pu la garantir en employant la sienne
« propre, ou si, ne pouvant conserver que l'une des deux,
« il a préféré la sienne, il est tenu de la perte de l'autre : »
ce qui n'est que l'expression d'un texte précis du droit romain, qui rend, dans une foule d'autres passages, l'emprunteur responsable de la faute la plus légère (b).

1883 L'article 10 déclare que, « si la chose a été estimée en la
« prêtant, la perte qui arrive, même par cas fortuit, est
« pour l'emprunteur, s'il n'y a convention contraire : » principe appliqué, dans la loi sur le contrat de mariage, aux effets mobiliers constitués en dot avec estimation (c).

1885 L'article 12, que « l'emprunteur ne peut pas retenir la
« chose par compensation de ce que le prêteur lui doit : »

(a) « On est censé avoir stipulé pour soi et pour ses héritiers et ayans-cause, à moins que le
« contraire ne soit exprimé ou ne résulte de la nature de la convention. *Qui contrahit, sibi et*
« *hæredi suo contrahit.* »

(b) *Si incendio vel ruina aliquid contigit, vel aliquod damnum fatale, non tenebitur; nisi forte,
cum posset res commodatas salvas facere, suas prætulit.* Leg. 5, § 4. ff. Commod.

(c) Art. 165. *Æstimatio periculum facit ejus qui suscepit : aut igitur ipsam rem debebit incorrup-
tam reddere, aut æstimationem de qua convenit.* Leg. 5, § 2. ff. de Æstimatoria.

disposition déjà consignée dans l'article 192 sur les contrats (a).

L'article 14, que « si plusieurs ont conjointement em- 1887
« prunté la même chose, ils en sont solidairement responsa-
« bles envers le prêteur : » cas particulier où la solidarité est
présumée de plein droit : ce que la loi seule peut faire d'a-
près l'article 102 sur les contrats (b).

L'article 16, que « s'il survient au prêteur un besoin pres- 1889
« sant et imprévu de sa chose, avant que le terme convenu
« pour la restitution soit échu, ou avant que le besoin de
« l'emprunteur ait cessé, le juge peut, suivant les circons-
« tances, obliger l'emprunteur à la lui rendre : » disposition
avouée par la raison, qui ne permet pas de penser que le
prêteur eût consenti à se priver de la chose qui lui était demandée, s'il eût pu prévoir qu'avant l'échéance du terme
convenu pour sa restitution il en aurait pour lui-même un
besoin indispensable (c).

Enfin l'article 18, que, « lorsque la chose prêtée a des dé- 1891
« fauts tels qu'elle puisse causer du préjudice à celui qui s'en
« sert, le prêteur est responsable, s'il connaissait les défauts
« et n'en a pas averti l'emprunteur (d). »

Le deuxième chapitre débute, comme le premier, par la 1892
définition du prêt de consommation, qui est « un contrat
« par lequel l'une des parties livre à l'autre une certaine
« quantité de choses *qui se consomment par l'usage*, à la charge
« par ce dernier de lui en rendre autant *de mêmes espèce et*
« *qualité.* »

D'où il suit, en premier lieu, que l'emprunteur devient 1893

(a) « La compensation a lieu…..excepté dans le cas….. de la demande en restitution d'un dépôt
« et du prêt à usage. »

(b) « La solidarité ne se présume point ; il faut qu'elle soit expressément stipulée.

« Cette règle ne cesse que dans les cas où la solidarité a lieu de plein droit en vertu d'une dis-
« position de la loi. »

(c) *Officium suum nemini debet esse damnosum.* Leg. 5, ff. *Test. quemadmod. aper.*

(d) *Adjuvari nos, non decipi beneficio oportet.* Leg. 17, §3, ff. *Commod.*

*Qui sciens vasa vitiosa commodavit, si ibi infusum vinum vel oleum corruptum effusumve est,
condemnandus eo nomine est.* Leg. 18, §3, eod.

le propriétaire de la chose prêtée, et que c'est pour lui qu'elle périt, de quelque manière que cette perte arrive.

1894 Secondement, qu'on ne peut donner à titre de *prêt de consommation* des choses qui, quoique de même espèce, diffèrent dans l'individu, comme les animaux; car alors ce serait un *prêt à usage*.

1898-1899 Les articles 25 et 26 se bornent à rendre communes au prêt de consommation les dispositions des articles 15 et 18, sous le chapitre du prêt à usage.

1900-1901 Les articles 27 et 28 ont trait au cas où il n'a pas été fixé de terme pour la restitution, et à celui où le prêteur a eu la facilité de laisser à l'emprunteur la liberté de fixer ce terme; et, dans ces deux cas, ils s'en rapportent sagement à l'arbitrage du juge.

1902-1903 L'article 29 oblige l'emprunteur à rendre les choses prêtées, en mêmes quantité et qualité et au terme convenu; et l'article 30 porte que « s'il est dans l'impossibilité d'y satis-
« faire, il doit en payer la valeur, eu égard au temps et au
« lieu où la chose doit être rendue d'après la convention ; »
et enfin que « si ce temps et ce lieu n'ont pas été réglés, le
« paiement se fait au prix du temps et du lieu où l'emprunt
« a été fait. »

1895 Ici vient se placer, comme exception à l'article 29, qui veut que les choses prêtées soient rendues *en mêmes quantité et qualité*, et à l'article 19, qui soumet l'emprunteur à l'obligation de rendre autant *en mêmes espèce et qualité*, la disposition de l'article 22, qui porte que « l'obligation qui
« résulte d'un prêt en argent n'est toujours que de la somme
« numérique énoncée au contrat, » et que « s'il y a eu aug-
« mentation ou diminution d'espèces avant l'époque du
« paiement, le débiteur doit rendre la somme numérique
« prêtée, et ne doit rendre que cette somme dans les espèces
« ayant cours au moment du paiement. »

Le cas supposé par cet article avait donné lieu à quelques distinctions plus subtiles que solides, quoique revêtues d'une apparence d'équité (a) ; mais sa disposition est conforme à la jurisprudence reçue, et au droit romain, sur lequel elle était fondée (b).

Le chapitre II se termine enfin par une disposition déjà consacrée par l'article 53 de la loi sur les contrats : savoir, que « l'emprunteur qui ne rend pas les choses prêtées, ou leur « valeur, au terme convenu, en doit l'intérêt du jour de la « demande en justice. »

Jusqu'ici le projet n'a considéré le prêt que comme *gratuit*, soit sous le rapport du *prêt à usage*, soit sous celui du *prêt de consommation*. Mais j'ai remarqué que ce dernier pouvait être intéressé ; et c'est dans ce second point de vue qu'il va être considéré dans le chapitre III, intitulée *du Prêt à intérêt*, qui, dans un autre système d'organisation du projet, aurait pu ne former qu'une branche du chapitre II.

« Il est permis, » dit l'article 32, le premier de ce chapitre III, « il est permis de stipuler des intérêts pour simple « prêt, soit d'argent, soit de denrées ou autres choses mo-« bilières. »

Ce sera ici la seconde loi française qui aura consacré la permission de stipuler des intérêts pour un simple prêt ; et elle sera, comme celle du 3 octobre 1789, l'expression de la volonté nationale, munie, de plus, de l'adhésion de toutes les autorités constituées de la République qui ont coopéré à la formation de notre nouveau Code civil.

Il ne sera donc plus permis de remettre en question la légitimité de cette stipulation, si long-temps débattue, et si impolitiquement proscrite sur un simple malentendu.

On convenait que l'argent est le signe des valeurs.

On convenait encore que les valeurs peuvent être louées, et on ne voulait ou on ne pouvait pas convenir que leur signe pût l'être de même.

(a) Puffendorf, *Droit de la nature et des gens*, livre 5, chapitre 7. §§ 6 et 7 : et Barbeyrac, dans ses notes sur cet endroit.

(b) Leg. 1, ff. *de Contrah. Empt.* Leg 94, § 1, ff. *de Solut.*

Et pourquoi? je m'abstiens, par respect pour des noms que je me fais un devoir et un honneur de révérer, de détailler les fondemens d'une inconséquence si palpable, et qui n'est d'ailleurs que le produit d'une bien louable intention. C'est la juste haine de l'usure qui a fait condamner l'intérêt: mais, autant l'une est coupable, autant l'autre est innocent; autant l'une peut faire des malheureux, autant l'autre peut en soulager; autant l'usure peut nuire au commerce, autant un intérêt modéré peut contribuer à sa prospérité. Voulez-vous multiplier les usuriers? proscrivez indéfiniment l'intérêt. Voulez-vous paralyser l'industrie qui manque de moyens? fermez-lui toutes les bourses qui pourraient l'aider; car ce serait en fermer le plus grand nombre que de ne leur permettre de s'ouvrir que gratuitement. Je ne pousse pas plus loin ce parallèle. Grâce aux progrès de la raison dans la distinction entre ce que la religion et l'honnêteté conseillent, et ce qu'elles défendent, je ne pense pas que la proscription indéfinie de l'intérêt puisse trouver désormais des partisans bien chauds et bien éclairés, et je termine par cette réflexion de notre immortel *Montesquieu* : « Que tous les moyens honnêtes de prêter et d'emprunter soient abolis, et une usure « affreuse s'établira..... Les lois extrêmes dans le bien font « naître le mal extrême. Il faudra payer pour le prêt de l'argent et pour le danger des peines de la loi (a). »

1306   Mais s'il est permis de stipuler des intérêts, à plus forte raison doit-il être permis de retenir à ce titre ceux qui auraient été payés sans stipulation ; et c'est aussi ce que déclare l'article 33, qui porte que « l'emprunteur qui a payé des intérêts qui n'étaient pas stipulés ne peut ni les répéter ni « les imputer sur le capital; » doctrine d'ailleurs reçue jusqu'ici dans les provinces régies par le droit écrit, d'après la maxime *usuræ solutæ non repetuntur*, puisée dans la loi 3, au Code *de Usuris*; et cela, dans le temps même où la stipulation d'intérêts y était défendue.

_____

(a) *Esprit des Lois*. liv. XXII. chap. 21.

La loi doit cependant, en la permettant, la renfermer dans des bornes qu'elle ne puisse pas franchir ; car une permission indéfinie ouvrirait une trop large porte à la cupidité, que la honte ne contiendrait pas toujours. *1007*

Le projet distingue donc l'*intérêt légal* de l'*intérêt conventionnel*.

Le premier est fixé par la loi ; son taux ne pourra être excédé dans les intérêts appelés *moratoires*, c'est-à-dire produits par une mise légale en demeure, ni dans ceux qui sont dus *ex natura rei*, et en vertu d'une loi spéciale.

Le second, qui est celui dont les parties peuvent convenir dans leurs transactions, peut excéder le taux du premier ; mais la loi se réserve d'en fixer la mesure, et l'on sent que cette mesure peut varier suivant le plus ou le moins d'activité du commerce, de facilité dans l'emploi de l'industrie, et selon les autres convenances sociales, qui ne peuvent être bien appréciées que par le gouvernement, leur perpétuel explorateur, et le plus intéressé à les mettre en harmonie avec les besoins plus ou moins urgens, et les ressources plus ou moins abondantes de la société.

Le projet y pourvoit par l'article 34, ainsi conçu : « L'intérêt est légal ou conventionnel.

« L'intérêt légal est fixé par la loi.

« L'intérêt conventionnel peut excéder celui de la loi *toutes « les fois que la loi ne le prohibe pas.* »

La cupidité est néanmoins si intrépide lorsqu'elle peut espérer de cacher ses excès, qu'il fallait essayer de la contenir par le frein de la honte ; et c'est dans cette vue que le projet ajoute : « Le taux de l'intérêt conventionnel doit être fixé par « écrit. »

Les articles 36 et suivans traitent du prêt appelé *constitu-* *tion de rente*, qui se divise en perpétuel et en viager. *1909 et suivans.*

Ce qui est dit du premier dans les articles 38, 39 et 40, relativement à la faculté essentielle de rachat, et au cas où le débiteur de la rente peut être contraint au rachat, ne fait que sanctionner des **points** de jurisprudence universellement reçus.

L'article 38 n'y ajoute qu'une disposition, qui abroge une des conditions des extravagantes *regimini* reçues dans toute la France, laquelle autorisait le débiteur à racheter la rente à sa volonté ; en permettant au contraire aux parties « de « convenir que le rachat ne sera pas fait avant un délai qui ne « peut excéder dix ans, ou sans avoir averti le créancier au « terme d'avance qu'elles auront déterminé. »

L'article dernier du projet ne parle des rentes constituées en viager que pour renvoyer au titre *des Contrats aléatoires*, sur lequel le vote du Tribunat, qui sera émis aujourd'hui, vous sera apporté demain.

Ici finit ma mission. Mais, à l'approche du jour qui va couronner vos travaux de cette année par le complément du Code civil, je ne puis, citoyens législateurs, quitter cette tribune sans vous féliciter d'avance sur l'heureux achèvement d'une si belle et si vaste entreprise.

De tous les monumens qui peuvent consacrer la mémoire d'une assemblée de législateurs, nul n'est plus propre à la faire bénir qu'un Code civil qui donne des lois uniformes à trente-six millions d'hommes soumis depuis vingt siècles à des lois civiles aussi différentes entre elles que la langue, les usages, les mœurs et le climat des diverses contrées qu'ils habitaient.

Le peuple français était digne d'un si grand bienfait ; mais il ne pouvait l'obtenir que d'un gouvernement digne lui-même de le lui procurer, assez éclairé pour apprécier les obstacles, assez courageux pour ne pas s'en effrayer.

La première assemblée nationale en avait légué solennellement le projet à celle qui devait la suivre.

Mais comment espérer de le voir réaliser dans cette époque désastreuse de tourmente et d'agitation intérieure, qui bientôt après ébranla la société jusque dans ses fondemens, et la menaça d'une entière dissolution ? Comment l'attendre ensuite d'un gouvernement, dont je n'accuserai pas les intentions, mais essentiellement faible, mal combiné dans ses élémens, livré successivement à deux partis qui se disputaient l'empire, également incapable de les combattre ensemble ou de les concilier, réduit à chercher son salut dans la ressource meurtrière des réactions, et toujours obligé de laisser flotter alternativement les rênes de l'État dans les mains de l'un ou de l'autre? Comment se flatter de sortir de l'abîme que tant de fureurs et de faiblesse avaient creusé?

Le 18 brumaire a osé s'en charger : le succès a justifié sa noble audace, parce que le courage a exécuté ce que prescrivait la sagesse; et le bon génie de la France a enfin prévalu.

La restauration n'a pas cessé depuis de marcher vers sa perfection, et chaque jour en a signalé quelque grand pas.

Ici les faits parlent tout seuls; et ce n'est pas dans cette enceinte qui, depuis cette heureuse époque, a vu sanctionner tout ce qu'un zèle héroïque et infatigable a pu inspirer de grand et d'utile au chef suprême que nous nous sommes volontairement donné; ce n'est pas, dis-je, dans cette enceinte qu'il peut être besoin d'en faire l'énumération.

On a appliqué, avec quelque vérité, aux pères de l'Assemblée constituante, après la célèbre nuit du 4 août qui abolit tant de priviléges et couvrit tant de dissonances, ce vers que la flatterie avait adressé à je ne sais plus quel empereur, dont tout ce que ma mémoire peut me permettre est de douter s'il le méritait; on leur a dit :

Fecistis patriam diversis gentibus unam.

Mais c'est sans flatterie, et avec une entière vérité, que, le Code civil à la main, nous pourrions en faire le texte des actions de grâces que nous devrons au gouvernement au nom de la nation.

Que nos ennemis nous l'envient ce gouvernement, cher à tant de titres à tout ce qu'il y a de bons Français : que dans leurs conseils ténébreux ils ourdissent des trames pour nous l'enlever : la Providence, qui a veillé sur son auguste chef dans l'horreur des déserts, à travers les flots, dans le tumulte des camps et les dangers des combats, qui l'a garanti presque miraculeusement des attentats et des embûches des méchans; la Providence veille encore visiblement sur sa conservation : et nous qui en jouissons, nous dont il a reçu le vœu à la suite du 18 brumaire, et qui voyons journellement ce vœu s'accomplir, nous pouvons dès aujourd'hui nous appliquer ce que le plus profond et le moins flatteur des historiens disait au sujet d'un prince digne enfin de gouverner des hommes (a) : *Nec spem modo ac votum securitas publica, sed ipsius voti fiduciam ac robur adsumpsit* (b).

J'invite, au nom du Tribunat, le Corps législatif à sanctionner le projet de loi sur le *Prêt.*

Le décret du Corps législatif fut rendu le même jour, et la promulgation eut lieu le 28 ventose an XII (19 mars 1804).

(a) Trajan.
(b) Tacite dans la vie d'Agricola.

TITRE ONZIÈME.

Du Dépôt et du Séquestre.

DISCUSSION DU CONSEIL D'ÉTAT.

(Procès-verbal de la séance du 28 nivose an XII. — 19 janvier 1804.)

M. PORTALIS présente le titre XVI du livre III, *du Dépôt et du Séquestre.*

Il est ainsi conçu :

CHAPITRE Ier.

Du Dépôt en général et de ses diverses Espèces.

Art. 1er. « Le dépôt, en général, est un acte par lequel on 1915 « reçoit la chose d'autrui, à la charge de la garder et de la « restituer en nature. »

Art. 2. « Il y a deux espèces de dépôt : le dépôt proprement 1916 « dit, et le séquestre. »

CHAPITRE II.

Du Dépôt proprement dit.

SECTION Ire. — *De la Nature et de l'Essence du contrat de dépôt.* 1917

Art. 3. « Le dépôt proprement dit est un contrat essen— « tiellement gratuit. »

Art. 4. « Il ne peut avoir pour objet que des choses mo- 1918 « bilières. »

Art. 5. « Il n'est parfait que par la tradition réelle ou feinte 1919 « de la chose déposée.

« La tradition feinte suffit, quand le dépositaire se trouve « déjà nanti, à quelque autre titre, de la chose que l'on con- « sent à lui laisser à titre de dépôt. »

Art. 6. « Le dépôt est nécessaire ou volontaire. » 1920

SECTION II. — *Du Dépôt volontaire.*

1921   Art. 7. « Le dépôt volontaire se forme par le consentement
« réciproque de la personne qui fait le dépôt et de celle qui
« le reçoit. »

1922   Art. 8. « Le dépôt volontaire ne peut régulièrement être
« fait que par le propriétaire de la chose déposée, ou de son
« consentement exprès ou tacite. »

1923   Art. 9. « Le dépôt volontaire doit être prouvé par écrit. La
« preuve testimoniale n'en est point reçue pour valeur excé-
« dant 150 francs. »

1924   Art. 10. « Lorsque le dépôt n'est point prouvé par écrit,
« celui qui est attaqué comme dépositaire en est cru sur sa
« déclaration, soit pour le fait même du dépôt, soit pour la
« chose qui en faisait l'objet, soit pour le fait de sa resti-
« tution. »

1925   Art. 11. « Le dépôt volontaire ne peut avoir lieu qu'entre
« personnes capables de contracter.

« Néanmoins, si une personne capable de contracter ac-
« cepte le dépôt fait par une personne incapable, elle est te-
« nue de toutes les obligations d'un véritable dépositaire;
« elle peut être poursuivie par le tuteur ou administrateur
« de la personne qui a fait le dépôt. »

1926   Art. 12. « Si le dépôt a été fait par une personne capable
« à une personne qui ne l'est pas, la personne qui a fait le
« dépôt n'a que l'action en revendication de la chose dépo-
« sée, tant qu'elle existe dans la main du dépositaire, ou une
« action en restitution jusqu'à concurrence de ce qui a tourné
« au profit de ce dernier. »

SECTION III. — *Des Obligations du dépositaire.*

1927   Art. 13. « Le dépositaire doit apporter dans la garde de la
« chose déposée les mêmes soins qu'il apporte dans la garde
« des choses qui lui appartiennent. »

1928   Art. 14. « La disposition de l'article précédent doit être

« appliquée avec plus de rigueur, 1° si le dépositaire s'est
« offert lui-même pour recevoir le dépôt ; 2° s'il a stipulé un
« salaire pour la garde du dépôt ; 3° si le dépôt a été fait
« uniquement pour l'intérêt du dépositaire ; 4° s'il a été con-
« venu expressément que le dépositaire répondrait de toute
« espèce de fautes. »

Art. 15. « Le dépositaire n'est tenu, en aucun cas, des   1929
« accidens de force majeure, à moins qu'il n'ait été mis en
« demeure de restituer la chose déposée. »

Art. 16. « Il ne peut se servir de la chose déposée sans la   1930
« permission expresse ou présumée du déposant. »

Art. 17. « Il ne doit point chercher à connaitre quelles   1931
« sont les choses qui lui ont été déposées, si elles lui ont été
« confiées dans un coffre fermé ou sous une enveloppe ca-
« chetée. »

Art 18. « Le dépositaire doit rendre identiquement la   1932
« chose même qu'il a reçue.

« Ainsi le dépôt des sommes monnayées doit être rendu
« dans les mêmes espèces dans lesquelles il a été fait, soit
« dans le cas d'augmentation, soit dans le cas de diminution
« de leur valeur. »

Art. 19. « Le dépositaire n'est tenu de rendre la chose dé-   1933
« posée que dans l'état où elle se trouve au moment de la
« restitution. Les détériorations qui ne sont pas survenues
« par son fait sont pour le compte du déposant. »

Art. 20. « Le dépositaire auquel la chose a été enlevée par   1934
« une force majeure, et qui a reçu un prix ou quelque chose
« à la place, doit restituer ce qu'il a reçu en échange. »

Art. 21. « L'héritier du dépositaire qui a vendu de bonne   1935
« foi la chose dont il ignorait le dépôt n'est tenu que de
« rendre le prix qu'il a reçu, ou de céder son action contre
« l'acheteur s'il n'a pas touché le prix. »

Art. 22. « Si la chose déposée a produit des fruits qui aient   1936
« été perçus par le dépositaire, il est obligé de les restituer.
« Il ne doit aucun intérêt de l'argent déposé, si ce n'est du

« jour où il a été mis en demeure d'en faire la restitution. »

1937   Art. 23. « Le dépositaire ne doit restituer la chose dépo-
« sée qu'à celui qui la lui a confiée, ou à celui au nom du-
« quel le dépôt a été fait. »

1938   Art. 24. « Il ne peut pas exiger de celui qui a fait le dépôt
« la preuve qu'il était propriétaire de la chose déposée.

« Néanmoins s'il découvre que la chose a été volée, et quel
« en est le véritable propriétaire, il doit dénoncer à celui-ci
« le dépôt qui lui a été fait, avec sommation de le réclamer
« dans un délai déterminé et suffisant. Si celui auquel la dé-
« nonciation a été faite néglige de réclamer le dépôt, le dé-
« positaire est valablement déchargé par la tradition qu'il en
« fait à celui duquel il l'a reçu. »

1939   Art. 25. « En cas de mort naturelle ou civile de la per-
« sonne qui a fait le dépôt, la chose déposée ne peut être
« rendue qu'à son héritier.

« S'il y a plusieurs héritiers, elle doit être rendue à cha-
« cun d'eux pour leur part et portion.

« Si la chose déposée est indivisible, les héritiers doivent
« s'accorder entre eux pour la recevoir. »

1940   Art. 26. « Si la personne qui a fait le dépôt a changé d'é-
« tat; par exemple, si la femme, libre au moment où le
« dépôt a été fait s'est mariée depuis et se trouve en puis-
« sance de mari; si le majeur déposant se trouve frappé
« d'interdiction; dans tous ces cas et autres de même na-
« ture, le dépôt ne peut être restitué qu'à celui qui a l'ad-
« ministration des droits et des biens du déposant. »

1941   Art. 27. « Si le dépôt a été fait par un tuteur, par un mari
« ou par un administrateur, il ne peut être restitué qu'à la
« personne que ce tuteur, ce mari ou cet administrateur re-
« présentaient si leur gestion ou leur administration est finie. »

1942   Art. 28. « Si le contrat de dépôt désigne le lieu dans lequel
« la restitution doit être faite, le dépositaire est tenu d'y
« porter la chose déposée. S'il y a des frais de transport, ils
« sont à la charge du déposant. »

Art. 29. « Si le contrat ne désigne point le lieu de la res- 1943
« titution, elle doit être faite dans le lieu même du dépôt. »

Art. 30. « Le dépôt doit être remis au déposant aussitôt 1944
« qu'il le réclame, lors même que le contrat aurait fixé un
« délai déterminé pour la restitution ; à moins qu'il n'existe,
« entre les mains du dépositaire, une saisie-arrêt ou une
« opposition à la restitution et au déplacement de la chose
« déposée. »

Art. 31. « Toutes les obligations du dépositaire cessent 1946
« s'il vient à découvrir et à prouver qu'il est lui-même pro-
« priétaire de la chose déposée. »

SECTION IV. — *Des Obligations de la personne par laquelle le*
dépôt a été fait.

Art. 32. « La personne qui a fait le dépôt est tenue de 1947
« rembourser au dépositaire les dépenses qu'il a faites pour
« la conservation de la chose déposée, et de l'indemniser de
« toutes les pertes que le dépôt peut lui avoir occasionées. »

Art. 33. « Le dépositaire peut retenir le dépôt jusqu'à 1948
« l'entier paiement de ce qui lui est dû à raison du dépôt. »

SECTION V. — *Du Dépôt nécessaire.*

Art. 34. « Le dépôt nécessaire est celui qui a été forcé par 1949
« quelque accident, tel qu'un incendie, une ruine, un pillage
« de maison, un naufrage ou autre événement imprévu. »

Art. 35. « La preuve par témoins peut être reçue pour le 1950
« dépôt nécessaire, même quand il s'agit d'une valeur au-
« dessus de 150 francs. »

Art. 36. « Le dépôt nécessaire est d'ailleurs régi par toutes 1951
« les règles précédemment énoncées. »

Art. 37. « Les aubergistes ou hôteliers sont responsables, 1952
« comme dépositaires, des effets apportés par le voyageur
« qui loge chez eux : le dépôt de ces sortes d'effets doit être
« regardé comme un dépôt nécessaire. »

Art. 38. « L'hôtelier ou aubergiste est responsable des ef- ap 1952

« fets apportés par le voyageur, encore qu'ils n'aient point
« été remis à sa garde personnelle. »

1953 Art. 39. « Il est responsable du vol ou du dommage des
« effets du voyageur, soit que le vol ait été fait ou que le
« dommage ait été causé par les domestiques et préposés de
« l'hôtellerie, ou par des étrangers allant et venant dans
« l'hôtellerie. »

1954 Art. 40. « Il n'est pas responsable des vols faits avec force
« armée ou autre force majeure »

CHAPITRE III.
Du Séquestre.

SECTION Ire.—*Des diverses Espèces de séquestre.*

1955 Art. 41. « Le séquestre est ou conventionnel ou judiciaire. »

SECTION II. — *Du Séquestre conventionnel.*

1956 Art. 42. « Le séquestre conventionnel est le dépôt fait par
« une ou plusieurs personnes d'une chose qui est en litige,
« à un tiers qui s'oblige de la rendre, après la contestation
« terminée, à la personne qui sera jugée devoir l'obtenir. »

1957 Art. 43. « Le séquestre peut n'être pas gratuit. »

1958 Art. 44. « Lorsqu'il est gratuit, il est soumis aux règles
« du dépôt proprement dit, sauf les différences ci-après
« énoncées. »

1959 Art. 45. « Le séquestre peut avoir pour objet non seule-
« ment des effets mobiliers, mais même des immeubles. »

1960 Art. 46. « Le dépositaire-séquestre ne peut être déchargé
« avant la contestation terminée, que du consentement de
« toutes les parties intéressées, ou pour une cause jugée légi-
« time. »

SECTION III.— *Du Séquestre ou Dépôt judiciaire.*

1961 Art. 47. « Le séquestre peut être ordonné par justice,
« 1°. Des meubles saisis sur un débiteur ;
« 2°. D'un immeuble ou d'une chose mobilière dont la

« propriété ou la possession est litigieuse entre deux ou plu-
« sieurs personnes ;

« 3°. Des choses qu'un débiteur offre pour sa libération. »

§ Ier. *Du Dépôt ou de la Garde des meubles saisis.*

Art. 48. « L'établissement d'un séquestre judiciaire pro-
« duit, entre le saisissant et le gardien, des obligations
« réciproques. Le gardien doit apporter pour la conservation
« des effets saisis les soins d'un bon père de famille.

« Il doit les représenter, soit à la décharge du saisissant
« pour la vente, soit à la partie contre laquelle les exécutions
« ont été faites, en cas de main-levée de la saisie.

« L'obligation du saisissant consiste à payer au gardien le
« salaire fixé par la loi. »

§ II. *Du Séquestre judiciaire.*

Art. 49. « Le séquestre judiciaire est donné, soit à une
« personne dont les parties intéressées sont convenues entre
« elles, soit à une personne nommée d'office par le juge.

« Au premier cas, le séquestre est conventionnel ;

« Au deuxième cas, il se forme un quasi-contrat qui sou-
« met, envers les parties litigantes, celui auquel la chose a
« été confiée à toutes les obligations qu'emporte le séquestre
« conventionnel. »

M. PORTALIS fait lecture du chapitre Ier, *du Dépôt en gé-*
néral et de ses diverses espèces.

Les articles 1 et 2 qui le composent sont adoptés.

M. PORTALIS fait lecture du chapitre II , *du Dépôt propre-*
ment dit.

La section Ire , *de la Nature et de l'Essence du contrat de*
dépôt, est soumise à la discussion.

Les articles 3, 4, 5 et 6 qui la composent sont adoptés.

La section II, *du Dépôt volontaire*, est soumise à la discussion.

1921à1923   Les articles 7, 8 et 9 sont adoptés.

1924   L'article 10 est discuté.

M. Defermon observe que la règle établie par cet article
est tellement générale, qu'on pourrait croire qu'elle forme
exception à la disposition de l'article précédent.

Il propose, pour prévenir toute équivoque, de réduire
l'article 10 au cas où le dépôt est d'une valeur au-dessus de
150 francs.

Cet amendement est admis. En conséquence, le Conseil
adopte l'article 10 dans les termes suivants :

« Lorsque le dépôt étant au-dessus de 150 francs n'est
« point prouvé par écrit, etc. »

1925-1926   Les articles 11 et 12 sont adoptés.

La section III, *des Obligations du dépositaire*, est soumise
à la discussion.

1927   L'article 13 est discuté.

M. Defermon dit que sans doute cet article tend à obliger
le dépositaire aux soins d'un bon père de famille. La rédaction ne paraît pas rendre cette idée : on pourrait en tirer la
conséquence que, s'il est négligent et inconsidéré dans ses
propres affaires, il peut l'être impunément à l'égard du dépôt dont il s'est chargé.

M. Portalis répond qu'un dépositaire qui rend un service
d'ami ne doit pas être soumis à une responsabilité aussi
étendue que celle qui résulterait de la rédaction qui est proposée : il suffit qu'il donne à la conservation du dépôt les
soins d'un bon administrateur. Le déposant est libre dans
son choix ; s'il place mal sa confiance, il commet une faute
qui compense et qui couvre dans une certaine mesure, la négligence du dépositaire. C'est par cette considération qu'on
n'oblige ce dernier qu'aux mêmes soins qu'il donne à ses

propres affaires, et non à la sollicitude extrême et scrupuleuse que l'on exige de celui qu'on assujettit aux soins d'un bon père de famille.

L'article est adopté.

Les articles 14, 15, 16, 17, 18, 19, 20, 21, 22 et 23 sont adoptés. 1928 à 1937

L'article 24 est discuté. 1938

M. REGNAUD (de Saint-Jean-d'Angely) dit qu'il serait extraordinaire, lorsque le propriétaire diffère de retirer la chose, de permettre au dépositaire de la remettre à celui qu'il saurait l'avoir volée. Il serait plus convenable de l'obliger à faire sa déclaration à un officier public.

M. BIGOT-PRÉAMENEU dit que cette disposition est fondée sur ce que le propriétaire a eu un temps suffisant pour faire valoir ses droits.

M. PORTALIS dit qu'il est possible qu'il y ait eu des arrangemens entre les parties ; alors, pourquoi dénoncer un délit dont elles ont voulu effacer les traces, et qui ne blesse que des intérêts privés ; qui peut-être même n'a jamais existé ; car il n'est pas certain que les renseignemens donnés aux dépositaires fussent vrais. Il suffit donc que le propriétaire soit averti ; c'est à lui d'agir : s'il garde le silence, le dépositaire n'est pas obligé de veiller à ses intérêts avec plus de soin que lui-même. Le dépositaire ne doit pas s'exposer à diffamer mal à propos un citoyen, ni à se voir poursuivi comme calomniateur.

M. REGNAUD (de Saint-Jean-d'Angely) objecte que la sommation que l'article oblige de faire au propriétaire suffit pour divulguer le délit.

M. PORTALIS répond qu'une sommation n'est pas un acte public. Elle ne va pas au-delà des parties. Le tiers interposé entre elles n'est là que comme le moyen de communication exigé par la loi.

D'ailleurs, on est maître de la rédaction d'un acte sembla-

ble, et dès lors on peut écarter toute énonciation trop positive, et dire, par exemple, que, faute de réclamation, on
rendra le dépôt à celui qui l'a confié. Au contraire, dans la
déclaration faite à un officier public, on est forcé d'expliquer
les faits et de nommer les personnes.

M. CRETET dit qu'on pourrait se borner à obliger le dépositaire d'avertir, sans l'astreindre à faire une sommation.

M. TREILHARD répond qu'il est nécessaire que l'avertissement soit légalement constaté.

M. DEFERMON demande la suppression de cette partie de
l'article. Elle lui paraît inutile, et même elle pourrait quelquefois exposer le dépositaire à l'accusation de recel. En la
retranchant, tout marchera naturellement et sans aucun
embarras.

LE CONSUL CAMBACÉRÈS dit que la règle consacrée par l'article a existé dans tous les temps, et est admise par tous les
jurisconsultes. On s'étonnerait de ne pas la retrouver dans le
Code civil.

L'article est adopté.

1939-1940   Les articles 25 et 26 sont adoptés.

1941   L'article 27 est discuté.

M. DEFERMON demande qu'on explique que l'article ne
s'applique qu'au cas où le dépôt a été fait par un tuteur, par
un mari, par un administrateur, dans sa qualité d'administrateur, de tuteur ou de mari.

M. PORTALIS répond que l'article est évidemment rédigé
dans ce sens.

L'article est adopté dans les termes suivans :

« Si le dépôt a été fait par un tuteur, par un mari ou
« par un administrateur, dans l'une de ces qualités, il ne
« peut, etc. »

1942à1946   Les articles 28, 29, 30 et 31 sont adoptés.

La section IV , *des Obligations de la personne par laquelle le dépôt a été fait*, est soumise à la discussion.

Les articles 32 et 33 qui la composent sont adoptés.   1947-1948

La section V , *du Dépôt nécessaire*, est soumise à la discussion.

Les articles 34, 35, 36, 37, 38, 39 et 40 , qui la composent, sont adoptés.   1949à1954
el ap. 1952

M. Jollivet avait proposé de s'occuper ici des dispositions relatives aux voituriers; mais sur les observations de M. Tronchet et du Consul Cambacérès, on passa de suite à l'examen du titre *du Louage*. (*Voyez sous ce titre le procès-verbal du 28 nivose an XII*).

On reprend la discussion du titre XVI , *du Dépôt et du Séquestre*.

M. Portalis fait lecture du chapitre III , *du Séquestre*.

La section Ire, *des diverses Espèces de séquestres*, est soumise à la discussion.

L'article 41 qui la compose est adopté.   1955

La section II, *du Séquestre conventionnel*, est soumise à la discussion.

Les articles 42, 43, 44 et 45 sont adoptés.   1956à1959

L'article 46 est discuté.   1960

M. Regnaud (de Saint-Jean-d'Angely) demande s'il faut exiger le consentement de toutes les parties intéressées , ou seulement de celles qui ont comparu au séquestre. Par exemple, trois héritiers ont consenti qu'un bien sur lequel ils sont en contestation demeure en séquestre entre les mains de l'un d'eux ; dans la suite , un quatrième héritier se présente : le séquestre peut-il être levé par le consentement des trois qui l'ont établi, ou faudra-t-il nécessairement le concours du quatrième?

M. Treilhard observe que le gardien ne s'est pas obligé envers lui.

Le Consul Cambacérès dit que le séquestre, volontaire dans son principe, devient forcé si un tiers intéressé se présente. Alors c'est l'autorité de la justice qui établit le séquestre.

M. Treilhard dit qu'il est nécessaire de bien poser d'abord la question.

Trois personnes, alors seules connues pour parties intéressées, conviennent du séquestre. Une quatrième se fait ensuite connaître. Elle est en cause ou elle n'y est pas. Si elle n'est pas en cause, son consentement est inutile pour la levée du séquestre : on ne la connaît pas juridiquement. Si elle est en cause, elle devient partie intéressée et le dépositaire la connaît. Ainsi l'article pourvoit à tout les cas, lorsqu'il dit que le dépositaire est déchargé par le consentement des parties intéressées, *ou pour une cause jugée légitime*.

M. Tronchet dit que le dépositaire-séquestre choisi par trois personnes ne se trouve engagé qu'envers elles, et n'est pas obligé de savoir si un tiers réclame quelque droit devant les tribunaux, à moins que ce tiers ne se fasse connaître à lui par une opposition. On pourrait donc dire que le dépositaire est déchargé par le consentement de tous ceux qui ont fait le dépôt.

M. Treilhard observe que cette rédaction est exacte pour le cas qu'a supposé M. *Tronchet*, mais qu'elle aurait l'inconvénient d'autoriser le dépositaire à rendre le dépôt à ceux qui l'ont fait, même lorsqu'il aurait été mis personnellement en cause.

M. Tronchet dit qu'il est nécessaire de ne pas confondre tous les cas dans l'application d'une règle trop générale; car le dépositaire peut être déchargé avant que la contestation soit terminée, et alors il lui est permis d'ignorer qu'il existe un tiers réclamant.

M. Regnaud (de Saint–Jean–d'Angely) ne pense pas qu'un dépositaire puisse se refuser à rendre la chose, des diamans, par exemple.

Le Consul Cambacérès distingue entre le séquestre conventionnel et le séquestre judiciaire.

Il n'y a pas de doute, dit-il, que si plusieurs personnes, près d'entreprendre un voyage, ont déposé entre les mains de quelqu'un des effets tels que des diamans, le dépositaire doit les leur rendre sans se permettre aucune recherche.

Mais si trois personnes qui sont en procès ont déposé l'objet contentieux entre les mains d'un tiers jusqu'à ce que le litige soit terminé, le dépositaire ne doit rendre la chose qu'après le jugement, même lorsque tous ceux qui ont fait le dépôt viennent le redemander. S'il s'écartait de cette règle, un tiers qui aurait droit à la chose serait fondé à lui reprocher de s'en être dessaisi avant de savoir à qui l'événement du procès la donnerait, avant de s'être fait représenter la transaction, la décision arbitrale ou le jugement qui ont terminé la contestation.

M. Regnaud (de Saint–Jean–d'Angely) regarde le séquestre purement conventionnel comme un contrat résoluble par le consentement de ceux-là seulement qui l'ont formé, sans que le dépositaire-séquestre puisse régler sa conduite sur l'intérêt d'un tiers qu'il ne connaît pas. Si donc les personnes qui ont fait le dépôt s'accordent pour le retirer, on ne peut leur opposer l'intérêt de ce tiers.

M. Treilhard observe qu'on oublie dans cette discussion les dispositions de l'article 42.

Cet article, après avoir défini le séquestre conventionnel, décide que la chose ne peut être rendue qu'après la contestation terminée, et seulement à celui qui est jugé devoir l'obtenir.

M. Portalis dit que la rédaction de l'article doit être maintenue.

On s'est servi de l'expression *parties intéressées*, dans la prévoyance que les déposans pourraient vouloir retirer la chose avant que la contestation fût terminée, et pour leur en réserver le droit. Cette dénomination en effet ne convient qu'aux personnes qui ont confié leur intérêt au dépositaire, et qui l'ont déduit en justice avant la contestation ; à ceux enfin qui se montrent, et non à des tiers inconnus.

M. Tronchet dit que rigoureusement cette explication des mots *parties intéressées* est conforme aux principes du droit ; mais le langage des lois n'étant pas entendu de tous, elle laissera des doutes. Il conviendrait donc de décider que le dépositaire sera déchargé par le consentement de ceux qui ont établi le séquestre, tant que d'autres ne se seront pas déclarés ; que si des tiers se font connaître, il faudra le concours de leur consentement pour assurer la décharge du dépositaire.

Le Consul Cambacérès dit que les tiers intéressés auront toujours soin de former opposition entre les mains du dépositaire-séquestre, et de convertir ainsi en séquestre judiciaire le séquestre qui, dans le principe, était conventionnel.

Personne n'est forcé d'accepter un séquestre : celui qui trouve cet engagement trop onéreux peut le refuser ; mais s'il s'y est soumis, il faut qu'il l'exécute de bonne foi ; autrement il serait préférable de ne permettre de séquestre qu'entre les mains d'officiers publics.

Le dépositaire-séquestre ne connaît à la vérité que ceux qui lui ont fait le dépôt ; mais il n'ignore pas que la chose est litigieuse : c'en est assez pour s'interdire toute complaisance favorable à la fraude, même de la part de ceux qui ont fait le dépôt. S'ils s'accordent pour soustraire la chose aux droits d'un tiers, le dépositaire ne doit pas se prêter à cet arrangement.

En un mot, le séquestre conventionnel ne diffère du séquestre judiciaire qu'en ce que dans celui-ci le dépositaire est nommé par la justice, et dans l'autre par les parties.

Le Consul ajoute qu'il faut du moins obliger le dépositaire-séquestre à faire une déclaration au greffe, afin que le séquestre ne soit pas ignoré des tiers qui peuvent avoir intérêt à le connaître.

La règle générale est que le dépositaire-séquestre ne peut rendre la chose qu'après le litige.

M. TRONCHET dit qu'il n'existe pas toujours de contestation : quelquefois les parties ne mettent la chose en séquestre que pour se donner le temps de transiger.

LE CONSUL CAMBACÉRÈS dit que ce cas est hors des termes de l'article 42, lequel ne se rapporte qu'à l'hypothèse où il y a procès. On peut cependant, si l'on veut, étendre plus loin la disposition de l'article, et dire que, si la contestation n'est pas engagée, il est libre aux parties de retirer la chose ; mais que, s'il y a procès, le dépositaire ne peut plus rendre la chose qu'après le jugement.

M. REGNAUD (de Saint-Jean-d'Angely) dit qu'en effet il arrive quelquefois que des associés mettent leur actif en séquestre jusqu'après le règlement de leur compte. Il doit leur être permis de le retirer tant qu'il n'y a point de contestation entre eux ; mais, s'il s'élève un procès, le dépositaire doit attendre le jugement pour rendre les effets séquestrés conformément à ce qui sera décidé.

M. TREILHARD dit que c'est là un simple dépôt et non un séquestre. Le séquestre, en effet, suppose toujours une contestation.

M. PORTALIS dit que, quand il existe une contestation, il y a séquestre ; quand il n'en existe pas il n'y a qu'un dépôt. Ainsi, lorsque les parties conviennent de séquestrer la chose, ce ne peut être que parce qu'elle se trouve en litige, et alors il y a lieu d'appliquer l'article 42.

M. REGNAUD (de Saint-Jean-d'Angely) dit qu'il existe encore d'autres différences; que le dépôt n'a lieu que pour des choses mobilières, et le séquestre seulement pour des immeubles.

M. PORTALIS répond qu'il n'est point inhérent à la nature du séquestre de ne pouvoir être établi que sur des immeubles. Le dépôt, à la vérité, ne peut avoir lieu que pour choses mobilières; mais le séquestre peut être également établi sur les meubles et sur les immeubles.

M. REGNAUD (de Saint-Jean-d'Angely) dit qu'il y a encore cette autre différence, que le séquestre est toujours formé par le consentement de plusieurs, et le dépôt par la volonté d'un seul.

LE CONSUL CAMBACÉRÈS dit qu'il est possible de rapprocher toutes les opinions.

On est d'accord que les parties peuvent retirer la chose séquestrée tant qu'il n'y a point de contestation;

On reconnaît également que, s'il existe une contestation, la chose ne peut plus être remise qu'à celui qui sera jugé devoir la retenir.

Un changement de rédaction dans l'article 42 suffirait pour remplir les vues du Conseil. On pourrait dire que *le séquestre conventionnel est le dépôt fait par plusieurs personnes d'une chose litigieuse à un tiers qui s'oblige de la rendre après la contestation terminée.*

Ces mots, *chose contentieuse* et *contestation terminée*, indiqueraient que la seule différence entre le séquestre judiciaire et le séquestre conventionnel consiste en ce que, dans ce dernier, le dépositaire est choisi par les parties.

D'un autre côté, on ne confondrait point des associés et d'autres qui auraient mis la chose en séquestre jusqu'à ce qu'ils aient pris leurs arrangemens, avec ceux qui auraient fait le dépôt, afin que la chose demeurât dans la main d'un tiers jusqu'à ce que la justice ait prononcé; car le mot *contentieux* suppose une contestation engagée.

Il deviendrait évident que, dans ce dernier cas, le dépositaire serait obligé, avant de rendre la chose, de savoir comment la contestation a fini : autrement, et dans les divers systèmes qui ont été proposés, tantôt le dépositaire se trouverait engagé, tantôt il ne le serait pas, tandis que, lorsqu'il vient un litige, il doit être assimilé, pour la manière de rendre la chose, au dépositaire-séquestre nommé par la justice ; car il a contracté avec elle comme avec les parties.

M. REGNAUD (de Saint-Jean-d'Angely) admet cette distinction. Il convient que, lorsque le dépositaire n'est chargé que par un simple contrat, son engagement doit pouvoir être résolu par le consentement contraire ; que s'il y a procès, il doit devenir dépositaire judiciaire.

L'article 46 est adopté.

L'article 42 sera rédigé ainsi qu'il suit :   1956

« Le séquestre conventionnel est le dépôt fait par une ou « plusieurs personnes d'une chose contentieuse entre les « mains d'un tiers qui s'oblige de la rendre, après la con-« testation terminée, à la personne qui sera jugée devoir « l'obtenir. »

La section III, *du Séquestre ou Dépôt judiciaire*, est soumise à la discussion.

Les articles 47, 48 et 49, qui la composent, sont adoptés. 1961à1963

LE CONSUL ordonne que le titre qui vient d'être discuté sera communiqué officieusement par le secrétaire-général du Conseil d'État à la section de législation du Tribunat, conformément à l'arrêté du 18 germinal an X.

COMMUNICATION OFFICIEUSE

A LA SECTION DE LÉGISLATION DU TRIBUNAT.

Le projet fut transmis à la section le 29 nivose an XII (20 janvier 1804), et l'examen en fut fait le 4 pluviose (25 janvier).

TEXTE DES OBSERVATIONS.

La section entend un rapport sur un projet de loi intitulé titre **XVI**, *du Dépôt et du Séquestre*.

La discussion est ouverte. Chaque article est examiné. Quelques changemens et additions sont proposés ainsi qu'il suit :

1920　Art. 6. Le projet porte : *Le dépôt est nécessaire ou volontaire*. On propose de dire : *Le dépôt est volontaire ou nécessaire*. L'interversion de ces deux mots est fondée sur ce que les articles suivans s'occupent du dépôt volontaire avant de régler ce qui concerne l'autre espèce de dépôt.

1924　Art. 10. Au lieu de 5o *francs*, lire 15o *francs*, erreur typographique.

1933　Art. 19. Au lieu de *pour le compte du déposant*, dire *à la charge du déposant*. Cette dernière expression a paru plus exacte : il s'agit de détériorations dont le déposant est obligé de supporter les frais : ce qu'on est obligé de supporter est une véritable charge.

1937　Art. 23. Ajouter à la fin de la disposition les mots suivans, *ou à celui qui a été indiqué pour le recevoir*. Cette addition a paru nécessaire, vu que la disposition a pour objet de déterminer quelles sont les personnes à qui le dépôt doit être rendu, et qu'elle est même conçue en termes limitatifs.

1945　Placer entre les articles 3o et 31 la disposition suivante, qui formera un article particulier :

(1945). « Le dépositaire infidèle n'est point admis au bé« néfice de cession. »

La cession est une grâce : le dépositaire infidèle doit en être exclus, il mérite au contraire d'être puni.

1949　Art. 34. Au lieu de *pillage de maison*, dire seulement *pillage*. La disposition du projet doit s'appliquer à toute espèce de pillage. Son expression ne doit donc pas être restrictive : le changement proposé la généralise.

1953　L'article 38 est ainsi conçu : « L'hôtelier ou aubergiste est

« responsable des effets apportés par le voyageur, encore qu'ils
« n'aient point été remis à sa garde personnelle. ».

La section pense que cet article doit être supprimé. Elle
regarde comme suffisant l'article 37, qui déclare formellement les aubergistes ou hôteliers responsables des effets
apportés par le voyageur qui loge chez eux ; *le dépôt de ces
sortes d'effets*, porte le même article, *devant être regardé
comme un dépôt nécessaire*. Il a paru beaucoup trop rigoureux
d'assujétir les aubergistes ou hôteliers, sans distinguer aucune circonstance et sans excepter aucun cas, à la responsabilité de tout ce qu'un voyageur aurait apporté chez eux,
quand même ce serait des objets du plus léger volume et du
plus grand prix, et que même le voyageur n'aurait prévenu
personne. Cette extrême rigueur deviendrait quelquefois une
grande injustice, et comme il est impossible que la loi pré-
voie ces différens cas, elle doit se contenter d'établir le principe général, et doit laisser le reste à l'arbitrage du juge.
C'est ce qu'elle a déjà fait au titre *des Contrats ou Obligations
conventionnelles en général*.

L'article 247 de ce titre, en dispensant de la preuve par
écrit les dépôts nécessaires, dans lesquels il comprend ceux
faits par le voyageur en logeant dans une hôtellerie, cet article, disons-nous, ajoute en finissant : « Le tout suivant la
« qualité des personnes et les circonstances du fait. »

L'article 38 du projet actuel étant supprimé, l'article 37
du même projet et l'article 247 de la loi sur les contrats pa-
raîtront dictés tous deux par le même esprit ; tous deux lais-
seront dans le domaine du juge ce qu'ils ne pouvaient en
retirer sans les inconvéniens les plus grands.

Art. 46. Au lieu de *le dépositaire-séquestre*, etc., on pro- 1960
pose de dire *le dépositaire chargé du séquestre*, etc.

Le motif est qu'il convient que tous les articles de la loi
emploient le mot *séquestre* dans la même acception ; ce qui
aura lieu si partout il est employé substantivement.

1961 Art. 47. Le projet commence ainsi : *Le séquestre peut être ordonné par justice*, 1° *des meubles*, etc.

La section préfère la rédaction suivante : *La justice peut ordonner le séquestre*, 1° *des meubles*, etc.

Ici le mot *séquestre* se trouve précéder immédiatement les mots qu'il régit, et ce rapprochement est conforme à l'ordre naturel des idées.

ap. 1961 § Ier. *Du Dépôt ou de la Garde des meubles saisis.*

Supprimer cette désignation du paragraphe et son intitulé. La raison est qu'il y a des articles autres que ceux placés dans ce paragraphe qui lui appartiennent également. Tous les articles de la section relatifs au séquestre judiciaire sont tellement liés les uns aux autres, qu'aucune portion de ces articles n'est susceptible d'une division particulière en paragraphes.

1962 Art. 48. Au lieu de *l'établissement d'un séquestre judiciaire*, on propose de dire *l'établissement d'un gardien judiciaire*. Le mot *gardien* appartient plus directement aux objets dont parle cet article : car il ne s'agit que de meubles ; le mot *séquestre* présente un sens moins limitatif ; il s'applique à toutes sortes de biens immobiliers ou mobiliers.

ap. 1962 § II. *Du Séquestre judiciaire.*

Supprimer cette désignation de paragraphe et son intitulé : même motif que pour le paragraphe Ier.

1963 Art. 49. Laisser subsister la définition contenue dans le premier paragraphe : on désire que le surplus du même article soit remplacé par la rédaction suivante :

« Dans l'un et l'autre cas, celui auquel la chose a été con-
« fiée est soumis à toutes les obligations qu'emporte le sé-
« questre conventionnel. »

La nouvelle rédaction est plus simple et plus claire. Dans le projet, l'article 49, après avoir spécifié les deux cas où le séquestre judiciaire est donné à quelqu'un, semble se contre-

dire ensuite lorsqu'il dit : *Au premier cas le séquestre est con-*
ventionnel. Que veut dire la loi? C'est que, dans le premier
cas comme dans le second, les obligations du séquestre judiciaire sont les mêmes que celles du séquestre conventionnel ; le but est rempli par la nouvelle rédaction.

RÉDACTION DÉFINITIVE DU CONSEIL D'ÉTAT.

(Procès-verbal de la séance du 10 ventose an XII. — 1er mars 1804.)

M. PORTALIS, d'après la conférence tenue avec le Tribunat,
présente la rédaction définitive du titre XVI du livre III du
projet de Code civil, *du Dépôt et du Séquestre.*

LE CONSEIL l'adopte en ces termes :

DU DÉPÔT ET DU SÉQUESTRE.

CHAPITRE Ier.

Du Dépôt en général et de ses diverses espèces.

Art. 1er. « Le dépôt, en général, est un acte par lequel   1915
« on reçoit la chose d'autrui à la charge de la garder et de la
« restituer en nature. »

Art. 2. « Il y a deux espèces de dépôt, le dépôt propre-   1916
« ment dit et le séquestre. »

CHAPITRE II.

Du Dépôt proprement dit.

SECTION 1re. — *De la Nature et de l'Essence du contrat*
de dépôt.

Art. 3. « Le dépôt proprement dit est un contrat essen-   1917
« tiellement gratuit. »

Art. 4. « Il ne peut avoir pour objet que des choses mo-   1918
« bilières. »

1919   Art. 5. « Il n'est parfait que par la tradition réelle ou
« feinte de la chose déposée.

« La tradition feinte suffit quand le dépositaire se trouve
« déjà nanti à quelque autre titre de la chose que l'on con-
« sent à lui laisser à titre de dépôt. »

1920   Art. 6. « Le dépôt est volontaire ou nécessaire. »

SECTION II. — Du Dépôt volontaire.

1921   Art. 7. « Le dépôt volontaire se forme par le consente-
« ment réciproque de la personne qui fait le dépôt et de celle
« qui le reçoit. »

1922   Art. 8. « Le dépôt volontaire ne peut régulièrement être
« fait que par le propriétaire de la chose déposée ou de son
« consentement exprès ou tacite. »

1923   Art. 9. « Le dépôt volontaire doit être prouvé par écrit.
« La preuve testimoniale n'en est point reçue pour valeur
« excédant 150 francs »

1924   Art. 10. « Lorsque le dépôt, étant au-dessus de 150 francs,
« n'est point prouvé par écrit, celui qui est attaqué comme
« dépositaire en est cru sur sa déclaration, soit pour le fait
« même du dépôt, soit pour la chose qui en faisait l'objet,
« soit pour le fait de sa restitution. »

1925   Art. 11. « Le dépôt volontaire ne peut avoir lieu qu'entre
« personnes capables de contracter.

« Néanmoins, si une personne capable de contracter ac-
« cepte le dépôt fait par une personne incapable, elle est
« tenue de toutes les obligations d'un véritable dépositaire ;
« elle peut être poursuivie par le tuteur ou administrateur
« de la personne qui a fait le dépôt. »

1926   Art. 12. « Si le dépôt a été fait par une personne capable à
« une personne qui ne l'est pas, la personne qui a fait le
« dépôt n'a que l'action en revendication de la chose dépo-
« sée, tant qu'elle existe dans la main du dépositaire, ou une
« action en restitution jusqu'à concurrence de ce qui a tourné
« au profit de ce dernier. »

SECTION III. — *Des Obligations du dépositaire.*

Art. 13. « Le dépositaire doit apporter dans la garde de la 1927
« chose déposée les mêmes soins qu'il apporte dans la garde
« des choses qui lui appartiennent. »

Art. 14. « La disposition de l'article précédent doit être 1928
« appliquée avec plus de rigueur, 1° si le dépositaire s'est
« offert lui-même pour recevoir le dépôt; 2° s'il a stipulé un
« salaire pour la garde du dépôt; 3° si le dépôt a été fait
« uniquement pour l'intérêt du dépositaire ; 4° s'il a été con-
« venu expressément que le dépositaire répondrait de toute
« espèce de faute. »

Art. 15. « Le dépositaire n'est tenu en aucun cas des acci- 1929
« dens de force majeure, à moins qu'il n'ait été mis en de-
« meure de restituer la chose déposée. »

Art. 16. « Il ne peut se servir de la chose déposée sans la 1930
« permission expresse ou présumée du déposant. »

Art. 17. « Il ne doit point chercher à connaître quelles 1931
« sont les choses qui lui ont été déposées, si elles lui ont été
« confiées dans un coffre fermé ou sous une enveloppe
« cachetée. »

Art. 18. « Le dépositaire doit rendre identiquement la 1932
« chose même qu'il a reçue.

« Ainsi le dépôt des sommes monnayées doit être rendu
« dans les mêmes espèces qu'il a été fait, soit dans le cas
« d'augmentation, soit dans le cas de diminution de leur
« valeur. »

Art. 19. « Le dépositaire n'est tenu de rendre la chose 1933
« déposée que dans l'état où elle se trouve au moment de la
« restitution. Les détériorations qui ne sont pas survenues
« par son fait sont à la charge du déposant. »

Art. 20. « Le dépositaire auquel la chose a été enlevée par 1934
« une force majeure, et qui a reçu un prix ou quelque chose
« à la place, doit restituer ce qu'il a reçu en échange. »

Art. 21. « L'héritier du dépositaire qui a vendu de bonne 1935

32.

« foi la chose dont il ignorait le dépôt n'est tenu que de
« rendre le prix qu'il a reçu, ou de céder son action contre
« l'acheteur s'il n'a pas touché le prix. »

1936   Art. 22. « Si la chose déposée a produit des fruits qui
« aient été perçus par le dépositaire, il est obligé de les
« restituer. Il ne doit aucun intérêt de l'argent déposé, si
« ce n'est du jour où il a été mis en demeure de faire la
« restitution. »

1937   Art. 23. « Le dépositaire ne doit restituer la chose dé-
« posée qu'à celui qui la lui a confiée ou à celui au nom
« duquel le dépôt a été fait, ou à celui qui a été indiqué
« pour le recevoir. »

1938   Art. 24. « Il ne peut pas exiger de celui qui a fait le dépôt
« la preuve qu'il était propriétaire de la chose déposée.

« Néanmoins, s'il découvre que la chose a été volée, et
« quel en est le véritable propriétaire, il doit dénoncer à
« celui-ci le dépôt qui lui a été fait, avec sommation de le
« réclamer dans un délai déterminé et suffisant. Si celui
« auquel la dénonciation a été faite néglige de réclamer le
« dépôt, le dépositaire est valablement déchargé par la tra-
« dition qu'il en fait à celui duquel il l'a reçu. »

1939   Art. 25. « En cas de mort naturelle ou civile de la per-
« sonne qui a fait le dépôt, la chose déposée ne peut être
« rendue qu'à son héritier.

« S'il y a plusieurs héritiers, elle doit être rendue à chacun
« d'eux pour leur part et portion.

« Si la chose déposée est indivisible, les héritiers doivent
« s'accorder entre eux pour la recevoir. »

1940   Art. 26. « Si la personne qui a fait le dépôt a changé
« d'état; par exemple, si la femme, libre au moment où le
« dépôt a été fait, s'est mariée depuis et se trouve en puis-
« sance de mari; si le majeur déposant se trouve frappé
« d'interdiction ; dans tous ces cas et autres de même na-
« ture le dépôt ne peut être restitué qu'à celui qui a l'ad-
« ministration des droits et des biens du déposant. »

Art. 27. « Si le dépôt a été fait par un tuteur, par un mari   1941
« ou par un administrateur, dans l'une de ces qualités, il ne
« peut être restitué qu'à la personne que ce tuteur, ce mari
« ou cet administrateur représentaient, si leur gestion ou
« leur administration est finie. »

Art. 28. « Si le contrat de dépôt désigne le lieu dans le-   1942
« quel la restitution doit être faite, le dépositaire est tenu
« d'y porter la chose déposée. S'il y a des frais de trans-
« port, ils sont à la charge du déposant. »

Art. 29. « Si le contrat ne désigne point le lieu de la resti-   1943
« tution, elle doit être faite dans le lieu même du dépôt. »

Art. 3o. « Le dépôt doit être remis au déposant aussitôt   1944
« qu'il le réclame, lors même que le contrat aurait fixé un
« délai déterminé pour la restitution ; à moins qu'il n'existe
« entre les mains du dépositaire une saisie-arrêt ou une
« opposition à la restitution et au déplacement de la chose
« déposée. »

Art. 31. « Le dépositaire infidèle n'est point admis au béné-   1945
« fice de cession. »

Art. 32. « Toutes les obligations du dépositaire cessent   1946
« s'il vient à découvrir et à prouver qu'il est lui-même pro-
« priétaire de la chose déposée. »

SECTION IV. — *Des Obligations de la personne par laquelle
le dépôt a été fait.*

Art. 33. « La personne qui a fait le dépôt est tenue de rem-   1947
« bourser au dépositaire les dépenses qu'il a faites pour la
« conservation de la chose déposée, et de l'indemniser de
« toutes les pertes que le dépôt peut lui avoir occasionées. »

Art. 34. « Le dépositaire peut retenir le dépôt jusqu'à l'en-   1948
« tier paiement de ce que lui est dû à raison du dépôt. »

SECTION V. — *Du Dépôt nécessaire.*

Art. 35. « Le dépôt nécessaire est celui qui a été forcé par   1949
« quelque accident, tel qu'un incendie, une ruine, un pil-
« lage, un naufrage, ou autre événement imprévu. »

1950   Art. 36. « La preuve par témoins peut être reçue pour le
« dépôt nécessaire, même quand il s'agit d'une valeur au-
« dessus de 150 francs. »

1951   Art. 37. « Le dépôt nécessaire est d'ailleurs régi par toutes
« les règles précédemment énoncées. »

1952   Art. 38. « Les aubergistes ou hôteliers sont responsables,
« comme dépositaires, des effets apportés par le voyageur
« qui loge chez eux : le dépôt de ces sortes d'effets doit être
« regardé comme un dépôt nécessaire. »

1953   Art. 39. « Ils sont responsables du vol ou du dommage
« des effets du voyageur, soit que le vol ait été fait ou que
« le dommage ait été causé par les domestiques et préposés
« de l'hôtellerie, ou par des étrangers allant et venant dans
« l'hôtellerie. »

1954   Art. 40. « Ils ne sont pas responsables des vols faits avec
« force armée ou autre force majeure. »

CHAPITRE III.

Du Séquestre.

SECTION Iʳᵉ. — *Des diverses Espèces de séquestres.*

1955   Art. 41. « Le séquestre est ou conventionnel ou judiciaire.»

SECTION II. — *Du Séquestre conventionnel.*

1956   Art. 42. « Le séquestre conventionnel est le dépôt fait par
« une ou plusieurs personnes d'une chose contentieuse entre
« les mains d'un tiers qui s'oblige de la rendre, après la
« contestation terminée, à la personne qui sera jugée devoir
« l'obtenir. »

1957   Art. 43. « Le séquestre peut n'être pas gratuit. »

1958   Art. 44. « Lorsqu'il est gratuit, il est soumis aux règles
« du dépôt proprement dit, sauf les différences ci-après
« énoncées. »

1959   Art. 45. « Le séquestre peut avoir pour objet non seule-
« ment des effets mobiliers, mais même des immeubles. »

Art. 46. « Le dépositaire chargé du séquestre ne peut être   960
« déchargé, avant la contestation terminée, que du consen-
« tement de toutes les parties intéressées ou pour une cause
« jugée légitime. »

SECTION III. — *Du Séquestre ou Dépôt judiciaire.*

Art. 47. « La justice peut ordonner le séquestre,   961
« 1°. Des meubles saisis sur un débiteur ;
« 2°. D'un immeuble ou d'une chose mobilière dont la
« propriété ou la possession est litigieuse entre deux ou plu-
« sieurs personnes ;
« 3°. Des choses qu'un débiteur offre pour sa libération. »

Art. 48. « L'établissement d'un gardien judiciaire produit 962
« entre le saisissant et le gardien des obligations réciproques.
« Le gardien doit apporter pour la conservation des effets
« saisis les soins d'un bon père de famille.

« Il doit les représenter, soit à la décharge du saisissant
« pour la vente, soit à la partie contre laquelle les exécutions
« ont été faites, en cas de main-levée de la saisie.

« L'obligation du saisissant consiste à payer au gardien le
« salaire fixé par la loi. »

Art. 49. « Le séquestre judiciaire est donné, soit à une 963
« personne dont les parties intéressées sont convenues entre
« elles, soit à une personne nommée d'office par le juge.

« Dans l'un et l'autre cas, celui auquel la chose a été
« confiée est soumis à toutes les obligations qu'emporte le
« séquestre conventionnel. »

M. Réal fut nommé, avec MM. Lacuée et Ségur, pour
présenter au Corps législatif, dans sa séance du 18 ventose an XII (9 mars 1804), le titre XVI du livre III du
projet de Code civil, intitulé *du Dépôt et du Séquestre,*
et pour en soutenir la discussion dans celle du 23 du
même mois de ventose (14 mars).

PRÉSENTATION AU CORPS LÉGISLATIF,

ET EXPOSÉ DES MOTIFS, PAR M. RÉAL.

Législateurs, le gouvernement vous présente aujourd'hui le titre XVI du troisième livre du Code civil; c'est celui qui traite *du Dépôt et du Séquestre*.

Dans une matière où les principes sont fixés depuis long-temps, il s'agissait non de créer des règles, mais de recueillir celles dont un long usage a démontré la justice et l'utilité; c'est ce que nous faisons dans le projet de loi qui vous est soumis.

chap. 2, section 1.　Après avoir défini le dépôt, désigné sa *gratuité*, connu son principal caractère, et déclaré qu'il ne peut avoir que des choses mobilières pour objet, le projet conserve sa division naturelle en *dépôt volontaire* et *dépôt nécessaire*.

sect. 2　Le dépôt volontaire est un contrat dont les règles, en ce qui touche à la manière de le former et à la capacité des personnes, ne présentent rien que de conforme aux principes admis pour les conventions en général.

Il faut en dire à peu près autant des obligations respectives qui en naissent.

1927 à 1929　Ainsi le dépositaire doit tous ses soins à la chose déposée, et si elle se détériore par son fait ou sa négligence, il en répondra selon le degré d'intensité que donneront à cette responsabilité, soit les conventions des parties, soit les circonstances dans lesquelles le contrat se sera formé; mais il ne répondra des accidens de force majeure qu'autant qu'il aura été mis en demeure de restituer la chose déposée.

1930　Tous les contrats sont de bonne foi, et nulle part dans le Code l'on n'a attribué plus spécialement ce caractère aux uns qu'aux autres; il est néanmoins difficile de ne pas reconnaître dans le dépôt quelque chose qui place la bonne foi inhérente à ce contrat dans des limites plus étroites que celles qui sont assignées à d'autres contrats.

Le dépositaire ne pourra donc se servir de la chose déposée si l'usage ne lui en a été permis ; car la chose peut recevoir du préjudice de ce simple usage.

Si elle lui a été remise scellée ou cachetée, il ne devra rien se permettre pour la découvrir : ce serait un abus de confiance. 1931

Quelle que soit cette chose, il devra rendre celle qui lui aura été confiée, la rendre identiquement, et cette règle sera observée même quand il s'agirait de sommes monnayées ; autrement, et s'il suffisait de rendre en pareilles quantités ou espèces, le contrat serait dénaturé, et le dépôt se trouverait converti en un simple prêt ou *commodat*. 1932

Si la chose déposée produit des fruits, ils appartiennent au déposant, comme un accessoire de la propriété qui n'a point changé de mains : le dépositaire devra donc en faire raison. 1936

Telles sont ses principales obligations ; mais il peut accidentellement en être rédimé, comme il peut lui en survenir d'autres : par exemple, si la chose lui a été enlevée par une force majeure et remplacée par une autre, il ne devra plus la restitution de la chose déposée, mais bien de celle qui aurait été laissée en remplacement. 1934

En thèse générale, l'héritier est tenu de la même manière et avec la même étendue que celui qu'il représente ; mais en matière de dépôt cette règle recevra une exception. Ainsi, si l'héritier du dépositaire aliène la chose déposée, mais qu'il aura cru lui appartenir, sa bonne foi viendra à son secours, et il ne devra que le prix qui aura été convenu dans l'acte de vente. 1935

Mais en quel temps la restitution sera-t-elle faite, et à qui ? 1944

Le dépôt doit être restitué dès qu'il est réclamé ; il n'y a point à cet égard de stipulation de délai qui puisse s'opposer à la remise du dépôt ; et le dépositaire, qui doit toujours être prêt à le rendre, peut y être nécessairement contraint, si d'ailleurs il n'existe pas entre ses mains des saisies ou des oppositions qui empêchent la restitution de la chose déposée.

1939   Cette restitution ne peut être valablement faite qu'au déposant ou à la personne qu'il a proposée ; ou, s'il est mort, à ceux qui le représentent, et qui, en cas que le dépôt soit indivisible, doivent s'accorder pour le recevoir.

1940   S'il y a eu changement d'état dans la personne du déposant, comme si le dépôt a été fait par une femme, qui depuis est mariée et aura transporté l'administration de ses biens à son mari, la restitution du dépôt sera faite à celui-ci.

1941   Dans l'hypothèse inverse, si un mari ou un tuteur ont déposé une chose appartenant à la femme ou au pupille, et que le titre de l'administration cesse avant la remise du dépôt, la restitution s'en fera soit à la veuve, soit au pupille devenu majeur.

1938   L'extrême simplicité de ces règles diverses excluait toute controverse à ce sujet : mais si le dépositaire est instruit que la chose qui lui est remise à ce titre n'appartient pas au déposant, que devra-t-il faire, et comment, en ce cas, la restitution s'opérera-t-elle?

Cette question, la seule qui présentât quelque difficulté, a été examinée avec soin, et suivie de la décision comprise en l'article 24 du projet de loi.

Quelques avis tendaient à interdire dans l'espèce proposée toute restitution au déposant; mais on a jugé préférable de valider la restitution qui lui sera faite, après néanmoins que le dépositaire aurait dénoncé le dépôt au propriétaire, avec sommation de le réclamer dans un délai suffisant.

Cet avertissement satisfait à la morale et à la justice; mais si celui qui a été averti ne fait point ses diligences, la loi doit présumer que le déposant et le propriétaire se sont arrangés : en tous cas le dépositaire ne saurait être astreint ni à des poursuites ultérieures qui pourraient l'exposer personnellement à des dommages-intérêts , ni à rester indéfiniment chargé du dépôt.

Je vous ai retracé, législateurs, les obligations du déposi- 1947-1948 taire : celles du déposant sont beaucoup moins étendues.

De la part de ce dernier, tout consiste à rembourser au dépositaire les dépenses qu'il a faites pour la conservation du dépôt, et à l'indemniser des pertes que ce dépôt aurait pu lui causer : mais jusqu'au paiement de ces dépenses et indemnités le dépôt peut être retenu; car il est naturellement, et sans le secours d'aucune stipulation, le gage des créances dont il est la cause.

Après avoir traité du dépôt volontaire, le projet de loi qui 1949 vous est soumis règle ce qui est relatif au dépôt nécessaire.

Il ne s'agit plus ici d'un contrat, mais plus exactement d'un *quasi-contrat* fondé sur la nécessité, et qui mérite d'autant plus la protection de la loi, que, dans la plupart des cas où il y a lieu d'en faire l'application, cette application est réclamée par des êtres malheureux , victimes d'un incendie, d'une ruine, d'un pillage ou d'un naufrage.

Quand au milieu d'une telle catastrophe on peut sauver 1950 ses effets, on le fait sans recourir aux moyens que la loi prescrit pour établir les conventions ordinaires; ainsi la preuve par témoins d'un tel dépôt sera admise, quand même son objet s'éleverait au-delà de 150 francs.

C'est aussi un dépôt regardé comme nécessaire que celui 1952-1953 des effets qu'un voyageur apporte dans une auberge ou hôtellerie; car ils y sont placés sous la foi publique, et l'aubergiste répond et du dommage qui leur aurait été causé, et même du vol qui en aurait été fait, à moins qu'il ne soit l'effet d'une force majeure.

Cette disposition, depuis long-temps admise par nos lois, était trop utile pour n'être pas maintenue dans notre nouveau Code. Sans doute elle impose de grandes obligations aux aubergistes et hôteliers; mais elle pourvoit à l'ordre public, et elle est indispensable pour la sécurité des voyageurs.

ch. 3.   Je viens, législateurs, d'indiquer rapidement les dispositions qui s'appliquent au dépôt, et leurs motifs ; il me reste
à vous entretenir de la partie du projet relative au séquestre.

1955   Il y a deux espèces de séquestre, le séquestre conventionnel et le séquestre judiciaire.

1956   Le séquestre conventionnel et le dépôt diffèrent principalement entre eux, en ce que, dans le dépôt la chose déposée,
soit qu'elle soit la propriété d'un seul ou la propriété indivise
de plusieurs, appartient sans contradiction à ceux qui font le
dépôt, au lieu que le séquestre s'applique de sa nature à des
objets litigieux.

Ainsi, lorsque plusieurs personnes se disputent la propriété
d'une chose, et conviennent néanmoins que, durant le litige, elle restera en la possession d'un tiers désigné, c'est un
séquestre conventionnel.

1959   Un tel séquestre peut s'établir même sur des immeubles,
et les obligations de celui qui en est chargé sont d'ailleurs
très-peu différentes de celles du dépositaire.

1960   Cependant la restitution de l'objet séquestré ne s'accom-
plit pas toujours d'une manière aussi simple que celle d'un
dépôt.

Dans cette dernière espèce les propriétaires sont connus ;
dans le cas du séquestre ils sont incertains, puisque leurs
droits sont litigieux.

Celui qui est chargé d'un séquestre, même conventionnel,
ne pourra donc le remettre qu'après le jugement du litige,
ou, si les parties s'arrangent, du consentement de toutes
celles intéressées au séquestre : nous disons du consentement
de toutes les parties intéressées ; car l'on n'a pas cru que
cette disposition dût se borner aux seules personnes qui auraient constitué le séquestre, mais qu'elle devait s'étendre à
toutes celles qui, par leur intervention au litige, auraient
manifesté des prétentions capables d'exiger leur concours
lors de la remise de l'objet séquestré.

Ce qui vient d'être dit à l'égard du séquestre conventionnel laisse peu de chose à dire sur le séquestre judiciaire.

En effet, si l'on en excepte la disposition qui assigne de plein droit un salaire au gardien judiciaire, on trouvera que l'un et l'autre de ces séquestres sont régis par des règles communes ou semblables; et il ne pouvait en être autrement, car la seule différence qui existe entre ces deux séquestres, c'est que dans l'un le gardien est nommé par les parties, et dans l'autre par la justice, mais dans les mêmes vues, et, dans l'un comme dans l'autre cas, pour la conservation d'une chose litigieuse.

Législateurs, la matière dont je viens de vous entretenir n'offrait point de difficultés sérieuses ; simple dans son objet et juste dans ses détails, le projet qui vous est présenté n'a sans doute pas besoin de plus amples développemens pour mériter et obtenir votre sanction.

COMMUNICATION OFFICIELLE AU TRIBUNAT.

Le Corps législatif adressa le projet avec l'exposé des motifs au Tribunat le 19 ventose an XII (10 mars 1804), et M. Favard en fit le rapport à l'assemblée générale le 22 du même mois de ventose (13 mars).

RAPPORT FAIT PAR LE TRIBUN FAVARD.

M. Favard a présenté pour son rapport au Tribunat le discours qu'il avait préparé pour le Corps législatif, et qu'il a ensuite prononcé devant lui ; nous le donnons sous ce dernier titre seulement, afin de ne pas faire de répétition.

Le Tribunat émit dans la même séance un vœu d'adoption, que MM. Favard, Carrion-Nisas et Perrée furent chargés de porter au Corps législatif.

DISCUSSION DEVANT LE CORPS LÉGISLATIF.

DISCOURS PRONONCÉ PAR LE TRIBUN FAVARD.

(Séance du 23 ventose an XII. — 14 mars 1804.)

Législateurs, la loi *sur les obligations conventionnelles* en général a eu pour base les principes de la morale la plus pure.
Le projet de loi sur le dépôt doit surtout porter l'empreinte
de cette sévère probité qui caractérise l'homme de bien. Quoi
de plus sacré en effet que les obligations qui naissent des diverses espèces de dépôt! Qu'il soit volontaire, nécessaire ou
judiciaire, le dépôt qui repose toujours sur la confiance doit
être exécuté avec un scrupule religieux.

Si la confiance n'eût jamais été trahie, on n'aurait jamais
songé à donner des lois à ce contrat; et cette vérité me fait
naître l'idée qu'on pourrait juger de la moralité d'un peuple
par l'exactitude des dépositaires à remplir les obligations naturelles que la conscience leur impose. Les lois très-anciennes
sur le dépôt attestent donc que depuis long-temps on a mé-
connu et violé ces obligations; et il est du devoir du législateur de les tracer avec tant de clarté, qu'il soit impossible à
l'homme qui résiste à la voix de la conscience de se soustraire
à ses devoirs.

C'est aussi l'objet du projet soumis à votre examen.

1916   Il distingue d'abord deux espèces de dépôt, l'un qu'il
qualifie de *dépôt proprement dit*, et l'autre de *séquestre*. La
nature de ces différens dépôts, la manière dont ils se forment, et les diverses obligations qui en résultent, sont clairement expliquées. Nous allons les discuter dans le même
ordre adopté par le projet.

chap. 1,   *De la nature et de l'essence du contrat de dépôt.*
section 1.

1917-1919   Le projet définit le dépôt, un contrat essentiellement gratuit qui est parfait par la tradition réelle ou feinte de la chose
déposée.

La tradition feinte s'entend du cas où le dépositaire est déjà nanti de la chose que l'on consent de lui laisser à titre de dépôt. Supposons, par exemple, que Pierre soit débiteur de 6,000 francs, d'une succession recueillie par Paul. Si ce dernier désire que cette somme reste à titre de dépôt dans les mains de Pierre, pour en faire un emploi quelconque, le dépôt n'est pas moins parfait par la tradition feinte des 6,000 francs qu'il le serait par la tradition réelle. Les mêmes obligations existent tant pour le déposant que pour le dépositaire.

Le dépôt est volontaire ou nécessaire. Chacun de ces dépôts a des règles particulières qu'il faut examiner séparément.

Comment se forme le dépôt volontaire ?

Il se forme par le consentement réciproque de la personne 1921-1923 qui fait le dépôt et de celle qui le reçoit. Comme tous les contrats qui obligent, le dépôt volontaire doit être fait par écrit; mais il peut être prouvé par témoins lorsque l'objet déposé n'est pas d'une valeur au-dessus de 150 francs. C'est une innovation à l'ordonnance de 1667 (a), qui, pour le dépôt volontaire, n'autorisait la preuve testimoniale que jusqu'à 100 francs. Ce changement a déjà été adopté au titre des obligations conventionnelles (b).

Quand le dépôt s'élève au-dessus de 150 francs, il ne peut 1924 être prouvé par témoins; il faut alors s'en rapporter à la déclaration du dépositaire, soit pour le fait même du dépôt, soit pour la chose déposée, soit enfin pour le fait de la restitution. Cela est fondé sur les principes du droit. Le déposant a suivi la foi du dépositaire, *totum fidei ejus commissum* ; il s'est livré à sa moralité, dans laquelle il peut avoir eu trop de confiance, mais qu'il ne peut pas récuser. Il est le seul coupable de son imprudence, s'il y en a eu : je dis s'il y en a eu, car les juges ne peuvent pas en voir là ou le dépositaire ne leur offre que son allégation, qui ne doit pas l'emporter sur l'allégation contraire du prétendu dépositaire.

(a) Voyez les articles 2 et 3 du titre XX de l'ordonnance de 1667.
(b) Voyez l'article 1341 du Code.

1925-1926   Les personnes incapables de contracter peuvent-elles recevoir un dépôt?

Le projet décide la négative, parce que le dépositaire contracte une obligation en se chargeant d'un dépôt; et s'il était permis aux personnes incapables de contracter de se rendre dépositaires, il y aurait contradiction dans les lois : car les incapables, tels que les mineurs, les interdits et les femmes mariées, pourraient contracter des engagemens ruineux en prenant la voie du dépôt.

Aussi le déposant n'a-t-il contre ces personnes que l'action en répétition de la chose déposée si elle existe, et celle en répétition de ce qui a tourné au profit du dépositaire si l'objet n'existe plus.

Mais le dépôt fait par un incapable entre les mains d'une personne capable oblige-t-il le dépositaire?

On a déjà vu, dans la loi sur les *obligations conventionnelles,* que les personnes capables de s'engager ne peuvent opposer l'incapacité des personnes avec qui elles ont contracté (a). C'est par une conséquence de ce principe que le dépositaire d'une chose déposée par une personne incapable est tenu de toutes les obligations qu'entraîne le dépôt.

sect. 3.   Après avoir fixé les règles qui constituent le dépôt volontaire, le projet passe aux obligations qui en résultent.

Quelles sont les obligations du dépositaire?

1927   Il doit porter dans la garde du dépôt les soins d'un bon père de famille : mais la loi doit exiger plus de lui dans plusieurs cas.

1928   1° Si le dépositaire s'est offert lui-même pour recevoir le dépôt; 2° s'il a stipulé un salaire pour sa garde; 3° si le dépôt a été fait uniquement pour l'intérêt du déposant; 4° s'il a été convenu expressément que le dépositaire répondrait de toute espèce de faute. Dans tous ces cas, le juge doit être plus rigoureux : mais le projet de loi ne lui donne pas de

_____

(a) Voyez l'article 1125 du Code.

règle de conduite; il s'en rapporte à sa prudence, et c'est à lui de peser les différentes circonstances qui peuvent aggraver le sort du dépositaire.

Il est certain que les cas prévus par le projet changent la position du dépositaire.

S'il a offert de recevoir le dépôt, il a pu être cause que le déposant ne s'est pas adressé à d'autres qui auraient apporté tous les soins convenables pour la conservation de la chose déposée (a); il doit donc prendre plus de précautions que le dépositaire qui n'a fait que céder au vœu du déposant. Aussi la loi romaine exigeait-elle des soins plus qu'ordinaires de la part du dépositaire qui s'était offert de lui-même à garder le dépôt (b).

Si le dépositaire reçoit un salaire, ou si le dépôt n'a été fait que pour son intérêt, il est juste que dans ces deux cas sa garantie ait plus d'extension : il n'est plus un simple dépositaire ; il devient une espèce de préposé à gage ou un débiteur soumis à d'autres engagemens.

Il en est de même si le dépositaire s'est obligé de répondre de toute espèce de faute ; s'il a pris sur lui tous les événemens, il doit les supporter. C'est une convention qui forme la loi des parties, et qui doit être exécutée (c).

Le dépositaire est-il tenu de rendre la chose même qu'il a 1932 reçue ?

En décidant l'affirmative, le projet n'a pas créé un principe nouveau ; il n'a fait que rappeler celui qui a existé de tout temps, et qui a même été respecté à toutes les époques de la révolution (d).

(a) *Si quis deposito obtulit*, idem *Julianus scribit periculo se depositi illigasse; ita tamen non solum dolum, sed etiam culpam et custodiam præstet, non tamen casus fortuitos.* Lib. I, § 35, Dep.
(b) Voyez la loi 21, Cod. Man.
(c) *Si convenit ut in deposito et culpa præstetur; rata est conventio contractus, enim legem ex conventione accipiunt.* L. I, § 6, ff. Depos. d.
(d) Voyez les lois des 24 septembre 1792, 23 septembre 1793, 15 germinal an II, 5 fructidor an III, et 15 germinal an IV : elles ordonnent aux dépositaires de se libérer dans les mêmes espèces qui ont été touchées.

Les receveurs des consignations avaient bien voulu se sous-traire à cette obligation : ils prétendaient qu'ils pouvaient rembourser en assignats des sommes déposées en espèces métalliques; ils excipaient d'un arrêt du Conseil, du 10 mars 1625, qui les autorisait à négocier les fonds dont ils étaient dépositaires : d'où ils tiraient la conséquence qu'ils étaient autorisés à se libérer de la même manière qu'on leur avait remboursé les sommes qu'ils avaient prêtées.

Mais une loi du 30 pluviose an 5 a fait cesser cette préten-tion, en ordonnant que les sommes versées dans les caisses des receveurs des consignations devaient être restituées en mêmes espèces qu'elles avaient été reçues.

Aussi l'article 18, qui s'applique au dépôt judiciaire comme au dépôt volontaire, dit-il que le dépôt des sommes mon-nayées doit être rendu dans les mêmes espèces dans lesquelles il a été fait, soit dans le cas d'augmentation, soit dans le cas de diminution de leur valeur.

La précision de cet article prévoit tous les cas, et ne laisse aucun espoir à la mauvaise foi du dépositaire.

1953-1929 Si le projet de loi est justement sévère à l'égard des dépo-sitaires infidèles, on voit qu'il protége ceux qui ont rempli leur mission avec fidélité. Ils ne doivent rendre la chose dé-posée que dans l'état où elle se trouve au moment de la res-titution. Dans aucun cas ils ne sont tenus des accidens de force majeure, à moins qu'ils n'aient été mis en demeure de restituer le dépôt.

1938 Le projet prévoit le cas où le dépositaire découvrirait que la chose déposée a été volée, et il lui prescrit de dénoncer au véritable propriétaire le dépôt qui lui en a été fait, avec sommation de la réclamer dans un délai déterminé et suffi-sant : il dit suffisant, parce qu'il ne peut pas fixer un délai qui dépend de l'éloignement de la personne et de la nature de l'objet déposé, ce qui peut varier à l'infini.

Si, dans ce délai, le véritable propriétaire ne réclame pas, le dépositaire se libère valablement en rendant la chose au

déposant; il a fait alors tout ce que sa position exigeait, tant
pour l'intérêt du propriétaire que pour celui de la société.

Mais si le déposant décède avant qu'un dépôt ait été 1939
rendu, à qui la remise doit-elle en être faite?

Sera-ce à celui qui était indiqué pour recevoir le dépôt?
sera-ce à l'héritier du dépositaire?

Il semble d'abord que la chose déposée devrait être remise
à la personne indiquée pour la recevoir, parce qu'elle est
censée y avoir une espèce de droit acquis; mais, en y réflé-
chissant, on voit que le déposant a conservé jusqu'à sa mort
la propriété du dépôt, qu'il a pu le retirer à volonté, et que
la destination projetée n'ayant pas eu son exécution, il en
résulte que l'héritier du déposant lui succède dans la plénitude de ses droits; qu'ainsi le dépositaire ne peut pas, à l'insu
de l'héritier, disposer du dépôt en faveur de la personne qui
lui avait été désignée, parce que le dépôt serait un fidéi-
commis qui aurait souvent pour but de cacher des dispositions prohibées. Le législateur a dû écarter soigneusement
tout ce qui pouvait favoriser la violation de la loi sur la dis-
ponibilité des biens, surtout après lui avoir donné la latitude
qu'elle devait avoir dans nos mœurs. On ne peut donc qu'approuver la disposition du projet qui porte : « qu'en cas de
« mort de celui qui a fait le dépôt, la chose déposée ne peut
« être rendue qu'à son héritier. »

Le projet prévoit encore le cas où le déposant change d'é- 1940
tat. Si la femme, libre au moment du dépôt, s'est mariée ;
si le déposant se trouve frappé d'interdiction postérieurement au dépôt; dans ces cas et autres de même nature, le
dépôt doit être rendu à celui qui a l'administration des droits
et des biens du déposant. Il est nécessaire que cette restitution se fasse comme toute autre qu'auraient à demander un
interdit ou une femme sous la puissance maritale.

Si l'acte de dépôt fixe un délai pour la restitution de la 1944
chose déposée, le dépositaire peut-il la refuser au déposant
tant que le délai n'est pas expiré?

33.

Le dépositaire, qui doit toujours avoir dans sa main la chose déposée, doit toujours être prêt à la rendre ; et, comme il n'a pas le droit d'en jouir, il ne peut avoir aucune raison pour résister à la volonté du déposant. Ce dernier est-il aussi autorisé à retirer son dépôt aussitôt qu'il le réclame, lors même que le contrat aurait fixé un délai déterminé pour sa restitution ?

Il en serait autrement s'il existait entre les mains du dépositaire une saisie-arrêt ou une opposition à la restitution du dépôt ; alors le dépositaire est assimilé à un séquestre, ou à un dépositaire de justice, qui ne doit rendre le dépôt que du consentement des opposans, ou d'après un jugement préalable.

1945   Une question s'est présentée : c'est celle de savoir si le dépositaire infidèle pouvait être admis au bénéfice de cession de biens.

Dans la loi sur les obligations conventionnelles on a dit que ce bénéfice ne pouvait être accordé qu'au débiteur malheureux et de bonne foi. Les créanciers peuvent même refuser la cession dans les cas exceptés par la loi (a).

Or, la loi peut-elle prononcer une exception plus favorable que dans le cas où un dépositaire s'est rendu coupable d'infidélité ? Celui-ci est-il fondé à invoquer la protection que la loi accorde au débiteur malheureux et de bonne foi ? Non sans doute. C'est donc avec raison que le projet exclut du bénéfice de la cession de biens les dépositaires infidèles.

section 4.   *Quelles sont les obligations de la personne qui a fait le dépôt?*
1947-1948   Le contrat qui résulte du dépôt produit deux actions : l'une en faveur de celui qui a fait le dépôt pour obliger le dépositaire à le rendre ; l'autre en faveur de ce dernier, pour se faire rembourser les dépenses occasionées par les choses déposées. Le dépositaire a même un privilége pour le remboursement de ses frais, puisque le projet l'autorise à rete-

(a) Voyez l'article 1270 du Code.

nir le dépôt, *quasi quodam jure pignoris*, jusqu'à l'entier paiement de ce qui lui est dû.

Telles sont les principales règles du dépôt volontaire.

Comment se forme le dépôt nécessaire, et quelles sont les obligations qui en résultent? sect. 5

Le dépôt nécessaire est celui qui a été forcé par quelque 1949 accident, tel qu'un incendie, une ruine, un pillage, un naufrage ou autre accident imprévu.

Cette définition est puisée dans les lois romaines. Ces lois avaient porté la sévérité jusqu'à punir la violation de ce dépôt, jusqu'à condamner le dépositaire infidèle à la restitution du double de la valeur de la chose déposée (a).

Le motif de cette distinction entre le dépôt volontaire et le dépôt nécessaire était très-juste et très-politique. Celui qui a fait choix de son dépositaire ne peut s'en prendre qu'à lui-même s'il a été trompé; il a suivi la foi de la personne dans laquelle il a placé sa confiance; il ne peut dès lors en exiger que la restitution du dépôt, ou sa valeur s'il n'existe plus.

Mais celui qu'une circonstance malheureuse a forcé de se confier à la première personne qui s'est présentée à lui mérite une protection particulière. L'intérêt de la société exige que le dépositaire nécessaire qui est assez vil pour méconnaître les devoirs les plus sacrés soit traité plus sévèrement que le dépositaire volontaire.

Nos lois françaises n'avaient pas admis cette peine double 1950 de la valeur du dépôt, prononcée par la loi romaine; mais elles l'avaient remplacée par d'autres dispositions qui faisaient également ressortir toute la faveur du dépôt nécessaire. L'ordonnance de 1667 (b) autorise la preuve par témoins pour cette espèce de dépôt, quoiqu'elle l'ait rejetée pour le dépôt volontaire, lorsque la chose déposée est au-dessus de 100 francs.

(a) L. 1, § 1, ff. Dep.

(b) Voyez l'article 5 du titre XX, et l'article 4 du titre XXXIV.

Le projet a adopté le principe de l'ordonnance de 1667. Cette ordonnance permet en outre la contrainte par corps contre le dépositaire nécessaire; et le titre IV, *sur la Contrainte par corps*, a consacré cette seconde disposition.

Il était juste de conserver cette différence dans la manière de poursuivre la violation du dépôt nécessaire. N'est-il pas évident que lorsqu'un incendie, un pillage, un naufrage, ou tout autre événement imprévu, oblige le malheureux qui éprouve l'un de ces accidens de sauver à la hâte une partie de ses biens, il n'a ni le temps ni le soin de faire rédiger un acte de dépôt? Il est donc conforme aux lois de l'humanité qu'on ne lui refuse pas d'établir, par une preuve supplétive, le dépôt que ces événemens ont rendu nécessaire. Il est d'ailleurs difficile de croire que l'homme qui a été secouru dans le malheur porte l'oubli du bienfait jusqu'à exiger de son bienfaiteur plus qu'il ne lui a confié; il est malheureusement plus dans le cœur de l'homme avide de profiter du désastre de son semblable pour grossir sa fortune.

1952   Passons à une autre espèce de dépôt qui doit être rangé dans la classe du dépôt nécessaire. C'est celui que le voyageur fait de ce qu'il apporte dans l'hôtellerie où il descend. Il faut que la plus grande sécurité l'y accompagne, et qu'il la conserve par la certitude que la loi lui donne que ses effets ne seront pas impunément divertis, soit par l'aubergiste, soit par les domestiques qu'il emploie, soit par les étrangers qui vont et viennent dans l'hôtellerie. Cette responsabilité, qui paraît rigoureuse, est peut-être la base la plus solide de la prospérité des aubergistes. C'est la confiance qu'ils inspirent, ou la bonne foi et la surveillance à laquelle la loi les oblige, qui rend les voyages plus faciles, plus multipliés, et qui appelle les voyageurs chez eux.

Aussi l'ordonnance de 1667 a-t-elle mis dans la classe des dépôts nécessaires ceux faits entre les mains de l'hôte ou de l'hôtesse en logeant dans leur hôtellerie. Elle déclare « n'en-« tendre empêcher que la preuve par témoins n'en puisse être

« admise *suivant la qualité des personnes et les circonstances*
« *du fait* (a). »

Le même principe a déjà été consacré au titre *des Contrats*
ou des Obligations conventionnelles en général. Il est bon de remarquer que l'article 247 de ce titre, en dispensant de la
par preuve écrit les dépôts nécessaires, dans lesquels il comprend ceux faits par le voyageur en logeant dans une hôtellerie, ajoute également : « Le tout suivant la qualité des
« personnes et les circonstances du fait. »

Ainsi, en rapprochant du projet l'article 247 (titre *des*
Contrats), vous voyez que notre nouveau Code ne fait que
maintenir une disposition admise par nos anciennes lois. La
faculté laissée aux juges d'ordonner ou de rejeter, suivant
les circonstances, la preuve offerte par le voyageur, fait que
les intérêts de ce dernier et ceux de l'hôtelier ne pourront
jamais être compromis.

Il ne me reste qu'à vous dire un mot du séquestre, dont ch. 3.
les obligations rentrent dans celles du dépôt.

Le projet distingue deux sortes de séquestres : le conven- 1955 1956
tionnel et le judiciaire. Il définit le premier un dépôt fait
par une ou plusieurs personnes d'une chose contentieuse
entre les mains d'un tiers qui s'oblige de la rendre, après la
contestation terminée, à la personne qui sera jugée devoir
l'obtenir.

Le séquestre judiciaire a le même effet : il ne diffère du 1958-1960
séquestre conventionnel qu'en ce que ce dernier est nommé
par les parties, tandis que l'autre tient sa nomination du
juge. Les obligations de l'un et de l'autre sont les mêmes :
ils ne peuvent être déchargés de leur mission que du consentement de toutes les parties intéressées ou par l'effet d'un
jugement.

Telle est, citoyens législateurs, l'analyse d'une loi basée

(a) Voyez l'article 4 du titre XX de l'ordonnance de 1667.

tout entière sur les règles de l'équité. Vous n'y avez pas remarqué des dispositions nouvelles : s'il est permis au législateur de chercher le mieux, il sent qu'il ne peut le trouver quand les lois anciennes sur une matière sont l'expression de la morale publique.

Bientôt, citoyens législateurs, vous aurez complété cette précieuse collection de lois qui doivent former notre Code civil ; et cet ouvrage si désiré, depuis que les idées d'ordre public ont germé dans les têtes des Français, deviendra l'objet de l'admiration des siècles qui vont commencer.

Je ne vous promets pas celle de vos concitoyens qui jouiront de ce grand œuvre : il faut s'attendre à des critiques, parmi lesquels on trouvera et les hommes dont la routine est déconcertée, et ceux qui voient leurs espérances déçues, et ceux qui, incapables de produire, se sont fait un système de tout blâmer ; et ceux qui, cherchant une perfection idéale, ne trouvent que des défauts dans ce qui ne leur offre pas cette brillante chimère qu'il n'est pas donné à l'homme de réaliser.

Mais ces vains jugemens seront réformés par la voix infaillible du temps, qui proclamera la sagesse d'un Code qui donne aux Français une organisation inconnue à presque tous les peuples qui se sont agrandis.

Du moment que vous aurez mis la dernière main à ce Code, le peuple français tout entier, régi par une même constitution, par une même morale publique, n'obéira plus qu'à une même loi civile : unité précieuse qui rend la soumission plus libre, et donne au gouvernement une garantie nouvelle pour le succès de ses institutions.

Puisse ce Code rester inviolable ! et ce vœu sera exaucé si la France conserve toujours un gouvernement ferme et sage, des magistrats probes et éclairés, et un peuple qui sente tout le prix de tous ces avantages.

Le Tribunat a voté, citoyens législateurs, l'adoption du

titre sur *le dépôt et le séquestre;* il l'a cru digne de votre sanction.

Le décret fut rendu par le Corps législatif le même jour, et la promulgation en fut faite le 3 germinal an XII (24 mars 1804).

TITRE DOUZIÈME.

Des Contrats aléatoires.

DISCUSSION DU CONSEIL D'ÉTAT.

(Procès-verbal de la séance du 5 pluviose an XII.— 26 janvier 1804.)

M. Portalis présente le titre XIX du livre III du projet du Code civil, *des Contrats aléatoires.*

Il est ainsi conçu :

DES CONTRATS ALÉATOIRES.

1964   Art. 1er. « Le contrat aléatoire est celui par lequel cha-
« cune des parties contractantes s'engage à donner ou à faire
« une chose, et ne reçoit, en équivalent de ce qu'elle donne
« ou promet, que l'avantage casuel d'un événement incer-
« tain.

« Tels sont :

« Le contrat d'assurance,

« Le prêt à grosse aventure,

« Le jeu et le pari,

« Le contrat de rente viagère.

« Les deux premiers sont régis par les lois maritimes. »

CHAPITRE Ier.

Du Jeu et du Pari.

1965   Art. 2. « La loi n'accorde aucune action pour le paiement
« de ce qui a été gagné au jeu ou par un pari. »

1966   Art. 3. « Les jeux propres à exercer au fait des armes, les
« courses à pied ou à cheval, les courses de chariot, le jeu
« de paume et autres jeux de même nature qui tiennent à

« l'adresse et à l'exercice du corps sont exceptés de la dispo-
« sition précédente.

« Néanmoins le tribunal peut rejeter la demande quand
« la somme lui paraît excessive. »

Art. 4. « Dans aucun cas le perdant ne peut répéter ce 1967
« qu'il a volontairement payé, à moins qu'il n'y ait eu, de la
« part du gagnant, dol, supercherie ou escroquerie. »

CHAPITRE II.

Du Contrat de rente viagère.

SECTION Ire. — *Des Conditions requises pour la validité du
contrat.*

Art. 5. « La rente viagère peut être constituée à titre 1968
« onéreux, moyennant une somme d'argent ou une chose
« mobilière appréciable, ou pour l'abandonnement d'un
« immeuble. »

Art. 6. « Elle peut être aussi constituée à titre purement 1969
« gratuit, par donations entre-vifs ou par testament. Elle
« doit être revêtue alors des formes requises par la loi. »

Art. 7. « Dans le cas de l'article précédent, la rente viagère 1970
« est réductible, si elle excède ce dont il est permis de dis-
« poser : elle est nulle si elle est au profit d'une personne
« incapable de recevoir. »

Art. 8. « La rente viagère peut être constituée, soit sur la 1971
« tête de celui qui en fournit le prix, soit sur la tête d'un tiers
« qui n'a aucun droit d'en jouir. »

Art. 9. « Elle peut être constituée sur une ou plusieurs 1972
« têtes. »

Art. 10. « Elle peut être constituée au profit d'un tiers, 1973
« quoique le prix en soit fourni par une autre personne.

« Dans ce dernier cas, quoiqu'elle ait les caractères d'une
« libéralité, elle n'est point assujétie aux formes requises
« dans les donations, sauf les cas de réduction et de nullité
« énoncés dans l'article 7. »

1974   . Art. 11. « Tout contrat de rente viagère créé sur la tête
« d'une personne qui était morte au jour du contrat est ra-
« dicalement nul. »

1975   Art. 12. « Il y a pareillement nullité dans le contrat par
« lequel la rente a été créée sur la tête d'une personne atteinte
« de la maladie dont elle est décédée dans les vingt jours de
« la date du contrat. »

1976   Art. 13. « La rente viagère peut être constituée au taux
« qu'il plaît aux parties contractantes de fixer. »

SECTION II.—*Des Effets du contrat entre les parties contractantes.*

1977   Art. 14. « Celui au profit duquel la rente viagère a été
« constituée moyennant un prix peut demander la résilia-
« tion du contrat si le constituant ne lui donne pas les sûre-
« tés stipulées pour son exécution.

1978   « Le seul défaut de paiement des arrérages de la rente
« n'autorise point celui en faveur de qui elle est constituée
« à demander le remboursement du capital, ou à rentrer dans
« le fonds par lui aliéné ; il n'a que le droit de saisir et de
« faire vendre les biens de son débiteur, et de faire ordonner
« ou consentir, sur le produit de la vente, l'emploi d'une
« somme suffisante pour le service des arrérages. »

1979   Art. 15. « Le constituant ne peut se libérer du paiement de
« la rente en offrant de rembourser le capital, et en renon-
« çant à la répétition des arrérages payés ; il est tenu de ser-
« vir la rente pendant toute la vie de la personne ou des
« personnes sur la tête desquelles la rente a été constituée,
« quelle que soit la durée de la vie de ces personnes, et quel-
« que onéreux qu'ait pu devenir le service de la rente. »

ap. 1979   Art. 16. « Les arrérages d'une rente viagère sont un fruit
« civil qui appartient à l'usufruitier ; et celui-ci n'est point
« obligé, après la cessation de l'usufruit, de les restituer au
« propriétaire ni à ses héritiers. »

1980   Art. 17. « La rente viagère n'est acquise au propriétaire

« que dans la proportion du nombre de jours qu'il a vécu,
« quand elle aurait été stipulée payable par trimestre, se-
« mestre ou par mois, ou par termes d'avance.

« Le constituant a l'action en répétition pour les termes
« qu'il aurait payés d'avance sans y être obligé par le contrat. »

Art. 18. « La rente viagère ne peut être stipulée insaisis- 1931
« sable que lorsqu'elle a été constituée à titre gratuit. »

Art. 19. « La rente viagère ne s'éteint pas par la mort ci- 1982
« vile du propriétaire ; le paiement doit en être continué pen-
« dant sa vie naturelle. »

Art. 20. « Le propriétaire d'une rente viagère n'en peut 1983
« demander les arrérages qu'en justifiant de son existence
« ou de celle de la personne sur la tête de laquelle elle a été
« constituée. »

L'article 1ᵉʳ est soumis à la discussion et adopté.   1974

M. Portalis fait lecture du chapitre Iᵉʳ, *du Jeu et du Pari.*
Les articles 2, 3 et 4, qui le composent, sont adoptés.   1965à1967

M. Portalis fait lecture du chapitre II, *du Contrat de rente viagère.*
La section Iʳᵉ, *des Conditions requises pour la validité du contrat*, est soumise à la discussion.
Les articles 5, 6, 7, 8, 9, 10, 11, 12 et 13, qui la com- 1968à1976 posent, sont adoptés.

La section II, *des Effets du contrat entre les parties contrac-tantes*, est soumise à la discussion.
L'article 14 est discuté.   1977-1978

Le Consul Cambacérès pense que les deux parties de cet article doivent former chacune un article séparé.

Il conviendrait aussi de faire sentir, dans la rédaction ; que la règle générale que l'article établit n'est pas absolue ; qu'il est permis aux parties d'y déroger et de stipuler que, faute de paiement de la rente, le créancier pourra rentrer dans son capital ou dans l'immeuble dont elle est le prix. La rédaction proposée n'exclut pas cette clause dérogatoire ; mais il serait plus utile de l'autoriser formellement.

Les propositions du Consul sont renvoyées à la section.

1979   L'article 15 est discuté.

M. Defermon demande pourquoi la faculté que cet article refuse au débiteur ne lui serait pas accordée lorsque la rente a été constituée à prix d'argent.

M. Tronchet répond que ce serait détruire le contrat dans son essence ; car l'intention du créancier a été de s'assurer irrévocablement une rente viagère.

M. Defermon objecte que cependant, lorsque le débiteur tombe en faillite, la condition de ses créanciers devient beaucoup trop dure s'ils n'ont aucun moyen d'affranchir de la rente les biens qui forment leur gage.

M. Portalis répond que ni le changement survenu dans la fortune du débiteur, ni le fait de ses créanciers, ne peuvent détruire le contrat antérieurement formé, ou modifier la condition du créancier de la rente.

M. Tronchet ajoute que le taux de l'argent ou le signe représentatif pouvant changer, la faculté de rembourser une rente viagère pourrait devenir très-préjudiciable à celui qui la perçoit.

L'article est adopté.

ap. 1979
et 1980
à 1983
   Les articles 16, 17, 18, 19 et 20 sont adoptés.

(Procès-verbal de la séance du 7 pluviose an XII. — 28 janvier 1804.)

M. Portalis présente une nouvelle rédaction du titre XIX du livre III du projet de Code civil, *des Contrats aléatoires.*

Le Conseil l'adopte en ces termes :

DES CONTRATS ALÉATOIRES.

1964   Art. 1er (*le même que celui du procès-verbal qui précède*).

CHAPITRE Iᵉʳ.

Du Jeu et du Pari.

Art. 2, 3 et 4 (*les mêmes que ceux du procès-verbal cité*). 1965 à 1967

CHAPITRE II.

Du Contrat de rente viagère.

SECTION Iʳᵉ.—*Des Conditions requises pour la validité du contrat.*

Art. 5, 6, 7, 8, 9, 10, 11, 12 et 13 (*tels que sont ces ar-* 1968 à 1976
ticles au procès-verbal déjà indiqué).

SECTION II.——*Des Effets du contrat entre les parties contractantes.*

Art. 14. « Celui au profit duquel la rente viagère a été con- 1977
« stituée moyennant un prix peut demander la résiliation
« du contrat si le constituant ne lui donne pas les sûretés
« stipulées pour son exécution. »

Art. 15. « Le seul défaut de paiement des arrérages de la 1978
« rente n'autorise point celui en faveur de qui elle est con-
« stituée à demander le remboursement du capital, ou à
« rentrer dans le fonds par lui aliéné : il n'a que le droit de
« saisir et de faire vendre les biens de son débiteur, et de
« faire ordonner ou consentir, sur le produit de la vente ,
« l'emploi d'une somme suffisante pour le service des arré-
« rages. »

Art. 16, 17, 18 et 19 (*les mêmes que les articles* 15, 17, 18, 1979 à 1983
19 et 20 *du procès-verbal ci-dessus rapporté*).

Le Consul ordonne que le titre ci-dessus sera communiqué
officieusement, par le secrétaire-général du Conseil d'État,
à la section de législation du Tribunat, conformément à
l'arrêté du 18 germinal an X.

COMMUNICATION OFFICIEUSE

Le projet fut communiqué à la section le 9 pluviose an XII (30 janvier 1804), et elle l'examina le 5 ventose (25 février) suivant.

La section de législation entend un rapport sur le projet de loi relatif aux contrats aléatoires ; ce projet est destiné à former le titre XIX du livre III du Code civil.

La discussion qui a suivi le rapport a fait naître différentes observations dont voici le résultat :

1964   Art. 1er. Cet article définit les contrats aléatoires, et la définition qu'il donne n'a pas été trouvée parfaitement exacte. Suivant elle, il faut, pour que le contrat aléatoire existe, non seulement que chacune des parties contractantes s'oblige à donner ou à faire une chose, mais encore que chacune d'elles ne reçoive en équivalent de ce qu'elle donne ou promet, que l'avantage actuel d'un événement incertain. Or, il est évident que le contrat aléatoire peut exister, quoique l'une des parties ait reçu une somme fixe, et qu'il n'y ait d'incertain que ce qui sera reçu par l'autre. Par exemple, le contrat de rente viagère, que le projet place à juste titre au rang des contrats aléatoires, n'offre d'incertain que les arrérages de la rente qui produiront beaucoup ou se réduiront à rien, selon que la vie du débiteur sera très-longue ou très-courte. Mais le prix que le débiteur a reçu est une chose qui n'a rien d'incertain ni de variable.

L'acquéreur de la rente ne peut demander aucune diminution de ce prix si le débiteur vit peu. Le débiteur de son côté ne peut en demander l'augmentation quand il atteindrait la plus longue durée de la vie humaine.

D'un autre côté, ce ne sont pas toujours des avantages plus ou moins grands qui résultent des contrats aléatoires ; il en résulte aussi des pertes. Le projet ne l'annonce pas assez clairement.

Ces considérations ont déterminé la section en faveur d'une nouvelle rédaction de l'article 1ᵉʳ, ainsi conçue :

« Le contrat aléatoire est une convention réciproque dont « les effets, quant aux avantages et aux pertes, dépendent « d'un événement incertain.

« Telles sont, etc. » Le surplus comme dans le projet.

Art. 2. *Pour le paiement de ce qui a été gagné au jeu ou par* 1965 *un pari.*

La rencontre désagréable à l'oreille des mots *par un pari* sera évitée en substituant aux termes qu'on vient de rapporter les termes suivans, qui d'ailleurs sont adoptés par l'usage, *pour une dette du jeu, ou pour le paiement d'un pari.*

Art. 5. *Ou pour l'abandonnement d'un immeuble.* Le mot 1968 *abandonnement* n'est pas connu dans toutes les parties de la France. Dans celles où il est usité, on ne l'emploie ordinairement que pour signifier une cession de biens. Ce n'est point le cas de l'article. La section pense qu'il convient de supprimer le mot *abandonnement,* et de dire simplement *ou un immeuble.*

En effet la rente viagère peut être constituée moyennant un immeuble, de même que moyennant des objets mobiliers : c'est ce que doit dire l'article, et c'est ce qu'il dira.

Art. 6. Au lieu de *revêtus alors,* dire *alors revêtus.* Cette 1969 dernière construction a paru préférable.

Art. 10, deuxième paragraphe. *Aux formes requises dans* 1973 *les donations,* dire *aux formes requises pour les donations.* Faute typographique.

Art. 11. Au lieu de *est radicalement nul,* dire *ne produit* 1974 *aucun effet.* Ce changement est nécessité par la nouvelle loi sur les contrats en général qui, en parlant, article 31, des obligations sans cause, se sert de la même expression. Or, il s'agit ici d'une espèce d'obligation sans cause. On a d'ailleurs voulu éviter la distinction souvent subtile entre la nullité radicale et la nullité non radicale.

1975   Art. 12. Au lieu de *il y a pareillement nullité dans le contrat*, dire *il en est de même à l'égard du contrat*. Le changement proposé pour l'article 11 rend ce dernier indispensable.

1980   Art. 17. Des deux paragraphes dont cet article est composé il résulte 1° que la rente viagère n'est acquise au propriétaire que dans la proportion du nombre de jours qu'il a vécu, même quand cette rente aurait été stipulée payable par termes d'avance ; 2° que néanmoins, dans ce dernier cas, les termes payés d'avance ne pourront être répétés, puisque, en conséquence du deuxième paragraphe, la répétition n'a lieu que lorsqu'on n'a pas été obligé par le contrat à payer d'avance. La section estime qu'une telle disposition ne répondrait point aux intentions sages du législateur. Supposons qu'il ait été convenu dans un contrat que chaque terme de la rente viagère serait payé d'avance, et que le propriétaire de la rente vienne à mourir le second jour du terme : ou le débiteur a payé le premier jour du terme, ou il ne s'est présenté à cet effet que le troisième. S'il a payé le premier jour, le terme entier que le propriétaire a reçu lui est définitivement acquis, et, quoique ce dernier soit mort le lendemain, le débiteur ne peut répéter la moindre chose. Si au contraire le débiteur ne s'est présenté que le troisième jour, comme alors le propriétaire n'existe plus, le débiteur en sera quitte pour payer à ses héritiers deux jours de terme, et profitera de tout le reste. Ainsi un débiteur peu délicat voyant la personne à laquelle il doit une rente viagère atteinte d'une maladie dangereuse vers le commencement d'un terme différera de la payer dans l'espoir d'avoir affaire plutôt à son héritier qu'à elle, et dès lors de n'être plus tenu que d'une faible partie du terme : ce sera peut-être le temps où le propriétaire de la rente aura le plus pressant besoin de toucher ce terme : sa mort peut arriver avant qu'il ait obtenu justice, et le débiteur recueillera le prix de ses retards. L'avis de la section est qu'il ne faut point laisser une telle prime à la mauvaise foi. Lorsque le contrat porte que les termes de la rente viagère seront payés d'avance, le droit doit être acquis au propriétaire dès le premier jour du terme : ses héritiers doivent en jouir s'il meurt avant d'avoir rien touché, quelle que soit l'époque où sa mort arrive. Cette condition entrera dans le calcul des chances pour la fixation du prix de la rente. Le débiteur qui promettra de payer d'avance étant averti par la loi de l'effet de sa promesse n'aura point à s'en plaindre. S'il préfère une condition différente il exigera qu'elle soit stipulée.

D'après ces motifs, l'article 17 paraît à la section devoir être rédigé en ces termes :

« La rente viagère n'est acquise au propriétaire que dans
« la proportion du nombre de jours qu'il a vécu.

« Néanmoins s'il a été convenu qu'elle serait payée d'avance, le terme qui a dû être payé d'avance est acquis du
« jour où le paiement a dû être fait. »

RÉDACTION DÉFINITIVE DU CONSEIL D'ÉTAT.

(Procès-verbal de la séance du 10 ventose an XII. — 1er mars 1804.)

M. PORTALIS, d'après la conférence tenue avec le Tribunat, présente la rédaction définitive du titre XIX du livre III du projet de Code civil, *des Contrats aléatoires.*

LE CONSEIL l'adopte en ces termes :

DES CONTRATS ALÉATOIRES.

Art. 1er. « Le contrat aléatoire est une convention réci- 1964
« proque dont les effets, quant aux avantages et aux pertes,

34.

» soit pour toutes les parties, soit pour l'une ou plusieurs
« d'entre elles, dépendent d'un événement incertain.

« Tels sont,

« Le contrat d'assurance,

« Le prêt à grosse aventure,

« Le jeu et le pari,

« Le contrat de rente viagère.

« Les deux premiers sont régis par les lois maritimes. »

CHAPITRE Ier.

Du Jeu et du Pari.

1965   Art. 2. « La loi n'accorde aucune action pour une dette du
« jeu ou pour le paiement d'un pari. »

1966   Art. 3. « Les jeux propres à exercer au fait des armes, les
« courses à pied ou à cheval, les courses de chariot, le jeu
« de paume et autres jeux de même nature qui tiennent à
« l'adresse et à l'exercice du corps, sont exceptés de la dispo-
« sition précédente.

« Néanmoins le tribunal peut rejeter la demande, quand
« la somme lui paraît excessive. »

1967   Art. 4. « Dans aucun cas le perdant ne peut répéter ce
« qu'il a volontairement payé, à moins qu'il n'y ait eu, de
« la part du gagnant, dol, supercherie ou escroquerie. »

CHAPITRE II.

Du Contrat de rente viagère.

SECTION Ire. — Des Conditions requises pour la validité du contrat.

1968   Art. 5. « La rente viagère peut être constituée à titre oné-
« reux, moyennant une somme d'argent, ou pour une chose
« mobilière appréciable, ou pour un immeuble. »

1969   Art. 6. « Elle peut être aussi constituée, à titre purement

« gratuit, par donation entre-vifs ou par testament. Elle doit
« être alors revêtue des formes requises par la loi. »

Art. 7. « Dans le cas de l'article précédent, la rente viagère 1970
« est réductible si elle excède ce dont il est permis de dis-
« poser : elle est nulle si elle est au profit d'une personne
« incapable de recevoir. »

Art. 8. « La rente viagère peut être constituée, soit sur la 1971
« tête de celui qui en fournit le prix, soit sur la tête d'un
« tiers qui n'a aucun droit d'en jouir. »

Art. 9. « Elle peut être constituée sur une ou plusieurs 1972
« têtes. »

Art. 10. « Elle peut être constituée au profit d'un tiers, 1973
« quoique le prix en soit fourni par une autre personne.

« Dans ce dernier cas, quoiqu'elle ait les caractères d'une
« libéralité, elle n'est point assujétie aux formes requises
« pour les donations; sauf les cas de réduction et de nullité
« énoncés dans l'article 7. »

Art. 11. « Tout contrat de rente viagère créée sur la tête 1974
« d'une personne qui était morte au jour du contrat ne
« produit aucun effet »

Art. 12. « Il en est de même du contrat par lequel la rente 1975
« a été créée sur la tête d'une personne atteinte de la ma-
« ladie dont elle est décédée dans les vingt jours de la date
« du contrat. »

Art. 13. « La rente viagère peut être constituée au taux 1976
« qu'il plaît aux parties contractantes de fixer. »

SECTION II.—*Des Effets du contrat entre les parties contractantes.*

Art. 14. « Celui au profit duquel la rente viagère a été 1977
« constituée moyennant un prix peut demander la résilia-
« tion du contrat si le constituant ne lui donne pas les sû-
« retés stipulées pour son exécution. »

Art. 15. « Le seul défaut de paiement des arrérages de la 1978
« rente n'autorise point celui en faveur de qui elle est con-
« stituée à demander le remboursement du capital, ou à

« rentrer dans le fonds par lui aliéné : il n'a que le droit de
« saisir et de faire vendre les biens de son débiteur, et de
« faire ordonner ou consentir, sur le produit de la vente,
« l'emploi d'une somme suffisante pour le service des arré-
« rages. »

1979 Art. 16. « Le constituant ne peut se libérer du paiement de
« la rente en offrant de rembourser le capital, et en renon-
« çant à la répétition des arrérages payés; il est tenu de
« servir la rente pendant toute la vie de la personne ou des
« personnes sur la tête desquelles la rente a été constituée,
« quelle que soit la durée de la vie de ces personnes, et
« quelque onéreux qu'ait pu devenir le service de la rente. »

1980 Art. 17. « La rente viagère n'est acquise au propriétaire
« que dans la proportion du nombre de jours qu'il a vécu.

« Néanmoins, s'il a été convenu qu'elle serait payée d'a-
« vance, le terme qui a dû être payé est acquis du jour où
« le paiement a dû en être fait. »

1981 Art. 18. « La rente viagère ne peut être stipulée insaisis-
« sable que lorsqu'elle a été constituée à titre gratuit. »

1982 Art. 19. « La rente viagère ne s'éteint pas par la mort
« civile du propriétaire; le paiement doit en être continué
« pendant sa vie naturelle. »

1983 Art. 20. « Le propriétaire d'une rente viagère n'en peut
« demander les arrérages qu'en justifiant de son existence ou
« de celle de la personne sur la tête de laquelle elle a été
« constituée. »

M. Portalis fut nommé, avec MM. Begouen et Français, pour présenter au Corps législatif, dans sa séance
du 14 ventose an XII (5 mars 1804), le titre XIV du
livre III du projet de Code civil, intitulé *des Contrats
aléatoires,* et pour en soutenir la discussion dans celle du
19 du même mois de ventose (10 mars).

PRÉSENTATION AU CORPS LÉGISLATIF,

ET EXPOSÉ DES MOTIFS, PAR M. PORTALIS.

Législateurs, les contrats aléatoires sont la matière du 1964 projet de loi qui vous est soumis. Il définit ces contrats; il énumère leurs diverses espèces; et, après avoir distingué ceux qui appartiennent au droit maritime d'avec ceux qui appartiennent au droit civil, il fixe les règles convenables à ces derniers.

Dans l'ordre simple de la nature chacun est tenu de porter le poids de sa propre destinée. Dans l'ordre de la société nous pouvons, au moins en partie, nous soulager de ce poids sur les autres. C'est la fin principale des contrats aléatoires. Ces contrats sont le produit de nos espérances et de nos craintes. On veut tenter la fortune ou être rassuré contre ses caprices.

Aussi, dans tous les temps, on a commencé des choses incertaines et éventuelles. Les plus anciennes lois prouvent que les hommes, toujours jaloux de soulever le voile mystérieux qui leur dérobe l'avenir, ont constamment cherché à embrasser par leurs conventions des objets qu'ils peuvent à peine atteindre par leur faible prescience.

Quel est le résultat de ces conventions? Nous nous créons des biens présens en assignant un prix à des probabilités plus ou moins éloignées. De simples espérances deviennent des richesses réelles; et des maux qui peut-être ne seront que trop réels un jour sont écartés ou adoucis par la sagesse de nos combinaisons. Nous amortissons les coups du sort en nous associant pour les partager.

Énoncer le principe des contrats aléatoires, c'est avoir suffisamment justifié la légitimité de ces contrats. Quoi de plus légitime que de mettre en commun nos craintes, nos espé-

rances et toutes nos affections, pour ne pas abandonner au
hasard ce qui peut être réglé par le conseil, et pour nous
aider mutuellement par des pactes secourables à courir
avec moins de dangers les diverses chances de la vie?

Tous les contrats qui peuvent être réputés aléatoires ne
sauraient recevoir un nom particulier. Les principaux sont :

L'*assurance*, le *prêt à grosse aventure*, le *jeu* et le *pari*, la
rente viagère.

Parmi ces contrats, il en est dans lesquels une seule des
parties contractantes s'expose à un risque au profit de
l'autre partie, moyennant une somme que celle-ci donne
pour prix de ce risque. Dans le plus grand nombre, chacune
des parties court un risque à peu près égal.

En conséquence, le contrat aléatoire en général est défini
par le projet de loi *une convention réciproque dont les effets,
quant aux avantages et aux pertes, soit pour toutes les parties,
soit pour l'une ou plusieurs d'entre elles, dépendent d'un événement incertain.*

Dans l'énumération des contrats aléatoires, l'assurance et
le prêt à grosse aventure occupent le premier rang.

Le prêt à grosse aventure était connu des anciens : nous
en avons la preuve dans les lois romaines. L'argent prêté
dans la forme et selon les principes qui régissent cette espèce de contrat était appelé *pecunia trajectitia*. L'emprunteur n'était tenu de rendre ni la somme principale ni le
change si le navire venait à périr par fortune de mer dans
le cours du voyage déterminé : il était au contraire obligé de
tout restituer avec l'intérêt nautique stipulé si le voyage
était heureux.

Mais les anciens n'avaient aucune idée de l'*assurance*, contrat infiniment plus étendu dans son application et plus important par ses effets.

Avant que la boussole ouvrît l'univers, on ne connaissait
que quelques bords de l'Asie et de l'Afrique; l'existence de
l'Amérique n'était pas même soupçonnée. Le commerce ma-

ritime avait peu d'étendue et d'activité ; les vues des arma-
teurs étaient rétrécies comme leur commerce. Avec la boussole, des voyageurs hardis virent une mer immense qui se
présentait à eux sans bornes ; ils s'élancèrent avec intrépidité
dans cette vaste région des orages, et ils découvrirent un
nouveau ciel et une nouvelle terre. Alors l'industrie humaine
se fraya des routes jusque là inconnues ; l'univers s'étendit,
et l'Italie, qui, selon l'expression d'un auteur célèbre, avait
été si long-temps le centre du monde commerçant, ne se
trouva plus sous ce rapport que dans un coin du globe.

Cette époque fut celle des grandes entreprises commerciales. Le négociant ne fut plus étranger nulle part ; ses affaires
particulières se trouvèrent liées avec les affaires publiques
des différens États ; il fut obligé d'avoir l'œil sur toutes les
nations pour porter à l'une ce qu'il exportait de l'autre ; et de
grands moyens devinrent nécessaires pour exécuter de grands
projets.

Dans le nombre de ces moyens, le plus efficace, peut-être,
fut l'invention du contrat d'assurance. Par ce contrat, qui
consiste à prendre sur soi les périls que courent sur mer les
marchandises d'un autre, il arrive que la fortune privée d'un
armateur se trouve garantie par celle d'une foule d'assureurs de tous les pays, de toutes les contrées, qui consentent à lui répondre de tous les événemens. Un seul particulier peut ainsi faire le commerce le plus riche et le plus
étendu avec le crédit, la force et les ressources de plusieurs
nations.

Ce n'est sans doute pas le moment de développer les règles
relatives au contrat d'assurance et au prêt à grosse aventure.
Ces deux contrats demeurent étrangers au Code civil : le
projet de loi n'en fait mention que pour déclarer qu'ils sont
dans la classe des contrats aléatoires, et qu'*ils sont régis par
les lois maritimes.*

On s'est occupé du jeu, du pari et de la rente viagère.

CHAPITRE Iᵉʳ.

Du Jeu et du Pari.

1965   Il est déclaré que *la loi n'accorde aucune action pour une dette du jeu ou pour le paiement d'un pari.*

1966   *Les jeux propres à exercer au fait des armes, les courses à pied ou à cheval, les courses de chariots, le jeu de paume et autres jeux de même nature qui tiennent à l'adresse et à l'exercice du corps, sont exceptés de la disposition précédente.*

Néanmoins on a cru devoir laisser aux tribunaux le droit de *rejeter la demande quand la somme leur paraît excessive.*

Le principe que la loi n'accorde aucune action pour les dettes du jeu n'est donc rigoureusement appliqué, dans le système du projet de loi, qu'aux obligations qui ont leur source dans des jeux dont le hasard est l'unique élément. Les lois pourraient-elles protéger de telles obligations?

Nul engagement valable sans cause. La maxime est incontestable.

Or, quelle est la cause d'une promesse ou d'une obligation contractée au jeu? l'incertitude du gain ou de la perte : il serait impossible d'assigner une autre cause.

Nous savons que des événemens incertains sont une matière licite à contrat, et que les espérances et les risques peuvent recevoir un prix ; mais nous savons aussi qu'il faut quelque chose de plus solide et de plus réel que le désir bizarre de s'abandonner aux caprices de la fortune pour fonder des causes sérieuses d'obligation entre les hommes.

Il est une grande différence entre un contrat qui dépend d'un événement incertain et un contrat qui n'a pour cause que l'incertitude quelconque d'un événement. L'assurance, par exemple, le prêt à la grosse aventure, dépendent d'un événement incertain. Mais l'incertitude de l'événement n'est pas le seul motif du contrat. La faveur accordée par les lois à l'assurance et au prêt à grosse aventure est fondée sur deux choses : le péril de la mer, qui fait que l'on ne s'expose à prêter son argent ou à garantir celui des autres que moyennant un prix proportionné aux chances que l'on court ; et la facilité que les assureurs et les prêteurs donnent à l'emprunteur ou à l'assuré de faire promptement de grandes affaires et en grand nombre : au lieu que les obligations contractées au jeu n'étant fondées sur aucun motif utile ni raisonnable, ne peuvent appeler sur elles la protection du législateur.

Que font deux joueurs qui traitent ensemble ? Ils se promettent respectivement une somme déterminée dont ils laissent la disposition à l'aveugle arbitrage du hasard. Où est donc la cause de l'engagement ? On n'en voit aucune.

Le désir et l'espoir du gain sont pour chaque partie les seuls mobiles du contrat. Ce désir et cet espoir ne s'attachent à aucune action ; ils ne supposent aucune réciprocité de services : chaque joueur n'espère que de sa fortune, et ne se repose que sur le malheur d'autrui. A la différence des contrats ordinaires qui rapprochent les hommes, les promesses contractées au jeu les divisent et les isolent.

On ne peut être heureux au jeu que de l'infortune des autres ; tout sentiment naturel entre joueurs est étouffé, tout lien social est rompu. Un joueur forme le vœu inhumain et impie de prospérer aux dépens de ses semblables ; il est réduit à maudire le bien qui leur arrive, et à ne se complaire que dans leur ruine.

On ne peut donc trouver dans les promesses et les contrats dont nous parlons une cause capable de les rendre vraiment obligatoires. Sans doute le jeu peut n'être qu'un délassement, et dans ce cas il n'a rien d'odieux ni d'illicite ; mais il est également vrai que sous ce rapport il ne saurait être du ressort des lois ; il leur échappe par son objet et par son peu d'importance.

Le jeu dégénère-t-il en spéculation de commerce ? nous retombons dans la première hypothèse que nous avons posée ;

car, dès lors, si les obligations et les promesses présentent un intérêt assez grave pour alimenter une action en justice, elles offrent une cause trop vicieuse pour motiver et légitimer cette action.

Il est des choses qui, quoique licites par elles-mêmes, sont proscrites par la considération des abus et des dangers qu'elles peuvent entraîner ; conséquemment, si le jeu, sous le point de vue que nous l'envisageons, n'était pas déjà réputé mauvais par sa nature, il faudrait encore le réprouver par rapport à ses suites.

Quelle faveur peuvent obtenir auprès des lois les obligations et les promesses que le jeu produit, que la raison condamne, et que l'équité désavoue? Ignore-t-on que le jeu favorise l'oisiveté, en séparant l'idée du gain de celle du travail, et qu'il dispose les âmes à la dureté, à l'égoïsme le plus atroce? Ignore-t-on les révolutions subites qu'il produit dans le patrimoine des familles particulières, au détriment des mœurs publiques et de la société générale?

Dans l'administration d'un grand État la tolérance des jeux est souvent un acte nécessaire de police. L'autorité, qui ne saurait étouffer les passions, ne doit point renoncer aux moyens de surveiller ceux qui s'y livrent. Dans l'impuissance d'empêcher les vices, sa tâche est de prévenir les crimes.

Mais tolérer les jeux ce n'est pas les autoriser.

La loi romaine notait d'infamie ceux qui faisaient profession de jouer aux jeux de hasard. Justinien avait prohibé ces jeux jusque dans les maisons des particuliers.

En France les lois ont quelquefois puni le jeu comme un délit; elles ne l'ont jamais protégé comme un contrat. Une ordonnance de 1629 déclare *toutes dettes contractées par le jeu nulles, et toutes obligations et promesses faites pour le jeu, quelque déguisées qu'elles soient, nulles et de nul effet, et déchargées de toutes obligations civiles et naturelles.*

La jurisprudence ne s'est jamais écartée des dispositions

de cette ordonnance. On admet la preuve par témoins quand un citoyen se plaint de ce qu'une promesse contractée au jeu a été cachée sous la forme d'un simple prêt.

Nous n'avons pas cru devoir abandonner une jurisprudence si favorable aux bonnes mœurs, et si nécessaire pour prévenir les désordres d'une passion dont tous les législateurs ont cherché à réprimer les excès.

Notre âme est froissée, nous frissonnons quand on nous présente sur la scène le spectacle d'un joueur déchiré par ses remords, environné des débris de son patrimoine, accablé sous son infortune, et ne pouvant supporter le fardeau de la vie au milieu des reproches et des pleurs d'une famille désolée. Eh quoi! la justice, en donnant une action utile pour les promesses contractées au jeu, viendrait-elle consommer avec son glaive le sacrifice commencé par la cupidité? Non, législateurs, la morale de nos lois ne peut être ni moins pure ni moins austère que celle de nos théâtres.

Mais, en refusant en général toute action pour promesses contractées au jeu, nous avons excepté de cette disposition les engagemens et les promesses qui ont leur source dans des jeux d'adresse et d'exercice. Ces sortes de jeux sont utiles; on les a peut-être trop négligés dans nos temps modernes.

Cependant, d'après une jurisprudence constante, nous avons autorisé les tribunaux, même quand il s'agit du paiement des promesses ou obligations produites par ces sortes de jeux, à rejeter la demande si la somme réclamée leur paraît excessive.

Les motifs de cette jurisprudence, adoptés par le projet de loi, sont évidens. On conçoit que des citoyens qui jouent à un jeu d'adresse ou d'exercice peuvent, pour soutenir entre eux l'émulation et l'intérêt, stipuler un prix pour le plus adroit ou le mieux exercé. Mais si le gain ou le prix convenu est immodéré, il devient illicite, parce que dès lors la cause d'un tel gain cesse d'être proportionnée à l'objet qui doit le produire. Le jeu, quel qu'il soit, n'est qu'une récréation, et

il y aurait du danger à le laisser dégénérer en commerce.
Tous les gains qui passent certaines bornes sont injustes,
parce qu'ils n'ont point d'autre cause que la corruption du
cœur et l'égarement de l'esprit.

1967   On a examiné, en terminant ce qui regarde le jeu, si celui
qui a volontairement acquitté ce qu'il a promis ou perdu
peut répéter ou faire réduire ce qu'il a payé. On a pensé
qu'aucune demande en répétition ou en réduction n'est recevable : cette décision est conforme à l'ordonnance de Moulins,
qui, en pareil cas, vient seulement au secours des mineurs.
Le droit des majeurs est consommé quand les choses ne sont
plus entières ; la loi ne saurait les écouter quand ils l'invoquent pour le fait même dans lequel ils l'ont méconnue. Nous
ajouterons que le repentir de l'avare qui a payé volontairement une dette du jeu n'est pas assez favorable pour réveil-
ler l'attention de la justice.

Le pari, autrement appelé *gageure*, participe à tous les
vices du jeu ; il est gouverné par les mêmes principes : les
assurances par forme de gageure sont mêmes formellement
prohibées par l'ordonnance de la marine de 1681.

ch. 2.   # CHAPITRE II.

Du Contrat de rente viagère.

Le projet de loi conserve les constitutions de rentes viagères.

Nous savons tout ce que l'on a dit pour et contre ces sortes
de contrats ; mais on ne peut raisonnablement les approuver
ni les critiquer, si l'on n'a égard en même temps aux circonstances ou à la situation dans lesquelles peuvent se trouver les personnes qui se lient par de semblables engagemens.

Les rentes viagères peuvent être considérées sous un point
de vue économique et sous un point de vue moral.

Sous un point de vue moral, la rente viagère peut être regardée comme un contrat peu favorable si elle n'a sa source

que dans des principes d'égoïsme et dans la volonté d'augmenter un revenu déjà suffisant, en aliénant des fonds dont la disparition laisse des enfans, des proches sans ressources et même sans espérances. Mais on n'aperçoit plus rien de répréhensible dans la rente viagère si elle n'est qu'un moyen de subsistance pour un homme isolé qui n'a point d'héritiers, ou pour une personne âgée et infirme qui a besoin de recourir à cet expédient de finance pour vivre. Ici, comme ailleurs, il faut savoir distinguer la chose de l'abus que l'on peut en faire.

Sans doute le législateur devrait proscrire les rentes viagères si l'usage n'en pouvait être qu'injuste et dangereux ; mais il doit les maintenir puisque l'usage en est souvent utile et nécessaire.

Dans un vaste État comme la France, la situation des hommes peut être modifiée de tant de manières, il y a tant de mobilité dans les choses, et tant de distinctions à faire entre les personnes, qu'il est impossible à la loi de régler dans un système de justice distributive ce qui peut être utile à chacun et à tous. La multiplicité des ressources doit être proportionnée à celle des besoins ; on doit se reposer sur la liberté de chaque individu du soin de veiller à sa conservation et à son bien-être. La loi gouvernerait mal si elle gouvernait trop ; la liberté fait de grands biens et de petits maux, pourvu qu'on ne lui laisse pas franchir les limites que l'intérêt public nous force de lui prescrire. Nous n'avons donc pas cru que l'abus possible des constitutions de rentes viagères fût un motif suffisant de bannir de notre législation civile ces espèces de contrats. Dans le cœur d'un père de famille, la nature saura défendre ses droits. C'est une longue expérience qui a fait consacrer la rente viagère comme une institution qui peut secourir l'humanité souffrante, et réparer à l'égard d'une foule d'individus les torts et les injustices de la fortune. Or on sait que l'expérience est maîtresse et des lois et des hommes.

Dira-t-on que l'usage des rentes viagères habitue les hommes à calculer froidement sur la vie et sur la mort de leurs semblables, et peut leur inspirer des affections contraires à l'humanité ? Mais combien d'institutions civiles qui peuvent donner lieu aux mêmes inconvéniens et aux mêmes calculs ! Nous citerons en preuve les redevances et les servitudes viagères stipulées dans un contrat de vente, les legs et les réserves d'usufruit, les transmissions de propriété d'une tête à l'autre, et une foule d'autres actes de même nature. On a proscrit avec raison les assurances sur la vie des hommes, la vente de la succession d'une personne vivante, parce que de pareils actes sont vicieux en eux-mêmes, et n'offrent aucun objet réel d'utilité qui puisse compenser les vices et les abus dont ils sont susceptibles. Mais parce que le débiteur d'une rente viagère pourra, dans le secret de ses pensées, envisager ma mort comme une chance de bonheur, faudra-t-il que je renonce au droit de me constituer créancier de cette rente qui doit soutenir mon existence et ma vie ?

Si nous considérons les constitutions de rentes viagères sous un point de vue économique, nous pourrons nous convaincre que ces contrats peuvent devenir une spéculation de commerce, et que dans plus d'une occasion ils sont plutôt un moyen d'acquérir que d'aliéner. On peut, par de sages combinaisons, multiplier les chances heureuses. Dans tous les contrats où le hasard entre pour quelque chose, l'imagination n'oublie rien pour atteindre aux bienfaits possibles de la fortune.

1968   *Une rente viagère peut être constituée à titre onéreux, moyennant une somme d'argent, ou pour une chose mobilière appréciable, ou pour un immeuble.*

Dans tous ces cas, la constitution d'une rente viagère n'est qu'une manière de vente, même lorsqu'elle est faite à prix d'argent ; car l'argent est susceptible d'être loué ou vendu comme toutes les autres choses qui sont dans le commerce. On en dispose par forme de louage quand on le prête à intérêt; on le vend quand on aliène le fonds principal moyennant une rente.

La rente viagère peut aussi être constituée à titre purement 1969
gratuit, par donations entre-vifs ou par testament : mais *alors*
elle doit être revêtue des formes requises par la loi dans les actes
qui la constituent.

Quand la constitution d'une rente viagère n'offre qu'une libéralité, elle est nulle si elle est constituée en faveur d'une
personne prohibée; elle est réductible si elle excède ce dont
le donateur ou le testateur peut disposer.

La rente viagère peut être constituée, soit sur la tête de celui 1971 à 1973
qui en fournit le prix, soit sur la tête d'un tiers qui n'a aucun
droit d'en jouir.

Elle peut être constituée sur une ou plusieurs têtes.

Elle peut être constituée au profit d'un tiers, quoique le prix
en soit fourni par une autre personne.

Dans ce dernier cas, quoiqu'elle ait les caractères d'une
libéralité, elle n'est point assujétie aux formes requises pour
les donations; sauf les cas de réduction si la libéralité est excessive, et sauf les cas de nullité si une personne prohibée
en est l'objet.

Toutes ces règles sont anciennes ; le projet de loi ne fait
que les rappeler.

Tout contrat de rente viagère créée sur la tête d'une per— 1974
sonne qui était morte au jour du contrat ne produit aucun
effet; cela est évident, car le contrat se trouve sans cause.

Nous avons cru devoir aussi déclarer la nullité du contrat 1975
quand la rente a été créée sur la tête d'une personne atteinte
de la maladie dont elle est décédée dans les vingt jours de la
date du contrat.

En effet, il est certain que, si les contractans eussent connu
la maladie de la personne sur la tête de laquelle on se proposait d'acquérir la rente, l'acquisition n'eût pas été faite,
puisqu'une rente viagère sur la tête d'une personne mourante
n'est d'aucune valeur. Or, on sait qu'il n'y a point de véri-

table consentement quand il y a erreur ou sur la chose, ou sur les qualités essentielles de la chose qui forme la matière du contrat.

1976   Nous décidons que la rente viagère peut être constituée au taux qu'il plaît aux parties contractantes de fixer.

Il ne peut y avoir de mesure absolue pour régler des choses incertaines ; aussi l'action rescisoire a toujours été refusée dans les contrats aléatoires, c'est-à-dire dans tous les contrats qui dépendent d'un événement incertain.

1977   La constitution d'une rente viagère est résolue si le constituant ne donne pas les sûretés stipulées pour son exécution.

Cette règle est commune à tous les contrats intéressés.

1978   Le seul défaut de paiement des arrérages de la rente n'autorise pas celui en faveur de qui elle est constituée à demander le remboursement du capital, ou à rentrer dans les fonds par lui aliénés ; il n'a que le droit de saisir et de faire vendre les biens de son débiteur, et de faire ordonner ou consentir sur le produit de la vente l'emploi d'une somme suffisante pour le service des arrérages.

S'il en était autrement, il n'y aurait point de solidité dans les contrats ; ils seraient dissous par la plus légère infraction de la part d'un des contractans. On ferait prononcer la nullité d'un acte lorsqu'on n'a que le droit d'en demander l'exécution.

1979   Le constituant ne peut se libérer du paiement de la rente en offrant de rembourser le capital, et en renonçant à la répétition des arrérages payés ; il est tenu de servir la rente pendant toute la vie de la personne ou des personnes sur la tête desquelles la rente a été constituée, quelle que soit la durée de la vie de ces personnes, et quelque onéreux qu'ait pu devenir le service de la rente ; car le système contraire changerait entièrement la nature du contrat.

1980   La rente viagère n'est acquise au propriétaire que dans la proportion du nombre de jours qu'il a vécu.

Néanmoins, s'il a été convenu qu'elle serait payée d'avance, le terme qui a dû être payé est acquis du jour où le paiement a dû en être fait.

On peut constituer une rente viagère successivement réversible sur plusieurs têtes; on peut donc, par majorité de raison, stipuler qu'une rente viagère sera payée d'avance. Cette clause n'entraîne, pour le terme payé d'avance, qu'une sorte de réversion tacite en faveur des héritiers, si celui en faveur de qui la rente est constituée est mort dans l'intervalle.

La rente viagère ne peut être stipulée insaisissable que lorsqu'elle a été constituée à titre gratuit. **1981**

Les motifs de cette disposition sont sensibles. On a toujours distingué, avec raison, les rentes viagères créées à titre onéreux d'avec celles qui sont créées à titre gratuit, par don ou par legs. Il a toujours été reconnu que les premières peuvent être saisies par les créanciers du propriétaire, quand même il serait stipulé par le contrat qu'elles ne pourront pas l'être. On conçoit que personne ne peut s'interdire à soi-même la faculté de contracter des dettes, ni à ses créanciers celle de s'en faire payer sur ses biens.

Mais il en est autrement des rentes viagères créées par don ou par legs. Le testateur ou donateur peut valablement ordonner que la rente viagère qu'il lègue ou qu'il donne ne pourra être saisie par aucun créancier du donataire ou légataire. La raison en est que celui qui fait une libéralité peut la faire sous telle condition qu'il juge à propos.

La rente viagère ne s'éteint pas par la mort civile du propriétaire, car c'est la vie naturelle que les contractans ont eu en vue. **1982**

Mais comme le terme de la vie naturelle est la mesure de la durée d'une rente viagère, le propriétaire d'une telle rente n'en peut demander les arrérages qu'en justifiant de son existence, ou de celle de la personne sur la tête de laquelle la rente a été constituée. **1983**

Citoyens législateurs, tel est le projet de loi sur les contrats aléatoires. En le sanctionnant par vos suffrages, vous

aurez posé une nouvelle pierre au grand édifice de notre législation civile. Cet édifice s'élève rapidement et avec ma-
jesté. Encore quelques jours, et grâces au génie qui gouverne
la France, et à votre sagesse qui sait si bien le seconder,
nous offrirons à nos amis, à nos ennemis, le spectacle le plus
imposant qu'une nation puisse donner au monde, et le plus
beau monument qu'elle puisse consacrer à sa propre gloire
et à son propre bonheur.

COMMUNICATION OFFICIELLE AU TRIBUNAT.

Le projet fut transmis avec l'exposé des motifs au Tribunat le 15 ventose an XII (6 mars 1804), et M. Siméon
en fit le rapport à l'assemblée générale dans sa séance
du 17 ventose (8 mars).

RAPPORT FAIT PAR LE TRIBUN SIMÉON.

1964   Tribuns, le besoin dicta les premiers contrats, l'échange,
la vente et le louage. Mais l'audacieuse activité de l'esprit
humain ne se renferme pas dans le cercle étroit des besoins.
Ne se bornant pas même à l'immensité des choses que la nature et l'industrie ont mises à notre disposition, elle a en-
trepris de soumettre à ses calculs et à ses spéculations ce qui
ne nous appartient pas, ce qui est hors de notre dépendance,
le hasard lui-même. Il est devenu la base des contrats aléatoires, produits d'une civilisation déjà bien avancée, et qui,
à mesure qu'ils sont plus éloignés de la nature, exigent davantage l'intervention du droit positif.

Le Code civil vient aujourd'hui tracer la règle de ces contrats.

On en reconnaît quatre principaux.

Les deux premiers, l'assurance et le prêt à la grosse aventure, sont dignes du plus grand intérêt. C'est par eux que le commerce, agrandi et fortifié, est parvenu à lutter avec avantage contre les élémens déchaînés.

L'armateur pauvre a trouvé des fonds. S'ils périssent, ce n'est pas pour lui ; s'il les conserve jusqu'au terme de son voyage, il s'acquitte envers ses prèteurs, et leur paie avec joie le gros intérêt auquel il s'est soumis pour les risques dont ils l'ont déchargé.

L'armateur opulent peut commettre à l'infidélité des mers et aux caprices des vents son entière fortune ; on lui garantit l'effet des tempètes et des naufrages. Pour une modique prime, de paisibles spéculateurs prennent sur eux, au sein de leurs foyers, les terribles dangers de la navigation. En vain les flots irrités auront englouti de riches cargaisons ; la prudence trompe leur furie ; la perte, répartie sur un grand nombre d'intéressés, devient presque insensible ; le navigateur répare ses vaisseaux fracassés, et ses assureurs sont prèts à courir avec lui de nouveaux hasards.

Ces deux admirables contrats appartiennent au Code maritime : ils ne peuvent qu'être désignés dans le Code civil ; mais il est impossible, en les nommant, de ne pas s'incliner devant leurs effets salutaires.

Le sujet des autres contrats aléatoires n'inspire ni les mèmes sentimens ni le même respect.

D'une part, c'est le jeu et le pari ; de l'autre, la rente viagère.

Le jeu ! cette funeste passion, source de tant d'angoisses, 1965 à 1967 de désordres et de crimes, pourquoi faut-il qu'elle soit l'objet d'une loi ? Parce qu'il est de l'objet des lois de contenir et de régler les passions ; les étouffer entièrement n'appartient pas à la législation humaine.

Le jeu est un de ces inconvéniens inséparables d'une grande société, une de ces maladies incurables contre lesquelles il n'y a que des palliatifs. La police doit en modérer la contagion, la police correctionnelle en réprimer les délits. Le Code ne s'occupe que de la question civile, s'il y a action pour le paiement de ce qui a été gagné au jeu ou dans un pari.

Le jeu et le pari sont-ils des causes licites d'obligation?

Le jeu de hasard, qui n'exerce ni l'esprit ni le corps, qui est même peu propre à les délasser, a pour principe l'amour du gain. Ce motif, déjà peu honnête lorsqu'il ne s'applique pas à des objets utiles, porte souvent à de tels excès qu'il était impossible que les lois ne s'occupassent pas d'en tarir, au moins d'en contenir la source.

Comment tolérer dans une société bien ordonnée que les citoyens mettent leur fortune au hasard d'un coup de dé; qu'une épouse, des enfans voient s'évanouir en une heure toutes leurs ressources et leurs espérances, avec le patrimoine d'un mari ou d'un père dissipateur?

Tacite nous apprend que nos pères, les Germains, aimaient le jeu avec une telle passion, qu'après avoir joué tous leurs biens ils finissaient par jouer leurs personnes et leur liberté.

Il ne nous est plus possible d'aliéner notre personne : mais qui ignore combien souvent elle est avilie par le jeu? à combien d'humiliations et de bassesses il entraîne ses malheureuses victimes ! On ne joue plus sa liberté, mais on compromet son honneur.

Les lois romaines avaient interdit de jouer de l'argent à quelque jeu que ce fût, si ce n'est à ceux qui tiennent à l'adresse et à l'exercice du corps. Les capitulaires de Charlemagne, les ordonnances de Saint-Louis et de beaucoup de leurs successeurs contiennent les mêmes dispositions. En les renouvelant dans le projet de loi qui nous occupe, on n'a fait qu'appliquer un remède ancien à un mal invétéré.

Le jeu n'est pas une cause licite d'obligation, parce qu'il n'est pas nécessaire, qu'il n'est pas utile et qu'il est extrêmement dangereux.

De ces motifs même naissent de raisonnables exceptions. Les jeux d'exercice, ceux qui ne sont pas fondés sur le pur hasard, et auxquels se mêlent des calculs et des combinaisons, ces jeux sont utiles, les uns à développer les forces physiques, les autres à exercer les forces intellectuelles : ils offrent un délassement avantageux et quelquefois nécessaire. Ils ne sont pas dangereux, parce qu'ayant un attrait qui leur est propre on n'a pas besoin de leur en créer un dans un prix excessif; et si on venait à l'y mettre, les tribunaux pourraient le retrancher, et traiter comme prohibés des jeux licites dans lesquels on se serait exposé, comme dans ceux de hasard, à des pertes ruineuses.

Il n'y a donc pas d'action pour le paiement d'une dette du jeu de hasard, ou même pour une dette trop considérable résultant d'un jeu licite. Mais si le joueur, plus sévère à lui-même que la loi, s'est tenu pour obligé; si, fidèle à sa passion et délicat dans son égarement, il a acquitté ce qu'il avait témérairement engagé, il ne sera pas reçu à répéter ce qu'il a payé.

La gageure ou pari a les mêmes vices originels et les mêmes dangers que le jeu : comme lui elle ne donne aucune action lorsqu'elle n'a de base que la recherche et l'amour du gain; comme lui elle est tolérée lorsqu'elle a un objet raisonnable ou plausible, des actes, par exemple, de force ou d'adresse, et qu'elle n'est pas immodérée.

La quatrième espèce des contrats aléatoires est la rente viagère. ch. 2.

Ou c'est une pension qu'on établit libéralement au profit 1968 à 1970 de quelqu'un tant qu'il vivra, ou c'est une prestation annuelle que l'on constitue moyennant une valeur ou un capital qu'on appelle *fonds perdu*, parce que celui qui le livre ne le prête pas, il le donne; il ne peut le répéter comme une dette, ni être contraint à en recevoir le remboursement.

C'est de la vie plus ou moins longue de l'individu sur la tête duquel la rente est constituée que dépendent l'avantage et le désavantage de ce contrat. Il est essentiellement aléatoire, puisqu'il est fondé sur une si impénétrable incertitude.

Lorsque la rente viagère est établie à titre gratuit, elle est une libéralité sujette aux formalités et aux règles des donations ou des testamens.

Lorsqu'elle a un prix, celui qui le reçoit vend pour ce prix une prestation annuelle dont la durée est incertaine, et dont la quotité est fixée entre lui et l'acquéreur, en raison de leurs convenances, de leurs calculs, de leurs espérances et de leurs volontés ; le taux en est donc arbitraire.

1971-1972   La rente viagère peut être constituée sur une ou plusieurs têtes ; sur celle du bailleur de fonds, ou sur celle d'un tiers qui ne fournit rien, dont on emprunte même la tête quelquefois à son insu, et qui n'aura aucun droit à la rente.

1973   On peut aussi la constituer au profit de quelqu'un qui n'en fournit pas le capital : quoiqu'elle soit à son égard une libéralité, elle n'est pourtant pas assujétie aux formalités des donations. Il est essentiel de remarquer que cette disposition contenue dans l'article 10 n'est point en contradiction avec celle de l'article 6, qui assujétit la rente viagère à titre gratuit aux formes des donations ou des legs.

Il s'agit, dans l'article 6, d'une rente que l'on crée sur soi ou sur ses héritiers, au profit de quelqu'un qui ne l'achète pas. On lui fait donation ou legs d'une rente viagère ; il faut recourir aux formalités des donations ou des legs, parce qu'il n'y a pas d'autre contrat qu'une libéralité.

Au contraire, dans les cas de l'article 10, la libéralité n'est qu'accessoire à un autre contrat, à l'achat que l'on fait de la vente au profit d'un tiers. Il se passe une véritable vente entre le bailleur de fonds et celui qui s'oblige à la rente. On jugera donc le contrat par les règles de la vente, et non par celle des donations.

1974   La base du contrat de rente viagère étant l'existence de celui sur la tête duquel on l'assied, il doit être vivant au

moment de la constitution, sinon le contrat serait nul, puisqu'il n'y aurait pas matière à risque ; et c'est le risque et
l'incertitude de l'événement qui forment l'essence des contrats aléatoires.

Par le même principe, si la personne sur la tête de laquelle 1975
la rente est constituée est atteinte au moment du contrat
d'une maladie dont elle est morte dans les vingt jours, le
contrat est annulé comme n'ayant pas eu une base suffisante.

Telles sont les règles qui président à la formation du contrat de rente viagère.

Quant à ses effets, ils sont de donner droit au proprié- 1978-1979
taire de la rente de l'exiger tant que la tête sur laquelle on
l'a constituée est existante.

Le débiteur ne peut s'en libérer en offrant la restitution
du prix ou du capital ; car il ne doit pas ce prix, qui a cessé
d'appartenir au créancier, et qui lui est devenu propre. Il
s'est soumis à une prestation annuelle qui est irrachetable,
dont la durée doit être plus ou moins longue, et qui n'a de
terme que la mort de l'individu sur la tête de qui elle est
constituée.

Le remboursement dénaturerait le contrat puisqu'il ferait
cesser l'incertitude et le hasard qui en sont la base.

De là il suit que ni le débiteur fatigué de payer une rente
qui ne s'éteint pas conformément aux calculs qu'il avait faits,
ni le créancier qui se repent d'avoir perdu son fonds, ne peuvent, à moins d'un commun accord, offrir ou exiger le remboursement.

A défaut de paiement, le créancier n'a que le droit de
saisir les biens du débiteur, et de les faire vendre pour obtenir, sur le produit de la vente, l'emploi d'une somme
suffisante au service des arrérages.

Ce principe ne reçoit d'exception que dans le cas où l'on
ne donnerait pas au créancier de la rente viagère les sûretés
qu'il a exigées.

Dans ce cas, le contrat n'est pas consommé ; la restitution

naît de la contravention à ses conditions : au contraire, lorsque le contrat a été accompli, la négligence dans la prestation de la rente n'est pas une cause de résiliement; elle ne
donne qu'une action en contrainte pour l'exécution d'un contrat parfait, et qui ne peut être éteint que par l'événement
qui en est la base.

1980-1983   La rente viagère dépendant de l'existence de la tête sur
laquelle elle est fondée n'est due aussi que sur la preuve de
cette existence, et à proportion des jours qu'elle a duré, c'est-
à-dire que si l'individu sur la tête duquel la rente est constituée meurt au milieu d'un terme, on ne paiera au propriétaire que le nombre de jours que la personne a vécu, à
moins qu'on n'eût stipulé que la rente sera payable d'avance.
Dans ce cas le terme dans lequel on est entré sera gagné.

La jurisprudence était différente en certains lieux. Du
principe que la rente viagère est attachée à la vie on dédui-
sait qu'elle n'était due que jour par jour; que la mort la faisait cesser même quand on aurait stipulé qu'elle serait payable
d'avance. Cependant, si en exécution de ce pacte elle avait
été payée, on n'admettait pas la répétition, il en résultait
cet inconvénient, que le débiteur négligent à remplir ses engagemens gagnait une partie du terme qu'il n'avait pas payé
d'avance, au lieu que le débiteur exact le perdait. Il a paru
plus conséquent d'établir d'abord le principe que de droit
commun la rente n'est due que jour par jour, et proportionnellement au temps qu'on a vécu; mais que l'on peut stipuler
qu'elle sera payée d'avance. Dans ce cas, c'est une prime que
le créancier gagne. Dès que l'individu sur la tête de qui
porte la rente a vécu un jour dans le trimestre ou le semestre,
que la rente ait été payée ou non, elle est acquise.

1982   La mort civile n'éteint pas la rente viagère, parce qu'elle
n'est pas entrée dans les calculs des contractans; ils n'ont pu
ni dû le prévoir.

1981   La rente viagère que l'on donne peut être déclarée insaisissable ; c'est une libéralité que l'on fait sous cette condition

qui ne nuit à personne : les créanciers du donataire de la rente n'ont pas dû compter sur une libéralité qui leur profitât malgré le donateur.

Mais la rente viagère que l'on achète ne peut être insaisissable; ce serait un moyen de frauder ses créanciers, en plaçant sa fortune, qui est leur gage, à rente viagère.

Voilà, tribuns, les principales règles de cet étrange contrat, où le vendeur spécule sur la mort prompte de celui auquel l'acheteur augure et souhaite une longue vie.

La rente viagère offre quelquefois une ressource à des individus trop peu fortunés pour que des biens plus durables, mais plus modiques, suffisent à leurs besoins.

Quelquefois elle a enrichi des spéculateurs assez sages pour en conserver les arrérages, et recouvrer, en les accumulant, le capital qu'ils avaient abandonné à fonds perdu; en sorte qu'au bout de quelques années ils jouissaient gratuitement de la rente.

Le plus souvent elle a servi la dissipation et l'égoïsme; elle est devenue une sorte de jeu funeste et ruineux pour les familles. Sous ce rapport elle a mérité des reproches d'immoralité que trop de faits ont appuyés.

Mais l'abus que les hommes font de ce qui n'est pas mauvais en soi n'est pas une raison suffisante de proscrire ce dont ils abusent; il faudrait donc aussi leur ôter leur liberté. Les lois civiles organisent les conventions; elles présument qu'on les fera avec raison et sagesse; elles ne peuvent prohiber que celles qui sont directement contraires à l'ordre public et aux bonnes mœurs.

Telles ne sont point les constitutions de rentes viagères quand on n'en use pas avec excès, quand on sait porter ses principales vues au-delà du cercle étroit du présent, et qu'on a assez d'âme pour ne pas exister uniquement pour soi.

Courte et fugitive comme la vie, la rente viagère n'offre point de stabilité; le bon père de famille, jaloux de transmettre à ses enfans son nom et sa fortune, ne met pas tout

sur sa tête, biens et honneurs ; il ne veut pas mourir tout
entier ; il sait que la prospérité des familles de laquelle se
compose celle de l'État exige une certaine perpétuité dans
leur patrimoine. Il regarde la constitution de rente viagère
comme un de ces jeux licites dont on ne doit user que mo-
dérément ; c'est un contrat aléatoire. L'homme sage brave
quelquefois le hasard pour de grandes causes ; mais à moins
d'y être contraint il ne s'y abandonne jamais tout entier.

Votre section de législation, tribuns, m'a chargé de vous
proposer l'adoption du projet de loi destiné à former un des
titres du Code civil, relativement aux *contrats aléatoires*.

Le Tribunat émit dans sa séance du lendemain un vœu
d'adoption qu'il fit porter au Corps législatif par MM. Siméon, Duveyrier et Tarrible.

DISCUSSION DEVANT LE CORPS LÉGISLATIF.

DISCOURS PRONONCÉ PAR LE TRIBUN DUVEYRIER.

(Séance du 19 ventose an XII. — 10 mars 1804.)

Législateurs, si le premier contrat indiqué à l'homme par
la nécessité et l'industrie fut l'échange, le dernier qu'in-
venta sa cupidité doit être le contrat aléatoire. Après avoir
asservi à ses besoins, à ses désirs, à ses jouissances, toutes
les choses matérielles, tout ce qui existe, tout ce que ses sens
peuvent atteindre et saisir, il a voulu dans les spéculations
avides de son intérêt, comme dans les combinaisons ambi-
tieuses de son génie, peser le destin lui-même, et calculer
l'avenir.

1964   Vous savez que le contrat aléatoire embrasse toutes les conventions dont le dernier résultat est sous le voile de l'avenir ou du hasard, et dans lesquelles un prix certain compense un risque ou paie un avantage incertain.

La vente de la nue propriété d'un immeuble est un contrat aléatoire, parce que le prix est certain au moment du contrat; tandis que l'avenir cache encore l'instant incertain de sa possession.

La cession de droits litigieux est un contrat aléatoire, parce que le prix est certain au moment du contrat; tandis que la valeur de la chose cédée dépend de mille circonstances futures ou cachées, et de l'instabilité plus mystérieuse encore des jugemens humains.

Mais ces deux conventions tiennent au contrat de vente par des rapports si intimes, et des caractères si décisifs, qu'elles ont été naturellement entraînées sous l'influence des principes et sous l'empire de la loi qui gouverne ce contrat.

Le contrat d'assurance et le prêt à grosse aventure sont aussi des contrats aléatoires; mais leur nature les asservit aux lois maritimes.

Le projet de loi que vous examinez, législateurs, et particulièrement relatif aux contrats aléatoires, ne vous présentera donc que les conventions qui résultent des jeux et du pari, et le contrat de rente viagère.

Les jeux et le pari, produits par les mêmes causes, dirigés chap. 1. par les mêmes motifs, sont soumis aux mêmes règles.

Les jeux : ce mot jette tout-à-coup devant la pensée l'image la plus noble et la plus vile, la gloire et l'infamie, la couronne et l'échafaud.

Les jeux olympiques nous retracent la Grèce entière as- 1966 semblée célébrant ses triomphes en s'exerçant aux actions de force et de courage qui protégeaient sa liberté. Ces solennités, ces pompeuses cérémonies, ces acclamations d'un peuple immense, ces fleurs jetées à flots sur les vainqueurs, ces statues qui les consacraient à l'immortalité, ces couronnes si précieuses que le plus léger reproche effaçait le droit d'y concourir, que le plus orgueilleux monarque les disputait avec plus d'ardeur qu'une victoire, que les pères mouraient de joie les contemplant sur le front de leurs fils : ces nobles jeux n'avaient que des efforts sublimes, des prix glorieux, et leur histoire ne nous transmet à nous-mêmes que des pensées de vertu et d'héroïsme.

Ces souvenirs, mêlés à ceux de nos anciens tournois, de nos joûtes chevaleresques, et des sentimens de magnanimité, de gloire, d'amour, qui étaient leur règle, leur motif et leur prix ; ces souvenirs répandent encore aujourd'hui une faveur d'estime et d'approbation sur tous ces exercices qui n'en sont qu'une faible image ou une production dégénérée, sur les courses de chevaux ou de chars, les assauts d'armes, la paume, le mail, la bague, tous ces jeux enfin dans lesquels la force, l'adresse ou la légèreté peuvent seules disputer l'avantage.

La loi que j'ai l'honneur de vous présenter les distingue et les soustrait à la proscription qu'elle va prononcer.

Encore faut-il pour qu'ils jouissent de ce privilége qu'ils soient absolument purgés de tout calcul de luxe, de toute spéculation exorbitante, qui terniraient la pureté de leurs motifs et la générosité de leurs efforts.

1965   Mais le jeu proprement dit, ce ministre aveugle et forcené du hasard, qui place entre deux hommes, sur un tas d'or, la plus épouvantable alternative, le bonheur ou l'adversité, la fortune ou la misère, le délire de la joie ou du désespoir ; qui dévore la substance des épouses et des enfans ; qui tarit toutes les sources de la tendresse, de l'amour, de l'amitié, de la reconnaissance, de la probité ; qui engendre, alimente, exalte, justifie toutes les passions, tous les vices, tous les excès, et qui n'a pour remplacer tout ce qu'il engloutit que des poisons ou des poignards : ce monstre anti-social, bien qu'il affecte la figure et le maintien d'un contrat, ne mérite pas sans doute la protection que la loi doit aux conventions ordinaires.

Je parle ici de la loi civile, qui ne peut s'en occuper que sous le rapport prétendu entre ses folles conventions et le lien légitime d'un engagement réciproque.

Et sous ce rapport, la loi civile doit seulement le dédaigner, le méconnaître, lui refuser son appui, laissant d'ailleurs à la police le devoir de réprimer ses désordres, de le poursuivre, de l'étouffer dans ses repaires, et à la justice criminelle le soin de punir ses fureurs.

La législation proposée est celle de tous les temps et de tous les peuples civilisés.

Celle des Romains était plus sévère. Cicéron nous l'a retracée lui-même dans ses *Philippiques*, et nous la retrouvons dans la loi quatrième au Digeste, *de Aleatoribus*.

Non seulement toute poursuite était refusée pour l'exécution d'une convention établie sur les jeux de hasard; mais ces jeux étaient prohibés; mais les injures et les coups même dont ils étaient la cause restaient sans réparation légale; mais l'action en restitution de ce qui avait été payé était accordée, même aux enfans contre leurs pères, et aux affranchis contre leurs patrons.

Justinien, en l'accordant même au fisc, à défaut de tout autre réclamant, consacra les sommes restituées aux ouvrages publics.

Les capitulaires de Charlemagne, nos ordonnances, nos règlemens, défendent aussi les jeux de hasard, et refusent aussi toute action en justice pour le paiement des pertes qu'on peut y faire.

Et l'ordonnance de Moulins, empruntant quelque chose à 1967 cet égard de la législation romaine, accorde aux mineurs seulement le privilége de restitution pour tout ce qu'ils auraient perdu et payé.

Mais cette restitution, générale chez les Romains, et commune aux majeurs et aux mineurs, blesse assez le premier principe social, le droit de propriété, et le sentiment intime d'équité naturelle, pour que son examen réfléchi engage aujourd'hui le législateur à ne pas porter si loin un privilége qui aurait au moins cette inconséquence, entre deux hommes coupables de la même faute, de punir l'un et de récompenser l'autre.

Vous savez bien que le droit de propriété est la faculté absolue pour tout homme libre de sa volonté et de son jugement, d'aliéner, de vendre, d'échanger, de donner, de dépenser enfin tout ce qui lui appartient. La loi civile n'est pas là pour interdire ou réparer les folles spéculations, les libéralités indiscrètes, les dépenses exorbitantes. Elle n'a pas promis d'empêcher et de révoquer les dilapidations volontaires ou simplement imprudentes.

Ce qu'un homme a perdu au jeu et payé il aurait pu le perdre dans toute autre opération inconsidérée : il aurait pu le donner.

D'ailleurs, n'a-t-il pas obéi à sa conscience qu'il serait bien difficile de contredire, à une certaine délicatesse qu'on ne pourrait guère condamner, à l'équité naturelle qui toujours impose une exacte réciprocité?

Ce qu'il a perdu ne voulait-il pas le gagner? Ce qu'il a payé n'avait-il pas l'intention de l'exiger? S'il l'eût reçu, aurait-il eu la volonté, aurait-il admis l'obligation de le restituer?

Comment donc réformer ce jugement volontaire et juste, puisque le résultat en est de s'être imposé lui-même le traitement qu'il voulait faire subir?

Un seul cas peut autoriser et même imposer impérieusement la nécessité de la restitution; c'est le cas où le dol, la fraude, la supercherie, auraient dirigé le hasard ou la combinaison du jeu et déterminé le sort.

Mais ceci n'est pas même encore une attribution particulière; c'est la conséquence toujours infaillible d'une règle générale et commune à tous les contrats, à toutes les opérations sociales. Partout où le dol paraît le consentement réciproque s'efface, la convention est détruite, et l'effet qu'elle a pu produire est révoqué.

Quant aux mineurs, ils n'ont pas besoin de ce privilége particulier que leur réservait l'ordonnance de 1566. Ils trouvent dans leur minorité même, comme la femme mariée dans la puissance maritale, ce droit de restitution, cette garantie, cette réparation de tout dommage que leur apportent les engagemens qu'ils ne peuvent valablement contracter.

Ces bases établies, vous approuverez sans doute, citoyens législateurs, les trois articles du projet de loi qui règlent les rapports imparfaits que le jeu et le pari peuvent avoir avec les conventions légitimes.

La loi déclare qu'elle n'accorde aucune action pour les dettes du jeu ou pour le paiement d'un pari. 1965

Elle excepte de cette disposition tous les jeux propres à exercer l'adresse, la force et la légèreté; et l'on peut, quoiqu'elle n'en parle pas, comprendre dans la même exception ces jeux composés de combinaisons ingénieuses, connus des anciens et cultivés à Athènes comme le plus honorable délassement, parce qu'ils exercent aussi la sagacité, la méditation, la présence d'esprit, et toutes les facultés intellectuelles qui peuvent seules y disputer l'avantage. 1966

Cependant les tribunaux auront le pouvoir de rejeter la demande en paiement si la somme perdue est excessive.

Enfin les sommes perdues et volontairement payées ne seront point restituées si le dol et la tromperie n'ont point présidé au jeu, préparé et décidé la perte. 1967

Vous remarquerez autant de justice, de raison et de clarté dans les dispositions qui complètent le projet, en traçant les règles du contrat de rente viagère.

Sans appeler sur lui au même degré la honte et la proscription, ce contrat présente dans ses motifs, dans ses combinaisons, dans ses effets, des contrastes si bizarres, et des oppositions si extrêmes, qu'on ne sait trop si on lui doit plus d'intérêt que d'indignation.

Lorsqu'il n'est pas un bienfait touchant, une généreuse libéralité, il ne peut être qu'un odieux calcul d'avarice et de

XIV.   36

cupidité, le froid conseiller de l'égoïsme, le compagnon so-
litaire de la misantropie, l'ennemi de toute affection sociale, et le spoliateur des familles.

Lorsque son unique destination n'est pas d'assurer et de
prolonger l'existence, il ne s'établit plus que sur la destruction et la mort.

Mais aussi n'est-il pas quelquefois l'acte le plus touchant
de la bienfaisance, le moyen ingénieux de multiplier l'or
charitable et nourricier, la dernière et consolante ressource
de l'infortune et de la vieillesse?

Et comment ne pas donner le plus favorable appui, la protection la plus propice à l'indigent, à l'infirme, au vieillard,
qui fondent leur unique moyen d'exister sur la fragilité
même de leur existence, et qui vendent, pour vivre, le dernier moment de leur vie?

La loi devait suivre ce contrat dans ses motifs si étrangement opposés pour contraindre et gêner ses honteuses
combinaisons, pour aider et soutenir ses résultats bienfai-
sans.

Aussi remarquerez-vous avec plaisir que toute la faveur de
la loi est à celui des contractans qui stipule pour l'aisance et
la prolongation de la vie, toute sa sévérité pour celui qui
caresse l'espérance et calcule la proximité de la mort.

1968   On peut acquérir une rente viagère en donnant une somme
d'argent, un immeuble, un meuble même, dont le prix sera
déterminé; et dans ce cas la constitution est à titre onéreux,
moins favorable sans doute à celui qui constitue la rente
qu'à celui pour qui elle est constituée.

1971   L'usage le plus ordinaire est que la rente viagère soit constituée sur l'existence ou sur la tête de celui qui l'acquiert et
qui en paie le prix. C'est la conséquence naturelle de son
objet d'être attachée à la vie même qu'elle est chargée d'entretenir.

Cependant on peut la faire constituer, pour en jouir soi-
même sur une autre existence qu'on présume moins fragile,

sur la tête d'un tiers qui n'a aucun droit à la rente, qui même ignore souvent la convention, et lui prête ainsi sans le savoir le nombre incertain des jours qui lui sont donnés.

On peut encore la constituer sur plusieurs têtes, soit pour en attribuer successivement la jouissance aux personnes sur la tête desquelles elle est constituée, soit pour s'en conserver la jouissance à soi-même et à ses héritiers jusqu'à l'extinction de toutes les têtes qui entretiennent et prolongent sa durée.

La loi ne fixe point le taux auquel une rente viagère peut être constituée. Le moment qui doit déterminer la perte ou le profit de cette convention parfaitement aléatoire étant un mystère impénétrable, et les élémens qui la composent n'étant aussi que le produit arbitraire des plus capricieuses présomptions, il est impossible d'appliquer à la formation même du contrat les notions certaines du juste et de l'injuste pour lui imposer un prix uniforme et légitime.

Le taux de la rente viagère ne peut être que conventionnel, et cette faculté qui en laisse le règlement à la libre volonté des contractans n'est encore favorable qu'à celui que la loi ne dédaigne pas de favoriser.

Un contrat fait moyennant un prix payé peut être résilié, mais sur la demande seule du créancier de la rente, et dans le cas seulement où les sûretés promises pour l'exactitude de son service ne seraient pas données.

Le capital s'absorbant tout entier pour la création de la rente, il est bien juste que la rente ait un gage équivalent au capital qu'elle vient d'engloutir.

Celui qui a constitué la rente ne peut plus s'en délivrer, quelle que soit la durée non présumée de la vie sur laquelle la rente est constituée, l'importunité et la charge toujours renaissante des arrérages qu'il lui faut annuellement payer. L'offre qu'il ferait, pour secouer le fardeau, de rembourser le capital et de renoncer aux arrérages déjà payés, sera illu—

soire et nulle si le créancier de la rente ne consent pas à la résiliation du contrat.

Le débiteur subira justement toutes les chances d'une spéculation peu favorable dont il a faussement convoité les avantages, et le rentier, qui mérite faveur, ne doit pas être obligé à changer la place achetée et payée pour y établir et reposer son existence.

1978   Ce rentier lui-même ne peut jamais demander le remboursement du capital ou sa rentrée dans le fonds aliéné pour acquérir la rente. Il n'a droit qu'au paiement exact des arrérages. Il pourra seulement, s'ils ne sont pas payés, faire saisir et vendre les biens de son débiteur, et, sur le produit de la vente, faire employer une somme suffisante au paiement annuel des arrérages.

Et cette disposition est encore propice à lui bien plus qu'au débiteur : elle le soustrait à l'embarras de chercher un autre emploi, et au danger peut-être de perdre sa dernière ressource, en laissant son capital oisif, en le consommant par portions, en le confiant aux hasards non encore éprouvés d'un nouveau placement.

1969-1975   La rente viagère peut être aussi constituée à titre gratuit ou libéral, et c'est alors qu'elle est pure dans tous ses motifs, utile dans tous ses effets, et éminemment favorable.

Elle est constituée à titre gratuit lorsqu'on la constitue soi-même par donation ou par testament sans en recevoir le prix ; elle est constituée à titre libéral lorsqu'on paie le prix d'une rente viagère constituée au profit d'une autre personne.

Dans le premier cas, il est impossible de la soustraire aux formes requises par la loi pour la validité des actes qui la contiennent.

Dans le second cas il ne lui faut que les formes d'un contrat ordinaire, quoiqu'elle soit une véritable libéralité.

Dans les deux cas, elle ne doit subir que la réduction prononcée contre les donations exorbitantes, ou la nullité qui frappe toute libéralité faite à une personne incapable de recevoir.

Enfin la rente viagère à titre gratuit jouit seule d'un pri-   1981
vilége protecteur dont toutes les autres sont privées. Elle
prend le caractère sacré des alimens charitables. Elle peut
être stipulée insaisissable ; et alors aucune attaque, aucune
saisie, aucune poursuite ne pourront ni la détruire, ni la
suspendre, ni détourner son cours et sa destination.

On voit assez qu'il est dans la nature du contrat de rente
viagère que la vie sur laquelle la rente est constituée soit indispensable à l'existence même du contrat.

De ce principe sortent plusieurs conséquences que le prin-   1974-1975
cipe lui-même explique suffisamment.

Si la personne qu'on croyait exister et sur laquelle la rente
est constituée était morte au jour du contrat, ou si elle
meurt dans les vingt jours qui suivent de la maladie dont
elle était atteinte, il n'y a plus de convention, et le contrat
est détruit.

La mort civile n'est ici d'aucune considération. C'est à   1982
l'existence naturelle de l'homme que la rente est attachée.
Elle le suit jusqu'au tombeau qui les engloutit tous deux.

Elle ne peut être enfin justement exigée qu'avec la preuve   1983
de l'existence à laquelle elle est attachée.

Il résulte encore du même principe une conséquence   1980
vraie, mais dont jusqu'à nous on avait exagéré l'application,
et sur laquelle le projet de loi a dû raisonnablement établir
une législation nouvelle.

La rente viagère cessant par sa nature même d'exister avec
l'homme sur l'existence duquel elle était constituée, il est
très-vrai que le paiement des arrérages est diurnal, c'est-à-
dire qu'il n'est dû que de jour en jour, de manière que le
dernier jour de la vie du rentier est aussi le dernier de l'obligation et du paiement.

Mais on appliquait cette rigoureuse conséquence même
alors que dans le contrat le paiement était stipulé d'avance
et par termes convenus.

C'était visiblement une erreur, une déduction forcée du
principe et de la nature du contrat.

On violait ouvertement sans s'en apercevoir la loi générale des conventions, dont la liberté doit être absolue, pourvu qu'elles ne blessent ni les lois elles-mêmes ni les bonnes mœurs.

On ne voyait pas que d'autres stipulations permises sont d'un effet plus notable et d'une extension plus absolue.

Ne peut-on pas stipuler une rente viagère au profit de plusieurs personnes et sur plusieurs têtes successivement présentées en remplacement l'une de l'autre ?

Ne peut-on pas même légitimement convenir qu'une rente viagère constituée au profit et sur la tête d'un individu soit encore payée à sa succession pendant un temps déterminé.

Qu'aurait donc d'illicite et de malhonnête une telle clause, pour être interdite ou annulée ?

Celle qui, fixant des termes de paiement, veut que chaque terme soit payé d'avance, n'est qu'une convention ordinaire, valable par le consentement réciproque des parties, et dont l'effet légitime, en rendant le paiement exigible au commencement de chaque terme, est de ne rien restituer au débiteur lorsque le créancier meurt dans le cours du terme payé ; parce qu'alors le débiteur n'a réellement payé que ce qu'il devait aux termes de la convention mutuellement consentie.

Le projet de loi ordonne donc, avec raison, que s'il est convenu que la rente viagère sera payée d'avance, le terme qui a dû être payé est acquis du jour où le paiement a dû être fait.

Ces dispositions embrassent tous les règlemens nécessaires au sage maintien des contrats aléatoires que la loi civile doit gouverner.

L'importance du projet de loi sera peu remarquable si l'on considère seulement le nombre des articles qu'il renferme et la nature des objets qu'il présente plus dignes d'animadversion que d'indulgence.

Mais on ne lui refusera pas l'estime et l'approbation dont il est digne si l'on observe avec soin quelle attention, quelle réserve, quelle sagacité ont été nécessaires pour discerner le mal et le bien, détourner les effets funestes, et garantir les résultats utiles de ces spéculations cupides sur la fortune et la vie des hommes.

Si la morale et la vertu traçaient leur code céleste, sans doute ceux de ces contrats qui méritent le blâme n'y seraient point inscrits.

Mais la loi régulatrice des actions des hommes ne peut se borner aux conseils, aux préceptes de l'honnête et du beau. Il faut qu'elle prenne toutes les formes pour suivre le cœur humain, même dans ses développemens pervers, puisqu'elle ne peut détruire sa perversité. Il faut qu'elle s'associe pour ainsi dire aux passions les plus viles pour les contraindre, puisqu'elle ne peut en extirper le principe. Il faut qu'elle se place à côté des crimes les plus atroces pour les réprimer, puisqu'il n'est pas en son pouvoir de les rendre impossibles.

Le silence de ces lois antiques sur le parricide fut une pensée sublime; mais le crime lui-même est venu trop souvent depuis blasphémer sa généreuse intention.

C'est précisément dans ces règles indispensables aux affections déréglées, dans ces combinaisons plus délicates, plus difficiles de l'équité naturelle et de l'intérêt social, que la loi fait briller davantage sa sagesse et son importance.

Le projet offert à votre sanction, législateurs, remplit dignement ce but. La clarté de sa rédaction, la précision de ses articles, la justice de ses décisions, tout justifie le vœu d'adoption prononcé par le Tribunat.

Le Corps législatif décréta ce titre le même jour, et il fut promulgué le 29 ventose an XII (20 mars 1804).

TITRE TREIZIÈME.

Du Mandat.

DISCUSSION DU CONSEIL D'ÉTAT.

(Procès-verbal de la séance du 5 pluviose an XII. — 26 janvier 1804.)

M. Berlier présente le titre XVII du livre III, *du Mandat.* Il est ainsi conçu :

DU MANDAT.

CHAPITRE Iᵉʳ.

De la Nature et de la Forme du mandat.

1984   Art. 1ᵉʳ. « Le mandat ou procuration est un acte par le-« quel une personne donne à une autre le pouvoir de faire « quelque chose pour le mandant et en son nom.

« Le contrat ne se forme que par l'acceptation du manda-« taire. »

1985   Art. 2. « Le mandat doit être écrit : il peut être donné « ou par acte public ou par écrit sous seing privé, même « par lettre.

« L'acceptation du mandat peut n'être que tacite, et ré-« sulter de l'exécution qui lui a été donnée par le manda-« taire. »

1986   Art. 3. « Le mandat est gratuit, s'il n'y a convention « contraire. »

1987   Art. 4. « Il est ou *spécial* et pour une affaire ou certaines « affaires seulement, ou *général* et pour toutes les affaires « du mandant. »

av 1988 et 1989.   Art. 5. « Soit qu'il s'agisse d'une affaire ou de toutes, le

« mandat ne donne au mandataire d'autres pouvoirs que ceux
« qui y sont formellement exprimés. »

Art. 6. « Si le mandat est conçu en termes généraux, on 1988
« fait la distinction suivante :

« Ou le mandat accorde simplement au mandataire le pou-
« voir de faire tout ce qui lui semblera convenable aux inté-
« rêts du mandant, et alors le mandat n'embrasse que les
« actes de simple administration ;

« Ou il exprime que le mandataire pourra faire tout ce
« que le mandant lui-même serait habile à faire, et dans ce
« cas le mandat embrasse les actes de propriété comme ceux
« d'administration. »

Art. 7. « Le mandataire ne peut rien faire au-delà de ce 1989
« qui est porté dans son mandat : le pouvoir de transiger ne
« renferme pas celui de compromettre. »

Art. 8. « Les femmes et les mineurs émancipés peuvent 1990
« être choisis pour mandataires ; mais le mandant n'a d'ac-
« tion contre le mandataire mineur que d'après les règles
« générales relatives aux obligations des mineurs, et contre la
« femme mariée et qui a accepté le mandat sans autorisation
« de son mari, que d'après les règles établies au titre *du*
« *Contrat de mariage et des droits respectifs des époux.* »

CHAPITRE II.

Des Obligations du mandataire.

Art. 9. « Le mandataire est tenu d'accomplir le mandat 1991
« tant qu'il en demeure chargé, et répond des dommages-
« intérêts qui pourraient résulter de son inexécution.

« Il est tenu de même d'achever la chose commencée au
« décès du mandant, s'il y a péril en la demeure. »

Art. 10. « Le mandataire répond, non seulement du dol, 1992
« mais encore des fautes qu'il commet dans sa gestion.

« Néanmoins la responsabilité relative aux fautes est ap-
« pliquée moins rigoureusement au mandataire gratuit qu'à
« celui qui reçoit un salaire. »

1993   Art. 11. « Tout mandataire est tenu de rendre compte de
« sa gestion, et de faire état au mandant de tout ce qu'il a
« reçu en vertu de sa procuration, quand même ce qu'il au-
« rait reçu n'eût point été dû au mandant. »

1994   Art. 12. « Le mandataire répond de celui qu'il s'est sub-
« stitué dans la gestion, 1° quand il n'a pas reçu le pouvoir
« de se substituer quelqu'un ; 2° quand ce pouvoir lui a été
« conféré sans désignation de personne, et que celle dont il
« a fait choix était notoirement suspecte sous le rapport de la
« capacité ou de la solvabilité.

« Dans tous les cas le mandant peut agir directement contre
« la personne que le mandataire s'est substituée. »

1995   Art. 13. « Quand il y a plusieurs mandataires ou procu-
« reurs constitués par le même acte, il n'y a de solidarité
« entre eux qu'autant qu'elle est exprimée. »

1996   Art. 14. « Le mandataire doit l'intérêt des sommes qu'il
« a employées à son usage à dater de cet emploi, et de celles
« dont il est reliquataire à compter du jour qu'il est mis en
« demeure. »

1977   Art. 15. « Le mandataire qui a donné à la partie avec la-
« quelle il contracte en cette qualité une suffisante connais-
« sance de ses pouvoirs n'est tenu d'aucune garantie pour
« ce qui a été fait au-delà, s'il ne s'y est *personnellement*
« soumis. »

CHAPITRE III.

Des Obligations du mandant.

1998   Art. 16. « Le mandant est tenu d'exécuter ce qui a été fait
« suivant le pouvoir qu'il a donné.

« Il n'est tenu de ce qui a pu être fait au-delà qu'autant
« qu'il l'a ratifié expressément ou tacitement. »

1999   Art. 17. « Le mandant doit au mandataire le rembourse-
« ment des avances et frais que celui-ci a payés pour l'exé-
« cution du mandat.

« Le mandant ne peut s'en dispenser sur le fondement

« que l'affaire n'a pas réussi, si elle n'a point manqué par la
« faute du mandataire, ni faire réduire le montant de ces
« frais et avances sur le fondement qu'ils pouvaient être
« moindres, s'il n'y a eu dol ou faute imputable au man-
« dataire. »

Art. 18. « Le mandant doit aussi indemniser le manda- 2000
« taire des pertes que celui-ci a essuyées à l'occasion de sa
« gestion, sans imprudence qui lui soit imputable. »

Art. 19. « L'intérêt des avances faites par le mandataire 2001
« lui est dû par le mandant à dater du jour des avances
« constatées. »

Art. 20. « Lorsque le mandataire a été constitué par plu- 2002
« sieurs personnes pour une affaire commune, chacune
« d'elles est tenue solidairement envers lui de tout l'effet du
« mandat. »

CHAPITRE IV.

Des différentes Manières dont le mandat finit.

Art. 21. « Le mandat finit 2003
« Par la révocation du mandataire,
« Par la renonciation de celui-ci au mandat,
« Par la mort naturelle ou civile, l'interdiction ou la dé-
« confiture, soit du mandant, soit du mandataire. »

Art. 22. « Le mandant peut révoquer sa procuration 2004
« quand bon lui semble, et contraindre le mandataire à lui
« remettre, soit l'original de la procuration, si elle a été
« délivrée en brevet, soit l'expédition, s'il en a été gardé
« minute. »

Art. 23. « La révocation notifiée au seul mandataire ne 2005
« peut être opposée aux tiers qui ont traité dans l'ignorance
« de cette révocation, sauf au mandant son recours contre le
« mandataire. »

Art. 24. « La constitution d'un nouveau mandataire pour 2006
« la même affaire vaut révocation du premier, à compter du
« jour où elle a été notifiée à celui-ci.

« Elle obtient son effet vis-à-vis des tiers à compter du
« jour où elle leur a été notifiée. »

2007　　Art. 25. « Le mandataire peut renoncer au mandat en
« notifiant sa renonciation au mandant.

« Néanmoins, si cette renonciation préjudicie au man-
« dant, il devra en être indemnisé par le mandataire, à moins
« que celui-ci ne se trouve dans l'impossibilité de conti-
« nuer le mandat sans en éprouver lui-même un préjudice
« considérable. »

2008　　Art. 26. « Si le mandataire ignore la mort du mandant
« ou l'une des autres causes qui font cesser le mandat, ce
« qu'il a fait dans cette ignorance et de bonne foi est valide.»

2010　　Art. 27. « En cas de mort du mandataire, ses héritiers
« doivent en donner avis au mandant, et pourvoir en atten-
« dant à ce que les circonstances exigent pour l'intérêt de
« celui-ci. »

M. Berlier fait lecture du chapitre Ier, *de la Nature et de
la Forme du mandat.*

2934à1987　Les articles 1, 2, 3 et 4 sont adoptés.

av. 1988
et 1989.　L'article 5 est supprimé, attendu que la disposition qu'il
établit se retrouve dans l'article 7.

1988à1990　Les articles 6, 7 et 8 sont adoptés.

M. Berlier fait lecture du chapitre II, *des Obligations du
mandataire.*

1991à1997　Les articles 9, 10, 11, 12, 13, 14 et 15, qui le composent,
sont soumis à la discussion et adoptés.

Le Consul Cambacérès dit qu'il lui paraît nécessaire de
défendre formellement au mandataire de substituer, lorsqu'il n'y a pas été autorisé par le mandant. Il est évident
que, dans ce cas, ce dernier n'a accordé sa confiance qu'au
mandataire, et non à celui par lequel il s'est fait remplacer.

M. TREILHARD dit que le mandataire répond de celui qu'il emploie, et qu'ainsi le mandant a une garantie.

LE CONSUL CAMBACÉRÈS dit que cette garantie peut n'être pas suffisante : quand on se choisit un mandataire on ne règle pas toujours sa confiance sur la fortune, mais souvent sur la probité, le zèle et l'intelligence.

M. TREILHARD dit qu'on pourrait ne permettre au mandataire de substituer que lorsque cette faculté ne lui a pas été refusée par le mandant.

LE CONSUL CAMBACÉRÈS dit que le mandant répugnera, pour l'ordinaire, à exprimer une semblable défense : il est plus naturel de la faire résulter de son silence.

M. TREILHARD dit que la prohibition de substituer aura nécessairement des inconvéniens. Le mandataire peut être malade ou empêché de toute autre manière ; il faut cependant que l'affaire dont il s'est chargé ne souffre pas de cet obstacle : mais, s'il ne peut se faire remplacer, sa responsabilité se trouve compromise.

Il paraît donc convenable de forcer du moins le mandant à exprimer clairement sa volonté, lorsqu'il veut borner sa confiance à son mandataire immédiat.

M. TRONCHET dit qu'il est dur de ne pas permettre au mandataire de se décharger du mandat lorsque les circonstances le réduisent à l'impossibilité d'agir par lui-même, et qu'en se dégageant il ne met pas en péril l'intérêt de celui qui l'a constitué : c'est assez de le soumettre à l'obligation rigoureuse de répondre de celui qu'il commet à sa place.

On pourrait décider que le mandataire sera déchargé du mandat pour toute cause jugée légitime contradictoirement avec le mandant.

M. TREILHARD dit que cette question est différente de celle qui s'agite et qui a été élevée par le Consul.

M. BERLIER dit que la disposition proposée par le Consul aurait pour tout résultat beaucoup de rigueur sans utilité.

D'abord il ne faut pas perdre de vue que le mandat est

gratuit de sa nature, et qu'en matière de bons offices il ne faut pas faire la loi trop dure à celui qui les rend.

En second lieu, la loi ne doit pas prescrire des obligations telles que, dans certaines circonstances, il devienne presque louable d'y déroger, comme cela arriverait si le mandataire tombait malade dans un moment où l'intérêt même du mandant exigerait quelques démarches actives.

Enfin, qu'y a-t-il de mieux que la responsabilité établie par l'article 12? Si celui que le mandaire s'est substitué fait mal, le mandataire en répondra; mais s'il fait bien, quelle action le mandataire pourrait-il avoir lors même que la clause prohibitive existerait? Elle serait donc au moins inutile.

Le Consul Cambacérès se rend à ces observations.

M. Berlier fait lecture du chapitre III, *des Obligations du mandant*.

1998 à 2002   Les articles 16, 17, 18, 19 et 20, qui le composent, sont soumis à la discussion et adoptés.

M. Berlier fait lecture du chapitre IV, *des différentes Manières dont le mandat finit*.

2005 à 2008 et 2010   Les articles 21, 22, 23, 24, 25, 26 et 27, qui le composent, sont soumis à la discussion et adoptés.

Le Consul ordonne que le titre qui vient d'être arrêté par le Conseil sera communiqué officieusement par le secrétaire-général du Conseil d'État à la section de législation du Tribunat, conformément à l'arrêté du 18 germinal an X.

COMMUNICATION OFFICIEUSE

A LA SECTION DE LÉGISLATION DU TRIBUNAT.

Le projet fut transmis le 6 pluviose an XII (27 janvier 1804) à la section, qui l'examina dans sa séance du 10 pluviose (31 janvier).

OBSERVATIONS DE LA SECTION.

La séance s'ouvre par un rapport fait au nom d'une commission sur le projet du titre XVII du livre III du Code civil, intitulé *du Mandat.*

La discussion produit les résultats suivans :

Art. 2. Suivant cet article, le mandat devrait être toujours [1985] écrit; cependant il peut y avoir un mandat dont l'objet serait au-dessous de la valeur de 150 francs, et dans ce cas, comme pour toutes les autres conventions, la preuve testimoniale devrait en être admise.

C'est pour que cette règle soit commune au mandat que la section propose la rédaction suivante :

« Le mandat peut être donné ou par acte public ou par
« écrit sous seing privé, même par lettre; il peut être aussi
« donné verbalement : dans tous les cas, la preuve testimo-
« niale du mandat ne sera reçue que conformément à la loi
« relative aux *Contrats ou Obligations conventionnelles en gé-*
« *néral.*

« L'acceptation du mandat peut n'être que tacite et résulter
« de l'exécution qui lui a été donnée par le mandataire. »

Art. 5. Cet article, de la manière dont il a été rédigé dans [1988] le projet de loi, semblerait faire dépendre la nature du mandat de l'emploi spécial de certains mots, savoir, pour ce qui concernerait des actes de simple administration, de ceux-ci : *le pouvoir de faire de la part du mandataire tout ce qui lui semblerait convenable aux intérêts du mandant.* Et à l'égard des actes de propriété, de ces expressions : *le pouvoir de faire tout ce que le mandant lui-même serait habile à faire.*

On sent d'abord l'inconvénient qu'il y aurait de faire dépendre l'effet du mandat de l'usage de certains mots sacramentels.

Et, dans l'idée même de l'usage de ces expressions, l'article ne présenterait pas une idée qui doit toujours résulter évidemment de la loi en cette matière, qui est que, quelque général que soit le mandat, il ne peut jamais renfermer le pouvoir d'aliéner ou hypothéquer, s'il n'y en a une clause spéciale.

On ne peut pas dire que cette idée résulte de ces termes du deuxième paragraphe de l'article, *et dans ce cas le mandat embrasse les actes de propriété comme ceux d'administration.* Car par *actes de propriété* on peut entendre beaucoup de faits autres que la vente ou l'hypothèque, comme par exemple de faire des baux à longues années, de faire détruire des édifices ou d'en faire construire de nouveaux, etc.

Il semble donc que, en fixant des principes sur la nature et l'effet du mandat, en faisant abstraction des termes dont on peut se servir, et en rappelant la nécessité de la clause spéciale pour la vente et pour l'hypothèque, on pourra donner un résultat plus positif.

C'est dans ces vues que la section propose de substituer à la rédaction de l'article du projet de loi celle qui suit :

« Le mandat n'embrasse que les actes d'administration, « lorsqu'il est conçu en termes généraux.

« S'il s'agit d'aliéner ou hypothéquer, ou de quelque autre « acte de propriété, le mandat doit être exprès. »

1990   Art. 8. La section propose la suppression entière de cet article. Il ne fait que rentrer dans les dispositions générales des lois relatives aux engagemens des mineurs et des femmes mariées, d'après lesquelles ces engagemens sont nuls à leur égard, quoiqu'ils soient valides par rapport à ceux qui ont contracté avec eux, si ce n'est dans les cas déterminés dans lesquels les engagemens lient aussi les mineurs et les femmes mariées.

La disposition de cet article devient inutile, et ce qui le prouve, c'est qu'on est obligé de s'en référer aux lois déjà existantes. On peut donc s'en tenir aux principes généraux consignés dans le Code sur les engagemens des mineurs et des femmes mariées.

1992   Art. 10. Pour plus de régularité dans la rédaction, il est à propos de dire au deuxième paragraphe, après le mot *ri-gourcusement, à celui dont le mandat est gratuit, qu'à celui qui reçoit un salaire*, au lieu de *au mandataire gratuit, qu'à celui qui reçoit un salaire.*

On ne croit pas qu'on puisse dire *un mandataire gratuit.*

Art. 11. Dire *faire raison* au lieu de *faire état*. Ce chan- 1993 gement, déjà proposé sur d'autres titres, a été adopté.

Art. 12. La section propose de substituer à la rédaction de 1994 la deuxième partie du premier paragraphe de cet article celle qui suit :

« 2°. Quand ce pouvoir lui a été conféré sans désignation « d'une personne, et que celle dont il a fait choix était notoi- « rement incapable ou insolvable. » Le reste de l'article de-vant subsister.

En disant comme dans le projet de loi *sans désignation de personne*, le mot *personne* devient neutre, et le pronom fé-minin *celle* ne peut y correspondre régulièrement.

Ensuite, ces expressions *notoirement suspecte* ne présentent pas une idée assez positive, outre que le mot *suspect* se rap-porte plus régulièrement à ce qui tient à la moralité ; que d'ailleurs il est difficile de calculer les degrés de suspicion, et que le mandataire doit être réputé de bonne foi tant qu'il n'est pas averti par la notoriété publique.

Art. 13. La section propose de dire *quand il y a plusieurs* 1995 *mandataires ou fondés de pouvoir*, au lieu de *plusieurs man-dataires ou procureurs constitués.*

L'emploi de ces mots *ou procureurs constitués* pourrait faire croire qu'on a voulu limiter l'application de l'article à un certain genre de fondés de pouvoirs, tels que les procu-reurs *ad lites ;* d'ailleurs cette qualification, même dans le sens de procureurs *ad lites*, peut demeurer supprimée comme elle l'est actuellement, en sorte que sous tous les rapports l'emploi des termes génériques *mandataires ou fondés de pou-voir* paraît préférable.

Art. 16. Pour plus de régularité et de précision, la sec- 1998

XIV.   37

tion propose de dire : *le mandant est tenu d'exécuter les en-gagemens contractés par le mandataire, conformément au pou-voir qui lui a été donné;* le reste de l'article devant subsister.

Art. 17. On obtiendra plus de régularité dans la rédaction et plus de clarté en substituant au deuxième paragraphe de cet article ce qui suit :

« S'il n'y a eu aucune faute imputable au mandataire, le « mandant ne peut se dispenser de faire ce remboursement « lors même que l'affaire n'aurait pas réussi, ni faire réduire « le montan t de ces frais et avances sous le prétexte qu'ils « pouvaient être moindres. »

En commençant le paragraphe par la condition qu'il n'y aura eu aucune faute de la part du mandataire, cette condi-tion se réfère à tout ce qui suit, sans être obligé d'user de répétition.

De plus, le projet de loi ayant déjà établi qu'on peut sti-puler un salaire en faveur du mandataire, et le paiement de ce salaire devant être subordonné aux mêmes conditions que le remboursement des frais et avances, il est nécessaire de le dire.

En conséquence, la section propose d'ajouter à cet article un troisième paragraphe ainsi conçu :

« Il en est de même des salaires lorsqu'il en a été promis. »

Art. 20. La section pense qu'il est plus régulier de dire à la fin de cet article, *de tous les effets du mandat,* au lieu de *de tout l'effet du mandat.*

Art. 24, paragraphe deuxième. Ce n'est pas seulement dans le cas prévu par cet article que les engagemens con-tractés par le mandataire sous le nom du mandant sont va-lides à l'égard des tiers; il en est de même à l'égard de tous les autres cas où il y a eu cessation de pouvoir, même quoi-que le mandataire l'ait connu, et lorsque les tiers sont de bonne foi. Il faudrait donc répéter cette exception à l'égard des tiers dans quelques articles suivans.

Mais pour éviter l'inconvénient de cette répétition, il est

à propos d'établir le principe dans un article particulier qu'on va proposer, et qui, d'après la série des idées, doit être placé immédiatement après l'article 26, en sorte qu'il devient nécessaire de supprimer le deuxième paragraphe de cet article 24.

Art. 26. La section propose de dire à la fin de cet article 2008-2009 *ce qu'il a fait dans cette ignorance est valide.* Les mots *et de bonne foi* sont absolument inutiles, après avoir parlé du cas d'ignorance.

De plus, par les raisons déduites sur l'article 24, la section propose d'ajouter, après cet article 26 du projet, un nouvel article ainsi conçu :

« Dans tous les cas, les engagemens doivent être exécutés « à l'égard des tiers qui sont de bonne foi. »

RÉDACTION DÉFINITIVE DU CONSEIL D'ÉTAT.

(Procès-verbal de la séance du 3 ventose an XII. — 23 février 1804.)

M. Berlier, d'après la conférence tenue avec le Tribunat, présente la rédaction définitive du titre XVII du livre III du projet de Code civil, *du Mandat.*

Le Conseil l'adopte en ces termes :

DU MANDAT.

CHAPITRE Ier.

De la Nature et de la Forme du mandat.

Art. 1er. « Le mandat ou procuration est un acte par le- 1984 « quel une personne donne à une autre le pouvoir de faire « quelque chose pour le mandant et en son nom.

« Le contrat ne se forme que par l'acceptation du manda- « taire. »

Art. 2. « Le mandat peut être donné ou par acte public, 1985

« ou par écrit sous seing privé, même par lettre. Il peut aussi
« être donné verbalement; mais la preuve testimoniale n'en
« est reçue que conformément au titre *des Contrats ou des*
« *Obligations conventionnelles en général.*

     « L'acceptation du mandat peut n'être que tacite, et ré-
« sulter de l'exécution qui lui a été donnée par le manda-
« taire. »

1986   Art. 3. « Le mandat est gratuit, s'il n'y a convention con-
« traire. »

1987   Art. 4. « Il est ou spécial et pour une affaire ou certaines
« affaires seulement, ou général et pour toutes les affaires du
« mandant. »

1988   Art. 5. « Le mandat conçu en termes généraux n'embrasse
« que les actes d'administration.

     « S'il s'agit d'aliéner ou hypothéquer, ou de quelque autre
« acte de propriété, le mandat doit être exprès. »

1989   Art. 6. « Le mandataire ne peut rien faire au-delà de ce
« qui est porté dans son mandat : le pouvoir de transiger ne
« renferme pas celui de compromettre. »

1990   Art. 7. « Les femmes et les mineurs émancipés peuvent
« être choisis pour mandataires; mais le mandant n'a d'ac-
« tion contre le mandataire mineur que d'après les règles
« générales relatives aux obligations des mineurs, et contre
« la femme mariée, et qui a accepté le mandat sans autori-
« sation de son mari, que d'après les règles établies au titre
« *du Contrat de mariage et des Droits respectifs des époux.* »

CHAPITRE II.

Des Obligations du mandataire.

1991   Art. 8. « Le mandataire est tenu d'accomplir le mandat
« tant qu'il en demeure chargé, et répond des dommages-
« intérêts qui pourraient résulter de son inexécution.

     « Il est tenu de même d'achever la chose commencée au
« décès du mandant, s'il y a péril en la demeure. »

Art. 9. « Le mandataire répond non seulement du dol, 1992
« mais encore des fautes qu'il commet dans sa gestion.

« Néanmoins la responsabilité relative aux fautes est ap-
« pliquée moins rigoureusement à celui dont le mandat est
« gratuit qu'à celui qui reçoit un salaire. »

Art. 10. « Tout mandataire est tenu de rendre compte de 1993
« sa gestion, et de faire raison au mandant de tout ce qu'il
« a reçu en vertu de sa procuration, quand même ce qu'il
« aurait reçu n'eût point été dû au mandant. »

Art. 11. « Le mandataire répond de celui qu'il s'est sub- 1994
« stitué dans la gestion, 1° quand il n'a pas reçu le pouvoir
« de se substituer quelqu'un; 2° quand ce pouvoir lui a été
« conféré sans désignation d'une personne, et que celle dont
« il a fait choix était notoirement incapable ou insolvable.

« Dans tous les cas le mandant peut agir directement
« contre la personne que le mandataire s'est substituée. »

Art. 12. « Quand il y a plusieurs fondés de pouvoir ou 1995
« mandataires établis par le même acte, il n'y a de solidarité
« entre eux qu'autant qu'elle est exprimée. »

Art. 13. « Le mandataire doit l'intérêt des sommes qu'il a 1996
« employées à son usage, à dater de cet emploi; et de celles
« dont il est reliquataire, à compter du jour qu'il est mis en
« demeure. »

Art. 14. « Le mandataire qui a donné à la partie avec la- 1997
« quelle il contracte en cette qualité une suffisante connais-
« sance de ses pouvoirs n'est tenu d'aucune garantie pour
« ce qui a été fait au-delà s'il ne s'y est personnellement
« soumis. »

CHAPITRE III.

Des Obligations du mandant.

Art. 15. « Le mandant est tenu d'exécuter les engagemens 1998
« contractés par le mandataire, conformément au pouvoir
« qui lui a été donné.

« Il n'est tenu de ce qui a pu être fait au-delà qu'autant
« qu'il l'a ratifié expressément ou tacitement. »

1999   Art. 16. « Le mandant doit rembourser au mandataire les
« avances et frais que celui-ci a faits pour l'exécution du
« mandat, et lui payer ses salaires lorsqu'il en a été promis.

« S'il n'y a aucune faute imputable au mandataire, le
« mandant ne peut se dispenser de faire ces remboursement
« et paiement, lors même que l'affaire n'aurait pas réussi, ni
« faire réduire le montant des frais et avances sous le pré-
« texte qu'ils pouvaient être moindres. »

2000   Art. 17. « Le mandant doit aussi indemniser le mandataire
« des pertes que celui-ci a essuyées à l'occasion de sa ges-
« tion, sans imprudence qui lui soit imputable. »

2001   Art. 18. « L'intérêt des avances faites par le mandataire
« lui est dû par le mandant à dater du jour des avances
« constatées. »

2002   Art. 19. « Lorsque le mandataire a été constitué par
« plusieurs personnes pour une affaire commune, chacune
« d'elles est tenue solidairement envers lui de tous les effets
« du mandat. »

CHAPITRE IV.

Des différentes Manières dont le mandat finit.

2003   Art. 20. « Le mandat finit,
« Par la révocation du mandataire,
« Par la renonciation de celui-ci au mandat.
« Par la mort naturelle ou civile, l'interdiction ou la dé-
« confiture, soit du mandant, soit du mandataire. »

2004   Art. 21. « Le mandant peut révoquer sa procuration quand
« bon lui semble, et contraindre, s'il y a lieu, le manda-
« taire à lui remettre, soit l'écrit sous seing privé qui la con-
« tient, soit l'original de la procuration, si elle a été délivrée
« en brevet, soit l'expédition, s'il en a été gardé minute. »

2005   Art. 22. « La révocation notifiée au seul mandataire ne
« peut être opposée aux tiers qui ont traité dans l'ignorance

« de cette révocation ; sauf au mandant son recours contre
« le mandataire. »

Art. 23. « La constitution d'un nouveau mandataire pour 2006
« la même affaire vaut révocation du premier, à compter
« du jour où elle a été notifiée à celui-ci. »

Art. 24. « Le mandataire peut renoncer au mandat en 2007
« notifiant au mandant sa renonciation.

« Néanmoins, si cette renonciation préjudicie au mandant,
« il devra en être indemnisé par le mandataire, à moins
« que celui-ci ne se trouve dans l'impossibilité de continuer
« le mandat sans en éprouver lui-même un préjudice con-
« sidérable. »

Art. 25. « Si le mandataire ignore la mort du mandant, 2008
« où l'une des autres causes qui font cesser le mandat, ce
« qu'il a fait dans cette ignorance est valide. »

Art. 26. « Dans les cas ci-dessus, les engagemens du man- 2009
« dataire sont exécutés à l'égard des tiers qui sont de bonne
« foi. »

Art. 27. « En cas de mort du mandataire, ses héritiers 2010
« doivent en donner avis au mandant, et pourvoir, en atten-
« dant, à ce que les circonstances exigent pour l'intérêt de
« celui-ci. »

M. Berlier fut nommé, avec MM. Sainte-Suzanne et
Dubois, pour présenter au Corps législatif, dans sa séance
du 12 ventose an XII (3 mars 1804), le titre XVII du
livre III du projet de Code civil, intitulé *du Mandat*, et
pour en soutenir la discussion dans celle du 19 ventose
(10 mars).

PRÉSENTATION AU CORPS LÉGISLATIF,

ET EXPOSÉ DES MOTIFS, PAR M. BERLIER.

Législateurs, s'il est dans les affections naturelles de l'homme et dans l'ordre commun de ses habitudes qu'il pourvoie lui-même à ses propres affaires, les maladies, l'absence, les obstacles de tout genre qui prennent leur source et dans la nature et dans l'état social l'obligent souvent à confier à autrui ce que tant de causes viennent l'empêcher de faire en personne.

De là le *mandat*, objet du titre que nous venons vous présenter aujourd'hui.

1984 Le contrat de mandat, comme tous les autres contrats, repose essentiellement sur la volonté réciproquement manifestée des parties qui le forment.

Ainsi le seul pouvoir donné ne constitue point le contrat s'il n'a été accepté expressément ou tacitement, et réciproquement ; sans ce pouvoir, la simple gestion d'un tiers ne le constitue point mandataire.

Dans ce dernier cas, le maître de la chose peut bien poursuivre le gérant à raison de sa gestion, de même que celui-ci peut réclamer ses avances, et même des indemnités, s'il a géré utilement pour le propriétaire ; mais ces actions n'appartiennent point au contrat qui est l'objet de cette discussion.

1986 De sa nature le mandat est gratuit ; c'est un office de l'amitié : ainsi le définit le droit romain (a), et notre projet lui conserve ce noble caractère.

Cependant cette règle tournerait souvent au détriment de la société si elle était tellement absolue qu'on ne pût y déroger par une stipulation expresse.

Cette stipulation sera donc permise, car elle n'a rien de

(a) Loi 1, § ult. ff. Mand.

contraire aux bonnes mœurs ; et même elle sera d'une exacte justice toutes les fois que le mandataire n'aura point assez de fortune pour faire à son ami le sacrifice de son temps et de ses soins ; circonstance qui peut arriver souvent, et dans laquelle la rétribution sera moins un lucre qu'une indemnité.

Le mandataire devra se renfermer strictement dans les termes de sa procuration. 1968-1969

Si le mandat spécifie les actes qui en sont l'objet, cette spécification deviendra la mesure précise des pouvoirs conférés par le mandant, et tout ce qui serait fait au-delà sera nul.

Rien de plus simple ni de plus facile que l'application de cette règle quand elle sera tracée par le contrat même ; mais comment fixera-t-on le sens et l'étendue des mandats conçus en termes généraux ?

Parmi les divers modes de constituer de tels mandats il en est deux qui méritaient une attention particulière, comme plus usités ; savoir, la faculté de faire *tout ce que le mandataire jugera convenable aux intérêts du mandant*, ou celle de faire *tous les actes que le mandant pourrait faire lui-même.*

Dans l'examen de ces deux locutions, on a vu des jurisconsultes renfermer l'effet de la première dans les simples actes d'administration, et attribuer à la seconde des effets plus étendus, et notamment la faculté de disposer de la propriété même.

On n'a pas suivi cette distinction ; car, en matière de propriété, l'on ne doit pas facilement présumer qu'on ait voulu remettre à un tiers le pouvoir d'en disposer ; et si on l'a voulu, il est si facile de l'exprimer formellement, que la loi peut bien en imposer l'obligation, seul moyen de prévenir toute équivoque et d'obvier aux surprises et aux erreurs.

Ainsi, en suivant et expliquant à cet égard les dispositions du droit romain (a), tout mandat conçu en termes généraux n'embrassera que les actes d'administration, et s'il s'agit

(a) Lois 60 et 63, ff. *de Procur.*

d'aliéner ou hypothéquer, ou de quelque autre acte de propriété, le mandat devra être exprès.

1990   Les femmes mariées et les mineurs émancipés pourront être mandataires : cette aptitude, qui n'est pas de droit nouveau, trouve sa cause dans la faveur due à tous les développemens d'une juste confiance.

Celui qui remet ses intérêts à une personne de cette qualité a jugé sa capacité suffisante, et la loi peut adhérer à ce jugement pourvu que les intérêts de la femme mariée et du mineur (mandataires) n'en reçoivent aucune atteinte, et que leur condition n'en soit pas changée ; car le mandant ne saurait avoir contre eux les mêmes actions que contre les personnes qui jouissent de tous leurs droits.

Avec de telles précautions, la faculté dont il s'agit a semblé exempte de tout inconvénient, même en n'astreignant point la femme mariée à se munir de l'autorisation de son mari ; car ici la question n'est pas de savoir si le mari pourra s'opposer à ce que sa femme reçoive ou exécute le mandat (il a incontestablement ce droit), mais si, à défaut d'une autorisation préalable et expresse, le mandat et ses effets seront nuls à l'égard des tiers et du mandant lui-même.

Une réflexion bien simple lève cette difficulté. En effet, si le mari laisse sa femme exécuter le mandat, il est réputé y consentir ; et si des absences ou d'autres empêchemens de cette nature écartent cette présomption, comment en ce cas la femme pourrait-elle se pourvoir d'une autorisation? Et pourquoi lui lierait-on les mains pour un acte qui ne peut blesser ni ses intérêts ni les droits de son mari, puisqu'on n'aura d'action contre elle que conformément aux règles établies au titre *du Contrat de mariage et des Droits respectifs des époux?*

ch. 2 et 3   Législateurs, je viens de parcourir les dispositions du projet qui composent son premier chapitre, intitulé *de la Nature et de la Forme du mandat;* je vais maintenant vous entretenir des obligations qui en naissent.

Ces obligations sont de deux sortes; les unes sont imposées au mandataire, les autres au mandant.

Le mandataire doit pourvoir à l'objet du mandat, rendre compte de sa gestion, et même indemniser le mandant s'il lui a causé du dommage; car, s'il était loisible au premier de ne pas accepter le mandat, il ne lui était plus permis, après l'avoir accepté, de ne pas remplir convenablement sa charge. [1991]

Cependant, en cas de fautes suivies de dommages, on fera une distinction entre le mandataire salarié et celui qui ne l'est pas; car on sent que celui qui reçoit un salaire est plus rigoureusement que l'autre astreint à tous les soins que la chose comporte. [1992]

Responsable de ses faits, le mandataire pourra être tenu même des faits d'autrui en certains cas : comme si, par exemple, il s'est substitué quelqu'un sans y être autorisé, ou si, n'ayant à ce sujet qu'une autorisation générale, il a fait choix d'une personne notoirement incapable ou insolvable. [1994]

Il devra aussi à son mandant l'intérêt des sommes qu'il aurait touchées comme mandataire et employées à son propre usage. [1996]

Enfin, et outre les actions qui peuvent être exercées contre lui de la part du mandant, le mandataire est encore soumis à celle des tiers, s'il a excédé les termes du mandat sans le leur faire connaître; car, s'ils l'ont connu, la faute commune exclut toute action en garantie pour ce qui a été fait au-delà, à moins que le mandataire ne s'y soit personnellement obligé. [1997]

Toutes ces règles, déduites de la simple équité, sont assez justifiées par l'heureuse application qui en est faite depuis bien des siècles.

Il faut en dire autant des obligations du mandant. [1998 à 2001]

Exécuter envers les tiers ce qu'a fait avec eux ou ce que leur a promis le mandataire agissant dans les limites de ses pouvoirs; rembourser à celui-ci ses frais et avances; l'indemniser des pertes qu'il aura souffertes à l'occasion du mandat, et payer au mandataire l'intérêt des sommes que celui-ci aurait personnellement avancées, même ses salaires, s'il lui en a promis : tels sont les devoirs du mandant.

2002   S'il y a plusieurs mandans pour une affaire commune, ils seront solidairement tenus envers le mandataire.

Cette disposition, tirée du droit romain (a), n'implique point contradiction avec celle qui statue que lorsqu'il y a plusieurs mandataires ils ne sont tenus chacun que pour ce qui les concerne; car, s'il est juste que, dans un acte officieux et souvent gratuit, celui qui rend le service ait une action solidaire contre ceux qui tirent d'un mandat un profit commun, il serait injuste de le charger envers ceux-ci du fait d'autrui sans une convention expresse : l'extrême différence de ces deux situations ne permet pas de conclure de l'une à l'autre.

ch. 4.   Je viens, législateurs, de retracer les obligations respectives du mandataire et du mandant; il me reste à examiner de quelle manière le contrat se dissout.

2003   Je n'arrêterai point votre attention sur les causes qui le dissolvent nécessairement, telles que la mort naturelle ou civile, l'interdiction ou la déconfiture, soit du mandant soit du mandataire.

2008-2010   J'observerai seulement qu'après la mort du mandant les actes passés par le mandataire dans l'ignorance de cet événement sont valides, et qu'après la mort du mandataire ses héritiers ne sont pas dès l'instant même dégagés de toute obligation envers le mandant, puisqu'ils doivent l'avertir du décès et pourvoir dans l'intervalle aux choses urgentes.

Dans cette double hypothèse, l'équité proroge l'effet du mandat.

Mais ce n'est point seulement par les causes qu'on vient de désigner que le mandat finit.

2004   Quand un homme confie ses intérêts à un autre, il est toujours sous-entendu que celui-ci n'en restera chargé qu'au-

(a) Loi 59, § 5, ff. Mand.

tant que la confiance qui lui a été accordée continuera ; car le mandant n'aliène ni à perpétuité ni même à temps le plein exercice de ses droits, et le mandat cesse quand il plaît au mandant de notifier son changement de volonté.

Il cesse de même quand le mandataire veut se rédimer 2007 de cette charge ; cependant, si le moment était évidemment inopportun, et qu'il dût en résulter du préjudice pour le mandant, celui-ci devra en être indemnisé.

L'obligation où est le mandataire d'indemniser le mandant dans le cas posé n'admet qu'une exception. Cette exception a lieu si le mandataire établit qu'il n'a pu continuer de gérer les affaires du mandant sans éprouver lui-même des pertes considérables ; car la loi ne saurait, sans faire violence aux affections humaines, frapper celui qui, dans le péril imminent de sa chose et de celle d'autrui, aura voulu préserver la sienne.

Il ne suffit pas, au reste, que le mandat ait été révoqué 2005 par le mandant, ou qu'il y ait été renoncé par le mandataire, pour qu'il cesse à l'égard des tiers de bonne foi.

En effet, si, après la révocation notifiée au mandataire, mais avant que celui-ci ait remis le titre qui contient ses pouvoirs, il en use encore pour traiter avec des tiers qu'on ne puisse soupçonner de connivence avec lui, de tels actes devront être exécutés ; car le mandant doit s'imputer d'avoir dès le principe mal placé sa confiance, et des tiers de bonne foi ne sauraient être victimes de cette première faute, qui leur est étrangère. Le mandant est donc en ce cas valablement engagé envers eux, sauf son recours contre le mandataire.

Législateurs, j'ai terminé l'exposé des motifs qui ont dicté les dispositions du projet de loi soumis en ce moment à votre sanction.

Dans une telle matière, dont les principes étaient fixés depuis long-temps, il était difficile et il eût été imprudent peut-être de vouloir innover.

L'idée heureuse et féconde de réunir en un seul corps les lois civiles du peuple français a donc seule imposé le devoir de recueillir sur le *Mandat* les règles qui lui étaient propres pour les joindre à cette importante collection.

Si, sans être nouvelles, elles ont l'avantage d'être simples, et surtout d'être justes, elles obtiendront encore une place honorable à côté de celles que vous avez déjà décrétées.

COMMUNICATION OFFICIELLE AU TRIBUNAT.

Le projet fut transmis avec l'exposé des motifs au Tribunat le 13 ventose an XII (4 mars 1804), et M. Tarrible en a fait le rapport à l'assemblée générale dans la séance du 16 ventose (7 mars).

RAPPORT FAIT PAR LE TRIBUN TARRIBLE.

Tribuns, je suis chargé, par votre section de législation, de vous faire un rapport sur le projet de loi concernant le mandat.

Parmi les diverses transactions dont le Code civil a exposé la nature et les caractères, la plupart ont pour objet des transmissions de propriété. Qu'elles émanent d'un pur mouvement de libéralité ou d'un sentiment de bienfaisance, qu'elles aient pour cause un avantage singulier ou des convenances réciproques, elles ont toujours pour mobile et pour régulateur l'intérêt de tous les contractans ou de quelqu'un d'entre eux.

1986   Le mandat repose sur d'autres bases. Il ne porte aucun changement dans la nature de l'affaire qui en est l'objet; il ne présente aucun bénéfice réel ni à l'un ni à l'autre des contractans. La confiance de la part du commettant, un officieux dévouement de la part du mandataire, forment seuls le prin-

·cipe et le lien de ce contrat, et les règles auxquelles il est soumis sont puisées dans cette double source.

Le projet de loi définit le mandat ; il en explique la na- *tit. 13* ture et les formes ; il détermine les obligations du mandataire et du mandant ; il indique les différens modes de sa dissolution.

Je vais en parcourir les diverses dispositions, qui ne vous présenteront que de justes conséquences découlant naturellement des principes auxquels elles se rattachent.

Le mandat ou procuration, dit l'article 1er, est un acte par *1984* lequel une personne donne à une autre le pouvoir de faire quelque chose pour le mandant, et en son nom ; il ne se forme que par l'acceptation du mandataire.

Le consentement réciproque est le principe essentiel de ce contrat. Celui qui charge une personne de faire quelque chose n'a sur cette personne ni droit ni autorité pour la contraindre à exécuter ses volontés ; il ne peut y avoir ni lien, ni devoir, ni obligation jusqu'à ce que la commission ait été volontairement acceptée par le mandataire. C'est dans cet instant seulement que le contrat prend une consistance, et qu'il forme entre les deux contractans les engagemens qui lui sont propres.

Il est de la nature des contrats consensuels que le con- *1985* sentement puisse être donné dans toute forme propre à le manifester. La conséquence de ce principe est que le mandat qui appartient à cette classe de contrats puisse être donné par un acte public ou privé, par une simple lettre et même verbalement ; que le mandataire puisse l'accepter de ces diverses manières, qu'il puisse même l'accepter tacitement par la simple exécution.

Nul abus n'est à craindre : la règle générale posée dans le titre des conventions, qui exige le concours des preuves écrites pour tout objet excédant la valeur de 150 francs, est rappelée dans celui-ci, et elle veille à ce que des intérêts d'une trop haute importance ne soient point livrés à la foi souvent suspecte et toujours bien légère des preuves testimoniales.

1986 Le projet proclame que le mandat est gratuit s'il n'y a convention contraire. Il imprime ainsi à ce contrat le beau caractère du désintéressement et de la générosité. La loi civile, toujours respectable, semble devenir plus touchante lorsqu'on la voit féconder dans le cœur des citoyens les sentimens officieux qui les portent à se rendre mutuellement des services gratuits, et les ennoblir en traçant les règles qui doivent les diriger.

Les Romains avaient aussi consacré le même principe, et ils l'observaient avec tant de scrupule, que la plus légère rétribution, regardée chez eux comme incompatible avec le mandat, le faisait dégénérer en un contrat de louage.

C'est avec raison que ce rigorisme a paru excessif aux auteurs du projet. Pourquoi le commettant ne pourrait-il donner ou promettre une récompense? Pourquoi ne pourrait-il obéir au sentiment d'une juste délicatesse qui le porterait à indemniser le mandataire du sacrifice d'un temps et de soins qu'il aurait pu employer utilement pour lui-même? Ces signes de gratitude, loin de dénaturer le service, ne font qu'en rendre le caractère plus sensible. Une récompense donnée ou promise n'est jamais réputée dans ce contrat qu'une indemnité; elle n'est point un bénéfice; elle ne change donc pas la nature du mandat, et n'empêche pas que les devoirs réciproques du commettant et du mandataire ne demeurent soumis aux règles particulières à ce contrat.

Le mandat est spécial pour une affaire particulière, ou général pour toutes les affaires du mandant.

1987-1998 Le mandat spécial est fixé par l'affaire qui en est l'objet. Il était plus difficile de déterminer l'étendue dont le mandat général pouvait être susceptible lorsque les pouvoirs n'avaient pas été nominativement exprimés; et cette difficulté était le sujet de controverses interminables entre les jurisconsultes.

Le projet de loi fait la division que je viens d'indiquer de mandats spéciaux et de mandats généraux ; et il tarit la source des difficultés au sujet de ceux-ci en fixant la latitude du mandat général et indéfini.

Le mandat, dit le projet, n'embrasse que les actes d'administration lorsqu'il est conçu en termes généraux ; s'il s'agit d'aliénation, d'hypothèque ou de quelque autre acte de propriété, le mandat doit être exprès.

Un homme en effet ne confie un mandat général que lorsqu'une longue absence ou quelque autre cause l'empêche de gouverner lui-même ses affaires. Cet homme, dans une pareille position, n'est censé avoir en vue de pourvoir qu'à la simple administration de ses affaires. La loi présume que s'il eût eu l'intention de conférer le pouvoir d'aliéner, d'hypothéquer ou de faire des actes de propriété, il n'aurait pas manqué d'exprimer sa volonté sur des objets d'une si haute importance. Cette interprétation de la loi a le double avantage d'être la plus judicieuse et de fixer toutes les incertitudes.

Le mandataire ne peut rien faire au-delà de ce qui est 1989 porté dans son mandat ; ce sont là les bornes invariables dans lesquelles il doit se circonscrire : s'il dépassait la volonté du commettant dont il n'est que l'organe, il n'exécuterait plus le mandat, il le violerait.

Le projet de loi, après avoir rappelé ce grand principe, l'éclaire par une application particulière, et explique les effets de la transgression.

Le pouvoir de transiger, est-il dit dans l'article 6, ne renferme pas celui de compromettre. Ces deux pouvoirs, quoique tendant l'un et l'autre à terminer un procès, diffèrent cependant par des nuances qu'il était utile de marquer : le premier donne au mandataire la faculté de terminer lui-même le procès aux conditions qu'il juge convenables ; le second lui donne celle de soumettre le procès à un jugement d'arbitres. Terminer par son propre jugement, ou par le jugement d'autrui, sont deux choses différentes que le mandataire ne peut confondre sans dénaturer l'objet du mandat.

Les effets de la transgression du mandat, que je rapproche ici pour présenter sous un seul point de vue le principe et ses conséquences, sont expliqués sous les chapitres II et III du projet.

1998   Si le commettant ratifie expressément ou tacitement ce qui a été fait au-delà du mandat, le vice de la transgression est effacé, et l'exécution du mandat produit les mêmes résultats que s'il avait contenu originairement des pouvoirs relatifs à tout ce qui a été fait.

Mais si le commettant refuse d'approuver les actes sortant de la limite du pouvoir donné, ces actes ne l'obligent nullement ni envers le mandataire, ni envers le tiers avec lequel ce dernier a contracté.

1997   Le tiers lui-même n'a aucun recours contre le mandataire qui lui a donné une connaissance suffisante de ses pouvoirs, parce qu'il ne peut avoir acquis aucun droit ni contre le commettant dont il a sciemment outrepassé les intentions, ni contre le mandataire qui n'a ni agi ni promis en son nom. La garantie ne serait due par le mandataire que dans le cas où il aurait caché au tiers contractant la vraie mesure de ses pouvoirs, ou bien dans celui où il s'y serait personnellement et expressément soumis en son propre nom.

1990   L'enchaînement des idées nous mène à rechercher ici par qui et à qui le mandat peut être donné.

Ce contrat n'ayant d'autre objet que celui de confier au mandataire la gestion d'une affaire dont tout l'intérêt se rapporte au commettant, il est évident que celui-là seul qui a la capacité de traiter cette affaire peut en confier l'exécution à un autre, et qu'ainsi le pouvoir donné par le mandat est nécessairement circonscrit dans celui qu'aurait le commettant lui-même s'il traitait ou agissait en personne.

Les auteurs du projet de loi ont donc regardé comme superflu d'exprimer, relativement aux personnes qui pourraient donner le mandat, un principe qui dérivait de la nature de ce contrat : mais ils ont cru indispensable d'énoncer que les femmes et les mineurs émancipés pouvaient être choisis pour mandataires, en observant néanmoins que le mandant n'a d'action contre le mandataire mineur que d'après les règles générales relatives aux obligations des mineurs, et contre la femme mariée qui a accepté le mandat sans l'autorisation de son mari que d'après les règles établies au titre *du Mariage et des Droits des époux*.

La capacité de contracter étant la première condition exigée dans la personne des contractans, on pourrait regarder au premier coup-d'œil comme paradoxale l'idée d'attribuer la faculté d'exercer le mandat à des personnes incapables de contracter.

Il faut en convenir, tribuns, la régularité de cette faculté semble au premier aperçu présenter de grands doutes, mais ils disparaissent devant l'examen approfondi de la disposition formelle insérée dans le projet pour les écarter. Il nous sera facile en effet de faire sentir que cette disposition ressort de la nature même du mandat.

Pour cela il faut considérer, d'un côté, les rapports que le mandat constitue entre le mandataire et la personne avec laquelle il est chargé de traiter, et de l'autre, ceux qu'il établit entre le commettant et le mandataire.

Relativement au tiers, le mandataire ne traite pas de ses propres intérêts ; il ne contracte aucune obligation personnelle ; il fait l'affaire de son commettant d'après les intentions tracées dans le mandat; il n'est que le simple organe de ce même commettant, qui demeure seul obligé envers le tiers par la transaction passée en son nom lorsqu'elle est conforme au vœu qu'il a exprimé.

Le commettant ne peut être soumis dans le choix de son mandataire à d'autre règle que celle de sa confiance. Il est absolument indifférent à la tierce personne avec laquelle on doit traiter, que le mandataire ait ou n'ait pas la capacité de contracter ; tout ce qui importe à cette personne, c'est d'ob-

38.

server si les intentions du commettant, manifestées dans le mandat, se raccordent avec ses propres vues, et de veiller à ce qu'elles soient ponctuellement exécutées. Que le mandat ait été donné à un mineur ou à un majeur, à une femme mariée ou à un homme jouissant de la plénitude de ses droits civils, la personne du mandataire disparaît comme un échafaudage devenu inutile après la construction de l'édifice, et la transaction, relativement au commettant seul intéressé, a toute la solidité dont elle est susceptible.

Il n'en est pas de même des rapports établis entre le commettant et le mandataire. L'exécution du mandat entraîne à sa suite une obligation respective dont la solidité est subordonnée à certaines conditions. Si le commettant a fixé son choix sur un mineur, sur une femme mariée, ou sur toute autre personne qui n'avait pas la libre faculté de s'engager, il n'aura de reproches à faire qu'à sa propre imprudence, et les obligations qui sont à la charge du mandataire demeureront soumises à la nullité ou à la restitution inséparable des engagemens contractés par les personnes de cette classe.

L'état du mandataire, la faculté plus ou moins resserrée qu'il peut avoir de contracter, sont donc sans objet dans son intérêt personnel, et dans celui de la personne avec laquelle il a traité. Quant au commettant, la loi ne doit pas s'en occuper, puisque son choix a été l'effet absolument libre de sa volonté.

La disposition qui nous occupe peut, il est vrai, être envisagée sous des rapports moraux : et le droit qu'elle paraît accorder aux femmes mariées d'accepter et d'exécuter un mandat sans l'autorisation de leurs maris peut donner quelque inquiétude à des hommes chez lesquels l'instinct de la vertu est encore plus rapide que le calcul de la réflexion, et qui, profondément pénétrés des devoirs qui lient la femme à son mari, sont quelquefois trop prompts à s'alarmer sur le maintien de cette salutaire dépendance.

Rendons hommage, tribuns, à des craintes qui ont un

principe si honorable; mais en même temps rassurons-nous
sur une disposition qui a été réfléchie avec maturité, dont
toutes les conséquences ont été pesées, et qui n'a été adoptée
qu'après un profond examen de tous les rapports sous lesquels elle pouvait se présenter. Non, cette disposition ne
troublera pas l'harmonie conjugale; elle ne compromettra
pas l'autorité des maris, elle ne blessera pas le respect dû
aux chastes nœuds du mariage.

La loi a dit que le mari doit protection à sa femme, *que
la femme doit obéissance à son mari.*

La disposition particulière dont nous parlons n'a point re-
lâché la sévérité de ce précepte. Les auteurs du projet ont
pensé que les femmes en général le respecteraient assez pour
ne pas accepter un mandat contre le gré ou la volonté de
leurs maris; mais ils ont prévu aussi que l'absence du mari,
son insouciance et même l'indiscipline domestique, pourraient porter la femme à exécuter un mandat sans le consentement de son mari. Ce cas voulait une disposition particulière, qui, sans souffrir que l'autorité maritale fût impunément
méconnue, conservât néanmoins les principaux effets du
mandat. Le projet frappe de nullité toutes les obligations
personnelles que la femme pourrait contracter par suite de
l'exécution du mandat, sans détruire son effet relativement
au commettant et aux tierces personnes intéressées dans ce
même contrat, ou dans les actes auxquels il aurait donné lieu.

On a craint que les actes, les démarches accessoires à l'exécution du mandat, ne pussent devenir des moyens de désordre et de corruption. Oh! ce n'est pas dans l'exercice de
la bienfaisance que les mœurs s'altèrent; cette disposition du
cœur qui nous porte à être utiles n'a jamais produit que des
sentimens honnêtes. Le vice n'a pas une source si pure; et
lorsque son funeste poison se glisse dans le mariage, c'est par
les canaux mystérieux et perfides de la séduction, et non
par les voies ostensibles d'un contrat uniquement consacré
aux actes sérieux d'un intérêt légitime.

Ainsi la loi saura, par de justes et sages combinaisons, veiller à ce que l'exécution du mandat confié à une femme mariée atteigne son but principal, sans que jamais elle puisse tourner à son préjudice, ni troubler l'harmonie du mariage.

chap. 2,
5 et 4. Nous avons parcouru les dispositions relatives à la forme et à la nature du mandat; les suivantes, divisées en trois chapitres, développent les obligations du mandataire, celles du mandant, et les différentes manières dont le mandat prend fin.

1991   Le mandataire est tenu d'accomplir le mandat accepté ou de répondre de son inexécution : il est même obligé d'achever la chose commencée au décès du mandant, s'il y a péril dans la demeure : la foi, qui est le premier garant des conventions, impose au mandataire l'obligation d'accomplir sa promesse.

Ib. et 2007   Cependant, comme cette promesse est ordinairement gratuite, et qu'un service ne doit pas être onéreux à celui qui le rend, la loi indiquera plus bas le cas où le mandataire est dispensé d'accomplir le mandat.

1992   Le mandataire, continue le projet, répond du dol, et encore des fautes qu'il commet dans sa gestion.

Le dol ne doit jamais trouver grâce devant la loi : les fautes, quoique moins odieuses, ne peuvent cependant être tolérées, lorsque le préjudice qui en résulte et le degré d'imprudence de leur auteur leur donnent un certain caractère de garantie.

Cependant, c'était ici le lieu de distinguer le mandataire qui rend un service gratuit d'avec celui qui exige un salaire. En saisissant cette nuance, le projet avertit les tribunaux que la responsabilité relative aux fautes doit être appliquée moins rigoureusement au premier qu'au second.

1993   Le mandataire doit rendre compte de sa gestion, et faire raison à son commettant de tout ce qu'il a reçu en vertu de sa procuration. Ce devoir, commun à tous ceux qui administrent les affaires d'autrui, est retracé par le projet, qui, pour mieux l'exprimer, ajoute que le mandataire doit faire raison, quand même ce qu'il aurait reçu n'eût point été dû au mandant. Il répugnerait, en effet, à la nature de ce contrat que le mandataire, chargé d'agir et de stipuler au nom et pour les seuls intérêts du commettant, se rendît le contradicteur des droits dont il lui a confié l'exercice.

La confiance du commettant dans le zèle et l'intelligence du mandataire est le fondement sur lequel le mandat repose tout entier. Si, sans en avoir reçu le pouvoir, le mandataire prend sur lui de substituer à sa place une autre personne, il paraît avoir trompé la confiance de son commettant, et excédé les bornes de son mandat. [1994]

Cependant, comme dans presque toutes les affaires qui font l'objet d'une procuration, le mandataire est obligé de substituer d'autres personnes pour l'exécution de quelque partie du mandat, il a paru convenable aux auteurs du projet de généraliser cette faculté, et de tolérer dans tous les cas qu'un mandataire se substitue une autre personne dans la gestion, lors même qu'il n'en a pas reçu le pouvoir ; mais alors le commettant est autorisé tout à la fois à agir directement contre le substitué, et à invoquer contre le mandataire la responsabilité de la gestion.

Il y a parité de motifs, et il en est de même, lorsque le mandataire, ayant reçu le pouvoir de se substituer une personne de son choix, en a choisi une dont l'incapacité ou l'insolvabilité étaient notoires.

La solidarité entre plusieurs coobligés n'a lieu qu'autant qu'elle est exprimée. Cette règle générale a dû être particulièrement appliquée à plusieurs mandataires constitués par le même acte, parce que leurs obligations prenant leur source dans un service officieux, il est juste de les resserrer dans leurs bornes naturelles. [1995]

Cette même considération a dû mener à un résultat opposé, relativement à plusieurs commettans qui ont donné un seul mandat pour une affaire commune. Ils reçoivent le ser- [2002]

vice en commun, et chacun d'eux est tenu solidairement d'indemniser le mandataire.

La loi, dans ce cas, ne fait que sanctionner le devoir que leur imposaient d'avance la loyauté et la reconnaissance.

1996   Le mandataire se consacre à la gestion des affaires de son commettant, sans que, d'après la nature du contrat, il doive en recueillir aucun bénéfice : il a fallu tirer de là cette juste conséquence, que si le mandataire emploie à son propre usage des sommes provenant du mandat, ou bien si, après avoir rendu son compte, il ne représente pas au commettant celles qui lui restent en main à l'instant où il en est requis, il doit les intérêts à compter de l'une ou de l'autre de ces époques.

2001   Mais, par la plus juste réciprocité, le projet a dû obliger aussi le commettant à payer au mandataire les intérêts des avances faites par celui-ci à compter du jour où elles sont constatées.

J'ai interrompu l'ordre des dispositions du projet pour rapprocher les obligations du commettant de celles du mandataire dans les deux points de la solidarité et des intérêts dus pas l'un et par l'autre, parce qu'elles ont sur ces deux parties des rapports si intimes, que j'ai cru ne pouvoir les séparer dans la discussion.

ch. 3.   Je reprends maintenant la série des dispositions au chapitre III, qui traite *des Obligations du commettant en particulier*, et qui les expose de la manière la plus simple et la plus lumineuse.

Ces obligations regardent ou les tierces personnes avec lesquelles le mandataire a contracté en exécution du mandat, ou le mandataire lui-même.

1998   Le mandant, dit l'article 15, est tenu d'exécuter les engagemens contractés par le mandataire, conformément au pouvoir qui lui a été donné.

Et comment pourrait-il en être dispensé, lorsque le mandat a été fidèlement rempli ? N'est-ce pas le commettant lui-

même qui a conçu le plan de ces engagemens, qui les a tra-
cés dans le mandat, et qui leur a donné d'avance son
adhésion ? Le mandataire n'a été que son image ; il n'a fait
que le représenter dans l'instant où ils ont reçu le complément de leur formation par le concours de la personne envers
laquelle ils ont été contractés. La foi de la convention le lie
donc aussi pleinement que s'il eût assisté en personne à
la rédaction du contrat.

Les obligations du commettant envers le mandataire ont 1998à2000
une autre cause, mais ne sont pas moins sacrées.

La première est de rembourser au mandataire toutes les
avances qu'il a été à même de faire pour l'exécution du
mandat, et de lui payer ses salaires lorsqu'il en a été
promis.

La justice et la reconnaissance imposent également ce devoir au commettant, soit que l'affaire ait eu, soit qu'elle
n'ait pas eu le succès qu'il attendait. C'est pour lui, c'est
pour son seul avantage, qu'elle a été traitée. Il doit toujours
supporter les chances du hasard, auquel toutes les transactions sociales sont plus ou moins exposées.

Le projet de loi porte encore plus loin sa sollicitude, pour
assurer au mandataire une pleine indemnité ; il ne souffre
pas que les frais avancés subissent aucune réduction, sous
prétexte qu'ils auraient pu être moindres ; il veut enfin que
le mandataire soit dédommagé des pertes qu'il a essuyées à
l'occasion de la gestion, pourvu qu'elles ne puissent être
imputées à sa propre imprudence.

Après avoir tracé dans ce cercle très-resserré les obligations ch. 4.
du mandant, le projet de loi explique, dans un dernier chapitre, les différentes manières dont le mandat finit.

Il finit de trois manières : par la révocation du manda- 2003-2004
taire, par la renonciation de celui-ci au mandat, et par la
mort naturelle ou civile, l'interdiction ou la déconfiture,
soit du mandant, soit du mandataire.

Ces divers modes de dissolutions sont encore autant de

corollaires des principes qui constituent la nature et le caractère du mandat.

Si le mandat, en effet, n'est autre chose que la faculté de commettre à une personne la gestion d'une affaire, s'il n'a d'autre objet que l'intérêt du commettant, si le choix du mandataire est libre et spontané, il s'ensuit que le ministère purement officieux de ce dernier doit cesser au gré de la volonté du commettant.

Dès l'instant où cette volonté se manifeste, soit par une révocation expresse, soit par la substitution d'un autre mandataire pour le même objet, le pouvoir du premier mandataire s'évanouit, et sa gestion doit discontinuer sur-le-champ.

2005   Cependant le mandat a fréquemment pour objet des traités avec des tierces personnes : il ne suffirait pas alors d'avoir notifié la révocation à un mandataire peu délicat, qui, quoique parfaitement instruit de la cessation de ces pouvoirs, la cacherait à ces tierces personnes, et ferait avec elles des traités primitivement autorisés par le mandat. Le commettant resterait obligé envers les tiers, tout comme s'il n'y avait pas eu de révocation, et la réparation du préjudice qu'il pourrait en souffrir ne pourrait plus être que dans le recours contre le mandataire éhonté qui aurait osé faire usage d'un pouvoir révoqué.

2004   C'est pour prévenir cet inconvénient, autant qu'il est possible, que le projet de loi donne au commettant la faculté de contraindre le mandataire à lui remettre la minute de la procuration, si elle a été délivrée en brevet, ou la grosse, s'il en a été gardé minute, afin de mettre ainsi le mandataire hors d'état de justifier un mandat dont il aurait dessein d'abuser après sa révocation.

2007   Le mandataire peut, de son côté, renoncer au mandat, en notifiant sa renonciation au mandant. Si le commettant, qui seul doit recueillir tout l'avantage du mandat, peut impunément faire une révocation, quoiqu'elle soit en quelque sorte offensante pour le mandataire, à plus forte raison, le mandataire, qui ne doit rendre qu'un pur service, peut-il se dégager de sa promesse lorsque sa renonciation ne blesse en rien ni les intérêts ni l'honneur du commettant.

J'ai suivi l'esprit du projet, en ajoutant à la renonciation du mandataire cette condition qu'elle ne blesserait pas les intérêts du commettant ; car, si elle préjudiciait au mandant, il devrait en être indemnisé par le mandataire, à moins que celui-ci ne se trouvât dans l'impossibilité de continuer le mandat sans en éprouver lui-même un préjudice considérable. Ce dernier ménagement est bien dû au désintéressement du mandataire, et dans l'alternative d'un préjudice inévitable d'un côté ou de l'autre, il eût été tout-à-fait injuste d'exposer le mandataire à le souffrir.

La confiance se concentre tout entière dans les personnes qui se la donnent : elle doit nécessairement s'éteindre avec elles. Ainsi le mandat finit par la mort du commettant et par celle du mandataire. La confiance du commettant ne peut enchaîner celle de ses successeurs, pas plus qu'il ne peut être forcé lui-même à l'étendre aux héritiers du mandataire. Tout ce qui reste à faire aux héritiers après la mort du mandataire est d'en donner avis au commettant et de pourvoir en attendant à ce que les circonstances peuvent exiger pour l'intérêt de ce dernier.

La mort civile, l'interdiction, la déconfiture, soit du mandant, soit du mandataire, doivent produire les mêmes effets. Comment des services qui exigent de la probité, de l'intelligence et une certaine responsabilité, pourraient-ils continuer d'être acceptés ou rendus, lorsque le mandant ou le mandataire ont été frappés de mort civile ; lorsqu'ils ont perdu l'usage de la raison, ou lorsque le désordre de leurs affaires a entraîné la subversion générale de leur fortune ? Le commettant qui a subi de pareils accidens n'a plus d'affaires à gérer ; tout ce qu'il possédait a passé dans la main des successeurs, des créanciers ou d'un tuteur. Le mandataire, qui est dans le même cas, ne mérite plus aucune confiance, et

tous les liens qui les unissaient l'un à l'autre sont nécessairement rompus.

1008-1009 Cependant les causes de ce genre de dissolution peuvent
être ignorées soit par le mandataire, soit par les tiers avec
lesquels il est chargé de contracter.

Cette possibilité a déterminé les auteurs du projet à joindre
ici deux dispositions très-justes. L'une porte que, si le mandataire ignore la mort du mandant, ou l'une des autres causes qui font cesser le mandat, ce qu'il a fait dans cette ignorance est valide; l'autre veut que, dans tous les cas, les
engagemens soient exécutés à l'égard des tiers qui sont de
bonne foi.

Citoyens tribuns, ici finit, avec le projet de loi, ma discussion analytique.

J'ai tâché de vous faire reconnaître la justesse et l'exactitude de la définition du mandat, la vérité avec laquelle la
nature et le caractère de ce contrat ont été développés, la
simplicité de ses formes, la précision et la fécondité des règles qui concernent les obligations respectives du mandant
et du mandataire, et enfin la conséquence parfaite des motifs
qui font cesser le mandat avant qu'il ne soit accompli.

J'ai rempli moi-même le mandat qui m'a été confié par la
section de législation ; je l'ai rempli, non sans une juste dé-
fiance de la faiblesse de mes moyens, comparés aux grands
talens qui sont l'apanage de cette tribune : mais, si je n'ai
pu satisfaire l'attente de mes commettans, j'espère du moins
que mes efforts me mériteront leur indulgence.

La section de législation vous propose, par mon organe,
l'adoption du projet de loi.

Le Tribunat émit, le 18 ventose an XII (9 mars 1804),
un vœu d'adoption, qu'il fit porter au Corps législatif
par MM. Tarrible, Bertrand de Greuille et Siméon.

DISCUSSION DEVANT LE CORPS LÉGISLATIF.

DISCOURS PRONONCÉ PAR LE TRIBUN BERTRAND DE GREUILLE.

(Séance du 19 ventose an XII. — 10 mars 1804.)

Législateurs, il ne nous est pas toujours possible de vaquer par nous-mêmes à nos propres affaires : souvent nous sommes trop éloignés, et il nous est difficile d'approcher des lieux où elles doivent se traiter et se conclure ; quelquefois elles sont si multipliées qu'elles échappent à la vigilance de l'homme le plus soigneux et le plus attentif. Enfin, une maladie, une absence, ou d'autres empêchemens imprévus, nous obligent de transmettre à un autre le droit de faire et de stipuler en notre nom.

L'acte qui contient cette transmission de pouvoirs s'appelle procuration ou mandat, et son usage très-habituel dans la société atteste toute son importance et son utilité. Il devenait donc nécessaire de fixer, dans notre nouvelle législation, la nature du contrat de mandat, de déterminer les obligations auxquelles il assujétit les personnes qui le consentent, et d'établir la manière dont il s'éteint ou finit. C'est aussi ce que fait le projet de loi, titre XVII, livre III du Code civil ; et je viens aujourd'hui, avec mes collègues, appeler successivement, au nom du Tribunat, votre attention sur les diverses dispositions qu'il renferme.

Le mandat est défini, « un acte par lequel une personne « donne à une autre le pouvoir de faire quelque chose pour le « mandant et en son nom. » Ainsi il faut, pour la formation de l'engagement, le concours de deux personnes, dont l'une veuille donner la procuration que l'autre consent à accepter ; cependant toutes les deux n'ont pas besoin d'être présentes pour l'accomplissement et la perfection de la convention ; il suffit que le mandataire, après avoir eu connaissance du mandat, consente à s'en charger, ou même qu'il se borne à exécuter l'ordre du mandat, parce que, dans le premier cas, le consentement du mandataire vient se rattacher à celui du mandant; et, dans le second, son acceptation tacite résulte incontestablement de l'exécution qu'il a donnée volontairement au mandat.

Ces premières règles conduisent à une conséquence toute naturelle, c'est que le mandat n'est assujéti à aucune forme particulière qui soit essentielle à sa validité; il peut donc être indifféremment donné, ou par acte authentique, ou sous signature privée par une simple missive, ou verbalement; mais, dans ce dernier cas, son existence ne sera établie par témoins que conformément à la loi sur les obligations conventionnelles en général : car ici, comme dans tous les autres contrats, il serait dangereux de se livrer à l'incertitude des témoignages humains. On ne pourra donc être reçu à faire déposer sur le fait du mandat, que lorsque son objet n'excédera pas une valeur de 15o francs, ou lorsqu'un commencement de preuves par écrit l'aura rendu apparent ou vraisemblable.

1986 Le mandat est un échange de confiance et de bienfaisance qui a eu lieu entre les deux contractans; il est donc gratuit par sa nature. Le projet reconnaît formellement ce principe, et vous ne trouverez pas sans doute qu'il en altère l'essence en permettant de stipuler au profit du mandataire quelques témoignages de bienveillance. Certaines affaires n'exigent-elles pas en effet des soins si prolongés et si assidus, et un développement de moyens tels, que l'ami le plus désintéressé ne puisse s'en charger sans rétribution? et lorsque l'affection est encore la cause première et déterminante du bon office qu'il consent à rendre, voudrait-on humilier sa personne, dégrader ses services, en les rangeant dans la classe de ceux qu'on reçoit des mercenaires ou d'autres salariés? Non sans doute, le dévouement, le zèle de l'amitié, sont quelque chose d'inappréciable; et c'est le cœur et non l'argent qui peut acquitter les dettes de la reconnaissance.

La procuration est ou générale ou spéciale : si elle est spé- 1987-1988
ciale, le mandat est restreint au seul objet qu'elle spécifie ;
si elle est conçue en termes généraux, elle embrasse alors
tous les actes nécessaires pour l'utile administration des biens
du mandant. Le mandataire peut donc passer des baux,
faire des réparations, des marchés, recevoir les fermes,
poursuivre les débiteurs, etc. Il est, en tout point, assimilé
au *procurator omnium bonorum* de la loi romaine ; il en a tous
les pouvoirs : mais ces pouvoirs ont leurs bornes ; et il les ex-
céderait s'il se permettait quelques actes de disposition, tels
que d'aliéner ou d'hypothéquer les biens du mandant. Le
projet veut que sur ce point le pouvoir soit exprès, parce que
la loi, qui doit veiller aux intérêts de tous, ne peut consentir qu'un homme exprime d'une manière vague et trop générale le droit qu'il confère à un autre d'emprunter de l'argent
en son nom et sous l'hypothèque de ses biens ; celui de transmettre à quelqu'un la propriété de tout ou partie de ses
immeubles et d'en recevoir le prix ; en un mot, la facilité de
le dépouiller de tout ce qu'il possède et la possibilité de consommer sa ruine. Certes, le témoignage éclatant d'une confiance aussi étendue doit être écrit dans les termes les plus
formels et les moins équivoques. Cette disposition du projet
qui fait cesser la controverse qui existait sur ce point entre
nos anciens jurisconsultes est donc d'une admirable sagesse :
c'est d'ailleurs un avertissement que donne la loi à ceux qui
la consultent, de ne rien faire dans ce genre qui ne soit calculé sur les règles de la prévoyance, de la prudence et de la
réflexion.

Au surplus, la seule volonté du mandant doit toujours 1989
servir de règle au mandataire. Celui-ci ne pourra donc rien
faire au-delà de son mandat ; il ne pourra pas même compromettre s'il a reçu le pouvoir de transiger, parce que,
quoique ces deux actes aient entre eux une certaine corréla-
tion, néanmoins le compromis n'anéantit point le procès ; il
change seulement et la forme de l'instruction et les juges

qui doivent le décider ; tandis que la transaction ne laisse aucune trace de la contestation, et que par elle le mandant a voulu cesser d'être exposé aux inquiétudes et aux dangers d'un jugement.

1990 Le mandat peut être accepté par toutes sortes de personnes, même par les mineurs émancipés et les femmes mariées ; c'est ce que décide l'article 7. Cette disposition a paru conforme à la nature du contrat de mandat, qui a pour base unique la confiance du mandant ; mais cette acceptation ne peut, dans aucun cas, blesser les intérêts du mineur, de la femme mariée, ni même ceux de son époux. Le projet déclare qu'ils ne restent obligés que conformément aux règles générales relatives aux obligations des mineurs et à celles établies au titre du contrat de mariage. Ainsi la loi avertit suffisamment le mandant, qui remet sa procuration à une personne en minorité ou à une femme dans les liens du mariage, qu'il ne pourra exercer contre elle les mêmes actions que celles qu'il aurait le droit de diriger contre les citoyens qui jouissent de l'intégralité de leurs droits. Par ce moyen, le mandant est seul, et de son plein gré, exposé aux conséquences dangereuses d'une confiance qui ne serait pas assez réfléchie, mais dont le législateur n'a pas dû gêner l'exercice en frappant en cette partie, d'une incapacité flétrissante, deux classes intéressantes et nombreuses de la société.

Je vous ai mis sous les yeux, législateurs, tout ce qui constitue la forme et la nature du mandat : je passe maintenant aux obligations réciproques qu'il impose au constitué et au constituant.

1991 Le premier devoir du constitué est d'accomplir le mandat dont il s'est chargé. Il n'a point été contraint de l'accepter : sa volonté seule a déterminé l'obligation qu'il a contractée envers le mandant, il doit donc la remplir fidèlement : c'est-à-dire qu'il est tenu de consommer entièrement l'affaire qui lui a été confiée avec le zèle, l'exactitude et les soins de la bonne foi. Ces principes dérivent de l'équité naturelle, qui ne permet pas qu'on viole impunément sa promesse ; et si le mandataire s'en écarte, soit par une infidélité de son fait, soit par négligence ou par quelques autres fautes répréhensibles, il est tenu des dommages et intérêts du mandant. Néanmoins la responsabilité des fautes qui ne tiennent point au dol personnel doit être moins rigoureusement appliquée au mandataire gratuit qu'à celui qui reçoit un salaire ; parce que le salaire accepté par le mandataire resserre de plus en plus les liens de son engagement, et qu'il est tout naturel d'exiger plus de diligence et d'attention d'un homme qui reçoit le prix du service qu'il s'oblige à rendre, que de celui dont le zèle est uniquement dirigé par le sentiment de la bienfaisance. **1992**

Ce n'est pas assez pour le mandataire d'exécuter fidèlement son mandat : il doit au mandant le compte de sa gestion ; il doit lui remettre tout ce qu'il a reçu en vertu de sa procuration, quand bien même il serait reconnu que ce qu'il a touché n'était point dû à celui dont il a géré l'affaire. Rien de ce qu'il a fait par suite du pouvoir qui lui était conféré ne peut rester à son profit ; c'est avec le mandant qu'on a voulu se libérer ; c'est lui qu'on a voulu payer ; c'est donc à lui que doit être remis en définitif tout ce qui a été reçu en son nom. La rigueur de ce principe s'étend jusqu'à obliger le mandataire à tenir compte au mandant de l'intérêt des sommes appartenantes à ce dernier qu'il aurait employées à son avantage personnel, à dater du jour de l'emploi, ainsi que de celles dont il serait reliquataire, à compter du jour de sa mise en demeure, parce que le mandataire est assimilé dans ce cas au dépositaire, et qu'ainsi il n'a pu valablement appliquer à son profit particulier des fonds qui sont le patrimoine de celui dont il doit avant tout respecter la confiance. **1993 1995**

Au reste, non seulement le mandataire dépend de ce qu'il a fait personnellement pour la gestion de l'affaire qui lui était confiée, mais il est de plus garant de la personne qu'il s'est **1994** substituée dans l'administration de la chose, lorsqu'il n'a pas reçu du mandant le droit de transmettre ses pouvoirs à un autre; car alors le mandataire a excédé les bornes de son mandat. C'était à lui seul que le maître de la chose en avait voulu confier le soin ; et si, pour sa commodité personnelle, il a remis entre les mains d'un tiers ce qu'il s'était chargé de faire lui-même, il est de toute justice que le mandant ne soit pas victime de cette convention, qui non seulement lui est étrangère, mais qui s'est même formée contre son vœu, et qui ne peut raisonnablement lier que ceux qui l'ont consentie.

La même garantie a lieu au profit du mandant dans le cas où sa procuration autorisant le mandataire à se substituer quelqu'un sans désignation, celui-ci aurait fait choix d'une personne notoirement incapable ou insolvable. Cette autorisation renfermait évidemment l'ordre tacite de ne se faire remplacer que par un homme digne de toute la confiance du mandant, et cette confiance ne doit pas être impunément trompée. Le mandant aura donc le droit d'action directe tant contre le mandataire que contre ceux qu'il lui aura plu de se substituer, et cette double action conservera tous les droits du mandant sans gêner le mandataire, qui peut quelquefois avoir des raisons légitimes de se faire remplacer par un autre.

1995   Je ne m'appesantirai pas sur l'article 12 du projet, qui décide que, si le pouvoir a été donné à plusieurs personnes dans le même acte, il n'y a de solidarité entre elles qu'autant qu'elle y est formellement exprimée. Il est évident, en effet, qu'une décision contraire ajouterait aux obligations souscrites par le mandataire, qui n'a entendu demeurer garant que de ses propres faits; mais je fixerai votre pensée sur 1997 les dispositions de l'article 14. Il statue que le mandataire qui a donné à la partie avec laquelle il a contracté en cette qualité une suffisante connaissance de ses pouvoirs n'est tenu d'aucune garantie pour ce qui a été fait au-delà, s'il ne, s'y est personnellement soumis, et certainement rien n'est plus équitable ; car alors la faute est commune, et le tiers qui a participé à cette faute soit expressément, soit tacitement, est au moins coupable d'inconsidération ; dès lors toute action doit lui être déniée. Le mandant seul est fondé à se 1998 plaindre de ce que son fondé de pouvoir est sorti du cercle qu'il lui avait tracé : sa ratification sera donc indispensable pour qu'il soit tenu d'une obligation qu'il n'a point exprimée dans le mandat ou qui n'en est pas la suite nécessaire.

J'aborde maintenant à la troisième partie du projet, rela- 1998à2001 tive aux engagemens que contracte le mandant vis-à-vis le mandataire. Il est évident que le mandant doit l'indemniser entièrement de tout ce qu'il a fait pour l'entière exécution du mandat : ce qui l'astreint à dégager le mandataire de toutes les obligations qu'il a souscrites en son nom, à les ratifier, à les exécuter, à l'indemniser des pertes qu'il a éprouvées, à lui payer son salaire s'il en a été convenu, et à le rembourser de toutes les avances et de tous les frais qu'il a été contraint de faire dans sa gestion. Le mandant est même tenu de l'intérêt de ces avances, à dater du jour qu'elles sont justifiées avoir été faites. Il argumenterait en vain pour se soustraire à la totalité de ces paiemens de la non réussite de l'affaire, ou de ce qu'elle n'aurait été exécutée qu'en partie ; il ne pourrait être écouté favorablement qu'autant que le mandataire serait constitué en mauvaise foi, ou qu'on prouverait contre lui quelque faute qui eût empêché l'affaire d'être conduite à une fin heureuse et désirable. Hors ces cas, 2002 le projet a voulu que l'indemnité fût entière et certaine ; c'est par suite de cette idée qu'il prononce que, si le mandataire a été constitué par plusieurs personnes pour une affaire commune, chacune d'elles est tenue envers lui de tous les effets du mandat. Cette solidarité, qui mettra le mandataire à l'abri des injustices de l'ingratitude et des chicanes de l'intérêt personnel, assurera de plus en plus l'exécution de toutes les obligations contractées envers lui : obligations qui toutes dérivent du droit naturel, et dont on trouve le germe dans la conscience des hommes justes et reconnaissans.

J'arrive au dernier chapitre du projet, qui traite des différentes manières dont le mandat finit.

2003-2004 Il s'éteint par la révocation du mandataire, par la renonciation de celui-ci au mandat, et par la mort naturelle ou civile, l'interdiction ou la déconfiture de l'un des deux.

Pour apercevoir la justice de ces divers moyens d'extinction, il ne faut pas perdre de vue que la volonté et la confiance sont les premiers mobiles du contrat de mandat. Dès lors le mandant peut, quand il le veut, révoquer l'ordre qu'il avait donné au mandataire. Il était libre lors de son premier choix, il a conservé la liberté et le droit de le changer; sa révocation n'a pas même besoin d'être expresse; il suffit qu'elle résulte de certains faits, tels par exemple que la constitution d'un nouveau fondé de pouvoir; mais alors il faut que cette nouvelle constitution ou les autres faits qui font présumer la révocation soient parvenus à la connaissance du mandataire, autrement tout ce que celui-ci aurait pu faire obligerait également le mandant.

2006

2005

2007 Réciproquement le mandataire a la faculté de notifier au mandant sa renonciation au mandat, lorsque des causes particulières de santé ou de nouvelles affaires survenues inopinément déterminent cette renonciation. Il ne faut pas, en effet, que les motifs de bienfaisance ou d'affection qui ont guidé lors de l'acceptation du mandat puissent exposer celui qui s'en est chargé à souffrir un préjudice notable dans ce qui l'intéresse personnellement. Le mandataire peut même signifier sa renonciation par un effet de sa seule volonté : mais dans ce second cas il est nécessaire que la renonciation soit faite sans fraude, que les choses soient encore entières, ou au moins que le mandataire les laisse dans un état tel que le mandant puisse facilement les suivre par lui-même ou par un autre fondé de pouvoir. Sans ces conditions, qui sont de rigueur, le mandataire sera tenu des dommages et intérêts du mandant, qui ne peut être le jouet des caprices de celui qui avait volontairement promis d'exécuter le mandat.

Si le mandant vient à décéder ou s'il est frappé d'inter- ₁₀₀₃₋₁₀₁₀ diction, alors il n'existe plus de mandat ; car il est impossible d'agir au nom d'un homme qui n'est plus ou au nom de celui à qui la loi ne permet pas de stipuler pour lui-même.

Si c'est le mandataire qui cesse de vivre ou qui est interdit, le mandat est également sans effet, parce que la confiance que le mandant avait eue dans la personne incapable ou décédée est un sentiment que n'inspirent pas nécessairement le tuteur de l'interdit ou les héritiers du défunt. Ceux-ci sont néanmoins tenus de donner avis au mandant de la mort du mandataire, et de pourvoir à ce que les intérêts du premier ne souffrent point de cet événement imprévu, attendu que l'obligation de veiller à la conservation de la chose qui faisait l'objet du mandat est une charge de la succession, puisqu'elle dérive essentiellement de l'engagement originaire souscrit par le mandataire décédé.

Enfin, si le dérangement des affaires du mandant ou du mandataire opère dans leur fortune un changement qui amène la faillite de l'un ou de l'autre, alors le contrat est rompu, parce que le mandant ne peut pas rester exposé à perdre l'objet du mandat, et le mandataire le montant de ses frais et avances.

Au surplus, il est très-essentiel d'observer, et il ne faut ₁₀₀₈ pas perdre de vue que, quelles que soient les causes de la révocation du mandat, il faut toujours que cette révocation soit connue du mandataire, pour que celui-ci cesse d'obliger légalement le mandant. Elle ne peut être même jamais op- ₁₀₀₉ posée à des tiers qui auraient, dans l'ignorance de cette révocation, traité avec le mandataire ; il n'y a qu'une coupable connivence entre eux qui puisse dispenser le mandant d'exécuter les obligations souscrites en son nom. Hors de ce cas particulier, tout ce que le mandataire a fait, tout ce qu'il a consenti oblige le mandant, lui seul doit supporter la perte d'une confiance originairement mal placée, et il ne lui reste d'autres ressources que le recours en garantie contre l'infidèle mandataire qui l'a honteusement trompé.

Telles sont, législateurs, les différentes dispositions du projet de loi relatives au mandat. Elles auraient pu conduire à des réflexions plus profondes et plus détaillées que celles que j'ai cru devoir vous soumettre ; mais déjà l'orateur du gouvernement et le rapporteur du Tribunat en ont démontré l'excellence et l'utilité avec une étendue et une clarté qui m'ont convaincu de la nécessité de resserrer le cadre de cette discussion. Je terminerai donc par observer que le Tribunat n'a pas hésité à accorder son assentiment au projet : et c'est assez vous dire qu'il l'a jugé digne d'être sanctionné par vos suffrages.

Le Corps législatif décréta l'adoption de ce titre dans la même séance, et il fut promulgué le 29 ventose an XII (20 mars 1804).

FIN DU QUATORZIÈME VOLUME.

9ᵉ DES DISCUSSIONS.